DIETER KÜHN
FRAU MERIAN!
EINE
LEBENSGESCHICHTE

FISCHER TASCHENBUCH VERLAG

Veröffentlicht im Fischer Taschenbuch Verlag,
einem Unternehmen der S. Fischer Verlag GmbH,
Frankfurt am Main, November 2003

© S. Fischer Verlag, Frankfurt am Main 2002
Satz: Fotosatz Otto Gutfreund GmbH, Darmstadt
Druck & Bindung: Clausen & Bosse, Leck
Printed in Germany
ISBN 3-596-15694-7

ANFÄNGE
IN
FRANKFURT

Matthäus Merian junior hat dieses Familienportrait gemalt.
Dominierend sein Vater, der große Kupferstecher und Verleger.
Links von ihm stellt sich der Maler dieses Bildes selbst dar.
Auf gleicher Höhe rechts: sein Bruder Caspar, der später in
Marias Leben einwirken wird. Leider ist sie, als Kind, auf diesem
Gemälde nicht zu sehen, es wurde vor ihrer Geburt gemalt.

JA, SO WIRD ÜBER MARIA SIBYLLA MERIAN GERN ER-
ZÄHLT: Schon als Kind, als Mädchen von dreizehn, begann
sie zu forschen, zuerst bei den Raupen des Seidenspinners, und
früh schon, auffallend früh zeigte sich ihre Begabung als
Zeichnerin, und sie nutzte einen Aufenthalt in den Niederlanden, beim Stiefvater, um einem Grafen eine (sicherlich
geflammte) Tulpe zu stibitzen, sie zeichnete diese rote und
weiße Blüte im verborgenen Kämmerlein, wurde dennoch entdeckt, doch zur Empörung kam Staunen: Das ist ja eine kleine
Künstlerin ...! So setzte sich das fort, das Zeichnen, das Aquarellieren, das Kupferstechen und: das Forschen; sie wies, offenbar als Erste, die gesamte Entwicklung von Insekten nach,
vom Ei über die Raupe oder Larve zur Krabbel- oder Flug-
form, entdeckte als Erste auch die Symbiose von Raupe und
Wirtspflanze, stellte diese Zusammenhänge in Illustrationen
dar, entwickelte sich, darüber hinaus, zu einer der führenden
Malerinnen von Stilleben. Und sie lernte einen Mann kennen,
Johann Andreas Graff, einen Schüler ihres Stiefvaters, sie hei-
rateten, es kam das erste Kind auf die Welt, sie zogen nach
Nürnberg, arbeiteten gemeinsam weiter, sie an Blumenbildern,
er an Stadtbildern, sie publizierte ihr Blumenbuch, und weiterhin sammelte sie Raupen, die anderen eklig waren, nahm sie
zu Dutzenden mit nach Hause, fütterte sie, um die Verwandlung, die Metamorphose zu beobachten, da kümmerte sie nicht
weiter das Geschwätz in der Stadt, sie riskierte es, womöglich
als Hexe vor Gericht gestellt zu werden, andererseits galt ihre
Haushaltsführung als vorbildlich, doch schien es Probleme in
der Ehe zu geben, erst ein Jahrzehnt nach Johanna Helena
wurde Dorothea Maria geboren, zugleich das letzte Kind, Frau
Graff setzte sich mit den beiden nach Frankfurt ab, veröffentlichte dort den zweiten Teil ihres Raupenbuchs, zog dann, von

Töchtern und Mutter begleitet, ins niederländische Friesland, wurde dort, vermittelt durch ihren Halbbruder Caspar, von einer pietistischen Kommune aufgenommen, erreichte auf diese Weise, was sie vor dem Nürnberger Magistrat nicht hätte durchsetzen können: die Trennung; sie ließ ihren angereisten Mann in eine Falle laufen, entzog sich ihm souverän, wurde dabei von Töchtern und Mutter unterstützt, drei Generationen Merian-Frauen solidarisch, der Mann zog geschlagen ab. Nach einigen Jahren in der ländlichen Kommune übersiedelten Mutter und Töchter doch wieder in eine Stadt: einige Jahre Amsterdam. Und sie reiste, mit Dorothea, ins ferne, ferne Surinam, eine niederländische Kolonie an der Ostküste Südamerikas, sie wollte Flora und Fauna der Tropenwelt erforschen, unerschrocken drang sie mit ihrem Sklaventrupp in den Urwald ein, in den Dschungel, forschte unter Lebensgefahr, wurde denn auch malariakrank, musste früher als geplant nach Europa zurückkehren, bereitete dort ihr großes und bald berühmtes Buch vor über die Insekten von Surinam; dieses allseits gefeierte Buch sollte fortgesetzt werden, doch ihre Kräfte ließen nach, es kam der Schlaganfall und damit die Lähmung, sie starb in einem für damalige Verhältnisse hohen Alter und fand, nach einer Zeit des Vergessenwerdens, neue Präsenz als Naturforscherin und Künstlerin – die sonst getrennten Welten verbunden, vereint in dieser Person, die Kunst und die Wissenschaft, die Wissenschaft und die Kunst; wir brauchen, in dieser Welt weiterhin zunehmender Spezialisierung, solche Leitfiguren.

Ist es so? War es so?

UND SO FÄNGT DIE LEBENSGESCHICHTE AN: mit der Beschreibung eines Bildes. Und zwar aus dem Fünften Teil der Fortlaufenden Chronik europäischer Ereignisse: »Historische Darstellung aller herausragenden und denkwürdigen Ereignisse, die hier und dort in Europa, insbesondere im Reich Deutscher Nation, in den Jahren 1642 bis 1647 stattgefunden hatten.«

So lautet, ein wenig abgekürzt, der Titel des letzten Sammelbandes seiner Weltchronik, den Matthäus Merian noch gestaltet oder mitgestaltet hat. Auf dem »Titelkupfer« mythologisches Personal, von dem ich hier absehe; interessant dagegen die Fläche vor den denkmalsähnlich aufgesockelten Damen und Herren. Da liegt ein geöffnetes Buch auf dem Boden, mit Löchern in den Seiten … da liegt eine hingeworfene oder hingefallene Palette mit Pinseln … da liegen ein Säulenstück, eine Trommel, ein Kruzifix … da liegen Schlägel, Fanfaren, Hellebarden … da steht ein Globus. Über diese symbolischen Objekte kriechen stilisierte Schlangen, die Seeschlangen gleichen oder frisch nachgewachsenen Häuptern einer Hydra, an schlangengleichen Hälsen.

Dies war, in barocker Bildsprache, die Welt, in die Maria Sibylla anno 1647 hineingeboren wird. Pathetisch im Stil jener Zeit: Die Lebensbühne, die sie betreten wird, ist voller Requisiten des Krieges. Aber die Trommel wird nicht mehr gerührt, vorerst, die Fanfare wird nicht mehr geblasen, vorerst, die Hellebarde wird nicht mehr geschwungen, vorerst.

LEBENSBILD 1: Familien-Ensemble. Charakteristisches Arrangement der Barockzeit: links ein theatralisch gereffter Vorhang; in der Mitte Durchblick auf das Mainufer von Frankfurt; als Dekoration rechts ein Säulenstumpf, zum Abstützen von Ellbogen oder zum Ablegen von Objekten, die hervorgehoben werden sollen. In der Mitte der kleinen Personengruppe: eine Frau von Mitte zwanzig; sie hält in der Armbeuge ein Kleinkind, das streng umwickelt ist. Und weitere Familienmitglieder: eine Tochter des Matthäus Merian, ein Sohn, eine zweite Tochter, ein zweiter Sohn, ein dritter Sohn, eine dritte Tochter, alle nebeneinander in bildgerechter Gruppierung, nach dem Leben gezeichnet oder aus der Erinnerung. In der Mitte der Familienvater. Versammelt sind hier demnach fünf Kinder aus der ersten Ehe des Matthäus Merian, dazu die zweite Ehefrau. Und das Wickelkind Maria Sibylla. (Feder in Schwarz, grau laviert, auf schwach altfleckigem Papier; vertikale Knickfalte.)

MARIA SIBYLLA MERIAN: EIN NACHKRIEGSKIND. Der Dreißigjährige Krieg als Faktor auch in ihrer Lebensgeschichte: sie wächst auf in einer Welt mit Kriegsspuren, mit Kriegsfolgen. Die sind in Frankfurt kaum zu sehen – die Stadt meist am Rand des Kriegsgeschehens. Und: sie war von einer abschreckend mächtigen Festungsanlage umgeben, mit zwölf (damals) modernen Bastionen. Und: der Rat der Stadt hatte geschickt laviert zwischen den Kriegsparteien, Kriegsparteiungen. Draußen aber: weitflächige Zerstörung.

Schon mit zwölf wird Maria Sibylla von ihrem niederländischen Stiefvater auf eine Reise nordwärts mitgenommen, und dort waren Kriegsfolgen unübersehbar. So etwas wird von der Merian später nie erwähnt, deshalb darf es aber nicht ausgeschlossen bleiben aus ihrer Lebensgeschichte.

Der Dreißigjährige Krieg: eine Folge von drei Kriegen, zusammengefasst unter dieser Sammelbezeichnung. Wer auch immer aufmarschierte, einmarschierte, durchmarschierte – der Krieg blieb nicht an einem pfälzischen oder böhmischen oder schlesischen Horizont, die Kriegsfurie zog kreuz und quer durch die Lande, verheerend im alten Wortsinn. Zu den Zerstörungen die Menschenopfer: erschossen, erstochen, verbrannt, zu Tode gequält oder vergewaltigt – die vielfach beschworenen Gräuel umherziehender Soldateska. Von 21 Millionen Menschen im ehemaligen Kaiserreich der Habsburger überlebten nur 13 Millionen.

Dieser Krieg darf nicht bloß erwähnt werden, pauschal und abstrahierend, damit verharmlosend. Aber wie hier vorgehen? Eine kurz gefasste Geschichte des Dreißigjährigen Krieges einbringen, mit besonderer Berücksichtigung des Rhein-Main-Gebiets? Statt längerer Ausführungen ein kurzes Zitat.

Matthäus Merian zum Ausmaß der Zerstörung, in barockem, hier nur in der Schreibweise modernisiertem Deutsch: »Und ist vor dem jetzigen Krieg das Deutschland von so vielen Städten, Schlössern bebaut und geschmückt gewesen, dass dies von keinem anderen Land übertroffen werden kann. Diese schöne Gestalt ist aber so hässlich zugerichtet worden, dass, wenn ein Durchreisender das jetzige Deutschland betrachtet und das vor wenigen Jahren bestandene dagegenhält, so kann er dies nicht anschauen, ohne heiße Zähren zu vergießen.«

LEBENSBILD 2: Maria Sibylla als Wickelkind. Das regelmäßig, also vorschriftsmäßig bis zum Hals umwickelte Kleinstkind in der Mitte des sonst leeren Blatts. Betonend freigestellt und leicht aus der Mittelachse gedreht, wirkt der Leib wie ein Kokon. Erste Erfahrung also: sich nicht frei bewegen können. Eingeengt, umschlossen, gefesselt sein in einer Tradition, die glaubte, auf diese Weise Misswuchs oder Schwächen verhindern zu können. (Schwarze Kreide, weiß gehöht, auf grünlichem Papier. Unauffälliger Randeinriss unterlegt. Monogrammiert: AM.)

DIE ZEIT NACH DEM DREISSIGJÄHRIGEN KRIEG: reichlich Kriege. Sie werden fast die gesamte Lebenszeit der Maria Sibylla Merian begleiten.

Erst 1650 ziehen die französischen und schwedischen Truppen aus Deutschland ab; ihnen müssen, nach allem, was sie zerstört hatten, Kriegsentschädigungen gezahlt werden. Zwei Jahre später beginnt der Seekrieg zwischen England und den Niederlanden. Drei Jahre darauf führt der Schwedenkönig, unterstützt von Brandenburg, Krieg mit Polen. Fürsten im Westen Deutschlands bilden mit Frankreich eine Allianz gegen Österreich und Brandenburg. Österreich muss gegen die Türken kämpfen, schließt einen Zwischenfrieden. Der Seekrieg zwischen den Niederlanden und England bricht erneut aus, dauert drei Jahre. Frankreich führt mit den Spanischen Niederlanden Krieg, schließt 1668 Frieden. Zwei Jahre später marschieren französische Truppen in Lothringen ein, erobern Utrecht und zerstören weitflächig die Pfalz. 1672 beginnt der Krieg von Frankreich, England und Schweden gegen die Niederlande, gegen Österreich, Spanien und Brandenburg; die Kämpfe ziehen sich sieben Jahre lang hin. Zwischendurch besiegt der Kurfürst von Brandenburg die Schweden in der

Schlacht von Fehrbellin. Und Frankreich marschiert wieder in Lothringen ein, besetzt Straßburg. Und Wien wird, zwei Jahre darauf, von den Türken belagert. 1698 beginnt der Pfälzische Erbfolgekrieg, den Frankreich gegen Österreich, England, die Niederlande und Spanien führt, neun Jahre lang. Im Jahr nach Kriegsbeginn wird erneut die Pfalz verwüstet. 1700 beginnt der Nordische Krieg: Russland, Polen, Sachsen und Dänemark gegen das immer mächtigere Schweden. Wer wird die Vorherrschaft behalten? Fortsetzung folgt ...

LEBENSBILD 3: Wieder ein Familienensemble. Matthäus Merian steht nicht mehr in der Mitte, er starb 1650. Der Mann, der viel gereist war, der unablässig gearbeitet hatte, er fühlte sich schon 1647 verbraucht, war krank. Seine Lebensfrist konnte nicht verlängert werden durch wiederholte Kuren, vor allem in Langenschwalbach, westlich von Frankfurt. In Schwalbach ist er auch gestorben.

Der Mann, der nun seine Position einnimmt: Jacob Marrell. Er trägt eine Allongeperücke, die Zugehörigkeit zur Ära des Barock bekundend. Die Gesichtszüge eines deutlich jüngeren Mannes mit Schnurrbart. In seiner Linken, scheinbar lässig gehalten, eins der Bilder, die für ihn charakteristisch werden: ein Blumenstillleben. Der Mann aus der niederländischen Enklave von Frankenthal als neuer Hausherr und Hausvater.

Maria Sibylla hat sich mittlerweile aus den weißen Stoffstreifen heraus-entwickelt, ist aus dem festen Kokon geschlüpft. So steht sie, pausbäckig, in der rechten Bildhälfte, an der Hand der Mutter, die in der Beuge des linken Arms wieder ein Wickelkind trägt. (Feder, braun laviert und weiß gehöht, auf bläulichem Papier, mit wohl späterer schwarzer Tuscheinfassung. Geringe Altersspuren am Rand.)

NACHRUF AUF MATTHÄUS MERIAN. Es hat den Anschein, als müsste er nicht weiter vorgestellt werden – Reproduktionen seiner Kupferstiche von Stadtansichten hängen in Amtszimmern wie in Wartezimmern wie in Wohnzimmern. Vor allem mit seinen topographischen Illustrationen ist er berühmt geworden und berühmt geblieben. Den vierbändigen Katalog seines druckgraphischen Werkes sichtend, nehme ich freilich ein überraschend weites Spektrum seiner Sujets wahr. Der Einleitung und den Bildkommentaren von Lucas Heinrich Wüthrich folgend, hebe ich die wichtigsten Werkreihen hervor.

Stimmig beginnt der Vierzehnjährige mit einer Reproduktion einer Stadtansicht von Basel, seiner Heimatstadt – der Vater besaß dort ein Sägewerk, das Merian später zeichnen wird. Es folgen, in überwiegend flämischer Manier, Bildserien zum Neuen Testament, zu den Jahreszeiten, zu den einzelnen Monaten und zahlreich die Bilder mit Jagdszenen. Als junger Mann von 17 oder 18 arbeitet er in Nancy mit an einem Monumentalwerk, der opulenten Dokumentation eines fürstlichen Trauerkondukts: 94 Kupfertafeln im Großformat. Merian assistiert im Stab, darf zwei der Tafeln signieren. Und Stadtbilder von Nancy, anschließend auch von Paris, vielfach mit dem König im Vordergrund. Zurück in Deutschland arbeitet er an emblematischen Bildern. Und an einer neuen Stadtansicht von Basel: die Stadt aus der Vogelperspektive, auf vier Kupfertafeln.

Dies ist der junge, erfolgreiche Zeichner und Graphiker, der den bekannten Kupferstecher und Verleger Theodor de Bry in Oppenheim aufsucht und sogleich von ihm eingestellt wird. Nicht nur das: Anfang 1617 heiratet er eine der Töchter seines Patrons, Maria Magdalena. Und setzt seine Mitarbeit im Unternehmen fort. Arbeitet mit an Reisebüchern und an einer Ausgabe von Ovids *Metamorphosen* – ein Titel, der später zum Leitmotiv wird im Leben seiner Tochter Maria. Und: Stadtansichten, festliche Umzüge, Jagdszenen. Zwei Jahre lebt und arbeitet er mit seinem Schwiegervater in Heidelberg, also entstehen auch Bilder dieser Stadt am Fluss. Anschließend vier Jahre Basel. Die Produktion von Kupferstichen, von Buchillustrationen wächst und wächst.

Randbemerkung: In jener Zeit, 1621, publizierte Robert Burton die *Anatomy of Melancholy*. Und hier ist zu lesen: »Schon haben wir ein unermessliches Chaos und ein Durcheinander von Büchern. Wir werden von ihnen erdrückt.« Ein Statement, um das zu wiederholen, aus dem Jahre Sechzehnhunderteinundzwanzig. Kein Kommentar, weiter im Text!

Der Schwiegervater stirbt mit zweiundsechzig. Theodor de Bry jun. führt nun das Verlagshaus, gemeinsam mit Merian. Doch bald schon, 1626, wird von Schwiegermutter Margaretha die Leitung der Offizin auf ihn übertragen. In Merian setzt die Witwe alle Hoffnungen, und die Entwicklung wird ihr Recht geben. Mit ihrer Zustimmung wird er den Verlag nach Frankfurt transferieren, wo er eine eigene Offizin gründet. Das Label »de Bry« wird lange Zeit beibehalten: »Johann Theodor de Bry's Erben«. Merian setzt das lukrative Amerika-Hauptwerk seines Schwiegervaters fort, in der deutschen wie in der (für den Europamarkt konzipierten) lateinischen Version: »Historiae antipodum sive Novi Orbis, qui vulgo Americae & Indiae Occidentalis Nomine usurpatur« ... Ältere Ausgaben hält er lieferbar; Neuausgaben laufen allerdings unter seinem Verlegernamen.

Die Adresse der Offizin Matthäus Merian ist noch nicht aufgespürt worden; immerhin lässt sich eine Merian'sche Liegenschaft lokalisieren, an der Ecke Zeil/Eschenheimer Straße. Vielleicht waren dort die Verlagsräume. Wo die Merians gewohnt haben, ist auch nicht bekannt. In der Offizin wurden die Kupfertafeln gestochen, hier war die Geschäftsführung; Druck und Satz der Texte sowie Bindearbeiten wurden von verschiedenen Betrieben ausgeführt.

Ein Verlagshaus mit einem breiten Programm. Als Autor immer stärker konfrontiert mit einem Trend zum Sachbuch, lese ich überrascht: Es erschienen fast ausschließlich Sachbücher im Verlag Merian, literarische Titel blieben Ausnahmen. Eine von ihnen: die Prosaromanze *Arcadia der Gräfin von Penbrock*, 1629 erschienen. Sir Philip Sidney erzählt hier, was in deutschen Landen Resonanz finden musste nach mittlerweile elf Jahren Krieg. Ich zitiere aus *Kindlers Neuem Literaturlexikon*: »Der Schauplatz der Handlung ist ein utopisches

Arkadien, bevölkert von ewig glücklichen Schäfern und Schäferinnen. Vor diesem pastoralen Hintergrund spielt sich eine ritterlich-abenteuerliche Liebesgeschichte ab, die zu blutigen, die friedliche Landschaft entstellenden Kriegen führt.«

Zu den belletristischen Ausnahmen im Verlagsprogramm gehörte noch Torquato Tasso, als Autor des *Gerusalemme liberata*, damit der Geschichte eines Kreuzzugs, Feldzugs. Sicherlich erfolgreicher waren zwei Sachbücher zum beherrschenden Thema: ein *Soldaten-ABC* (1631) und die *Schwedische Kriegskunst* (1638).

Im Frankfurter Messekatalog kündigte die Offizin Merian jedes Jahr mindestens eine Neuerscheinung an, zuweilen war es auch ein halbes Dutzend. Es waren Fachbücher vor allem aus dem Gebiet der Medizin. Zum Programm gehörte auch eine achtbändige Zoologie. Gelegentlich Botanisches. Immer wieder Schriften zur Alchemie, die damals in Mode war. Und religiöse Traktate, früh-pietistisch. Wichtiges Vorzeichen ...

Und die später so berühmte Merian-Bibel! Was auch immer hier bebildert wird an religiös bedeutsamen Ereignissen – alles findet statt in deutschem Ambiente. Selbst, wenn der Schauplatz eine Wüste ist: dichtes Gesträuch und schön gewachsene Bäume. Und viele Szenen mit einem Flusstal im Bildhintergrund, das Assoziationen weckt an den Rhein, aber an einen Rhein, der noch kleine Inseln im Flussbett duldete. Selbst wenn hebräische Schriftzeichen am Himmel aufleuchten über der Arche Noah – deutsche Ideallandschaft mit Burgen. Und wenn Moses ins Gelobte Land blickt, so ist das ein mitteleuropäischer Fluss in burgenreichem Land.

Ja, und beinah unvermeidlich in einem damaligen Verlagsprogramm: *Die Taten Alexanders des Großen*, mit deutschem und lateinischem Begleittext, mühsam gereimt. Und eine Suite mit dem kleinen, puttohaften Amor und seinem ikonographischen Werkzeug im Köcher; das Bübchen wird von Mutter Venus belehrt und auch mal verhauen: Die Göttin sitzt auf einem Baumstumpf, hat das beflügelte, nackte Bürschlein auf ihren Oberschenkeln liegen, hat die Hand erhoben zum Schlag auf den Po. Und es stellt sich eine zwingende Assoziation ein zum berühmten Gemälde von Max Ernst, auf dem die Muttergottes in gleichem Bildaufbau das Jesuskindlein versohlt.

Kurze Zwischenbemerkung zum Doppelstichwort Kupferstich und Originalbild: Der Name Matthäus Merian ist fast ein Synonym für Druckgraphik. Umso größer das Staunen, wenn man mit Originalzeichnungen von des Meisters Hand konfrontiert wird, beispielsweise im Berliner Kupferstichkabinett. Etwa die frühe Ansicht von Nancy: die Stadtfestung von etwas erhöhtem Blickpunkt aus gesehen und Hausdächer wie Kirchtürme zart koloriert. Etwa die späte Ansicht von Basel, mit nur anskizzierten Hausdächern im Vordergrund. Oder eine der Vorlagen zu seinen Bibelillustrationen. Was er selbst als Kupferstecher nach eigenen Vorlagen ausführte, was in seinem Auftrag in Kupfer gestochen wurde, das war marktgerecht penibel, aber hier, in den Zeichnungen: leichter Strich und gelegentlich Lavierungen, die in Kupferstichen keine Entsprechung finden. Ende der Anmerkung.

Mit zwei Fortsetzungswerken (neben der Amerika-Reihe des Schwiegervaters) war Merian besonders erfolgreich. Das erste: *Theatrum Europaeum*, eine Folge von Jahrbüchern über die wichtigsten Ereignisse in deutschen Landen und europäischen Ländern – jeweils drei, vier, fünf Jahrgänge wurden als Buch herausgebracht. An Stoff fehlte es damals wahrhaftig nicht, dramatische Ereignisse in Fülle, vor allem auf der Bühne des »Kriegstheaters«.

Die zweite Werkfolge wurde bereits benannt: die Topographie Deutschlands (später auf Nachbarländer ausgedehnt). Zu jedem der zehn »Reichskreise« war ein eigener, repräsentativer Band geplant, mit zahlreichen Kupfern.

Trotz der äußerst unberechenbaren Begleiterscheinungen des jahrzehntelang fortgesetzten Krieges: die Topographie wurde ein Erfolg. Von einem relativ schlecht verkäuflichen Band wurden immerhin an die 3000 Exemplare vertrieben; bei einem Goodseller war es das Dreifache. Das war viel, für damalige Verhältnisse und für den Preis: es waren aufwendige, kostspielige Produkte, die von einem bestens eingespielten Team unter Leitung des Meisters hochprofessionell und in erstaunlich kurzer Zeit realisiert wurden – das Anfertigen der Kupferstiche, ihr Druck, das Zusammenführen mit dem Bleisatz der Texte, das Binden – alles in einem halben Jahr. Das geht heute in der Regel auch nicht viel schneller.

Die Topographie als Opus magnum des Verlagshauses. Ich muss zugeben, dass ich lange Zeit die Stadtansichten für authentisch gehalten habe; sie wirken durchaus vertrauenerweckend. Ich glaubte mir ein getreues Bild von Städten jener Zeit machen zu können, wenn ich mir Reproduktionen genau genug anschaute. Aber hier muss revidiert werden. Die Offizin hat flächendeckend gearbeitet, und das Reisen war während des Dreißigjährigen Krieges erheblich erschwert, ja in manchen Gebieten zeitweise unmöglich. Es war zum Teil sehr schwer, an zuverlässige Bildvorlagen zu kommen. Nicht immer waren die Zeichner, die vor Ort beauftragt wurden, zuverlässig. Und Merian selbst kannte nur wenige Städte (allen voran Basel, Heidelberg, Frankfurt, Stuttgart), also war das Verlagshaus meist auf externe Vorlagen angewiesen. Falls die schlecht ausfielen, wurden sie von routinierten Kupferstechern aufgebessert, aufgeschönt; falls überhaupt keine neuen Vorlagen eintrafen, griff man auf alte Drucke zurück, sogar auf Holzstiche, und aktualisierte sie, vor allem im Stil. Gerade, weil es einen Stil des Hauses gab, wirkten und wirken die Drucke verlässlich, aber zum Teil waren sie zurechtphantasiert. Am entschiedensten musste retuschiert und verändert werden bei Städten, die während des andauernden Krieges belagert, beschossen, gestürmt, gebrandschatzt wurden, wie beispielsweise Magdeburg. Eine aktuelle Vedute hätte eine Stadt mit zahlreichen ausgebrannten, eingestürzten Häusern zeigen müssen, ja mit weiten Ruinenflächen, aber so etwas wollten die Auftraggeber, wollten die Käufer nicht sehen, und so wurde nicht das reale, das demolierte Magdeburg gezeichnet und in Kupfer gestochen, es wurde ein rekonstruiertes, ein idealisiertes Magdeburg zur Darstellung gebracht, »Magdeburgum in flore«, wie ausnahmsweise mal vermerkt wurde, ein Magdeburg also in der Blütezeit vor der Zerstörung von 1631.

Noch schutzloser der Kriegsfurie ausgesetzt waren vielfach Kleinstädte, und die wollten ebenfalls abgebildet werden in der jeweiligen Topographie – hier erst recht war Rekonstruktion durch Zeichner und Kupferstecher notwendig. Und schutzlos den umherziehenden Heeren und marodierenden Trupps ausgeliefert waren Dörfer – rund 15 000 Dörfer wurden zerstört.

KLEINER EPITAPH AUF DEN VATER ... Und was lässt sich über die Mutter des Kleinkinds berichten? Johanna Catharina Sibylla wird in der Überlieferung kaum erwähnt. Kein Selbstzeugnis, kein Brief der Tochter an die Mutter. Dabei wird Mutter Johanna für Tochter Maria zu einer wichtigen Figur: ein rundes Jahrzehnt wird Maria Sibylla (dann selber Mutter) mit ihrer Mutter zusammenleben, die Hälfte dieser Zeit in der ländlichen Kommune einer pietistischen Sekte.

Bevor die Tochter des Rentmeisters Gandolph Heim den Witwer Merian heiratete, lebte sie bei ihrem Bruder in Hanau, in einer evangelischen Emigrantengemeinde. Wilhelm Christoph Heim war dort Prediger; 1644 veröffentlichte er ein Buch unter dem Titel »Vinculum gratiae, das ist: Band des innerlichen und äußerlichen Gottesdienstes der Gläubigen im Neuen Testament«. Es ist anzunehmen, ja es lässt sich voraussetzen, dass seine Schwester vom religiös geprägten Hanauer Ambiente angezogen oder beeinflusst wurde. Helmut Deckert jedenfalls ist sich dessen sicher: »Von der strengen Frömmigkeit dieses Hauses war Maria Sibyllas Mutter geprägt worden.«

Sonst wissen wir kaum etwas von ihr. Nicht einmal ihr Geburtsjahr ist bekannt (oder habe ich es irgendwo überlesen?). Sie dürfte zwischen 1625 und 1630 geboren sein, wäre damit alt oder jung genug gewesen für ihre Rolle als zweite Ehefrau eines Witwers mit Kindern, wäre demnach bei der Eheschließung mit Jacob Marrell eine Frau von etwa dreißig gewesen – alles im Spielraum des Wahrscheinlichen.

JACOB MARRELL, EIN NIEDERLÄNDER IN FRANKFURT: keine Ausnahmeerscheinung! Denn: die Kriege des 17. Jahrhunderts waren überwiegend Glaubenskriege – mit ökonomischen Hintergründen. Die Gegenreformation befand sich auf dem Vormarsch, wortwörtlich auf dem VorMarsch: Spanische Invasionstruppen besetzten Flandern. Die Eroberung und Plünderung des Handelszentrums Antwerpen löste einen Exodus von Protestanten aus, die sich dem rigiden Katholizismus nicht unterwerfen wollten. Viele zogen nach Frankfurt – es wurde, in unserer Zeit, ebenso pointiert wie treffend als »blühende belgische Kolonialstadt«, als »Klein-Antwerpen« bezeichnet.

Für einen großen Teil der Wallonen war Frankfurt nur Zwischenstation; doch Tausende blieben. Und prägten entschieden ein neues Frankfurt. Denn diese »Glaubensflüchtlinge« aus den spanisch gewordenen Gebieten, sie besaßen, was man heute Know-how nennt, und das im Handwerklichen wie im Kaufmännischen. Sie brachten vielfach auch Geld mit. Und machten dann viel Geld.

Ungefähr ein Zehntel der bald 30 000 Frankfurter waren Neubürger. Die sorgten für erhebliche Irritationen. So führten Tuch- und Seidenfabrikanten Akkordlöhne ein statt der bisherigen Entlohnung nach Zunftregeln; sie gründeten Unternehmen mit Subunternehmen; sie partizipierten am Welthandel.

Im Beitrag von Anton Schindling zur Geschichte der Stadt, herausgegeben von der Frankfurter Historischen Kommission, lese ich, in welchen Branchen die Neubürger besonders aktiv waren. Zu vierzig Prozent waren es Hersteller und Händler von Tuchen (Wollstoffe, Mischgewebe). Zu dreißig Prozent waren sie tätig in der Produktion und Distribution von Seidenwaren – die »Seidenmühlen« (Spinnmaschinen) von Frankfurt; zur Herstellung von Fäden und Garnen kam noch die Seidenfärberei. Acht Prozent waren Juweliere – Diamantschleifereien arbeiteten für sie. Zu diesen und anderen Berufen, wie Bankiers und Zuckerbäckern, kamen noch die Buch- und Kunsthändler: vier Prozent.

Die tüchtigen Wallonen belebten entschieden die Wirtschaft und weckten damit Neid, Ressentiments, es entstand Fremdenfeindlichkeit, Fremdenhass auch in Frankfurt. Dem Rat der Stadt konnte die generelle Hebung der Umsätze, konnten damit höhere Steuereinnahmen nur recht sein, die Stadt war in damals unvorstellbarer Höhe verschuldet – auch über Steuererhöhungen konnte man nur die Zinsen der Kredite abdecken. Andererseits wollte man alte Privilegien nicht gern aufgeben. Der wichtigste Ansatzpunkt für Gegenmaßnahmen war die Religion, wieder einmal. Calvinistische Gottesdienste in Frankfurt wurden, nach Phasen der Kompromisse, mehrfach verboten. Zweimal kam es deshalb zu einem Exodus von Exilanten aus Frankfurt: 1562 zogen viele in die Kurpfalz und gründeten Frankenthal; 1596 die zweite Welle, und es wurde Neu-Hanau gegründet. Die in Frankfurt blieben, sie pilgerten sonntags auf der Landstraße hinaus zum Dorf Bockenheim im gräflich-hanauischen Gebiet; dort hatten sie eine bescheidene Kirche gebaut.

Wallonen, Flamen in Frankfurt: Auswirkungen auch in der Familiengeschichte! Theodor de Bry, der Großvater von Maria Sibylla: seinerzeit zur Emigration aus Lüttich gezwungen ... Und nun ihr deutsch-niederländischer Stiefvater aus Frankenthal ...

JACOB MARRELL WIRD MARIAS WICHTIGSTER LEHRER, nicht nur im Kupferstechen. Also widme ich ihm eine Portrait-Miniatur. Dabei folge ich in den biographischen Angaben einem Aufsatz von Gerhard Bott, der wiederum den biographischen Angaben von W. K. Zülch folgt.

Jacobs Großvater, Claude Marrell, war Juwelier in Frankreich gewesen. Jacobs Vater wurde bereits in Frankfurt geboren und studierte Jura. Er heiratete die Tochter eines Juweliers und wurde Stadtschreiber in Frankenthal, jener Kolonie niederländischer Immigranten. Hier wurde, als erstes Kind, Jacob junior geboren, 1614. Die Familie siedelte zehn Jahre später von Frankenthal in das nah gelegene Frankfurt über. Hier wurde der Dreizehnjährige einer der Schüler von Georg Flegel (über den bald ein Kapitel folgen wird). Nach Abschluss der Lehrzeit übersiedelte Jacob nach Utrecht, arbeitete hier als Geselle in einer Malwerkstatt, schloss einen Ehekontrakt, der bald darauf annulliert wurde, heiratete definitiv 1641. In Utrecht betrieb er einen »regen Kunsthandel«, beteiligte sich auch am Handel mit (immer noch) hoch dotierten Tulpenzwiebeln. Sein Schwiegervater hinterließ ein ansehnliches Erbe. Ein Jahr später starb aber auch Marrells Ehefrau; das war 1648. Er zog mit seinen drei Töchtern von Utrecht nach Frankfurt, heiratete hier (drei Jahre später) die Witwe Merian. Sein zweiter Wohnort blieb Utrecht.

Eher beiläufig sah ich zuweilen erwähnt, dass Marrell nicht nur mit Bildern handelte, sondern auch Bilder malte. Das nahm ich ebenso beiläufig zur Kenntnis: Hat also auch gemalt, war aber offenbar nur so etwas wie eine Vorstufe in der Entwicklung seiner Schülerin und Stieftochter Maria Sibylla ... Bis ich im Katalog zur Frankfurter Werkausstellung des Georg Flegel mehrere Bilder Marrells reproduziert sah, meist in Farbe – da gingen mir die Augen auf! Nicht ein nebenbei auch noch malender Kunst- und Tulpenzwiebelhändler, sondern ein hochkarätiger Maler, der auch am Kunsthandel beteiligt war, in Frankfurt und noch mehr in Utrecht. Dort gehörte er zur Zweiten Utrechter Schule der Stillebenmalerei.

Seine Spezialität waren Blumenbilder. Offenbar für Kataloge aquarellierte er Dutzende der (seinerzeit hoch dotierten) Primadonnen unter den Tulpen. Und malte Stilleben. Hier stellte er nicht, wie weithin üblich, idealisierte Bouquets zusammen, er malte, laut Katalog, »bewußt gleichzeitig blühende Zierpflanzen der damaligen holländischen Blumenkultur und gleichzeitig in Blüte stehende Pflanzen aus der freien Natur, die im engsten Randbereich der Felder blühten«. Aus seinem Blumenrepertoire: Akelei und Zitruszweig, Schneeball und Mandelbäumchen, Feuerbohne und Zierschafgarbe, Blauer Eisenhut und Wiesenstorchschnabel, Rose und Malve, Anemone und Narzisse, Nelke und Vergissmeinnicht, Ringelblume und Schwertlilie. Hinzu kamen, dekorativ ins Bild gesetzt, Insekten: »Libellen, Hummeln, Wespen, Fliegen, Heuschrecken, Käfer (Marien-, Mai-, Hirsch-, Laufkäfer und Eichenböcke), Spinnen, Schmetterlinge (Weißling, Pfauenauge, Segelfalter, Widderchen, Bärenfalter, Spanner) und Schmetterlingsraupen.« Er griff zahlreiche Anregungen auf, vor allem von der weithin marktbeherrschenden Bosschaert-Gruppe, später von Davidz de Heem, den er in Utrecht kennen lernte. Die Anregungen setzte er mit großer Souveränität um: Blumensträuße vor rundbogigen Nischen … Diese Bouquets steckten in Vasen, die wahre Zauberkugeln sein konnten – vor allem, wenn sie aus Glas bestanden. Darin spiegelte sich das Fenster des Ateliers, deutlich auch eine Türöffnung, und man erkennt sogar, schemenhaft, den Maler selbst. Größte Virtuosität!

Auf dem »Stilleben mit Hummer, Früchten und Geflügel«, das »Jacobus Marellus« im Jahre 1675 in Frankfurt malte, ist (auf etwas mehr als einem Meter Breite) fast programmatisch ausgebreitet, was die Vielseitigkeit des versierten Malers vor Augen führen konnte: der branchenübliche Riesenhummer und ein toter Pfau, eine hohe, reich dekorierte Edelmetall-Tazza, auf der sich Trauben häufen; üppige Weintrauben auch unter diesem Schauteller; weiteres Geflügel, noch im Federkleid, dazu zwei Äpfel. So wurde demonstriert, dass er Früchtestilleben, Tafelstilleben und eigentlich auch Jagdstilleben malen konnte. Damit übertraf er so manchen niederländischen Konkurrenten, dessen Sujet-Spektrum schmaler war.

Zu aller grandiosen Entfaltung auch solide handwerkliche Auftragsarbeiten, etwa in der Darstellung des Frankfurter Festzugs des »hochlöblichen Schreiner-Handwerks« – ein Festzug, der sich wie eine Polonaise über den Platz schlängelt, damit auch alles schön auf die Bildfläche passt. Ich erwähne dieses eigentlich bedeutungslose Bild nur wegen des Selbsthinweises: »J. Marrell, Burger und Mahler in Frankfurt«. Hier ist die Schreibweise seines Namens, die ich übernehme; sie entspricht, auch in der Aussprache, am ehesten der französischen Herkunft.

Marrell hat übrigens auch ein Vorlagenbuch von Zeichnungen zusammengestellt, unter dem barocken Titel: »Artliches und Kunstreichs Reißbüchlein für die ankommende Jugendt zu lehren insonnderheit für Mahler, Goldschmidt und Bilthauern zusamen gedragen und verlegt durch Jacob Marrel Burger und Mahler in Frankfurt a 1661.« In diesem Zeichenbuch auch ein Selbstportrait des Einundzwanzigjährigen: zum Betrachter blickend, arbeitet er an einem Blumenstilleben auf einer Staffelei, linkshändig, und in der Rechten hält er Palette und Pinselbündel; das Gesicht schmal, mit Schnurrbart; das Haar üppig, bis herab in Kinnhöhe; schwungvolles Federbarett. Dieser junge Mann wird schließlich siebenundsechzig Jahre alt, immerhin.

Gleichsam in einem Nachruf hebt Gerhard Bott hervor, dass Marrell, der sich am zeittypischen Austausch von Motiven beteiligte, nicht zu den Malern zählt, die eine neue Sicht- und Malweise realisierten. »Dies war offenbar nicht sein Ziel. In diesem Begnügen sehen wir eine typische Künstlernatur des 17. Jahrhunderts vor uns.« Falls das so stimmt, wäre das ein wichtiger Aspekt: Beschränkung, Bescheidung wurde nicht immer nur von Platzhirschen der Branche aufgezwungen; Einschränkung, Selbstbescheidung konnte auch gewollt, gleichsam vorsätzlich sein.

WER GEMÄLDE VON MARRELL SEHEN WILL, muss nicht erst in die Niederlande reisen: in Frankfurt, im Historischen Museum, hängen zwei exemplarische Blumenbilder.

Das erste, in kleinem Format, wird auf etwa 1634 datiert, da wäre er denn zwanzig gewesen ... Ein Gesellenstück. Die Blumen in der bauchigen Vase mit Halbreliefs sind gekonnt gemalt; es wird ihnen Gesellschaft geleistet von einem Hirschkäfer auf der Tischplatte und von einem Segelfalter im Blütenbereich.

Ein Meisterstück dann aus dem Jahre 1659 – da war Maria Sibylla zwölf, könnte das Entstehen dieses Bildes also (staunend) miterlebt haben. Repräsentatives Format. In der Mitte, keineswegs bildbeherrschend, eine Ansicht von Frankfurt. Er malt die Stadt-Silhouette und die Mainbrücke und das kleine Sachsenhausen vom gleichen (erhöhten) Standpunkt aus wie Merian (also wohl von der Bastion herab, die unmittelbar an den Main herangerückt war), aber er stilisiert die Gebäude in der Höhe, malt interessante Wolken über nahem Fluss und ferner Landschaft, malt eine Mole, die von offenbar nackten Menschlein belebt ist – ein paar von ihnen planschen im Mainwasser.

Umgeben ist dieses Stadtbild von einem Blumenoval. Außer Tulpen und Nelken nenne ich keine weiteren Blumen, will nur betonen: Hier war ein Meister am Werk. Auf der (notwendig verkleinernden) Abbildung in diesem Buch wird das nicht so augenfällig, man muss das Original sehen, um die Leistung würdigen zu können. Da wird nicht nur, Blüte neben Blüte, drumherumgarniert, da wird in die Tiefe gestaffelt, vor allem im unteren Segment: Blüten im Licht, Blüten im Dämmerbereich, Blüten vor Blüten – kunstvolle Überschneidungen.

Souverän dargestellt auch die Insekten der Staffage: Da krabbelt ein Käfer, da lässt sich eine Spinne am Faden herab, da sind Wespe, Hummel, Hornisse zu sehen, und es sind sogar zwei Raupen gemalt, die auf dem Steinwerk der Kartusche hinter den Blumen herumkriechen. Hier ist es also schon, das komplette Maria-Sibylla-Merian-Programm, aber in einer Perfektion, die seine Stieftochter denn doch nicht erreichen wird.

MARIA SIBYLLA (der Rufname war sicherlich Maria) wuchs auf in einer Freien Reichsstadt. Mit dieser Bezeichnung habe ich mich lange zufrieden gegeben, aber dann wollte ich doch genauer wissen: Was heißt und was bedeutet das eigentlich? Vor allem mit Blick auf die Lebensformen, in die das Kind hineinwuchs.

Maria wurde geboren, wuchs auf in einem autonomen Stadtgebiet, in einem Stadtstaat – innerhalb eines Landes, das nach dem Friedensschluss von Münster in mehr als hundert selbständige Gebiete (meist Fürstentümer) zerfallen war. Reichsstädte hatten freilich eine alte Tradition; sie reicht zurück ins Mittelalter. Der Rat einer Reichsstadt war für alles zuständig: für Handels- wie für Außenpolitik, für Verwaltung wie für Rechtsprechung.

Dieser Stadtstaat war klein, in der Ausdehnung: das Gebiet der Altstadt, die dann im Zweiten Weltkrieg fast vollständig zertrümmert wurde. Als Maria geboren wurde, baute man bereits seit zwei Jahrzehnten an einer neuen Befestigung der Stadt. Eine mittelalterliche Stadtmauer konnte dem Beschuss von Artillerie nicht standhalten, es mussten Festungsanlagen gebaut werden, an denen Kanonenkugeln nach Möglichkeit abprallten. Der Rat der Stadt wollte möglichst wenig Geld ausgeben für Zukäufe von Ländereien unmittelbar vor der Stadt, und so schloss sich der neue Festungsgürtel fast unmittelbar um den alten Mauerring. An der neuen Stadtbefestigung wird man übrigens noch etwa zwei Jahrzehnte weiterarbeiten, nach Maries Geburt. Wobei freilich, anteilmäßig, für die Befestigung von Sachsenhausen am südlichen Mainufer nicht so viel Geld ausgegeben wird, dort wohnten vor allem Bauern, Gärtner und Fischer.

Man konnte Sachsenhausen in einer Viertelstunde bequem umrunden, zu Fuß, und für die Stadt Frankfurt brauchte man etwa eine Dreiviertelstunde – locker, wie man heute sagen würde. Die Stadt war dicht bebaut, spitzer Giebel nah an spitzem Giebel; als Akzente die Kirchtürme, vor allem der Dom. Westlich, nördlich, östlich der Stadt Gärten und Felder – das zog sich so hin bis zum Taunus. Am Mainufer Wiesen für das Bleichen von Leinen, vor der Verarbeitung: das Weißen. Die Bleichgärtner hatten in diesem Bereich auch ihre Hütten. Nach dem Ende des Dreißigjährigen Krieges entstanden im Grünen auch die ersten Gartenhäuser.

Man konnte diese, auch diese Stadt nur betreten und verlassen durch eins der befestigten Stadttore. Die wurden von Soldaten bewacht. Torschreiber fragten Anreisende, Einreisende nach dem Woher, Wohin, Warum, Weshalb, Wieso. Visierer kontrollierten das Gepäck, Zöllner erhoben Abgaben streng nach Listen. Nachts wurden die Tore verschlossen – auch das Tor zum Mainufer. Die Schlüssel mussten beim Bürgermeister abgegeben werden. Kam ein Reisender nach Torschluss zur Stadt und er konnte sich das Sperrgeld leisten, so musste sein Kutscher versuchen, die Torwache zu wecken; dann musste jemand zum Bürgermeister geschickt werden und versuchen, den wachzukriegen; gelang dies, so wurde der Schlüssel ausgehändigt, der dann gleich zurückgebracht werden musste. Das kostete Zeit und Geld, also übernachteten verspätet eintreffende Reisende lieber im Wagen oder im Freien.

Maria wuchs also auf in einer Stadt, die abends abgeschlossen wurde. So etwas gab es noch im 20. Jahrhundert: Maskat, die Hauptstadt des Sultanats Oman, wurde bis in die Jahrhundertmitte nachts verschlossen. Als Bewohner von Großstädten mit vielen Möglichkeiten zur Erhaltung und Entfaltung der Mobilität können wir hier nicht von unseren Reflexen rückschließen: Man fühlte sich in jenen Städten mit Mauern und Toren nicht eingeengt, sondern geschützt. Wahrscheinlich vermittelte dies auch dem heranwachsenden Mädchen ein Gefühl von Sicherheit. Wir werden bald sehen, wie unsicher das Leben damals war, außerhalb der Stadtmauern.

Die Sicherheit vor äußeren Gefahren hatte einen hohen Preis: Restriktionen. Sie förderten Willkür, Übergriffe. Schon an den Stadttoren konnte das anfangen mit Scherereien. Darauf lässt eine neue Wachordnung schließen, die der löbliche Rat der Stadt noch zu Lebzeiten der Merian beschloss. Demnach durften Wachsoldaten nicht betrunken im Dienst erscheinen, durften nicht Bürger beleidigen, durften nicht aus Übermut schießen, durften nicht »ohne hinlänglichen Verdacht an den Toren Leute untersuchen«. An alldem schien es, mal mit dieser, mal mit jener Akzentuierung, an den Toren zu hapern, sonst wäre diese strikte Neuregelung nicht notwendig gewesen.

Es herrschte ein System sehr dichter sozialer Kontrolle – überall drohten Strafen. Entwickelte ein Handwerker eine rationellere Fertigungsmethode, so wurde er bestraft, wenn er seine Zunftgenossen nicht darüber informierte. Wenn ein Paar schon vor der Hochzeit miteinander schlief (und denunziert wurde), so wurde es straffällig. Der Scharfrichter der Stadt war nicht nur zuständig für das Köpfen von Verurteilten, mitten in der Stadt, für das Hängen am Galgen westlich der Stadt, er musste auch verpönte Bücher verbrennen. Bewegungsfreiheit nur für die Privilegierten, Gedankenfreiheit nur versteckt. Ein Wort, das damals dräuenden Charakter hatte: Obrigkeit.

Die ummauerte Stadtgesellschaft war streng geschichtet. Vorherrschend und herrschend die Mitglieder des Rats und die Großkaufleute – vielfach bestand hier Personalunion. Ungefähr fünfzig Prozent der Stadtbewohner galten als Bürger. Sie allein durften Häuser bauen oder kaufen. Etwa ein Zehntel der Bevölkerung verblieb im »Beisassenstatus«: man durfte Handel treiben, ein Handwerk betreiben, aber kein Haus erwerben. Fast dreißig Prozent waren »Fremde«: Lehrlinge, Gesellen, Dienstboten, Handlungsgehilfen. Mit ähnlichem Bevölkerungsanteil wie die Beisassen: die Juden. Sie mussten im Ghetto wohnen. Nur über ein kontrolliertes »Judenbrückchen« durften sie in die Innenstadt.

Die mächtige Gruppe der Großkaufleute wuchs an mit den Glaubensflüchtlingen. Von Antwerpen aus hatten sie meist schon Handelsbeziehungen mit Frankfurt unterhalten, sie kannten die Stadt indirekt oder direkt, setzten sich dorthin ab, als spanischer Katholizismus ihnen die Lebensrechte nahm. Pierre Gontard zum Beispiel, der 1686 nach Frankfurt kam: er wird bei seinem Tod ein Vermögen von 450 000 Gulden hinterlassen – der Gesamtetat der Reichsstadt wird dann bei etwa 500 000 Gulden liegen. (Die wichtigste Einnahmequelle des stadtstaatlichen Fiskus waren übrigens Gebühren, Wegezölle vor allem, die an den Toren erhoben wurden für alle Waren, die auch nur die Stadt passierten. Abgaben wurden selbstverständlich auch von den Schiffern erhoben, die Massenwaren transportierten: Holz in Stapeln ... Bausteine im Rumpf ... Wein in Fässern ... Schmuggel wurde hart geahndet; wer einen Schmuggler anzeigte, erhielt ein Drittel der Strafgebühren.)

Die Kaufleute versuchten, ihre Interessen rigoros durchzusetzen. Beispielsweise legten sie entschieden Wert darauf, dass im Frankfurter Gymnasium ihre Kinder hauptsächlich eine kaufmännische Ausbildung erhielten. Sahen sie das nicht genügend berücksichtigt, schickten sie ihre Kinder zu Internaten oder ließen sie von Privatlehrern ausbilden.

Drei Punkte allerdings, so sehe ich das, sprachen für diese machthungrige, besitzgierige Gruppe der Privilegierten. Der erste: sie bauten schöne, repräsentative Häuser, vor allem an der Zeil. Der zweite: sie legten Kunst- und Naturaliensammlungen an, meist mit besonderem Akzent auf Schmetterlingen. Der dritte Punkt: sie investierten in der Regel etwa zehn Prozent ihres Gesamtvermögens in ihre Weinbestände.

In dieser Stadt fanden die Messen statt. Zahlreiche historische Bilder vermitteln hier einen ungefähren Eindruck: Es war eigentlich ein riesiger Markt. Verkaufsbuden, Verkaufszelte, Waren auf Tischen und auf dem Boden. Dies in einer genauen Aufteilung des Stadtgebiets. Wenn ich heute am Frankfurter Südufer ein Schild sehe wie »Grenze des Flohmarkts«, so kann ich mir deutlicher vorstellen, wie die Branchen klar und streng voneinander getrennt waren. Die Goldhändler ... die Waffenhändler (eine in Frankfurt besonders lukrative Branche!) ... die Weinhändler (Einzelpersonen wurden nur mit mehr als 400 Litern beliefert ...), die Buchhändler (die, im genauen Wortsinn, ein Fass aufmachten: in Fässern wurden Bücher wetterfest transportiert) ... Zu erwähnen sind noch die Instrumentenhändler, mit ihren meist fabelhaft präzis gearbeiteten Geräten, etwa zur Vermessung oder zum Schneiden von Zahnrädern ...

Ein buntes Bild. Man genoss den Trubel. Wie sehr sich die Einstellung seither verändert hat, zeigt sich an einem eher beiläufigen Detail: In den »Anzeigungs-Nachrichten« der Stadt wurden Wohnungen zur Miete oder zum Kauf angeboten mit dem werbenden Hinweis »in einer lebhaften Straße«. Und das wurde betonend jeweils an den Anfang gesetzt: »In einer lebhaften Straße ist eine schöne, helle Wohnung« zu mieten …

In solchen Straßen wohnten die Begüterten. Man hielt streng auf Distanz zu den Behausungen der Armen. Die unteren Stände wurden von der Mitte oder Spitze der gesellschaftlichen Pyramide herab zumindest skeptisch betrachtet und beurteilt. Ein Frankfurter Arzt, wenn auch etwas später (doch die Verwandlungen, Veränderungen der Gesellschaft waren sehr langsam): »Aber wir haben auch einige Faulenzer, Leute, die in aller Untätigkeit ihr Leben zubringen, die immer an Hämorrhoiden leiden, immer rülpsen, immer Kopfweh haben, immer mit sich unzufrieden sind, und die früher oder später von Lähmungen und Schlagflüßen darniedergeworfen werden.« (Dies, auch dies lese ich in einem Katalog des Historischen Museums Frankfurt. Hier finde ich auch ein schönes, vielseitig verwendbares Statement: »Ob es wirklich so gewesen ist, wissen wir nicht. Wir wissen aber sehr wohl, daß es so gewesen sein kann.«)

Die Armen, die Bettler – auf vielen Kupferstichen jener Zeit sind sie zu sehen, zwischen Personen, die gesund dahinschreiten oder dahinreiten: hagere, hohlwangige, meist zahnlose Männer in Lumpen, und sie spielen eine Fiedel oder Drehleier, strecken den Schlapphut aus oder die eingekrümmte Hand … Und Aussätzige: Gesichter, Körper von Lepra zerfressen, abfaulende Gliedmaßen … Und Kriegsinvaliden mit Krücken oder mit Holzstempeln unterhalb der Knie oder auf flachen Wägelchen, auf denen sie sich, doppelt beinamputiert, voranschieben. So etwas wie Kriegsinvalidenrente gibt es zu jener Zeit noch nicht. Entsprechend groß die Zahl von Bettlern, auch in Frankfurt.

LEBENSBILD 4: Interieur, ein Schulzimmer. Düsterer Raum mit fleckigen Wänden; Holzbalkendecke; im Hintergrund auf gemauerter, durchlaufender Sitzbank Kinder an einem lang gestreckten Tisch: offenbar die Phase einer beginnenden Rauferei. Auf dem Steinplatten-Fußboden ein Hund. Links ein

Fenster, eine Tür, daneben ein Besen und eine Schneeschaufel, an die Wand gelehnt. Im Mittelgrund, auf einem Stuhl, den Rücken zum ansatzweise turbulenten Geschehen, der Lehrer, weißhaarig, in weitem Gewand. Vor ihm ein Schüler (Kniebundhose, langes Jabot, kleiner Haarzopf), der in sichtlich demütiger Haltung Auskunft oder Antwort zu geben scheint. Auf einem Fußschemel, neben dem Lehrer, ein Mädchen, das in beiden Händen ein Buch hält, in dem es konzentriert zu lesen scheint. (Verso von späterer Hand Hinweis auf Maria Sibylla. Feder in Braun, laviert, über leichter Kreideskizze. Teils gegilbt.)

DIES WÄRE EINE DOKUMENTATION HISTORISCHER GE-RECHTIGKEIT: eine Serie von Zeichnungen zum Leben der Maria Sibylla Merian. Wie viele hundert Bilder wird sie zeichnen, stechen, kolorieren, wie viele in Wasser- und Deckfarben malen? Mit allen Entwürfen, Varianten, kolorierten Serien – es muss eine schließlich vierstellige Zahl sein. Also wäre eine Serie von Bildern ihrer Lebensgeschichte am ehesten angemessen, wäre lebensstilgerecht.

Vorstellbar wären hier am ehesten Zeichnungen – in verschiedenen Techniken und aus verschiedenen Lebensphasen eines Künstlers, der seine Identität nur über ein Monogramm andeutet (beispielsweise: AM). Die Zeichnungen als Vorlagen für Kupferstiche, die nicht ausgeführt wurden?

Dies soll fairerweise schon zu diesem frühen Zeitpunkt betont werden: Es entsteht ein *fiktiver* Zyklus von Zeichnungen.

LEBENSBILD 5: Kücheninneres, halbdunkel. Rechts ein voluminöser Kamin mit gereihten Tellern auf dem Gesims, hinter einer Leiste; Eisengestell über den Holzscheiten, ein aufgehängter Topf, in dem ein Mädchen rührt, vorgebeugt stehend. An einem kleinen, runden Tisch schneidet eine Frau mit Faltenkragen und Haube ein Stück Fleisch zurecht; ein Hündchen versucht, hochspringend dranzukommen, wird dabei offenbar nicht weiter beachtet. Ein Besen, an die Wand gelehnt; zwei Fässer, verschlossen; auf einer kleinen Sockelplattform diverse Gemüse, einige Kessel; eine Siebplatte an der Wand aufgehängt.

Ein Genrebild mit überraschendem Zusatz: im Vordergrund ein Tisch, der sichtlich nicht zur Küchenausstattung gehört. Auf einem Stuhl sitzt, vorgebeugt, Maria Sibylla. Auf einem runden, flachen Korbgeflecht, dem Betrachter leicht entgegengeschrägt, einige Raupen, denen das Mädchen Blätter vorlegt. (Unten rechts erläuternde Notiz, ebenfalls von späterer Hand. Rötel auf Bütten. Monogrammiert AM.)

HIER BIN ICH AUCH OHNE BELEGE UND BEWEISE SICHER: dass Maria Sibylla nicht nur Zeichnen, Aquarellieren, Kupferstechen gelernt hat im Hause Merian-Marrell, sie durfte, konnte, musste auch Vorarbeiten übernehmen. Kind war man damals nur für eine entschieden kürzere Phase: Bei der geringen Lebenserwartung durfte nicht viel Zeit verloren gehen. Ausbildung, Schule, Studium, alles war beschleunigt, verkürzt (mit unseren Zeitmaßen verglichen); wenn ein Mädchen von dreizehn bereits verheiratet werden konnte, so musste es schon mit zwölf und elf und zehn in einer Werkstatt mitarbeiten oder auf dem Bauernhof; das lief noch nicht unter dem Vorzeichen Kinderarbeit, solche Mitwirkung war selbstverständlich; Rücksicht wurde nur auf die Kräfte genommen. Also wird man das Mädchen Maria auch zum Polieren von Kupferplatten herangezogen haben.

Die Kupferplatten wurden noch längst nicht industriell gefertigt in genormter Stärke und garantiert planer Oberfläche, sie wurden von Kupferschmieden zurechtgehämmert, meist unter Einsatz eines Hammerwerks, von Wasserkraft angetrieben. Die vom Kupferschmied (zuweilen mit Kupferschmiedsiegel rückseitig) gelieferten Platten wurden in den Ateliers nachbearbeitet. Für Gemälde wurden sie aufgeraut, damit die Farben besser hafteten; für Kupferstiche wurden sie auf Höchstglanz gebracht: Bimsstein-Granulat, mit etwas Öl ver-

mischt, wurde auf die Platte aufgetragen, und mit einem Kork-
stück stellte man den Feinschliff her. Eine Arbeit auch für die
kleine Maria?

Und sie lernte, wie man eine Vorzeichnung auf die Platte
überträgt? Hier gab es technische Erleichterungen, hilfreiche
Praktiken: Linien wurden durchgeritzt oder punktiert, eine
Art Pausverfahren – die Hilfszeichnung. Die Stadt, die Blume,
der Käfer ...

Bevor jedoch der Stichel angesetzt wurde, musste man die
Kupfertafel auf einer Holzplatte befestigen, die dem Druck des
Stichels nicht nachgab. Bestimmt ein halbes Dutzend verschiedener Grabstichel wird auch für Maria bereitgelegen haben –
etwa zwölf Zentimeter lang die Klingen, die in einem Holz-
griff in Pilzform steckten und stecken, und diese Pilzform
presst sich in die Handfläche, in den Handteller – die Kraft
wird vom Handgelenk übertragen.

Und nun: erst einmal die Haupt-Umrisslinien. Vorsichtshal-
ber wird eine Klinge mit dünner Strichspur benutzt, so können
falsche Linien leichter weggeschabt werden. Und der lange
Kupferspan kringelt sich vor dem Stichel her. Fortsetzung der
Arbeit bis zum Probedruck. Mit dem Wischer wird Druckerschwärze in die Gravierlinien gerieben, die Platte wird sorgsam
gesäubert und kommt in die Kupferdruckpresse.

Wie die funktionierte, das lernte Maria Sibylla sicherlich
auch schon früh. Die Walze unten, die Walze genau darüber,
die Stahlplatte dazwischen. Auf diese Platte wird Karton
gelegt, darauf die eingefärbte Kupferplatte, darauf angefeuch-
tetes Papier, darauf eine Filzschicht, und das Ganze wird zwischen den Walzen durchgedreht, mit kräftigem Ziehen an den
langen Sprossen, den radialen Antriebshebeln. Diese schwere
Arbeit ließ sich der Drucker des Hauses wohl kaum aus der
Hand nehmen, schon gar nicht von der noch kleinen Tochter
des verstorbenen Patrons, dafür hatte sie nicht genug Kraft
und Gewicht. Dennoch: Maria Sibylla mit Druckerschwärze
an den Fingern oder am Kittel über dem Kleid, das geschont
werden musste.

32

KUPFERSTECHER, KUPFERSTICHE: Stichwörter (nun auch) für den Großvater. Sein Erbe wird wichtig für das heranwachsende Enkelkind, also wird es wichtig auch für uns: das Familienambiente, in dem sie aufwächst, die Welt der Bildgestaltung und des Verlagsgewerbes. Marias Vorgeschichte beginnt nicht erst mit dem berühmten Vater, sondern mit dem seinerzeit bekannten Großvater. Kein bloßer Rückblick jetzt, sondern fortgesetzte Beschreibung einer Konstellation, die auf sie einzuwirken beginnt: sie wird dort ansetzen, mit Blumenbildern, wo ihr Großvater für sie (indirekt) vorgearbeitet hat. Zwei Stichworte, die ihn mit seiner Enkeltochter verbinden: Blumenbuch und Amerikabuch. Grund genug, ihn aus der Grauzone beiläufiger Erwähnung herauszuholen und kurz das Licht auf ihn zu richten.

Theodor de Bry, 1561 in Lüttich geboren, als Protestant zur Emigration gezwungen, wurde angesehener Kupferstecher und Verleger mit Sitz in Oppenheim am Rhein. Er war noch nicht ganz dreißig, als die ersten Bände seiner erfolgreichen Fortsetzungswerke erschienen. Spitzenreiter waren illustrierte Reiseberichte, die Leser und Betrachter nach Nord- und Südamerika führten, in die damals noch durchaus Neue Welt. Parallel zu den Amerikabüchern eine zweite Reihe: illustrierte Berichte über Reisen in Afrika und Asien. Sein Verlagshaus veröffentlichte auch Werke des englischen Arztes und Alchemisten Robert Fludd. Und: eine Loseblattsammlung von Blumenstillleben, in Kupfer gestochen. Und: ein Blumenbuch, ein Florilegium.

In seiner Folge von sechs Kupferstichen (nach Vorlagen von Jacob Kempener, Frankfurt) schuf de Bry Vorlagen für weitere Stilleben – bis ins bald geläufige Detail: auf einer Abstellfläche eine kunstvoll gestaltete, bauchige Vase, aus der ein großes, radial geordnetes Bouquet hochzuschießen scheint, mit Blumen, die im Zeitalter des Barock besonders beliebt waren – sie werden später noch aufgezählt. Des Weiteren findet sich auf seinen Kupferstichen eine Staffage, die später hundertfach reproduziert und variiert wird: das Schnecklein mit Gehäuse auf der Tischfläche, die Spinne, die sich von einer der Blumen am Faden herablässt, das heranschwirrende oder blütenbekrabbelnde Insekt und, natürlich, der anfliegende Falter.

Im *Florilegium Novum*, im Neuen Blumenbuch, wurden einzelne Blumen portraitiert. Dies freilich nicht nach der Natur, es wurde, im alten Wortsinn: abgekupfert. Kupferstichvorlagen früherer Sammlungen wurden kopiert, mit Varianten; die Vorlagen muss ich hier nicht benennen. Es genügt, festzuhalten: Das Neue Blumenbuch war erfolgreich. Der ersten Ausgabe von 1611 folgte bereits ein Jahr später eine erweiterte Neuausgabe: zu den sechzig Kupferstichen kamen zwanzig neue hinzu. Die dritte Ausgabe, veröffentlicht von »Johann Theodor de Bry's Erben«, wurde ebenfalls erweitert – diesmal gleich um zweiundsechzig neue Kupferdrucktafeln. Es ist also kein Zufall und nicht bloß Zeichen einer subjektiven Vorliebe, dass Enkelkind Maria Sibylla später ebenfalls ein Blumenbuch produzieren wird, in drei Lieferungen. Dabei wird sie einige der Kupferstiche ihres Großvaters abkupfern: Branchen-Usus ...

Das zweite verbindende Stichwort: Großvaters Fortsetzungswerk über die Neue Welt der »Antipoden«. Hier war es besonders schwierig, an Bildvorlagen für die Kupferstecher der Offizin zu kommen. Doch er wurde fündig, sogar in alten Holzstichen. Die meisten der Illustrationen aber hat er nach Reiseberichten frei entwickelt. Heute würden wir so etwas als »Phantasieprodukte« bezeichnen. Diese Bücher (»cum elegantissimis tabulis et figuris«) sind heute Raritäten. Aber es gibt Reproduktionen, verstreut und gesammelt.

Einige der Bilder, die Maria Sibylla schon als Kind gesehen haben könnte: Der Abschied eines Seefahrers in einem europäischen Hafen ... Ein Schiff, das von einem Schwarm Fliegender Fische umgeben ist ... Dann ein berühmter Stich: Kolumbus ergreift Besitz von der Insel Hispaniola. Drei Schiffe ankern in einer Bucht; am Ufer steht Kolumbus in höfischer Tracht, dicht hinter ihm zwei Männer mit Helmen und Musketen; ein kleines Stück weiter richten drei Mann ein großes Kreuz auf; eine Delegation fast nackter Indianer trägt Begrüßungspräsente heran, sichtlich kostbar. Und es wird angedeutet, woher der Reichtum kommt: ein kegelförmiger Berg aufgeschnitten, Arbeiter klettern eine Doppel-Strickleiter rauf und runter: »Wie die Indianer das Gold aus den Bergen graben.« Und Indianer in Hängematten, Indianer in fröhlicher Runde, mit Pokalen. Und sogar dieses Motiv: »Flusslandschaft in Guyana«, also in der Region, in der sich Maria Sibylla Merian später aufhalten wird. Die menschenfressende Wasserschlange, die sich auf diesem Bild im Wasser kringelt, die wird unsere Reisende allerdings nie zu Gesicht bekommen, auch nicht das Wundertier Mosse: ein dicht behaarter Ochse mit Hirschgeweih. Sie wird nicht einmal die (beinah obligatorische) Seejungfrau erblicken, das »Meerwunder«, das auf einem der Bilder von einem Engländer erspäht wird.

Der anhaltende Erfolg dieses Verlegers lockte einen schon in jungen Jahren erfolgreichen Schweizer an: Matthäus Merian aus Basel, Jahrgang 1593. Es lagen, wie erwähnt, schon zahlreiche Kupferstiche als Buchillustrationen von ihm vor. Der etwa Zwanzigjährige beendete in Oppenheim seine »Gesellenfahrt«, seine Ausbildungs- und Studienreise. Rasch wurde er zum wichtigsten Mitarbeiter im Unternehmen des Theodor de Bry. Er gravierte abgenutzte Kupfertafeln nach, stach Neufassungen nicht mehr brauchbarer Platten, stach, nach eigenen und fremden Vorlagen, neue Tafeln, auch für den Amerika-Zyklus. Ein (späteres) Kupfertitelblatt zeigt, nach den Angaben des Merian-Werkkatalogs: »in einem überladenen Aufbau oben Seejungfrauen, links ein Indianer mit Goldklumpen und Maus an den langgezogenen Ohren und einer Penishülse, rechts eine Indianerfrau mit langen hängenden Brüsten und einem Frosch am Ohr, unten Schiffe in einem Schwarm fliegender Fische«. So war, nach den Vorstellungen ihres Großvaters wie ihres Vaters, die Welt beschaffen, in die Maria Sibylla später einmal aufbrechen wird.

MARIA SIBYLLA HATTE EINEN ZWEITEN LEHRER, Abraham Mignon – Geselle, Meisterschüler in der Werkstatt

Merian-Marrell. Auch er war in Frankfurt geboren, als Sohn von Emigranten. Sieben Jahre älter als Maria Sibylla, übernahm er den Kunstunterricht des Mädchens, solange Marrell auf Reisen war. In der Branche war man lange Zeit überzeugt, Mignon sei der eigentliche Lehrer gewesen – bezeichnend der Artikel über »Marie-Sibylle« im Künstlerlexikon, das 1760 in Paris erschien. Betont wird hier allerdings auch, dass sie seinen Unterricht der Vermittlung Marrells zu verdanken hatte. Der sah in ihr offenbar so etwas wie seine vierte Tochter und förderte sie in jeder Hinsicht. Dass er sie recht bald schon nach Utrecht mitnehmen wird, könnte ein (weiterer) Beleg dafür sein.

LEBENSBILD 6: Ein Kupferstechatelier als Schauplatz, als Bühne vor einem Auftritt. Vier Tische im Raum, rechts und links vor den Seitenfenstern. Die Stühle aus einem hochbürgerlichen Wohnzimmer – barocke Repräsentation auch hier? An der Rückwand des Zimmers gerahmte Druckgraphiken, dicht gehängt, in drei Reihen. Zu erkennen sind Blumenbilder, Stadtansichten und biblische Szenen.

Die Zeichnung offenbar geplant als Vorlage für das Frontispiz eines Zyklus von Kupferstichen. Im Vordergrund ein halbes Dutzend Putti, mit graziösen Speckfalten unter den Flügelchen. Einer von ihnen schüttet einen Holzkasten aus, es fallen und liegen Grabstichel in verschiedenen Ausführungen, um die sich drei weitere Putti anmutig balgen; einer jedoch scheint, an den Haaren gerissen, zu greinen. Links ein Tisch mit fransenreicher Decke; hier schiebt ein Putto, dem Bildbetrachter den Po zudrehend, eine Vase mit Blumen zurecht, während ein anderer in der linken Hand eine offene Spanschachtel hält und mit der rechten einen Mai- oder Hirschkäfer herausholt – einige Käfer liegen bereits auf dem Tisch, meist auf den Rücken. (Rohrfeder auf Bütten. Kleiner Eckdefekt unauffällig retouchiert.)

ZWEITER NACHTRAG ZUM KURZPORTRAIT DES MANNES, der im Leben der jungen Maria Sibylla offenbar eine tragende Rolle spielte, vor allem in ihrer künstlerischen Ausbildung. Er wurde nicht nur im Familienkreis geschätzt; er galt (und gilt) als Maler von hohem Rang. Es gibt einen Indikator, der auch seine heutige Reputation markiert: die Preise, die Bilder von Marrell bei Versteigerungen erzielen, in angesehenen Auktionshäusern. Im mehrbändigen Dictionnaire critique et documentaire von Emmanuel Bénézit werden auch Auktionspreise genannt. Ich wähle ein paar dieser Angaben aus. Demnach wurden 1973 zwei Gemälde von Marrell versteigert, das eine für 40 000 niederländische Gulden, das andere für 26 000 DM. Ein paar Jahre später erzielte ein Marrell in den Niederlanden bereits 50 000 Gulden, und 1983 waren es in England 13 000 und 92 000 Pfund. Fünf Jahre später wurden in den USA die Preise sensationell. Die Reihenfolge der Zuschläge: 198 000 Dollar, 363 000 Dollar, 190 000 Dollar, 376 000 Dollar.

BEVOR ICH mit dem kurz gefassten Bericht über seine Reise mit Maria Sibylla und Abraham nach Utrecht beginne, streife ich (wieder) rituell das T-Shirt über, das ich im Rijksmuseum gekauft habe. Das einzige T-Shirt im Angebot des Museumsladens, jedenfalls zum Zeitpunkt meines Besuchs. Auf chamoisfarbenem Grund vier flamboyante Tulpen, eine Anemone und ein paar dekorative Insekten. Unten rechts, unübersehbar: Jacob Marrel, 1614–1681. Was ja wohl zeigen dürfte, dass ich mit meiner Hochschätzung nicht allein stehe – dem Rijksmuseum hätte es wahrhaftig nicht an Vorlagen für andere Textildrucke gefehlt. Repräsentant Marrell ...!

DER FÜNFUNDVIERZIGJÄHRIGE PENDELTE zwischen Frankfurt und Utrecht. Wir werden später eine Reise von Frankfurt in den Norden nachvollziehen, hier nehme ich nur vorweg: Jacob Marrell wird, mit Maria Sibylla und Abraham, auf einem von Pferden getreidelten Schiff nach Mainz gefahren sein; von dort aus ging es weiter auf der Rheinroute und schließlich, auf dem Niederrhein, fast bis zum südlichen Stadttor von Utrecht.

Die Reise wird lang gewesen sein, aber nicht anstrengend – abends legte das Schiff jeweils an. So wird das Mädchen zu sehen bekommen haben, wie viel im Krieg zerstört worden war, auch in den Niederlanden.

LEBENSBILD 7: Maria Sibylla an einem Tisch, zeichnend. Vor ihr, in einem Glas, eine einzelne Tulpe. Eine Tür im Hintergrund halb geöffnet, ein Mann schaut in den Raum, eher verwundert als bewundernd. Zweifel an der Authentizität des Vorgangs, es scheint sich eher um die nachträgliche Illustration einer Familien-Anekdote zu handeln: Maria Sibylla, für einige Zeit beim Stiefvater in Utrecht, soll im Garten eines Grafen eine Tulpe stibitzt haben, um sie zu »portraitieren«. Die Wut des Grafen soll jedoch gedämpft worden sein, als er das Resultat des Tulpenraubs sah: Staunen, familienanekdotengerecht, über die Kunstfertigkeit des Mädchens. (Kreide und Feder in Braun auf Bütten. Minimal altersfleckig.)

MARIA SIBYLLA IN UTRECHT, in einer der ›Hochburgen‹ niederländischer Stilleben-Malerei ...! Die verschiedenen Kategorien des Stillebens (die Küchenstücke ... die Jagdstilleben ... die Vanitasstilleben ... die Dessert- und Konfektstilleben ... die Ontbijtjes, also die gedeckten Tische und Tafeln ... die Kunst- und Wunderkammern ...), sie hatten vielfach auch ihre topographischen Mittelpunkte, Kristallisationspunkte. Utrecht hier als Treffpunkt mehrerer Blumenmaler: die Erste und die Zweite Utrechter Schule ... Hier war Maria Sibylla als künftige Blumenmalerin also »an der Quelle«.

Für Abraham wird in Utrecht eine wichtige Entscheidung fallen: Er wird vom großen Davidz de Heem in den Kreis von Schülern aufgenommen, wird Mitarbeiter in dessen Atelier, wird sich später selbständig machen. Das wird, vom Zeitpunkt 1659 aus, noch einige Jahre dauern, aber: er wird (vorwiegend) in Utrecht bleiben. In seinem kurzen Leben (39 Jahre) wird er Meisterwerke malen, die heute in den renommiertesten Museen hängen.

Und Maria Sibylla? Gerät auch sie in die Utrechter Thermik? Sie wird viel dazulernen in dieser Zeit, in dieser Stadt. Bei einem derart pauschalen Satz darf es freilich nicht bleiben. *Was* könnte sie im Hause Marrell lernen, zusätzlich und weiterführend und womöglich wegweisend?

Erst einmal: sie wird viele Bilder zu sehen bekommen. Marrell könnte ihr einige seiner Gouachen auf Pergament zeigen, die sie in Frankfurt noch nicht sehen konnte – Studien oder Einzelblätter zum »Tulpenbuch«, das zwei Jahre vor ihrer Geburt abgeschlossen wurde: Stars unter den Tulpen portraitiert in Originalgröße und zusätzlich der fast schon obligatorische Falter auf der Bildfläche, die Libelle, der Grashüpfer, und eventuell, zwischenraumfüllend, seltene Muscheln. Und, vielleicht, als Letztes hervorgehoben: eine kolorierte Zeichnung einer blattbeherrschenden Vogelspinne, schattenwerfend mit ihren zehn Beinen, ein kauerndes Monstrum in der Vergrößerung der Darstellung. Zwei Zeilen unter dem Bild. Der Anfang ist relativ leicht zu lesen: »Jacob marrel fecit ao 1645 a Leydt«, also in Leiden. Und es wird vermerkt, diese Spinne hätte »2 jahre brodt gessen«. Ein Hinweis dann offenbar auf den Mann, der sie vermittelt hatte, aber wichtig ist hier nur die Schlussfolgerung, mit gebührender Vorsicht: Marrell hat Insekten wie diese Spinne über lange Zeit hinweg im Haus gehalten und gefüttert und beobachtet. War alles vor deiner Zeit, Meisje …

Marrell, der Maler, der Kunsthändler, der Kollege von Malern in Utrecht, er wird ihr sicherlich auch neue und ältere Stilleben zeigen. Eigene Arbeiten, soweit sie noch nicht verkauft sind. Eventuell auch Stilleben, in Kommission, von den großen Drei der Gründergeneration, der Meister von Middelburg, die alle nach Utrecht gezogen waren, zeitweilig, die Marrell bei seinem früheren Aufenthalt in dieser Stadt also wohl auch persönlich kennen gelernt hatte.

Kurzer Rückblick: Zu Beginn des 17. Jahrhunderts hatte in Middelburg der flämische Emigrant Ambrosius Bosschaert, hatten Balthasar van der Ast und Roelant Savery die neue Gattung des niederländischen Stillebens, speziell des Blumenstillebens entwickelt. Der Beginn der Ära dieser Sparte wurde und wird auf das Jahr 1603 festgesetzt: Savery malte das erste der zwei Dutzend Blumenstilleben, die erhalten blieben. Früh auch schon das Bildmuster des Bouquets in einer Wandnische. Früh auch schon die Eidechse auf der Standfläche der Vase und oben am Strauß die Libelle und die Fliege und: im Anflug oder auf einer Blüte ein Falter.

In ein, zwei Jahrzehnten bereits entwickelte sich die Malerei von Stilleben, auch von Blumenstilleben, zur Perfektion. Zum Beispiel Balthasar van der Ast: Aus dem Jahre 1621 stammt eins seiner Meisterwerke, ein Stilleben mit Früchten und Blumen. Öl auf Holz: Querformat, etwa siebzig Zentimeter Breite. Hier ist, auf blauem Tischtuch, alles ausgebreitet, was damals schon perfekt realisiert wurde: der chinois blauweiße Teller mit Weintrauben und Pfirsichen und weiteren Früchten, mit Laubdekorationen. Und eine chinois blauweiße Vase mit Blumenstrauß, gekrönt, selbstverständlich, von einer geflammten Tulpe – in diesem Fall: gelbrot. Und eine Spinne am Faden und ein Falter auf einem Blatt und ein Käfer im Anmarsch und Muscheln in schönster Ausführung auf dem kostbaren Tischtuch. Das ließ sich kaum noch steigern, man konnte es nur noch anders machen.

Ich will nicht suggerieren, dass Maria Sibylla dieses Bild (heute im Rijksmuseum) gesehen hätte. Aber sicherlich sah sie Werke ähnlicher Qualität. Insgesamt wurden, so schätzt man, in den Niederlanden eine Viertelmillion Stilleben gemalt, und das bei einer Gesamtbevölkerung von etwa vier Millionen. Also wird man kaum ein Haus des gehobenen Bürgertums betreten haben, ohne mit einem, mindestens einem Stilleben konfrontiert zu werden. Schon gar nicht in Utrecht.

UND WENN SICH MARIA SIBYLLA VORGENOMMEN HÄTTE: Ich will ebenfalls Stilleben malen, in Öl auf Kupfer oder Holz oder Leinwand? Ließ sich das Malen von Stilleben (speziell von Blumenstilleben) in dieser seit Jahrzehnten selbstverständlich gewordenen Perfektion nachholen, gleichsam einholen? Hätte Marrell ihr dabei helfen können?

Ich gehe davon aus, dass Maria Sibylla die Lehrzeit bereits in Frankfurt abgeschlossen hatte. Dazu gehörte, unter anderem: das Atelier aufräumen und sauber machen ... Leinwände in Rahmen spannen ... Farbpigmente klein stampfen ... grundieren ... Folgte nun die Einübung in selbständige Gestaltung? Was wurde damals gelehrt über das Malen von Stilleben, speziell von Blumenstilleben?

Das vermitteln mir ausgewählte Zitate aus Traktaten, zu finden in einer Schrift des Rijksmuseums: *Still Lifes: Technique and Style.* Was früh schon schriftlich fixiert wurde, das konnte auch mündlich weitergegeben werden, beispielsweise durch einen Jacob Marrell in Utrecht. Ich will nicht suggerieren, dass er genau das Folgende vermittelt hat, doch andrerseits: Das alles war längst keine Geheimwissenschaft mehr.

Also, die Lektion von Utrecht! Man soll zuerst die Blüten und die Blätter malen, »die einen im Sonnenlicht, die anderen im Schatten«, soll dann übergehen zu Vase oder Topf, soll schließlich die Tischplatte und den Hintergrund malen. Dies also wurde längst vorausgesetzt: dass man mit Licht und Schatten arbeitet, sogar mit starken Lichteffekten und korrespondierend tiefen Schatten ... Farben in Kontrasten von hell und dunkel betont ... Und das Licht kommt immer von links oben! (Ich hatte lange überlegt, warum sich Fensterflächen, Lichtflächen immer links oben in Glaskugelvasen spiegeln. Ikonographische Grundregel? Als Antwort habe ich mir zurechtgelegt: Die Arbeitsräume, heute erst Ateliers genannt, lagen immer nach Norden, und man wandte den – oft hoch gelegenen – Fenstern die linke Seite zu, so konnte, mit der rechten Hand, die Bildfläche nicht beschattet werden.

Mignon wird die Lehre von Licht und Schatten erfolgreich umsetzen. Maria Sibylla dagegen wird auf jede Form der Kontrastbildung, wird auf jede Lichtregie in ihren Bildern verzichten, sie wird beim diffusen Arbeitslicht früher und frühester Pflanzenillustratoren bleiben.

Nächster Punkt: Darf sich eine Blüte mit einer anderen Blüte überschneiden? Darf also eine Blüte eine andere Blüte zum Teil überdecken oder beschatten? Hier gibt es zwei Lehren. Die eine: Blüten dürfen sich nicht beschatten, nicht überschneiden. Die andere: Auch Blüten (und nicht nur Stängel oder Blätter) dürfen sich überschneiden, das verleiht einem Bild suggestive Raumtiefe. Die kann auch suggeriert werden, indem man Blüten durch Lichteinfall hervorhebt, andere in einem schattigen Bereich lässt. Freilich, auch diesen Grundsatz wird Maria Sibylla nicht befolgen, später, sie fächert Blüten auf, verzichtet fast völlig auf Raumtiefe.

Nun der Hauptpunkt: die Komposition. In welcher Phase wird ein Blumenbouquet komponiert? Beim Zusammenstecken von Blumen in einer Vase? Und dann wurde das Arrangement auf die Leinwand übertragen? Dies wurde von vielen Malern betont: Nach der Natur gemalt! Aber das war meist Stilisierung, marktgerecht. Schon bei frühesten Blumenstilleben (1596!) eines Jan Brueghel (»Blumen-Brueghel«) wurde nachgewiesen: Hier sind Blumen kombiniert, die zu verschiedenen Zeiten blühen. Das löste Zweifel aus. Und die nahmen zu: Selbst bei den Großen des Blumenstillebens entdeckten Kunsthistoriker in immer neuen Beispielen, dass *auch* Vorlagen benutzt wurden, und zwar durchweg aus der Druckgraphik. Es wird sogar vermutet, dass gelegentlich Kunstblumen (aus Seide) abgemalt wurden. Üblich waren wohl Mischverfahren: ein Teil der Blumen in der Blütezeit portraitiert, weitere Blumen dann im Spätherbst, im Winter, die aber nach Vorlagen, entweder aus dem eigenen Skizzenfundus oder aus Blumenbüchern, Florilegien.

Arbeit mit Hilfsmitteln. Einer der Branchentipps wie folgt: Man skizziere verschiedenartige Blumen auf dickem Papier oder auf Pappe, und zwar in den Hauptfarben Rot, Blau, Gelb, Purpur, Violett. Am besten male man gleich ein halbes Dutzend Blüten pro Grundfarbe. Dann schneide man diese Blumen aus und verteile sie, nach Farben sortiert, in Kästchen. Ist der Zeitpunkt für ein neues Blumenstilleben gekommen, so lege man die Grundform an (in Utrecht das Hochoval) und rücke darin ausgeschnittene Blumen zurecht, vor allem unter dem Aspekt der Farbgebung. Durch Austauschen und Zurechtschieben wird schließlich die ideale Form entwickelt. Sie wird durch Vorzeichnung auf der Grundierung fixiert, es folgt die Ausführung. Die kann der Meister sich selbst vorbehalten, hier kann er aber auch den Werkstattleiter oder Meisterschüler einsetzen, mit genauen Vorgaben. Die Glanzlichter schließlich durch den Meister. Oder er malt alles selbst, lässt die Schüler dann aber Repliken von besonders erfolgreichen Kompositionen anfertigen.

Wie auch immer du vorgehst (so könnte branchentypisch resümiert werden), du musst betonen, dass du nach der *Natur* gearbeitet hast! Das wollen potenzielle wie faktische Käufer hören: Hast du wirklich vor Augen gehabt, was wir als Abbild sehen, täuschend naturgetreu? Sie brauchen so etwas wie Wirklichkeitszertifikate, die Kunstfreunde oder zumindest: viele der Kunstfreunde ...

Ja, das wache Mädchen Maria Sibylla könnte viel mitgekriegt, viel gelernt haben in Utrecht. Sie könnte stimuliert worden sein auch durch Begegnungen: der große Davidz de Heem taucht auf, der sich später in Utrecht niederlassen wird ... Anregungen, Herausforderungen ...

Die Lektion von Utrecht: Was hat sie hier für sich gelernt, welche Konsequenzen zieht sie? Die Arbeiten späterer Jahre legen den Schluss nah: sie wurde eher eingeschüchtert als herausgefordert durch all den malerischen Glanz. Nur gelegentlich wird sie ein Blumenstilleben malen, überhaupt Stilleben, aber die sind bescheiden in Format, Technik, Gestaltung – der Bildteil zeigt Beispiele.

Die indirekte Lektion von Utrecht könnte für sie also gelautet haben: Konzentrier dich auf die Darstellung einzelner Pflanzen, das kannst du, also mach es.

BEINAH MIT SICHERHEIT lässt sich voraussetzen, dass Maria als Zuhörerin auch teilnahm an Kunstgesprächen im Hause Marrell. Es werden allerdings kaum Gespräche gewesen sein über Kunst im Allgemeinen und im Besonderen – schon von Zeitgenossen wurde vermerkt, dass die sehr große Kunstproduktion im »Goldenen Zeitalter« von sehr wenig Theorie begleitet wurde. Im Rückblick bestätigt sich das. Also wurde auch im Hause Marrell eher über Künstler als über Kunst und Kunstwerke gesprochen. Nun kann und will ich nicht drauflosfabulieren; dieser Versuch der Vergegenwärtigung muss im Spielraum des Wahrscheinlichen bleiben, besser noch: im Bereich des Überlieferten. Und hier kann uns Karel van Mander weiterhelfen, der in seinem »Malerbuch« zahlreiche Anekdoten überliefert; hier lassen sich, im Analogie-Verfahren, Anleihen machen.

Maria wird sich an solch einem Gespräch wohl kaum beteiligen; sie wird nicht einmal am Tisch sitzen, an dem geraucht und getrunken wird. Van Mander bezeichnet die »Liebe zum Trunk« als »allgemeine niederländische Krankheit« – die könnte auch im Hause Marrell ansteckend gewirkt haben. Zungenlösender Weinkonsum. Da könnte die Zuhörerin rasch vergessen werden. Auch Abraham könnte mit im Raum sein, aber vielleicht näher am Tisch – um Pfeifen zu stopfen, Gläser zu füllen?

Also: Marrell und Kollegen aus Utrecht. Womöglich gehört auch De Heem zur Runde, vorerst als Besucher der Stadt. Und es wird, frei nach van Mander, von einem Kollegen aus Antwerpen berichtet aus jener Zeit, da die »Spanische Furie« noch nicht ins Land eingedrungen war, als man auch in den »belgischen Niederlanden« frei leben und frei gestalten konnte. In jener Zeit arbeitete dort (auch) J.B. Seine Werke wurden zu Lebzeiten mäßig bis schlecht bezahlt, wurden aber »nach seinem Tode und werden gegenwärtig so hoch geschätzt, daß sie manchmal wohl zwölfmal höher taxiert und bezahlt werden, als sie ursprünglich gekostet hatten«. Und es wird über die Arbeit an einem der Küchenstücke, der Küchen-Interieurs dieses Malers berichtet, ein Auftrag des Münzmeisters von Antwerpen, und der hatte den Preis niedrig, *sehr* niedrig angesetzt, aber seine Anforderungen, seine Forderungen, die wuchsen und wuchsen, »indem er stets etwas Neues mitbrachte, das mit abgemalt werden sollte, so daß es für Beuckelaer nicht möglich war, seinen Käse und sein Brot dabei herauszuschlagen, so übervoll war das Bild von allerlei Geflügel, Fischen, Fleisch, Früchten und Gemüsen«. So musste der arme Beuckelaer gelegentlich im Tagelohn für andere Maler arbeiten – vor allem waren das Gewänder auf Portraitgemälden; dafür erhielt er einen Gulden pro Tag. Ein anderer Maler, um beim Thema zu bleiben, C.M., genannt »Der schielende Neel«, auch er arbeitete oft für »Tagelohn«; war ein Gemälde vom Meister gut »angelegt«, konnte er an einem Tag »eine große schöne Landschaft malen«. Das schaffte er aber nur, weil er, wie ein Aquarellist, ohne Malstock arbeitete, das ging ihm »wunderbar von der Hand«. Für dieses Tagewerk erhielt er anderthalb Gulden (was etwa 35 Euro entspricht, in der Kraufkraft). Für kleinere Landschaften, für Landschaftshintergründe gab es nur ein halbes Dutzend »Stüber«, also etwa einen drittel Gulden. Und womöglich, so könnte in der Runde gescherzt werden, kamen zu den paar Stübern noch einige Nasenstüber. Manche Kollegen spielen sich ja mächtig auf ...! Wenn F.Fl., in Antwerpen, zu Bett ging, mussten seine Schüler mitkommen in das Schlafzimmer mit den vergoldeten Ledertapeten, mussten ihm, der Reihe nach, beim Auskleiden helfen. Erst wenn er im Bett lag und sie alle hatten ihm Gute Nacht gewünscht, erst dann konnten sie unter sich sein. Ihr: Gute Nacht, Gute Nacht für den Meister, es könnte nun zum Refrain werden in der Runde am Tisch: Gute Nacht, ja Gute Nacht allerseits, Fortsetzung folgt nicht.

ABER ES FOLGT EINE ANGEHOBENE FUSSNOTE zur Quelle dieses rekonstruierten Künstlergesprächs, zu Karel van Mander – sein Name wird noch ein paar Mal genannt in diesem Buch.

Fast genau ein Jahrhundert vor Maria Sibylla geboren, wurde er Maler, hielt sich vier Jahre lang in Italien auf, vorwiegend in Rom, auch in Florenz, kehrte, knapp dreißigjährig, zurück, lebte in Haarlem, bei Alkmaar und zuletzt in Amsterdam. In einer anonymen biographischen Skizze wird er als Lehrer von Frans Hals bezeichnet. Der große Meister (»Ich male zu Ehren von Frans Hals«) besaß nachweislich eins der Gemälde des Karel van Mander. Dieser Maler war auch Schriftsteller. Besonders wichtig für die Nachwelt ist »Het Schilder-Boeck«, eine Sammlung von etwa hundert Maler-Kurzbiographien, zuweilen auch Kürzest-Biographien. Er scheute, wie man heute sagen würde, weder Mühen noch Kosten, um an verlässliche Lebensdaten zu kommen, aber das war damals außerordentlich umständlich und schwierig. Was die Arbeit am Buch wiederum erleichterte: Van Mander kannte viele der Maler persönlich, und mit damaligen Berühmtheiten wie Goltzius und Spranger war er befreundet.

Die erste Ausgabe seines Malerbuchs erschien 1604. Auf dem Titelblatt ist auch eine Interpretation der *Metamorphosen* des Ovid angekündigt. 1606 starb der Maler und Schriftsteller in Amsterdam.

DIE ROLLE, DIE MARRELL im Leben, vor allem in der Entwicklung der Maria Sibylla als Malerin gespielt hat, sie wurde damals klar erkannt, muss heute aber erst wieder in Erinnerung gerufen werden. Joachim Sandrart (damals berühmter Maler und bekannter Verfasser von Traktaten), er schrieb, Marrell habe sie besonders im Blumenmalen so gut unterrichtet, »dass sie darin ungemein vollkommen wurde«. Sie hat Blumenbilder Marrells studiert; Abhängigkeiten und Übernahmen werden kunsthistorisch nachgewiesen – aber hier ist noch längst nicht alles aufgearbeitet.

Es gibt ein Indiz dafür, dass Marrell ihr Studienblätter

geschenkt haben muss, die sie dann (über Jahrzehnte hinweg) begleiteten. Eins dieser Bilder: das Aquarell, das eindrucksvolle, der so genannten Vogelspinne. Sehr wahrscheinlich nach ihrer Rückkehr aus Surinam, also im ersten Jahrzehnt des 18. Jahrhunderts, wird sie auf einem ihrer Blätter mit Insektenstudien diese Großspinne minuziös kopieren, wird dabei nicht einmal die Haltung eines der Spinnenbeine verändern.

Das ist aufschlussreich in mehrfacher Hinsicht. Sie besitzt Blätter ihres Stiefvaters; sie hält seine Naturstudien für so zuverlässig, dass sie hier ohne jede Veränderung kopiert; sie setzt ihre Studien lebenslang fort, auch nach der Rückkehr aus Surinam; sie erweitert ihr Bildrepertoire, greift dabei auch auf eins der Aquarelle ihres Stiefvaters und Lehrmeisters zurück.

Dieser kurze Blick in die Zukunft akzentuiert die Darstellung der (damaligen) Gegenwart: Marrell nicht bloß als Randerscheinung, sondern in einer Hauptrolle. Sprachformeln liegen bereit: Er kümmerte sich um sie; er nahm sich ihrer an; er führte sie ein; er sorgte für Anregungen; er förderte sie.

UND WIEDER FRANKFURT! Maria Sibylla Merian berichtet im Rückblick von ersten Naturbeobachtungen der Dreizehnjährigen. Ihre Aufzeichnungen werden eingeleitet von frommer Präambel: »Mit Gott.« Was sie weiter schreibt, in der Wortwahl, im Duktus ihrer Zeit, das muss ich in Schreibweise und Zeichensetzung behutsam modernisieren, auch muss ich gelegentlich Wörter übersetzen, die heute nicht mehr (oder eher falsch) verstanden werden könnten. Selbstverständlich behalte ich ihr spezifisches, charmant unwissenschaftliches Idiom bei: die Verpuppungsform als »Dattelkern« (ein damals populärer Vergleich) und der Schmetterling als »Vögelein« oder »Sommervögelein«; unter »Ei« versteht sie mal ein Ei in biologischem Sinn, mal einen Kokon; die »Motte« ist bei ihr mal ein Nachtfalter, mal ein Tagfalter. Und nun: Das Wort hat Frau Merian.

»Weil des Seidenwurms Name fast jedermann bekannt und er der nützlichste und edelste unter allen Würmern und Raupen ist, also habe ich seine Verwandlung zum Anfang hierher gesetzt.

Erstlich essen sie die Blätter des weißen Maulbeerbaums lieber als des roten. Weil aber zu der Zeit, da die Seidenwürmer jung sind, in unserem Land noch gar keine Blätter gewachsen sind, also gibt man ihnen bis dahin die Lattigsalatblätter zu essen, ja, dies oft so lange, bis sie groß sind. Ihre Farbe ist sonst weiß. Wenn er groß ist, fängt er an, sich einzuspinnen, wird etwas gelblich, eingeschrumpft und durchsichtig, schlenkert mit seinem Kopf herum und lässt die Seide aus seinem Mund. Darauf tut man ihn in ein papierenes offenes Häuschen, welches oben weit und unten spitzig; es wird in Nürnberg, in Frankfurt am Main ›Dotte‹ genannt. Die steckt man dann irgendwo hin, darin spinnt er in Ruhe ein förmliches weißes, gelbes oder grünliches Ei, und wird darin zu einem ganzen Dattelkern. Bevor er sich einspinnt, schiebt er etliche Mal seine Haut ab. Wenn das Vögelein ausschlüpfen will, so beißt es sich durch den Dattelkern und das Ei. Die Farbe ist meistens weiß, und er hat einen halben Tag zu tun, bis er deutliche und trockene Flügel und seine völlige Mottengestalt bekommt. Das Männchen ist subtiler und kleiner als das Weibchen, hat auch einen subtileren Leib. Sobald sie nun ihre Stärke haben, so paaren sie sich und legen noch am selben Tag oder am Tag danach und über etliche weitere Tage hinweg gelbe runde Eierchen, wie Hirsekörner. Und sterben daraufhin. Auf jedem Eierchen ist ein bräunliches Pünktchen; wenn sie eingefallen sind oder wie leere Hülsen erscheinen, so kommt nichts heraus, dann sie sind verdorben. In der Sonne oder in einer warmen Stube kriechen sie früher aus, und zwar aus den genannten Pünktchen. Dann gibt man ihnen gleich Salat. Man muss aber beim Ausputzen fleißig auf sie Acht geben, damit man sie nicht verdirbt, mit starken Berührungen oder dergleichen. Man darf ihnen auch keine nassen Blätter geben oder sonst etwas Fauliges, sonst verderben sie, werden krank und sterben. Sie häuten sich bereits, wenn sie kaum vier Tage alt sind, und viele sterben dabei. Wenn ein Gewitter aufkommt und es blitzt, so muss man sie zudecken, sonst bekommen sie die Gelbsucht oder Wassersucht. Sie sterben auch, wenn man ihnen allzu viel zu essen gibt. Der Unrat ist dunkelgrün.

Weil mit dieser bekannten Verwandlung des genannten und bekannten Seidenwurms fast alle Verwandlungen und Veränderungen der folgenden Würmer, Raupen und Maden besser zu verstehen sind, deshalb habe ich (auch wegen der oben erwähnten edlen Nützlichkeit) diese edle Verwandlung (auch zum Unterricht und als Wissensexempel) auch in meinem Ersten Raupenbuch selbst in Kupfer gestochen und aufs Deutlichste beschrieben.

Diese Untersuchung habe ich in Frankfurt 1660 begonnen, Gott zum Lob.«

EINIGE INFORMATIONEN über die Objekte ihrer lebenslangen Beobachtungen, der Raupen und der Falter. Ein Rückgriff hier auf Jugendlektüre.

Am 15. Mai 1946 (da war ich elf) erschien die erste Ausgabe der Zeitschrift *Orion*, Untertitel: »Naturwissenschaftlich-technische Zeitschrift für jedermann«. Von dieser ersten Nummer an hatte ich die Zeitschrift abonniert, mit (üblicher) Absicherung durch meine Mutter. Jede Monatsmitte ging ich, erwartungsvoll, zur kleinen Buch- und Schreibwarenhandlung in Herrsching am Ammersee und holte ›mein‹ Heft ab. Aus Respekt vor dem naturwissenschaftlich-technisch interessierten Buben habe ich, ein Wunder, alle Exemplare der Jahrgänge 46–49 aufbewahrt.

Mit dem sicheren Gefühl, dass in dieser Zeitschrift ein Beitrag auch über Schmetterlinge stehen müsste, begann ich die chronologisch geordneten, in Jahrgangshüllen gesteckten Hefte zu durchblättern. Mittlerweile vergilbendes, stark holzhaltiges Notzeitpapier. Und Staunen über die Biederkeit von Annoncen der ersten Nachkriegsjahre. Ich zitiere: »Ein Zeichen, dass es aufwärts geht: Uhu in alter Qualität … Die seit Jahrzehnten bekannten und bewährten Heumann Heilmittel sind nur in Apotheken erhältlich. Wir bitten von direkten Anfragen Abstand zu nehmen ... Die Zeit kommt wieder, in der Sie Döhler Back- und Puddingpulver in alter Qualität erhalten ... Dr. Oetkers Einmache-Hilfe sichert Ihre eingemachten Früchte vor Verderb ...«

Schon bei Nummer 6, September 1946, wurde ich (wieder) fündig: ein Beitrag unter dem Titel »Raupe – Puppe – Schmetterling«. Und dies auf Kunstdruckpapier! Schon das dürfte mein Interesse stimuliert haben. Zeichnungen und Fotografien in Schwarzweiß. Ich nehme die alte Spur auf, lese noch einmal, was ich als Bub gelesen habe, mit Sicherheit. Von den fünf Mark Taschengeld gab ich immerhin eine Mark fünfzig pro Monat für diese Zeitschrift aus, also werde ich kaum einen Beitrag ausgelassen haben, und diesen optisch hervorgehobenen Bericht schon gar nicht.

Einleitend einige Anmerkungen zum Namen Schmetterling: Hat natürlich nichts mit »schmettern« zu tun, es wird hingewiesen auf das tschechische Wort »smetana« – hier stellte sich damals noch keine Musikassoziation ein; es wird mit diesem Wort eine Verbindung hergestellt zum »Schmand«, zur Sahne, die bei einigen der »Sommervögel« (ja, so steht das im Text von 1946!) beliebt ist, bei diesen Sahneleckern, Sahneschleckern, Sahnesaugern, diesen »Botterlickern« im Niederdeutschen, diesen »butterflies« im Englischen.

Das Instrument, mit dem auch solche Nahrung eingesaugt wird: der Rüssel, der im Ruhezustand »uhrfederartig aufgerollt« ist und der ausgestreckt die Länge des gesamten Schmetterlings erreichen kann: hineingetaucht in die Nektargründe der Blüten ... Ja, und rechts wie links vom Rüssel die berühmten Facettenaugen. Die blieben für mich ein Faszinosum: diese Halbkugelsegmente aus Sehstäbchen, die sich nach außen hin etwas erweitern, und die vereinzelten optischen Wahrnehmungen setzen sich im Insektenhirn zusammen zum spezifischen Weltbild von Faltern, in dem Suchbilder von Blüten dominieren. Neben den Augen die meist geschweiften Fühler oder Antennen. Die insektenübliche Gliederung, Segmentierung in Kopf,

Brust, Hinterleib: jeweils der Einschnitt, die Insectio, das Entomon. Die sechs Beine: Schenkelring, Schenkel, Schiene, fünfteiliger Fuß. Am zweiten und dritten Brustsegment die Flügel. Unter der Lupe, erst recht unter dem Mikroskop: dachziegelartige Flügelschuppen in verschiedensten Farben.

Und nun: die sehr aufwendige und umständliche Entwicklung des Schmetterlings! Am Anfang das Ei, das verschiedenste Farben und Formen zeigen kann, kugel- oder kegelförmig, glatt, gerippt, scheinbar segmentiert. Die herangewachsene Raupe nagt ein Loch in die Eihülle, arbeitet sich heraus, fängt sofort an mit dem großen Fressprogramm, das von Gärtnern wie von Förstern beklagt wird. Das unaufhaltsame Wachstum; die zwar nicht panzernde, aber doch einigermaßen schützende Chitinhülle wird zu eng, es wird ein Häutungshormon sekretiert, die neue Hülle bildet sich unter der alten, und auf dem Kopf entsteht eine Kopfkapsel, wie ein Hütchen. Die Raupe stellt kurzfristig das Fressen ein, die alte Chitinhülle reißt im Nacken auf, die Raupe arbeitet sich heraus – so lese ich das wieder, wie ich es damals, seinerzeit gelesen hatte. Fortsetzung des Fressens, Fortsetzung des Wachstums, neue Häutung. Ungeheurer Verzehr von Biomasse für die Entstehung eines dann oft enttäuschend kleinen oder unauffälligen Schmetterlings.

Vier, fünf, auch sechs Häutungen, dann ist die volle Raupengröße erreicht, und es beginnt die Vorbereitung auf die erste der Metamorphosen: die Raupe wird zur Puppe. Dazu verkriecht sich die eine Raupenart ins Erdreich, die andere versteckt sich zwischen Stamm und Borke, die dritte spinnt sich in einen Kokon ein, andere wiederum bilden die Chitinhülle der »Puppe« – ich begegne hier dem längst wieder vergessenen Wort »Mumienpuppe«. In dieser Phase werden Raupenorgane abgebaut, aufgelöst und durch Falterorgane ersetzt; der Körperbau wird umorganisiert, vom Kriechtier zum Fluginsekt. Erstaunlicher Umweg …

Schließlich das Ausschlüpfen: besonders spannende Phase! Das Aufplatzen der Puppenhülle, das Herausarbeiten des Falters. Die Flügel liegen nass an, werden langsam ausgebreitet

(»nun preßt der Falter Luft in die innerhalb des Flügelgeäders verlaufenden Tracheen«), die Flügel trocknen, werden fester, der Falter »kriecht ein Stückchen an seinem Stengel empor und plötzlich erfolgt der erste Flug«. So las ich damals. So lese ich wieder. Und wie zur Belohnung: Das letzte Foto zeigt in Schwarzweiß einen Segelfalter, und zu dem habe ich eine besondere Beziehung, das dokumentiert schon der Titel einer Erzählung.

DASS MARIA SIBYLLA ALS ERSTES SEIDENRAUPEN BEOB-ACHTETE und fütterte, war ein Reflex auf die damalige Seidenraupenmanie: Man wollte in Mitteleuropa nicht nur Rohseide importieren und verarbeiten, man wollte sie produzieren. Hier gibt es ein grundsätzliches Problem. Während viele Raupen bei ihren Futterpflanzen nicht wählerisch sind, bleibt die Seidenraupe fast monophag: frisst nur ausnahmsweise Salatblätter, bleibt letztlich angewiesen auf Blätter von Maulbeerbäumen. Das wollte man im deutschen Bereich nicht so recht wahrhaben. Vielleicht probierte also auch Kind Maria aus, ob Raupen nicht eventuell Blätter fraßen, die in Frankfurt und Umgebung an Sträuchern oder Bäumen wuchsen, denen man während des Wachstums nicht gut zureden musste. In Italien, in Südfrankreich war das Klima günstig für Maulbeerbäume, im deutschen Bereich wäre es vielleicht (auch) im Rhein-Main-Gebiet möglich gewesen, etwa in der besonders warmen Region des Ingelheimer Sands. Man hätte freilich sehr viele Maulbeerbäume gebraucht, um Seidenraupen zu füttern in ergiebiger Zahl, sie schlagen alle Rekorde an Gefräßigkeit: in vier Wochen wachsen sie um das Fünfundzwanzigfache; sie fressen in dieser Zeit das Zwölftausendfache ihres Gewichts.

Schon die Größenverhältnisse signalisieren die Umsätze. Die Eier des Seidenspinners sind ungefähr so klein wie Plastik-Stecknadelköpfe. Die Raupe, in früher Entwicklungsphase, misst etwa einen Zoll, doch im letzten Stadium kann sie so lang werden wie ein kleiner Finger. Die Kokonhülle der Verpuppungsphase ist ungefähr so groß wie eine Daumenkuppe. Das Endergebnis, der weiße Seidenspinner-Falter, misst nur etwa ein Drittel der albinoweißen Raupe im produktionsfähigsten Stand.

Zwischen dem Ausschlüpfen aus dem Ei und der Verpuppung fressen die Raupen insgesamt das Vierzigtausendfache ihres Körpergewichts. Noch eine Zahl: Ein Kilo Raupen frisst zwölf Tonnen Blätter. Der auch von Leibniz wiederholt gemachte Vorschlag, ja die Forderung, massenhaft Maulbeerbäume anzupflanzen, in Alleen und Plantagen, ließ sich nicht realisieren, es blieb bei Ansätzen, im deutschen Gebiet. Doch man wollte sich mit dem Scheitern des Großversuchs nicht so recht abfinden. Noch ein halbes, ja ein Dreivierteljahrhundert nach Marias ersten Beobachtungen erschienen wiederholt Schriften, sogar in Berlin, die für den systematischen Anbau von Maulbeerbäumen warben, für die Massenhaltung von Seidenraupen. Diese Schriften hatten recht umständliche Titel, die hier nicht wieder gegeben werden müssen, heute liefe so etwas unter: Seidenraupenzucht leicht gemacht … Immer neu musste dafür geworben werden, mit dem Tenor: Es kann so schwierig doch nicht sein … Es müsste eigentlich möglich sein … Immer wieder: Das Unmögliche als möglich darstellen, das Unsinnige als sinnvoll, das Unergiebige als ergiebig, den Verlust als Gewinn. Doch der landeseigene Anteil an der Produktion von Rohseide blieb gering – heute würde man sagen: verschwindend gering. Die kränkelnde Seidenproduktion konnte nicht gesundgeredet, gesundgeschrieben werden.

Nun ist die Seidenraupe nicht die einzige Raupe, die ein ebenso festes wie elastisches Speichelsekret produziert, um sich schließlich in einen Kokon zu wickeln. So suchte man damals nach Raupen, die hier ähnlich ergiebig sind wie Seidenraupen. Es gab aber keine Alternative, die Seidenraupe ist unübertroffen in ihrer Spezialproduktivität, die durch biologische Notwendigkeiten kaum zu erklären ist: Die Speicheldrüsen machen das halbe Körpergewicht aus, und so produziert die Raupe pro Minute fünfzehn Zentimeter Faden, und solch ein

Faden kann bis zu 800 (achthundert!) Meter lang werden. Überfunktion, Hypertrophie?

Das Verfahren, Seide zu verarbeiten, wurde auf Kupferstichen jener Zeit wiederholt dargestellt. So sehe ich einen dämmrigen Raum mit Regalen: auf denen sind flache Körbe gereiht mit Raupen auf ihrem Blattfutter. Auf einem anderen Stich: ein langes Becken, unter dem Feuer brennt, und ein Kind trägt weiteres Brennholz heran. Rechts vom Becken: Haspeln. Sobald die Raupen sich eingesponnen hatten, wurden die Kokons in heißes Wasser geworfen, die Raupen wurden damit abgetötet und die Seide zum Haspeln präpariert. Diffizil war es offenbar, jeweils das Ende des Fadens zu suchen. Dann setzte das Aufwickeln ein. Die Rohseide wurde in anderen Betrieben verarbeitet, durch Zwirnen, durch Appretieren, durch Färben, aber das muss hier nicht skizziert werden, der rote Faden würde sonst zu weit aus dem Textbereich herausführen.

Überleitend, zurückführend: Wenn Maria Sibylla die Seidenraupe beobachtete, so war hier kein zufälliges Objekt mädchenhafter Neugier, es war auch keine Pioniertätigkeit, es lag im Trend: das Mädchen dürfte registriert haben, welche Rolle die Seidenraupe in Gesprächen spielte, und damit wurde Interesse geweckt.

ZUWEILEN HÖRE UND LESE ICH, Maria Sibylla Merian hätte bereits in frühen Jahren die große Entdeckung gemacht, dass Raupen nicht aus Schlamm entstehen, sondern aus Eiern von Schmetterlingsgelegen. Das ist eine Legende.

Es gab in dieser Frage damals zwei Schulen: die der Ovulisten und die der Aristoteliker. Letztere gehörten zum Tross der Entwicklung: Noch immer behaupteten sie, Insekten kämen aus einer Art Fäulnisschlamm hervor. Als Maria zwei, drei Jahre alt war, wies Francesco Redi bereits nach, dass Insekten generell aus Eiern entstehen. Und im übernächsten Kapitel werden wir uns einem Frankfurter Maler zuwenden, der neun Jahre vor der Geburt der Marie gestorben war, und der, wiederum etliche Jahre zuvor, auf zwei Bildern die komplette Entwicklung des Seidenspinners dokumentiert hatte, ab ovo.

Für Produzenten von Rohseide mussten keine neuen Theorien entwickelt, keine Entdeckungen gemacht werden, hier lehrte Erfahrung. Es wurde in den Manufakturen ja nicht jeweils ein Pott Schlamm angerührt oder herangeschafft und man wartete ab, ob sich daraus zufällig Seidenraupen entwickeln wollten, man wusste in der Branche seit Jahrhunderten, dass vor der Raupe das Ei war. Eier und nicht Raupen waren (auf der Seidenstraße) von China nach Europa geschmuggelt worden. Auch in hessischen Kreisen, die sich mit Seidenraupen beschäftigten, wusste jedes Kind, woher die kamen. Erst recht wusste das ein Kind wie Maria, das Augen und Ohren offen hielt. Es hat hier nachvollzogen.

LEBENSBILD 8: Wohnraum in einem Bürgerhaus. An der Rückwand des Raums sind Gemälde und Zeichnungen, in Doppelreihe, fast lückenlos gehängt. In der Mitte, damit betont, ein großformatiges Gemälde in breitem, schwarzem Rahmen. Doch wie es zu jener Zeit weithin üblich war: Ein spezieller Vorhang ist vor die Bildfläche gezogen, als Lichtschutz; die Stange an der Oberkante des Rahmens; sichtlich kostbarer Stoff (Seidensatin).

An einem kleinen Tisch, an ein seitliches Fenster gerückt, zeichnet Maria Sibylla; eine Blume vor ihr zeigt das Sujet an. Die Technik ist nicht zu erkennen: Vorzeichnung mit einem Graphitstift? Verstärkung der Linien mit einem Gänsekiel, mit Tinte? Die könnte von ihr selbst angefertigt worden sein: aus Holzruß, Leim und Wasser.

Zwischen ihrem Arbeitstisch und dem Betrachter ein größerer Tisch, an dem ein junger Mann mit einer Frau sitzt: Matthäus Merian junior oder Caspar Merian? Ein Atelier in unserem Sinne gab es damals nur selten, meist wurde ein Wohnraum mitgenutzt. (Feine Feder und Tuschpinsel. Leichte Reibspuren.)

DER BERICHT NUN ÜBER DEN MALER, von dem ich vor der Arbeit an diesem Buch noch nie gehört, von dem ich mit Bewusstsein noch nie ein Bild gesehen hatte, einen Maler, den ich erst mit Blick auf M. S. Merian für mich entdeckte: Georg Flegel. Mit diesem Namen signierte er freilich nie, höchstens mit der latinisierten Form Flegelius; meist aber monogrammierte er nur: GF.

Er wird in mehrfacher Hinsicht für uns wichtig als Vergleichsfigur, mit Blick auf das Bildwerk der Merian. Es gibt aber auch direkte Bezüge: Er war der erste Lehrer von Marrell. Er gilt als einer der drei berühmten Maler im Frankfurt des ausgehenden 16. Jahrhunderts, neben Lucas van Valckenborch und Georg (Joris) Hoefnagel. Als Maler von Stilleben, auch von Blumenstilleben, setzte er hohe Maßstäbe. Eine Frankfurter Größe von europäischem Rang.

Es ist nur wenig über den Schusterssohn bekannt, der 1566 in Olmütz, Mähren, geboren wurde, also kann ich knapp zusammenfassen, was ich in der rühmenswerten Katalog-Monographie zum Werk Flegels lese, vor allem dem biographischen Beitrag des Herausgebers Kurt Wettengl folgend, aber auch weiteren Kapiteln.

Nach langen Wanderjahren kam GF nach Frankfurt. Er wurde Mitarbeiter in der Werkstatt des Malers Lucas van Valckenborch – auch er ein »Glaubensflüchtling«. Der dreißig Jahre ältere Meister schuf Figurenarrangements (Hohe Herrschaften an einer Festtafel ... Magd beim Einkauf auf einem Markt ... Personifizierungen von Frühling, Sommer, Herbst und Winter ...), und Flegel war zuständig für die Ausstattung: die Teller und Gläser und güldenen Pokale auf den Tafeln und die dekorativen Gerichte auf Tellern, in Schalen und Näpfen. Oder: Marktstände mit Holzflächen voller Früchte, gedrängt und gehäuft, Körbe überbordend, Fische in wassergefüllten Holzbütten, Holztrögen. Arbeitsteilung, wie damals weithin üblich. Als der Meister kurz vor der Jahrhundertwende starb, konnte Flegel die vakant gewordene Bürgerposition übernehmen, mit Genehmigung des Rats. Auch Georg Flegel sorgte mit seiner Frau Brigitta für das Wachstum der Stadt: sieben Kinder wurden geboren.

Der vollbärtige Mann mit dem glatt zurückgekämmten Haar wurde, als Maler von Stilleben, zu einem unter europäischen Sammlern anerkannten Künstler. (Das ist er heute noch – der bisher höchste Auktionszuschlag für eins seiner Bilder liegt bei zwei Millionen Dollar!) Jedoch: sein Einkommen überstieg offenbar nie das eines mittleren Handwerkers. Rund 50 Gulden hatte er jeweils zu versteuern. Bei Valckenborch waren es, nach Anlaufschwierigkeiten, bald 300, 400 Gulden jährlich. Flegels Einkünfte blieben bescheiden, obwohl Stilleben bald in Mode kamen: man brauchte lange für die äußerst genau und sorgfältig gemalten Bilder auch bescheidenen Formats. Viele Maler auch seiner Generation waren Doppelverdiener: sie handelten mit Wolle oder Blumenzwiebeln oder Kork oder Bildern oder Farben. Ihren Beispielen folgte GF offenbar nicht. Die bescheidenen Umsätze hatten keine Rückwirkungen – die besten Bilder malte er in seinen letzten Lebensjahren.

Er entwickelte ein breites Spektrum; ich lese von »Blumen-, Konfekt-, Delikatessen-, Mahlzeiten-, Rauch- und Vogelstilleben«. Er nahm teil am europäischen Austausch von Motiven, entwickelte aber charakteristische Varianten, vor allem Stilleben im Licht einer einzigen Kerze, die »Nachtstücke«. Ob das nun eine Vorratskammer war oder eine »Große nächtliche Mahlzeit«, er erzeugte geradezu magische Lichteffekte, mit Brechungen in Glas, mit Spiegelungen in Wasser, mit Reflexen auf Zinn oder Silber oder Gold. Eine seiner frappierendsten Bild-Erfindungen: Stilleben mit Römer, Brezel und Mandeln. Ein abgebrochenes Brezelstück steckt krumm in einem kostbaren Glaspokal mit Weißwein, und damit forderte sich der Maler dazu heraus, die verschiedenen Brechungen in Flüssigkeit und Glas darzustellen – ein virtuoses Bild!

Römer und Pokale, Porzellan und Tafelsilber – GF wurde zu einem Maler für eine Kundschaft, die reich war, immer reicher wurde und das auch zeigen wollte. So galt GF lange Zeit als Maler der gedeckten Tische und der Festtafeln. Es wurde in kostbarer Staffage zur Schau gestellt, was reiche Leute damals in Frankfurt verspeisten. Das waren vor allem Fische, aus dem Main, das waren Krebse, das waren Kalbskeulen, das waren Braten, das waren Hühner (damals noch teuer!), das waren Drosseln, Tauben, Krammetsvögel. Dazu: Lauch, Rettich, Kopfsalat, die (noch seltenen) Gurken. Und: aus dem Süden importierte Zitronen, Orangen, Pampelmusen, auch Melonen. Das alles war kostspielig. Ein Handwerker musste ein bis zwei Stunden arbeiten, um sich (theoretisch) eine Zitrone leisten zu können. Es gab aber auch heimisches Obst: Äpfel und Birnen, Kirschen und Pflaumen, Erdbeeren und Trauben, Kastanien und Nüsse. Verschiedene Käsesorten: GF auch als Meister im Darstellen angeschnittener Käsestücke mit starker Rinde. Das Brot und die Brötchen aus hellem Mehl. Und viel Konfekt, als Nachspeise: kleine Pasteten und Lebkuchen, kandierte Früchte, reichlich Zuckerwerk. Das wurde meist von eingewanderten Flamen hergestellt, die damit steinreich werden konnten.

Auch GF, schon damals gerühmt als »getreuer Nachahmer der Natur«, entwickelte seinen »Naturalismus«, »gekennzeichnet durch scharfe Beobachtung und Wiedergabe der Formen von Blumen, Früchten, Insekten, Schnecken und auch von verschiedenen Stoffen wie Metall, Glas, Keramik und Textilien. Die Maler sind Entdecker im Königreich der Natur. Beim Betrachter entsteht der Eindruck: Dies ist zum ersten Mal gesehen. Das erklärt die Faszination, die diese frühen Werke auf uns ausüben.« So Ingvar Bergström in seinem Katalogbeitrag.

Um meinen Blick zu präzisieren für die Kupferstiche und Aquarelle von M. S. Merian, habe ich mir nicht nur Stilleben von GF angeschaut, beispielsweise in Köln und Frankfurt, ich war im Berliner Kupferstichkabinett, um mir die 69 Pflanzenstudien anzusehen, die (von ursprünglich 110 Blatt) den Krieg überstanden haben. Die in der Merian-Literatur etwas herablassend als »botanische Zeichnungen« firmierten Bilder erwiesen sich als hochrangige Aquarelle (mit Deckfarben). Der Künstler konzentrierte sich meist auf eine einzige Blume;

manchmal sind auch zwei oder drei auf einem Blatt. Tulpen, Tulpen, Tulpen – ein wahres Tulpenfest, für mich allein veranstaltet am Studientisch. Und prachtvolle Schwertlilien! Und Nelken in feinsten Nuancierungen! Bescheidener, auch in der Ausführung, die Narzisse, das Schneeglöckchen, der Krokus. Auffällig wiederum die Schachbrettblume. Und immer wieder Beigaben! Zu Schwertlilie und Glockenblume vier gelbe, vier hellrote, drei dunkelrote Kirschen! Und alle mit kleinem Glanzlicht, das Plastizität suggeriert. Und sogar die Kirschstiele werfen Schatten, hauchdünn. Und wenn eine Raupe mit aufs Bild kommt: Selbst die kleinen Borsten finden ihre Schattenpendants. Schattenspiel auch bei einer Hornisse, die ins Bild zu krabbeln scheint.

Mit diesen Aquarellen unter dem Titel »Index zoologicus«, der eigentlich Index botanicus heißen müsste, wird nicht bloß identifizierbar abgebildet, es wird gestaltet. GF hat im Barock gelebt und gearbeitet, aber seine Bilder sind frei von barockem Dekor, der in zeitgenössischer Graphik die Bildflächen beherrscht.

Offenbar waren diese Bilder nicht auf einen Verwendungszweck hin konzipiert: weder nutzte sie GF als Vorlagen für Blumenbouquets auf Stilleben, noch waren sie für Verkaufskataloge speziell von Tulpen hergestellt, auch dienten sie nicht der botanischen Illustration. Wahrscheinlich also: Studien. Es wurden hier höchste Maßstäbe gesetzt in der präzisen Beobachtung und in der ebenso akribischen wie souveränen Darstellung.

Freilich, er malte zuweilen auch naturkundliche Illustrationen. Im Kupferstichkabinett ein Aquarell mit Deckfarben: »Seidenraupe in verschiedenen Stadien«. Ein Schlüsselbild: die »Stände« von Seidenraupe, Seidenkokon, Seidenwickler. Ein Blatt im Hochformat, doch bloß zur Hälfte bemalt. Deutlich hier alle Stadien der Verwandlung, der Metamorphose: eine ganze Kollektion von Seidenwickler-Eiern; die Raupe, sorgsam dargestellt; der Kokon; der enttäuschend kleine Falter – dafür in doppelter Ausführung, wie zum Ausgleich.

GF hat diese Entwicklungssequenz noch einmal auf ein Kupfertäfelchen in der Größe einer Zigarettenschachtel gemalt. Auf diesem Exemplar sind ebenfalls sämtliche Entwicklungsphasen, sämtliche »Stände« dargestellt. Und: es ist auch hier die Futterpflanze der Raupe mit ins Bild gebracht. Angefressen bildet das Maulbeerblatt die Unterlage für eine bildbeherrschende Raupe. Ich hebe dies durch Wiederholung hervor, weil das später wichtig wird: *Alle* Verwandlungsphasen sind dargestellt und die *Futterpflanze* noch dazu. Im Übrigen: Dieses Bildchen ist künstlerisch belanglos.

Als Maler entfaltete sich GF (auch) in opulenten Blumenstilleben. Eins seiner prächtigsten Blumenbouquets ist in Washington zu bewundern: Hochformat, rund 90 mal 60, dominierend der Blumenstrauß in einer Vase aus Email, und dieser Strauß wird, zu Recht, mit einem Pfauenrad, ja einem Feuerwerk verglichen. Zuoberst, also »bekrönend«, eine Kaiserkrone, dazu selbstverständlich Tulpen, und zwar geflammte, und die Rose und die Nelke und so weiter … Die kunstvoll dekorierte, vorsätzlich klein gehaltene Vase steht auf einer Steinplatte. Allerlei Staffage. Unter anderem zwei Schmetterlinge, die heute in unseren Breitengraden äußerst selten sind, die sich im Süden aber noch recht häufig zeigen: Segelfalter. Einer sitzt, im Vordergrund, auf dem Stiel eines silbernen Löffels, der andre hoch droben im Bouquet. Das wird betont vor dunklem Hintergrund. Und durch zahlreiche Überschneidungen von Stängeln, Blättern, Blüten wird Tiefenwirkung erreicht. Dies, auch dies setzt höchste Maßstäbe.

In seinen letzten Jahren, in denen das Leben in Frankfurt erneut durch eine der Pestepidemien verdüstert wurde, hat Georg Flegel auf die Entfaltung von Schauobjekten des Reichtums verzichtet und immer einfachere Sujets gewählt. Auf einem dieser Spätwerke nur ein Weidenkorb mit Schnecken in ihren Gehäusen, eine Schale mit Brombeeren und zwei urtümlich wirkende, noch nicht grünglatt gezüchtete Gurken. Dies alles in kleinem Format, ohne Glanzlichteffekte. Ein Meister nimmt Abschied.

EIN WEITERER NAME sollte hier wenigstens noch genannt werden: Peter Binoit, wahrscheinlich aus Köln, um 1590, später in Frankfurt (»P. Binoit Francfort 1620« ...), schließlich in Hanau. Auch er malte Stilleben, vor allem mit Arrangements von Früchten, dazu Blumen. Noch nicht die große Glanzentfaltung wie in den Niederlanden, aber: hohes Können.

Weshalb dieser Hinweis (auch noch) auf Binoit? Weil hier erneut eine Entwicklung erkennbar wird, an der Maria Sibylla später teilhaben wird, auf ihre Weise. Nicht nur in Utrecht, auch in ihrer Heimatstadt konnte sie realisieren, wie weit sich der Typus Blumenstilleben bereits entwickelt hatte. Höchstwahrscheinlich hat ihr Marrell von seinem Lehrer GF erzählt, vielleicht sogar wiederholt, und er könnte, nicht nur als Kunsthändler, seiner Stieftochter das eine und andre Stilleben des Frankfurter Meisters gezeigt haben. Nicht auszuschließen, dass gelegentlich auch ein Binoit zu den Beständen des Kunsthändlers Marrell gehört hatte. So könnte Maria Sibylla auch in heimischem Ambiente früh schon gesehen haben, welch hohes Niveau bereits in ihrer Elterngeneration, ja in der Generation ihrer Großeltern erreicht worden war in der Malerei von Blumenstilleben. Auch hier wieder die Frage: Schüchterte das ein oder regte das an?

OB VON BINOIT ODER FLEGEL: Die Stilleben signalisierten Luxus! Frankfurt war damals eine Stadt mit wohlhabenden Bürgern. Erfolgreiche Händler dokumentierten ihren Reichtum durch repräsentative Neubauten und durch barocke Gartenanlagen, meist im Stadtgebiet. Am berühmtesten war der Garten des Gewürz-, Korn- und Weinhändlers Schwind, Nähe Eschenheimer Turm – Matthäus Merian hat die Anlage dargestellt, vielleicht etwas idealisierend. In Fachkreisen bekannt war auch der Garten des Botanikers Carolus Clusius, der sich zu Messezeiten vor Besuchern oft kaum retten konnte; den ganzen Tag, so klagte er, stehe er im Garten und mache Führungen und leider gebe es auch Besucher, die seltene Blüten abknickten und einsteckten. Mit diesem Botaniker hat offenbar auch GF zusammengearbeitet. Er lernte, Objekte aus Flora und Fauna mit gebührender Präzision zu betrachten, vielfach ein Vergrößerungsglas benutzend, um seine Sujets dann akribisch darzustellen, unter dem Leitgedanken der »imitatio«, die Gottes bewundernswerter Schöpfung am ehesten gerecht würde. Dazu Erasmus von Rotterdam, ebenfalls Gartenliebhaber: »Außerdem freuen wir uns doppelt, wenn wir eine gemalte Blume mit einer lebendigen im Widerstreit sehen und bei der einen über die Kunstfertigkeit der Natur staunen, bei der anderen über die Begabung des Malers und bei beiden über die Güte Gottes, der alles das zu unserem Gebrauch beschert, in allem gleich wunderbar und liebenswürdig.«

LEBENSBILD 9: Werkstatt mit Tiefdruckpresse. Hoher Raum; kein Fenster in den beiden (sichtbaren) Wänden; zentral die Presse. Ein Mann zieht mit beiden Händen an einer der vier Walzensprossen. Im Hintergrund eine junge Frau in beinah festlichem Kleid; vorgebeugt steht sie an einem Tisch, scheint einen druckfrischen Kupferstich zu prüfen, bevor er, mit anderen Kupferstichen frisch aus der Presse, über straff gespannte Schnüre gelegt wird, zum Trocknen. Es ist fast ein Dutzend, in zwei Reihen; auf allen Reproduktionen die gleiche Blume. (Graphitzeichnung, offenbar nach einer Vorlage von Abraham Bosse. Auch deshalb nicht monogrammiert?)

MARIA SIBYLLA IM HAUS DER KUPFERSTICHE UND DER BÜCHER, Maria Sibylla damit auch als jugendliche Leserin. So könnte sie ein Buch eines berühmten Mannes lesen, der im Gebiet umhergezogen war, in dem sie später fast zwei Jahre leben wird: sein Bericht könnte früh schon den Wunsch in ihr wecken, ebenfalls nach Guyana zu reisen.

Sir Walter Raleigh, der Verfasser, war in der Offizin Merian eine bekannte Figur der Geschichte der Entdeckungen. Schon Großvater Theodor hatte in seinen Kupferstichen zu großen und kleinen Reisen mehrfach Sir Raleigh einbezogen, in phantastischer Manier, und Vater Matthäus hatte das fortgesetzt,

als er die erfolgreichen Reisewerke seines Schwiegervaters wei-
terführte. Beispielsweise wird ein Buchtitel von Medaillons
umgeben, und eines davon ist der Entdeckung Guyanas durch
Raleigh gewidmet. Vater Merian hat auch Kupferstiche produziert, auf denen Raleigh direkt und indirekt eine Rolle spielt:
»Riesenwasserschlangen verschlingen den Mohren von Raleigh
in Guyana« ...

Der Bericht des Sir Raleigh über seine Fahrt von der Insel
Trinidad weiter zur Küste von Guyana war früh schon bekannt
im Vorkriegs-Kaiserreich: »Kurze wunderbare Beschreibung
des goldreichen Königreichs Guyana in Amerika oder der
Neuen Welt, unter der linea aequinoctialis gelegen«; diese
Übersetzung des englischen Buchs von 1594 erschien 1603 in
Nürnberg. Der Autor war also längst eingeführt, wenn auch,
wahrscheinlich, nicht als Dichter, sondern als Entdecker, als
Befehlshaber einiger Schiffe.

Eine wahrhaft schillernde Figur! Höfling ... eine Zeit lang
Günstling der Queen Elisabeth ... Dichter (noch heute im
Kanon großer englischer Lyrik, freilich mit etlichen Problemen der Zuschreibung) ... Abenteurer ... Marias Vater und
Großvater illustrierten (s)eine wilde Story von der Suche nach
El Dorado, im Herzen von Guyana – ein Ort, eine Stadt an
einem riesigen See, in einem Land, in dessen weiten, weiten
Wäldern es Amazonas-Amazonen geben sollte und Eingeborene ohne Köpfe. Dort, ein wenig nördlich von Surinam (das
zu dieser Zeit noch zur vage umrissenen Region Guyana
gehört), dort wollte Raleigh ein zweites Inka-Reich entdecken
– und ausrauben. Endlich wollte man auch in dieser Hinsicht
mit den Spaniern gleichziehen, die in Mexiko und in Peru
sagenhafte Goldschätze erbeutet hatten.

Im Barock-Universal-Lexikon der Firma Zedler (genauerer
Titel folgt später) wird auch über das Unternehmen Guyana
des Sir Walter Raleigh ausführlich berichtet; ich zitiere in
Auszügen.

»Die ihm gleichsam von der Natur eingepflanzte Begierde,
auf der See sein Glück zu versuchen, veranlasste ihn, mit eini-

gen Schiffen der Königin einen Versuch zu tun, ob er auf denen Küsten von Guyana oder in anderen Gegenden des südlichen Amerika den Spaniern Schaden zufügen oder sonst Reichtümer zurückbringen könnte ... Landete bei Curiapan auf der Insel de la Trinidad, verbrannte die Stadt St. Joseph und nahm den spanischen Statthalter, Don Antonio Berreo, gefangen ... Diese an sich vorteilhafte, aber dennoch wider Befehl vorgenommene Aktion verdross den Grafen von Essex dermaßen, dass er ihm deshalb den Kopf wollte vor die Füße legen lassen ... Raleigh wird deswegen zu derjenigen Todesstrafe verdammt, welche der Hochverrat in England mit sich bringt. Doch der König ließ solche an ihm nicht vollziehen, sondern ihn ganze 13 Jahre in dem Tower zu London gefangen sitzen ... Weder das langwierige Gefängnis, noch sein hohes Alter hatten seinen Mut und die Begierde, sich in dem spanischen Amerika zu bereichern, bei ihm getilget ... So ließ sich Jacob I., weil ihm Raleigh gleichsam goldene Berge von der vorhabenden Verrichtung versprach, endlich überreden, ihn mit der gebetenen Kommission zu versehen. Also lief er mit 12 Schiffen aus und hatte seine Absicht auf die Küsten von Guayana gerichtet ...«

Ein paar Absätze nun aus dem Reisebericht dieses Lyrikers und Eroberers, der Marie zumindest durch Illustrationen der Offizin de Bry/Merian ein Begriff gewesen sein dürfte. Propagandistisch-geographisch rückte Raleigh sein Guyana an das goldglänzende Peru heran: »Das Reich von Guyana liegt direkt östlich von Peru am Meer unter der Äquinoktiallinie und hat mehr Überfluss an Gold als irgend ein Teil von Peru und so viele und mehr große Städte, als Peru zu seiner höchsten Blütezeit besaß. Die Spanier, die Manoa, die Hauptstadt von Guyana, von ihnen El Dorado genannt, gesehen haben, versicherten mir, dass es an Pracht, Reichtum und wunderbarer Lage alles andere auf Erden weit übertrifft.«

Und er zitiert einen spanischen Chronisten, der über den prachtvollen, prunkvollen Hof von Guyanacapas schreibt, den Vorfahren des Kaisers von Guyana: »Alles Geschirr seines

Heims, am Esstisch und in der Küche, war aus Gold oder Silber. Seine Schränke enthielten hohle Goldfiguren, die Riesen darstellten, sowie im gleichen Größenverhältnis und Ausmaß Statuen sämtlicher Tiere, Vögel, Bäume und Pflanzen, welche die Erde, welche sein Land hervorbringt, und aller Fische, die das Meer oder die Gewässer seines Königreichs enthalten.«

Sowas reizte natürlich die Phantasie, und man produzierte in der Offizin Merian beispielsweise einen Kupferstich mit dem Motiv: »Wie der Herrscher von Guyana seine Festgäste mit Balsam und Goldstaub schmückt.«

Raleigh wird es nicht müde, die Reichtümer von Guyana zu preisen – unter wiederholter Betonung seiner Glaubwürdigkeit. »Man wird mich wenig dazu bereit finden, mich selbst und mein Land mit Phantastereien zu täuschen; noch hätte ich wenig Lust auf die Art von Unterkunft, die ständige Wachsamkeit, die Sorgen, Gefahren, Krankheiten, üblen Gerüche, schlechte Kost und die vielen anderen Widrigkeiten, die mit solchen Expeditionen verbunden sind, um mich nochmal danach zu drängen – wäre ich nicht überzeugt davon, dass die Sonne an keinem Ort der Erde auf derartige Reichtümer scheint.« Goldkörner sogar in Flüssen – sobald ihr Wasserspiegel sinkt, liegen die Nuggets am Ufer herum ...

Vorwegnehmende Lobpreisungen des goldenen Guyana mit der Hauptstadt El Dorado (es gibt tatsächlich eine Ortschaft mit diesem Namen, auch heute noch, aber es ist ein Kaff). Für Raleigh steht fest, felsenfest: Englische Eroberer »werden dort mehr reiche und schöne Städte und mehr mit goldenen Bildnissen geschmückte Tempel, mehr mit Schätzen gefüllte Gräber finden als Cortez in Mexiko oder Pizarro in Peru, und der Glorienschein dieser Eroberungen wird allen bisher errungenen Glanz Spaniens in den Schatten stellen. Kein Land bietet seinen Bewohnern mehr Annehmlichkeiten als Guyana, sowohl was die üblichen Freuden der Jagd, Falknerei, des Fischens und Vogelfangs anlangt als auch alles Übrige. Guyana hat so viele Ebenen und klare Flüsse, solchen Reichtum an Fasanen, Reihern und allen anderen Vögeln wie Rebhühnern,

Wachteln, Rallen, Kranichen; es hat alle Arten von Wild: Hasen, Schweine, Löwen, Tiger, Leoparden und zahlreiche andere Tierarten sowohl zum Jagen wie zum Essen.«

Zwischen den Lobgesängen deutet sich zuweilen auch realistische Beschreibung an, freilich unter generell positivem Vorzeichen. »Wir verloren keinen unserer mehr als 100 Leute, die ganz liederlich ohne Hemd herumlagen, jeden Tag beim Rudern und Marschieren fast vor Hitze schmolzen, dann wieder von plötzlichen Regengüssen durchnässt wurden, alle Arten von faulen Früchten aßen, ungewürzten rohen Fisch, Schildkröten und Eidechsen verschiedener Sorten, gute und schlechte, ohne Maß und Ordnung zu sich nahmen und überdies jede Nacht im Freien zubrachten; noch wurde, soviel ich weiß, auch nur einer krank, vom Fieber gepackt oder von einer jener ansteckenden Krankheiten befallen, die in allen heißen Gegenden, und noch dazu so nah am Äquator, heimisch sind.«

Guyana ...! Es wird zuerst von Engländern erobert. Es ist noch in deren Besitz, wenn das Mädchen Maria Sibylla vom goldreichen Guyana liest oder lesen könnte; erst, wenn sie neunzehn ist, wird Surinam, das mittlerweile von der Westindischen Handelscompagnie besetzt wurde, per Staatsvertrag zur niederländischen Kolonie, im Tausch gegen die Insel Manhattan. So wird man nicht nur von Surinam sprechen und schreiben, sondern vom niederländischen Guyana, zwischen dem weiterhin englischen und dem französischen Guyana. Die Goldvisionen werden sich nicht erfüllen, aber Gold wird man immer wieder finden, wenn auch nur spärlich und sporadisch – bis ins 20. Jahrhundert wiederholen sich Anfälle von Goldfieber.

Guyana: ein Name mit Nimbus, mit Aura. Maria Sibylla wird (in einigen Jahrzehnten) freilich nicht von goldenen Schätzen nach Guyana gelockt, ihr geht es, in späten wie in frühen Jahren, primär um Flora und Fauna.

DAS MÄDCHEN KÖNNTE LESEND (wohl halblaut lesend, wie es damals noch üblich war – falls nicht vorgelesen wurde), lesend also könnte Maria den Eindruck gewinnen, es sei gefährlich, wenn nicht lebensgefährlich, den südamerikanischen Kontinent zu betreten.

Großvater Theodor hatte, zum Beispiel, im dritten Teil seiner Amerika-Serie mit großem Erfolg einen Bericht nachgedruckt, in dem Hans Staden aus Homberg in Hessen von seinen Erfahrungen mit Tupinamba-Indianern Brasiliens berichtet, bei denen er neun Monate lang gefangen war – Zeit genug, ihren zeremoniellen, ja rituellen Kannibalismus kennen zu lernen und etliche Sitten und Gebräuche der Küstenindianer noch dazu. Hans Staden, Söldner, betonte, er kenne Sitten und Gebräuche der Indianer nicht nur vom Hörensagen, sondern aus eigener Erfahrung: »Dies hab ich gesehen und bin dabei gewesen.« Das könnte sich dem Kind Maria eingeprägt haben: Man muss selbst gesehen haben, was man beschreibt. Das darf freilich nicht geschehen, um sich einen Namen zu machen, sondern allein zur Lobpreisung des »Allmächtigen Gottes« (dem Staden für die wunderbare Errettung durch französische Seeleute zu danken hat).

Sicherlich waren es erst einmal Kupferstiche des Großvaters, die das Mädchen zur (potenziellen) Lektüre motivierten – und die sich dann wohl besonders stark einprägten. Beispielsweise sieht man so etwas wie einen Verkaufsstand, einen Marktstand im Wald, und von der Dachkante hängen Hand und Fuß herab, und es liegt ein Kopf auf dem Verkaufstisch und ein Arm daneben, und der Budeninhaber im Lendenschurz schwingt ein Hackebeil am Hackstock, auf dem er ein Bein portioniert. Und dann: »Wie die Indianer Menschenfleisch braten«! Über einem mächtigen Feuer ein Grillrost aus starken Eisenstäben, auf denen liegen Arme, Beine, Rumpfstücke. Und Indianerfrauen, Indianer mampfen Menschenfleisch, demonstrativ lustvoll.

Dies nun ist, in der Schreibweise modernisiert, der Titel der Originalausgabe, die Theodor de Bry 1593 in seinen Verlag übernahm (ich zitiere, auch hier, nach einem Aufsatz von Eberhard Berg): »Wahrhaftige Historia und Beschreibung einer Landschaft der wilden, nackten, grimmigen Menschenfresser-Leute, in der Neuen Welt Amerika gelegen, vor und nach Christi Geburt im Land zu Hessen unbekannt bis auf dieses zunächst vergangene Jahr, da sie Hans Staden von Homberg aus Hessen durch seine eigene Erfahrung erkannt und jetzt durch den Druck an den Tag gibt.«

Falls Maria dieses Buch aus dem Verlagshaus gelesen hat, so werden sich die Pupillen geweitet haben: Staden wurde erst einmal ausgezogen, wurde verspottet und verhöhnt wegen seiner weißen Haut, wurde geschlagen, musste tanzen vor den Frauen des Dorfs, und wiederholt wurde ihm angekündigt, »sie wollten Getränke machen und sich versammeln, ein Fest zu machen und mich dann miteinander zu essen«. In seiner Angst fielen ihm wieder erlernte Gebete und Kirchenlieder ein, wiederholt sang er »Aus tiefer Not schrei ich zu Dir« ... Die »Tuppin Imba« aber ließen sich Zeit mit dem Verzehren des weißen Mannes; auch dieser Stamm führte fast unablässig Krieg mit Nachbarstämmen, dabei wurden Gefangene gemacht, die zeremoniell getötet, zubereitet und verzehrt wurden. Das kündigte man den Feinden schon vorher an: »Meiner Freunde Tod an dir zu rächen bin ich hier. Dein Fleisch soll noch am heutigen Tag, ehe die Sonne untergeht, mein gebratenes sein.« Auch dem Hessen wird ein Stück gebratenes Menschenfleisch angeboten, doch der lehnt mit Grausen ab: »Ein unvernünftiges Tier (also: ein Tier ohne Vernunft) frißt nicht das andere; sollte dann ein Mensch den anderen fressen?« Worauf der Indianer, kauend, zur Antwort gibt: »Ich bin ein Tiger-Tier, es schmeckt mir.« Und Hans Staden erhält weitere Gelegenheiten, zu beschreiben, »mit was für Zeremonien sie ihre Feinde töten und essen. Womit sie sie totschlagen und wie sie mit ihnen umgehen.«

Das alles könnte sich dem Kind eingeprägt haben, das könnte (zumindest für längere Zeit) Vorstellungen mitgeformt haben über das Leben auf dem südamerikanischen Kontinent. Solche Vorstellungen könnten sich zumindest im Hinterkopf festgesetzt haben. Aber Furcht ist etwas, das Maria Sibylla später, als Frau, kaum zu kennen scheint.

IN DER MESSESTADT FRANKFURT, im Verlagshaus Merian-Söhne, kann sich Maria Sibylla früh schon über Entdeckungen und Entwicklungen in den Wissenschaften informieren. Für das Mädchen, das sich auf Raupen und Falter zu konzentrieren beginnt, wird damit auch dieser Name wichtig: Johannes Goedaert, dreißig Jahre vor ihr geboren, in Middelburg, auf der Insel Walcheren, Provinz Zeeland.

Zwischen 1662 und 1669 (da war Maria Sibylla also fünfzehn und zweiundzwanzig) publizierte er in seiner Heimatstadt, im Selbstverlag, die drei Lieferungen seiner *Metamorphosis Naturalis*. In mehr als hundert Beispielen wurden hier die Metamorphosen von Insekten dargestellt: Raupe – Puppe – Imago (die endgültige Erscheinungsform). Dabei legte Goedaert seine Tafeln mit Vorliebe nach diesem Schema an: oben die Raupe, mittig die Verpuppung, unten der Schmetterling.

Es wird zuweilen betont, Maria Sibylla wäre die Erste, die vielfach die sogenannte Futterpflanze mit ins Bild brachte! Ich kann hier keinen Beitrag zur Geschichte der Biologie schreiben, aber dass erst Maria Sibylla Merian den Zusammenhang zwischen Raupe und Futterpflanze entdeckte, ist ausgeschlossen. Schon Georg Flegel hat ja seine Darstellungen der Metamorphose durch Futterblätter ergänzt. Abgesehen davon: Jeder Gärtner wusste, welche Raupe welche seiner Pflanzen schädigte.

Und Goedaert? Wer über drei Jahrzehnte hinweg die Veränderungen, Verwandlungen, die verschiedenen »Stände« von Raupe (oder Larve), Puppe, Insekt beobachtet, kann dies nicht in der freien Natur tun, auch nicht in der damaligen freien Natur, denn viele Raupenarten, so wurde bereits erwähnt, suchen Verstecke auf, bevor sie sich zu verpuppen beginnen. Goedaert konnte also nicht dauernd hinauslaufen, in seinen Garten, in andere Gärten, in die Landschaft rund um das damalige Middelburg, um zu schauen, wie weit die Raupen jeweils waren. Er musste sie ins Haus holen, um Verpuppung und Ausschlüpfen beobachten zu können. In einem kleinen, begleitenden Arbeitsbericht schreibt er: »Ich erwähne im Folgenden nichts, was ich nicht selbst allein beobachtet habe, und die eigene Beobachtung ist der einzige untrügliche Weg zur Erforschung von Naturvorgängen. Ich stütze mich in diesem kleinen Buch auf keinerlei Autorität, sondern alle meine Behauptungen beruhen auf meinen eigenen Beobachtungen. Um alle Vorgänge besser beobachten zu können und sie genau beschreiben zu können, habe ich die Raupen und anderen Insekten, von denen ich spreche, in Gläser eingesperrt. Ich habe sie mit der Nahrung aufgezogen, die ich für ihre natürliche hielt, und habe ihre ersten Zustände vor der Verwandlung nach der Natur gezeichnet. Ich habe dabei sorgfältig Zeit und Art der Verwandlung aufgeschrieben und habe auch den nächsten Zustand sorgfältig in seinen natürlichen Farben gemalt. Endlich habe ich, soweit es möglich war, alle meine Beobachtungen in Kupfer gestochen und sie mit den natürlichen Farben koloriert.«

Er legte also nicht jeder Raupe eine Kollektion von Blättern vor, in der Erwartung, sie würde sich aussuchen, was ihre Entwicklung fördere. Wer so viele Metamorphosen beobachtet hat, wusste als Futtermeister zu disponieren. Er hat aber darauf verzichtet, die Futterpflanzen mit darzustellen auf seinen Kupferstichen. (M. S. Merian wird später zahlreiche Aquarelle malen, auf denen die Entwicklungsphasen von Insekten ohne Begleitgrün dargestellt sind. Das wird ihr also auch nicht immer wichtig sein ...)

Goedaert hat gleichsam Arbeitsteilung betrieben: Insekten-Metamorphosen auf schematisierenden Informationskupferstichen, Blumen dagegen in Öl auf Holz oder Leinwand. Käufer, reiche Käufer solcher Stilleben, fand er wohl meist schon in seiner Stadt. Denn in Middelburg, damals durch einen drei Kilometer langen Stichkanal mit der Hafenanlage verbunden, wurde im Fernhandel viel Geld verdient; nach Amsterdam nahm Middelburg den zweiten Rang ein in der Liste niederländischer Handelsstädte. Der Wohlstand wurde auch in Middelburg von Reedern und Händlern sichtbar gemacht mit neuen Häusern, mit reicher Innenausstattung, mit Sammlungen, mit Kunstschätzen – und mit repräsentativen Gärten.

In der Welt der Gartenliebhaber wurde der Wert, wurde die Bedeutung einer Anlage nicht nur nach der Gesamtgestaltung (Gartenästhetik) beurteilt, sondern auch nach der Zahl, dem Anteil exotischer Pflanzen. Fast jedes Handelsschiff brachte Samen und Wurzelwerk von Blumen mit, die meist weiterverkauft wurden; die Nachfrage wuchs. Viele machte der Blumenhandel reich, die Blumenliebhaberei arm. Für seltene Blumensamen oder -wurzeln wurden enorme Summen gezahlt. Die Blumen respektierten diese Investitionen aber nicht und blieben bei ihrer üblichen Blühzeit. Also mussten die Primadonnen der Flora portraitiert werden – so wie andere Herrschaften ihre Hunde, Falken oder Pferde malen ließen; für all das gab es Spezialisten. So ist es kein Zufall, dass in Middelburg, vor allem in Middelburg das Blumenstilleben entwickelt wurde.

Das Werk des Johannes Goedaert ist zeittypisch in doppelter Hinsicht: er malte Blumenstilleben für reiche Gartenfreunde, Blumenliebhaber, und: er dokumentierte naturkundliches Interesse an Raupen, somit an deren Metamorphosen. Während der Fresszeit: nichts als Schädlinge; nach der Verwandlung: schönste Bereicherung, fliegende Blüten!

Johannes Goedaert war also ein Mann mit Doppelblick: als Maler und als Naturkundler. Auf diesem Gebiet war er vielen entomologisch interessierten Zeitgenossen voraus; dagegen waren andere Maler weitaus wichtiger für die Weiterentwicklung der neuen Gattung Blumenbild.

WENN VON JOHANNES GOEDAERT BERICHTET WIRD, darf Jan Swammerdam nicht unerwähnt bleiben. Auch er als Vorläufer und Vorbild zugleich. Aber hier belasse ich es bei zwei Hinweisen – nicht alles muss ausgeführt werden.

Swammerdam wurde zehn Jahre vor Maria Sibylla geboren; bereits mit zweiunddreißig veröffentlichte er seine *Historia insectorum generalis*, die Geschichte der als »blutlos« bezeichneten Lebewesen – auf diesen Hinweis wurde Wert gelegt, vielfach. Der niederländische Zusatztitel lautet denn auch: »Algemeene Verhandeling van de Bloedeloose Dierkens.« Er war Ovulist, im wachsenden Konsens seiner Zeit. Er benutzte früh schon das Mikroskop, vor allem bei Sektionen von Insekten und Fröschen.

Vom Sezieren kleiner Tiere, von Detailuntersuchungen durch das Mikroskop zur Heilslehre: Eine Frau leitete ihn auf den Weg zu Gott. Er suchte Gott jetzt nicht mehr auf dem Umweg über dessen (oft kleine) Geschöpfe, er beendete das Forschen, wandte sich Gott direkt zu. Hier scheint Zeittypisches zu sein, später auch mitvollzogen, nachvollzogen von Maria Sibylla Graff.

GAB ES DAMALS SCHON so etwas wie Grundlagenforschung, die nicht von vornherein an kommerzielle Interessen gebunden war? Ein Erbstück bietet sich als Hilfsmittel an: Steins *Kulturfahrplan.* Jahr für Jahr wird, auch für die Lebenszeit der Merian, benannt, was jeweils zeitgleich geschah. Hier interessiert mich vor allem, was in Naturwissenschaften experimentiert, verifiziert, publiziert wurde.

Als Maria Sibylla zwei war, entwickelte Otto von Guericke die Kolben-Luftpumpe, mit der Luft aus Gefäßen abgesaugt werden konnte. Und, noch einmal: Francesco Redi, gerade dreiundzwanzig Jahre alt, wies nach, dass Insekten, auch gering geschätzte, nicht aus Fäulnisprozessen entstehen, sondern sich jeweils aus einem Ei entwickeln. Und Bernhardus Varenius versuchte sich 1650 einen Weltüberblick zu verschaffen in seiner »Geographia generalis«. Eins der beiden Leitwörter jener Zeit: generalis et universalis. Maria war vier, als auch Harvey in einer Schrift »Über die Erzeugung der Tiere« nachwies, dass alle Lebewesen aus dem Ei entstehen. Fermat und Pascal arbeiteten an der Entwicklung der Wahrscheinlichkeitsrechnung. Bürgermeister Guericke führte in Magdeburg die Wirkung des Vakuums vor: Zwei eiserne Halbkugeln (seither: Magdeburger Halbkugeln) wurden aneinander gepresst, die Luft wurde herausgepumpt, der Außendruck auf die Kugel war nun derart groß, dass Pferdegespanne die Kugelhälften nicht auseinander ziehen konnten. Als Maria neun war, untersuchte und beschrieb Wharton die Funktion von Drüsen.

Auch Christiaan Huygens beschäftigte sich mit Wahrscheinlichkeitsrechnungen. Und Swammerdam entdeckte rote Blutkörperchen sogar in Fröschen. Auch hier: Die Geräte wurden immer wichtiger – rasche Weiterentwicklung des Mikroskops wie des Teleskops. Huygens spürte den ersten der Saturnmonde auf. Zwei Jahre später entwickelte Malpighi die mikroskopische Anatomie, untersuchte vor allem Haargefäße des Blutkreislaufs. Reinier de Graaf erhellte, mit einundzwanzig, die Funktion des Eierstocks. Das erste Fadenkreuz wurde in ein Teleskop eingesetzt. Der große Newton erarbeitete den binomischen Lehrsatz. Bei einem Tierexperiment fand die erste Bluttransfusion statt. Embryos wurden untersucht.

Es war eine Zeit des Aufbruchs. In der gelehrten Welt befreite man sich von der Bevormundung durch antike Autoritäten, vor allem durch Aristoteles – jahrhundertelang war nur relevant gewesen, was man bei ihm las, nicht, was man in der Natur sah. Es wurden Instrumente weiterentwickelt, die das förderten: Es öffneten sich neue Dimensionen des Mikrokosmos wie des Makrokosmos.

Und was geschah in den Künsten, in der Philosophie? Was wurde geschrieben, was gemalt, was komponiert? Hier ist bloß Namedropping möglich, aber auch so kann die Welt deutlicher werden, in die Maria Sibylla hineinwächst und in der sie aktiv wird. Rembrandt, Rembrandt, immer wieder Rembrandt: malend, zeichnend, kupferstechend, radierend. Lodwick schlug eine Universalsprache vor. Lully komponierte, Hobbes philosophierte. Comenius publizierte seine umfassende Bilderfibel. In London wurde eine Bibel in zehn Sprachen veröffentlicht: polyglott. Pascal und Spinoza traten hervor. Andreas Gryphius schrieb Theaterstücke. In Nymphenburg begann man mit dem Bau des Schlosses. Molière brillierte mit *Tartuffe*, ließ bald den *Don Juan* folgen und den *Misanthropen*. Heinrich Schütz komponierte. 1669 veröffentlichte Grimmelshausen seinen berühmten Roman, der im Dreißigjährigen Krieg spielt. Vermeer malte die Spitzenklöpplerin. Damit ist das Jahr 1670 erreicht, und ich klappe den Kulturfahrplan vorerst zu.

LEBENSBILD 10: das Kupferstechatelier mit Verkaufsausstellung der Offizin Merian. Der (schon einmal abgebildete) Raum mit Fenstern auf beiden Seiten; an der Rückwand auch diesmal Kupferstiche in Passepartouts aufgehängt. Drei Reihen: Stadtveduten, Portraits, biblische Szenen. Vor diesen Exponaten, mit den Rücken zum Bildbetrachter: ein Herr in Stulpenstiefeln, mit Degen, Umhang, Perücke, breitkrempigem Hut. Und ein Mönch (Abt?) in reiferem Alter, die Kuttenkapuze zurückgeschlagen. Die vier Arbeitstische im Raum, jeweils in Fensternähe: zwei Kupferstecher, eine Kupferstecherin, ein Radierer. Der arbeitet an kleinem Tisch mit aufgesetztem Pult; die Kupferplatte liegt hier, leicht geschrägt, auf. Gleichfalls im Vordergrund: eine junge Frau, M. S. Merian. Sie hält die kombinierte Kupfer- und Holzplatte an die linke Schulter gepresst, arbeitet mit dem Stichel; in der Fensteröffnung neben ihr eine offenbar fertig bearbeitete Platte: eine Blume, dominierend. Das Kleid der Graphikerin ist knöchellang, die Ärmel sind hochgeschoben bis zu den Ellbogen. Der Kupferstecher hinter ihr scheint an einem Bild eines Heiligen zu arbeiten. Der dritte Kupferstecher im Raum setzt nach gezeichneter Vorlage eine Stadtansicht um. (Graphitzeichnung, offensichtlich in Anlehnung an Abraham Bosse gestaltet; entsprechend geringer Dokumentationswert für das Ambiente des Frankfurter Ateliers der Offizin Merian. Jedoch verso ein von alter Hand geschriebener Hinweis mit den Namensangaben: Maria Sibylla, Caspar, Matthäus Merian; der Mitarbeiter anonym.)

KURZER HINWEIS AUF EINEN DER BEIDEN BRÜDER, die den Verlag nach dem Tod des Patriarchen (vorerst) weiterführten: Caspar.

Die Offizin des Vaters wurde nicht zum Verlag der Buchproduktionen seiner Tochter – etwas später wird der Ehemann ihr Verleger, und zuletzt wird sie ihre Werke im Selbstverlag herausbringen. Das überrascht, denn mit Serien von Blumenkupferstichen, mit Blumenbüchern hatte man im Hause Merian verlegerisch gute Erfahrungen gemacht, es bestand weiterhin rege Nachfrage, also hätten die Vorzeichen für eine Kooperation günstig sein müssen. Jedoch: Es war auch im Hause Merian zu Unstimmigkeiten gekommen, vor allem zwischen der Familie der ersten und der Familie der zweiten Ehefrau – doch davon im nächsten Kapitel. Es genügt, hier festzuhalten: Maria Sibylla wird nicht im Verlagshaus publizieren, das die Gebrüder Merian weiterführen.

Dennoch, sie hatte eine offenbar gute Beziehung zum Halbbruder Caspar. Er wird später sehr direkt auf ihren Lebenslauf einwirken, als Pietist.

Auch von ihm sind Zeichnungen und Kupferstiche überliefert, unter anderem in der Graphischen Sammlung Köln. »Caspar Merian ad viv. delic et fecit« heißt es beispielsweise auf einem Trier-Bild: die Kirche St. Simeon, die (damals) die Porta Nigra als Seitenwand integriert hatte. Und vorn eine Einfahrt zum Kirchplatz; daneben, gleichfalls unter einem Mauerbogen, ein Durchgang, und hier, ich staune: ein Drehkreuz!

Vielfach aber hat Caspar Merian nach Vorlagen anderer Zeichner gearbeitet, etwa bei der Darstellung einer römischen Ruine in italienischer Landschaft. Ein breites Spektrum der Sujets auch bei ihm – nicht ganz so weit wie bei seinem Vater, aber eindrucksvoll genug. Er vor allem wird, als Kupferstecher, zuständig sein für die Umsetzung von Vorlagen für die Fortführung der großen Topographie. Eins der ersten und zugleich aufwendigsten Projekte der Brüder: die Topographie des Herzogtums Braunschweig. Der neue Band wird vorbereitet und herausgegeben von Herzog August. Persönlich kümmert sich der Siebzigjährige um die notwendigen Unterlagen für das große Werk; er beauftragt seinen Hofgraphiker Conrad Buno, alle wichtigen Orte der beiden ererbten Herzogtümer von etwas erhöhten Standpunkten aus detailgenau zu zeichnen; 136 Kupfertafeln wurden es schließlich, wohl die meisten aus der Hand von Caspar Merian.

UM EIN WENIG VOM BINNENKLIMA DER FAMILIE ME-RIAN vermitteln zu können, besorge ich mir die sogenannte »Selbstbiographie des jüngern Matthäus Merian«. Ein Text von etwa fünfzehn Druckseiten, also eher eine Lebensskizze. Aber mit einigen Details, die auch mit Blick auf Maria Sibylla aufschlussreich sein dürften.

Das Manuskript wurde an passender Stelle gefunden: in einer Ausgabe seines Vaters vom Basler Totentanz, publiziert 1649, also im Jahr nach dem großen Krieg. Hier waren die Seiten »beigeheftet«, wie ich in Wackernagels Einführung lese. Es wurde von diesem Text glücklicherweise eine Abschrift angefertigt; das Buch und die Aufzeichnungen sind wieder untergetaucht.

Ein Meisterstück autobiographischer Literatur wurde hier nicht gerettet – ein streckenweise ziemlich dröger Text. Aber gelegentlich blitzt Originalität der Formulierungen auf, die freundlichere Rückschlüsse zulassen.

Die Aufzeichnungen beginnen wie eine Sequenz aus dem Alten Testament: A zeugte B, B zeugte C, C zeugte Matthäus, »das ist mein Vater«, und »Matthäus zeugete 4 Söhne«. Von den später gezeugten Schwestern ist nicht weiter die Rede. Matthäus junior besuchte ein Gymnasium, in Frankfurt. Selbstverständlich wollte er lieber bei einem Maler in die Lehre gehen, aber der Familienberater war dagegen. So wurde der Junge beim Rektor des Gymnasiums in Kost und Logis gegeben. »Weil zu Hause ich anderes nichts als Kunst sah, so durfte ich nur alle 4 Wochen zu meinen Eltern kommen.« Aber der pädagogische Ablenkungsversuch fruchtete nicht: »Mein Genius wollte mich zum malen lernen treiben.« Als der vielseitige, angesehene Maler Joachim Sandrart von Rom nach Frankfurt zurückkehrte, wollte der Dreizehnjährige zu ihm in die Lehre; er bewunderte die Werke der jungen Zelebrität und bat den Vater »so lange, bis er mich bei ihm auf 6 Jahr lang in die Lehre verdingte«. Sandrart heiratete, eine gute Partie mit einem Schloss bei Nürnberg, das Paar zog nach Stockau, der Schüler folgte ihm zu Fuß, mit anderen Lehrlingen. Sie wurden auf dem Weg nach Nürnberg zweimal »geplündert«. Reisen war damals nicht nur strapaziös, es war gefährlich – nicht nur in jenen Kriegsjahren. Ja, nach dem Dreißigjährigen Krieg nahm die Straßenräuberei noch zu, es zogen Trupps umher von ehemaligen Soldaten, für die Straßenraub die einzige Einnahmequelle war. Überfälle waren fast ›an der Tagesordnung‹. Damalige Kupferstiche illustrieren zuweilen drastisch, wie Frauen dabei vergewaltigt wurden.

Als Matthäus junior nach Nürnberg wanderte, herrschte auch noch Krieg. Erstaunlich, wie viel der Junge, dann der junge Mann in jenen Kriegszeiten gereist ist: die Realität war offenbar nicht so kompakt, wie es Darstellungen jener Zeit suggerieren. Man kam, etliches Glück vorausgesetzt, doch irgendwie ans Ziel, notfalls auf Umwegen.

Joachim Sandrart war mehr am Malen eigener Bilder interessiert als an der Ausbildung eines jungen Malers. Matthäus wurde als Bote auf Reisen geschickt, mal nach Ingolstadt, mal nach Augsburg, mal nach München – war er so etwas wie ein Kurier des Malers? Überbrachte er Bilder? Wenn er nicht ausgeschickt wurde, musste er jagen gehen. »Ich ergötzte mich mit der Kleinen Jagd, also: Füchse, Hasen, Feld- und Haselhühner, sodass man jederzeit etwas in die Küche bekam. Unterdessen aber lernte ich in meiner Profession nichts.«

Also brach er wieder auf, mit 15. Zuerst, zu einem Zwischenbesuch, nach Frankfurt, dann gleich weiter nach Amsterdam. Noch einmal muss hervorgehoben werden: Lebenszeit war damals knapp. Wer etwas werden wollte, musste in jungen Jahren aufbrechen, musste entsprechend früh schon mit der Ausbildung fertig sein. Anton van Dyck, zum Beispiel, leitete bereits zwanzigjährig eine Werkstatt mit mehreren Helfern und Lehrlingen.

1639 kam Matthäus in London an. Hier hatte er Glück und

fand einen großen Lehrmeister: van Dyck persönlich. Der damals schon berühmte Portraitmaler war mittlerweile um die vierzig. Als Lehrling konnte Matthäus freilich nicht bei ihm wohnen, er kam unter bei dessen »Hofmeister«, also wohl dem Verwalter, Wirtschafter, Kunstagenten. Der junge Mann konnte recht selbständig arbeiten und begann Geld zu verdienen. »Wie ich denn ohne eitles Rühmen vermelden kann, dass nach meinen Lehrjahren ich meinem Vater bis zu seinem Tod keinen Pfennig gekostet habe, sondern mich selbst durch die Welt getragen habe.« Was er bei Anton van Dyck gelernt hat, weiß ich nicht – offenbar ahmte er schließlich dessen Stil nach, wie eine spätere Andeutung zeigt.

Die Arbeit in der Werkstatt van Dyck wurde durch »Kriegstroubles« in England beendet, 1641. Das war auch schon das Todesjahr des großen Malers. Matthäus verließ die Insel, reiste nach Paris, blieb dort »eine ziemliche Zeit«, verdiente gutes Geld mit »Kupferätzen«, mit Radieren. Sein Beutel war bald mit »Pistolen«, sprich: Goldmünzen gespickt. Auf weitem Umweg über Lyon, Genf, Bern und Basel kehrte er 1642 »glücklich« nach Frankfurt zurück, traf dort seine »lieben Eltern, die ich in ziemlicher Zeit nicht gesehen hatte, gesund wieder an«.

Er wollte aber möglichst bald weiter nach Italien. Dafür reichten seine Rücklagen freilich noch nicht aus, so verdiente er weiteres Geld mit Portraitieren. Auf der Herbstmesse, auf der auch Kunstwerke vertrieben wurden, lernte er einen Gönner und Förderer kennen, einen »reichen Kaufmann«, der »ein großer Liebhaber der Kunst war und selbst etwas malen konnte«. Er ließ sich von Matthäus portraitieren, kaufte ihm mehrere Gemälde ab, übernahm weitere Gemälde, in Kommission, zum Verkauf unter Geschäftspartnern, war damit erfolgreich, weil seine »Van-Dyck-Manier« allgemein gefiel. Unter angenehmen Reisebedingungen folgte er dem Förderer nach Nürnberg, konnte in dessen Haus »logieren«. Er stellte die Kunstfreunde in der folgenden Zeit zufrieden mit »Bildnissen, welche ich in geschwinder Zeit verfertigte«. Er konnte gar nicht alle Aufträge ausführen, er musste vertrösten, denn nun schien ihm der Zeitpunkt gekommen zum Aufbruch nach Italien.

Aber schon in der Region von Bozen wurden er und ein reicher Mitreisender überfallen. Merian berichtet darüber recht ausführlich, und ich folge ihm dabei, mit Blick auf Maria Sibylla. Denn wiederholt wird es heute als damaliges Vorrecht von Männern hingestellt, sich in Italien in ihrer Kunst zu vervollkommnen, während dies jungen Frauen grundsätzlich verwehrt worden sei. Das trifft zu, aber nicht nur unter dem Vorzeichen von Restriktion. Auch in Begleitung eines Mannes, etwa eines Bruders, war eine reisende junge Frau nicht sicher – die Schnapphähne schlossen sich zu oft großen Banden zusammen. »Eine halbe Stunde weiterreitend, kommt ein Bandit aus dem Busch und fällt meinem Pferd in den Zaum, sofort zwei, drei andere, bis zu 14, die alle so armiert waren, dass man sich allein vor ihren Gewehren hätte entsetzen müssen. Ich wollte vom Pferd steigen, aber der Bandit wünschte, ich sollte sitzen bleiben; 50 Schritte ungefähr wurden wir zwischen 2 Felsen eine gute Weile bergauf geschleppt, auf beiden Seiten 7 Banditen. Nachdem wir nun zu ihrem Platz kamen, sagten die Banditen, wir sollten absitzen. Dies verdolmetschte uns Purleger mit einer halbtoten Stimme, stiegen wir deshalb sogleich von unseren Pferden und fielen auf unsere Knie um zu beten, denn wir fürchteten sofort um unser Leben. Indes kommt ein Bandit und ruft: ›Ecco, Signori, la bursa!‹ Die andern nahmen uns beiden das noch übrige Reisegeld und was wir sonst von Silber bei uns hatten, aber unsere Felleisen öffneten sie nicht, weil sie den Dukatenbeutel gefunden hatten und zufrieden gestellt waren, sie befahlen uns, noch zwei Stunden zu warten, deswegen sie auch 3 Banditen mit Rohren auf Posten ließen, bis sich die übrigen zurückgezogen hatten. In der Zwischenzeit aber, da wir uns zwischen Leben und Tod in höchster Furcht befanden, konnten wir mit Worten nicht beten, sondern seufzten nur zu Gott.«

Vierzehn Mann, und alles professionell durchgeführt. Um wieder liquid zu werden, mussten die Beraubten ihre Pferde verkaufen. Matthäus reiste nach Venedig. Er logierte erst einmal im Weißen Löwen an der Rialtobrücke, dann in einer Pension, die ein Tiroler führte. Und hatte wieder Glück, fand einen Förderer, einen Advokaten, der den jungen Maler bei sich zu Hause aufnahm – auch so etwas hätte für eine reisende junge Malerin prekär werden können. Er malte den Hausherrn und seine Lieben »in Lebensgröße«, gewann so immer mehr an »Affektion«, an Zuneigung beim Advokaten, der ihn weiterempfahl, und so verdiente er gut. Er resümierte: »Venetia aber hatte mir meinen Beutel fourniert (also reich gefüllt), sodass ich die römische und neapolitanische Reise in gutem Stil ausführen konnte.«

Vier Jahre vor dem Ende des großen Krieges, von dem man in Italien nichts zu spüren schien, erreichte er Rom. Dort hat er denn »alles, was Merkwürdiges zu sehen war, gezeichnet. Es waren zu meiner Zeit viele Deutsche und Niederländer da, die in 5 oder 6 Jahren so viel nicht gezeichnet hatten wie ich allein«. Er lernte Italienisch, zeichnete viel und verdiente wenig. Vor allem studierte er Guido Reni, der zwei Jahre zuvor verstorben war und von dem in Rom vor allem Kirchenfresken zu sehen waren.

Und er kehrte nach Venedig zurück. Dort gab es wieder reichlich Aufträge. »Ich verdiente abermals in Venedig so viel, dass ich reich (was doch in Italien bei den deutschen Malern selten ist) nach Nürnberg reisen konnte.« Er hatte etwa hundert Dukaten »im Gürtel«, ein kleines Vermögen, als er nach Frankfurt zurückkehrte, »wo ich dann meinen Vater allein im Witwerstand antraf, weil meine Mutter sel., als ich in Rom war, die Schuld der Natur bezahlt hatte.«

Doch er blieb nicht in Frankfurt, denn Aufträge lockten. Ein Angebot des Mainzer Erzbischofs zuerst: Der hohe Herr wollte portraitiert werden. Und dann zog, zwei Jahre nach dem Friedensschluss, der schwedische Feldmarschall Wrangel durchs Land und erteilte einen lukrativen Auftrag: für ein »Heldenbuch« sollten die Herren des Offizierscorps portraitiert und in Kupfer gestochen werden. Das wurde im Feldlager durchgeführt – das schwedische Heer hatte offenbar noch nicht den Weg nach Hause gefunden. Zwar konnte Merian im Zelt des Feldherrn mitwohnen, aber das Leben unter Soldaten fiel ihm schwer – noch während er seine Aufzeichnungen schreibt, spürt er die Erschöpfung und die Kälte jener Zeit. Er hatte so viel zu tun, dass er nur die Gesichter malte und seinen Schülern die Ausführung der »Kleidungen« überließ.

Das fand ein Ende, als ihn die Nachricht erreichte, sein Vater sei in Schwalbach gestorben, während einer Sauerbrunnen-Kur. Die Schiffe nach Schweden waren »noch nicht abgesegelt. Ich nahm von Generalissimo und Wrangel meinen untertänigsten Abschied. Sie beide beklagten meines Vaters sel. Tod und rühmten seinen Fleiß, mich ermahnend, ich sollte in seine Fußstapfen treten und ja das Theatrum Europaeum kontinuieren, welches zu tun ich versprach. Daraufhin befahlen sie, dass der Kriegsschatzmeister Swissen, mein lieber Bruder, von dem ich bereits manchen schönen Dukaten empfangen hatte, mir 200 Dukaten zur Rückreise auszahlen sollte, was auch geschah. Der Feldmarschall aber präsentierte mir für die 4-jährige treue Aufwartung noch eine goldene Kette mit Dero Bildnis zu meinem Abschied.«

Und er kehrte zur verwaisten Familie zurück. Mit dieser Perspektive habe ich die Nacherzählung fortgesetzt, denn nun wird es aufschlussreich – zumindest in Andeutungen. Er traf die Familie »in betrübtem Zustand« an; es waren im Hause Merian »lauter hungrige Brüder und Schwestern mit einer Stiefmutter vorhanden, die nur nach guter Erbschaft und nicht Fortsetzung des Unternehmens inklinierten«. Es war also, allen voran, die zweite Ehefrau, die (nach seiner Version) nur ans Geld wollte und nicht daran interessiert war, das Erbteil wieder in den Betrieb zu investieren. »Worauf zur Teilung geschritten wurde.«

Es gab also verschiedene Auffassungen zwischen den Söhnen aus der ersten Ehe und der zweiten Ehefrau Merian, mit ihren Töchterlein. Es mussten Gemälde, Stiche, Möbel verkauft werden, um sie auszuzahlen. Das geschah offenbar mit

Zähneknirschen. Das »schöne Stück Geld« sah Matthäus bei Stiefmutter Johanna Sibylla nicht in guten Händen. Seine schlimmen Befürchtungen sah er bestätigt: »Sie heiratete den 2. Mann, Morell, einen kleinen Maler, mit welchem sie das gute Geld verzehrt hat, sodass sie nach seinem Tod das Gnadenbrot bei ihrer Tochter essen musste.« Und das konnte nur Maria Sibylla sein ...

Damit könnte ich dieses Kapitel beenden. Ich bringe aber noch einen kleinen Nachtrag zum Familienleben des Portraitmalers. Zwar fand er eine »demütige und tugendhafte Frau«, aber »das wurde mir auch versalzen, indem ich mit ihr eine seltsame und widerwärtige Schwiegermutter bekam«. Die war Niederländerin (war er deshalb nicht gut auf Marrell zu sprechen?) und: sie wurde neunzig Jahre alt; das war damals eine ungeheure, für ihn sicherlich auch ungeheuerliche Zahl.

Doch der Erfolg blieb ihm treu; zumindest stellt er das so dar. Er schreibt fast nur noch über den hoch dotierten Portraitisten Matthäus Merian, den noble Herrschaften mit Kutschen abholen lassen und dem Goldketten umgehängt werden. Von der Arbeit für das Verlagshaus ist nicht weiter die Rede.

DREI GEMÄLDE DES MATTHÄUS MERIAN SECUNDUS hängen im Historischen Museum Frankfurt. Das repräsentativste stellt einen Herrn dar, dessen Name mir nichts sagt. Entscheidend der Eindruck: ein großformatiges Ölbild auf Leinwand, darstellend einen Mann mittleren Alters in gehobenem Ambiente, markiert durch die Büste eines männlichen Charakterkopfs, und mit einem Durchblick auf den Kapitolsplatz, die Piazza del Campidoglio, womit Weltläufigkeit des Herrn demonstriert wird oder klassische Bildung. Kein geniales, aber ein gediegenes, ein professionelles Bild, gemalt zu einer Zeit, als seine Halbschwester Maria fünf war.

WO AUCH IMMER SIE SICH AUFHIELT, was auch immer geschah, im Hause, außer Haus – Maria Sibylla setzte ihre Naturbeobachtungen fort. Ihre Aufzeichnungen darüber beginnen (zuweilen datiert) zwar erst einige Jahre später, in Nürnberg, aber die eine und andre Notiz kann ich vorwegnehmen, aus der Chronologie gelöst: Beobachtungen, die sich vielfach wiederholen, also nicht an Ort und Zeit gebunden sind.

Ich gleiche auch diese Aufzeichnungen heutiger Schreibweise und Zeichensetzung an, helfe zuweilen übersetzend nach. Ohne diesen Service wären die Notate zuweilen sehr sperrig. Ich zitiere einen nicht bearbeiteten Text – gleichsam O-Ton Merian. »Diesse schneider oder teuffelpfert genant, habe ich mit verwunderung Sehen auß einen weier in grosser meng kreügen im May seer fry im tage, alß sie noch in ihren balch wie hier einer ist waren alwo ich acht gabe waß darauß werden Solte, da krochen diesse schneider herauß und ihre fliegel waren ganß zusamen gerunselt und weig aber alß die sone ein wenig begunde zu scheinen so wurden ihre fliegel etwaß starck und sie strecketen sie mit ihren füssen gerade und flohen hinweg aber den wurmb davon habe ich nicht gesehen.« Hier müsste also ein wenig nachgearbeitet werden.

Und gleich eine erste der Niederschriften von Beobachtungen; meist bezieht sich der Text auf eine Abbildung im Raupenbuch, das später vorgestellt wird. Wichtig für uns hier: Was hat sie gesehen, was hat sie aufgeschrieben, wie hat sie formuliert?

»DIESE RAUPEN FINDET MAN DEN GANZEN MAI HINDURCH auf Birn-, Apfel- und Kirschbäumen, deren Blüten und Blättern sie großen Schaden zufügen, denn solche sind ihre Speise. Ende Mai, wenn sie sich verwandeln, schieben sie etlichemal ihre Haut über den ganzen Leib ab und hängen sich alsdann ganz unter sich an eine Wand oder Holz und spinnen aus ihrem Mund über den ganzen Leib hin einen weißen Faden, wie Seide, welchen man ohne Verletzung der Raupen nicht ablösen kann. So werden sie zu Dattelkernen, die am Anfang hell, zuletzt dunkel haarfarben sind und sich, wenn man sie berührt, von einer Seite zur anderen drehen. Vierzehn

Tage bleiben sie so hängen, alsdann öffnet sich das Häutlein und es kommen ihre Sommervögel heraus. Die Sommervögel dieser Raupen haben einen sehr schnellen Flug und werden den ganzen Sommer hindurch, bis die Hitze abnimmt, fliegen.«

LEBENSBILD II: Johann Andreas Graff, der spätere Ehemann der Merian, auf einem Klapp- oder Feldstuhl, in einem Raum ohne Einrichtungsgegenstände: neu bezogene Wohnung? Auch er trägt Stulpenstiefel mit Sporen, eine Pumphose, ein Wams mit eingeschnittenen, unterfütterten Ärmeln, eine mächtige Barockperücke; sein breitkrempiger Hut mit kesser Feder ist auf dem Boden abgelegt, auf dem, vor den Stiefelspitzen, einige Stadtansichten ausgebreitet sind: der mächtige Ziegeltopf der Engelsburg, die Kuppel der Peterskirche, die Cestius-Pyramide, ein Obelisk. Kritische Musterung einiger Bilder aus seinen italienischen Jahren? (Feder, grau. Knitterspuren und Stockflecken am linken Rand.)

ICH WÜRDE GERN EIN MINIATURPORTRAIT des Johann Andreas Graff vorlegen, aber es bleibt bei den spärlichen Daten des Künstlerlexikons von Thieme-Becker. Und einige Zusatzinformationen, zusammengelesen.

Geboren 1636 in Nürnberg. Sein Vater war dort Rektor des Gymnasiums am Egidienplatz. Über seine Mutter weiß ich nichts. Erster Unterricht, auch Malunterricht, in Nürnberg – hier waren die Voraussetzungen günstig. Mit sechzehn, also im üblichen Alter, brach er auf zur Wanderschaft, Richtung Frankfurt. Dort ging er bei Jacob Marrell in die Lehre, ein halbes Jahrzehnt. So wurde er mit dem Hause Marrell-Merian vertraut, lernte auch ein kleines Mädchen namens Maria Sibylla kennen, wird es aber kaum weiter beachtet haben, sie war in seiner Frankfurter Gesellenzeit erst sechs und schließlich elf.

Mit einundzwanzig der große Aufbruch südwärts, über die Alpen hinweg: die beinah obligatorische Italienreise für Künstler. Sie führte zuerst nach Venedig, hier blieb er zwei Jahre. Faszinierte ihn die Stadt? Konnte er bei einem Kollegen unterschlüpfen? Band ihn ein Lehrer oder eine Frau? Kein Stichwort überliefert. Erst 1660 erreichte er Rom, hielt sich dort vier Jahre auf, wurde offenbar Mitglied der Malakademie: eine Auszeichnung. 1665 kehrte er, achtundzwanzigjährig, zurück, aber nicht nach Nürnberg, sondern wieder nach Frankfurt. Nun war Maria Sibylla achtzehn und kam in Betracht.

»DIE VERTRETER UNSERER KUNST, die sich lange Zeit außer Landes, namentlich in Italien aufgehalten haben, bringen, wenn sie wieder nach Hause zurückkehren, gewöhnlich in ihren Arbeiten eine andere Art der Auffassung mit.«

So schreibt Karel van Mander in seinem »Malerbuch« über niederländische und flämische Kollegen. Lässt sich diese Feststellung auf Graff übertragen? Immerhin hatte er sechs Jahre in Italien gelebt: er hatte sich wahrhaftig Zeit gelassen. Wie also hatten sich Studien in Venedig und Rom ausgewirkt auf Zeichnungen, Kupferstiche, eventuell Ölgemälde? Seine Sujets waren (und blieben) Blumen, Architekturstücke, Stadtansichten, in handwerklich solider Ausführung. An künstlerischer Freiheit schien er kaum gewonnen zu haben in Italien. Wenn er Landschaften zeichnete oder malte – da hätte er von Kollegen lernen können, wie man aus genau wiedergegebenen Details eine imaginäre Landschaft komponiert, ein Capriccio. Erst recht als Maler, als Zeichner von Architekturen, von Stadtansichten – auch hier hatte man, vor allem in Italien, künstlerische Freiheiten errungen, man gruppierte jeweils genau dargestellte römische Bauten und Ruinen nach rein künstlerischen Kriterien: Capricci. Müsste man allein von Bildern des J. A. Graff Rückschlüsse ziehen auf seine Biographie, man käme nie und nimmer auf einen mehrjährigen Aufenthalt in Italien.

Die späteren Nürnberger Stadtansichten, die seine Spezialität waren: Sie mussten bei jedem braven Anrainer der Pegnitz zufriedenes Kopfnicken hervorrufen. Nur ein bisschen sauberer das alles und in einem besseren Zustand, baulich. Wieder erkennen, nicht neu entdecken ...

Summary: Graff hielt sich ungefähr so lange in Italien auf wie die Asselijns, Berchems, Boths (und so weiter im Alphabet), aber nach dem üblichen halben Jahrzehnt setzte keine künstlerische Metamorphose ein.

LEBENSBILD 12: Das junge Ehepaar Graff. Ikonographische Versatzstücke: der Vorhang, nach links gerefft, halbhohe Säule rechts. Maria Sibylla als junge Dame, festlich gekleidet: mantelähnliches, vorn offenes Überkleid; Schoßjäckchen; breite Halskrause; Flügelhaube. Ihr eher energisches als schönes Gesicht: die Kinnpartie, die entschieden wirkende Nase. Schräg hinter ihr, an der Wand, ein Blumenstilleben: eine fast kugelförmige Vase auf einer Abstellfläche, radial geordnete Blumen. Graff in langem, kragenlosem Mantel; Wams, mit breiten Klöppelspitzen verziert; Kniebundhose; Strümpfe, leichte Schuhe. Schräg hinter ihm an der Wand eine der Stadtansichten von Rom, mit der Kuppel des Petersdoms. Beide Personen scheinen den Betrachter zu fixieren, keine sichtbar wechselseitige Zuwendung des Paars: Natur und Natürlichkeit galten wenig im Verhaltenskanon des Barockzeitalters, man nahm Posen ein. (Feder in Grau, laviert, auf Bütten. In den Ecken durchschlagende Verklebung.)

IM SELBEN JAHR 1665, im folgenden Jahr 1666: die Pest, wieder einmal, in Frankfurt! 880 Tote im ersten dieser beiden Jahre, 1800 Tote im zweiten Seuchenjahr. Massensterben im Quarantänespital, dem Pestilenz- und Blatternhaus auf dem Klapperfeld. Leidenszeiten, direkt und indirekt, für alle Stadtbewohner – ich versuche zu vergegenwärtigen, was dies bedeutete, bedeuten konnte: Pest in der Stadt.

Ich ziehe das berühmte Buch von Daniel Defoe heran: *Die Pest zu London*. Ein fiktiver Tatsachenbericht, Erlebnisbericht aus dem Vorjahr 1664. Defoe, zur Zeit der großen Pest ein Kind von fünf Jahren, hat später so genau recherchiert, so prägnant berichtet, dass die Rekonstruktion völlig authentisch wirkt.

Hier ist freilich nicht das Stichwort gegeben für eine ausführliche Nacherzählung, ich hebe Charakteristisches hervor, nicht zitierend, sondern paraphrasierend, dem Verlauf folgend, der vom erfahrenen Autor zu einer schlüssigen Geschichte stilisiert wurde mit klarem Anfang (zwei Tote werden gefunden) und klarem Ende (die Pest verebbt), während die große Pestepidemie eine apokalyptische Steigerung der fast zyklischen Wiederkehr von Epidemien großer oder geringerer Intensität war: Pestopfer schon vor der Großen Pest, und im Jahr danach: ebenfalls Pestopfer.

Frostwetter, das die Pest an der Entfaltung hindert ... die Zahl der Toten wächst mit den Temperaturen ... Flucht von Wohlhabenden aufs Land, Straßen zeitweilig überlastet von schwer beladenen Kutschen und Karren ... Andrang bei Behörden: Reisegenehmigungen, Reisedokumente ... bei jeder Form der Erkrankung, vor allem mit Fieber, die Angst, es könnte der Anfang vom Ende sein ... große Zeit der Hellseher, Wahrsager, Quacksalber ... viel Geld ausgegeben für Horoskope und Traumdeutungen ... Maßnahmen der Behörden: Vor allem Arbeitslose müssen Leichen wegschaffen, die vor Haustüren gelegt werden ... Nachtarbeit, und tagsüber sieht man in den leeren Straßen kaum Zeichen für das allgemeine Sterben ... aber das Weinen, Stöhnen, anhaltende Schreien aus Häusern ... viele schließen sich ein, mit rechtzeitig gehorteten Lebensmitteln, lassen niemanden ins Haus ... zugleich: überfüllte Kirchen ... Bußpredigten: die Pest als Strafe Gottes ... laute Selbstanklagen: Ich habe Ehebruch (oder: einen Mord) begangen ... Spielbanken und Tanzböden werden geschlossen ... Puppenspieler, Seiltänzer treten nicht mehr auf ... Markierung von Häusern, in denen Pestkranke liegen ... Lohnkutschen werden gemieden: hat zuvor ein Kranker drin gesessen? ... Vorsicht bei Einkäufen: Fleisch nicht mehr aus der Hand des Metzgers, sondern selbst vom Haken nehmen (aber wie ist es an den Haken gekommen?!) ... Münzen nicht mehr auf die

Handfläche legen, sondern in einen Topf mit Essig werfen ...
Haare mit Essig waschen, Kleider mit Essig feucht halten ...
Warten auf Symptome: Fieber, Kopfschmerzen, Rückenschmerzen, Erbrechen, und die Flecken, die Geschwüre, vor
allem in den Achselhöhlen, den Leisten ... Erfahrungen, die
sich herumsprechen: Wenn Pestbeulen, Geschwüre platzen,
kann man überleben ... sonst die oft unerträglichen Schmerzen, lang anhaltende Schmerzensschreie ... Krankenpfleger,
die Schwerkranke ersticken, wie es heißt ... Kinder, die von zu
Hause wegrennen, weil sie die Qualen der sterbenden Eltern
nicht aushalten ... Eltern, die sterbende Kinder verlassen ...
Pestfeuerchen in Häusern, Pestfeuer auf Straßen und Plätzen:
der Rauch soll schützen ... Knoblauchzehen im Mund,
Tabakspfeifen zwischen den Lippen ... Bewohner von umlie-
genden Dörfern lassen keine Städter mehr herein; Straßensper-
ren ... liegen Tote vor dem Dorf, werden die mit langen Stangen in vorbereitete Gruben geschoben, Wind im Rücken ...
immer mehr Tote, immer weniger Männer für die Leichenkarren, immer weniger Pfleger und Ärzte ... das Elend der
schwangeren Frauen, der Gebärenden ... man gibt sich nicht
mehr die Hand, weicht sich auf der Straße aus ... Katzen und
Hunde werden getötet ... Leichen, mit Seilen von Fenstern
und Balkonen herabgelassen ... Totengräber durchsuchen die
Kleidung von Leichen ... Sterben auch unter Totengräbern
... Leichenkarren, die beladen irgendwo stehen bleiben auf
dem Weg zu den Massengräbern ...

Kaum klingt die Pest ab, scheinen die Überlebenden alles
abzuschütteln. Und: Wer die Stadt rechtzeitig verlassen hatte
und nun zurückkehrt, wird verhöhnt, beschimpft. So bald wie
möglich kehrt man zu früheren Lebensformen zurück.

»DES WEITEREN SIND in jedem solcher Dattelkerne sechs
bleichfarbene Maden herangewachsen und herausgekrochen,
und als sie keine Speise fanden, haben sie sich in kastanienfar-
bene Eier verwandelt, und es sind am fünften August 6 Fliegen herausgekrochen. Bei den braunen Raupen aber habe ich

nie eine solche Fliegenverwandlung erlebt, sondern sie haben sich alle mitsamt den anderen grünen Raupen hingelegt und ihre ganze Haut abgeschoben und sind am 22. Juli zu ocker-farbenen Dattelkernen geworden. Am 9. Mai aber des folgen-den Jahres ist der erste Mottenvogel herausgekommen, welcher des anderen Tags 17 grüne Eier gelegt.«

WAS MARIA SIBYLLA BEOBACHTET, das zeichnet, das aqua-relliert sie auch, vielfach als Vorlagen für Kupferstiche. Dabei übernimmt sie, lernend, erst einmal Muster. Eins dieser Muster wurde von einem Flamen entwickelt, von Georg (Joris) Hoefnagel: Insekten innerhalb eines goldenen Querovals auf etwa postkartengroßem Pergament; Wasser- und Deckfarben.

Hoefnagel wurde 1542 in Antwerpen geboren. Seine Biogra-phie ist in diesem Zusammenhang nicht weiter wichtig, also erwähne ich bloß: Der Sohn eines reichen Juwelenhändlers sollte ebenfalls Händler werden, entschied sich aber für die Kunst; Wanderjahre in Italien und Spanien; von Kaiser Ru-dolf II. wurde er nach Prag berufen, lebte und wirkte dort län-gere Zeit – heute würden wir sagen: als »artist in residence«.

Früh schon erwies sich Hoefnagel als äußerst vielseitig. Karel van Mander weiß in seiner Kurzbiographie über Hoefnagel zu berichten, dass er »ein sehr umfangreiches Buch« anlegte, »in das er alles aufnahm, was ihm merkwürdig erschien: Landbau, Weinkeltern, Wasserwerke, Sitten und Gebräuche, Hochzeits-feste, Tänze, Festlichkeiten und zahllose ähnliche Dinge. Er zeichnete überall Städte und Kastelle nach der Natur nebst allerlei Trachten, wie man aus einem Buch ersehen kann, in dem Städtebilder veröffentlicht sind. (...) Ferner malte Hoef-nagel für den Kaiser Rudolf vier Bücher: das erste mit allen Vierfüßlern, das zweite mit den Reptilien, das dritte mit den fliegenden Tieren und das vierte mit den Fischen.«

Ein beliebter, ein hochdotierter Miniaturist mit weitem Spektrum: von präzisen Naturstudien bis zu emblematischen, allegorischen Darstellungen – etwa in der »Allegorie von der Kürze des Lebens«. Auch Naturstudien wurden mit Sinnsprüchen kombiniert. »Initium Sapientiae Timor Domini« lautet beispielsweise einer dieser schriftlichen Zusätze, Die Furcht vor dem Herrn ist der Beginn der Weisheit. Oder »Sub omni lapide dormit scorpius«. Unter jedem Stein schlummert ein Skorpion. Solche Sinnsprüche standen vielfach über oder unter den Querovalen, in denen er meist Insekten abbildete.

Im Jahre 1591 zog Hoefnagel nach Frankfurt. Im folgenden Jahr veröffentlichte dort sein Sohn Jacob vier Folgen (Faszikel) von Musterbildern und Studien seines Vaters Georg: »Archetypa studiaque Patris Georgii Hoefnagelii ...« Zahlreich hier die Pflanzen, die Früchte, die Insekten und die Sinnsprüche. Die 48 Tafeln wurden vielfach zu Studienzwecken und als Vorlagen benutzt – mit Sicherheit auch von Maria Sibylla.

Mehrere der Queroval-Aquarelle Hoefnagels sind überliefert. Ebenso zehn der Adaptationen, die Maria Sibylla vielleicht schon in Frankfurt gemalt hat. Im Berliner Kupferstichkabinett lassen sich Originale von Hoefnagel und sieben dieser frühen Arbeiten der Merian vergleichen – höchst instruktiv!

Auf einigen der Bilder hat Hoefnagel nur angesammelt: Käfer, Falter, Blumen, Früchte. Er hat aber auch einige Ovalbilder geschaffen, die Souveränität, ja Witz dokumentieren. Eins dieser Oval-Schemata ausgefüllt von einem raumfordernden Hirschkäfer: ein Wunderwerk an gestalteter Plastizität, an Nuancierungen der Oberfläche, des Schattenfiligranwerks. Auch sorgfältige Bildreproduktionen können nur ansatzweise vermitteln, zu welcher Perfektion es Hoefnagel gebracht hat: Im Lupenblick scheint sich Dreidimensionalität zu entwickeln!

Hoefnagel füllte seine Ovale aber auch mit mehreren Sujets aus. Etwa: das Oval als Rahmen für ein Spinnennetz, flächendeckend, und mittig, doch oberhalb der Querachse, die Herrin des Radnetzes, in das eine Wespe ein Loch reißt. Oder: Drei Frösche unterschiedlicher Form und Farbe scheinen sich gegenseitig zu belauern, wie sprungbereit. Oder: Am oberen Goldrand deutet sich ein Astsegment an, und hier ist eine weiße Kordel befestigt, in Öl gemalt, während sonst alles in Wasser- und Deckfarben dargestellt ist, und so wirkt die Kordel plastisch. An ihr hängt ein Holzreif, in dem sitzt ein rotblauer Papagei, der sich vorbeugt, sich herabbeugt, um eine der Erdbeeren zu picken, die am unteren Ovalrand wachsen. Da ist der Ellipsenraum nicht nur ausgefüllt, sondern gestaltet.

Davon kann bei M. S. Merian die Rede nicht sein – ein Insekt hier, ein Insekt dort, eine Raupe hüben, ein Kokon drüben ... Das Muster, das Hoefnagel entwickelt hat, es wird von M. S. Merian/Graff nicht mit ähnlicher Souveränität umgesetzt, weder in der Gesamtkonzeption noch in der Detailarbeit.

Das klingt nach Schlusssatz, wir müssen aber kurz noch bei Hoefnagel bleiben. Denn im Jahre 1594, also wohl noch in Frankfurt (vor seinem Aufbruch nach Wien) hat er auf etwa postkartengroßem Pergament (im Hochformat) ein Blumenstück gemalt. Am unteren Bildrand aufsetzend, auf kleiner Kugel kipplig balancierend, eine hochdekorative Vase; auf ihr, mittig, sein Künstlersignet: ein Nagel mit großem G. Aus dieser Vase ragt, dominierend, eine kurzstielige Tulpe; in der (fast schon penetrant wirkenden) symmetrischen Anlage des Bildes: rechts und links je zwei weitere Blumen (natürlich auch Rosen); am Vasenrand, am Ansatz des Tulpenstängels ein Falter mit ausgebreiteten Flügeln; groß, in den Proportionen erstaunlich groß, eine Raupe, ebenfalls präzis wiedergegeben, auch mit den drei Paar spitzer Vorderfüße, die hier in die Luft ragen, bei einer Suchbewegung der Raupe; als Staffage noch ein kleiner Falter, eine Libelle, eine Nelke und ein Käfer, der ulkig hilflos auf dem Rücken liegt.

Blüten und Insekten, das muss noch einmal betont werden, sind realistisch dargestellt, naturnah. In seiner Intention, in der Komposition aber ist das Bild *dekorativ*. Künstlerisch ist es kaum von Bedeutung. Hier aber, in der Lebensgeschichte der Merian, hat es einen wichtigen Stellenwert.

Denn: die ikonographische Trias von Pflanze, Raupe, Falter, sie wurde, sie wird typisch für Aquarelle und Druckgraphiken der Merian. Aber sie hat (auch) hier keinen Anspruch auf Priorität. Georg (Joris) Hoefnagel hat bereits mehr als ein halbes Jahrhundert vor der Geburt der Maria Sibylla solch ein Bildmuster entwickelt: Pflanze, Raupe, Falter selbdritt.

»DIE RAUPE IST SCHWEFELGELB, mit schwarzen Flecken gezeichnet. Diese Raupen sind von träger und langsamer Art, und wenn man sie berührt, bleiben sie auf der Stelle, selbst wenn man sie zu Tode drücken würde. Was andere hingegen, wie bereits erwähnt, nicht ertragen, sondern sich entweder zusammenrollen oder geschwind entlaufen oder sich krümmen. Am letzten Junitag begannen sie mit ihrer Verwandlung, als sie ein weißes Gespinst hergestellt, gleich einem Pergament, das wie Silber glänzte; worin sie ihre Haut abgestreift und zu dunkelbraunen Dattelkernen wurden. Am 16. Juli aber sind dunkelblaue Sommervögelein herausgekommen, die, wenn man sie an der Seite hält, einen sehr schönen Glanz haben.«

VERWANDLUNG, VERÄNDERUNG, METAMORPHOSE: Begriffe, die sich fest mit dem Namen Maria Sibylla Merian verbinden. Vor allem der Begriff: Metamorphose. Nahe liegend die Frage: Hat sie eigentlich mal Ovids *Metamorphosen* gelesen, in Übersetzung? Immerhin war eine Ausgabe im väterlichen Verlagshaus erschienen! Oder hat sie sich nur für Fachliteratur interessiert?

Falls sie sich doch einmal dieses Werk vornahm: hat sie, hätte sie es komplett gelesen? Alle zweihundertundsechzig Metamorphosen gewissenhaft der Reihe nach? Sah sie hier eine Bildergalerie von 260 aufgereihten oder ineinander geschobenen, miteinander verschachtelten Verwandlungen? Und sie griff mal diese, mal jene Erzählung auf? Verwandlungen von Menschen, meist in Pflanzen und Tiere: hätte hier nicht ihr Interesse ansetzen können?

M. S. Merian und Ovids *Metamorphosen*: ein Denkmodell, Spielmodell. Vorstellbar, dass sie sich für einige der Metamorphosen sehr und für andere gar nicht interessiert hat oder interessiert haben könnte – ihr wohl spezifischer Ansatz. Beispielsweise: Daphne, die Verwandlung einer jungen, schönen Frau in einen Lorbeerbaum ... Io, die Verwandlung einer schönen, jungen Frau in eine Bärin, schließlich die Transfiguration in das Sternbild des Bären ...

Priorität für Daphne? Ihre Flucht vor dem geilen Gott, und sie kann nur gerettet werden durch die Verwandlung in einen Baum: Repräsentantin der Flora? Und der Wunsch der Leserin, diese Metamorphose könnte, nach gebührender Schutzfrist, rückgängig gemacht werden, und die schöne junge Frau könnte über Erfahrungen sprechen, die sie im Pflanzendasein gemacht hat, mit sich, mit ihrer unmittelbaren Umgebung? Wahrnehmung der Säfte, die sie aus dem Boden saugt, das Aufsteigen, das Verdunsten, mit kühlender Nebenwirkung? Die Erfahrung von Wind in Hunderten, in Tausenden von Blättern, die Erfahrung, von einer Rinde, einer Borke umschlossen zu sein, die Erfahrung, wie Poren sich öffnen und schließen? Pflanzendasein ... Vegetabile Gefühle ... Und danach die neue Erfahrung von Haut statt Rinde, von Fingern und Fingerspitzen statt Blättern und Blattspitzen ... Sich bewegen können, den Standort wechseln, in dem man sonst ein Baumdasein lang verwurzelt bleibt?

Und Io: junge, schöne Frau, die der Nachstellung des geilen Gottes nur durch eine Verwandlungs-Intervention entzogen werden konnte und die schließlich ins Sternenreich erhoben wurde – könnte es nicht eine Zwischenphase geben, und die Frau, in eine Bärin verwandelt, wird wieder Frau, um über das Leben in Tiergestalt zu berichten? Fauna-Dasein für eine begrenzte Phase der Verwandlung? Und nach der Auskunft mag die Bärenfrau getrost ins Sternenreich abheben?

»DIESE RAUPE HABE ICH AUF EINEM NUSSBAUM GEFUNDEN, dessen Blätter sie als Speise verwendet, obwohl viele der festen Meinung sind, es gäbe keine Raupen auf Nussbäumen. Allein, hier ist der Gegenpart, denn diese Raupe hat sich mit solch grünen Nussblättern ernährt. Doch, um die Wahrheit zu sagen, so war dies auch nur die einzige Raupe, die ich auf dem erwähnten Baum gefunden und mit seinen Blättern erhalten habe. Ihre Zeit ist im Mai, wo der erwähnte Baum blüht. Diese Raupe ist nun schön grün, und sie hat über den ganzen Leib weiße Streifen und auf jedem Glied weiße Tüpfelchen; sooft ich sie berührt habe, ist sie eine ziemliche Zeit ruhig liegen geblieben, als wäre sie tot. Endlich aber begab sie sich wieder zu ihrer früheren Speise. Ende Mai schob sie ihre Haut ab. Da nahm sie dann solche grünen Nussblätter, spann sie zusammen, machte ein weißes Gespinst um sich und das Blatt herum und wurde darin zu einem kastanienbraunen Dattelkern. Was ungewöhnlich ist, denn sie machen sonst innerhalb der Blätter das Gespinst.«

POSTUMER ENTWURF EINER ZEICHNUNG: Maria Sibylla Graff, auf einem Stuhl sitzend, hält im linken Arm ein Wickelkind, stützt es mit der rechten Hand ab. Das Wickelkind Johanna Helena gleicht dem Wickelkind Maria Sibylla vor einundzwanzig Jahren, damals, ebenfalls in Frankfurt – drei Jahre nach der Hochzeit hält sich die junge Familie noch immer in der Reichsstadt auf.

Maria Sibylla wickelt nun also selbst. Wickelt das Töchterlein so fest, dass es sich nicht mehr bewegen kann – so soll es am ehesten weiterkommen in der Ent-Wicklung. Der Blick der jungen Mutter auf das von Wickelbinden umrahmte Gesicht der ersten Tochter, als wollte sie sagen: Schlüpf bald aus! Der Vater scheint über solche Entwicklung nicht nachzudenken, scheint mit seinen Gedanken sehr weit weg zu sein. Und doch hat er die Hand auf die Schulter seiner Frau gelegt.

Er trägt einen weiten Hausmantel, wahrscheinlich aus dem besonders beliebten braunen Satin, und es sind Stickereien zu erkennen, hauptsächlich mit floralen Motiven. Der Hausmantel war damals die große Mode: Freunde setzten sich im Hausmantel zusammen und spielten Schach, zum Beispiel, oder sie rauchten ein Pfeifchen oder tranken ein Gläschen. Johann Andreas Graff im körperweitenden, im barocken Hausmantel.

NOCH IN DIESER ERSTEN FRANKFURTER ÄRA dürfte Matthäus Merian das Bild seiner Halbschwester gemalt oder gezeichnet haben, das, in einer Kupferstichversion, auf dem Umschlag dieses Buchs wiedergegeben ist. Ein sicherlich stilisiertes Bild, in mehrfacher Hinsicht, und doch: ein Bild, dessen Vorlage von einem Künstler stammt, der sie hinreichend kannte. Maria Sibylla, dem Betrachter halb zugewandt, mit Palette, Pinseln und Malstock in der linken Hand, die rechte auf der Sitzfläche leicht abgestützt, und sie trägt ein weites, faltenreich antikisierendes Gewand, hat die Haare zurückgekämmt.

Am auffälligsten die Palette: damit die Suggestion, sie hätte Ölbilder gemalt. Also doch?! Könnte Merian seiner Halbschwester die Palette angedichtet haben? Oder sollte es ihr Wunsch gewesen sein, mit einer Palette dargestellt zu werden? Auch mit einem Kleid, das eine Schulter freilässt, das ausgeschnitten ist, wenn auch dezent?

Eine Fotokopie einer Reproduktion dieses Kupferstichs hing lange Zeit in meinem Arbeits-Holzgehäuse in der Eifel, ich habe immer mal wieder hinübergeschaut, jedes Mal mit kleiner Verwunderung. Kein Zweifel aber, selbst auf der Fotokopie ist klar abzulesen: Matthäus Merian hat die Vorlage geliefert (»pinxit«), und J. Eisenhardt hat den Kupferstich hergestellt. Nicht auszuschließen bei Matthäus, dass »pinxit« wörtlich zu nehmen ist: ein Gemälde als Vorlage.

Dies wäre denn das einzige Bild der Merian in jüngeren Jahren. Längere Zeit wurde das Portrait einer jungen Dame in Öl auf Leinwand mit der Merian identifiziert, aber diese Zuschreibung ließ sich nicht halten: allein schon die üppige Perlenkette, das kostbare Gewand verweisen auf eine völlig andere Gesellschaftsschicht.

Die Vorlage zum Kupferstich muss im Sichtkontakt mit der Schwester entstanden sein. Als renommierter Portraitist hätte es sich Merian junior kaum leisten können, von einer relativ bekannten Person ein schieres Phantasiebild zu produzieren. Also bleibt der Eindruck bestehen: Selbstbewusste junge Frau, mit dem halben Dutzend Pinseln und dem halben Dutzend Ölfarbklecksen auf der Palette, der Malstock unter der Palette herausragend, und das linke Bein ist etwas höher aufgestützt, damit die linke Hand samt Utensilien bequem liegt. Vielleicht so etwas wie ein Wunschbild, ein gemeinsames: Die Halbschwester wird sich noch als Malerin entpuppen? Und vorwegnehmend werden die Insignien gezeichnet oder gemalt, dann in Kupfer gestochen? Ein Zukunftsbild, verpflichtend?

Wie auch immer: Das Portrait nun als Schlussbild der (ersten) Frankfurter Phase und zugleich als (potenzielles) Vorzeichen für das Nürnberger Kapitel der Lebensgeschichte.

Eine der bekanntesten Arbeiten von Jacob Marrell, dem Stiefvater von Maria Sibylla. Die Stadt, in der das Kind aufwächst, umrahmt von perfekt gemalter Blumengirlande.

Narzisse, Iris, Schachbrettblume und Hornisse, aquarelliert von
Georg Flegel, der zehn Jahre vor Marias Geburt in Frankfurt
starb. Dutzende von Aquarellen gleichen Rangs sind überliefert.

Schon zu Beginn des 17. Jahrhunderts war dieses hohe Niveau der Blumenmalerei erreicht. Ein Bild von Giovanna Garzoni, in Aquarell und Deckfarben auf Pergament.

Eins der sogenannten Waldbodenstilleben des Marseus van Schrieck: Falterschönheiten werden gejagt und gefressen. Ein Bildreflex auf die fast unablässigen Kriege im Europa jener Zeit?

LEBEN
IN
NÜRNBERG

Das Titelblatt des ersten Teils des Raupenbuchs, in Nürnberg veröffentlicht. Die Autorin, die Bildgestalterin nennt sich höchst diskret: auf den Stiel-Ansätzen der Maulbeerzweige. Ihre charakteristische Bescheidenheit!

ANNO 1670 zogen Maria Sibylla, Johann Andreas und Johanna Helena Graff von Frankfurt nach Nürnberg.

Mit Sicherheit ist das Ehepaar so weit wie möglich auf dem Main gefahren, bis Würzburg oder Kitzingen. Die Schiffe wurden von Pferdegespannen getreidelt: man schwebte gleichsam dahin, und das wurde genossen von Reisenden jener Epoche der durchweg miserablen und gefährlichen Straßen.

Viel wurde vom Ehepaar sicherlich nicht mitgenommen: kaum Möbel, nur wenig Gerät. Noch zu Beginn des 19. Jahrhunderts: wenn ein Beethoven oder Schubert umzieht, was häufig genug geschieht, so passt alles auf einen Heuwagen – Flügel inklusive. So werden die Graffs wohl kaum Schränke mitgeführt haben, Kommoden, Tische – die Einrichtung war damals meist schlicht. Und: Es war einfacher, sich vor Ort Möbel schreinern zu lassen – das Wort Schreiner taucht in den Aufzeichnungen der Merian schon mal auf. Sicherlich führte das Ehepaar auch keine Tiefdruckpresse mit – höchstwahrscheinlich hatten die Graffs die Presse in der Offizin Merian nutzen können, trotz der (von außen gesehen) unübersichtlichen und nicht spannungsfreien Familienverhältnisse. Der Hausrat, der mitgenommen wurde, dürfte Platz gefunden haben auf dem Passagierschiff, irgendwo im Bauch, im Heck.

Sanftes Dahingleiten auf dem Fluss, vielfach mäandernd in einer als lieblich empfundenen Umgebung, von den beiden bestimmt sehr wach registriert – malerische Motive in Fülle! Gab es Skizzenbücher, die verloren gingen? Bildnotizen mit Graphit oder Rötel oder Kohle?

Ab Würzburg oder eher: ab Kitzingen musste der Landweg eingeschlagen werden. Also: nicht nur umsteigen, sondern: sich umstellen, und zwar erheblich. Mühsamste Fortbewegung mit Karren oder Wagen auf Straßen, für die seit Jahrzehnten

kein Geld mehr ausgegeben worden war, demnach: tief ausgefahrene Pisten.

DIE FAHRT NACH NÜRNBERG FÜHRTE AUCH DURCH
DÖRFER. Wie sahen Dörfer des ausgehenden 17. Jahrhunderts
aus? Ich muss hier vor allem Bilder des Matthäus Merian her-
anziehen. Mit einer Mischung von Faszination und Grusel
schaue ich mir Reproduktionen an im vierbändigen Dokumen-
tationswerk, sehe einige seiner Original-Kupferstiche lupenge-
nau in der Graphischen Sammlung Köln: alles überschaubar,
ja, Besiedlung uferte noch längst nicht aus, Vororte, wie in
Nürnberg, waren oft noch durch Felder und Waldinseln von
der Altstadt getrennt. Und in der Landschaft passte man sich
der jeweiligen Kleintopographie an, sah keinen Grund (oder
scheute die Mühe) zu begradigen, zu planieren, ließ alles,
wie es war, half nur nach, wenn ein Weg, eine Straße wirklich »grundlos« wurde, oder wenn ein Haus nach Jahrzehnten
unterlassener Reparaturen drohte, in sich zusammenzusacken.
Auch Häuser, die noch eine Zeit lang standhielten: sahen
eher wie gewachsen aus, nicht wie gebaut. Wenn ich eins
dieser Häuschen abgebildet sehe, mit schadhaftem Dach, ver-
rottender Seitenwand und dem tief eingemuldeten Dreck
ringsum, so sage ich mir, schon im Reflex: Und das bei
Regen …! Und das nach mehreren Tagen Regen …!
   Anders war es bei Burgen und Schlössern: Hier wollten
Steinquader korrekt gesetzt sein. Aber auch da: Man schiss
sich rundum zu, innen wie außen. Bis zur Zeit des Hohen-
zollernkaisers Wilhelm II. musste die Nobilität zwischen
Sommer- und Winterresidenzen auch deshalb wechseln, weil
Grundreinigung notwendig wurde. Bei Häusern in der Stadt
und auf dem Lande war das nicht möglich. Es wurde in jede
Ecke, an jede Wand gepisst. Lag ein Dorf an einem Gewässer,
und das konnte noch so seicht sein, noch so langsam fließen,
so reihten sich dort Scheißhäuschen auf Stelzen. Das müssen
in Hochsommern wahre Fliegen-Eldorados gewesen sein. Und
die Häuser suggerierten mit ihren kleinen Fenstern und ihren

oft tief herabgezogenen Dächern: Feuchtigkeit, Stickluft. Bei Gefachen zahlreicher Fachwerkhäuser lag das Weidengeflecht bloß; Rieddächer wirkten zerrupft; Ziegeldächer hingen durch wie Rücken von Schindmähren; Schlagläden windschief; Kamine einsturzgefährdet.

Und wiederum die Straßen in Dörfern und zwischen Dörfern, Städten: von zahllosen Füßen, Hufen, Rädern wild modelliert. Bezeichnend, dass sich auf ihnen oft Schweine suhlten, die fanden hier Matsch und Schlamm genug. Dazu Ratten in Scharen. (Überhaupt die Ratten! Auf mehreren Kupferstichen sehe ich die abenteuerlichen Figuren von Rattengiftverkäufern, die, als Reklame, meist ein Bündel toter Ratten bei sich oder an ihrer Kleidung trugen und sich womöglich eine tote Ratte an die Hutkrempe hängten.)

AUF DER FAHRT ÜBER LAND begegnete das Ehepaar Graff selbstverständlich Bauern, zumindest bei Übernachtungen – für die ja nicht immer Gasthäuser zur Verfügung standen. Bauern waren zu jener Zeit ein sehr beliebtes Sujet der Malerei, vor allem in den Niederlanden, aber schon Dürer hatte Bauern abgebildet – als Assoziation hier das schwergewichtige, dennoch leichtfüßig tanzende Bauernpaar einer seiner berühmten Druckgraphiken. Und später: auf vielen Bauern-Genrebildern hopsen Bauern herum, in Gasthäusern, Scheunen oder im Freien, und auf ebenso vielen Bildern saufen Bauern, spielen Karten und prügeln sich infolgedessen. Bildmuster ... Und was sagt dazu die Überlieferung?

In einer Flugschrift des Jahres 1684 (also in zeitlicher Nähe zum Umzug!) werden Bauern abfällig beurteilt, dennoch bringe ich ein Zitat, gleichsam als O-Ton aus jener Zeit. Denn der Textausschnitt zeigt, wie der lange Krieg weithin nachwirkte in einem Verlust an gewohnten Verhaltensmustern: Man war rüder geworden, noch rüder, und das offenbar in einem Wechselspiel mit der Soldateska, die (während der Kriegsjahre meist ohne Sold) zum Plündern übergegangen war. Hier erwies sich die ländliche Bevölkerung als besonders schutzlos (zwei Drittel der Bevölkerung auf dem Lande!), aber sie lernte bald, sich zu wehren, und wo das nicht gelang, sich hinterher zu rächen. Brutales Verhalten als Taktik des Überlebens.

Und damit: Textproben aus der Schrift *Des Baurenstandes Lasterprob*. »Man sollte gänzlich vermeinen und auch dafür halten, der langwierige dreißigjährige deutsche und noch fortdauernde schwere Reichskrieg hätte die Bauren zahm und fromm gemacht; allein, sie sind durch dieses große Strafübel nur ärger und verzweifelter geworden. Denn sie haben dadurch zu ihren bäurischen Sitten auch der Soldaten ihre an sich genommen. Was die schlimmsten Soldaten tun, eben das, und vielleicht ein mehreres, tun die Bauren. Gleichwie die Soldaten denen Herren Bauren übel aufleuchten, wo sie ihrer mächtig werden, also und gleichergestalt legen die Bauren manchen schlafen. Man hat zum öfteren erfahren, daß sie von dem und dem unter ihnen bezeuget: er hat manchen schlafen geleget, er hat da und da einen Reiter darniedergebüchst. Was? Sie rühmen sich selbst ihrer Mord- und Diebesstücklein und ist ihnen leid, daß sie es nicht ärger machen können. Öfters haben die Bauren mehr als über Fremde und andere, übereinander selbst geklaget. Das ist nichts Neues, daß sie einander Butter, Käs, Fleisch, Speck, die Würste aus den Schornsteinen, Obst, Holz, Geld, Früchte, Wagenketten, Pflug im Feld, das weiße Zeug auf der Bleiche und sonst andere Sachen mehr aus- und wegführten. Ob sie es nun von den Soldaten oder die Soldaten von ihnen gelernet, ist eine dunkle Frage, es scheint, es sei einer so wert und gut als der andere. Überdem sollte einer ungern einem Bauren, der ihm aufsässig ist, in einem wilden Wald begegnen, der Bauer dürfte ihm so trocken zutrinken, daß er davon taumelnd werden und des Aufstehens vergessen möchte.«

WEITER ...! Möglichst genau will ich sehen und zeigen, wie Familie Graff gereist ist, durch ländliche Gebiete, durch städtische Siedlungen.

Neben und nach Matthäus Merian und Wenzel Hollar gibt es etliche Zeichner, Graphiker, die damalige Bauernhäuser,

Wohnhäuser, Gasthäuser minuziös abbildeten oder in Kupfer stachen. Beispielsweise Roelant Savery, der zeitweise am Prager Hof von Kaiser Rudolf II. arbeitete. Savery hat verschiedenste Motive ausgeführt, doch immer wieder hat er Gebäude, Gebäude-Ensembles dargestellt, beispielsweise am Prager Stadtrand. Wer sie genau betrachtet, wird gefeit bleiben gegen nostalgische Regungen, (beispielsweise) in jener noch überschaubaren, ökologisch gesunden etc. Welt zu leben, und sei es nur im Gedankenspiel, im Gedankenspiel-Besuch: ein sehr hohes Maß an Verrottung, an Verfall. Dabei, noch einmal, sind es meist Bilder aus Prag, nicht aus einer fernen Provinz. Ein Kamin, mehr als nur windschief auf einem Dach, er wird irgendwann abkippen; Dächer, die bald durchsacken werden; ein Torbogen, von dem nur noch die Bogenansätze zu sehen sind; schräg hängende Fensterläden; herausfallende oder herausgefallene Fachwerkgefache. Und was da mit einem Schild als Gasthaus markiert ist, das ist eine Bruchbude an einer Straße, in der heute kaum Offroad-Fahrzeuge weiterkämen. Realistische Wiedergabe?

SO AUTHENTISCH DAS ALLES WIRKEN MAG auf den ersten und auf den zweiten Blick, hier lässt sich kaum ableiten, eins zu eins, wie es in jener Welt nun *wirklich* ausgesehen hat. Denn das Maß an Verrottung, an Verfall ist derart hoch, dass ich den Eindruck gewinne, hier hätte Vanitas-Denken auf die Darstellung eingewirkt: Alles Menschenwerk, nicht wahr, ist hinfällig; wenn der Mensch baut, so baut er am metaphorischen Abgrund. Von daher: eine frühe Vorliebe für das ›Malerische‹ ruinöser Bausubstanz?

Meine Vermutung, dass hier auch stilisiert wurde, findet eine Bestätigung im Katalog zur Berliner Ausstellung »Kleine Eiszeit«. Was hier Bärbel Hedinger über »Wirklichkeit und Erfindung in der holländischen Landschaftsmalerei« schreibt, das dürfte auch für Dorf- und Stadtbilder gelten: »Vermeintlicher Naturalismus oder gar Realismus … ausbalancierte Darstellungen zwischen Tatsachenschilderung und Erfindung« …

Und es wird eine brillante Formulierung von Peter Sutton übernommen: »plausible Fiktionen«. In diesem Sinne: »Die Künstler haben ihre Bilder realistisch ›erfunden‹.«

Hiermit wäre notwendiger Vorbehalt artikuliert: unsere Wahrnehmung reproduzierter Realitäten jener Zeit ist gefiltert. Aber: die Details dürften überwiegend authentisch sein. Die Bildkompositionen hingegen bezeugen künstlerische Freiheit.

NÜRNBERG: bei erstem Anblick konnte diese Stadt kaum einladend wirken. Die hoch gelegene Burg, ja, die Kirchturmspitzen, ja, aber dominierend erst einmal: Festungsanlagen.

Da war der spätmittelalterliche Mauerring um die Stadt, mit den Türmen in gleichmäßigem Abstand – heute noch zu sehen in der Nähe des Bahnhofs. Insgesamt gab es etwa hundert solcher Türme. Und da waren die mächtigen Bastionen, die im Nordwesten der Burg angelegt wurden, an einer der Schwachstellen der bisherigen Befestigung. Und da war der zweite, der weitere Ring, hauptsächlich von Gräben und Schanzen, angelegt während des Dreißigjährigen Krieges, zum Schutz von Gostenhof, St. Johannis und Wöhrd – den Stadtteilen außerhalb des Mauerrings. Schon diese Andeutungen dürften genügen, um zu suggerieren: Die Stadt muss, von außen her, mächtig abweisend gewirkt haben.

Impressionen dieser Stadtfestung vermittelt ein italienischer Reisender, dessen Name nicht überliefert ist. Irene Schrattenecker, die seinen Bericht herausgegeben, übersetzt, kommentiert hat, sie fand eine elegante Lösung für Umschlag und Titelblatt: Anonimo Veneziano. Sieht fast wie ein Name aus, und das Buch lässt sich leichter identifizieren.

Die Reise des Anonymus von Venedig nach Kopenhagen fand statt im Jahre 1708; sie führte über Nürnberg und Frankfurt. Bei all den (damals bereits) rasanten Entwicklungen in den Naturwissenschaften: Die Lebensverhältnisse veränderten sich nach der brandschwarzen Zäsur des großen Krieges nur langsam.

Kurzer Einblick also in die Stadt, im Gefolge des Venezianers. »Beim ersten Stadttor steht ein Wachtturm aus Felsblöcken mit einer Batterie mittelschwerer Kanonen.« Und: »Die Mauern, Gräben und Vorgräben sind alle aus uraltem behauenem Stein, es gibt mehrere ganz runde Türme mit Kanonen obendrauf, von jeder Größe.«

Der Reisende vermittelt aber auch freundlichere Informationen über die Stadt, in der das Ehepaar Graff mehr als ein Jahrzehnt leben wird: »Nürnberg ist eine rein lutherische Stadt, die von Patriziern mittels kaiserlicher Gesetze regiert wird. Nürnberg besitzt außerhalb seiner Mauern 70 Gebiete, die seinem Recht unterstehen, hat ungefähr 30 000 Einwohner, ist reich, schön, stark, die Bewohner sind gesittet und höflich.« Und: »Bemalte Häuser mit Giebeldächern und Erkern, aber ohne die italienische Eleganz.«

Nur kurz bleibt der anonyme Venezianer in Nürnberg; fast am wichtigsten ist ihm in dieser, auch in dieser Stadt »eine Art Galerie mit vielen Kuriositäten«. In diese Ausstellung soll uns nun sein Reisebericht führen: das Thema Universalsammlungen, Kunst- und Wunderkammern wird noch wichtig in diesem Buch.

»Ich betrat einen Raum, in dem ich das lebensgroße Abbild von Gustav Adolph, dem Schwedenkönig, erblickte. Er saß bewaffnet auf einem baldachinüberwölbten Thron, und auf eine Berührung hin stand er plötzlich auf, mit schwedischem Stolz und militärischem Blick. Es schien, als wären in seiner Asche die Flammen erhalten geblieben, die Deutschland einäscherten. Ich ging dann weiter in ein anderes Zimmer, und auf dem Weg dorthin ragte der Kopf eines Hirschen aus der Mauer. Er war ganz aus Kupfer bis auf das echte Geweih. Sobald man dieses Tier berührte, röhrte es, als wäre es lebendig. Ich und die ganze Gesellschaft haben es auf die verschiedenste Art ausprobiert, es zart und fest angefasst, mit dem gleichen Ergebnis.

Ich betrat also das 2. Zimmer und sah dort, was ein Heer als Ausrüstung braucht, sowohl auf dem Marsch, etwa Gepäckwagen, Munition und so weiter, und alles, was zu einer Belagerung nötig ist, und das alles en miniature für den Sohn des Prinzen Ludwig von Baden.

Im 3. Zimmer sah ich Krieg und Frieden. Beide ließen sich an ihren Auswirkungen erkennen, da man in Kriegszeiten alle Tiere aufeinander losgehen und die Menschen sich mit militärischem Gerät abmühen sah. Im Gegensatz dazu genossen sie im Frieden wonnigliche Frühlingszeiten.

Er (unser Führer) nahm eine Tasse Wasser, darin sich etwas wie schwarzer Bleistift befand, mit dem er auf ein Blatt Papier schrieb, und als er gegen das Papier stieß, ging es in Flammen auf und verbrannte im Nu. Es heißt Phosphor und ist eine chemische Erfindung. Außerdem nahm er einen Eisenstab, der sich, wenn man auf ihn schlug, sofort entzündete. In einem anderen Raum zeigte er uns viele Naturwunder, vor allem Steine, Korallen, Mineralien, Raritäten, die es wahrlich wert sind, betrachtet zu werden, und die einem seltsam schienen, bedächte man die Sorgfalt nicht, die in Deutschland an alles gewandt wird, besonders bei den eisernen Beschlägen von Balkonen und Türen.«

JENES NÜRNBERG war nicht nur eine Stadt des Fernhandels, es war auch eine Stadt der Gartenkultur. Dies ist hinreichend bezeugt für die Jahrzehnte vor dem Krieg, diese Tradition wurde nach dem Friedensschluss fortgesetzt. Wer Geld dazu hatte oder wer Geld dafür aufzunehmen wagte (bei den damals harten Zinskonditionen), der baute sich einen Garten aus, zuweilen innerhalb, meist aber außerhalb der Befestigungsanlagen: die über die Region hinaus bekannten Lustgärten von Nürnberg. Die Herren dieser Gärten: potenzielle Käufer von Blumenportraits, von Blumenstilleben!

Der Zürcher Arzt und Botaniker Conrad Gesner verfasste 1560 eine Schrift über *Horti Germaniae* und schrieb hier fünf Grundformen fest: die Nutzgärten, die Gärten mit Heilpflanzen, die Mischgärten, die »eleganten Gärten« (horti elegantes) und die »horti magnifici«, in denen sich der wahre Luxus zeigte. Hohe Ansprüche entfalteten sich auch in Nürnberg mit dem Florieren des Fernhandels; das Renommee eines gebildeten und gelehrten Gartenliebhabers stieg mit der Zahl exotischer Pflanzen. In der Zeit, in der das Ehepaar Graff nach Nürnberg kam, waren dort 153 Gärten registriert.

Die Gestaltung der »Lustgärten« war von früh an verbunden mit der Abbildung von Gewächsen dieser Gärten. Die Anschaffung der oft über riesige Entfernungen herangeschafften Samen und Knollen war riskant, also teuer. So wurde die kurze Blühzeit entsprechend intensiv wahrgenommen – ein Gartenliebhaber lud dazu sicherlich auch andere Gartenliebhaber ein. Da waren Blumen zu feiern, deren Preis, umgerechnet, dem Jahreseinkommen eines Handwerkers entsprach, und manche waren noch teurer – hier konnte man die Blühphasen eigentlich nur auf einem Kissen kniend abfeiern.

Das Erblühen, die volle Blüte, das Verblühen – mit dem Genuss war das sehr barocke Grundgefühl der Vergänglichkeit, der Vanitas verbunden, und das hatte zur Folge: Blumenmaler waren gut im Geschäft; vor allem in Nürnberg entwickelte sich eine hohe Schule der Blumenmalerei. Blumenportraits, die man, auch im Winter, anderen Gartenfreunden vorführen konnte, sie waren nicht billig: Mit dem Erlös eines etwa postkartenkleinen Bildes konnte ein Blumenmaler die Monatsmiete zumindest für (s)ein Zimmer bezahlen.

In Nürnberg wurde, etwa um 1592, ein Blumenbuch angelegt, im Auftrag eines Herrn Camerarius; dieses Buch blieb verschollen, bis es, vor wenigen Jahren, bei einer Auktion wieder auftauchte. Einhundertzwölf Pflanzen sind im Camerarius-Florilegium abgebildet, darunter dreißig Tulpen. Im Katalog *Natur im Bild*, dem Wirken und der Sammlung des Nürnberger Arztes Christoph Jacob Trew gewidmet (ein Buch, das ich für dieses Kapitel konsultiere), finde ich folgende Formulierung: »Naturkundliches Schauen und naturnahes Wiedergeben des Wahrgenommenen.« Und als Zitat aus jener Zeit: »Die heutigen Tages erforderte Accuratesse …« Hier muss aber gleich wieder relativiert werden: dem Auftraggeber (auch) dieser Sammlung von Blumenportraits war »offensichtlich mehr an der Schönheit der Pflanzen als am wissenschaftlichen Wert gelegen«.

Damit wird, acht Jahrzehnte vor der Ankunft des Ehepaars Graff in Nürnberg, ein Trend charakterisiert. Wie eine wissenschaftliche Illustration von Blumen aussehen musste, das hatte vor allem Gesner in seinen *Opera Botanica* vorgeführt: bei jeder Pflanze wird auch das Wurzelwerk dargestellt, werden Früchte im Querschnitt gezeigt, werden Details separat und zusätzlich hervorgehoben, und es gibt »Beischriften«, also Kommentare auf den Aquarellen. Das alles ließ man bald schon weg, und dieser Tradition folgt auch M. S. Merian/Graff: von der Knolle, von der Wurzel abgeschnitten der Stiel mit den Blättern und Blüten. Damit sind Ansprüche auf wissenschaftliche Relevanz von vornherein aufgegeben; es geht um dekorative, um ästhetisch ansprechende Darstellung von Pflanzen.

Die faktischen und die potenziellen Käufer von Aquarellen oder Kupferstichen dieser Frau werden also nicht enttäuscht sein, wenn auf Blumenbildern der Frau Graff Wurzelwerk, Blüten- und Fruchtquerschnitte, hervorgehobene Details fehlen, sie wollen eine Pflanze *schön* dargestellt sehen. Diese Erwartungen, diese Ansprüche wird sie erfüllen. Sie produziert marktgerecht. Auch in ihren Bildschemata: der Trend geht zur betonenden Einzeldarstellung einer Blume, einer Pflanze. Trew, der Arzt, Anatom und Kunstsammler, formuliert eine Generation nach M. S. Graff eine Anweisung an den »Herrn Künstler«: »Auf jedes Blatt soll nicht mehr als eine einzige Pflanze zu stehen kommen, und, wenn sie klein, unten herunter in die Mitte gesetzt werden.« Das ist dann aber längst schon Praxis: Das zeigen auch Blumenportraits von Georg Flegel, von Jacob Marrell, von Maria Sibylla Graff.

IM ARCHIV DES GERMANISCHEN NATIONALMUSEUMS habe ich mir jeweils ein Buch, ein Hauptwerk zweier Nürnberger Gartenliebhaber angesehen, der Gebrüder Vol(c)kamer.

Zuerst Johann Georg, 1662 geboren, 1744 gestorben. Er wird

in späteren Jahren an Bedeutung für M. S. Merian gewinnen: zwei ihrer neunzehn überlieferten Briefe sind an ihn gerichtet. Im Nürnberger Jahrzwölft dürfte sie die Entstehung seines Hauptwerks mitverfolgt haben. Das Buch, das 1700 erscheint, trägt folgenden Titel: »Flora Noribergensis sive catalogus plantarum in agro Noribergensis« ... und so weiter, in barocker Manier. Auf den insgesamt 410 Seiten 25 Kupfertafeln von Pflanzen der Nürnberger Umgebung.

Es ist in der Tat ein Katalog, die Pflanzen werden alphabetisch aufgelistet, nach den lateinischen Namen. Und sie werden lateinisch beschrieben. Nur gelegentlich eine deutsche Anmerkung zum Fundort, als Hinweis sicherlich für heimische Leser und Nutzer: »An der Stadtmauer bei dem Vestner-Tor ... auch hin und wieder in den Zwingern, wächst es häufig zwischen den Mauersteinen hervor ... an den Hecken um die Stadt ... hinter den großen Weihern zu Feucht am Bach ... in Sandbergen gegen Fürth ...« In dieser Bestandsaufnahme wird genau differenziert: ein rundes Dutzend Rosen-Varianten wird benannt und beschrieben und fast zwei Dutzend Chrysanthemen-Versionen ... Interessant ist, dass die wenigen Pflanzen, die ganzseitig abgebildet werden, nicht einmal in dieser Bestandsaufnahme den Parametern eines Gesner folgen, es werden also keine Wurzeln mit abgebildet, keine Blüten- oder Fruchtquerschnitte, höchstens wird mal, neben der Pflanze, eine Blüte vergrößert.

Zum Schluss des Buchs ein Blumenbouquet in einer Vase mit Henkeln, klein, als Vignette, und, in großen Buchstaben: Soli Deo sit laus & honor in sempiternum! GOtt allein sei Lob und Ehre in Ewigkeit. Dem frommen Schlussspruch folgen allerdings noch ein paar wissenschaftliche Ergänzungen. Hier schon begann Wissenschaft ›trocken‹ zu werden; Subjektives wird kaum zugelassen; es geht, betont, um die Sache.

Ganz anders das Werk des größeren Bruders Johann Christoph, drei Jahre älter als Frau Graff. Der Titel seines Fachbuchs: »Nürnbergische Hesperides, Oder gründliche Beschreibung der edlen Zitronat-, Zitronen- und Pomeranzenfrüchte, wie solche in selbiger und benachbarter Gegend recht mögen eingesetzt, gewartet, erhalten und fortgebracht werden« (etcetera). Drei Zeichner, unter ihnen der Bruder, und sieben Stecher haben an diesem Werk mitgearbeitet: 18 Vignetten, 117 Kupfertafeln. Und die folgen einem skurrilen Schema: In den oberen zwei Dritteln oder drei Vierteln der (durchweg hochformatigen) Tafeln sind riesige Südfrüchte abgebildet, wie sie der Titel aufzählt; darunter, gleichsam als Bildleiste, Ansichten der Stadt Nürnberg und ihrer Vororte, ihrer Gärten. Also etwa: Bergamotto della grand sorte, eine komplett und eine aufgeschnitten, darunter Gutshaus und Garten Veilhoff. Es sind vor allem Gärten, aus der Vogelperspektive, von Nürnberger Gartenfreunden der gehobenen bürgerlichen Schicht – der Garten eines Dr. Schober und eines Dr. Falkner und eines Dr. Silberrad und eines Professor Doppelmeyer und Gärten weiterer Herren und Herrschaften (wie den Imhoffs).

Gleich vornean, im Querformat, und nicht von dräuenden Südfrüchten unter optischen Druck gesetzt: eine Vogelschau auf den Garten des Autors, im Vorort Gostenhof. Einzelheiten des Hortus conclusus sind beziffert und beschrieben. Die Anlage ist acht große Gartenquadrate lang, in doppelter, streckenweise sogar dreifacher Reihung, also: ein sehr großer Garten. In der Nähe des Herrensitzes ein Häuschen mit der Wasserradpumpe für die Anlage; dann die Längsseite des Pomeranzenhauses (Orangerie); davor eine Sonnenuhr, weitflächig angelegt mit einer knöchelhohen Buchsbaumhecke; weiter ein »Irrgarten«, mit sichtbehindernd hohen, sorgsam geschnittenen Hecken, die barock gekleidete Damen und Herren genügend lang im Labyrinth herumirren lassen; als bescheidener Ausklang ein »Schildkrötenweiherlein« ...

An dieser Abbildung, an weiteren Gartenbildern lässt sich ablesen, wie Hesperidengärten, Lustgärten zur Zeit der Merian aussahen: eine oft rechteckige Gesamtanlage, meist von hoher Mauer umgeben; die Blumenbeete überwiegend quadratisch, nur gelegentlich in freien Ornamenten; als Abgrenzungen ungefähr kniehohe Hecken, in denen, in regelmäßigen Abständen, Steinsockel errichtet sind für die Baumkübel, in denen die Zitronen- und Orangen- und Pampelmusenbäumchen auch den Sommer über eingepflanzt bleiben. Zusätzlich: Spaliere, »Fontainen«, Säulen, Statuen, Pavillons.

Volkamer berichtet von seinen Erfahrungen mit der Aufzucht von Zierbäumchen südlicher Herkunft. Seine Lieblingsregion in Italien scheint der Gardasee zu sein, das zeigen auch Abbildungen. Dennoch, es ist ein Fachbuch für Gartenbesitzer und Gärtner. Kapitel 10, zum Beispiel: »Von Beschneidung der Pomeranzen- und Zitronenbäume.« Oder, zum Schluss: »Zugabe etlicher anderer rarer Gewächse, welche mehrenteils in des Authoris Garten sich befinden.« Und Errata: »Die eingeschlichenen Druckfehler beliebe der geneigte Leser also zu verbessern ...« Und sogar eine »Anweisung an den Buchbinder, die nach dem Leben gezeichneten und in den Kupfer gebrachten Figuren an ihre gehörige Stelle zu setzen.«

Der Kaufmann Volkamer, der seinen Reichtum vor allem im Garten Gostenhof sichtbar macht, vermittelt genaue Anleitungen zum Bau eines Pomeranzenhauses, an dessen Enden jeweils ein Schornstein qualmt. Und es wird (ausgerechnet in einem eingeschobenen Gedicht) auf die Raupen geschimpft: »Verruchte Gartenpest, ihr Raupen und ihr Schnecken ...« Und die Raupen kriegen noch eins drauf: »Ihr Raupen sonder Scham ...« Und: »Die Raupe raubt ...« Und es wird aufgerufen zur »Raup- und Schneckenjagd«. Denn sie sind eine wahre »Blum- und Gartenpest«. So wird Herr Volkamer sicherlich nichts dagegen gehabt haben, wenn Frau Graff in seinem Garten nicht nur die Blumen, die exotischen, besichtigte, sondern auch Raupen sammelte – die nahm sie schließlich mit nach Hause, die war er schon mal los ...

Der Blick des Kaufmanns und Gartenliebhabers war aber, ganz offensichtlich, nicht allein auf Blumen und Raupen fokussiert, sonst hätte er die Kupferstecher nicht beauftragt, am unteren Bildrand jeweils noch Gärten und Veduten zu stechen. Hier folgten die Ausführenden offenbar keinem vorgegebenen Programm: zu den Gärten anderer Nürnberger Gartenfreunde und den Ansichten von Vororten auch Bilder damaligen Lebens. Da lassen Kinder Drachen steigen, treiben mit dem Stock Holzreifen vor sich her, da wippen sie, da schwingen sie, da peitschen sie. Oder: Es wird die Brücke bei St. Peter mit dem Fahrweg nach Altdorf gezeigt, mit zwei Herren und drei Bettlern im Bildvordergrund. Einer der Bettler sitzt mit dem Rücken zum Betrachter auf einer Bodenwelle, ein anderer hat einen hölzernen Beinstempel, eine Krücke und streckt einen Schlapphut aus, ein dritter ist doppelt beinamputiert, arbeitet sich voran mit zwei Prothesen und zwei Krücken. Oder: Auf einer Bildleiste unter gigantischer Olive wird die Belagerung einer Burg dargestellt; die Bahnen der Mörserkugeln sind nachgezogen; im Vordergrund einer der Mörser, bedrohlich groß. Der Gartenfreund ließ also vergangene und wiederholt gegenwärtige Kriegsrealität nicht durch Idyllen verdecken.

MARIA SIBYLLA GRAFF in der Stadt der »Hesperidengärten« ... Im Rückblick erwähnt sie gelegentlich, dass sie Zugang fand zu einigen dieser Anlagen. »Eine sehr kluge, adlige Jungfrau in Nürnberg führte mich einstmals in ihren schönen Lustgarten, worin allerlei rare Gewächse anzutreffen waren ...« Oder: »Vor drei Jahren habe ich in einem vornehmen Garten hier, zu Anfang Juni ...« Sie war sicherlich eingeladen als sachkundige Besitzerin eines eigenen Gartens (zu dem ich später noch schreiben werde) und als Malerin: Wurden Blumenportraits in Auftrag gegeben?

»EINE SOLCHE (dem Aussehen nach recht schöne) Raupe ist mir 1672 aus Regensburg, von der Eheliebsten des damaligen Nürnberger Herrn Abgesandten, in einem Schächtelchen nach Nürnberg als willkommenes Präsent geschickt und von mir entgegengenommen worden, die mir dann aber (obwohl ich sie noch lebendig entgegennahm, aber ich kannte damals noch nicht ihre passende Speise) mir sozusagen sinn- und zwecklos verdorben und verstorben ist.«

WIE WAR DIE SITUATION EINER MALERIN im damaligen Nürnberg? Um es vorwegzunehmen: In der Reichsstadt herrschten besondere ›Rahmenbedingungen‹ für eine Graphikerin, und diese Konditionen waren vergleichsweise günstig, zumindest für den deutschen Bereich.

Über die berufliche Situation einer Malerin, einer Graphikerin in Nürnberg informiere ich mich vor allem in der Dissertation von Sabina Leßmann. Demnach war im Bereich Kunstproduktion und Kunsthandel die Familie Sandrart besonders wichtig, ja tonangebend – eine ähnliche Position wie die der Merians in Frankfurt. Berühmtester Repräsentant: Joachim von Sandrart, der Maler, Graphiker, Traktat-Autor. In einer Monographie verschaffe ich mir einen mittelbaren Eindruck von seinem weit gefächerten Werk. Dazu kam ab 1675 ein Buch in drei Teilen, das Sabina Leßmann mehrfach heranzieht: »Teutsche Academie der Edlen Bau-, Bild- und Mahlerey-Künste«. Eins der Zitate, in behutsam modernisierender Schreibweise: »Die Stadt Nürnberg war jederzeit deswegen die berühmteste, weil immerfort die besten Kunstwerke aus derselben entsprossen und deren viele Liebhaber daselbst gewesen und noch sind. Es ist der Tugendliebenden Gewohnheit, mit dergleichen sich zu beschäftigen, und sie erkennen es als löbliche Ergötzlichkeit an, durch gute Bücher, Studien und Kunstwerke den Geist in Übung zu halten. Das vortreffliche schöne Rathaus und die Bibliothek sind mit Raritäten und ausgesuchten Büchern und Kunstwerken erfüllt, und es wird für deren Vermehrung fast täglich gesorgt.«

Eine der Nichten von Sandrart: Susanna Maria, 1658 in Nürnberg geboren. Es lässt sich voraussetzen, dass sich Maria Sibylla Graff und Susanna Maria Sandrart in der überschaubaren Reichsstadt kennen lernten. Als sie nach Nürnberg kam, war Frau Graff dreiundzwanzig und Susanna Maria zwölf; am Ende der Nürnberger Phase sind sie demnach vierunddreißig und dreiundzwanzig. Ergo: für die eine war es die Zeit der Ausbildung, für die andere waren es die ersten Jahre im Beruf. Haben die Frau und das Mädchen über ihre Ausbildung, über die Ausübung des Berufs gesprochen? Wie sie beide das Handwerk erlernten unter Anleitung von Familienmitgliedern und wie sie in den Familienunternehmen ihre Kenntnisse, ihr Können einbrachten, dies aber in genau und streng umgrenztem Arbeitsbereich?

Ja, es waren Grenzen gezogen. In Nürnberg wurden die vor allem bestimmt durch die »Maler-Ordnung« vom Ende des 16. Jahrhunderts, die auch nach dem Dreißigjährigen Krieg gültig blieb. Demnach war es Frauen untersagt, mit Ölfarben auf Leinwand zu malen, professionell, sie durften nur, in kleinen Formaten, mit Aquarell- und Deckfarben auf Papier oder Pergament arbeiten. Die Maler behielten sich ein Monopol vor, sie wollten keine Malerinnen-Konkurrenz in Sparten, in denen man am ehesten zu Ansehen, womöglich zu Ruhm kommen konnte. Demnach: keine historischen Sujets, keine Portraits – zumindest nicht in jener Zeit, in jener Stadt.

Was Maria Sibylla und Susanna Maria ebenfalls versagt blieb: eine systematische Ausbildung an einer Schule oder Akademie. Und: die Erweiterung der Kenntnisse durch Kunstreisen, vornehmlich nach Italien. Da hatten es die Gebrüder Merian oder Sandrart entschieden besser. Doch die kurz gefasste Autobiographie von Matthäus Merian zeigte eindringlich genug: Für eine reisende, auch für eine mitreisende junge Frau waren die Risiken damals nicht akzeptabel.

Aber auch in Nürnberg gab es eine Akademie. Jacob von Sandrart, Susannas Vater, war einer der drei Begründer. Solch eine Akademie damals und eine Kunstakademie heute, das lässt sich freilich nicht gleichsetzen. In der Gründerzeit fanden die wöchentlichen Arbeitssitzungen in der Wohnung des Jacob von Sandrart statt. Zwei Jahre nach der Ankunft des Ehepaars Graff zog man um in ein Zimmer der »Goldenen Rose«. Am Ende des Jahrhunderts richtet man es sich in Räumen des Katharinen-Klosters ein.

Es mussten keine Vorprüfungen abgelegt, es mussten nicht einmal Arbeiten vorgelegt werden; wer Lust hatte, gleich welchen Alters, konnte am Zeichenunterricht teilnehmen; einzige Voraussetzung: Geschlecht männlich. Joachim von Sandrart über die Notwendigkeit professioneller Ausbildung: »Hierzu ist der Besuch der Akademien notwendig, wo man, in Gesellschaft anderer, von einem lebenden Modell verschiedene Körperhaltungen zu sehen bekommt; dies ist der allerbeste Weg zur Wissenschaft der äußeren Anatomie, um Maße und Proportionen des Menschen gründlich zu erfassen.«

Hier vor allem war ein entschiedener Trennstrich gezogen: beim Zeichnen eines lebenden Modells. Joachim von Sandrart hat eine der Arbeitssitzungen im Katharinen-Kloster auf einem Kupferstich wiedergegeben: in einem offenbar runden Raum steht auf einer runden Plattform ein nackter junger Mann, muskulös, und ein knappes Dutzend Schüler zeichnet, in einem Kreissegment sitzend oder an erhöhtem Podest stehend. Keine Frauen dabei.

Trotz des Verbots aber hat Susanna Maria Sandrart Männerakte gezeichnet – allerdings nach Vorlagen: Zeichnungen und Statuetten. Das war übrigens auch für Akademieschüler obligatorisch, in der ersten Phase. So zeichnete sie mal einen bildschönen Jungen, mal einen alternden Mann. Die Geschlechtsteile blieben durch scheinbar zufällige Körperhaltung verdeckt. Aber immerhin, sie hat Aktstudien gemacht. Überhaupt war ihr Spektrum erstaunlich breit. Ich folge dem Inhaltsverzeichnis der Dissertation: Portrait- und Körperstudien; Tiere; Landschaften; Religiöse Darstellungen; Mythologische Darstellungen und Allegorien; Serien.

Dieses Spektrum ergibt sich freilich erst im Verlauf ihres Lebens, wobei die Zeitphasen ihrer beiden Ehen ausgeklammert werden müssen. Damit: umso erstaunlicher die Weite ihrer Reproduktionen und Produktionen! Die jüngere Kollegin macht es sichtbar: Einschränkungen wurden nicht nur von außen auferlegt. Maria Sibylla Graff beschränkte sich von Anfang an auf Sujets, deren Darstellung sie beherrschte; sie blieb Spezialistin für Blumen und Insekten.

»RÄUPLEIN DIESER ART habe ich nur vereinzelt, und zwar auf Wermut angetroffen, welches bittere Kräutlein sie mit großer Geschwindigkeit verzehrt, vor allem ihre Knöpflein davon, sie haben auch niemals etwas anderes essen wollen. Über den ganzen Rücken hinweg befindet sich ein weißer Strich mit leberfarbenen Flecken; an der Seite haben sie ein fahles Grün, auch mit leberfarbenen Streifen, und von unten her auf jedem Glied ein weißes Tüpfelchen, von Leberfarbe umgeben. Wenn man sie berührt, schlagen sie mit dem Kopf sehr um sich; sie fallen auch nicht leicht, denn sie wissen sich mit ihren hintersten Füßlein sehr fest zu halten. Am Ende des Mai begeben sie sich zu ihrer Verwandlung und werden zu ganz schwarzen Dattelkernen und bleiben unbeweglich. Dann kommen Mottenvögelein heraus; auf jedem vordersten Flügel haben sie in der Mitte ein schneeweißes Zeichen, das wie Silber glänzt. Fliegen nur des Nachts, deshalb sind sie unter die Mottenvögelein zu rechnen.«

LEBENSBILD 13: An einem Tisch sitzt ein halbes Dutzend Mädchen; in der Tischmitte eine Fayencevase, weiß mit blauem Dekor; ein kleines Blumenbouqet, das als Ensemble dargestellt werden konnte, oder es wurden einzelne Blumen ausgewählt. Die Leiterin der Malschule sitzt nicht mit am Tisch, sie wurde von AM in den Vordergrund gerückt, wo sie, vorgebeugt auf einem Stuhl hockend, Farbpulver in ein Tütchen füllt, auf einer kleinen Waage. Ein Hund liegt auf dem Boden, ohne Zugehörigkeit zu markieren, den Kopf auf eine der Vorderpfoten gelegt. (Schwarze Kreide, laviert. Verso an den Rändern Reste einer alten Verklebung.)

KUNSTLEHRERIN MARIA GRAFF: dass sie auch mit Farben gehandelt hat, ist bezeugt, auch von ihr selbst. Aber hat sie auch selber Farbpigmente hergestellt?

Hier und dort werden in Kunstausstellungen auch Malerutensilien präsentiert, in Nischen, Nebenräumen, und besonders attraktiv sind dabei Glasbehälter mit Farbpigment, sind

Teller und Platten mit Ausgangsstoffen der Farbherstellung, pflanzlich oder mineralisch. Schon diese beiden Stichwörter lassen erkennen, wie sehr verschieden die Verfahren zur Herstellung von Farbpigmenten sein müssen. Pflanzenhäcksel muss zu Sud verarbeitet werden, der gefiltert und entwässert wird ... Mineralien müssen zerkleinert, zerstampft und ebenfalls gefiltert, gereinigt werden, auf welche Weise auch immer ... Farben werden auch in chemischen Prozessen synthetisiert: Gelb, zum Beispiel, wird in einer Mischung von Blei und Zinn bei 750 Grad erzeugt ...

Schon diese Andeutungen zeigen: Es wurden spezielle Geräte gebraucht. Und: führende Werkstätten entwickelten spezifische Methoden, die selbstverständlich geheim gehalten wurden. Zudem: die immer weiter reichenden Handelswege, über die auch Farbpigmente ins Land kamen. So halte ich es für wenig wahrscheinlich, dass Frau Graff Farben hergestellt hat; sie wird übernommen und weiterverkauft haben, vor allem an ihre Malschülerinnen, die sie wohl auch mit Grabsticheln oder Pinseln versorgt hat. Alles sicherlich gegen Aufpreis. Handel, und sei es gelegentlicher Handel mit Farben: höchstens eine weitere Nebenerwerbsquelle der Kunstlehrerin.

DER NAME EINER IHRER SCHÜLERINNEN ist überliefert: Clara Regina Imhoff, geboren 1664. Wann auch immer sie als Schülerin angenommen wurde: sie war Kind. Also: Gespräche, Verhandlungen der Kunstlehrerin mit den Eltern Imhoff ...

Wer sich in Nürnberg umschaut, wer in Texte der Stadtgeschichte reinschaut, wird mit dem Namen Imhoff häufig konfrontiert. Das wohl berühmteste Denkmal, das die Familie sich selbst gesetzt hat, ist das Sakramentshaus in St. Lorenz, dieses achtzehn Meter hohe spätgotische Wunderwerk aus Stein, das im Krieg glücklicherweise ummauert wurde – bis auf die obersten sieben Meter, die von einer Luftmine weggefegt worden sind, mittlerweile aber rekonstruiert wurden – der etwas hellere Stein zeigt es. Ein Meisterwerk von Adam Kraft, der sich selbst dargestellt hat, und das nicht versteckt, sondern exponiert frontal: kauernd unter kleiner Plattform, hochblickend, mit dem Meißel in der Linken, mit dem Holzklöppel in der Rechten, mit der »Werkstattkappe« der Steinmetze. Im filigranen Gitterwerk der Galerie an der vordersten Brüstung das Wappen der Imhoffs; nicht nur der Stifter zeigte hier, in doppelter Ausführung, sein Wappen, auf mehr als zwei Dutzend kleinerer Wappen am »unteren Sims des Brotgehäuses« demonstriert die stolze und reiche Familie Präsenz, ein Hieronymus Imhoff und ein Conrad Imhoff und ein Ludwig Imhoff und ein Veit Imhoff und ein Simon Imhoff samt deren Gemahlinnen ...

Der Name Imhoff ist auch eng verbunden mit der ersten Sammlung von Bildern Albrecht Dürers. Der Hauptfundus der Sammlung, auf Dürers Werk konzentriert, gelangte über eine Erbschaft in die Familie: Willibald Pirckheimer, berühmter Humanist, wurde zum Freund und Förderer des gleichaltrigen Dürer, baute eine Dürer-Sammlung auf, die über Heirat und Erbfall an Willibald Imhoff überging. Die Sammlung wurde erweitert, sicherlich auch durch Kopien und eigene Arbeiten von Hans Hoffmann, dem Nürnberger Dürer-Apologeten. Das Interesse der Nachkommen ließ im Lauf der Jahrzehnte offenbar nach, Verkäufe setzten ein, und zur Mitte des 17. Jahrhunderts, so lese ich im großen Katalog des Germanischen Nationalmuseums, war die Sammlung im Wesentlichen aufgelöst. Schade, dass alles so auseinander fiel, ich hätte gern skizziert, wie Frau Graff auch Tierbilder, Blumenbilder von Dürer (oder Hoffmann) studiert hat, eventuell mit dem Vergrößerungsglas.

Welche Rolle die Imhoffs in Nürnberg spielten, zeigt sich weiter auf einem der Kupferstiche nach Vorlagen von Graff: der Egidienplatz, mit dem Gymnasium, das sein Vater als Rektor geleitet hatte, und zweiundzwanzig Fensterflügel breit der Renaissance-Palast der Imhoffs, von Graff und seinem Kupferstecher Kraus in der Textleiste benannt. In diesem Palais hatte einer der Vorfahren den böhmischen König Wenzel zu Gast, der brachte die Reichsinsignien mit ins Haus und ließ sie bestaunen. Was Wunder, dass sich die Imhoffs dann gern in Amt-und-Würden-Kleidung malen ließen, mit gedoppelter Goldkette vor der Brust.

In Gärten dieser Patrizier wurde denn Kunstlehrerin Graff durch ihre Schülerin Clara Regina eingeführt, über die Eltern. In Volkamers *Nürnberger Hesperiden* finde ich (auch hier unter Blow-up-Südfrüchten) zwei der Gärten der Imhoffs abgebildet: »Des Herrn Imhoff Haus an der Haller-Wiese«, ein stattlicher Bau und ein langer, von einer Mauer umgebener Garten, und »Herrn Andreas Imhoffs Schlößlein bei Ziegelstein«, vor dem Vestner Tor. Zumindest in einem dieser Gärten könnte, dürfte M. S. Graff gewesen sein.

»ALS MAN, EINST IM MAI, vor unserer Haustür zu Nürnberg in steinig sandiger Erde grub, fand man krumme, wunderliche Würmer.« Die sollen hier aber ausnahmsweise nicht beschrieben werden, es stellt sich vielmehr die Frage: Wo stand das Haus der Familie? Auf einem Titelblatt findet sich Graffs Anschrift: »Wohnhaft am Alten Milchmarkt«, also am heutigen Albrecht-Dürer-Platz. Für uns eine recht vage Adresse. Erich Mulzer hat recherchiert, ist fündig geworden, publizierte die Ergebnisse in den »Nürnberger Altstadtberichten« (Nr. 24): Die Familie Graff hat im Haus »Zur goldenen Sonne« (Name einer ehemaligen Gastwirtschaft) gewohnt, einem Haus des »Ehrbaren und Hochgelahrten Herrn Johann Graff, Rectoris des Löbl. Gymnasii bei St. Egidien«. Und dieses Haus steht noch! Ein Wunder, denn ringsum ist alles zerbombt worden, auch des Hinterhaus. Das Vorderhaus aber blieb verschont. Bergstraße 10: hier, im Eckhaus zum Sonnengässlein, wohnte die Familie. Ein damals schon altes Haus: mit Dachbalken (ungefähr) aus dem Jahre 1412, laut dendrochronologischer Untersuchung. Was jetzt nur noch fehlt: eine Gedenktafel …

IM FÜNFTEN NÜRNBERGER JAHR der Familie erscheint die erste von drei Lieferungen der Blumenbilder von Maria Sibylla Graff: Kupferstiche, verlegt von ihrem Mann, im Haus am Milchmarkt. Das jeweilige Dutzend von Kupfertafeln ist nicht gebunden, sondern in ein Pappfaszikel gesteckt – also eine frühe Variante der Loseblattsammlung. Das erleichtert Damen der Gesellschaft die Nutzung der Blätter, beim Abmalen, beim Sticken.

Ich gebe den lateinischen Titel dieses Faszikels wieder – nicht im Gestus eines Imponiergehabes, sondern weil er einen interessanten Rückschluss erlaubt. »Florum Fasciculus Primus quem Maria Sibylla Graffin Matthaei Meriani Senioris Filia depinxit aerique incidit, et Jo. Andreas Graff excudit Noribergae Ao 1675.« Das besagt nichts anderes als: Frau Graff, Tochter des verstorbenen Matthäus Merian, hat die Blumenbilder gezeichnet (gemalt), und ihr Ehemann, ihr Verleger, hat nach ihren Vorlagen die Kupferstiche ausgeführt. Fühlte sie sich zu diesem Zeitpunkt noch nicht sicher genug in diesem Handwerk? Oder spielte Graff in ihrem Leben und Wirken doch eine wichtigere Rolle, als man bisher angenommen hat?

Mit der zweiten Lieferung wird seine Frau allerdings Selbständigkeit in der Ausführung dokumentieren: »Florum Fasciculus Alter, Zweyter Blumen-Theil, so M. S. Gräffin Matth: Merians Seel. des Älteren Tochter nach dem Leben gemahlt und selbst aufs Kupfer gebracht.« Ihr Mann verlegt auch diese zweite Lieferung.

Und da wir schon in die Zukunft jener Vergangenheit schauen, ziehe ich die Linie gleich weiter: 1680, nach der dritten Lieferung, wird eine gebundene Zusammenfassung erscheinen: *Das Neue Blumenbuch.*

Es wurde von einigen Wissenschaftlern eine Zeit lang scheel angesehen, denn bald schon zeigte sich, dass mehrere Kupferstiche abgekupfert waren, meist nach Arbeiten von Nicolas Robert. In freundlichem Ausgleich wurde betont, das Abkupfern (von 6 der insgesamt 36 Kupferstiche) habe nur im ersten Faszikel stattgefunden, und da hätte es Frau Graff auch zu erkennen gegeben durch die Formel »mit Fleiß verfertigt«, während Originalarbeiten den Zusatz erhielten: »nach der Natur gezeichnet«. Aber so einfach und übersichtlich ist das alles nicht. Auch im »zweyten Blumentheil« hat sie auf Tafel 9 eine wunderschöne, höchst eindrucksvolle »Tunckelblaue Iris oder Schwert-Lilje« von Nicolas Robert übernommen – doch mit einer wesentlichen Veränderung, die erst die frappierende Wirkung erzielt: sie hat die Schwertlilie aus einem kleinen Blumenstrauß herausgenommen, hat sie freigestellt. Nur die eine Blume auf dem sonst leeren Bildgrund – für mich, trotz der Abhängigkeit, einer der Höhepunkte dieses Zyklus von Blumen, die in der Barockzeit besonders beliebt waren. Auch im dritten »Blumentheil« ist (zumindest) eins der Blumenbilder abgekupfert – und das ausgerechnet bei einem meiner »favourites«. Ich muss also noch ein wenig beim Stichwort »abkupfern« bleiben.

Der Tiefdruck, als »Stichverfahren«, trägt oft die Zusatzbezeichnung Reproduktionsgraphik. Der Kupferstich war das einzige Mittel (nach dem mittlerweile technisch überholten Verfahren des Holzschnitts), ein Gemälde als Abbild verbreiten und vertreiben zu können. Alle großen Kupferstecher waren auch große Kopisten. Im Hause Merian war das Kopieren, auch von Kupferstichen, (handwerklich solide) Tradition. Ich erinnere daran: Matthäus Merian hatte ein Blumenbuch seines Schwiegervaters mit neuen Arbeiten ergänzt und die Neuausgabe unter seinem eigenen Namen veröffentlicht. Es herrschte in dieser Branche ein reges Geben und Nehmen, wobei Nehmen weithin üblich war. Kupferstiche nach Kupferstichvorlagen … Nach Vorlagen reproduzieren und neue Vorlagen produzieren … Ein Urheberrecht, einen Musterschutz in unserem Sinne gab es noch längst nicht, das Wort »Originalität« war keine verpflichtende Kategorie, man kopierte ungeniert. Erst im Verlauf der Entwicklung wird sich die Merian immer deutlicher als Malerin entpuppen, die gerade *nicht* nach Vorlagen arbeitet, sondern sich Vorlagen sucht. Aber noch hat Reproduktion einen bedeutenden Stellenwert.

Es kommt ein Faktor hinzu: Auch Merians Tochter hielt sich an den Katalog von Lieblingsblumen der hochbürgerlichen und der adligen Gesellschaftsschicht. Es waren Blumen, wie sie in Gärten von Bürgern und Adligen wuchsen. Sie ist also nicht losgezogen, in die Wiesen und Auen, auf die Felder, in die Wälder, um Blumen ihrer Wahl zu pflücken oder auszugraben, die sie zu Hause dann betrachtete und genau darstellte – sie interessierte sich nur für Blumen der Gartenkultur, vielfach veredelt durch Kreuzungen, wie die Nelken, die geflammten Tulpen. Die Auswahl ihrer Blumen war also beinah katalogmäßig vorgegeben. Womit es sich fast von selbst ergab, dass man gelegentlich auf Bildvorlagen zurückgriff, auf fremde (und wenn es sich anbot, auch auf eigene). Hier war Motivaustausch, Motivkreislauf: neue Aufbereitung des hinlänglich Bewährten. Es setzte schon sehr große Originalität voraus, hier Neues einzubringen – einigen Malerinnen und Malern gelingt das, vor allem in den Niederlanden. M. S. Graff aber zehrt vom Erbe. Sie setzt Bewährtes erneut um, macht Umsatz mit Bewährtem. Wir dürfen diesen Gesichtspunkt nicht aus den Augen verlieren: Sie entwickelt sich zu einer (zeitweise erfolgreichen) Geschäftsfrau. Sie folgte dabei branchenüblichen Praktiken.

Wenn Maria Sibylla Graff also Kupferstiche von Nicolas Robert reproduzierte, so tat sie das ohne Bedenken. Sie hielt sich ja auch nicht detailgetreu an ihre Vorlagen, sie ließ weg, fügte hinzu, wandelte ab. Doch es überwiegen Kupferstiche nach eigenen Vorlagen. Besonders eindrucksvoll die fünfte Tafel des zweiten Faszikels, die schwungvoll dargestellte Blüte einer Tulpe namens Hevelmann. Und Tafel 7: »Eine feuerfarbene Ranunkel.« Hier zeigt sich ein interessantes Zusatzphänomen, das Goethe in höchste Erregung versetzt hätte: eine durchgewachsene Blüte. Das heißt: Eine ausgebildete Blüte brachte wieder einen Spross, einen Stängel hervor, der von einer weiteren, kleineren Blüte »bekrönt« war – ein Motiv, das sie in ein Blumenbouquet übernommen hat. Was Goethe später faszinieren wird, ist eine durchgewachsene Rose – von ihm und von Nachfolgern hinreichend kommentiert.

In den wenigen, wahrlich herausragenden Blumendarstellungen, die nicht abgekupfert, die nicht langweilig symmetrisch arrangiert sind, zeigt sich eine Besonderheit, die sie von den hochkarätigen Blumenaquarellen etwa eines Georg Flegel unterscheidet: sie sind in ihrem Gestus dynamisch. Flegels schön freigestellte Tulpen wirken gleichsam statisch, auch ihre Schwestern bei Marrell; Marias große Tulpe Diana aber und die Tulpe Hevelmann, sie zeigen barocke Dynamik. Da ist Drehung schon im Stiel, und diese Drehbewegung scheint auch Blütenblätter zu erfassen, beispielsweise bei der Schwertlilie. Eine Assoziation: gedrehte Säulen des Barock und der oft dramatische Gestus von Figuren in Gips oder Stein. Ja, etwas von dieser simulierten Dynamik scheint auch die besten ihrer Blumenbilder erfasst zu haben. Die blaue Schwertlilie scheint den Betrachter gleichsam anzuspringen. Hier zeigt sich Meisterschaft.

Aber hier muss sogleich ausgegrenzt werden, in zweierlei Hinsicht: Diese Bilder dienen weder der Wissenschaft, noch sind sie autonome Kunstwerke. Denn, noch einmal: Ihre Blumenbilder sind zwar naturgetreu, doch instruierende Details fallen weg, auch bei ihr. Mit dieser Emanzipation von wissenschaftlicher Nützlichkeit aber wachsen die Blumenbilder noch nicht empor in den Bereich autonomer Kunst. Vielmehr: hier ist dekorative, ist angewandte Kunst freigegeben zur beliebigen Anwendung. Aufschlussreich ist die »Vorrede« zum *Neuen Blumenbuch*: »An den natur- und kunstliebenden Leser.« Demnach sollen die Bilder »dienlich« sein, und zwar zum »nachreißen«, also zum abzeichnen, abmalen, außerdem zum »nähen«, und das muss hier »sticken« bedeuten. Die Blumenbilder sollen »allen kunstverständigen Liebhabern zu Nutz und Lust« gereichen. Sie wäre also nicht beleidigt, sondern erfreut gewesen, wenn eine Dame der gehobenen Gesellschaft eine Vorlage aus ihrem Blumenbuch tatsächlich in eine Stickerei übertragen hätte oder wenn eine Frau eins ihrer Schmetterlingsbilder auf eine Untertasse oder Tasse gemalt hätte – selbst ein Botticelli hat Vorlagen für Goldschmiede und Kunstschreiner geschaffen. Also: Angewandte Kunst auf einem noch heute überzeugenden Niveau! Kunstgewerbliche Artikel nach Vorlagen von Botticelli werden in Museen ausgestellt, und das Blumenbuch ist noch immer Favorit des Publikums: zwei Ausgaben sind gleichzeitig auf dem Markt, zur Jahrtausendwende.

Selbstbewusst beschließt Maria Sibylla Graff ihre Vorrede mit selbst gemachten (oder vom Hauspoeten gefertigten) Versen, deren Anfang oft und gern zitiert wird, weil hier das Wort »Kunst« vorkommt, das man aber noch nicht im heutigen Sinne zu verstehen hat, eher als: Kunstfertigkeit, hohes Können – Näheres dazu später.

Den hausbackenen Schluss dagegen zitiert man in der Merian-Biographik nicht so gern. Ich verzichte diesmal auf eine Modernisierung von Schreibweise und Zeichensetzung: Eine kleine Probe barocken Sprachsubstrats soll hier gleichsam implantiert werden.

So muß Kunst und Natur stets mit einander ringen /
bis daß sie beederseits sich selbsten so bezwingen /
   damit der Sieg besteh' auf gleichen Strich und Streich:
   Die überwunden wird / die überwindt zugleich!
So muß Kunst und Natur sich hertzen und umfangen /
und diese beederseits die Hand einander langen:
   Wol dem / der also kämpft! dieweil / auf solchen Streit /
   wann alles ist gethan / folgt die Zufriedenheit.

ERSTAUNLICH: so, wie ein Georg Flegel oder ein Jacob Marrell Blumen aquarellierten, so, wie Maria Sibylla Graff Blumen in Kupfer sticht und koloriert, so, wie sie Raupen und Falter zeichnen, in Kupfer stechen und kolorieren wird, so wird das auch in der Generation ihrer Töchter ausgeführt und in der Generation ihrer Enkelkinder fortgeführt. To be continued in England: die hohe Schule dort der botanischen und zoologischen Illustrationen. Das demonstriert eine wachsende Zahl von Bildbänden, in denen man, zum Beispiel, auch botanische und zoologische Bilder des Schriftstellers Georg Forster bestaunen kann, und so setzt sich das fort bis ins 20. Jahrhundert und gewiss auch im weiteren Verlauf des 21. Jahrhunderts.

Präsenz des Vergangenen: die Briefmarkensammlung meines im hohen Alter verstorbenen Vaters sichtend, entdecke ich zahlreiche Marken mit Blumenmotiven, zahlreiche Marken auch mit Insektenbildern, Säugetierbildern – vor allem Sondermarken der Deutschen Bundespost. Mit nicht-philatelistischer Freude identifiziere ich auf einer Jugendmarke von 1962 in voller Schönheit auf blauem Grund: den Segelfalter.

Mit geringerer Befangenheit, also kritischer, sehe ich mir die Sondermarken mit Blumenmotiven an: Sie sind durchweg nach dem Schema de Bry-Flegel-Marrell-Merian gestaltet. Stets: ein heller, ein weißer, ein neutraler Hintergrund; die Blume damit »freigestellt«. Stets: symmetrische Anordnung, der Stängel der Hauptpflanze in der Mitte; in der Stengelführung kleine dekorative Abweichungen. Wohlfahrtsmarken 1975: ob Gelber Enzian, Arnika oder Kuhschelle – alles mittig, alles auf Weiß. Oder die Serie von 1980, »für die Wohlfahrtspflege« mit Acker-Goldstern, Sommer-Adonisröschen oder Träubelhyazinthe: weißer Grund, symmetrische Präsentation. Das ist in Island, zum Beispiel, auch nicht anders. Und ein Brief aus Namibia zeigt mir: Auch dort setzt sich diese Darstellungskonvention fort, mit einer Flame lily, Gloriosa superba auf einer Fünfcentmarke. So was nennt man wohl eine »ungebrochene Tradition«. Frau Graff hätten solche Briefmarken bestimmt gefallen, so wie Liebhabern solcher Sondermarken die Blumen- und Insektenbilder dieser Frau zusagen werden. Offenbar kommt man auch ein Vierteljahrtausend nach der Merian nicht auf den Gedanken, etwa durch Mikroskope sichtbar gemachte Pflanzendetails als Vorlagen zu nehmen – auch sie können dekorativ sein! Auch werden Insekten nicht (beispielsweise) in Außenansicht und Röntgendurchsicht zugleich gezeigt. Insekten oder Säugetiere werden noch so dargestellt wie zu Hoefnagels Zeiten. Hier versucht man nur, weiter zu perfektionieren; der Stil aber bleibt gewahrt. Die großartigen Einzelportraits aus dem Reich der Entomologie, die der französische Werbegraphiker und Buchillustrator Bernard Durin hinterlassen hat (geboren 1940, gestorben bereits 1984), sie brillieren mit einer Detailgenauigkeit, die nicht mehr zu übertreffen sein dürfte – eine Präzision, die freilich schon drei Jahrhunderte zuvor ein Georg Hoefnagel demonstriert hat oder ein Hans Hoffmann. Der Hirschkäfer, zum Beispiel, den Durin malte, er findet sich stilverwandt, detailkongruent auf Stilleben von Georg Flegel und auf Dutzenden von Gemälden niederländischer Stillebenmaler.

Das muss ich mir immer mal wieder bewusst machen: über drei, vier Jahrhunderte hinweg die gleiche Machart! Welthistorische Umwälzungen im Fortsetzungsbezug für die überlastete Menschheit, aber die Blumen werden wie zu Flegels und die Insekten wie zu Hoefnagels Zeiten gemalt. Um das noch stärker zu pointieren: Atomkerne werden gespalten, Zellkerne werden manipuliert, aber Blumen, Käfer, Falter werden noch genauso dargestellt wie vor dreihundert, vierhundert Jahren. Schon das zeigt, dass hier von Kunst und Kunstproduktion die Rede nicht sein kann. Sonst wäre es, zum Beispiel, ja auch selbstverständlich, dass heute immer noch im Stil von Monteverdi und Schütz komponiert würde und noch immer für Gamben-Consorts … Die Entwicklungen der Künste sind an dieser Spezialmalerei vorbeigeeilt, rechts und links. Hier lässt sich, in der Kontinuität der Darstellungsweise, nur noch auf Ikonenmalerei verweisen, nur sind es hier botanische und entomologische Ikonen. Der fortgesetzte Bedarf an wissenschaftlich präzisen Abbildungen rechtfertigt offenbar dieses überaus bewährte Verfahren. Und der Markt für dekorative Kunst beharrt darauf, offensichtlich. Eine Domäne der ungebrochenen Konvention, der bedingungslosen Kontinuität.

IN IHRER »VORREDE« zum *Neuen Blumenbuch* äußert sich Maria Sibylla Merian relativ ausführlich über ein Phänomen, das Legende geworden ist: die »Tulpomanie«. Informationen beziehe ich auch hier aus möglichst zuverlässiger Quelle, aus einem der vielhundert Seiten starken Kataloge mit ihren Essays und ausführlichen Anmerkungen zu Exponaten. In diesem Fall ist es der Mehrpfünder *Europa und der Orient.*

Doch erst einmal soll Frau Graff das Wort haben – auch hier in längerer Sequenz. Das ist ergiebiger, als es sich von den üblichen Zitatschnipseln ablesen lässt. Wenn dabei auch nicht die Person zum Vorschein kommt, so zeigen sich doch, andeutungsweise, Konturen und Farben – wie beim Falter in einer halbwegs transparenten Verpuppungshülle.

»Über den teuren Blumenkauf schreibt Neteranus, dass vom Jahr 1633 bis 37 in einer holländischen Stadt über eine Million in Gold umgesetzt wurden. Eine Tulpe, von den Blumenhändlern Semper Augustus genannt, habe man für 2000 Niederländische Gulden verkauft, die im Jahr 1637 für kein Geld mehr zu kaufen war, weil nur noch zwei (eine in Amsterdam, die andere in Haarlem) vorhanden waren. Es hieß auch, dass jemand einen Tulpengarten hatte, für den ihm (samt den Blumen) 70 000 Gulden angeboten wurden; er habe die nicht annehmen, sondern seinen Garten mit den Blumen behalten wollen. Auf diesen Handel, weil er anfangs so ergiebig war, ließen sich die Leute so sehr ein, dass Weber ihre Webstühle zu Geld gemacht und in Blumen angelegt haben. Es gab auch ihrer viele, die schöne, kostspielige Häuser, Landgüter, und alles was sie hatten, verkauften (auch große, auf Zins ausgeliehene Geldbeträge aufnahmen) und für solche Blumen investierten, die weder Geruch noch Geschmack hatten – nur um lüsterne Herzen für eine kurze Zeit mit flüchtiger Augenweide zu ergötzen. So viel nämlich vermag die Natur mit ihrer holdseligen Zier bei großen Liebhabern auszurichten, dass sie das Betrachten solcher Blumen höher als ihre Schätze achten und lieber ihren Reichtum als ihre Lust vermindern wollen.«

Auch im Vergegenwärtigen der Tulpomanie ist die Nachwelt in einer etwas besseren Position als die damalige Mitwelt: Die war zeitlich näher dran an den Ereignissen, uns aber haben sich mittlerweile zahlreiche Quellen erschlossen. Ich erwähne hier freilich nur einige »Eckdaten« zur Geschichte der Tulpenmode, der auch Maria Sibylla Merian huldigte, freilich nur indirekt, als Blumenmalerin, Aufträge ausführend.

Bereits 1591 ließ Conrad Gesner, Zürich, in einem seiner Werke eine Tulpe abbilden, als Holzschnitt; der Botaniker (und Mineraloge) bezeichnete sie als »Tulipa Turcarum«. Damit war die Herkunft festgeschrieben. Die Türkei betrieb allerdings nur (schwunghaften) Zwischenhandel mit Tulpen; die früh blühenden Tulpen kamen von der Krim, die spät blühenden aus Mazedonien. Vor allem in den Niederlanden, und hier in Zeeland, in der Gegend von Middelburg, begannen geschäftstüchtige Niederländer bald mit dem Züchten neuer Tulpensorten, von denen vor allem die zweifarbigen, die geflammten gefragt waren. Tulpenzucht war Thema vieler Korrespondenzen; der große Botaniker Clusius wechselte Briefe auch mit dem Sohn des Schultheißen von Middelburg und mit dem Reeder Jacob Noiret. Es entwickelte sich eine breite Palette von Tulpenvarietäten. Im berühmten, mehrbändigen Werk zum »Hortus Eystettensis« wurden, 1613, allein zwölf Seiten den Tulpen gewidmet, die in den Gartenanlagen des Fürstbischofs von Eichstätt zur Blüte gebracht worden waren.

Dieses Werk deutet das Florieren einer weiteren Branche an: der Blumenmalerei. Hier gab es einen speziellen Erwerbszweig: das Malen von Tulpen auf Pergament, in Einzelblättern und für Kataloge – die so genannten Tulpenbücher. Jacob Marrell, nahe liegendes Beispiel, malte für den Blumenhändler Francesco Gomez de Costa (aus Portugal stammend, in Utrecht lebend) ein Tulpenbuch mit insgesamt 170 Tulpenportraits. Tulpenkataloge waren auch in Frankfurt wichtig: hier vor allem wurden Tulpenzwiebeln aus den Niederlanden weiterverkauft. In einer zeitgenössischen niederländischen Schrift zum Thema wurden allein fünf Frankfurter Herren namentlich aufgeführt, die sich als Tulpenliebhaber hervorgetan hatten. Marrell dürfte diese Herren gekannt haben, als Kunden.

Mit Beginn der dreißiger Jahre stiegen die Preise für seltene Tulpensorten unaufhaltsam an. Sie wurden zu Spekulationsobjekten: enormer Wertzuwachs, riesige Gewinne! »Gheel en root van Leyde«: erst mit 45 niederländischen Gulden notiert, schließlich mit 550. »Generalissimo«: von 95 auf 900 – fast das Zehnfache! Jetzt noch rasch die beiden Krönungen und der Superstar! »Gheel Croon«: erst mit 20 Gulden pro Stück notiert, dann mit 1200. Und die »Witte Croon«: von 125 auf 3600 Gulden. Das heißeste aller Spekulationsobjekte war »Semper Augustus«: 4600 Gulden »plus einer neuen Kutsche mit zwei Apfelschimmeln, binnen vier Wochen zu liefern«. Notwendige, erste Anmerkung zur Kaufkraft des niederländischen Guldens: für etwa siebentausend Gulden konnte man ein mittelgroßes Bürgerhaus erwerben.

Die Konjunktur war überhitzt, der Markt brach plötzlich zusammen: der Crash von 1637. Zahlreich die Bankrotts. Doch recht bald schon lief der Handel mit Tulpenzwiebeln wieder an. Dazu wollte auch Cornelis van der Woude mit einer Schrift beitragen, die bald nach dem Kurssturz erschien. Der Tenor: Kritiker und Gegner des Tulpenhandels sind ja bloß neidisch ... Nicht der Tulpenhandel, sondern seine Auswüchse sind zu verwerfen ... Es wird die rhetorische Frage gestellt, wieso man mit »Gottes Wunderwerken« eigentlich keinen Profit machen darf ... Gepriesen sei Göttin Flora und ihr schönstes »Prunkgeschmeide«, die Tulpe! Mit solchen Ausführungen fand der Autor sicherlich Resonanz.

Die Tulpe blieb Objekt der Bewunderung und damit Handelsware von hohem Rang und Wert. Also blieben auch die Tulpenmaler im Geschäft – wichtig für die Merian! Kaum ein Blumenstilleben, auf dem nicht eine Tulpe dominierte, zweifarbig, geflammt. Gelegentlich sogar Stilleben mit einer einzigen Tulpe, in einer sichtlich teuren Fayence- oder womöglich Porzellanvase. Alles erlesen, höchst erlesen ... Der Handel kam erneut in Schwung. Die Spitzenpreise wurden nie wieder erreicht, aber teuer genug blieben Primadonnen unter den Tulpen allemal. Die Tulpe war ein weiteres Jahrhundert äußerst beliebt und sehr begehrt. Markgraf Karl Wilhelm von Baden-Durlach konnte zu Beginn des 18. Jahrhunderts eine

Tulpensammlung mit viertausend Varietäten aufweisen. Es muss wahre Tulpologen gegeben haben!

Die Tulpe, erst der Türkei zugeschrieben, wurde zum Blumensymbol der Niederlande. Noch heute: die Tulpenfelder, besonders beliebt für Fotos in Farbe. Solche Tulpen allerdings, in wenigen Sorten und Farben, als Massenprodukt, zumindest für den Export. Doch in teuren Geschäften Amsterdams, in noblen Friseursalons, erst recht in Museen: Bouquets mit zweifarbigen, mit geflammten, mit flamboyanten Tulpen, wie nach Stilleben verkörpert. Da weiten sich Pupillen!

LEBENSBILD 14: Blick aus der Vogelperspektive auf einen der Gärten vor Nürnberg. Geometrisch strukturiert vier Quadrate von Blumenbeeten mit dem Wegkreuz; anschließend zwei Flächen mit Nutzpflanzen – wahrscheinlich Küchen- und Heilkräuter. Eine Frau, Maria Sibylla Graff, in die Bildmitte gerückt; sie steht etwas vorgebeugt, scheint eine der Blüten zu betrachten. In der relativ weitläufigen Gartenanlage wirkt die Frau betont allein. (Graphitstift auf Papier. Biographischer Hinweis verso.)

MARIA SIBYLLA GRAFF ALS VERKÖRPERUNG VON RUHE. So sehe ich sie in einem großen Teil ihrer Lebenszeit: ruhig sitzend oder bewegungslos stehend, und sie beobachtet, registriert. Der unverwandte Blick.

Schwierig, dies im Textmedium, Printmedium zu vermitteln. Hier müssen Sätze gebildet werden, die sich verlangsamen, und es bilden sich Beharrungsschleifen. Es genügt nicht, zu konstatieren: Die Zeitmaße waren in der Ära der Merian, waren für die Merian selbst erheblich langsamer als die Zeitmaße beispielsweise derer, die sich mit ihr befassen, schreibend oder lesend. Man hatte entschieden weniger Lebenszeit, aber die verlief langsamer. Für uns paradox: Man hatte wenig Zeit, und in dieser wenigen Zeit hatte man viel Zeit. Ära ohne Zeitbeschleuniger. Sicherlich konnte Frau Graff schon mal ungeduldig werden, aber: Ihre Tätigkeiten setzten Geduld voraus,

»patiencia«, wie sie schrieb. Ihre Geduld beim Beobachten, ihre Geduld beim Darstellen des Beobachteten.

Diese Geduld darf also nicht nur erwähnt werden für den ungeduldigen Teil der Leserschaft, diese Geduld muss beim Lesen eingefordert werden, zumindest sequenzweise, und das setzt voraus: angemessene Satzkonstruktionen. Keine kurzen Sätze raschen, zielstrebigen Ablaufs, sondern Satzgebilde, in denen sich Zeitablauf staut, so wie Zeitablauf gestaut war, wenn sie, beispielsweise, eine der Raupen in der häuslichen Raupensammlung beobachtete, sich fragend, ob diese eine, möglicherweise kränkelnde, demnach nicht richtig gefütterte Raupe eine andere Pflanze akzeptieren würde, oder konnte die ausgedehnte Reglosigkeit andere Gründe haben? Eine Raupe, die, auf einem Blatt in der noch offenen Spanschachtel liegend, nicht einmal den Kopf von der Unterlage abhebend, auch keine der Kotkugeln aus sich herauspressend, reglos bleibt, und Frau Graff fragt sich, ob sie, vom Beobachten anderer Raupen ohnehin ermüdet, ja erschöpft, nicht doch den Deckel auf die Spanschachtel legen soll oder ob sie, so weit das in den Abendstunden und erst recht in den Nachtstunden überhaupt noch sinnvoll ist, die Beobachtung fortsetzen soll, womöglich bis tief in die Nacht hinein, was zur Folge haben könnte, dass sie am nächsten Morgen im Umgang mit ihrer Tochter Ungeduld entwickeln könnte und Dünnhäutigkeit im Umgang mit ihrem Mann, der in den Nachtstunden gewiss nicht, seine Augen strapazierend, bei Kerzenlicht an einer der Stadtveduten arbeitet, und so wäre es unter doppeltem Aspekt sinnvoll, die Nachtstunden ebenfalls zum Schlafen zu nutzen, es sei denn, eine Verpuppungshülle in einer der Schachteln hätte, am Deckel hängend, bei der letzten Inspektion bereits einen Riss gezeigt, der sich erweitern und durch den sich ein Schmetterling herausarbeiten könnte, eventuell belebt durch vergleichsweise warme Nachtluft, und es begänne so, wieder einmal, die letzte Phase der Metamorphose, mit der sie, ohne Bezug zu Ovid, die Verwandlungen von Raupen über Puppen zu Faltern bezeichnet, die sie auch schon mal »Verwandlungs-

Vögelein« nennt, oder ob, was ebenfalls genau zu beobachten
wäre, aus Verpuppungskammer oder Kokon Geschmeiß her-
auskriecht, in Form von Maden oder Fliegen – in manchen
dieser Kammern, die sie weiterhin Datteln oder Dattelkerne
nennt, können bisweilen an die sechzig, siebzig weiße Würmchen kriechen, die sich, wie sie schreibt, in ebenso viele weiße
»Eierchen« einspinnen, aus denen wiederum ebenso viele
kleine, goldene »Mücken« herauskommen, falls nicht die Raupe, nach mehrfach wiederholtem Häutungsvorgang, gar nicht
erst mit dem Prozess der Verpuppung beginnt, sondern in
ihren Bewegungen immer regloser wird, und sie hebt schließlich, auf dem Blatt der Fraßpflanze liegend, nicht einmal mehr
den Kopf an, presst auch nicht mehr eine der Kotkugeln aus
sich heraus, bleibt reglos, völlig reglos, verdächtig reglos über
die üblichen Phasen der Reglosigkeit hinaus, und Frau Graff
fragt sich, ob sie, vom Beobachten anderer Raupen ohnehin
ermüdet, ja erschöpft, nicht doch den Deckel auf die Spanschachtel legen soll oder ob sie, so weit das in den Abendstunden und erst recht in den Nachtstunden überhaupt noch sinnvoll ist, die Beobachtung fortsetzen soll, womöglich bis tief in
die Nacht hinein, in der aber wiederum, durch einen Riss in
einer Verpuppungshüllen angedeutet, das Ausschlüpfen eines
Falters beginnen kann, eventuell belebt durch vergleichsweise
milde Nachtluft, und es begänne, zum soundsovielten Mal, die
letzte Phase der Verwandlung oder »Veränderung«, die sie,
sicherlich ohne an Ovid zu denken, Metamorphose nennt, und
es erscheint ein »Verwandlungs-Vögelein«, das sie, möglichst
frisch nach dem Ausschlüpfen, also in seinen Farben noch
nicht gedämpft, in seinen Formen noch nicht lädiert, mit einer
glühenden Nadelspitze abtöten und danach auf dem Spannbrett trocknen wird für den Verkauf oder als Vorlage für ein
weiteres Schmetterlingsbild, das sich –

»DIE RAUPE HAT EINE HÄSSLICHE und dunkelbraune Farbe, mit weißen und schwarzen Flecken gezeichnet. Raupen
von solcher Farbe habe ich Mitte Juli viele gefunden: die rund-

gebogene Raupe ist von gleicher Art, außer dass sie grün statt braun ist. Von denen habe ich etliche zur gleichen Zeit gehabt. Raupen in beiden Farben haben Weintraubenblätter sehr bereitwillig zu sich genommen. So oft sie solche gesucht, haben sie ihren Mund so lang wie einen Schnabel ausgestreckt und immer von einer zur anderen Seite damit geschwenkt, bis sie die Blätter erreicht. Aller Auswurf oder Kot, den sie von sich gelassen haben, ist dunkelgrün und fest geformt, als wenn sechs runde Stäbchen zusammengeleimt wären, woraus zu schließen ist, dass sie einen wunderlichen Mastdarm haben.«

VOM »MASTDARM« ZUR BLÜTENPRACHT: M.S. Graff malte nicht nur Einzelblumen sondern auch Blumengruppen, in Stilleben. Ein nicht bloß thematischer, sondern ein ganz konkreter Bezug, denn: im Blumenbuch sind auch Blumenstillleben dargeboten. Dies im üblich gewordenen Arrangement: Standfläche, Behälter (in diesem Fall ein Korb), Bouquet, Staffage. Kupferstich, unkoloriert oder koloriert. Es sind aber auch ein paar gemalte Stilleben aus der Hand von M.S. Graff, geb. Merian überliefert, in Deckfarben auf Pergament: »Blumenstilleben in chinesischer Vase«. Zwei Bilder mit diesem Titel, zwei Bilder, die sich sehr gleichen, wie Abbildungen im Merian-Katalog zeigen.

Ich will die Originale sehen! Spannung, als im Berliner Kupferstichkabinett der Mappenkasten an meinen Arbeitsplatz herangerollt wird. Ich stelle die beiden Exemplare der Blumenstilleben nebeneinander auf die Tisch-Staffelei, schaue sie mir ausführlich an; direkte Sichtverbindung mit Arbeiten aus ihrer Hand! Die sind ansprechend, hübsch, gefällig, aber insgesamt: enttäuschend. Ein bewährtes Muster wird ausgeführt, ohne eigene Akzente.

Das Schema sieht so aus: eine von rechts oder links, eher von rechts hereingeschobene Tischfläche aus Holz oder Marmor; eine Kugelvase, mittig; auf der sonst freien Stellfläche ein Vasenschatten und eine Schnecke mit Gehäuse oder eine Eidechse, ein Feuersalamander, eventuell eine Muschel; die

Vase klein, der Blumenstrauß groß; wo noch Platz frei ist: eine Spinne, die sich am Faden von einer der Blumen herablässt; links oben oder rechts oben ein Falter, mit selbstverständlich ausgebreiteten Flügeln, im diagonalen Schein-Sturzflug ins Bild gebracht. Ein Bildkanon; Maria Sibylla befolgte ihn Punkt für Punkt – womöglich gab es schon so etwas wie Checklisten ...

In ihren wenigen Blumenstilleben vorgegebene Erwartungen gewissenhaft erfüllend, verzichtete M. S. Graff, geb. Merian auf alle Effekte damaliger Bild-Lichtregie, da wird nicht, vor dunklem Hintergrund, diese Blüte akzentuierend hervorgehoben, und jenes Ästchen scheint im Dämmer zu verschweben – in kaltem »Arbeitslicht« wird malend aufgereiht. Die Blumensträuße werden zwar mit üblichem Beiwerk versehen, aber nicht in mitreißender Suada, sondern gleichsam buchstabierend. Die Stellflächen wirken stumpf – kein Holz, kein Marmor mit sinnlichen Oberflächenvaleurs und belebenden Strukturen. Der Schatten, den die bauchige Vase jeweils wirft, ist kurios unbeholfen: die Rundung produziert ein spitzes Dreieck. Die Vase selbst: kein noch so kleines Glanzlicht akzentuiert die flächige Gestaltung. Als Flegelius siebzehn Jahre vor ihrer Geburt mit Aquarell und Deckfarben ein Stilleben malte mit Iris und Wicke und Kirsche, da wiesen die Kirschen eine gleichsam polierte Oberfläche auf, die Lichtquelle (ein Fenster) reflektierend. Wenn er schon Kirschen eine so liebevolle Genauigkeit widmete – wie ist dann erst einmal die Gestaltung von Vasen zu rühmen! Die kostbaren, in Halbreliefs modellierten Vasen aus Metall bei Flegel, die Glas-Zauberkugeln mit Lichtbrechungen und Spiegelungen bei Marrell ...

Und die Blumen, die Bouquets? Auf ihren Stilleben entsteht keine Tiefenwirkung, weil sich Stängel, Blätter, Blüten kaum mal überschneiden, es wird eher flächig angeordnet, symmetrisch radial. Nein, ihre Stilleben erreichen nicht den damaligen europäischen Standard zwischen Niederlanden und Italien. Was sie malte, entsprach ziemlich genau dem Stand, den in den Niederlanden mittlerweile das Kunstgewerbe erreicht hatte, in der dekorativen Verwendung floraler Motive. Ein Schrank aus Eichenholz, mit verschiedensten Hölzern in Intarsienarbeit geschmückt: Blumen und Schmetterlinge … Eine Tischplatte, ebenfalls um die Jahrhundertmitte, aus Schiefer mit Perlmutt-Intarsien und Ebenholzrand: Blumen, Blumen, Blumen … Eine Tischdecke, Wolle und Seide: Streublumen, auf die betonte Mitte hin zentriert … Die kunsthandwerkliche Umsetzung dessen, was in der Malerei von Blumenstilleben entwickelt worden war, diese Adaptation war bereits zur Perfektion entwickelt worden: ein Bouquet als Holz- oder Steinintarsien-Arbeit erreichte nun, mit Zeitverzögerung, in etwa das technische Niveau von Blumenbildern des Jahrhundertbeginns. In Komposition und Ausführung lagen die Stilleben von Maria S. Graff mehr als ein halbes Jahrhundert hinter der Entwicklung zurück.

In dieser generellen Einschätzung sehe ich mich bestätigt. Als Erstes eine Stellungnahme, die vor dem Merian-Boom im Land ihres Vaters verfasst wurde. Das Schweizerische Künstlerlexikon von 1908 zur »Blumen- und Stillebenmalerin«: »Sie hat als solche Werke geschaffen, die künstlerisch etwa das Durchschnittsmaß der Zeit bezeichnen. Es sind im Vortrage ziemlich konventionelle Bilder, in denen selten nur der Versuch gewagt wird, etwa durch Lichtführung eine feinere Stimmung hervorzubringen.«

Zur Ergänzung das Urteil einer heutigen Kunsthistorikerin. Heidrun Ludwig hat eine opulente Arbeit publiziert über »Nürnberger naturgeschichtliche Malerei im 17. und 18. Jahrhundert«. Hier schreibt sie: »Merians Blumenbilder sind konventionell: herkömmliche Bildformen werden hier mit einer für die Blumenmalerei des 17. Jahrhunderts charakteristischen, willkürlich applizierten Insektenstaffage ausgestattet.« Hier wird also auch naturkundliche Genauigkeit und Stimmigkeit in Frage gestellt.

DAS BILDWERK DER MERIAN ist vielfach von damaligen Entwicklungen abgekoppelt und isoliert dargestellt worden –

als wäre es so etwas wie eine ikonographische Urzeugung. Das führte zu falschen Bewertungen. Sie war nicht an der Entwicklung einer neuen Bildsprache beteiligt, sie vollzog nach. In der (damals noch rascheren) Generationenfolge gehörte sie bereits zur vierten Generation der Blumenportraitisten, der Maler von Blumenstilleben.

Ich rekapituliere kurz die Generationenfolge. Die ersten Blumenstilleben wurden kurz vor, kurz nach der Wende des 16. zum 17. Jahrhundert gemalt. Zwei Namen hier: Jan Brueghel, Sohn des Pieter Brueghel, Jahrgang 1568, und Ambrosius Bosschaert, Jahrgang 1573.

Als Repräsentant der folgenden Generation Balthasar van der Ast, Jahrgang 1593, Schüler von Bosschaert. Oder: Hans Boulenger, Jahrgang 1560. Seine üppigen Bouquets markieren eine weitere Stufe der Entwicklung: Die Darstellung verliert etwas von ihrer Steifheit – einzelne Blüten nun im Licht, andere im Dämmer, Überschneidungen – das Bild wird lebendiger.

Als Repräsentant der dritten Generation, für uns nahe liegend: Jacob Marrell, Jahrgang 1614.

Das Malen von Blumen, von Blumenstilleben war also, in der Tat, seit einem halben Jahrhundert in voller Blüte. Sie wird sich dessen bewusst gewesen sein. Immer seltener (so lässt sich jedenfalls aus der Werküberlieferung schließen) malt sie (vermutlich auf Bestellung) ein Blumenstilleben, gibt das schließlich ganz auf, in Amsterdam. Sie respektiert ihre Grenze. Ihre Sujets sind einzelne Blumen, sind Kombinationen von Pflanzen und Insekten. Sie spezialisiert sich unter Spezialisten.

BERECHTIGTE FRAGE, nach diesem Rundblick: Warum wird die Blumenmalerin Merian eigentlich so sehr gefeiert? Wieso ist ein Georg Flegel oder ein Jacob Marrell nicht ebenso populär? Oder eine Giovanna Garzoni, eine Clara Peeters? Ich finde hier nur eine Antwort: Es ist das *Faszinosum ihrer Lebensgeschichte.*

Es muss aber gleich hinzugefügt werden: Auch das Lebens-

136

abenteuer dieser Frau konnte nicht bewirken, dass sie mit Bildern in ständigen Ausstellungen führender Museen vertreten ist. Dort hängen aber Bilder einer Rachel Ruysch, die viele Kinder hatte, viele exzellente Blumenbilder malte, von der sich aber kaum Sensationelles berichten lässt. Direktoren und Kuratoren großer Museen lassen sich von Begleiterscheinungen der Bilder offenbar kaum beeindrucken; auch nicht der Kunstmarkt, wie Preise auf Auktionen zeigen. Dennoch, an Museen und Märkten vorbei: Maria Sibylla Merian ist präsent geblieben. Sie wurde zur Ikone, und das wertet ihr Werk auf.

Ein weiterer Faktor für die Kontinuität ihrer Präsenz: die ungebrochene Beliebtheit des Sujets Blume, Blumenstrauß. Der Höhepunkt der Entwicklung von Stilleben wurde Mitte des 17. Jahrhunderts bereits überschritten, die Spezialisten für totes Wild, für gedeckte Prunktafeln etcetera hatten es schwerer. Blumenstilleben hingegen konnten sich auf dem Markt noch am besten behaupten.

Das hat sich fortgesetzt bis in unsere Zeit. In der Auslage eines Kunstgewerbeladens in Köln-Deutz oder sonst wo: Blumen in Vasen, Blumen in Körbchen. Selbst in Weißrussland, in Minsk, auf dem so genannten Kunstmarkt: zahlreich die Blumenstilleben. Und eine Überraschung: ein Blumenstilleben als direkte (oder freie) Kopie eines altniederländischen Werks, mit der vertrauten Staffage: dem Schnecklein auf der Tischplatte, der Spinne am Faden, der Raupe auf dem Ast und dem Schmetterling im freien Luftwinkel; und die Vase in Kugelform aus Glas, und es spiegelt sich, in der Krümmung, eine Fensterscheibe. Die Farben noch nicht ganz trocken: Minsk, erstes Jahr des dritten Jahrtausends.

EINE AUSSTELLUNG VON FRESKEN AUS POMPEJI (im Pergamonmuseum Berlin), sie signalisiert: Trotz aller Veränderungen, ja Umwälzungen in der Entwicklung der Malerei muss es so etwas wie eine anthropologische Konstante gegeben haben in der Vorliebe für das Stilleben. Die Zweige und die

Schalen mit Früchten ... die auf Tische gelegten oder an Haken gehängten Enten, Rebhühner, Fasane ... die Pflaumen und die Quitten ... die Fische ... Die Arrangements der pompejanischen Freskenmaler sind oft recht einfältig, aber: Fische, die auf Fischteller gemalt sind, sie sollen derart exakt wiedergegeben sein, dass sie sich zoologisch bestimmen lassen. Bei Vögeln ist das genauso. Dies ein Dutzend Jahrhunderte vor M. S. Merian ...! Allerdings, auch sie konnte kaum etwas davon gewusst haben.

Die Tradition war auch nicht ungebrochen: lange Pausen. Was dann im 17. Jahrhundert an Stilleben gemalt wurde, das führte die Arbeiten römischer Freskenmaler nicht fort, das war ein Neubeginn und eine Explosion zugleich – es wurde Mode. Es fand ein großes Motiv-Recycling statt – besonders deutlich bei Blumenstilleben oder Früchtestilleben oder bei Stilleben, die Blumen und Früchte Gewinn bringend kombinierten. Maler von Stilleben waren (auch) Ausstattungsspezialisten für reich gewordene Bürger, die ihren Besitz nicht mehr fromm verbergen, sondern selbstbewusst und stolz präsentieren wollten.

Dazu stellten sie Forderungen: Stilleben mussten so naturgetreu wie irgend möglich sein. Auch das hatte Tradition, zumindest in der Legende: In der griechischen Antike wurde Zeuxis gepriesen, weil er Weintrauben so täuschend ähnlich malte, dass Vögel nach ihnen pickten. Assoziation: eine Werbezeile zum Digitaldruck, zufällig aufgelesen: »Wirklicher ist nur die Wirklichkeit.«

VERGLICHEN MIT ZEITGLEICHER HISTORIENMALEREI waren Stilleben wenig spektakulär: Keine Pferde, die sich aufbäumten, keine Köpfe, die abgesäbelt und hochgehalten wurden ... Noch heute gibt es Maler von (stilisiert realistischen) Stilleben, aber die haben es in der Regel schwerer als Kollegen, die sich anderen Sujets zuwenden; Maler, die (auch) Stilleben produzieren, sie besetzen (zumindest in diesen Arbeitsphasen) einen ruhigeren Sektor. Das hat Rückwirkungen: heutige Stillleben finden, so berichtet mir ein Galerist, weniger Interessenten, also auch weniger Käufer.

Zum internen Ausgleich drei Äußerungen zu unserem Stichwort. Agucci berichtet über seinen Zeitgenossen: »Caravaggio sagte, dass ein Bild mit Blumen von ihm die gleiche Geschicklichkeit erfordere wie eins mit Figuren.«

Zweiter Gewährsmann: Manet. Er malte in seinen letzten Jahren wiederholt Stilleben: Blumen in Vasen, Früchte auf Schalen oder auf Tischplatten, Birnen, Äpfel, Pfirsiche, Mandarinen, Pflaumen, und: Er malte (wie 1697 bereits Adriaen S. Coorte) ein Spargelbündel, dem er, als Zugabe, einen rasant gemalten Einzelspargel folgen ließ. Dieser Manet hat einen Kernsatz hinterlassen: »La nature-morte est la pièce de touche du peintre.« Das Stilleben ist der Prüfstein des Malers.

Eine Zelebrität, die das Spargelbündel von Manet gerühmt (und zeitweilig besessen) hat: Max Liebermann. Er schrieb: »Ein Bund Spargel, ein Rosenbukett genügt für ein Meisterwerk.«

DIES MUSS MITBEDACHT WERDEN bei der Beurteilung der Malerin Merian: Charakteristisch für diese Frau ist die große *Vielseitigkeit*. Sie spielte mehrere Rollen im Lauf ihres Lebens und einige gleichzeitig. Die Rolle der Gattin, die Rolle der Mutter, die Rolle der Hausfrau – zumindest für ihre geregelte Haushaltsführung erhielt sie von Joachim Sandrart eine gute Führungsnote, in den Künstlerportraits der »Deutschen Akademie«. Sie war weiterhin Händlerin, damit Unternehmerin. War gediegene Handwerkerin. War Kunstpädagogin. War Naturkundlerin. Sie zeichnete, aquarellierte, stach in Kupfer. Ein heutiger Finanzbeamter würde in ihrem Fall von Mischfinanzierung sprechen: Einkünfte aus dem Verkauf von Bildern und Büchern, Einkünfte aus dem Unterricht, Einkünfte aus dem Verkauf von Farben und sonstigem Künstlerbedarf, Einkünfte aus dem Bemalen von Textilien, Einkünfte aus dem Verkauf präparierter Insekten – heute hätte sie wahrscheinlich einen Stand auf der Frankfurter Insektenbörse.

Jedoch: Bei aller Flexibilität, bei allen Neuansätzen, Zäsuren, bei allen Ortswechseln war und blieb eine Konstante: die offenkundige Form der *Obsession*, ja der *Monomanie* – in ihrer Fixierung vor allem auf Raupen.

»DERGLEICHEN RAUPE habe ich im August auf dem Fenchel vorgefunden, den sie zu ihrer Speise gebraucht hat. Wenn man solch eine Raupe hart berührt, so streckt sie gleich vorn am Kopf zwei gelbe Hörner heraus, wie eine Schnecke. Falls sie keinen Fenchel haben, so essen sie auch gern gelbe Rüben. In Nürnberg nennen sie die Gärtner den Öbstler, weil sie nach Obstfrucht riechen. Wenn diese Raupen ihre volle Größe haben, so schieben sie ihre Haut ab und hängen sich an eine Wand oder sonst etwas dergleichen, den Kopf abwärts, und sie machen ihren Hinterleib so fest dran als wenn er angeleimt wäre. In der Mitte des Leibes spinnen sie einen weißen Faden herum, damit er fest bleibt. Alsdann werden sie an einem halben Tag zu solchen Dattelkernen und im folgenden Jahr, im April oder Mai, kommen solche schönen, gelben Sommervögelein heraus. Allerdings sind mir etliche (freilich in der warmen Stube) schon im Dezember ausgekrochen. Diese Vögelein saugen mit ihren langen Schnäbelchen die Süßigkeiten aus den Blumen, und wenn man ihnen Zucker hinlegt, tun sie desgleichen.«

BEVOR ICH DIE LEBENSGESCHICHTE FORTSETZE, eine bereits überfällige Frage: Wie halte ich es, wie soll ich es weiterhin halten mit der Nennung ihres Namens?

Jeweils den vollständigen Namen anzuführen, das wäre korrekt, aber auf Dauer ermüdend, für den Autor wie für die Leserschaft. Nur die Vornamen zu nennen, das lag nah in der Phase ihrer Kindheit, das lässt sich aber nicht so weiterführen, zu leicht könnte sich der Vorwurf einfinden, der Autor schaffe eine unangemessene Sphäre von Privatheit, signalisiere unzulässige Nähe. Andererseits: Es ist im Reich der Biographien weithin üblich geworden, die Hauptfigur beim Vornamen zu nennen.

Also immer weiter: Maria Sibylla? Oder doch nur: Merian? So sehe ich das vor allem in wissenschaftlichen Beiträgen, aber es irritiert mich jedes Mal, denn ich denke hier sofort an ihren Vater, dessen Name fast zur Institution wurde. Andererseits: Sie war stolz auf diesen Namen, hat freilich zuweilen ihre spezifische Variante benutzt: Merianin. Und entsprechend: Gräffin. Sieht aus wie eine historische Antizipation heutigen deutschen Sprachgebrauchs, der in political correctness jede Berufsform mit einer weiblichen Endung versieht – warum also nicht auch, wie im Tschechischen oder Russischen, den Familiennamen? Merianin: Ich werde das nur gelegentlich benutzen, hier soll keine falsche Aktualisierung betrieben werden.

In wissenschaftlicher Literatur wiederum, vor allem in Katalogbeiträgen, wird das Namenskürzel MSM benutzt, das aber auch, für sich genommen, eine Institution bezeichnen könnte oder einen Werkstoff.

In späteren Jahren hat sie gelegentlich auch so signiert: Maria S. Merian. Das sieht schon ganz modern aus. Und es zeigt nebenbei, was ihr Rufname war. Mit der Schreibweise des Zusatznamens hatte sie zuweilen ihre Schwierigkeiten, der konnte schon mal so aussehen: Sybilla.

Als zusätzliche Möglichkeit noch: die Merian. Das ist nicht salopp gemeint, sondern hervorhebend. Wie, beispielsweise, bei großen Musikerinnen: Die Argerich ... die Bartoli ... die Callas ... Und beim Beginn des Alphabets soll es hier bleiben.

Fazit: Benennung je nach Lebensphase und Lebenssituation. Zur Zeit ist es der Familienname Graff.

OFFENBAR BILDETE SICH, unter Anregung und Anleitung von Frau Graff, so etwas wie ein Raupensuchring, vor allem unter ihren Schülerinnen. Darauf lassen Bemerkungen in ihren Bildbegleit-Texten schließen. »Erwähnte Raupe habe ich im August von einem Fräulein, einer sehr verständigen Liebhaberin der einst von mir erlernten Malerei bekommen; ich habe sie weder zuvor noch hernach gesehen.« Und, als erweiternde Variante: »Diese Raupe hat eine schöne, grüne Farbe, mit wei-

ßen Tüpfelchen, sie gebraucht zu ihrer Speise die roten Wei-
denblätter, ich habe solche im August von einer Baronesse,
welche eine verständige Liebhaberin der Malerei war, bekommen, habe diese Raupe aber nie mehr gefunden. Sobald man
sie berührt, hebt sie den Kopf in die Höhe und bleibt so eine
Weile aufrecht, bis sie nichts mehr fühlt. Kaum hatte ich sie
abgemalt, begann sie mit ihrer Verwandlung; sobald sie die
Haut abgeschoben, wurde sie sogleich zu einem braunen Dattelkern. Dieser Dattelkern ist ganz hart und unbeweglich
geblieben, bis zum 29. Mai des folgenden Jahres, und es kam
dieser schöne Mottenvogel heraus.«

Kurze Anmerkung zum »Mottenvogel«. Gemeint ist hier
ein Nachtfalter. Meist werden Nachtfalter von ihr (und sie
werden auch heute noch) als »Eulen« bezeichnet. Wie kommt
der Eulenfalter zu diesem Namen? Wenn man seine Flügel
spannt, zeigen sich zwei Kreise, die Eulenaugen gleichen. Was
die Merian »Motten« nennt, sind ebenfalls »Eulen« – echte
Motten sind so winzig, dass sie kaum als Falter wahrgenommen werden. Vom heute wissenschaftlich relevanten Kriterium
zur Einordnung dieser Eulen konnte sie damals noch nichts
ahnen, das hat sich wahrscheinlich mit der Erforschung von
Fledermäusen ergeben: Eulen haben einen winzigen Rezeptor,
einen ›Empfänger‹ für die hochfrequenten Echolotsignale von
Fledermäusen; sobald sie solch ein Zeichen empfangen, lassen
sie sich im Flug durchsacken, im freien Fall, gehen dann über
zu wilden Torkelbewegungen, die auch den sehr wendigen
Fledermäusen den Zugriff erschweren.

LEBENSBILD 15: Maria Sibylla Graff, in Rückansicht, an
einem Arbeitstisch, auf den ein Wandregal gestellt ist, stirnsei-
tig, in dem sich Spanschachteln und Glasgefäße drängeln:
Gläser für Nasspräparate, Schachteln für Trockenpräparate. M. S. Graff vorgebeugt an einem Mikroskop, heutigen
(kleinen) Mikroskopen nicht unähnlich. (Schwarze Kreide,
laviert, auf braunem Tonpapier. Schwach altersfleckig.)

VON NUN AN WERDEN WIR hin und wieder einen Blick in eine damalige Wochenzeitung werfen, um Hintergründe zu erhellen: »Größte Denkwürdigkeiten der Welt oder sogenannte Relationes Curiosae.« Eberhard Werner Happel, im selben Jahr wie die Merian geboren, war Alleingestalter dieser Zeitung, die Wissenswertes, Sensationelles, Interessantes in bunter Mischung darbot. Die Zeitungen wurden jeweils in Bänden zusammengefasst, zwischen den Jahren 1683 und 1691. Drei Jahrhunderte später, 1990, erschien ein großformatiger Nachdruck dieses Konvoluts.

Über den Chefredakteur und Hauptautor dieses Blatts brauchen wir nicht viel zu wissen: Der Sohn eines Schulmeisters wurde Hauslehrer in verschiedenen Familien, begann früh schon mit dem Publizieren umfangreicher, weithin belehrender Romane, ich nenne nur einen Titel: »Teutscher Carl oder Europäischer Geschichtsroman auf das 1689. Jahr.« Am erfolgreichsten war seine Wochenzeitung, waren die Sammelbände. Nach Happels Tod, 1691, wurden die »Relationes« fortgesetzt, mit seinem umsatzfördernden Namen.

Im bunt gemischten Textambiente wurde auch über wissenschaftliche Entdeckungen und technische Entwicklungen berichtet. Was Happel offenbar faszinierte, waren neue oder weiterentwickelte optische Instrumente, waren überhaupt Geräte. Das Baroscop, die Vorform des Barometers, zur Bestimmung von Höhen ... das Hygroskop, zur Bestimmung der Luftfeuchtigkeit ... das Thermometer ... das Teleskop ... das Mikroskop ...

Unter dem Titel »Das bewaffnete Auge« wird vor allem das Mikroskop gefeiert. Zwei Namen sind dem Kompilator besonders wichtig: Robert Hooke und Anthonij van Leeuwenhoek. Namen, die heute noch verbunden sind mit der Weiterentwicklung des Mikroskops und der Vermittlung »merkwürdiger Dinge«, die den Vorfahren verborgen geblieben waren wegen ihrer Kleinheit. Aber nun: Das Gefäßsystem von Blumen ... Die Mischzone von Farben bei geflammten Tulpen ... Einblick in ein Mückenauge ...

Winzige Lebewesen in einem Wassertropfen, sogar in einem Essigtropfen ...

Aber das Mikroskopieren dient nicht nur der »Gemütsergötzung«, es dient der Erforschung, beispielsweise der Substanz von Krebsgeschwüren: Was geht vor in bösartig wucherndem Gewebe?, fragten sich Mediziner schon damals.

In einem späteren Bericht lässt Happel vor allem Leeuwenhoek zu Wort kommen, der über »denkwürdige Observationes« Bericht erstattete an die »Königl. Englische Sozietät zu London«: Er hat die »Milch« eines Kabeljaus untersucht, also die weißliche Samenflüssigkeit, hat hier Tausende und Abertausende »lebendiger kleiner Tierlein gefunden, welche mit langen Schwänzen versehen waren«. Auch in den Testikeln eines Hasen entdeckte er diese Samenfäden. Entdeckte sie erst recht in den proportional staunenswert großen Testikeln eines Hahns: Samenfadengewimmel!

Unterstützt von immer präziseren Instrumenten, machten Naturwissenschaften immer raschere Fortschritte. Die neuen Erkenntnisse wurden, schon im 17. Jahrhundert, für eine größere Leserschaft verständlich gemacht, wurden popularisiert. Ein Prozess des Übersetzens, direkt und indirekt: aus der (lateinischen) Sprache der Gelehrten in die Sprache gebildeter Zeitungsleser. Solche Vermittlungen, solche Vermittlungsversuche werden von nun an die Naturwissenschaften begleiten.

DAS MIKROSKOP ... DAS TELESKOP ... In der damals leicht überschaubaren Reichsstadt Nürnberg wird Maria Sibylla Graff sicherlich den späteren Direktor der Kunstakademie kennen gelernt haben, Georg Christoph Eimmart. Und damit: sein Observatorium.

Die Stadtbefestigung hatte – scheinbar – ausgedient, und so konnten, mit Zustimmung des Rates der Stadt, Bastionen zivil genutzt werden. Auf der Plattform einer dieser Bastionen errichtete Eimmart ein Freiluft-Observatorium: ein gut und gern zwei Meter langes Teleskop, schräg aufgerichtet an einem

Gerüst, dazu ein übermannshohes Messgerät – auf Stadtbildern aus der Vogelperspektive ist dieses Observatorium deutlich zu erkennen. Eine private Anlage, wie damals üblich.

Wiederholt frage ich mich, ob M. S. Graff die Chance genutzt hat, durch das Teleskop zu schauen. In der (für heutige Relationen) kleinen Stadt hielten die paar Naturkundigen unter all den Kaufleuten sicherlich engen Kontakt. Ich kann mir jedenfalls nicht vorstellen, dass sich die Wege von Frau Graff und Herrn Eimmart nicht gekreuzt hätten. Und weil sich Wissenschaften noch längst nicht voneinander abschotteten, könnte Eimmart die Mitbürgerin eingeladen haben, an einem klaren Abend durch sein Teleskop zu schauen: Blick nicht nur in den Planetenraum, auch in den Raum der Fixsterne. Falls sie da ein Auge riskierte: Erschienen ihr die Tiefen schwindelerregend? Zum Raumschwindelgefühl kommt für uns noch ein Zeitschwindelgefühl hinzu, denn was wir dort draußen sehen, ist Vergangenheit, raumtiefe Vergangenheit: das Licht, das auf unserer Netzhaut präsent wird, es erreicht uns nach Millionen von Lichtjahren. Vergangenheit umgibt uns – vielleicht ist mittlerweile eine Anzahl von Sternen längst erloschen, deren Licht wir noch wahrnehmen.

Zeitraumtiefe … Für Frau Graff wäre es Raumtiefe gewesen, tief genug, um den Boden unter den Füßen zu verlieren. Schon beim Hinaufstarren in einer klaren Winternacht: das Gefühl, es entstehe ein Sog, ein Sog ins Schwarze? Und eigene, fortgesetzte Anstrengungen werden relativiert?

Vielleicht hat sie darauf verzichtet, durch das Teleskop des Mitbürgers zu schauen. Doch Eimmarts Töchterchen Maria wird es früh schon getan haben. Ab 1693 wird das junge Mädchen dem Vater bei der nächtlichen Arbeit helfen, wird (so lese ich bei Londa Schiebinger) im Verlauf der folgenden Jahre 250 Zeichnungen anfertigen von den verschiedensten Mondphasen, wird damit eine Mondkarte vorbereiten. Eine sehr dichte Dokumentation also der Phasenveränderungen, der Verwandlung von Neumond zu Vollmond.

»DIESE GROSSE, GOLDGELB-SCHWARZE RAUPE habe ich in großer Menge anno 1677 im Stadtgraben zu Altdorf (wo die Universität von Nürnberg ist) im Gras gefunden, wo sie den Klee und Sauerampfer zur Speise gebraucht haben, habe sie vom August bis in den September jeden Tag damit gefüttert, danach haben sie von ihrem Kot und diesen grünen Blättern einen Bau gemacht und haben sich darein verkrochen. Aber es ist nichts draus geworden, sondern sie sind alle eingegangen. Obgleich ich sie auch im folgenden Jahre noch öfter fand und sie mit großer Sorgfalt gehegt habe und mit allerlei inventionibus, um sie zu ihrer Verwandlung anzuregen, so blieben sie den Winter über halb am Leben, aber endlich verschlissen oder verschleimten sie.«

EINE RAUPE MIT HÄSSLICHER UND DUNKELBRAUNER FARBE ... eine schwefelgelbe Raupe ... eine goldgelb-schwarze Raupe ...: Maria S. Graff lebte noch nicht in einer Welt, in der exakte Benennung von Gegenständen und Lebewesen selbstverständlich war. Sie konnte sich mit dem Anblick zufrieden geben, ohne gleich nach dem Namen zu fragen, ohne einordnen zu wollen. Benennung und Bezeichnung nach (damaligen) Normen, oder eher: Gebräuchen, überließ sie den Herren Gelehrten.

Etwas von dieser Gelassenheit, ja Lässigkeit wünsche ich mir manchmal zurück. Dass man also, in Anlehnung an ihre Haltung, schon mal abwinkt: Muss sich ein Bild einer Pflanze oder eines Insekts sogleich mit einem Namen, mit einer wissenschaftlichen Bezeichnung verbinden? Wenn das Bild sich nur schon einprägt – kann der Name nicht auch mal vergessen werden?

LEBENSBILD 16: Blick in die Universitätsbibliothek zu Altdorf bei Nürnberg. Im Vordergrund der gefliesten Fläche steht ein Herr (J. G. Volkamer) mit dem Hut unter dem linken Arm, mit einer fast bis zu den Schulterblättern reichenden Perücke, und er zeigt der Dame zu seiner Rechten (M. S.

146

Graff) den Raum. Drei Fenster in der linken Wand, vor ihnen ein lang gestreckter Tisch mit gleichmäßig gereihten leeren Stühlen. Als Abschluss der Raumflucht ein deckenhohes Buchregal mit dem Hinweis: Theologie. Zwei Buchwände parallel zur Stirnwand, in den Raum geschoben. Über den quer gestellten Buchwänden schräg gehängte Portraits, wahrscheinlich von Professoren der Universität. Skelette vor der ersten Bücherwand, in einer Textleiste der Federzeichnung (in Sepia) kommentiert. Ein »Bär von ungemeiner Größe«, auf einer Bodenplatte; der Bär scheint sich auf einen langen Stab zu stützen. Das Skelett eines Hirschs, »welcher einen Pfleger in Engelthal todt gestoßen« – ein Unfall also mit Todesfolge im Zoologischen Garten der Universität. Beherrschend das Skelett eines Pferdes mit dem Skelett eines Reiters, dem eine Kappe mit langer Feder aufgesetzt wurde: ein »Croat, welcher ehedem in dem Wald bei Altdorf, wegen begangener Räubereien und Mordthaten, von den Altdorfischen Bürgern erhaschet und todtgeschlagen wurde«.

»VERWUNDERLICH IST FOLGENDES: Nachdem ich nach meiner Gewohnheit vielerlei Vöglein und Tierlein in einer Schachtel, mit einer Stecknadel angestochen, aufbewahrt, und man vermuten sollte, die wären in der langen Zeit völlig ausgetrocknet, so stellte ich fest, dass neue, lebendige Tierlein in den erwähnten Leibern gewachsen, die in der Schachtel herumliefen und doch alle von einer Gattung waren, sie waren braun und hatten weiße Striche quer über den Leib. Sie brauchten sonst keine Nahrung, nur die erwähnten verdorrten Vöglein. Und so wurden sie in wenigen Tagen zu Dattelkernen, woraus solche Käfer kamen, welche ebenfalls in der Mitte des Leibes einen hellbraunen Streifen hatten. Diese Käferlein habe ich nie fliegen sehen, sondern sie sind nur in meiner Schachtel herumgelaufen.«

VERWUNDERLICH IST AUCH DIES: Maria Sibylla Merian hat niemals die spannendste und wohl auch schönste aller Entwicklungsphasen im Grundschema der Metamorphose beschrieben: Das Ausschlüpfen eines Falters aus der Puppe, mit oder ohne Kokon. Nur einmal wird, im (bald publizierten) Raupenbuch, kurz die Phase zwischen dem Ausschlüpfen und dem ersten Flug eines Falters skizziert. »Sobald sie herauskommen, sind ihre Flügel klein und weich, aber zusehends erreichen sie, in einer halben oder ganzen Stunde, ihre völlige Größe und Stärke, so dass sie fliegen können, wohin sie wollen.« Das war's schon. Vieldutzendfach beschreibt sie, wie eine Raupe sich verpuppt, aber hier nur ausnahmsweise mal die Erwähnung einer der Phasen nach dem Entpuppen eines Schmetterlings – der kurze Abschnitt des Versteifens und Trocknens der Flügel, nicht aber der Prozess des Ausschlüpfens selbst.

Wie viel wäre hier zu berichten, zu erzählen gewesen ...! Wie viel hätte sie hier zeichnen können, und dies ohne jede Vorlage ...! Soweit ich das überblicke, hat, zum Beispiel, auch ein Goedaert diese Entwicklungs-Phase nie gezeichnet, aquarelliert, in Kupfer gestochen. Auf Blumenstilleben der rührigen Branche sind zwar immer wieder Schmetterlinge dargestellt, sitzend oder fliegend, aber auf keinem Gemälde habe ich eine hängende oder liegende Verpuppungskammer gesehen, aus der sich soeben ein Falter herausarbeitet. Ein Prozess, der in verschiedensten Phasen hätte dargestellt werden können ...! Wie sich eine schöne Erscheinung ent-puppt ...! Wie sie sich ent-hüllt ...!

Ich komme zu dieser Überlegung, zu diesem Wunsch-Bild auf einem Umweg: über Maria Eimmart und ihre zweihundertfünfzig Zeichnungen der Mondphasen. Damit werden postume Wünsche geweckt: Hätte die zeitweilige Mitbürgerin der kleinen Maria Eimmart doch nur ein Zehntel solch eines Konvoluts von Zeichnungen angefertigt, um die wichtigsten Phasen des Ausschlüpfens aus der alten und des Abhebens in die neue Körper- und Lebensform sichtbar zu machen ... Hier wäre nun wirklich Pionierarbeit zu leisten gewesen, und das auf ihrem speziellen Gebiet: lupenscharfe Wiedergaben einiger der Zwischenphasen der Metamorphose im Raupen-Falter-Reich.

Der Vorgang des Ausschlüpfens scheint für die Merian überwiegend im Dunkeln geblieben zu sein – drinnen in den Spanschachteln. Und draußen vor der Stadt wird sich auch nur selten die Gelegenheit ergeben haben, diesen spannenden Vorgang zu beobachten. Sie hatte ja ohnehin alles so organisiert, dass sie ihre Beobachtungen zu Hause machen konnte. Und da öffnete sie denn eine der Schachteln, zum Nachlegen von Grünzeug, zum Entfernen von Kot, und es hing eine Puppe innen am Deckel ... Oder sie machte eine Spanschachtel auf, und es erwartete sie ein frisch geschlüpfter Falter ... Den sie sogleich, bevor er von seiner jungfräulichen Schönheit verlor, mit einer erhitzten Nadelspitze durchbohrte und anschließend auf dem Spannbrett trocknete, zum Abmalen oder für den Verkauf ... In den Dutzenden von Spanschachteln der Raupenzentrale Graff wird ihr das hundertfach so ergangen sein: öffnete eine Schachtel, sah überrascht den bereits ausgeschlüpften Falter ... Aber das eine und andre Mal wird sie, zufällig zur rechten Zeit, das Ausschlüpfen sicherlich verfolgt haben. Und doch: Mehrfach, vielfach erwähnte sie das Häuten der Raupen, aber dieser grandiose Vorgang des Ausschlüpfens – nie ausführlich beschrieben, nie gezeichnet.

LEBENSBILD 17: Wie von der Krone einer Stadtmauer aus gesehen: Blick in einen Festungsgraben. In diversen Details deutet sich an, dass der große Krieg bald drei Jahrzehnte zurückliegt: Büsche und Bäume wachsen im Graben, Kadaver liegen herum von Katzen und Hunden, offenbar von der Stadtmauer herabgeworfen. Also auch Ratten – freilich nicht mit im Bild. In diesem Ambiente Frau Graff, die, an einem der Büsche stehend, etwas von einem Zweig ablöst oder abhebt: Raupensuche? Sie scheint dabei beobachtet zu werden, von einer Bastion herab: eine Frau, vorgebeugt. (Feder und Tuschpinsel in Grau. Nicht identifizierter Sammlerstempel. Unten rechts: Hinweis auf Altdorf.)

IM VIELBÄNDIGEN »Handwörterbuch des Aberglaubens« informiere ich mich über den Stellenwert von Raupen in volkstümlicher Interpretation. Und da wurde ihnen, europaweit, durchweg Böses nachgesagt. Vielfach die Vorstellung, Raupen seien Übermittler und Erfüller von »Schadenzauber«. Also: Hexen oder Hexenmeister lassen Raupen entstehen, die sie »besprechen« und dann in Scharen losschicken zu Feldern oder Gärten eines Feindes, wo sie den großen Kahlfraß veranstalten. Oder man vereinfachte den Ablauf und kippte einen Korb voller Raupen beim Besitz des Feindes aus – und nun los!

Raupen, so hieß es weiter, können Menschen auch direkt schaden. Der Raupe des Bärenspinners wurde in England nachgesagt, sie lege sich wie ein Ring um einen Finger und sauge Blut. Vielfach hieß es auch von Raupen, sie seien giftig – was gelegentlich sogar stimmt, auch die Merian kriegte das bei Berührungen schon mal zu spüren: Kontaktgift. Raupen, davon war man überzeugt, können auch einwirken auf Gemüt und Gehirn. In Frankreich sagte man, jemand habe die Raupen, wenn er schlecht aufgelegt war. Ja in manchen, auch in deutschen, Gebieten sah man in einer Raupe einen bösen Dämon, vor allem zuständig für Gemütsverwirrung und Geistesstörung. Unsere Sprache hat diese Vorstellung in Redefloskeln konserviert: Jemandem Raupen in den Kopf setzen ... Raupen im Kopf haben ... Das führt zu nichts Gutem.

MAN MUSS NICHT GLEICH an einen dräuenden Hexenprozess denken (diese Ära wurde so langsam nun doch mal beendet), wenn Frau Graff beim Sammeln von Raupen argwöhnisch beobachtet wurde, aber geheuer war diese Beschäftigung mit Raupen diversen Mitbürgern und Mitbürgerinnen sicherlich nicht. Und schon gar nicht, dass sie solch ›hässliche‹, ›ekelhafte‹ Lebewesen mit nach Hause nahm und dort durchfütterte. Wozu das bloß?! Es wurde ihr sogar nachgesagt, sie züchte Kröten, und: sie dressiere einen Feuersalamander, der folge ihr aufs Wort. Weiterungen dies, denn Insekten galten damals vielfach als »Teufelsgeziefer«, gelten heute noch, zumindest, als Ungeziefer. Das dokumentierte nicht nur Ernst Jünger, das berichten mir Entomologen: Geringe Akzeptanz, es sei denn, man hat es mit farbenprächtigen Großschmetterlingen zu tun. Fast eine anthropologische Konstante ...

Die fand auch literarische Reflexe. Mutter Marina hält Tochter *Ada* im gleichnamigen Roman von Vladimir Nabokov vor: »Es liegt etwas Ungehöriges darin, wenn ein kleines Mädchen sich solch abstoßende Haustiere hält ... Normale junge Damen sollten sich vor Schlangen und Würmern ekeln.« Hatte sich Maria Sibylla, damals in Frankfurt, gegen ähnliche Vorwürfe auch ihrer Mutter wehren müssen? Und gegen Verdächtigungen von Nachbarn?

FRAU GRAFF UND IHRE SIBYLLINISCHE VORLIEBE FÜR RAUPEN – allzu nahe liegend, hier eine hausgemachte psychologische Deutung zu entwickeln: so etwas wie eine düstere Affinität zu diesen Lebewesen, die eigentlich nur umhüllter Verdauungsapparat sind, mit angegliederten Drüsen zur Fadenproduktion. Aber vor ebenso wohlfeilen wie kurzschlüssigen Deutungsmustern schützt, weithin, die Methode, mit der Person auch Zeitumstände zu beschreiben: die Lebensgeschichte auch als LebensGeschichte. In diesem Kontext kann die Konzentration, ja scheinbare Fixierung auf Raupen auch so etwas wie eine Notlösung gewesen sein, ein Kompromiss.

Wie kam sie an Raupen? Sie wurden ihr vielfach überbracht. Wer sie besuchte, musste nicht lange überlegen, was er als Mitbringsel überreichte, mit einer Raupe war man stets willkommen. Sie fand Raupen, als sie in Frankfurt lebte, beispielsweise am Bockenheimer Weg, also in Stadtnähe. Sie fand Raupen im Festungsgraben von Altdorf. Sie fand Raupen in den Gärten, in die sie eingeladen wurde. Sie brach also nicht oder kaum zu langen Streifzügen auf, die ins Land hinausführten, sie schien, überwiegend, in Sichtnähe, ja in Rufweite zur jeweils nächsten Besiedlung zu bleiben. Daraus lässt sich schließen: Das Stadtambiente war ökologisch noch ergiebig, hier bestand große Artenvielfalt. Statt Rasenflächen noch Wiesen, und damit: Blumenfülle, und damit wiederum: Diversität von Insekten, am sichtbarsten und am erfreulichsten in einer Vielfalt von Schmetterlingen. Sie hatte alles gleich vor dem Stadttor ihres Viertels.

Dies könnte eine Erklärung sein: Sie musste keine weiten Wege machen, um interessanter Funde sicher zu sein. Es kam hinzu: Auch wenn sie eine eigenwillige Frau war, die (direkt und metaphorisch) eigene Wege ging: Sie musste damalige Verhaltensmuster befolgen, in Städten mit den Einwohnerzahlen heutiger Kleinstädte, in einem System sehr dichter sozialer Kontrolle. Sie konnte also die Führung des Haushalts nicht einer Wirtschafterin überlassen und sich morgens auf den Weg machen hinaus ins Freie. Es wäre in Frankfurt wie in Nürnberg wenig Verständnis entwickelt worden für lange Abwesenheiten der Ehefrau und Mutter; sie wäre ins Gerede gekommen. Wahrscheinlich wurde ohnehin schon viel über sie geredet, aber das durfte nicht überhand nehmen. Darauf wird auch Graff geachtet haben, der ja nun, als ›freier Unternehmer‹, auf gute Reputation angewiesen war. Es muss hier noch einmal daran erinnert werden, dass Sandrart in seinem Künstlerlexikon dieser Frau eine gute Haushaltsführung bescheinigt hatte. Das war zum Ausgleich notwendig.

Und noch ein Faktor, der überwiegend häusliche Naturkunde nicht nur forderte, sondern fast erzwang: die allgemeine Unsicherheit damals. Hätte sie sich allzu weit von der Stadt entfernt, hätte sie Opfer einer der marodierenden Banden werden können. Ich habe bereits auf die zahlreichen Wegelagerer, Schnapphähne hingewiesen – eigentlich konnte man nur in bewaffneten Gruppen reisen. Die Gefahr wurde auch durch Gegenaktionen angezeigt: der demonstrativ (möglichst auf einem Hügel) vor jeder Stadt aufgerichtete Galgen, an dem fast immer jemand baumelte ... Und die Leichen geköpfter oder geräderter Räuber. Die Strafen sollten abschrecken, aber die Zahl der Einzelräuber und der Räuberbanden war, nach dem langen Krieg, immer noch zu groß. Es war also nicht nur Sorge vor Gerede, es war sicherlich auch Angst vor Überfällen, die sie in Stadtnähe hielt.

Dort draußen im Freien (in dem man sich nicht frei fühlen konnte) zogen nicht nur Räuber umher, es gab damals noch gefährliche Tiere. Vor allem Giftschlangen, speziell Kreuzottern. Der Zeitgenosse Johann Dietz (dem wir später nochmal begegnen werden), er hat in seiner »Lebensbeichte« berichtet, wie es ihn in scheinbarer Landidylle bei Oldesloe erwischte: »Das Tierchen beißt mich gleich durch den Finger, dass ich überlaut schrei, indem mir solches so wehe tat, als wann mir ein Degen in'n Leib ginge.« Der Barbier und Feldscher weiß, was zu tun ist, er schlägt mit Degen und Scheide die Schlange tot, wickelt sie in sein Schnupftuch, nimmt es mit ins nächste Gasthaus, bittet den Wirt, die Schlange zu enthäuten und ihm das Fett und die Leber zu braten. Man serviert das Gewünschte. Zusammen mit Theriak entfernt es Geschwulst und Schmerzen.

In jener Welt gab es auch noch Wölfe. Wer zu Fuß unterwegs war, fürchtete die Wölfe besonders. Bären liefen ebenfalls noch frei herum. Das soll ein weiterer Zeitgenosse bezeugen, Athanasius Kircher (auch ihm werden wir wieder begegnen). Athanasius, als Sohn des Polyhistors Johannes Kircher in Geisa bei Fulda geboren, zu Beginn des 17. Jahrhunderts, er wollte, als junger Mann, eine Theateraufführung in einem (nach damaligen Relationen) benachbarten Ort sehen, verirrte sich auf dem Heimweg im Wald, und aus Angst erstens vor Räubern, zweitens vor Wildschweinen, drittens vor Bären kletterte er in eine Baumkrone und verbrachte hier die Nacht.

Dies war nicht, noch lange nicht die Welt, in der eine junge Frau allein umherstreifen konnte. Bei jedem verdächtigen Heulen oder Brummen hätte auch sie gedacht: »Itzt fällt dich ein Wolf oder Bär an.« Die Natur war ökologisch noch intakt, aber es war zuweilen gefährlich, ja lebensgefährlich in ihr. Völlig sicher konnte man sich als Frau nur in Gärten fühlen – die waren meist von Mauern umgeben.

»ALS ICH ANFANG JULI EINMAL ZU MEINEM GARTEN
(neben der Schlosskirche oder kaiserlichen Schlosskapelle zu
Nürnberg) hinaufging, um einerseits die Blumen zu beschauen,
andererseits Raupen zu suchen, fand ich sehr viel grünen
Matsch auf den grünen Blättern der goldgelben Lilien; da
gedachte ich herauszufinden, wo dieser Matsch herkäme,
berührte ihn mit einem Stöckchen, der Meinung, die Blätter
könnten faulen. Da fand ich in dem Matsch sehr viele kleine,
rote Tierchen, wie Käferlein, ganz dicht mit den Köpfen beisammen sitzend und völlig unbeweglich, obwohl ich sie hart
anfasste. Von denselben nahm ich dann etliche samt den Blättern mit nach Hause, um zu untersuchen, was daraus werden
könnte. Sie blieben so in dem unsauberen Matsch liegen; als ich
sie aber nach etlichen Tagen wieder beschaute, entdeckte ich,
dass sie sich auf die gleiche Weise verändert hatten, wie ich das
danach in meinem Garten ebenfalls entdeckte, nämlich zu
einem stumpfen, roten Dattelkern. Nun, Ende Juli, kamen
Käferlein heraus. Die haben ihren ebenfalls roten Samen wieder
auf die Lilienblätter gelegt, und zwar in solcher Anordnung, als
wäre es ein Kegelspiel.«

ICH GREIFE DEN BEILÄUFIGEN HINWEIS AUF: der Garten
»neben der Schlosskirche oder Schlosskapelle«. Wieder einmal
steige ich den Burgberg hinauf, schaue mich um. Was mit der
»Schlosskapelle« gemeint sein könnte, steht sogleich fest: Es
ist die zweistöckige romanische Kapelle mit der unteren Ebene
für Gesinde, dem oberen Geschoss für Herrschaften. Diese
Kapelle ist im Krieg beschädigt, aber nicht zerstört worden.
Direkt neben der Kapelle, östlich, befindet sich ein kleiner
Garten, hinter einer Mauer, über die selbst ich nicht hinweg-
schauen kann. Wohl ein Gärtlein für das Haus zur Linken –
hier war sicherlich damals schon Bebauung.

Könnte dieses Gärtlein gemeint sein? Topographisch gibt er
hier nur noch ein zweites Angebot »neben der Schlosskapelle«:
der Garten am Fuß der Steilwand des Felssockels, auf dem die
romanische Doppelkapelle steht.

Ich schaue mir das von unten an. Auf der Stichstraße »Am Ölberg« zeigt sich genauer, wo der Garten gelegen haben muss: oberhalb der Terrassierungsmauer, unterhalb des Felsens mit Burg und Kapelle. Ein lang gestrecktes Gartenstück, heute verwildert, mit einigen Obstbäumen. Eine alte, ausgetretene Steintreppe führt zum Garten hinauf, dann ein Türbogen mit verschlossener Pforte. Diese Stützmauer ist im Verlauf der Jahrhunderte bestimmt neu angelegt worden und, die Treppe muss nicht unbedingt die Treppe sein, auf der Frau Graff hinaufgestapft ist, aber Ähnlichkeiten in der Anlage sind kaum auszuschließen. Die Topographie gewährt hier wenig Spielraum: da ist die Felswand, da ist die Terrassierungsmauer des Sträßchens, das zu Anlagen westlich des Burghügels führt – eventuell auch zu Gärten, die aber nicht mehr »neben« der romanischen Kapelle liegen, in ihrer unmittelbaren Nähe. Zwischen Terrassierungsmauer und Felswand der lang gestreckte, aber schmale Hangstreifen, der jeweils spitz endet.

Ein Garten also in Südlage. Ein Garten mit Blick auf die ganze Stadt und über sie hinaus. Nah die Türme von St. Sebald; etwas weiter entfernt die Türme von St. Lorenz. Und das Türmchen der Frauenkirche. Aber vielleicht war Frau Graff dieser Ausblick nicht weiter wichtig: kaum im Garten, wird sie den Blick gesenkt haben, auf ihre Blumen, auf ihr Gemüse. Und wo sind hier die Raupen, in ihrer jeweiligen Saison?

Der Garten lag in jeder Hinsicht günstig. Vom Haus am Alten Milchmarkt war es nur ein ›Katzensprung‹ hinauf: durch das Sonnengässlein hangaufwärts und schon die quer liegende Ölberg-Straße, und auf ihrer nördlichen Seite die Terrassierungsmauer und die Stufen hoch, und sie war in ihrem Gartenreich.

Wie wäre es mit einer lokalhistorischen Überprüfung? Falls meine These stimmt: Könnte man diese Grasfläche mit Obstbäumen (und einigen Scheinwerfern) nicht wieder herrichten und öffentlich zugänglich machen als »Merian-Garten«? Ihr kleines Reich von Zier- und Nutzpflanzen, von Raupen und Insekten, in der günstigen Südhanglage, unterhalb der Wärme speichernden Felswand. Hier hätte man wahrscheinlich sogar Wein anbauen können ...!

LEBENSBILD 18: Kleines Nürnberger Familienbild 1678. Wieder zeittypische Versatzstücke: am linken Bildrand eine Portiere mit Fransen und Quasten; in der Mitte ein Säulenstumpf. An der Rückwand einige Bilder. Zentral auch hier das großformatige Gemälde, das ein Vorhang vor Lichteinwirkung oder Beschmutzung schützt (vor allem durch Fliegenschiss). Zwar gibt diesmal der Bildvorhang einen Fingerbreit der Malfläche frei, doch ein Motiv, ein Sujet ist nicht zu erkennen.

Maria Sibylla auf einem Stuhl neben dem Säulenstumpf; auf ihrem Schoß, leicht zur Ansicht geschrägt, ein Wickelkind: Dorothea Maria. Neben ihr, mittlerweile neun Jahre alt, Helena: der (vor allem für jene Zeit!) erstaunlich große Zeitabstand zwischen dem ersten und dem letzten Kind wird sichtbar. Der Familienvater hat den linken Ellbogen auf den Säulenstumpf gestützt, Pose der Nachdenklichkeit. Seine Frau blickt hinab auf das Wickelkind. Nur das Mädchen schaut zum Betrachter; Helena hält lässig einen Blumenstrauß, in der üblichen Zusammensetzung. Der Strauß nicht betont, er wirkt eher wie ein beiläufiges Zitat, als Andeutung einer sich fortsetzenden Familientradition. (Rötel auf Bütten. Minimal altersfleckig, wenig und schwach berieben. Mittelfalz.)

KLEINER HINWEIS AUF GESELLSCHAFTLICHE KONTAKTE des Ehepaars Graff in Nürnberg: Am 3. April 1679 trugen sich die beiden im »Album amicorum« des (Altdorfer) Studenten Andreas Arnold ein, malten optische Beigaben. Kurt Wettengl: »Der Ehemann Merians skizzierte eine See- und Berglandschaft mit einem kleinen römischen Tempel. Sie malte – wie vier Jahre zuvor – eine knospende und eine blühende Rose an einem Zweig.«

Diese Rose war offenbar so etwas wie ein Standardmotiv für Alben. Wohl dem Vater dieses Studenten, dem Prediger, dem Magister Christoph Arnold, Mitglied des Dichterkreises Peg-

nitzer Blumenorden, hatte Frau Graff vier Jahre zuvor ebenfalls eine knospende und eine blühende Rose auf ein Albumblatt gemalt, fast identisch. »Solches malte dem Herrn Magister zu Ehren Maria Sibylla Gräffin, geborne Merianin anno
1675, 17. Februar zu Nürnberg.« Und sie schrieb darüber: »Des
Menschen Leben ist gleich einer Blum.« Dieser Sinnspruch
scheint freilich eine Ausnahme zu sein.

Interessant ist übrigens noch, dass sich zwei Monate später,
im Juni 79, Jacob Marrell in das Album des Studenten eintrug.
Der 65-Jährige war nicht bloß zu Besuch bei seiner mittler-
weile 32-jährigen Stieftochter, er wohnte hier monatelang.
Erich Mulzer hat zwei Nürnberger Ratsbeschlüsse entdeckt.
Der erste, vom November 1678, lautet in heutiger Amtsspra-
che: »N. N. Marrell, dem berühmten Maler aus Frankfurt am
Main, soll man den erbetenen Schutz gewähren und ihm
gestatten, bei seinem Stief-Schwiegersohn Johann Andreas
Graff, hierorts, zu wohnen.« Ende August 1679 eine zweite
Genehmigung: »N. N. Marrell aus Frankfurt, dem es gestattet
ist, sich eine Zeitlang hier aufzuhalten, soll die Vergünstigung
gewährt werden, seine mitgeführten Kunstgemälde während
der bald bevorstehenden Messezeit unter dem hiesigen Rathaus auszustellen und zu verkaufen.«

IN DIESEM JAHR STARB in Amsterdam der frühe Wegge-
fährte von Maria Sibylla: Abraham Mignon. Seine Bilder wurden sehr geschätzt und hoch gehandelt. Eine charakteristische
Formulierung, die den Rang eines anderen Malers hervorheben
sollte: »niet minder als Mignon«. Im dreibändigen Künstlerlexikon des Jacob Campo Weyermann, 1729, ist (übersetzt) zu
lesen: »Die Pfirsiche scheinen durch Reife zu schmelzen und
sind so lieblich gerötet, dass die berühmten Noortwijkschen
nicht schöner gefärbt sein können, so frisch von den Zweigen
gebrochen; auch sind die Trauben so transparent, dass es
scheint, man sähe die Kerne in ihrem schmackhaften Nass sich
bewegen; und vor allem hat sein Pinsel einige Trauben läng-
licher Weinbeeren so kunstvoll in ihren Farben, Verkürzungen

und der geringeren oder größeren Reife den natürlichen Trauben nachgeahmt, dass man sich einbildet, keine Bildfläche oder Farbe zu sehen, sondern durchgereifte Weintrauben. Die übrigen Früchte zeigen dieselben Kunsttugenden, sind gut gezeichnet, gemalt, zusammengestellt und, was verwunderlich für das Auge ist: sie alle sind wie mit ihren eigenen Schalen überzogen; kurz, dieses Fruchtstück ist das allerschönste, das wir je angehaucht haben.« Bei derart naher Inspektion würde in einem Museum sofort ein Alarm ausgelöst …

Als Mignon (vier Jahre nach der Heirat) starb, hinterließ er Frau und zwei Töchterchen, hinterließ er ein Œuvre von erstaunlichem Umfang: mehr als dreihundert Gemälde werden, wurden ihm zugeschrieben. Für die kurze Lebenszeit von neununddreißig Jahren ein riesiges Werk. Es wurde und wird allerdings von Kunsthistorikern (unterstützt von Restauratoren) streng sortiert, und das Ergebnis sieht derzeit so aus: 69 Ölgemälde gelten als echt, bei 268 weiteren Gemälden ist die Zuschreibung fraglich. Mignon wurde also schon zu Lebzeiten fleißig imitiert – das zeigt seinen Marktwert an. Das wiederum setzte voraus: Gemälde waren als seine Werke erkennbar wie Markenzeichen. Und das war vor allem die üppige Kombination von Blumen und Früchten – mit zusätzlichen Objekten wie der notorischen Taschenuhr am blauen Bändel oder dem Eichhörnchen.

LEBENSBILD 19. Größerer Raum mit Deckenstuckatur, zwei Kristalllüstern, mit kleineren Tischen seitwärts. Privater Salon oder Raum in einem Hotel? In der Mitte ein Ofen, kubusförmig, dessen Rohr senkrecht nach oben führt; um diesen Ofen gruppiert ein Quintett von Damen und Herren in höfischer Kleidung; eine Frau hält die Hände flach über die Ofenplatte, ein Mann sitzt mit verschränkten Armen, die Füße nah an der Ofenflanke. Eine weitere Gruppe von Damen und Herren im Hintergrund, und hier zeigt M. S. Graff den Herrschaften einen Kupferstich. Eine junge Frau vorgebeugt auf einem Stuhl; vor ihr eine Graphikmappe, aus der sie eine weitere

Arbeit zieht. Frau Graff stellt einem potenziell interessierten Publikum offenbar neue Arbeiten vor – einer der Betrachter hält ein Lorgnon vors Auge. (Farbkreiden, grau laviert, auf blauem Bütten, mit schwarzer Tuschlinie umrandet. Leicht stockfleckig, berieben.)

»DERGLEICHEN RAUPEN habe ich sonst nur auf den Hecken gefunden, an denen es Schlehen und Hagebutten gibt, außer im Jahr 1679, da habe ich sie in nicht geringer Menge auf allerlei Fruchtbäumen gefunden, auf denen sie sehr viele Nester, so groß wie eine Faust, gemacht. Sie haben den Früchten denn auch merklichen Schaden zugefügt, indem sie die Bäume so kahl fraßen, dass sie eher Besen als Bäumen glichen.«

SUBJEKTIVER REFLEX: Wenn in der Eifel die kleinen, grünen Raupen ganze Eichenwaldhänge kahl fressen, die Bäume dort schließlich blattlos wie im Winter, und wenn selbst auf kurzen Wegstücken Raupen im Dutzend an ihren Fäden herumschaukeln, man sie von Kleidungsstücken schnippen, aus den Haaren lesen muss, dann entsteht eher der Wunsch, wenigstens ein paar von ihnen zu zerquetschen, statt sie eingehend zu betrachten.

In den Nächten solcher Raupenplagen ein Dauergeräusch im Wald, als fiele Eisregen, Eisnieselregen: wahrscheinlich die Unzahl von kleinen, schwarzen, harten Kotkügelchen, die auf tiefere, noch nicht abgefressene Blätter treffen.

EINER DER GELEHRTEN, mit denen Frau Graff in Nürnberg in Verbindung stand, hätte ihr gelegentlich, etwa anlässlich der Raupenplage, erzählen können, welchen Platz der berühmte Universalgelehrte Athanasius Kircher den Raupen und Insekten in der Arche Noah einräumte: nämlich gar keinen.

Einstimmend, einleitend könnte der Gelehrte, beispielsweise Volkamer, ein wenig von Athanasius Kircher schwärmen, dessen lateinische Bücher zum Teil wohl auch in Nürnberg bekannt waren, Bücher über Astronomie, über Magnetismus, über Musik, über Obelisken, über ägyptische Hieroglyphen, über China und: über die Arche Noah. Doch bevor Volkamer vom Ausschluss der Insekten aus der Arche berichtet, könnte er kurz noch weiterschwärmen: der Universalgelehrte auch als Mediziner! Das Mikroskop benutzend, stellte er fest, dass die Pest von winzigen, nur durch das Okular erkennbaren Lebewesen übertragen wird. Wie aber diesen eigentlich unsichtbar kleinen Organismen zu Leibe rücken? Diese Frage kann auch der große Kircher nicht beantworten, der zu dieser Zeit in Rom lebt, unter Altersbeschwerden leidend, wie man hört, und der kaum noch arbeiten kann.

Dieser Kircher, Kircherus hat die Arche Noah auf dem Papier wie folgt rekonstruiert: Als lang gestreckten Schwimmkasten mit drei Stockwerken. In den Kielraum kamen die Schlangen. Im ersten Geschoss die regelmäßig aufgereihten, durch einen Mittelgang und durch kurze Zwischengänge getrennten Stallgehäuse für Säugetiere aller Art, vom Pferd bis zum Elefanten, vom Affen bis zum Panther. Ausgeschlossen waren hier nur Misch- und Zwitterwesen. Also, beispielsweise, das Maultier, weil aus Pferd und Esel, oder der Leopard, weil aus Löwe und Panther, oder der Kameleopard, weil aus Kamel und Leopard, oder das Allopekopithikum, weil aus Fuchs und Affe. Im mittleren Stockwerk Tierfutter und Menschennahrung, in ordentlich aufgereihten Fässern und Säcken – immerhin ein Jahr lang trieb die Arche auf den Gewässern umher. Im obersten Stockwerk des schwimmenden Holzgebäudes kastenförmige Volieren. Und: Räume für Noah und seine Familie und etliche Tierpfleger. Kein Kasten aber, nicht mal ein Kästchen, nicht einmal eine Spanschachtel für Raupen oder Falter oder Käfer. Auch Pflanzen hatten keinen Platz in der Arche. Aber bei denen war vorausgesetzt, dass die von selbst wieder aufwuchsen, sobald das Wasser sank.

Doch die Insekten: wie haben sie die Sintflut überlebt? Prinzipiell blieben sie ausgeschlossen aus der Arche, auf Gottes und Noahs Ratschluss, denn: Insekten kopulieren nach Kirchers Auffassung nicht wie andere Tiere, pflanzen sich also nicht fort wie üblich. Und wenn es doch mal so aussieht, als würden sie kopulieren, so »ist das nur ihre Art und Weise, ein Jucken in ihren Hinterteilen loszuwerden«. Insekten deponieren einfach ihr Sperma in Blüten oder im Schlamm, das Sperma wird von Blüten- oder Schlammfressern mit aufgenommen, wird mit dem Kot wieder ausgeschieden, und aus diesen Exkrementen entstehen schließlich Insekten. Exkremente aber wurden an Bord der Arche massenhaft produziert, wurden gesammelt in einem geteerten Kielraum, und aus diesen Rückständen entstanden, mehr oder weniger wie von selbst, schließlich doch wieder Insekten, die sich am Ende der 365 Tage langen Reise selbständig machten, manchmal allzu selbständig.

»RAUPEN DIESER ART brauchen zu ihrer Speise allerlei Bäume und zeigen dabei große Neigung zur Feuchtigkeit und zum Trinken. Dazumal hat es das 1679ste Jahr über so viele Tausend von überaus vollständiger Größe gegeben, weil den ganzen Frühling über mit viel temperiertem Regen, darauf starkem Sonnenschein und so fort wechselhaftes Wetter geherrscht hatte; dadurch wurden sie erfrischt und wurden immer größer. Denn sofern der Regen vielfach zu lang anhält, so zerfleischt er die jungen Raupen, und die, welche sich unten an das grüne Blatt arretiert (haben), die spült er ab, so dass sie mit dem abfließenden Wasser völlig verderben. Was auch mit deren Samen geschieht. Item, wenn allzu langer Sonnenschein ist, kommen auch viele von ihnen um, bevor sie sich eingesponnen und sie sich mit anderer Feuchtigkeit nicht zu helfen vermochten. Diese haben nicht allein den Fruchtbäumen, sondern auch den Linden und Weiden, ja allerlei anderen Bäumen unsäglichen Schaden zugefügt; deren Stämme waren von unten bis oben ganz voll, und die Blätter oft so kahl weggefressen, dass sie wie erfroren aussahen. Folgendes sei den fleißigen Gärtnern kund und zu wissen getan, nämlich: Sobald es auf den Abend zugeht, kriechen sie alle auf einem Ast zusammen, wo sie ihr Gespinst oder Nest haben; dort kann man sie alle auf einmal kriegen und ausrotten.«

AUSGERECHNET IM JAHR DER GROSSEN RAUPENPLAGE, 1679, erschien der erste Teil ihres Raupenbuchs – die übliche Abkürzung eines barocken Titels. »Der Raupen wunderbare Verwandelung und sonderbare Blumennahrung worinnen durch eine ganz neue Erfindung Der Raupen Würmer Sommervögelein Motten Fliegen und anderer dergleichen Thierlein Ursprung Speisen und Veränderungen samt ihrer Zeit Ort und Eigenschaften Den Naturkündigern Kunstmahlern und Gartenliebhabern zu Dienst fleissig untersucht kürzlich beschrieben nach dem Leben abgemahlt ins Kupfer gestochen und selbst verlegt von Maria Sibylla Gräffinn Matthaei Merians des Eltern Seel. Tochter.«

Ein Buch über Insekten, unter besonderer Berücksichtigung von Raupen. Ein riskantes Unternehmen, geschäftlich? Es muss gleich betont werden, dass Maria Sibylla Graff hier kein Tabu gebrochen hat. Schon 1630 legte Jacob Hoefnagel (zur Erinnerung: der Sohn des Georg Hoefnagel) in Amsterdam ein Buch vor mit Insektenbildern, also auch mit Abbildungen von Raupen. Und ich lese im Trew-Katalog: »Für die wissenschaftliche Beschäftigung mit diesen als hässlich geltenden Tieren tat Joris Hoefnagel einen entscheidenden Schritt.«

Dennoch, die (zufällig simultane) Raupenplage im Erscheinungsjahr des ersten Teils ihres Raupenbuchs, sie musste thematisiert werden. Ich nehme ihre (abschließenden) Ausführungen dazu vorweg.

Auslösend eine Anfrage bei der Verfasserin: »Was sie eigentlich von den Abertausenden und dies in ungemeiner Größe (ganz besonders dies 1679. Jahr über) bei uns gehabten und noch währenden Raupenzeug halte, und ob es nicht auch künftig Böses bedeuten könnte? Worauf ich, in meiner weiblichen Einfalt, dies wenige zur Antwort gebe: Dass dieses gefräßige Raupenzeug an und für sich uns allbereit nichts Gutes bedeute, zeigen die fast leeren Fruchtbäume.« Und sie vertritt die Meinung, dass sich erst im nächsten Frühjahr zeigen werde, ob die Raupen noch einmal derart massenhaft aufträten, denn in »unbequemer Kälte« oder bei »anhaltendem Regenwetter«

könnte ihr Erscheinen und Vermehren verhindert werden. »Gott aber sei Dank für dieses Mal, dass bei so großer Menge Raupen dennoch alles Mangelhafte mit reichem Segen wiederum ersetzt und wir dadurch herzlich ergötzt wurden.« Ausgleich also durch die Notbelaubung der Johannistriebe ...

(Da atmet auch ein zeitweiliger Eifelbewohner auf, wenn zu St. Johannis kahl gefressene Eichen wieder frisches Grün zeigen. Die Eichenblätter der zweiten Garnitur scheinen mir freilich etwas weicher zu sein.)

VERGLICHEN MIT DEM FORMAT des Neuen Blumenbuchs (dessen dritte Loseblatt-Lieferung ein Jahr später erscheinen wird) und erst recht verglichen mit dem Großformat des Surinam-Prachtbandes wirkt das Raupenbuch bescheiden: fast eine Enttäuschung, als es mir im Germanischen Nationalmuseum ausgehändigt wird. Zuvor gesehene Bildreproduktionen hatten ein größeres Format suggeriert. Es ist also keine Koketterie, wenn Frau Graff dieses Werk als »mein geringes Büchlein« bezeichnet. Übliches Buchformat, Oktav.

Hochgefühl, als ich die ersten Seiten aufschlage – das Buch aus ihrer Zeit, sorgfältig koloriert. Und da hoffe ich, wünsche ich, setze sogar voraus, dass dies von ihr selbst ausgeführt worden war, auf allen fünfzig Kupfertafeln des ersten und allen fünfzig Kupfertafeln des zweiten Teils. Aber das ist ein ›frommer‹ Wunsch. Im Rückblick erfahre ich, dass diese Ausgabe zwar »alt koloriert« sei, »aber nicht von Merian selbst«. Nun gut, dann war, dann ist es wenigstens ein Nürnberger Originalexemplar in Nürnberg, und das Kolorieren wurde, hoffentlich nach ihren Aquarellvorlagen ausgeführt oder nach persönlichen Anweisungen.

Die Titelseite macht wieder einmal Zeitdimensionen bewusst: »In Nürnberg zu finden bey Johann Andreas Graffen / Mahlern / gedruckt 1679.« Dreihunderteinundzwanzig Jahre nach der Publikation in Nürnberg sitze ich in Nürnberg vor diesem Exemplar, 321 Jahre, in denen (auch in Nürnberg) kostbarste Bücher verbrannt sind, aber dieses Exemplar war wohl in einem der »Kunstschutzbunker« sichergestellt. Es riecht nicht brandig, sondern angenehm nach Buch-Alter. Die Seiten sind durchweg stockfleckig – wie Papierrostflecken. Verglichen damit sind viele Seiten des Hesperiden-Gartenbuchs von Johann Christoph Volkamer beinah jungfräulich weiß geblieben. Aber: Die Wasserfarben, mit denen die Kupfertafeln koloriert sind, sie haben offenbar kaum etwas von ihrer Leuchtkraft verloren. Viele der Abbildungen sind mir durch Reproduktionen bekannt, aber nun liegt ein Exemplar der Originalausgabe vor mir.

Und mir fällt auf: Im Raupenbuch dominieren nicht die Raupen. Das zeigen schon die Titel, jeweils auf den Textseiten parallel zu den Tafeln aufgeführt: nie Raupennamen, nur Pflanzennamen. Etwa: »Blauer orientalischer Hyazinth«. Und das lateinische Äquivalent – sicherlich von einem der Nürnberger Gelehrten ergänzt. Fast wirkt es kurios, dass im Raupenbuch die Raupen nicht benannt werden; sie werden dargestellt, verschieden akzentuierend, werden mit einigen Farb-Adjektiven versehen, aber sie bleiben namenlos. Das ist auch so bei den »Sommervögelein« – nicht einmal für den Segelfalter hat sie einen Namen übrig. (Dafür wird er aber wenigstens beschrieben: »Derselbe war nun ganz schwefelgelb mit schwarzen Streifen, hatte an den zwei hintersten Flügeln einen pomeranzenfarbenen und etliche blaue Flecken« ...)

Der barock ausführliche Titel wie die Kurzfassung »Raupenbuch« wecken also Erwartungen (oder Befürchtungen), die nicht zutreffen: dass die Raupen auch optisch dominieren. Die Kupfertafeln, etwa postkartengroß im Hochformat, sie werden beherrscht von den Futterpflanzen (oder den gelegentlich dekorativ eingebrachten Zierpflanzen). Beispielsweise die vierundzwanzigste Tafel: die Raupe auf der großen, hundertblättrigen Rose ist beinah verschwindend klein. Oder: blickfangend, blickbannend ein Ästchen mit Johannisbeeren – erst bei genauerem Hinblicken sieht man die S-förmig gewundene Raupe. Die Sprache passt sich diesen Darstellungsmustern an (oder: die diminutivreiche Sprache leistet hier Vorgaben):

»kleines Räuplein« auf »blühendem Zweiglein«, und das Räuplein hat »Kläulein und Füßlein« ... Nur auf wenigen Blättern bestimmen Raupen das Bild. Etwa auf Tafel XVII: Wunderraupen, »die mir etliche Mal einige hohe Liebhaber überschickt«. Raupentransfer in Nürnberg ... Soll den hohen Herrschaften geschmeichelt werden mit einem Blow-up ihrer Funde? Es ist kein Prinzip zu erkennen, wonach Raupen mal die gesamte Bildbreite einnehmen (»so groß, wie der ganze Kupfer breit ist«) oder zu einem Schnörkel werden am Blattrand. Vergrößerung heißt jedenfalls nicht: Hervorhebung von Details, wie bei Illustrationen wissenschaftlicher Bücher, hier entscheiden para-wissenschaftliche Gründe.

Denn bewusst und betont überlässt sie wissenschaftliche Nomenklatur und Erforschung den »Herren Gelehrten«. Beispielsweise, wenn sich das Problem der »unordentlichen Veränderung« stellt, der Abweichung vom Schema nach Goedaert: »Solches hab ich nicht herausfinden noch erdenken können, sondern den Herren Gelehrten überlassen müssen und sollen.« Also, vorsätzlicher Verzicht auf Forschung und Wissenschaft, sie bleibt bei der naturkundlichen Beobachtung und der betont subjektiven Beschreibung dessen, was sie registriert hat. »Als ich vor vielen Jahren diese große und von der Natur überaus nett gezeichnete Motte das erste Mal sah, hab ich mich nicht genugsam über ihre schöne Schattierung und abgewechselte Farben verwundern können, und sie damals auch oft in meiner Malerei gebraucht. Nachdem ich aber etliche Jahre danach durch Gottes Gnade die Verwandlung der Raupen entdeckt, ist mir die Zeit sehr lang geworden, bis dieser schöne Mottenvogel auch hervorgekommen. War also dazumal, als ich ihn bekam, mit so großer Freude umgeben und in meinem Herzen so vergnügt, dass ich's nicht genug beschreiben kann.« Maria Sibylla Graff zeigt Gefühle.

Im Vorwort des ersten Bandes werden deutliche Zeichen gesetzt für die Intentionen der Verfasserin und Kupferstecherin: Das Raupenbuch soll (auch) der Erbauung dienen; das Beschreiben und Abbilden der Beispiele aus Flora und Fauna als Lob Gottes. »Man hat GOttes überragende Allmacht und seine besondere Fürsorge für so wenig geachtete Tierlein und so geringgeschätzte Vöglein gerühmt und gepriesen. Das hat denn auch mich dahin gebracht und schließlich dazu bewogen, zumal ich oftmals von gelehrten und vornehmen Personen darum ersucht und gebeten worden bin, der Welt in einem Büchlein dieses GÖttliche Wunder vorzustellen. Ich suche demnach hierin nicht meine, sondern allein GOttes Ehre, Ihn als einen Schöpfer auch dieser kleinsten und geringsten Würmchen zu preisen.«

Der erste Teil sodann wird (vor dem Index) mit einem »Raupenlied« beschlossen, wieder einmal vom Hauspoeten Christoph Arnold produziert, also in ihrem Auftrag, in ihrem Sinne. Das Gedicht wurde silbengenau der Melodie eines Kirchenlieds angepasst: »Jesu, der Du meine Seele« ...

> Diese bunten Vögelein,
> die GOtt herrlich hat gezieret,
> sollen meine Zeugen sein,
> dass ich sein Geschöpf hoch achte
> und mit sonderm Fleiß betrachte
> alles was auf Erden kreucht,
> die von GOttes Güte leucht.

Und es findet dichterische Identifikation statt von Menschen und Raupen (nach dem alten Motiv des Erdenwurms ...)

> Liebster GOtt, so wirst Du handeln
> auch mit uns, zu seiner Zeit:
> wie die Raupen sich verwandeln,
> die, durch ihre Sterblichkeit,
> wiederum lebendig werden
> gleich den Toten in der Erden:
> LASS MICH ARMES WÜRMELEIN
> DIR ALSDANN BEFOHLEN SEIN.

Dass diese frommen Artikulationen ihrer Einstellung entsprechen, das beweist eine Art Rechenschaftsbericht. »Nachdem ich nun durch die Gnade GOttes alles dasjenige erklärt, so beliebe der hochgeehrte Leser zu wissen, dass all dies zu GOttes Ehre allein von mir geschehen, indem ich erhoffe, dass Sein Ruhm und Lob aus diesen (dem äußeren Anschein nach) sehr geringen und bei manchen vielleicht auch verächtlichen Dingen unter uns irdisch-gesinnten Menschen desto heller und herrlicher hervorleuchten möge, sintemalen ich sonst dieses mühsame Werklein nie angefangen und viel weniger in Druck gegeben, insbesondere, wo mir dies als einer Frau (die nur neben ihrer Hausbesorgung dies zusammentragen müssen) als eine unziemliche Ehrsucht vorgehalten werden könnte. Sofern ich GOttes Lob dadurch werde vermehrt sehen oder hören, will ich (sofern ich da noch lebe und gesund bleibe) mit Göttlicher Hilfe Weiteres beizutragen keine Gelegenheit versäumen; ich habe es für notwendig erachtet, daran zu erinnern.«

Hier sind nicht bloß Beteuerungen, wie sie das Publikum wohl gern zur Kenntnis nahm, hier sind nicht bloß Formeln oder gar Floskeln, hier zeigen sich Intentionen und Motivationen für die Beschäftigung mit ausgewählten Exemplaren der Flora und Fauna. In der Wissenschaftsgeschichte schreibt man hier von einer »physikotheologischen Beweisführung der Größe Gottes«.

Wie ernst es der Merian mit dem Gottes-Dienst an der Natur war, wird sich später erweisen, wenn sie für ein halbes Jahrzehnt in einer pietistischen Kommune lebt; dann erst recht wird sie mit ihren Studien nur dies im Sinn haben: Auch in kleinsten, unscheinbarsten Geschöpfen die Größe Gottes aufzuzeigen. Sie hatte einen völlig anderen Ansatz als heutige Botaniker oder Zoologen, kann und darf demnach auch nicht mit heutigen Kriterien der Naturwissenschaft beurteilt werden. Das lässt sich zwar nicht immer umgehen, aber dann muss auch gleich relativiert werden.

ICH GREIFE EIN STICHWORT ihrer Selbstdarstellung auf: »Hausbesorgung«. Auch wenn sie Haushaltshilfen hatte, es gab viel für sie zu tun, oder, wie es heute eher hieße: zu regeln.

Denn: im bürgerlichen Haushalt jener Zeit waren »Selbstversorgung und Vorratswirtschaft umfassend«. Vor allem für die Wintermonate musste vorgesorgt werden: Obst musste gelagert, Kohl musste zu Sauerkraut verarbeitet, Fleisch musste gepökelt oder geräuchert werden. Auch Seife wurde vielfach im Hause hergestellt. Und es musste gebuttert und gebacken werden.

Und ständig das Waschen, Plätten, Pressen von Leinen. In den überlieferten holländischen Puppenhausmodellen jener Zeit befindet sich, jeweils unter dem Dach, ein größerer Raum, der allein der Arbeit am Leinen vorbehalten war. Da hing, fürs Trocknen, der Lattenrost unter der Decke; da stand die Leinenpresse; da stapelten sich Leinenlaken, Leinenhemden, Tischtücher, Servietten, Taschentücher. Auf Körperpflege wurde offenbar nicht viel Wert gelegt (dazu später), Leinenpflege aber wurde, nicht nur in niederländischen Haushalten, groß geschrieben.

Das alles musste von ihr organisiert und kontrolliert werden, das konnte sie kaum einer Wirtschafterin, einer Verwalterin allein überlassen. Sie musste, umgangssprachlich, hinter allem her sein. Aber das durfte nicht zu viel Zeit kosten. Nur durch Effizienz ihrer Arbeit im Haushalt konnte sie jeweils den Zeitraum freihalten, in dem sie sich den kleinen Repräsentanten von Gottes Flora und Fauna zuwandte.

MIT DEM RAUPENBUCH hat Maria Sibylla Graff den Bildtypus etabliert, der charakteristisch wurde für ihre Arbeit: die Kombination von Fraßpflanze und Raupe; dazu der Falter. Dieses Bildmuster wurde zum Erkennungszeichen ihrer Aquarelle und Stiche. Dass die Kombinationen einer (beliebigen) Pflanze (Blume), einer Raupe und eines Falters bereits bei Georg Hoefnagel nachzuweisen ist, dies wurde schon ausgeführt. Nun stellt sich die Frage: Hat *sie* das Bildmuster entwickelt, in dem nicht irgendeine Pflanze, sondern die *zugehörige* Fraßpflanze mit ›ihrer‹ Raupe dargestellt wird, samt späterem Falter? Oder gibt es auch hier einen Vorläufer?

Im Erscheinungsjahr des ersten Raupenbandes stirbt der Maler Jan van Kessel, dreiundfünfzigjährig. Auf einem seiner Bilder (im Rijksmuseum) ließ er, horizontal und diagonal, einen Zweig mit drei Dolden von weißen Johannisbeeren dominieren – die Beeren liebevoll präzis mit Lichtreflexen, die ihrer Oberfläche eine fast haptische Sinnlichkeit verleihen. Genau in der Mitte, in ihrer charakteristischen Bewegungskrümmung, die Raupe des Johannisbeerspanners und, rechts im Bild, der Johannisbeerspanner, mit hochgeschlagenen Flügeln, auf einem Nebenästchen. Raupe und Falter, so wird mir fachkundig erklärt, gehören exakt zur Futterpflanze (zu der noch der Stachelbeerstrauch kommen kann). Ein Bärenspinner und ein Mauerfuchs-Falter hinzugesellt und diverse Laufkäfer, die ebenfalls in das Obstgartenbiotop passen. Ein ebenso stimmiges wie schönes Bild. Dies auch noch mit eindeutiger Priorität.

IM RAUPENBUCH DOKUMENTIEREN sich eher missionarische als wissenschaftliche Intentionen. Den Natur- und Kunstfreunden wird ein umfangreiches Kapitel aus dem *Buch der Natur* vorgelegt, das die Größe, die Grandiosität der göttlichen Schöpfung feiert. Die wird auch bestätigt durch Handlungsabläufe, die wir heute als biologische Programme bezeichnen, in denen die Merian aber Klugheit agieren sah. Zitat aus dem Vorwort: Gott hat die Raupen »mit solcher Weisheit begabt, dass sie in gewissen Stunden die Menschheit (wie es scheint) fast zu Schanden machen: Indem sie nämlich ihre Zeit und Ordnung fleißig einhalten und nicht eher hervorkommen, bis dass sie ihre Speise zu finden wissen.«

Das alles hat mit Wissenschaft nichts zu tun, auch nicht nach damaligem Verständnis. Es werden fromme oder anekdotische Begleittexte zu Bildern vorgelegt, keine wissenschaftlichen Abhandlungen in nuce. Über bald schon zwei Jahrzehnte hinweg interessiert sie sich fast ausschließlich, beinah monomanisch für dieses *eine* (von anderen längst in Bildern dargestellte und in Texten beschriebene) Phänomen: die Entwicklungsformen von Insekten. Wobei sie sogar betont, »dass die Veränderungsart fast einerlei« sei, will heißen: Es gibt da wenig Unterschiede.

Auch in den kommenden Jahrzehnten werden ihre Aufzeichnungen an Präzision der Detailbeobachtungen nicht zunehmen, sie werden eher (noch) pauschaler. Es findet freundliche Vermittlung statt durch eine naturkundlich interessierte Beobachterin, deren fromme Begeisterung für die Phänomene nicht nachlässt.

»FOLGT EINE SCHÖNE, LICHTGRÜNE RAUPE, mit sehr hübschen kleinen Tüpfelchen gepünktelt, und dabei im Laufen sehr hurtig. Solch eine habe ich im April auf blauem Holunder (oder ›Holder‹, wie man ihn hierzulande nennt) vorgefunden, der auch ihre Nahrung ist. Ehe sie sich im Mai verwandelt, hat sie ein dünnes, weißes Gespinst um sich gelegt und ist darin, nach völlig abgestreifter Haut, zu einem Dattelkern geworden. Danach ist er ganz still dagelegen, es sei denn, man hat ihn aus seinem Gespinst gelöst und auf eine warme Hand gelegt, dann hat sie (nämlich die Dattel) sich geregt. Ende Mai ist ein leicht ockergelbes Mottenvögelein herausgekommen.«

EIN SCHRANK EINER RAUPENSAMMLUNG (des Dr. Otto Staudinger) wird für mich geöffnet, im Schmetterlingssaal des Museums für Naturkunde in Berlin – Details zur Sammlung werden später folgen, auch Informationen zu Dr. Staudinger, gestorben 1900. Mit seiner persönlichen Sammlung von 132000 Schmetterlingen wurden auch etwa 8000 Raupen an den Preußischen Staat verkauft, und einige dieser Sammlungskästen werden aus dem schützenden Dunkel eines Raupenmausoleums in mehreren Schrank-Etagen geholt. Streng genommen sind es nicht Raupen, die hier gesammelt wurden, sondern Raupenhüllen, verfallsbeständige Chitinpanzer. Raupen wurden früher über kleinen Feuern vorsichtig getrocknet, dann wurde jeweils ein Strohhalm von besonders geringem

Durchmesser durch die Afteröffnung eingeführt, und die Innereien oder Restinnereien wurden mit heißem Rauch trockengelegt – mit Rauchabzug durch einen Halm im Maul. Durchpusten von Raupenhüllen mit heißer Luft, mit Rauch – auch eine der Tätigkeiten, die keinen Nachwuchs mehr zu finden brauchen, denn mittlerweile macht man das einfacher und eleganter mit alkoholhaltigen Lösungen. Kurios, für mich, dass die kleinen Strohhalm-Enden noch immer aus den vorderen und hinteren Raupenöffnungen herausragen, zwei oder drei Millimeter – vergrößernd und damit vergröbernd sieht das aus wie ein Tier auf einem Bratspieß, zu drehen und zu wenden über offenem Feuer. Noch am Halm sind zahlreiche Raupenhüllen »gesteckt« in den flachen Schubfächern – einige Raupen noch mit Borsten, andere chitinpanzernackt. Und die wirken nun gar nicht attraktiv. Kein Wunder, dass Sammler sich entschieden lieber auf Schmetterlinge konzentrieren; Raupensammlungen dienen eher der Dokumentation, der Ergänzung. Das beweisen auch die Zahlen der Sammlungsobjekte.

ES WAR COURAGIERT, dass M. S. Graff (als branchenkundige Tochter eines Verlegers, als Halbschwester der Gebrüder Merian) ausgerechnet die Raupe zum Titelträger erwählte. Die Raupe war, wie mittlerweile hinreichend bezeugt, auch zu jener Zeit (oder: zu jener Zeit erst recht!) alles andere als Sympathieträger. Ein kleiner Etikettenschwindel wäre für den Verkauf des Buchs wohl förderlich gewesen: das Wort Sommervögelein im Titel, die Raupen nur als Vorformen deklariert (was sie ja auch sind), und die Rezeption des Buchs hätte günstiger ausfallen können. Bis heute steht es im Schatten des Blumenbuchs davor und des Surinambuchs danach.

Zwar weist der Titel auf die wunderbare *Verwandlung* der Raupen hin, aber: Das Resultat der Metamorphose, der Schmetterling, wird nicht gleichrangig mit der Raupe behandelt. Ihr, vor allem, ist das Buch gewidmet, das Gott dediziert ist, zumindest indirekt.

Diesen Gottes-Dienst könnte man hochstilisieren zu einem

der Kennzeichen ihres Werks. Aber das darf nicht isoliert gesehen werden, sondern im Kontext mit anderen Publikationen ihrer Zeit, jener Ära. Maria S. Graff war auf vielfältige Weise eingebunden in damalige Entwicklungen, und so muss sie auch dargestellt werden: vergleichend.

Und damit: gering geschätzte Lebewesen beobachten, betrachten, beschreiben, abbilden als Methode, den Schöpfer zu feiern, das lässt sich kaum noch als persönliches Credo werten, dafür gibt es zu viele Parallelen – vor ihrer Zeit, in ihrer Zeit, nach ihrer Zeit.

Neben den Raupen waren es vor allem Frösche und Kröten, die Abwehrreaktionen auslösten: glitschige Lebewesen. Doch schon Jacques de Gheyn hat (zwei Generationen vor ihr) Frösche dargestellt, und das lustvoll. Vier »studies van een kikker« – dieses Blatt ist exzeptionell in der langen Tradition der Tierbilder! Ein Frosch kauernd; ein zweiter Frosch frontal, das Maul so weit wie möglich aufgerissen; ein dritter Frosch liegt hingebungsvoll auf dem Rücken, die Beine dem Betrachter entgegengespreizt; ein vierter Frosch mit ebenfalls gespreizten Beinen, und er richtet sich halb auf mit gleichsam rufend geöffnetem Maul. Ein (für damalige Verhältnisse) gewagtes Bild, zu datieren vielleicht schon auf die Wende des 16. zum 17. Jahrhundert.

Albert Rösel von Rosenhof, 1705 in Nürnberg geboren, Studium an der Nürnberger Malakademie, zuerst hervorgetreten mit seinen »Monatlich herausgegebenen Insekten-Belustigungen«: auch er hat sich (in seinen späteren Jahren) konsequent mit Fröschen beschäftigt, hat ihnen ein Buch gewidmet mit Kupferstichen. Für uns hier wichtig: Er hat seinem Werk ebenfalls ein gereimtes Credo mitgegeben.

> Von denen Werken der Natur,
> die ihre Kraft von oben ziehet,
> wählt jetzt der Fleiß die kleinsten nur,
> mit Würmern ist er hier bemühet.

Aus dem längeren Erzeugnis des Reimschmieds hebe ich noch zwei Zeilen hervor:

> Lies dies Buch und lern dabei
> wie groß GOtt auch im Kleinsten sei.

Auch Mediziner, Ärzte übernahmen das Schema. Sie taten ja vielfach, was verwerflich schien: schnitten Leichen auf und durchsuchten sie. Auch sie hatten die Rechtfertigung parat: Pathologia ad majorem gloriam Dei. (Eine erfundene Formulierung!)

Stensen (über den bald ein kleines Kapitel folgen wird), er sagte in seiner Antrittsvorlesung im Anatomischen Theater zu Kopenhagen: »Dies ist der wahre Zweck der Anatomie, die Zuschauer durch das wunderbare Kunstwerk des Körpers zur Würde der Seele und folgerichtig durch das Bewundernswerte an beiden zur Kenntnis und Liebe des Schöpfers emporzuheben.«

Und der Nürnberger Arzt und Sammler Johann Christoph Trew betonte, Anatomie führe »nicht zur Verachtung des elenden Zustandes des Menschen nach dem Tode, sondern zum Preise des unermesslichen Schöpfers«.

Es dürfte nicht schwierig sein, weitere Stimmen zu finden und so das Vokalensemble zum Chor auszuweiten. Doch es zeigt sich hier schon: Was Maria Sibylla Merian als Person zu charakterisieren scheint, das ist weithin charakteristisch für ihre Zeit, für ihr Umfeld. Deshalb insistiert dieses Buch auf dem Kontext zum Lebenstext: was haben andere auf dem Gebiet geleistet, auf dem sie sich auszeichnet? Ständig notwendiges Vergleichen …! Und es wird erkennbar: In ihrer Person kristallisiert sich, was als gesättigte Lösung bereitet war. Das ins Zeitkontinuum getauchte Stück Lebensfaden, an dem sich Kristalle ansetzen in einem für sie, die Merian, charakteristischen Muster – aber mit zeittypischen Grundstrukturen. Zeitmuster im Lebenskaleidoskop …

»SEHR VIEL UND SEHR OFT findet man diese gewöhnliche Art von Raupen, die gelblich grün sind, im Mai auf Kirschen,

Weichseln, Zwetschgen, Birnen, Äpfeln und dergleichen blühenden Bäumen, deren Blätter sie alle zu ihrer Speise gebrauchen. Ja, sie essen täglich so viel, bis sie so dick werden, dass sie rollen und bald vom Baum herunterfallen, wie es denn auch geschieht. Wenn sie dann ihre volle Größe haben und sich zu ihrer Veränderung begeben wollen, so machen sie zuvor, um sich herum, ein weißes ovales Gespinst, das glänzt wie Silber und ist so hart wie Pergament, und werden darin zu einem solchen ganz braunen Dattelkern, und nach vierzehn Tagen kommen solche grauen Mottenvögel heraus, welche auch nur des Nachts fliegen.«

EINE ANMERKUNG: Es darf nicht nur erwähnt, es muss hervorgehoben werden, dass sie ihr Raupenbuch in Deutsch geschrieben hat. Das entspricht ihren Voraussetzungen: Sie hat nicht Latein gelernt. Hier ist aber auch ein Vorzeichen gesetzt für die Rezeption: Sie wendet sich bewusst nicht (primär) an Fachleute; die verstehen nur Latein, wenn es um wissenschaftliche Belange geht.

Das Beispiel der Gebrüder Volkamer ist bezeichnend: Die Bestandserfassung des Biotops rund um Nürnberg ist lateinisch verfasst; das Buch über Gartenbau ist in Deutsch geschrieben, für andere Gartenliebhaber. Frau Graff hätte das Raupenbuch theoretisch übersetzen lassen können – später wird sie es beim Surinambuch so halten: eine lateinische Version für den europäischen Markt der Gelehrtenwelt; eine landessprachige Fassung für die heimischen Naturliebhaber und Sammler. Aber: eine lateinische Ausgabe war beim Raupenbuch wohl nicht einmal geplant.

NOCH EINMAL: Für das Raupenbuch ist charakteristisch, und dieses Kennzeichen ist rühmend hervorgehoben worden, dass M. S. Graff mit der jeweiligen Raupe (und ihrem Falter) fast immer die zuständige Futterpflanze abbildete. Diese Interpretation scheint mittlerweile kanonisiert zu sein.

Aber: diese Dreieinigkeit von Pflanze, Raupe, Falter ist ein stark vereinfachtes Schema, das durch vieldutzendfache Bildwiederholung (mit Varianten!) prägende Wirkung entwickelt hat. Es ist aber keineswegs so (und das wusste sie natürlich selbst!), dass jeweils *die* Pflanze und *die* Raupe und *der* Falter zusammenfinden und beisammenbleiben, es wird auf den Kupfertafeln jeweils eine Auswahl fixiert.

Dies vor allem in den Raupenformen. Dargestellt wird nicht jeweils die Raupe ›an sich‹, sondern eine Raupe in *einem* der Stadien zwischen diversen Häutungen. Meist dürfte sie die Raupe in ihrem letzten Verwandlungsstadium dargestellt haben, es könnte aber auch schon mal die vorletzte oder womöglich drittletzte Ausprägung sein. Die Darstellung jeweils *einer* Raupenform täuscht vor, dies sei ihr charakteristisches Erscheinungsbild. Es finden aber gleichsam Vorübungen, Einübungen statt in die große Metamorphose: Raupen verändern ihre Erscheinungsformen.

In der Regel häutet sich eine Raupe vor dem Verpuppen fünf- oder sechsmal. Das heißt nicht einfach: die gewohnte Hülle wird jeweils eine Nummer größer. Vielfach ändert sich auch das Aussehen, die Grundfarbe: aus einer braunen Borstenraupe kann sich eine gelbe Borstenraupe hervorarbeiten ... Das hängt zusammen mit Veränderungen von Farbtönen der Fraßpflanze oder mit einem »Futterwechsel«. Man muss schon Raupenexperte sein, um eine letzte und eine vorletzte, womöglich eine drittletzte Ausformung unterscheiden zu können – die vorletzte Form beispielsweise kann für die letzte Form gehalten werden, denn beide sind vollständig »behaart und beborstet«, wenn auch in etwas anderer Färbung (meist zur besseren Tarnung!). Ziemlich sicher können wir nur sein, dass die Merian nicht frühe Entwicklungsphasen als charakteristisch darstellte: da sind noch nicht alle Merkmale ausgeprägt, hier sind wirklich noch Vorformen, Vorstadien. Aber verfressen sind die Raupen in jeder Lebensform.

Der Eindruck, der durch Kupferstiche von M. S. Graff erweckt wird, er täuscht auch in anderer Hinsicht: Als hielte sich immer nur die eine Raupe (in *einer* ihrer Erscheinungsformen gleichsam verewigt!) an eine ganz bestimmte, eine exklusive Fraßpflanze. Das gibt es: Es sind dann monophage Raupen, heute auch als Einbiotop-Bewohner bezeichnet. Zahlreicher sind die polyphagen Raupen, die ein mehr oder weniger breites Spektrum an (verwandten) Pflanzen »befressen«: die Biotopkomplex-Bewohner. Dass eine Raupe nur eine ganz bestimmte Pflanze »befrisst«, ist eher die Ausnahme. Frau Graff deutet das selber an: sie erwähnt eine Raupe, die sich an verschiedene Obstbäume hält. Da herrscht aber keine Beliebigkeit: es sind, meist, bestimmte Pflanzen zu bestimmten Zeiten, also in bestimmten Wachstumsphasen.

Naturkundliche Buchführer durch die Raupen- und Falterwelt informieren über Fressgewohnheiten: Raupen, die Eichenblätter fressen, sie verschmähen auch Buchenblätter nicht. Der Große Fuchs saugt an blühenden Salweiden wie an nässenden Birken. Oder es passen ins Fressprogramm die Birke wie der Haselstrauch, die Erle wie die Hainbuche. Auch finden sich Espe, Pappel und Weide auf einer Raupen-Menükarte. Einige Schwärmerraupen machen sich an Fuchsien wie an Weideröschen heran, an Geißblattpflanzen wie an Ölbaumgewächse. Damit sind wir schon in der Nähe der polyphagen Raupen, der Allesfresser, die, so Weidemann, »im Frühling das eben sprießende Grün aller möglichen Kräuter und Sträucher verzehren«. Zum Fressprogramm mancher Raupen können sogar Schildläuse gehören oder die Ausscheidungen von Blattläusen. Als ›Träger‹ mancher polyphagen Raupen müsste also ein kleines Bouquet verschiedenartiger Pflanzen gezeichnet oder aquarelliert oder in Kupfer gestochen werden.

Dies auch noch bei unterschiedlicher Beleuchtung! Es wird (auch) bei den Kupferstichen auf jede Form der Lichtregie verzichtet: alles in gleichmäßigem Arbeitslicht. Das suggeriert: Alles spielt sich im Hellen ab. Die häufig abgebildeten »Eulen«, die Nachtfalter aber fliegen nur nach Sonnenuntergang. Und: Die wenigsten Raupen sind tagsüber zu sehen, es sei denn, sie sind krank und ihr biologisches Programm ist durcheinander geraten. Die Raupen verstecken sich vor ihren Hauptfeinden, den Vögeln: machen sich an Unterseiten von

Blättern fest, verkriechen sich in Schattenbereiche, suchen Schutz in Schrunden von Baumborke. Erst mit der Dämmerung kommen Raupen zum Vorschein, erst in der Nacht setzt ihr Wanderleben ein und das große Fressen.

Eigentlich müssten also die Fraßpflanzen, die oft wechselnden, und die Raupen mit ihren mehrfach gewechselten Hüllen in Nachtbildern gezeigt werden. Oder in geteilten Bildern, denn die Tagfalter fliegen, ihre paar Lebenswochen lang, nur im Hellen – Flugwetter vorausgesetzt. Da müssten für die Falter aber wiederum andere Begleitpflanzen abgebildet werden, denn: Falter bleiben nicht den Pflanzen ›treu‹, deren Blätter von ihren Raupenvarianten befressen wurden, Falter können Blüten ganz anderer Pflanzen anfliegen, falls sie überhaupt Blüten als »Saugmedien« benutzen. Das »Saugmedium« kann auch Birkensaft sein, weiches Harz, kann Fallobst sein, können Pfützen sein oder verendete Tiere. Ausgerechnet der prachtvolle Schillerfalter besaugt Kot und Aas.

Das meiste war damaligen Gärtnern, Gartenfreunden, Naturliebhabern sicherlich bekannt. Dennoch schuf M. S. Graff Bildrealitäten, die mit Naturphänomenen nur teilweise, nur ausschnittweise kompatibel sind. Irritierendes kommt hinzu: willkürliche Veränderungen. Dies wird noch zu erörtern sein. Jetzt nur, vorwegnehmend, ein Beispiel: Aus einer Raupe, die, im Erdreich versteckt, ihre Verpuppungshülle produziert, wird eine Raupe, die sich, samt Hülle, an einem Stängel gleichsam anseilt, mit einem Gürtelfaden – eine Stürzpuppe. Was optisch natürlich sehr viel mehr hergibt ...

NOCH EIN PUNKT IST ZU ERÖRTERN: mehr als nur einmal lese ich, MSM hätte »Lebensgemeinschaften« dargestellt auf den Kupferstichen ihres Raupenbuchs wie ihres Surinamwerks. Diese Darstellungen von »Lebensgemeinschaften«, so wird suggeriert, als spezifische Leistung, als Charakteristikum der ökologisch vorausdenkenden Malerin.

Der Begriff Lebensgemeinschaft wird in der Wissenschaft durchaus verwendet. Bezeichnet wird damit eine Gruppierung von Organismen, die in Wechselwirkung leben. Die Wechselwirkung Raupe-Pflanze etwa besteht darin, dass die Raupe die Pflanze nicht nur »befrisst«, sondern zu Wachstum stimuliert. Ich finde das Wort »Lebensgemeinschaft« freilich meist in einem eher betulichen Kontext. Indiz dafür ist der beliebte Gebrauch des Wortes »Wirtspflanze«. Hier wird Bereitwilligkeit, ja Entgegenkommen der Pflanze suggeriert: Ihr putzigen Raupen habt mich zum Fressen gern, also bewirte ich euch gern mit meinen lebenswichtigen Substanzen ... Es gibt aber keine Pflanze, die sich (womöglich unter Einsatz lockender Duftstoffe) zum Fraß darbietet, vielmehr versuchen Pflanzen, sich so weit wie möglich zu schützen: durch harte Oberflächen, durch Kristallbildungen, durch Dornen, durch Gerbsäuren, durch Giftstoffe. Keine »Lebensgemeinschaft« auf der »Wirtspflanze«: Pflanzen wehren sich gegen das Gefressenwerden.

RÜCKBLICKEND UND FORTFAHREND: Die Merian als Frühökologin? Hier wird ein heutiges Muster projiziert, über eine riesige Zeitdistanz hinweg. Dass sie ihre Darstellung von Raupen, Larven, Puppen, Faltern oder Käfern vielfach mit der Darstellung (jeweils) einer Pflanze kombinierte, das kann auch ganz anders interpretiert werden: als bewährtes Kompositionsschema für die Zeichnerin, die Stecherin.

Wenn sie sich wie Goedaert oder Swammerdam darauf beschränkte, nur die Entwicklungsphasen eines Insekts darzustellen, war die Gefahr groß, dass es bei einer schematisierenden Aufreihung der »Stände« blieb – von oben nach unten oder von links nach rechts. Auch Georg Hoefnagel konnte das Problem nicht immer zufriedenstellend lösen, in seinen Kombinationen verschiedener Insekten (nicht von Entwicklungsformen).

Es boten sich, grundsätzlich, nur zwei Lösungen an. Die erste: Das Insekt wurde isoliert und bildbeherrschend vergrößert. Die zweite: Es wurde eine Bildgeschichte anskizziert. Etwa: Frösche, die sich belauern ... Eine Wespe reißt ein Loch in ein Spinnennetz ...

Das Mittel der bildbeherrschenden Vergrößerung wählte auch die Merian zuweilen – und hier entstanden eindrucksvolle Darstellungen. Ansätze zu Bildgeschichten hingegen entwickelten sich kaum – später wird eine Vogelspinne einen Kolibri überwältigen, wird eine Riesenschlange den Kampf mit einem Krokodil aufnehmen, aber das sind eher Illustrationen von Gerüchten oder Legenden.

Die generelle Lösung des Darstellungsproblems war für sie: die Einführung der Trägerpflanze. Damit ergab sich Bildkomposition fast von selbst: zentral die Pflanze, möglichst mit Blüten, und auf einem Blatt sind Eierchen abgelegt, auf einem anderen Blatt eine Verpuppungskammer, an einem Stängel oder auf einem Blatt eine Raupe und obendrüber ein Falter im Anflug ... Ein Schema, das sich bewährte, und so wurde es vieldutzendfach reproduziert, mal einfallsreich, mal einfallslos. Die Pflanze jeweils als Struktur schaffendes Bildelement.

»HIER STELLEN SICH, von einerlei Art, zwei Vögelein dar, deren eines fliegend, das andere sitzend zu sehen; welche von mir (im Unterschied zu den vorherigen Motten) Sommervögelein genannt werden. Denn obgleich jene Motten oder Mottenvögelein auch im Sommer gerne fliegen, so bekommt man doch jenes nicht so bald zu Gesicht, dieweil sie lieber gegen Abend und in der Nacht als bei Tag fliegen. Sie machen sich auch gerne nicht zu hoch in die Luft hinauf. Die Sommervögelein aber fliegen gerne des Tages, und dann lieben sie ein schönes, frisches und heiteres Wetter, fliegen auch gar hoch und gar geschwind durch die Luft; so kann sich auch diese Art, wie einige Sommervögelein, sehr schnell emporschwingen. Die Raupe von ihnen habe ich im Mai auf Johannisbeerstäudlein oder Johannisträubchen gefunden, welche, samt deren Blättern, ihre Speise sind. Sie essen auch die Brennende Nessel und Stachel- oder Stichelbeere. Schließlich haben sie sich an eine Mauer oder an Holz so gehängt und sind zu einem Dattelkern geworden, welcher eines Menschen Angesicht sehr ähnlich, sieht noch dazu aus, als wenn es aus Gold

oder Silber gemacht wäre; also glitzert es (ganz besonders) von
unten, wo es sich festgehängt. Zu Ostern kommen nun solche
oben angezeigten Sommervögelein heraus. Auf den inwendi-
gen Seiten sind sie gold- oder safrangelb, mit braunen Flecken,
auf den nach außen gewendeten aber ganz braun und lassen
darein ein kleines, weißes, lateinisches C deutlich sehen; weshalb ich ihn gewöhnlich auch das C-Vögelein zu nennen
pflegte.«

Erfreuliche, erheiternde Lektüre, (auch) dieser Text über
hoch und schnell fliegende Sommervögelein. Aber wo, bitte,
geht es hier zur Wissenschaft?!

LEBENSBILD 20: Das junge Ehepaar im gemeinsamen
Arbeitsraum. An der Rückwand des Zimmers, mit Licht von
beiden Seiten, Graphiken in drei Reihen, in dichter Hängung.
Unübersehbar: Bouquets und Einzelblumen aus der Hand der
Maria Sibylla Graff und: Stadtansichten, meist von Nürnberg
– die charakteristische Form des Sinwell-Turms der Burg auf
drei dieser Veduten.

Das Ehepaar sitzt Rücken an Rücken – zusätzlich ist eine
Trennfläche aufgestellt, etwa einen Quadratmeter groß, auf
Stützen. M. S. Graff arbeitet diesmal nicht ›freihändig‹: sie hat
auf dem Tisch das Stichpolster liegen, ein rundes Lederkissen,
hat hier die Platte aufgelegt, graviert eine Linienkrümmung.
Den rechten Ärmel des beinah festlichen Kleides hat sie ein
wenig hochgeschoben, es zeigt sich ein sehniger Unterarm.
Markant, im Profil, ihre Nase; die Lippen scheinen schmal in
der konzentrierten Anstrengung.

Auch Graff ist beinah festlich gekleidet: Stulpenstiefel mit
Sporen; reich bestickte, lange Jacke; den breitkrempigen Hut
hat er ein wenig schief gerückt, sieht damit ›unternehmungs-
lustig‹ aus. Er zeichnet. Die Sujets, so weit zu erkennen, sind
charakteristisch: eine Blume bei ihr, eine Häusergruppe bei
ihm. (Feder in Grau, laviert, über Rötel, auf Papier. Etwas
wasserrandig.)

VOM WERK DES HERRN GRAFF kann ich mir kein rechtes Bild machen. Wiederholt bezeichnete er sich als Maler, aber ich habe noch kein Gemälde von ihm gesehen, fand nur mal einen vagen Hinweis auf ein Vanitas-Gemälde. Befinden sich Ölbilder von ihm in einem Museumsmagazin oder in Privatbesitz?

Fest steht: er hat gezeichnet, hat mit seinen Zeichnungen Vorlagen geliefert für Kupferstiche, in der Regel ausgeführt von Johann Ulrich Kraus. Im Germanischen Nationalmuseum Nürnberg sind etwa drei Dutzend Zeichnungen und Kupferstiche von Graff archiviert, wenn auch (leider) nicht unter seinem Namen zusammengefasst, sondern in mehrere »Kapseln« (Mappen) verteilt, die nach Sachwörtern geordnet sind, etwa: nach den Namen Nürnberger Kirchen. (Zum Teil ist da schierer Bildkram versammelt, vielfach aus dem 19. Jahrhundert.) Kupferstiche nach Graff müssen jeweils einzeln herausgesucht werden.

Angelockt wurde ich zuerst, natürlich, vom Bildtext »Prospekt im Hochmannischen Garten«. Der Garten selbst ist freilich nicht zu sehen, nur Häuser und ein Stück unbefestigter Straße. Immerhin aber lässt sich in diesem Fall erkennen, wie er gezeichnet hat und wie das umgesetzt wurde: es liegt seine Vorzeichnung zum Kupferstich von Kraus vor. Hier zeigen sich deutliche Unterschiede: Graffs Strichführung ist leicht, fast duftig, Details sind nicht immer ausgeführt, die wurden zum Teil dem Kupferstecher überlassen, und so erscheint auf dem Stich eine sitzende Brunnenfigur, die Graff ausgespart hat, und in einem Torbogen steht eine Frau, die bei Graff nicht zu sehen ist, während ein Hund, der vorn über die Bildfläche rennt, von Kraus wiederum weggelassen wurde, und so fort. Völlig andere Wolkenformen noch obendrein.

Das Bildwerk von Graff ist, nach meiner Kenntnis, vorwiegend durch Radierungen repräsentiert, die er nicht selbst angefertigt hat. Der Vergleich zwischen der Vorzeichnung und dem Kupferstich vom Hochmannischen Garten warnt mich davor, aus Stichen Rückschlüsse zu ziehen auf seinen Strich.

Dass er schon früh Begabung zeigte, lässt sich nach einem Kupferstich mit einer Gruppe von Hochseilartisten erschließen: 1651, also mit vierzehn, fertigte er die Vorlage zum Stich an, der Einblick gewährt in einen weiten Innenhof mit Galerien in drei Geschossen, und in der Mitte der Fläche sind zwei Maste aufgerichtet, mit Seilen arretiert – eins ist um einen Kamin geschlungen. Ein halbes Dutzend Hochseilartisten ist, zumindest auf diesem Bild, gleichzeitig in Aktion: Einer macht einen Kopfstand auf der Endplatte eines der Maste, einer rutscht soeben eins der Seile hinab, andere balancieren mit waagrecht gehaltenen Stangen. Zahlreich die Zuschauer, und auf der Hoffläche spielen Kinder, laufen Hunde.

Eine Zeitlücke dann (für mich zumindest) von drei Jahrzehnten. 1681: die Barfüßer-Kirche, die, nach dem großen Brand, wieder aufgebaut wird – Graff muss das Baugerüst im Innern der Kirchenruine fasziniert haben, all die senkrechten Balken und die waagrechten Bohlen und Bretter, und mit einer Seilwinde wird ein Eimer hochgezogen, und von allem Treiben unbeeindruckt ein Storch im Nest.

1682: Die Ansicht des Egidienplatzes. Rechts die Egidienkirche, direkt daneben das Gymnasium, das Graffs Vater geleitet hatte: zweigeschossiger Bau, dessen Dach erheblich höher ist. Dominierend die »Im-Hoffischen Häuser« – der Renaissancepalast mit zwei Einfahrten.

1685: Die Lorenzkirche, von innen, großes Hochformat, auch wieder von Kraus gestochen, aber es heißt in der Textleiste: »...welche seinem Vaterland zu Ehren abgezeichnet und in Kupfer verlegt Joh. Andreas Graff von Nürnberg, Maler, Frankfurt am Main, 1685.« Interessant: da gab er also Frankfurt als Wohnsitz an. Ich komme darauf zurück.

Er scheint, neben Stadtansichten, vor allem Nürnberger Kirchen dargestellt zu haben, bis hin zum Jahr 1696. Meist war es das Kircheninnere, mit Blick ins Hauptschiff Richtung Chor. Bildsujets sind damit überliefert, aber seine Gestaltung bleibt hinter Kupfertafeln verborgen. Es müssten erst noch einige Entdeckungen gemacht werden, ehe eine genauere Werkbeschreibung unternommen werden kann. Beim jetzigen Stand lässt sich nur wiederholen: Johann Andreas Graff muss vorwiegend für einen Kundenkreis seiner Geburtsstadt, seines Hauptwohnsitzes gearbeitet haben, legte dabei Wert auf stimmige Wiedergabe, ohne sich künstlerische Freiheiten zu erlauben.

NUN KOMMT NOCH EIN KLEINER FARBTUPFER in das Portrait der Maria S. Graff zu Nürnberg: die vielseitige Frau auch als Seidenmalerin. Den Hinweis darauf finde ich im Universallexikon der Firma Zedler – ein Spätbarock-Pendant zum Großen Brockhaus. Mit mehr als sechzig Bänden ist der Zedler freilich noch weitaus umfangreicher! Ich ziehe dieses Kompendium gelegentlich heran: Welche Informationen wurden wenige Jahrzehnte nach dem Tod der Merian vermittelt?

Die beiden Textspalten über sie: erstaunlich genau. Also zitiere ich die gesamte einleitende Sequenz, nur in der Schreibweise modernisiert.

»Merianin (Maria Sibylla), eine im Zeichnen und Malen vortrefflich geübte Künstlerin, war eine Tochter des älteren Matthäi Merians und zu Frankfurt am Main 1647 geboren. Sie legte den Grund in dieser Kunst bei Jacob Morell, welchen sie nach Absterben ihres leiblichen Vaters zu einem Stiefvater bekommen, und gelangte sodann in der Miniatur, insonderheit aber in Blumenmalerei, welche sie mit Raupen, Sommervögeln und anderen Insekten auszuzieren sich stetigst beflissen, zu einer großen Vollkommenheit; wobei sie zugleich auf eine ganz außerordentliche Unternehmung geraten, indem sie erstlich auf der Seidenwürmer, hernach auf der Raupen und Sommervögel wunderbare Veränderung, besondere Blumennahrung und andere Umstände eine lange Zeit sehr genaue Acht gab, und also selbst in der Naturwissenschaft viele neue Entdeckungen machte. Die ersten Proben sah man von ihr 1679 und 1683, da sie zu Nürnberg, als woselbst sie sich mit einem berühmten Maler, Johann Andreas Grafen, verheiratet und niedergelassen, 2 Teile von dergleichen Insekten in Kupfer brachte und herausgab. Hiernächst war sie auch in Seidenstücken vortrefflich geschickt und machte unter anderem mit gewissen Saftfarben auf Leinwand und seidene Zeuge allerhand schöne Blumen und Kräuter, welche sich auf beiden Seiten in gleicher Vollkommenheit präsentierten, auch bei dem Waschen ihre lebhafte Farbe nicht verloren.«

Zur Seidenmalerei kam noch, wie ich zuweilen lese, das Bemalen von Tischtüchern, und zwar wetterfest, also Picknick-geeignet. Sie soll sogar ein Zelt bemalt haben, mit dem ein hoher Herr ins Feld zu ziehen gedachte; der Herr von Baden wollte vor und in seinem Kriegszelt offenbar fröhliche Farben sehen – und die mussten erst recht wasserfest sein. Hier hatte sie offenbar ein neues Verfahren ausgetüftelt (oder übernommen): wasserfeste Naturfarben. Ein Zelt nun, für einen Kriegszug, mit floralen Motiven? Oder hat sie es mit martialischem Dekor bemalt? Also, beispielsweise, mit radial aufgefächerten Schwertern, Lanzen, Kanonenrohren? Wohl kaum, sonst hätte der hohe Herr eher einem Spezialisten für Kriegsemblematik den Auftrag erteilt.

Seidentücher, Tischdecken, Zeltwände, von ihr farbig gestaltet, dazu der Unterricht, der Zwischenhandel mit Künstlerbedarf und so weiter – hier liegt die Schlussfolgerung nah, dass sie entschieden, womöglich entscheidend beigetragen hat zur Familienkasse, dass sie demnach Hauptverdienerin war. Ich habe (das freilich nicht weiter begründbare) Gefühl, ihr Gatte sei, zumindest in beruflicher Hinsicht, ein wenig träge gewesen – dass er als Profi das Kupferstechen einem anderen überlässt, ist auffällig. Schade, dass so wenig über ihn tradiert wurde. Meine barocke Datenbank bezeichnet ihn zwar als berühmt, widmet ihm aber keinen Eintrag.

»ALS ICH, ANNO 1680 IN NÜRNBERG, mit der adligen und tugendreichen Jungfrau Clara Regina Imhoff, meiner discipula, im Garten ihres Herrn Großvaters, des Herrn Friedrich Volkamer (auf der Stadtmauer und wundervoll gestaltet) spazieren ging, fand ich auf der Roten Nessel diese eine Raupe;

hatte einen sehr schnellen Lauf und erwähntes Kraut von April bis in den Mai sehr viel genossen. Ihre Farbe war schwarz und mit ebenso viel gelben wie weißen Tüpfelchen sehr schön verziert. Anfang Mai nun hatte sie ihren Balg abgeschoben, wurde anschließend innerhalb von 4 Stunden allmählich zu diesem Dattelkern, der bewegungslos war. Am 10. Juli ist ein schöner Mottenvogel (weil er am Tag nicht viel, sondern des Nachts flog) herausgekommen.«

Der Garten war selbstverständlich nicht auf der Stadtmauer angelegt, die bot nur Platz für einen Laufgang, sondern auf einer der Plattformen der mächtigen Bastionen des 16. Jahrhunderts; in dieser (regional begrenzten) Friedenszeit war hier Platz genug für das Observatorium von Vater und Tochter Eimmart wie für einen der Gärten der Volkamers.

LEBENSBILD 21: M. S. Graff an ihrem Arbeitstisch, in Seitenansicht; vor ihr, auf mehreren Regalbrettern: Spanschachteln und Gläser; auf der Tischfläche ein Falter auf einem Spannbrett, die Flügel ausgebreitet, mit festgesteckten Papierstreifen flachgehalten. Sie hält eine Nadelspitze in eine Kerzenflamme, fixiert mit der Linken auf der Tischplatte einen noch lebenden Falter, flügelschonend – der Moment vor dem Ausführen des Todesstichs und dem anschließenden Trocknen auf dem Spannbrett. (Graphitstift auf Papier. Unauffälliger Einriss linke obere Ecke, unterlegt. Unbedeutend randfleckig.)

»ES WURDEN MIR EINMAL ZU NÜRNBERG drei junge Lerchen lebendig gebracht, am elften August, die ich dann getötet habe. Drei Stunden später, als ich sie rupfen lassen wollte, da waren siebzehn dicke Maden in ihnen, obwohl ich sie gleich zugedeckt hatte, sodass in dieser Zeit nichts dergleichen an sie herankommen konnte. Die Maden hatten keine Füße und konnten sich doch an den Federn fest halten. Am anderen Tag veränderten sie sich in ganz braune Eier. Am 26. August kamen so viele schöne grüne Fliegen heraus, welche ich große

Mühe hatte zu fangen, weil sie so schnell waren, ich kriegte nur 5 von ihnen, die anderen entkamen mir alle.«

ES DÜRFTE FÜR GRAFF NICHT IMMER GANZ LEICHT GEWESEN SEIN, in einem Haushalt zu leben, der weithin von mitbewohnenden Raupen und Insekten beherrscht wurde. Anfechtungen erst recht für Besucher: Es muss im Hause Graff gelegentlich, im Hochsommer, gerochen haben wie in einem Kleintierzoo. Fast alle Mitbewohner hielten sich in Spanschachteln auf und nicht in verschlossenen Gläsern; bei der enormen Kotproduktion der Raupen wird das Spanschachtelholz gleichsam imprägniert worden sein, da konnte sie noch so oft »ausputzen«. Und die kotbesprenkelten, verschrumpelnden Futterblätter … Und Schleimspuren, die verletzte Raupen hinter sich herzogen … Und unablässig mussten Futterpflanzen gesammelt, ins Haus gebracht, sortiert, deponiert werden und mit diesen Pflanzen auch Blattläuse, Blattwanzen und weitere Überraschungsgäste. Und: immer wieder nachschauen, morgens, vormittags, mittags, nachmittags, abends und häufig auch nachts: genug Grünzeug? Und wenn es die gewohnte Pflanze nicht mehr gab, was wurde als Ersatzfutter akzeptiert? System und Zufall. Trotz aller Vorsorge: die Raupen blieben nicht immer ansehnlich, Raupen wurden krank, wurden glitschig oder verschrumpelten, trockneten aus. Und immer wieder Parasiten. Die Maden, die Maden, die Maden, die hier und dort und hüben und drüben auskrochen statt der »Sommervögelein«. Und Fliegen, Fliegen, Fliegen …

Die Toleranzgrenze von M. S. Graff gegenüber Gerüchen war sicherlich nicht eng gezogen. Wo Maden herumkrochen, schaute sie nicht weg, sie ging den Phänomenen nach, legte Brutstätten frei, und dabei stiegen wohl kaum ätherische Düfte auf. Etcetera – ad libitum …

Umso erstaunlicher die Gesamtmetamorphose in der Arbeit dieser Frau: Nach allem Raupenfüttern, Raupentränken, nach allem Ausputzen von Raupenkot, nach allem Aussortieren von verfaulenden, verfallenden Puppenhülsen und

Kokons, nach allem Entfernen von verglitschten oder verhutzelten Raupen entwickelten sich die Bildfolgen ihrer Bücher: Pflanzen und Insekten emporgewachsen und emporgekrochen und emporgeflogen in das Zauberreich nicht gefährdeter Schönheit.

»EINE VON DIESER RAUPENART habe ich in Nürnberg im April 1680 gefunden, welche ich mit Schlehenblättern bis zum 20. Mai gefüttert habe, da hat sie sich in ein ovalrundes Ei eingesponnen. Als es aber lang gelegen hat, war es verdorrt und es ist nichts daraus geworden. Wieder habe ich am 20. Mai 1681 im Kraftshof (eine Meile außerhalb von Nürnberg, vor einem Dorf), im so genannten Poeten- und Irrgarten (den Herr Magister Limburger, dortiger Pfarrer, vor wenigen Jahren angelegt und mit großem Fleiß noch erweitert hat) etliche genau dieser Raupen gefunden, die haben zu ihrer Speise, als sie keine Schlehen mehr hatten, Eichel- und Haselnussblätter gegessen, aber aus denen ist mir auch nichts geworden.«

BALD WIRD MARIA SIBYLLA DIE STADT NÜRNBERG verlassen, wird mit ihren Töchtern zur Mutter ziehen, die nach Marrells Tod nicht allein bleiben soll. Graff wird mitziehen, zumindest für längere Zeitphasen; von einer Trennung ist zu Beginn der achtziger Jahre offenbar noch nicht die Rede, aber sie könnte sich anbahnen: Auseinandersetzungen, die, eventuell, häufiger und heftiger werden.

Ich weiß allerdings nicht, in welchem Ton im 17. Jahrhundert ein Ehestreit ausgetragen wurde. Hier lassen sich heutige Muster nicht rückübersetzen. Von heute aus wäre es leicht, zu artikulieren, was den Ehemann der Merian belastet, nach mittlerweile 15 Jahren Ehe – aus heutiger Sicht könnte der Streit, zum Beispiel, eine innerhäusliche Konkurrenzsituation nachbilden.

Eventuell hat der exemplarische Streit auch ein ganz anderes Stichwort: Einschränkung von Kommunikation. »Ich entzog

mich deshalb aller menschlichen Gesellschaft«: Schlüsselsatz
der Frau, die sich mehr und mehr einspinnt wie in einen
Kokon. Könnte hier der Ansatzpunkt, der Zündpunkt sein für
emotionale oder aggressive Äußerungen des Mannes? Vielleicht also erhebt Johann Andreas Graff auch diesen Vorwurf:
Dass sie sich immer nur, fast immer nur mit Raupen, Larven,
Insekten, mit Raupen, Larven, Insekten beschäftigt. »Und ich,
und ich, und wo bleib ich?!« So wurde das im 17. Jahrhundert
aber bestimmt nicht gesagt. Auch das müsste rück-übersetzt
werden.

SCHON ZU BEGINN DER NÜRNBERGER ÄRA DER GRAFFS,
im Jahre 1672, war in Paris, im Palais Royal, ein neues Stück
von Molière zum ersten Mal aufgeführt worden, ein Stück, an
dem er vier Jahre lang gearbeitet hatte und in dem er eine seiner wichtigsten Arbeiten sah: *Die gelehrten Frauen.*

Hier kommt (auch) ein Thema zur Sprache, das damals
virulent wurde: Frauen des gehobenen Bürgertums gewannen
größere Selbständigkeit, damit größeres Selbstbewusstsein, sie
begannen zu studieren, zumindest privat, wendeten sich Wissenschaften zu, vor allem der Astronomie und der Biologie,
auch der Mathematik.

Frau und Wissenschaft, das war für Männer, speziell für Ehemänner irritierend, ja verstörend, und es kam zu Disputen, die
ihre Textreflexe im neuen Stück fanden. Ich will hier auf die
Komödie nicht weiter eingehen, hebe nur eine Position und
eine Gegenposition hervor. Denn: manche dieser Formulierungen könnten Resonanz gefunden haben im Haus am
Milchmarkt – unterschiedliche Resonanz, versteht sich …

In reduktionistischem Proporz zitiere ich einmal den wohlhabenden Bürger Chrysale, danach seine Frau Philamente,
und zwar nach der (manchmal leicht versfußhinkenden)
Übersetzung von Arthur Luther. Das Stück spielt im Haus
des Monsieur Chrysale, und zuerst spricht hier der Hausherr.

Es hat gar keinen Sinn, daß eine Frau studiert,
Sich ihrer Weisheit rühmt und große Reden führt:
Die Kinder gut erziehn, in Haus und Küche walten,
Einkommen und Verbrauch im Gleichgewicht erhalten,
Das Personal zur Pflicht anhalten – sei für sie
Ihr ganzes Studium, ihre Philosophie!
Wie richtig dachte doch die gute alte Zeit!
Unsere Altvordern, ja, die waren noch gescheit.
Da galt noch eine Frau als klug bei jedermann,
Sah sie ein Kamisol nicht für ne Hose an.
Sie lasen kaum etwas, doch wußten sie zu leben,
Die Unterhaltung ging um Haus und Wirtschaft eben.
Statt Büchern hatten sie Garn, Nadel, Fingerhut –
So schuf man nach und nach der Töchter Heiratsgut.
Die Frau von heute weiß nichts mehr von solchen Dingen:
Sie liest und schreibt und will als Dichter Ruhm erringen,
Und keine Wissenschaft erscheint ihr als zu schwer.

Und nun gleich die (indirekte) Antwort seiner Gattin, die eine
Frauenakademie gründen will.

Ich kann's nun einmal nicht ertragen, daß die Welt
Im Geistigen uns Fraun für minderwertig hält.
Ich fordere für mein beleidigtes Geschlecht
Das von den Männern uns schnöd vorenthaltne Recht!
Wir dulden's nicht mehr, daß die sogenannten Herren
Der Schöpfung uns den Weg zu lichten Höhn versperren.

Kurz darauf skizziert Philamente ihre Wunschposition noch
genauer:

Wir wollen aber selbst den schlimmsten Zweiflern zeigen,
Daß auch die Frau, die man so gern verdammt zum
        Schweigen,
Sich in der Wissenschaft vermag zurechtzufinden.
Sie kann so gut wie ihr gelehrte Zirkel gründen
In so vollkommner Form, wie ihr sie gar nicht kennt,
Denn hier vereinigt sich, was ihr noch immer trennt:

Die hohe Wissenschaft und der galante Stil.
Die Kräfte der Natur in ihrem Wechselspiel
Erforschen wir, und wo sich die Parteien streiten,
Da wird Gerechtigkeit geübt nach allen Seiten.

Zwei Positionen, mit denen die Figuren nicht völlig identifiziert werden können. Aber: so etwas lag damals offenbar ›in der Luft‹. Und Molière griff es auf, konzentrierte es.

DIE SUCHE NACH EINER ANALOGIE wird mir aufgezwungen: In der (beginnenden) Ära der Tagebücher hat Frau Merian, hat Frau Graff nur ihr Arbeitsjournal geführt. So sind nicht einmal Stichworte überliefert zu den Auseinandersetzungen, die der späteren Trennung vorausgehen mussten. Wurde Ehebruch zum Problem? Das lag nicht außerhalb des Spielraums der Wahrscheinlichkeit, Graffs Sexualität könnte, wie sich später zeigen wird, zur Belastung geworden sein.

Also, beim Stichwort Untreue wäre die Schreibsituation für mich leichter, ich könnte die Streitszene nach Vorlagen modellieren. Zwei Zitate: zum Ton, zum Sound solch einer Szene in Nürnberg – nicht zum Inhalt!

Situation: ein Mann, der fremdgeht, eine Frau, die das nicht länger ertragen kann. Zeitgleiches französisches Modell: Madame de La Guette; aus der *Geschichte der Privatheit*.

»Was hast du denn? Dauernd rennst du hin und her. Lass uns schlafen, ich bitte dich!«

»Ich kann nicht schlafen. Ich hab solches Kopfweh ... Und du allein kannst es heilen.«

»Nun red schon!«

»Also gut, reden wir ... Was ich dir zu sagen habe, ist Folgendes: Wenn du weiter eine gewisse Dame besuchst, werde ich euch beide vernichten, da kannst du sicher sein. Und jetzt mach, was du willst.«

Zweite Situation: ein Mann, der fremdgeht, eine Frau, die das nicht länger ertragen kann. Zeitgleiches englisches Modell: Samuel Pepys.

»Aber als ich nach Hause komme und auf mehr Ruhe und Frieden hoffe, finde ich meine Frau auf ihrem Bett erneut in schrecklicher Rage, sie warf mir alle erdenklichen Schimpfwörter an den Kopf und stand auf und verunglimpfte mich auf die schmählichste Weise von der Welt, und konnte sich nicht enthalten, mich zu schlagen und an den Haaren zu reißen.« Ausrufezeichen! Punkt. Gedankenstrich –

Analogieschlüsse zum Ton eines Ehestreits in jener Zeit, zum Ton also vielleicht auch eines Ehestreits im Haus am Nürnberger Milchmarkt. Noch einmal: Es soll damit nicht suggeriert werden, Graff hätte eine Geliebte gehabt und damit sei die Ehe akut gefährdet gewesen. Aber wiederum: So etwas läge nicht außerhalb des Denkbaren, des Wahrscheinlichen – ich werde später noch einmal versuchen, mich diesem Brennpunkt zu nähern.

ZU LEICHT WÄRE EINE SCHLUSSFOLGERUNG DIESER ART: Ehekräche damals und Ehekräche heute, sie gleichen sich im Wesentlichen, denn, nicht wahr, letztlich bleiben sich die Menschen gleich, selbst über Jahrhunderte hinweg, nur einige gesellschaftliche Verhaltensmuster und Kostümierungen ändern sich. Solche Gleichsetzungen funktionieren nur auf einer pauschalen und banalen Ebene: Wenn Menschen traurig sind, weinen sie, wenn sie glücklich sind, lachen sie – und so weiter. Aber, dreimal aber: die Menschen damals haben gleiche Ereignisse anders erlebt.

Was wurde denn eigentlich, vor drei Jahrhunderten, in einer Ehe als tragbar empfunden und was als unerträglich? Wie definierte man überhaupt eine Ehe? Spielte Zweckdenken nicht eine sehr viel größere Rolle als Zuneigung, Liebe? Auch im Fall Merian: Ehe als Arbeitsgemeinschaft? Das doppelte Atelier? Das gemeinsame Vertriebssystem?

Ehen wurden vielfach von außen her arrangiert: Entscheidungen von Vätern, auch von Onkeln. Dem Kupferstecher ist ein Kupferstecher als Schwiegersohn besonders willkommen, also ... Und wo blieben die Gefühle? Entwickelten die sich vor allem in Beziehungen zu Dritten? Wie groß aber waren hier die Tabus? Wie stark waren demnach Schuldgefühle? Und wenn wir schon davon ausgehen (ganz selbstverständlich, als wäre das eine anthropologische Konstante), dass man möglichst rasch miteinander ins Bett geht – wie waren damals die Verhaltensmuster? Zog man sich aus? Und Vorspiele – ausgekostet oder übersprungen? Wurde nicht ringsum gepredigt (in einer Zeit, in der man noch Ohren für Prediger hatte), dass nur die reine Liebe gut ist? In den calvinistischen Niederlanden, zum Beispiel, wurde unterschieden zwischen Reiner Liebe und Geiler Minne. Hatte Geile Minne viel Zeitraum zur Entfaltung in einer Ehe? Noch im 19. Jahrhundert galt als konsensfähig: Wer zeugen will, muss rasch und kurz miteinander schlafen. Das sähe, das sieht man heute anders. Und überhaupt: Wie weit war Sexualität Basis einer Ehe, einer Liebschaft?

Der fingierte Ehestreit (denn eine Trennung muss ihre Vorbereitungsphase haben …) als Versuchsarrangement: Mal sehen, wie weit wir in diesem Punkt mit der Annäherung kommen. Die beiden Ehekrach-Zitate schienen die Distanz zu verkürzen; Apologeten anthropologischer Konstanten, sie könnten hier triumphieren: Heute gibt es in solch einem Fall Zoff, damals gab es, wie die Zitate zeigen, ebenfalls Zoff. Nun gut, Verhaltensmuster scheinen sich in extremen Lagen zu gleichen, aber nicht die Mentalitäten, die gesellschaftlich mitgeprägte Normalität. Zwar lesen sich die Auseinandersetzungen, die dokumentierten, fast wie heutige Streitprotokolle, aber die Zwischenzeit kann hier nicht ohne weiteres annulliert, Bedenken können nicht evaporiert werden. Wie war die Anlaufzeit zum Streit, wie war die Nachwirkung? Wie gingen die Körper vorher und nachher miteinander um? Was sagte oder schrieb man befreundeten Personen in solchen Krisenzeiten? Wurde so etwas schamhaft verschwiegen oder doch thematisiert?

Hier, vor allem hier, bleibt mir die historische Person fern und fremd. Sie hält sich auf in einer Terra incognita: die kann nicht einfach im Handstreich erobert und assimiliert werden.

Hier hilft Einfühlung, hilft Mitdenken nicht weiter, da würden wir nur rückübersetzen aus heutigen Erfahrungen, Gefühlen, damit würden wir uns eine Figur der Vergangenheit kurzschlüssig aneignen, angleichen, zu Eigen machen. Hier wäre Rhetorik und nicht Recherche, die auch Grenzen akzeptieren muss. Annäherung ja, aber nur als Versuch, der das Bewusstsein von Distanz, einer letztlich unaufhebbaren Distanz wachhält.

Mich würden Exkursionen oder Expeditionen in vergangene Zeiten aber kaum interessieren, wenn sie doch nur wieder ins (etwas anders kolorierte) Bekannte führten. In früheren Zeiten hat man unbefangen gleichgesetzt, das zeigen vor allem Bilder: Herrschaften der Römerzeit in Kostümen des Mittelalters, Personen der biblischen Geschichte in niederländischem Ambiente ... Damit ist Gleichsetzung postuliert. Das Andere aber bleibt das Fremde, weithin; Annäherungsversuche als Probierbewegungen. Ich werde später noch einmal auf diesen Punkt zurückkommen, wenn sich die Frage stellt, wie damals das Verhältnis zum eigenen Körper war. Das Stichwort ist hier noch nicht gegeben.

Zu allen grundsätzlichen Problemen kommen bei Maria Sibylla Graff noch spezifische Schwierigkeiten hinzu. Erwähnt wurde schon, dass sie kein privates Tagebuch führte. Oder ging das verloren? Außer den (bisher) neunzehn Schreiben ihrer sicherlich sehr umfangreichen Geschäftskorrespondenz (mit gelegentlichen persönlichen Anmerkungen) sind keine wirklich privaten Briefe überliefert. Wenn das nicht bloß eine Überlieferungslücke ist: könnte der Grund auch in ihrer Person gelegen haben?

Ich vermute, auf Widerruf: sie war nicht sehr zugänglich, war womöglich verschlossen ... Wurde in ihrer unkommunikativen Fixierung auf Beobachtungsobjekte nicht gern gestört ... Noch einmal der Schlüsselsatz, nun komplettiert: *Ich entzog mich deshalb aller menschlichen Gesellschaft und beschäftigte mich mit diesen Untersuchungen* (zur Metamorphose). In dieser Hinsicht hat sie offenbar keine Metamorphose vollzogen, sie blieb verpuppt.

FRAU MERIAN!
UND ICH.

DIES WIRD LEICHT HERANZITIERT: das Stichwort *Identifikation*. Der Biograph, nicht wahr, der sich mit der Person identifiziert (zumindest teilweise oder phasenweise), mit der er sich eingehend beschäftigt. Und Leserinnen, Leser wiederum, sie können sich im Nachvollzug ebenfalls mit solch einer Person identifizieren (zumindest phasenweise oder teilweise). Ich ziehe hier freilich ein bescheideneres Wort vor: *Resonanz*. Leben und Werk einer Person der Vergangenheit finden Resonanz in einer Person der Gegenwart.

Das kann langfristig vorbereitet sein: Kindheitserfahrungen, Kindheits-Wunschvorstellungen, die, zeitverschoben, zu Resonatoren, zu Resonanzverstärkern werden. Also: auch autobiographische Voraussetzungen beim Schreiben einer Biographie. Dies möchte ich, zumindest ansatzweise, dokumentieren: Welch eine Vorgeschichte kann das Verfassen eines biographischen Textes haben?

Und, gleich weitergefragt: Wie kann das Schreiben (und Lesen) solch einer Biographie rückwirken in den autobiographischen Bereich? Welche Folgen also kann die Beschäftigung mit Lebenslauf und Lebenswerk einer längst verstorbenen Person haben? Pathetisch geantwortet: Der Merian folgend haben sich mir neue Welten erschlossen. Und: Es haben sich einige Verhaltensmuster geändert.

Vorzeichen, Voraussetzungen der Arbeit an einer Biographie und vor allem: ihre Folgeerscheinungen, Konsequenzen sollen zumindest skizziert werden. So etwas ist noch nicht unternommen worden, also muss es kurz begründet werden –

und damit auch dieser Zwischentitel, der sich wiederholen wird.

Als Erstes ein Hinweis: Ein Portrait wird in der Malerei vielfach mit einem Selbstportrait verbunden. Ein oft variiertes Grundmuster: der Maler und sein Modell. Sprich: Der Portraitist portraitiert auch sich selbst. Das geschieht in Textportraits meist indirekt, gleichsam subkutan, hier aber wird es thematisiert, bis in die Zwischentitel.

Als Zweites: ein Zitat. Georg Forster, Teilnehmer einer Welt-Forschungsreise, schreibt in seinem Bericht, die Leserschaft hätte ein Recht, zu erfahren, »wie das Glas gefärbt ist, durch welches ich gesehen habe«. Das lässt sich leicht adaptieren: Die Leserschaft hat ein Recht darauf, zu erfahren, wie das Glas gefärbt ist, durch das ich die Merian sehe und einige ihrer Zeitgenossen.

Als Drittes ein Zitat des Adelbert von Chamisso – er wird uns noch auf kurzen Abschnitten der Seereise nach Surinam begleiten. In der Einleitung zu seinem Expeditionsbericht schreibt er: »Wer mich teilnehmend auf der weiten Reise begleiten will, muss zuvörderst erfahren, wer ich bin.« Also haben auch Leserinnen, Leser dieses Buchs ein Anrecht darauf, zu erfahren, wenigstens in Aspekten oder Facetten, wer diese innere Expedition unternimmt. Schließlich gehe ich (auch) in dieser Biographie von mir aus und kehre zu mir zurück.

Weniger allgemein formuliert: Wenn ich eine Merian genauer sehen lerne, so sehe ich, rückwirkend, auch mich selbst genauer – zumindest in einigen Aspekten.

AUF DEN SPUREN FRÜHERER FASZINATION, die (eventuell) dieses Buch (mit)motiviert: Ich blättre erneut in den ersten Jahrgängen der Zeitschrift *Orion*, die ich als Bub gesammelt hatte nach durchweg sorgfältiger Lektüre. Ich will nicht vortäuschen, ich hätte behalten oder: ich würde prompt wieder erkennen, was ich nun auf holzhaltigem Papier des Nachkriegsjahrgangs 46 lese, aber: Hier könnte so etwas wie eine Grundierung sein für die Farben, die ich zum Portrait der

Maria Sibylla Merian auftrage – einem Portrait mit weitem Zeithintergrund.

Damalige Lektüre, beispielsweise über »Wirbeltiere als Gleitflieger«. Der Elfjährige las hier von Fliegenden Fischen, und diese etwa handlangen Fische schnellen in Schwärmen mit einem »kräftigen Ruck in einem Satz in die Höhe und schwirren mit leise knisterndem und etwas klirrendem Gleitflug mehrere Meter weit über die Wasserfläche dahin; dann tauchen sie wieder in die Fluten hinab«. Diese »Hochflugfische« schweben immerhin zwei Meter über dem Wasserspiegel dahin, schaffen auch Höhen von vier, fünf Metern. Und sie kommen jeweils etwa dreißig Meter weit – die Fluglänge kann bei günstigem Rückenwind sogar hundert, ja zweihundert Meter betragen. Also muss der Antrieb stark sein: »Lebhafte seitliche Schläge des stark vergrößerten unteren Lappens der Schwanzflosse« ...

Als kleinerer Bruder des Fliegenden Fischs: der Schmetterlingsfisch. Schnellt aus dem Wasser, gleitet mit aufgespannten Flossen durch die Luft. Und mit einem Staunen, das damaliges Staunen zwar nicht assoziiert, aber evoziert, lese ich vom Flugfrosch: Springt von Urwaldbäumen mehrere Meter tief ins Wasser, spreizt dabei die überlangen Zehen, breitet damit Spannhäute aus, bildet so eine Art Fallschirm. Dieser Flugfrosch allerdings ist, für mich, in den Fluss Lethe gesprungen. Aber die Fliegenden Fische blieben präsent, wollen deshalb wiederholt erwähnt werden in den späteren Seereisekapiteln dieses Buchs: M. S. Merian auf hoher See.

Jetzt will ich aber nicht, nach ersten Stichproben, die vier Jahrgänge durchsuchen nach weiteren realen oder virtuellen Spuren, ich schlage erst wieder eins der Hefte auf, die ich mit vierzehn gelesen habe, als treuer, demnach fortlaufend motivierter Abonnent auch über die Währungsreform hinaus. Und der wurde damals, der wird heute erneut belohnt durch einen Bericht etwa über »Sechsbeinige Winterschläfer in der Wohnung«. Der Kleine Fuchs (oder Nesselfalter), auch die Zackeneule (wegen ihrer Farbe »Krebssuppe« mit-genannt), sie verbringen in Häusern die lange Zeit der Kältestarre, sind damit zu Frühlingsbeginn den Wanderfaltern zeitlich weit voraus.

Und es kann geschehen, dass sie von Thermik hinaufgetragen werden in die Höhe sogar einer Zugspitze: »Schmetterlings-Invasion im hochalpinen Winter.« Ein Mitarbeiter des Observatoriums Zugspitze berichtet als Augenzeuge, »dass nach einem vierwöchigen Schneesturm in den ersten sonnigen Märztagen des Jahres 1946 zahlreiche Schmetterlinge über den weißen Flächen des Schneeferners zwischen zweitausend und dreitausend Metern Höhe erschienen und sogar den Zugspitzgipfel (2966 Meter) besuchten«. Das wiederholte sich, beispielsweise am 28. März. Nordwind mit der Stärke 3 bis 4, in Garmisch-Partenkirchen war es achtzehn Grad warm, auf der Zugspitze drei Grad kalt, in »Warmluftschläuchen« wurden Falter zur Zugspitze hinaufgetragen, »in reinem Segel- oder Gleitflug«, also wohl mit reglos ausgebreiteten Flügeln, und so erreichten sie eine Region, in der noch sechs Meter Schnee lag, wurden sogar über diese Schnee- und Frosthöhe hinaufgetragen, meist zitronengelb über dem Weiß.

DER ZÜNDPUNKT MEINES INTERESSES an Person und Werk der Merian: die Personalunion von Künstlerin und Naturwissenschaftlerin. Hier wurde die Merian zu so etwas wie einer Leitfigur – ich sah Anfang der neunziger Jahre bei der Arbeit an meinem Merian-Film noch keinen Ansatzpunkt zu kritischer Einschätzung. Auch das hat autobiographische Voraussetzungen. Die sollen wenigstens angedeutet werden.

Nach frühen, recht blumigen Gedichten (allesamt verschollen) suchte ich, Mitte zwanzig, einen Neuansatz und schrieb ein (vorsätzlich) fragmentarisches Poem: »Zwölf Atemzüge eines Urgesangs.« Hier versuchte ich in metrische Schwebe zu bringen, was ich mir angelesen hatte über Kosmogonie, über die Entstehung von Leben auf der Erde. Ich werde nun freilich nicht die Peinlichkeit begehen, die etwa anderthalb Druckseiten hier einzurücken oder auch nur den einen und anderen Abschnitt zu zitieren, ich will nur andeuten, welche Art

Sprachmaterial ich in den relativ freien Vers zu integrieren versuchte. Es waren (auch) sperrige Wörter wie: Lichtquanten, Protuberanzen, Ellipsoide, basisches Magma, Volvox. Diese Beispielwörter sollen genügen. Erst 1979 erschien der Text in einem gesponserten Band mit einer Auswahl meiner frühen Texte, mit einigen meiner Fotos.

Ein zweites Stimulans (und Vorzeichen zugleich) für die Beschäftigung mit Leben und Werk der Merian: Anfang der siebziger Jahre hatte ich, zufällig, ein umfangreiches Buch entdeckt: Eduard Poeppig, »Reise in Chile, Peru und auf dem Amazonenstrome während der Jahre 1827–1832«. Ich las mich fest in den achthundert dicht bedruckten Seiten, entdeckte im Botaniker aus Leipzig, 1798 geboren, einen großen Erzähler, stellte einen Erzähltext zusammen unter dem Titel »In der Nähe des ewigen Schnees«, veröffentlichte ihn, mit einem ausführlichen Nachwort, im Jahre 1975. Ein Büchlein, das leider schon längst wieder vom Markt verschwunden ist. Aber auch im Rückblick sehe ich hier einen Satz von Ossip Mandelstam bestätigt: »Ich will nur daran erinnern, dass der Naturforscher ein professioneller Erzähler ist.« Ja, ich sehe in diesem Botaniker auch einen Literaten, sah und sehe hier eine (zumindest streckenweise gelungene) Fusion von Kunst (hier: als Literatur) und Naturwissenschaft (hier: als Botanik).

Ein Kapitel der Vorgeschichte zur Arbeit an dieser Biographie. Ich erwähne die Publikation aber auch, weil sie direkt und indirekt einwirkt auf dieses Buch. Die direkte Einwirkung: ich übernehme aus meiner Lesefassung das eine und andere Zitat. Die indirekte Einwirkung: ich lerne Wilfried Morawetz kennen, einen der Nachfolger Poeppigs im Institut für Botanik und im Botanischen Garten Leipzig; er schickte mir ein Buch zu, das er, mit einem Kollegen, zum zweihundertsten Geburtstag von Eduard Friedrich Poeppig herausgeben hat, 1998: *Gelehrter und Naturforscher in Südamerika.* Hier finde und entnehme ich einige weitere Zitate, die uns helfen, die Welt zu vergegenwärtigen, in der die Merian nach der langen Schiffsreise gelebt und gearbeitet hat.

IN EINER ZEIT, in der Mariasibyllamerian für mich nur ein Name war mit ein paar (kärglichen) Assoziationen, fand so etwas wie eine öffentliche Schmetterlingsweihe statt.

Freiburg im Breisgau, Lesung im Kleinen Haus des Stadttheaters; eine Matinee. Mein Tisch im Bühnenbild eines Salons der amerikanischen Südstaaten – auf dem Programm ein Stück von Eugene O'Neill. Das Bühnenbild mit Schaukelstuhl und Kommode passt nicht zum Text, den ich vorlese, und doch wirkt alles stimmig an diesem Sonntagmorgen. Draußen spielt zwischendurch eine Blaskapelle, zieht weiter: ein Stadtfest. Und ich setze, ohne musikalische Untermalung, meine Lesung fort. Da taucht im Bühnenraum ein Schmetterling auf, gleitet, »gaukelt« umher, zieht Aufmerksamkeit an – ich unterbreche kurz, schaue, mit dem Publikum, dem Falter zu, wie er über dem Tisch in der Dekoration eines Salons der amerikanischen Südstaaten in Freiburg im Breisgau umhergleitet. Der Schmetterling schwebt wieder ins Halbdunkel, in die Dämmerzone jenseits des Salons, ich lese weiter. Zwei, drei Seiten später schwebt der Falter wieder in den Bühnenausschnitt. Erneut unterbreche ich die Lesung, schaue dem Schmetterling nach, registriere, dass auch mein Publikum den Falterflug verfolgt. Der Schmetterling entschwindet, die Lesung wird fortgesetzt. Das Buch leicht aufgestellt, in beiden Händen, nah das Mikrophon. Und wieder gleitet der Schmetterling heran, ich sitze reglos, lese weiter vor, muss doch wieder unterbrechen: der Falter setzt sich auf den linken Handrücken. Ich atme nur noch ganz flach, sehe im Zuschauerraum die Köpfe reglos, reglos, als könnten wir mit gemeinsamer, mit vereinter Reglosigkeit den Schmetterling auf meinem Handrücken bannen. Der öffnet die Flügel, gibt sich zu erkennen: ein Tagpfauenauge. Mein Blick ruht auf den Flügelaugen, weiß, violett umrandet, im samtigen Braun. Sanft gedehnte Sekunden; die sonst im weiten Raum verteilte Aufmerksamkeit ist konzentriert auf meinen Handrücken, auf dem der Falter sitzt. Und der hebt ab, fliegt hoch, zur Beleuchterbrücke, aber die Scheinwerfer sind an diesem Morgen nicht eingeschaltet, ich muss um das Pfauenauge nicht bangen. Ich erhalte Zwischenbeifall für die Schweigesekunden, für die Reglosigkeit. Würde ich zur Privatmythologie neigen, so sähe ich den Freiburger Falter als Abgesandten der Merian, aus einem Theaterhimmel herabgeschickt ohne Theaterdonner.

BESCHÄFTIGUNG MIT EINER PERSON EINER VERGANGENEN EPOCHE vermittelt mir auch Erfahrungen mit meiner Gegenwart: ich sehe Institutionen und Konstellationen in präziseren Konturen.

Besonders deutlich war das bei den Vorarbeiten zu einem Merian-Film, für den ich das Drehbuch schrieb und bei dem ich auch Regie führte: »Eine Reise nach Surinam« (1992/1993).

Ein Beispiel. Für die simulierte Fahrt von Kitzingen nach Nürnberg suchte ich einen längeren Wegabschnitt, der damalige Pisten wenigstens andeutungsweise sichtbar machte: die beinah »grundlosen« Straßen. Aber wo findet man hierzulande noch unbefestigte, bei Regen oft knöcheltief, knietief verschlammte Reisewege? Fahrwege der Forstwirtschaft sind durchweg geschottert, für schwere Fahrzeuge; Wege der Landwirtschaft sind gleichfalls wetterfest, sind zum Teil sogar mit einer Schwarzdecke überzogen; Einfahrten, Kreuzungen zuweilen mit Verbundsteinplatten. Erst in einem ehemaligen Manövergelände fand ich lange Wegstrecken mit hinreichend tiefen Mulden etc. Diese Pisten allerdings noch immer im Sperrgebiet: strafandrohende Schilder. Auch mit Blick auf eine offizielle Vorbesichtigung mit Redakteurin und Kameramann wende ich mich, nach ersten Pirschgängen, an den Presseoffizier der Garnison. Und es beginnt eine umwegreiche, aufhaltsame Annäherung an ein paar hundert Quadratmeter Gelände, in dem sich, mit einem Karren, eine Reise über Land simulieren ließe.

ES DAUERT EINE WEILE, ehe es der Telefonzentrale der Kaserne gelingt, mich zum Presseoffizier des Jägerregiments 53 durchzuschalten. Ich stelle mich vor, berichte, möglichst kurz, von meinen Vorarbeiten zu einem Film für das Zweite Deutsche Fernsehen. Selbstverständlich kann ich alles schriftlich unterbreiten, betone ich gleich, dies soll nur eine Voranfrage sein, ein Sondieren, mit Blick auf das Heidegebiet, das von der Kaserne aus genutzt wird, oder eher: genutzt wurde.

Er hat meinen Namen nicht genau verstanden, bittet um Wiederholung. Und was, bitte, mache ich genauer? Als ich einen der Buchtitel nenne, entwickelt sich spontan Freundlichkeit: Ah, den Wolkenstein, ja, den hat er mal gelesen, zumindest teilweise, er hat sich schon immer für historische Stoffe interessiert, er war auf der Bundeswehr-Uni. Ich solle ihm gleich skizzieren, worum es mir ginge, er hätte ein offnes Ohr für mich.

Ich berichte von meinem Filmprojekt, weise hin auf den Umzug des jungen Ehepaars von Frankfurt nach Nürnberg, auf den letzten Abschnitt dieser Reise, nun über Land, und das hieß: auf tief ausgefahrenen, bei Trockenheit staubenden, bei Regen verschlammten Straßen, auf denen sich das primitive, leiterwagenähnliche Gefährt nur langsam, schwankend, stockend bewegte. Das mühsame, mühselige, mühevolle Reisen über Land, damals, es soll nicht nur angedeutet, es soll sichtbar werden! Wege mit Rinnen, Löchern, Mulden finde ich in der Nordeifel höchstens in kurzen, viel zu kurzen Abschnitten, und der Etat lässt nicht zu, dass wir für solche Filmsequenzen in ein anderes Land reisen. Bei uns aber sind Wege in einer Breite, wie ich sie bräuchte, vielfach mit Schotter befestigt, für die Holzabfuhr, und Wirtschaftswege zwischen Feldern sind auf langen Strecken mit Schwarzdecken versehen – ich habe mich umgeschaut. So bleibt mir nur eine Option: die Drover Heide. Dieses Manövergelände scheint mir sehr geeignet für die Dreharbeiten – die Wege dort sind vielfach tief ausgefahren, und das auf langen Strecken. Allerdings ist die Heide Sperrgebiet, früher für belgisches, nun für deutsches Militär: Wie man hört, sind dort mehrfach Spaziergänger von Militärpolizisten »aufgegriffen« worden. So frage ich an, ob ich mir mit offizieller Erlaubnis das Gelände einmal genauer anschauen könnte. Über eine eventuelle Drehgenehmigung müsste man später reden – erst einmal möchte ich sehen, ob die Mühsal und die Langsamkeit jener Reise im Manövergelände sichtbar gemacht werden könnte, in ruhigen Bildern, langen Schwenks.

Mein Konzept scheint den Presseoffizier zu überzeugen, er will mein »Anliegen« unterstützen. Allerdings müsse eine Genehmigung der belgischen Militärbehörde eingeholt werden – die belgischen Truppen sind zwar längst abgezogen, das Brüsseler Verteidigungsministerium ist aber formell noch immer zuständig für die Drover Heide; auch Übungen deutscher Einheiten müssen von Brüssel genehmigt werden.

Also bitte ich darum, in Belgien eine Genehmigung für die Besichtigung des Heidegebiets einzuholen – dies auch gleich für Nina, die zuständige Redakteurin.

Ob eine oder zwei Personen, höre ich, das ändert nichts am Ablauf. Er werde mich telefonisch auf dem Laufenden halten. Und er ruft tatsächlich im Eifelhaus an. Nur ein Zwischenbescheid: Die Verfahrensabläufe sind schwieriger, als er das erwartet hat, er ist voll in die Militärbürokratie hineingeraten; das belgische Verteidigungsministerium hat fürs Erste bloß zur Kenntnis genommen, will genauer informiert werden, auch über mich als freien Mitarbeiter des ZDF: »Wenn die das Wort Fernsehen hören, schalten die sofort durch nach oben ...« Ich biete an, Auszüge aus dem Drehbuch bei ihm abzugeben, dazu eins meiner Bücher, gleichsam als Visitenkarte.

Ja, es wäre eine technische Erleichterung, wenn er etwas Schriftliches hätte; im Vorfeld sei das ja nicht nötig gewesen. Er wird der Wache am Kasernentor Bescheid geben, dass ich die Unterlagen bringe; man wird sie ihm dann sofort übermitteln.

Ich lege ein Freiexemplar bereit, wähle aus einer Ablichtung des Drehbuchentwurfs drei Sequenzen aus, in denen das Fahren mit dem Karren skizziert ist, falte die Blätter zusammen, schreibe ein paar Zeilen dazu, stecke alles in einen Pappumschlag, klebe ihn zu, fahre los.

Am Stadtrand von Düren die Kaserne: Noch wenige Jahre

zuvor waren dort belgische Truppen stationiert, Quartier Edith Cavelle, nun heißt sie wieder Panzerkaserne, wie vor dem Zweiten Weltkrieg.

Drei Mann hinter dem Fenster des Wachgebäudes an der Einfahrt. Dass ein Päckchen abgegeben und abgeholt werden soll, ist ihnen neu. Und den Namen des Hauptmanns hat keiner der drei je gehört. Ich weise hin auf das Telefonverzeichnis der Hausanschlüsse, das wird auch studiert, aber dort sind nur Dienstgrade, keine Namen verzeichnet. Ich will den Umschlag deponieren, er werde bald abgeholt, alles sei so abgesprochen. Aber Päckchen und Pakete dürfen nicht angenommen werden, die könnten Sprengstoff enthalten. Ich stelle ihnen anheim, den Umschlag in meiner Anwesenheit zu öffnen. Ein dicker Soldat beginnt zu kichern: »Geht auch nicht, da könnte ja Kontaktgift dran sein.« Und entschuldigend: »Die Vorschriften sind streng.« Gelächter dann wieder beim Telefonat des Wachhabenden, ich sehe das durch die Scheibe. Es zieht sich hin, ich hocke mich auf ein Geländer, schaue zu, wie zwischen Kasernenbauten ein kleiner Trupp exerziert, höre Kommandorufe.

Der Hauptmann ist nicht zu erreichen, aber nach weiterer Rückfrage kann ich, in Begleitung eines der drei Soldaten, zur Poststelle gehen, das Päckchen »persönlich« abgeben. Ich betrete das Kasernengelände, folge dem Soldaten, der sich das Barett aufsetzt. Ein Panzer als Denkmal; die Kasernenbauten renoviert; Asphalt, Begrünung, Fahnen. Wir betreten ein Gebäude; am Ende des Flurs eine Stahltür: Sicherheitsbereich, Betreten nur mit besonderem Ausweis. Die Verhandlung wird durch eine Maueröffnung geführt, die Panzerglasstreifen schützen. In rheinischem Sprachklang erklärt uns ein Mann in Zivil, wir wären hier falsch, wir müssten zur Regimentspoststelle im Bau gegenüber, »gleisch« neben der Wache. Also wieder hinaus und über die Asphaltfläche zum Gebäude mit der Aufschrift »Jägerregiment 53«. Am Schalter der kleinen Poststelle wird noch einmal erklärt, erläutert, verhandelt. Eigentlich, sagt der kleine Postsoldat, eigentlich darf er das Päckchen nicht annehmen, es könnte Sprengstoff enthalten, aber wie sich das so anfühlt, glaubt er das eigentlich nicht; er verzichtet darauf, sich das Buch anzuschauen – wird ja sowieso bald abgeholt, wie mir zugesichert wurde. Rund zwanzig Minuten sind vergangen, seit ich meinen Namen genannt habe an der Wache, nun bin ich das Buch endlich losgeworden.

Am nächsten Morgen rufe ich den Presseoffizier an: Haben meine Unterlagen seinen Schreibtisch erreicht?

Das nun doch. Er hatte noch keine Gelegenheit, in die Biographie reinzuschauen, aber die Auszüge aus dem Drehbuch hat er sich genau angesehen, alle Unklarheiten sind restlos beseitigt, er wird die Texte nach Brüssel faxen, sobald er die Genehmigung einhole für eine Besichtigung des Gebiets Drover Heide. Diese Verfahrensabläufe entsprächen nicht ganz dem neuen Souveränitätsdenken der Bundesrepublik, merkt er an, aber irgendwann werde das alles mal von Grund auf neu geregelt ...

Er hält mich auf dem Laufenden: Weitere Telefonate mit Brüssel, dort gibt man schließlich nach, offenbar achselzuckend. Denn: die Erlaubnis zur Besichtigung der Heide schließt eine Drehgenehmigung nicht ein, die muss offiziell beantragt werden, durch die Fernsehanstalt.

Wir machen einen Termin aus, in Abstimmung mit der zuständigen Redakteurin. Pünktlich fahre ich wieder an der Kaserne vor, stelle den Wagen ab auf dem Besucherparkplatz. Am Wachhaus erwartet mich bereits ein Rekrut, der mich zum Hauptmann bringt. Der sitzt, mit dem Rücken zum Fenster, in einem kleinen Büro: ein Mann von Mitte dreißig, der Name an der Brusttasche der Uniform; keine Markierungen des militärischen Rangs, jedenfalls erkenne ich sie nicht. An den Wänden Fotos von Geländeübungen, auch mit Fahrrädern; Soldaten mit geschwärzten Gesichtern simulieren Kampf um ein Haus. Auf der Fensterbank ein kleiner Findling mit Fähnchen und Metallplakette. Ein Kalender mit Landschaftsfoto: August 1992. Mein Buch auf der Tischfläche, wie ein Beweisstück, auch die Seiten aus dem Drehbuch, meine Begleitzeilen. Eine Karte der Drover Heide. Plaudern, erst einmal, über die Mühlen (auch) der Verteidigungsbürokratie, aber nun klappt es ja schon mal mit der Fahrt ... Nur – wo ist die Redakteurin?

Selbstverständlich wollten wir die Vorbesichtigung gemeinsam machen, sage ich, aber Nina hat einen Zwischentermin in Köln, das kann sich noch ein wenig hinziehn, sie kommt vom Dürener Bahnhof sofort hierher zur Kaserne; mir wäre es aber sehr lieb, wenn ich jetzt schon mal ins Gelände käme, ich würde mir gern erst mal selbst ein Bild machen. Sobald sie komme, würde ich sie abholen, hier bei ihm.

Das scheint dem Presseoffizier nicht notwendig; die Dame wird in einen anderen Wagen gesetzt und zu mir rausgefahren; die Fahrer haben ja nun ihre Möglichkeiten, sich abzustimmen.

Ein kleiner, dicker Gefreiter tritt ein. Der Fahrbefehl liegt vor, die Route ist abgesprochen, wird mir kurz nochmal anhand der Karte erläutert: Der Gefreite wird mich zu den jeweils höchsten Punkten des Heidegebiets fahren, von dort aus lassen sich, wie gewünscht, längere Wegstrecken überblicken. Im Anschluss an die Fahrt nochmal ein Termin im Büro und die Besprechung von Einzelheiten für den Antrag in Brüssel – vorausgesetzt, ich finde, was ich suche.

Als ich mit dem Gefreiten zum Geländewagen gehe, rückt vom Mittelbau eine kleine Einheit aus. Zwischen den Uniformen zwei Trainingsanzüge: Rekruten, so erfahre ich, die krankgeschrieben sind, müssen ebenfalls an Übungen teilnehmen, ist bei den Jägern so üblich, es sei denn, man ist sehr krank.

Weiter zum Geländewagen, der abseits parkt. Auf einer Asphaltfläche findet ein Kleiderappell statt: drei Reihen Rekruten, sie werden genau gemustert. Einige gehen in den nächsten Kasernenbau – die müssen nachbessern. Einer von ihnen humpelt, leicht gekrümmt. »Au, der hat sich schwer die Füße wund gelaufen!« Er hat dafür gesorgt, berichtet der Gefreite, dass seine Stiefel eine Nummer größer sind, und Baumwollsocken sind wichtig, die Füße müssen trocken bleiben, sonst ist Salbe angesagt.

Der Geländewagen. Bald schon sind wir auf der Panzer-
straße: Betonplatten mit breiten Fugen, mit Schlaglöchern. Der
Fahrer gibt Gas: metallisches Schwingen, metallisches Ächzen,
metallisches Schlagen im Fahrzeug. Und dumpfes Aufdröhnen
– eine Batterie, die hinten auf dem Notsitz lag, sie ist runterge-
fallen, darf nicht auslaufen, also kurzer Zwischenstopp, die Batterie wird arretiert. Und wieder geht es los mit größtmöglichem
Tempo über die Betonfugen; harter Räderschlag wie bei einer
urtümlichen Eisenbahn. Eine zweite Batterie fällt vom Rück-
sitz, bleibt aber liegen. Alles, was am Auto quietschen, ächzen,
dröhnen kann, das quietscht, ächzt, dröhnt.

Schließlich die Einfahrt in das Manövergelände, vorbei an
einer doppelten Betonrampe mit quer gelegten Eisenträgern in
gleichmäßigem Abstand: Dort haben Panzer nach Übungen
Dreck abgeschüttelt. Keine neuen Kettenspuren im Gelände.
Der Gefreite, im Zivilberuf Mitarbeiter einer Spedition (in der
Zeit beim Bund hat er mittlerweile 20 000 Mark Verlust
gemacht …), fährt auch jetzt mit Karacho. Mit diesem Wort
(das ich sonst nie benutze) fällt mir eine Formulierung ein:
halsbrecherische Geschwindigkeit. Aber es ist eher eine rück-
gratstauchende Geschwindigkeit – um größere Schlaglöcher
herum, durch kleinere Schlaglöcher hindurch. Ich schlage vor,
einen Kick langsamer zu fahren, so eilig wär's ja nicht, doch
auf diesem Ohr scheint der Gefreite taub zu sein. Leicht gerö-
tetes Gesicht, das grüne Barett ist abgelegt.

Erster Halt. Ich öffne den Schnappverschluss des mit oliv-
grünem Segeltuch bespannten Türrahmens, schaue mich um:
Ja, Heidegelände mit Bauminseln, Baumgruppen und ein
Weg, der sich hinzieht, unregelmäßig mäandernd und keine
Panzerspuren und keine rotweißen Trassenmarkierungen. Ver-
haltener Jubel: Hier könnte man filmen! Aber vielleicht gibt es
einen noch günstigeren Punkt im Gelände. Fortsetzung der
Fahrt, diesmal verlangsamt.

Und ich finde einen zweiten Geländebereich, der für Filmaufnahmen einer Karrenfahrt geeignet sein könnte: Land-
schaftsform, wie ich sie in der Nordeifel nicht gewohnt bin,

Assoziationen an die Lüneburger Heide und an die Mark Brandenburg zugleich, und der Weg gewunden, mit Pfützen, Löchern, Mulden. Ich gehe los, will mir das Areal genauer anschauen. Stehen bleiben, weitergehen, stehen bleiben, weitergehen ...

Hupsignale, und ich schaue zurück: Der zweite Kübelwagen steht auf der Kuppe. Ich kehre um, begrüße Nina. Na, wie war die Fahrt? Sie ist langsam gefahren worden, beinah behutsam, Frank wollte offenbar mit ihr ins Gespräch kommen, half ihr beinah kavaliersmäßig aus dem Wagen. Da steht sie denn in Jeans und Mokassins, in leichtem Pullover, mit dem kurz gehaltenen Haar. Ich zeige ihr mit schwingendem Arm den Verlauf der vorerst nur gedachten Karrenfahrt auf dem tief ausgefahrenen, glücklicherweise nicht von Panzerraupen zermalmten Weg, der sich zwischen den sanften, heidekrautbewachsenen Bodenwellen hindurchmäandert. »Nürnberger Sand« ... Die beiden Soldaten rauchen, an den Kühler eines der Kübelwagen gelehnt. Wir schreiten den Weg ab. Ja, die Langsamkeit, die Mühseligkeit der Fortbewegung, sie könnte hier sichtbar gemacht werden in einer längeren Aufnahmesequenz, und das hoffentlich nach einer ausgedehnten Regenperiode und bei fortgesetzten Niederschlägen, sonst muss Feuerwehr nachhelfen und Mulden einschwemmen.

Nina hört sich das kommentarlos, vorerst kommentarlos an, bleibt wiederholt stehen, bildet mit beiden Händen einen Bildrahmen, Bildausschnitt, weist darauf hin, dass Friedhelm, der Kameramann, bestimmt die beiden Hochspannungsmaste dort hinten monieren wird. Aber vielleicht lassen die sich durch eine Busch- oder Baumgruppe im Vordergrund »killen«. Friedhelm wird hier das letzte Wort haben, bei seiner VB, seiner Vorbesichtigung.

Rückfahrt; jeder mit ›seinem‹ Fahrer. Meiner mit Karacho voran. Wenn der Wagen Vierradantrieb hätte, könnte er hier richtig Tempo machen! Und er hat sein Stichwort gefunden: Viele Werbekampagnen für Freizeitautos mit 4-wheel-drive, aber so was hält der Speditionsangestellte im Militärdienst für

Kiki, diese Spaßmobile sind viel zu teuer, mit so was fährt man nicht wirklich ins Gelände ... Die rasende Fahrt wird fortgesetzt, weiterhin um besonders große Pfützen herum, durch kleine Pfützengruppen hindurch, der Wagen wird sowieso gewaschen, das muss sich ja lohnen, er wird diesen Wagen abgeben, anschließend mit einem gewaschenen Wagen fahren, so einfach ist das mittlerweile.

Weiter durch das zerfurchte, das tief ausgefahrene Heidegelände. Vom Sitz hochgeschnellt, in den Sitz zurückfallend, habe ich eine Assoziation: Mozart klagte in einem seiner Briefe über eine besonders mühselige Reise, und er hätte seinen maltraitierten Hintern zuweilen entlastet, indem er sich auf den Handflächen abstützte. Nicht bloß der Hintern wurde maltraitiert, so vermute ich nun, die Schläge und Stöße der Kutsche müssen vor allem in die Wirbelsäule gefahren sein – Rückenschmerzen?

Hochtourig zur Kaserne. Der Gefreite setzt das Barett wieder auf, die hektische Röte hat sich verflüchtigt, er hat den Auftrag zufrieden stellend ausgeführt, hat mir in kurzer Zeit gezeigt, was ich sehen wollte, die Geschwindigkeit als besonderer Service, als zusätzlicher kick and thrill. Vor der geschlossenen Schranke der Kaserneneinfahrt liest ein Soldat den Fahrbefehl, den der Gefreite hinausreicht.

Zurück ins Büro des Hauptmanns. Er bereitet einen Begrüßungstrunk für die Redakteurin vor. Nina kommt in gemessenem Zeitabstand nach – das Gespräch im Auto hatte sich fortgesetzt. Ein Toast. Auf der Kartenkopie markiere ich mit rotem Filzstift die Punkte, an denen ich filmen möchte. Der Hauptmann setzt diese Markierungen um in exakte Angaben nach dem UTM-Gitter: ein Koordinatennetz. Für den Antrag zur Drehgenehmigung beim belgischen Verteidigungsministerium seien präzise Angaben wichtig. Und wir notieren, dass die Zahl der Fahrzeuge und der Teilnehmer im Antrag mitgeteilt werden muss, die Dauer der Drehzeit. Die Brüsseler Telefonnummer, Faxnummer schreibt Hauptmann G. auf einen Zettel, den er vom Block reißt. Oben wird, in Rot, vor Spionage gewarnt, unten empfiehlt sich der MAD, der Militärische Abschirmdienst. Diesen Zettel, seine Visitenkarte und die Karte mit dem UTM-Gitter steckt Hauptmann G. in eine Klarsichtmappe.

BESCHÄFTIGUNG MIT EINER PERSON EINER FERNEN EPOCHE: so etwas wäre unergiebig, fast überflüssig, würden sich nicht Rückwirkungen einstellen, etwa als präzisierte Wahrnehmung eigener Lebensbedingungen, Lebensformen, Bewusstseinsmuster.

Die Beschäftigung mit Leben und Werk der Merian erschließt mir neue Bereiche, aktiviert Sprachfelder. Es werden aber auch, wie schon angedeutet, Verhaltensmuster beeinflusst: ich nehme nun wahr, was ich früher nicht oder kaum oder nur flüchtig registriert habe. Paul Valéry: »Worauf man seine Aufmerksamkeit richtet, das verwandelt man sich an.«

So lerne ich Lebewesen beobachten, die so etwas wie eine Hausgemeinschaft mit mir bilden. Dieses Zusammenleben wird erleichtert durch das Erkunden der Gewohnheiten von Tieren. Selbst der kindskopfgroße Wespenbau verlor so an Schrecken, der unter der Platte des Balkontischs im Eifelhaus heranwuchs, fürs Erste nicht registriert. Bis mir das Hin und Her auffiel, unter den Tisch herein, unter dem Tisch hervor. Kauernd entdeckte ich einen Wespenbau mit dem Ein- und Ausflugloch unten. Erster Reflex: die Feuerwehr anrufen. Zweiter Reflex: einen Imker im Dorf befragen. Statt gleich zu handeln, entschloss ich mich, erst einmal zu beobachten. Und ich stellte fest, dass die Wespen den direktesten Weg nahmen zwischen Schlupfloch und zwei der waagrechten Bretter der Balkonbrüstung. Sie schwärmten auf dem Balkon nicht aus, flogen sofort Richtung Tal, und ohne Umwege kehrten sie zurück in den Bau. Ich nahm den Tisch wieder in Besitz, zog nur das Tischtuch vor mir tiefer herab, aß und trank. Und keine Wespe wurde angelockt, weder von warmen Speisen noch von frischem Obst, der Fernflugverkehr wurde unverändert fortgesetzt. Die Wespen wurden so selbstverständliche Mitbewohner, dass ich an diesem

Tisch auch mit Gästen speiste, die selbstverständlich vorgewarnt waren: Nicht heftig gegen ein Tischbein treten ... Der Malerfreund gestand freilich später, er hätte zuweilen an einen alten Kupferstich gedacht: Ein Landsknecht steht Wache an einem Pulverfass ... Aber auch bei zusätzlicher Belebung der Runde durch Wein – die Wespen behielten ihre Gewohnheitsrouten bei. Also blieb ihr Bau bis zum Ende der Saison.

Problemlos sogar, tagsüber, das Miteinander von Mensch und Hornissen, die sich zwischen Zimmerdecke und schrägem Flachdach einnisteten. Als Erstes die Feststellung, dass erstaunlich viele Hornissen im Waldgrundstück umhersurrten, dann, bald darauf, die Entdeckung des Einfluglochs. Selbst, wenn ich das Fenster darunter öffnete, zum Putzen (ein Meter Abstand zwischen Oberkante Fenster und Einflugloch) – es kam keine Hornisse ins Zimmer, sie flogen pausenlos aus und ein, wichen von ihren Routen nicht ab. Lästig nur, dass ein Wachtrupp von Hornissen abends, auch nachts durch Licht aus dem Bau gelockt wird und die Balkon-Leselampe umbrummt, an die Scheiben prallend – es klingt, als würden Kieselsteinchen dagegengeworfen. Beim Zurückschnellen sind die Flugbewegungen erst mal unkoordiniert, also kann es riskant werden, wenn man dicht dabeisitzt. Selbstverständlich hatte ich mich in einem Insektenbuch über die neuen Hausbewohner informiert: Mit einem Hornissenstich wird zugleich ein Alarm- oder Rufstoff freigesetzt, der weitere Hornissen herbeiholt. Da hört alles Verständnis auf, da ist Flucht angesagt. Aber zu solch einer Situation kam es nicht.

An einem Wintertag kroch ich – mit Insektenspray, Taschenlampe und Spachtel – in den Zwischenraum und dachte im ersten Moment, es wäre ein kleiner Ofen in der Ecke gesetzt worden. Wie zu erwarten: kein Summen im Stock. Mit dem Spachtel löste ich vorsichtig den mehr als einen halben Meter hohen Bau von der inneren Bretterfläche der Stirnwand des Hauses ab, transportierte ihn – nach raschem Blick hinein – zum Ausstieg. Mit beruhigenden Worten reichte ich den Bau hinunter.

Auf dem Tisch dann die Inspektion: ein Bau mit sieben Stockwerken. Parallel zueinander (an einem starken Mittelstrunk, mit jeweils einer Daumenbreite Abstand) die Wabenscheiben, in der Mitte groß wie eine Pizza, unten und oben wie eine Minipizza. Das werden zwei- bis dreitausend Hornissen gewesen sein, meinte der Imker, dem ich den Bau beschrieb, der nun als Anschauungsobjekt in einem Gymnasium aufbewahrt wird.

Während ich dies schreibe, geht eine weitere Hornissensaison dem Ende entgegen, und ich werde, nach erstem Frost, auch den neuen Bau unter meinem Dach inspizieren, damit ich mir bei einem eventuell dritten Hornissengastspiel noch genauer vorstellen kann, was über meinem Kopf ausgebaut und genutzt wird. Gelassenheit als Ergebnis geduldigen Beobachtens: Das habe ich, indirekt, von Maria Sibylla Merian gelernt.

FORTSETZUNG DER UMSTÄNDLICHEN VORBEREITUNGEN auf die filmische Vergegenwärtigung einer Landtour vom Main zur Pegnitz.

Ich telefoniere mit dem Produktionsleiter und erfahre, dass wir für die Dreharbeiten in der Drover Heide eine »Freistellungsgenehmigung« brauchen. Die Bundesvermögensstelle muss diese Genehmigung ebenso erteilen wie das belgische Verteidigungsministerium. Angestellte der Bundesvermögensstelle werden bei eventuellen Dreharbeiten anwesend sein, um zu kontrollieren, ob sämtliche Abmachungen eingehalten werden und nicht, zum Beispiel, militärische Anlagen und Einrichtungen gefilmt werden – die es in diesem Heidegebiet aber gar nicht gibt.

Hinzu kommt ein weiterer Punkt: Weil es sich um eine »militärisch genutzte Liegenschaft« handelt, könnte dort »nichtentschärfte Blindgängermunition« herumliegen. Von der Bundesvermögensstelle wird jedoch keine Haftung übernommen für eventuelle Schäden im militärischen Sperrgebiet, in solch einem Fall müsste das ZDF für seine Mitarbeiter haften.

Das hieße: Falls dort jemand zu Schaden komme, wäre das ZDF auf Lebenszeit zu Zahlungen verpflichtet. Das Referat Versicherung würde das aber, in Übereinstimmung mit dem Justiziar, nicht genehmigen.

Also rufe ich den Justiziar an, betone, dass die Drover Heide nur zu Fahrübungen, nicht zu Schießübungen genutzt wurde.

Dennoch, so wendet der Justiziar ein, bestehe theoretisch die Möglichkeit, dass Blindgängermunition auf dem Gelände herumliege, eventuell bei Fahrübungen verloren.

Auch das bezeichne ich als Fiktion. Wir werden nicht in vermintem Gelände arbeiten! Fahrspuren in diesem Gebiet, aber keine Granattrichter, kein einziger! Das ZDF könnte also ohne weiteres die Haftung übernehmen!

Selbst wenn das ZDF die Haftung übernehmen sollte, so müsste jeder Mitarbeiter, jede Mitarbeiterin schriftlich die Einwilligung erteilen, in dieser militärisch genutzten Liegenschaft zu arbeiten. Das ZDF sei aber nicht bereit, Mitarbeiter einem solchen Risiko auszusetzen. Ich müsse also eine andere Lösung suchen.

So suche ich weiter nach einem Wegabschnitt von wünschenswerter Holprigkeit. Ich finde nur eine Notlösung: einen Abschnitt eines alten Hohlwegs.

Die künftige Aufnahmeleiterin unterbricht eine Dienstreise, wir treffen uns zu einem »Arbeitsessen« in einem Dürener Hotel. Wieso eigentlich ein Hohlweg? Wieso ausgerechnet ein Hohlweg?

Weil sonst immer irgendwas ins Bild kommt, was den Kameramann stört – eine Stromleitung, ein Fernsehturm auf einem Höhenrücken ... In diesem Hohlweg kann der Wagen mit dem Pferdegespann leider nicht hinuntermanövriert werden, also muss simuliert werden, vermittelt durch einen Sprecher im Off, dass die Reisenden in einem besonders schwierigen Streckenabschnitt aussteigen und zu Fuß hinter dem Wagen hergehen – was ja oft genug vorkam! Ich habe, in der VB mit Friedhelm, auch schon einen günstigen Punkt für die Kamera gefunden, am oberen Rand des Hohlwegs. Dort muss nur noch etwas Gestrüpp gekappt werden, dann hat die Kamera »freie Sicht« . . .

Die Aufnahmeleiterin merkt an: Für diese Arbeit müsste ein Bühnenarbeiter freigestellt werden; das Subunternehmen, das vom ZDF verpflichtet wurde, ist aber nur für Bühnenbau und Beleuchtung zuständig, nicht für Holzarbeiten.

Kein Problem, dann gehe ich am Nachmittag oder Abend vor dem Drehtag mit Säge und Astschere zum Hohlweg und erledige das selbst.

»Sie sind doch kein Waldarbeiter!«

Ich wohne in einem Waldgrundstück, also muss ich schon mal auslichten. Verglichen damit sind die paar Äste an der Flanke des Hohlwegs nicht weiter erwähnenswert.

Nein, nein, meint die Aufnahmeleiterin, so einfach geht das nicht! Es kommt nicht in Frage, dass ich einfach Äste wegschneide, ein Gebüsch kappe, dazu muss die Genehmigung des zuständigen Forstamts eingeholt werden.

Ach, sage ich, da rufe ich halt den Förster an, hier dürfte es kein Problem geben, die sind ja froh, wenn wenigstens mal auf ein paar Quadratmetern das Unterholz wegkommt.

Nein, bekomme ich zu hören, mit einem Anruf ist es nicht getan, die Genehmigung muss schriftlich vorliegen; erst wenn das der Fall ist, kann im Hohlweg ausgelichtet werden. Falls ein Spaziergänger beobachtet, wie ein Mitarbeiter des ZDF ohne Genehmigung Äste absägt, abschneidet, kann das zu lästigen Folgen führen, die Öffentlichkeit ist da sehr empfindlich. Im Übrigen: Wie weit ist der Hohlweg vom Hotel entfernt? Nur ein halbes Stündchen? Wenn das so nah ist, würde sie sich das gerne mal anschauen; ob wir gleich losfahren könnten?

Ich erkläre, der Weg zum Hohlweg sei nur für forst- und landwirtschaftliche Fahrzeuge frei; wir würden also ein Verbot übertreten, wenn wir zum Hohlweg fahren.

Das wirkt: Ich habe gegen Verwaltung mit einem Argument von Verwaltung operiert. Die Besichtigung des Hohlwegs wird zurückgestellt. Sie werde, sagt die Aufnahmeleiterin, bei den

Voranfragen gleich auch eine Genehmigung zur Besichtigung des Hohlwegs beantragen, für die Anfahrt dorthin mit Personenkraftwagen.

Dass wir auch zu Fuß zum Hohlweg gehen könnten, in fünf Minuten, von einem offiziellen Parkplatz aus, das verrate ich nicht.

BAHNFAHRT, MAL WIEDER, NACH NÜRNBERG. Mir gegenüber sitzt ein amerikanisches Ehepaar, um die vierzig; er erweist sich rasch als Meisterschläfer, sie nimmt sich eine Handarbeit vor.

Doch erst zu ihrem Erscheinungsbild, ihrem Outfit: elegante graue Hose; taillierter dunkelblauer Blazer; das blonde Haar straff zurückgekämmt und gebündelt; schmalrandige Brille. So sitzt sie mir gegenüber, ja und stickt. Und was stickt sie? Es sieht sehr nach Blume aus. Rot und rosa. Ich schaue, die Lektüre des Nabokov-Romans unterbrechend, verstohlen hinüber: Kein Zweifel, zu Beginn des dritten Jahrtausends stickt eine Amerikanerin eine Blüte. Die eine Zeit lang zurückgehaltene Frage. Und ich höre und sehe: eine Chrysantheme. Die Blüten und das Rahmenwerk farbig auf das Netzgewebe gedruckt, da muss nur noch der farbentsprechende Faden durchgezogen werden, Nadel von oben durch, von unten hoch, von oben durch, von unten hoch. Wird das in Ihrem Land wieder beliebt? Kann sie nicht so sagen; eine ihrer beiden Töchter stickt ebenfalls, aber sonst fällt ihr im Freundes- und Bekanntenkreis niemand ein. Sticken entspannt sie und die Zeit vergeht schneller. Nadel von unten nach oben, von oben nach unten, wieder nach oben und vice versa. Ob sie nicht manchmal die Lust verspüre, eine der Blüten enzianblau zu sticken oder zitronengelb? Wie das …? Ja, demnächst werden sicherlich auch gentechnisch veränderte Chrysanthemen angeboten: ein anderes Farbgen eingeschleust ins Chrysanthemen-Genom! Da könnte sie gleichsam zukunftsweisend sticken … Überraschender Aspekt für sie, und sie schaut prüfend hinab auf ihr bisheriges Werk. Wieso eigentlich nicht? Die Vorlage muss doch nicht stichgenau eingehalten werden.

Anschließendes Plaudern über das gemeinsame Reiseziel Nürnberg und Fortsetzung des Stickens. Nadel von oben runter, von unten rauf, Nadel von oben runter, von unten rauf. Maria-Sibylla-Merian-Gedächtnissticken. Leider nicht nach einer Vorlage ihres Nürnberger Blumenbuchs.

UM DAS BILDWERK DER MERIAN besser einordnen und gerechter einschätzen zu können, schaue ich mich um in der weiten Szene damaliger Stillebenmalerei. Und entdecke, für mich, Malerinnen, von denen ich nie zuvor etwas gehört, nie etwas mit Bewusstsein gesehen habe. Frauen, die sich in ihrer Entfaltung nicht einschränken ließen, Frauen, die sich entschieden beteiligt haben an der Entwicklung des Stillebens. Zwei dieser Malerinnen bereits aus der Generation der Großeltern von Maria Sibylla – in der raschen Generationenfolge damals!

Clara Peeters! 1594 in Antwerpen geboren. Lebte und malte in Amsterdam und Den Haag. Starb, als Maria Sibylla zehn war. Man weiß nur wenig über die Peeters; bekannt ist höchstens noch das Jahr ihrer Heirat: da war sie bereits fünfundvierzig! Sehr ungewöhnlich für damalige Verhältnisse – war es ihre zweite Ehe? Oder hatte sie vorher für sich leben wollen und für ihre Kunst?

Vier Blumenstilleben sind von ihr überliefert, Arbeiten, die Bouquets mit kostbaren Gefäßen aus Edelmetallen kombinieren, mit Goldmünzen, mit Schauspeisen. Hier vor allem tat sie sich hervor: mit prachtvoll gedeckten Tafeln. Das bedeutete, und das lässt sich beispielsweise in der Alten Pinakothek zu München studieren: sie konnte einen orientalischen Teppich und eine Damastdecke auf einer Tischfläche malen und einen gerefften Vorhang im Bildhintergrund und einen Korb mit üppigen Weintrauben und dickem Apfel und mit Weinlaub, das vom Geflecht hochzuwachsen scheint, und eine Schale mit Kernobst und einen Teller mit Kirschen und eine Tazza mit

Zuckerwerk und einen Korb mit Brot und Brötchen und kompliziert verschnörkeltem Naschwerk und einen irdenen und einen silbernen Krug und drei sehr unterschiedliche Pokale in festlichster Ausführung und ein Messer mit Einlegearbeit im Griff – was die Malerin auf zweiundneunzig mal einhundertdreiundzwanzig Zentimetern entfaltet hat, das reicht maltechnisch aus, um Stilleben verschiedenster Genres zu ›beschicken‹. Die Oberflächen von Trauben und Kirschen, von Nüssen und Brot, von Glas und von Silber, von Damast und von Teppich – ein Fest sinnlicher Gestaltung von Objekten für die Augen und für den Gaumen ... Freilich, die Entfaltung von Prunk wurde im Verlauf ihrer Entwicklung offenbar eingeschränkt. Als Reproduktion in einem Kunstband betrachtet: Stilleben mit Fischen und einer Katze. Mehrere Fische und ein Aal in einem irdenen Siebgefäß, davor Austern, bis auf eine geschlossen, und ein gutes halbes Dutzend Garnelen. Die Katze im Vordergrund hat, auf der Tischfläche, einen Fisch unter ihren Pfoten, blickt aber eher freundlich, gar nicht gefräßig drein.

Noch interessanter, noch unkonventioneller ein Bild, von dem mir freilich nur eine kleine Schwarzweiß-Abbildung vorliegt: »present location unknown«. Ein Selbstportrait in einem Stilleben. Eine Tischfläche mit einem Blumenstrauß in Vase, mit einem opulenten Deckelpokal in Silber und auf dem Tisch, umgekippt, wie üblich, eine Zierschale auf hohem Stiel, eine »tazza«, und es liegen einige Münzen herum. An diesem Tisch sitzt die Malerin, mit einem Federkiel in der rechten Hand. Sie ist festlich gekleidet. Blickfangend das tiefe Dekolleté, das hochgewölbte Brüste fast bis zu den Spitzen zeigt. Schwellend: das Wort stellt sich hier von selbst ein. Das Haar straff zurückgekämmt, mit reichem Schmuck. Opulente Ketten um die Handgelenke. In der linken Hand ein Vergrößerungsglas, hochgeklappt aus einem Metalletui mit dem Durchmesser der Linse in Metallfassung.

So weit die kleine Reproduktion das erkennen lässt, ist Clara Peeters in der Darstellung der Blumen und der Tafelkostbarkeiten virtuoser als in der Selbstdarstellung, da scheinen, zum Beispiel, die Armproportionen nicht ganz zu stimmen. Aber sonst: eine auch in der Selbstdarstellung sehr eigenwillige junge Frau.

DIE FORTGESETZTE ARBEIT AM BUCH öffnet mir die Augen für Phänomene, die ich sonst kaum wahrgenommen, oder zumindest: die ich nicht so bewusst wahrgenommen hätte.

Die Merian hat mich, indirekt, auch motiviert zur Lektüre von Texten, die ich früher nicht einmal registriert hätte. Ein Beispiel: In jedem Jahrbuch der Mainzer Akademie lese ich als Erstes den Bericht der Kommission für botanische Forschung und gleich anschließend den Bericht der Kommission für Zoologie. Ich will wissen, wie es weitergeht nach all den Rückblicken ...

Mein vampirischer Appetit auf neue Wörter und Formulierungen wird hier noch stimuliert. »Blütenbesuch ... Tieflandregenwald ... Überwinterungshabitate ... Restverunkrautung ... Nebelauskämmung ... Zersetzergemeinschaft ...« Und Käfer werden unterschieden nach Generalisten und Spezialisten. Wie das?! Generalisten unter den Käfern fressen beinah alles, inklusive Aas, während Spezialisten wählerisch sind. Interessante Übertragung von Begriffen ... Hinzugefügt werden sollte aber noch: Zwischen Generalisten und Spezialisten lässt sich nicht immer sauber trennen, üblich sind (auch hier) Mischungsverhältnisse.

Spannend auch, zu lesen, in welchen Forschungsbereichen man über lange Zeit hinweg tätig sein kann. Beschäftigung mit Zwergbinsengesellschaften ... mit Wuchsstudien an Holzgewächsen ... mit dem Neunachweis von Fledermausblütigkeit ... mit monokotylen Schopfrosettenbäumchen ...

Zuweilen werden von Forschungsreports auch Wahrnehmungs-Protuberanzen ausgelöst. Etwa durch einen Bericht über die Bienenwabe als »Kommunikationsnetz«, über die Nachrichtenvermittlung auch durch Schwingungen der Wabe, hervorgerufen von der Botenbiene, und wenn die Resonanzfähigkeit gestört wird durch die Holzrahmen, in die Imker die Waben stecken, so stellen die lernfähigen Bienen »die volle Übertragungsfähigkeit der Wabe für vibratorische Reize wieder her«. Das Naturreich auch als Wunderreich, für mich als Laien. Aber hier möchte ich gar nicht cool wie ein Profi werden.

VIEL WIRD IN DIESEM BUCH BERICHTET über Entpuppen, Entwickeln, Entfalten, aber dies darf nicht ausgeklammert bleiben: das Beschädigen, Zerstören, Vernichten im Reich der Fauna. Nur gelegentlich erwähnt M. S. Graff Parasiten, die aus Kokons oder Puppen schlüpfen. Diese Maden oder Fliegen, die statt eines Falters zum Vorschein kommen, was haben die zuvor eigentlich angerichtet? Was haben die aus ihren Brut- und Schlupfkammern gemacht? Angefressene Raupen? Leer genagte Raupenhüllen, mit und ohne Borsten? Hier hat sie vieles ausgeklammert, ausgeblendet: Wie sich eine Lebensform auf Kosten einer anderen Lebensform entwickelt. Die Welt der Insekten auch als Welt der Zerstörung, der Vernichtung. Fressen oder Gefressenwerden. Man muss nicht einmal Naturkundler sein, um das wahrzunehmen, auch als Flaneur im Reich der (Rest)Natur registriert man Fresskämpfe.

Augenzeugenbericht aus dem Reich des Friss oder Stirb: die Wespe und der Falter. Bewusst bleibe ich hier im Insektenreich, in dem die Merian ihre Beobachtungen machte, gehe nicht über zu größeren Lebewesen, deren Kämpfe noch spektakulärer sind. (Beispielsweise Elstern, die heranhüpfend ein Kaninchen attackieren, und mit jäher Heftigkeit hacken sie ihm in die Augen, und hochgetrieben die Schreie des Kaninchens ... Oder Revierluftkämpfe, mit dem Fernrohr verfolgt, zwischen dreist attackierenden Krähen und einem Bussard, der sich blitzschnell auf den Rücken dreht, hoch in der Luft, wenn eine Krähe wieder einmal zur Kopfattacke ansetzt im Sturzflug ...) Hier ›nur‹ der Kampf zwischen der Wespe und einem Falter.

Mehrfach rollten die beiden flügelzuckend umklammert umher auf dem Weg, regelrechtes Raufen, aber die Wespe schien den Stachel nicht einzusetzen, wartete wohl auf den Moment, in ihrem biologischen Programm, wo sie ihn genau in den Nackenpunkt bohren konnte, in dem sich Nerven verknoten, und Lähmung tritt mit Sicherheit ein – weiterhin verwirbeltes Grau und Gelbbraun. Dann verharrten die Wespe und der Falter kurz voreinander, reglos, und ausgerechnet der Falter rückte wieder, flügelzuckend, auf die Wespe los, erneut das Kämpfen, Raufen, Flügelschlagen, Flügelzucken, das saugte Aufmerksamkeit an, es entstand ein kleiner Wirbel im Hirn.

WÄHREND ICH DIES SCHREIBE, liegt der komplett erhaltene Chitinpanzer einer Wespe vor mir, aus Südfrankreich in einem Schächtelchen mitgebracht. Die Hülle, die (leicht angebräunt) transparent ist, sie wurde leer gefressen – hinter dem Kopf ist das Chitin etwa einen halben Zentimeter lang aufgebrochen.

Die leere Hülle ist so leicht, dass ich sie auf der Handfläche kaum spüre. Ja, ein kleiner mediterraner Mittagswindhauch genügte schon, um sie von meiner Hand zu heben, und ich musste sie suchen im Laub unter der Korkeiche. Und die Hülle lag wieder in der (nun eingehöhlten) Hand, fast gewichtlos. Und doch ist alles komplett beisammen: die vier Hinterbeine, deren winzige Widerhaken immer noch greifen; die beiden vorderen Werkzeugläufe; sogar die winzige Tülle für den Stachel, sogar die Fühler bei den (verschwundenen) Facettenaugen. Leichtbauweise eines Flugwesens.

ICH BELOHNE MICH nach einem langen Merian-Arbeitstag mit einem Salat, einem veritablen Knurschsalat, also kommen zu den Tomaten noch Möhren hinzu, Gurke und Radieschen. Das Bündel auf dem Küchentisch, und heraus kriecht eine Raupe, fast drei Zentimeter lang, dunkelblaugrün. Nicht die erste Raupenbegegnung, aber bisher hatte ich so reagiert: das Kehrblech geholt (das längst aus Plastik besteht), die Raupe mit der Fingerkuppe sanft draufgeschoben und in geringer Fallhöhe dem Wald übergeben. Nun aber, im Namen von

Maria Sibylla Merian, begrüße ich sie, bugsiere sie auf einen Teller, der nach dem Mittagessen stehen blieb, schlenkre ein paar Tropfen Wasser auf die Fläche, lege ein Blatt vom Radieschenbündel dazu. Sofort kriecht die Raupe an eine der kleinen Pfützen heran, hält das hellere Köpfchen ans Wasser, und die Fresswerkzeuge beginnen zu arbeiten – schlabbern offenbar das Wasser in die Mundöffnung. Von der Raupentränke weiter zum Raupenmahl: die Bewegungsimpulse gleiten jeweils wellenförmig von hinten nach vorn durch die Segmentierungen, und die Raupe kommt dem Blatt mit einer Streckbewegung näher.

Ich halte den Teller ins Lampenlicht, sehe die Hinterfüße, unten abgestumpft, sehe, nach einer fußlosen Zwischenstrecke, die Vorderfüße, zugespitzt. Am Blatt beginnt sie sogleich zu fressen: raspelt einen kleinen Bogen heraus, setzt neu an, frisst ein weiteres Bogensegment heraus, arbeitet sich so hinein in das Radieschenblatt. Ich mache den Salat fertig, stelle Schüssel und Salatteller auf den Balkontisch des Waldhauses in der Eifel, behalte, salatessend, die Raupe im Blick, die sich in immer weiterem Bogen in die Blattfläche hineinfrisst, mit System. Einmal kippt sie das Blatt an der Kante hoch, richtet sich auf, in Position gehalten von den offenbar rutschfest arretierten Hinterfüßchen, und sie zeigt, wie in einem Lehrfilm, den Fressvorgang in neuem Blickwinkel. Salatknurschen; lautloses Raupennagen. Als ich fertig bin, nagt sie noch weiter, aber nicht mehr lang, kriecht aufs Blatt, bleibt liegen, rührt sich nicht mehr. Verdauungspause?

Ich räume ab, nehme auch den Raupenteller mit herein, stelle ihn ab auf der verchromten Bodenplatte der Stehlampe, schaue im Sechshundertfünfzigseitenbuch von Wiedemann über Tagfalter nach, finde eine Zeichnung zum »schematisierten Aufbau von Raupenkörpern«. Gegliedert ist demnach der Raupenkörper in vierzehn Leibesringe, Segmente. Der Kopf mit Beißwerkzeugen und Sinnesorganen. Anschließend drei Brustsegmente mit jeweils einem Beinpaar: Vorformen der sechs Beine eines Falters. Mit diesen spitzen Beinchen wird

Nahrung gepackt und zum Fressgerät geführt. Es schließen sich zwei Segmente ohne Beinchen an: der Beginn des dominierenden Hinterleibs. Vier Segmente dann mit kurzen Beinchen und ihren runden Haftflächen: Klammerfüße. Wieder zwei Segmente ohne Beinchen, dann das Schlussstück mit dem »Nachschieber«. Überzeugende Bezeichnung! Hier also wird jeweils angesetzt zum wellenförmigen Voranschieben des Raupenleibs.

Kontrollierender Blick zum Teller. Ja, und dort hat die Raupe mittlerweile drei etwas abgeflachte, dunkelgrüne Kotkugeln produziert, die aneinander kleben. Diese Kügelchen haben einen erstaunlichen Durchmesser, verglichen mit dem Körperquerschnitt. Hätte die Raupe den Durchmesser einer Seerobbe, so wären diese Kotkugeln bestimmt zwanzig Zentimeter stark.

Und die Raupe setzt, nach einer Verlängerung der Verdauungspause, wieder das Nagen, das Raspeln fort. Fortführung der Lektüre. Der Raupe scheint das Radieschenblatt zu fad zu sein, sie kriecht an den Tellerrand, beginnt zu mümmeln. Ja, richtig, ich hatte den Teller schon benutzt, die Pfirsichreste müssen angehärtet sein, dennoch wird der Appetit geweckt: Nachspeise oder Zwischengang? Intensives Mümmeln: zwei gekrümmte Greifer, wie bei einem Krebs. Nach dem Pfirsichintermezzo kriecht die Raupe ein wenig umher, gleichsam sondierend. Bleibt am Rand des Blatts liegen, wieder reglos, und ich lese weiter. Als ich erneut auf den Teller schaue, liegen dort wieder drei aneinander gepappte, dunkelgrüne, an beiden Seiten etwas platt gedrückte Kügelchen – wie miniaturisierte Pferdeäpfel. Nach dieser Pause setzt erneut das Raspeln ein, mit dem Zangenfressgerät. Dann scheint sie ihre Erkundung des neuen Terrains fortzusetzen, kriecht an den Tellerrand und über den Tellerrand hinweg, Suchbewegungen des Vorderteils, der erreicht die Standplatte der Lampe, die Raupe hält sich mit den Hinterfüßchen weiterhin fest am glatten Teller, bildet auf diese Weise, in Seitenansicht, ein S, lässt sich auf die Platte herab, schiebt Kopf und Vorderteil unter den Tellerrand – will sie schlafen oder wieder verdauen? Reglosigkeit.

Fortsetzung der Lektüre: selbst in diesem Sachbuch gelegentliche, freilich bescheidene, Ansätze zum Erzählen: Faltersuche an der Donau ... Ich behalte die Raupe im Blick, und in der Tat, es handelt sich um eine Verdauungspause, denn am Raupenheck zeigt sich eine weitere Portion – die haben also ungefähr jede Stunde Verdauung. Die neue Kotportion wird abgestoßen, zerfällt diesmal in zwei Teile und das Raupenheck zieht das zweite Teil nach kleinem Seitenschwenk wieder an sich heran, hält es fest. Wozu denn das? Unverständliche Abläufe, für den Raupenlaien. Alles sicherlich längst erforscht, nur ich stehe vor einem Rätsel.

Nach längerer Lektüre stelle ich fest, dass sich die Raupe noch immer nicht rührt, sie scheint, mit dem Kopf unter dem Tellerrand, zu schlafen, also mache ich ihr in einem Keramiknapf ein Nachtquartier, statte es aus mit einem voraussichtlich ausreichenden Blattdepot, decke den Napf mit einem Sieb ab.

Am nächsten Morgen liegt die Raupe reglos auf dem Grün, hat etwa zwanzig Kotkügelchen zufallsverteilt. Ich nehme das Kotblatt heraus, lege ein frisches Blatt zum Frühstück hinein, und das Fressprogramm wird fortgesetzt. Mein Interesse am Raupenmümmeln hat aber schon nachgelassen, ich setze mich wieder an die aufgebockte Holzplatte, beginne zu arbeiten. Und das fortgesetzte Grünzeugfuttern wird zum M. S. Merian-Gedächtnismümmeln.

RAUPEN, RAUPEN, RAUPEN, Hunderte von Raupen, Tausende von Raupen im Blickfeld der Merian, Raupen in Frankfurt, Raupen in Nürnberg, Raupen in Wieuwerd, Raupen in Amsterdam, Raupen in Surinam – ganze Heerzüge von Raupen müssen das gewesen sein. Im Film, der schließlich doch gedreht wird, lasse ich in einer der Szenen die Darstellerin der Merian an einen Arbeitstisch treten und in einen Glasbehälter schauen – wie ein großes Bonbonglas aus Tante-Emma-Läden einer nicht ganz so weit zurückliegenden Epoche. Solche Gläser entsprechen ungefähr den Gläsern für größere Nasspräparate, wie sie auf Kupferstichen von Kunst- und Naturalienkammern zu sehen sind. Hier aber ist kein Deckel aufgesetzt, hier ist ein Ast ins Glas gesteckt, und an diesem Ast findet eine Raupenaktion statt, die von der Gräffin beobachtet wird, und das wiederum soll die Kamera beobachten.

Kurze Szene mit (wieder einmal) langer Vorbereitung: Licht wird eingerichtet. Und so stecken Friedhelm und ich vor dem Monitor wiederholt die Köpfe zusammen; es werden Korrekturen überlegt, die der Kameramann in Anweisungen an das Team umsetzt: »Ja, mach die ein bisschen auf, die Blende, einen Milli-Touch ... schräges Streiflicht, verstehst du, hier hinten ...« Eine Szene, die eine Szene der Vergangenheit zu rekonstruieren versucht, in das rechte Licht setzen ... »Kitzel das mal an ... mach mir eine weiche Geschichte ... mir geht's darum, dass ich Luft hab da oben, das muss duftiger werden ...« Geduld fordernde Annäherung an Figuren einer weit zurückliegenden Epoche. »Wir müssen aufpassen, dass nicht der Schatten vom Stativ ins Bild läuft ...« Bei diesem Versuch der Annäherung an Maria Sibylla Merian lerne ich eine Sprache, die mir sonst völlig fremd geblieben wäre. »Mach mir mal da hinten das Kontra aus ... häng ein Läppchen vor, orange ... nein, das ist mir jetzt zu klecksig ...« Es wird Licht geworfen auf eine Szene, die uns eine vergangene Szene näher bringen soll. Auch das Licht muss signalisieren: Vergangenes vergegenwärtigen ist ohne Filter nicht möglich. »Weiter aufmachen, weit, nur Mut ... Oh Gott, das ist jetzt unheimlich angeballert ...« Keine scheinbar fugendichte Rekonstruktion eines bürgerlichen Wohnraums des 17. Jahrhunderts (wie in einem Heimatmuseum): Annäherungsversuche müssen als Versuche der Annäherung sichtbar (und hier nun: ablesbar) bleiben. »Nicht zu nah ran, bei dieser Brennweite schaukelt sonst das Schiff ... ganz ordinär zumachen, mit Molton ... es wird sich wahrscheinlich killen, wenn das draufliegt ... nein, das machen wir mit dem Hintersetzer ...« Die Reglosigkeit konzentrierter Beobachtung, die für Frau Graff charakteristisch sein dürfte. Bis ich dieses Beobachten beobachten kann, am Monitor, wird mir ein Quantum Geduld abverlangt. »Da

Eins der Gemälde von Rachel Ruysch, sichtlich einer Schülerin des Marseus van Schrieck. Sie entwickelte sich zur Königin der Malerei von Blumenstilleben. Bilder von ihr hängen in führenden Museen der Welt.

Eine der wohl frühen Arbeiten von Maria Sibylla Merian, Aquarellfarben auf Pergament. Offenbar vorsätzlich verzichtet die Merian hier auf malerische Glanzentfaltung. Das Bild wird im Buch genauer beschrieben.

Ihr höchstes Können zeigte die Merian in Portraits einzelner Blumen. Hier ist es eine Blaue Lilie aus dem Neuen Blumenbuch. Ob die Vorlage zu dieser Abbildung von ihr selbst koloriert wurde, lässt sich nicht mehr bestimmen.

Ein Stilleben der Merian, in bescheidenem Format. Auch hier keine Ölfarben. Einer der Höhepunkte ihrer Arbeit. Aber auch dieses Bild muss sich Vergleichen stellen.

machen wir noch ein Speziallicht hin ... tu Glaswolle vor den Fünfer, die soll das absaugen ... kitzel das mal an ... das untere Tor ein bisschen zu ... noch ein bisschen tiefer gehn, umso besser wird das Bild ...« Denkbar: die Merian hat eine Raupe mit einem Ast der Fraßpflanze ins Haus gebracht und ins Glas gestellt, denn sie will wahrnehmen, was sonst vielfach in Spanschachteln verborgen bleibt, will es von oben und von den Seiten aus beobachten: wie die Raupe ihre Verpuppungskammer anlegt. Oder, nun doch einmal: wie sich ein Falter aus Puppe oder Kokon herausarbeitet, wie sich die Flügel entfalten ... »Da die Kante muss er treffen ... eine Blende runter, ja noch einen Milli-Kick ... wir dürfen nicht die eigene Schiene abschießen ... wir haben aber Weitwinkel jetzt ... und nun einziehen ... immer ran an die Buletten!«

WÄHREND ICH WEITERARBEITE AN DER LEBENSGE-SCHICHTE, erhalte ich Winter-Besuch im Arbeitszimmer des Eifelhauses. Genauer: Es macht sich ein bislang verborgener Besucher bemerkbar. Zuerst ist da ein regelmäßiges Rascheln – mal wieder eine Maus im Haus? Aber das Geräusch ist sehr rasch und sehr gleichmäßig. Und plötzlich fliegt etwas in mein Sichtfeld: ein Falter!

An einem Tag, an dem noch Schnee liegt, also nicht an einem der gelegentlichen Wintertage mit vorweggenommenen Frühlingstemperaturen, hat sich der Falter aus der Kältestarre gelöst, arbeitet nun, mit sehr raschen Flügelschlägen, gegen das unsichtbare Hindernis der Glasscheibe an, ruht zwischendurch aus, die Flügel breitend, die Vermutung bestätigend: ein Tagpfauenauge. Im Dezember ...! Hatte sich irgendwo an die Wand geheftet, mit hochgeklappten schwarzen Flügelunterseiten, wie der andere Falter an der Holzwand neben der Kellertreppe. Die wieder aufgenommenen Bewegungen des Pfauenauges sind nicht, wie ich erwartet hätte, verlangsamt nach der ja nun schon längeren Phase des Winterschlafs, dieser Falter erweist sich als höchst aktiv, mit den Flügeln ans Fensterglas schlagend in dichter Folge. Und wieder, am Fensterrahmen, eine Phase des Ausruhns, mit ausgebreiteten Flügeln, erneut die Identität bestätigend. Und wieder ein Versuch, das unsichtbare Hindernis zu durchbrechen. Ich rede dem Pfauenauge zu: Kann dich nicht rauslassen, da würdest du schnell eingehn, ist noch lange kein Frühling, hier ist es weitaus besser für dich, auch wenn es lästige Temperaturschwankungen gibt, aber zeitweise muss ich das Zimmer halt heizen.

Der kleine Flügel-Trommelwirbel. Erneut eine Ruhephase. Dann kriecht das Pfauenauge am Fensterholm ein Stück nach oben, sondiert das Terrain. Merkwürdigerweise (wie ich das eigentlich erwartet hätte) benutzt es dafür nicht die relativ langen Fühler – sind die nur eingestellt auf Duftnoten im Luftraum? Das rechte Vorderbein hin und her schwenkend wie ein Blinder den Stock, tastet der Falter einen Quadratzentimeter Glasfläche ab, setzt dann den linken Vorderlauf ein, findet noch immer keinen Ausschlupf ins Winterhelle. Und er taucht ab, in die Zwischenzone von Holzwand und Heizkörper. Hier also (wieder?) das Winterquartier, nun für die zweite Schlafperiode, bei erneut gestopptem oder fast auf Null heruntergefahrenem Stoffwechsel?

Zweites Frühstück; stimulierende Zwischenmusik. Als ich wieder ins Zimmer komme, hat sich der Falter links vom Arbeitstisch an die Wand geheftet, Kopf nach unten, Flügel hochgeschlagen, erneut also das Winterschwarz. Verharrt so in meiner Augenhöhe, solange ich sitze. Nur ein guter, ein wirklich in jeder Hinsicht: *guter* Meter Abstand. Unter dem Zeichen des Falters weiterarbeiten. Zuweilen schicke ich über den Lesebrillenrand einen Blick zum Wintergast: als wäre mit ihm ein Abgesandter der Merian aufgetaucht, der über die regelmäßige Fortsetzung der Arbeit wachen soll, ihr zuliebe.

ZURÜCK
NACH
FRANKFURT

Von Marias Vater dargestellt: einer der Barockgärten in Frankfurt am Main. Die Anlage des Johann Schwind mag eher
idealtypisch als topographisch exakt sein, aber Charakteristisches
von Barockgärten wird doch sichtbar: die hohe Umfassungs-
mauer, die Gartenarchitekturen, die geometrisch angelegten
Blumenrabatten.

LEBENSBILD 22: Schiff auf dem Main. Breiter Rumpf, fast völlig überdacht. Passagierraum mit (jeweils) vier Seitenfenstern. Ein Schiffer am Bug, ein Schiffer am Heck; große Steuerruder. Auf dem fast völlig flachen Satteldach sitzt eine Familie (Graff). Der Mann und die Frau lehnen Rücken an Rücken; auf dem Schoß der Frau ein kleines Mädchen; das größere Mädchen scheint mit dem Vater zu spielen: Karten auf der Holzfläche. Keine Gepäckstücke, kein Hausrat – alles wird im Schiff verstaut sein. Die weiteren Passagiere dürften am Tisch im Gehäuse sitzen. In der Ferne der charakteristische Turm von Steinheim vor Frankfurt. (Feder in Braun, braun laviert, über leichter Kreideskizze; monogrammiert unten rechts.)

FRANKFURT! Das wohl bekannteste Bild jener Stadt hatte Vater Merian in Kupfer gestochen: die Altstadt zur Linken, der Main in der Mitte, Sachsenhausen zur Rechten. Sicht aus der Vogelperspektive (oder von der Uferbastion herab). Am Mainufer links sind Fässer gereiht, ist Holz gestapelt; Schiffe liegen am Kai. Ein Verladekran: drehbarer Turmaufsatz, der Ausleger aus Holz. Gereihte Häuser, spitzgieblig; der Turm des Münsters. Die steinerne Brücke nach Sachsenhausen: kleine Stadtfestung.

1682: MARIA SIBYLLA lebt wieder in ihrer Geburtsstadt. Der Grund für den Umzug, bereits angedeutet: 1681 starb Jacob Marrell, und seine fünfunddreißigjährige Stieftochter mit zwei Töchtern im Alter von mittlerweile vierzehn und vier, sie sah sich wieder in der Rolle einer Tochter: wollte oder musste sich um ihre Mutter kümmern. So wird ein Haushalt von drei weiblichen Generationen begründet.

Das bedeutet freilich nicht, dass der Ehemann und Vater

und Schwiegersohn ausgeschlossen wird: Graff zog mit nach Frankfurt und blieb dort in den folgenden Jahren. Wieder ein Nürnberger Ratsbeschluss, übertragen: »Johann Andreas Graff, Maler, soll aufgrund seines schriftlich eingereichten Antrags gestattet werden, sich für zwei Jahre mit seinem Hauswesen nach Frankfurt zu begeben, wegen der strittigen Hinterlassenschaft seines dort verstorbenen Stief-Schwiegervaters Jacob Marrell. Falls er dort länger bleiben will, muss er untertänig die Genehmigung der Obrigkeit beantragen.«

HIER, SPÄTESTENS HIER muss wieder gefragt werden, welche Rolle die Mutter im Leben der Maria Sibylla spielte. Noch einmal: Für ein rundes Jahrzehnt werden Mutter und Tochter nun zusammenleben.

Ich erinnere daran: Mutter Sibylla hatte, noch unverheiratet, mit ihrem Bruder, dem Prediger, in Hanau gelebt. Danach wird sie in der Überlieferung eigentlich nur noch erwähnt anlässlich der Geburten. Und nun, so Deckert, lebt die »strenge« Frau »kontaktarm« in Frankfurt.

Das lässt sich im Einzelnen nicht nachweisen, könnte aber so gewesen sein. Wenn Sibylla verhärmt war, so hätte sie Gründe gehabt: drei Kinder waren ihr gestorben ... Zusätzlich Erbstreitigkeiten im Hause Merian: die Restfamilie der ersten Ehefrau gegen die neue Familie der zweiten Ehefrau. Also, es ist denkbar: eine verhärmte Frau. Und sie war sowieso und nun erst recht: streng religiös?

Offenbar hatte Marias Sozialisation stattgefunden in einer frommen Familie. Nachwirkungen des Vaters, der auch religiöse Schriften verlegt hatte ... Einwirkungen durch die Mutter ... Einwirkungen durch Halbbruder Caspar, der auch nach seiner Heirat in Verbindung blieb mit der Stiefmutter, und der sich bereits 1677 der pietistischen Kommune in Friesland angeschlossen hatte ... Dass Maria Sibylla ihm später folgt, mit ihrer Mutter und ihren Töchtern, das hätte denn eine lange Vorgeschichte.

»ALS ICH 1682 (nach 14-jährigem Aufenthalt, durch Gottes Schickung) wieder nach Frankfurt am Main zog, fand ich am Bockenheimer Weg, früh am 14. Mai, an der Schlehenhecke ein großes Gespinst, auf dem mehr als 70 Raupen, die noch sehr klein waren, in einem runden Zirkel ganz dicht beisammen lagen; sie sahen eher aus wie ein samtener schwarzer runder Fleck; da nahm ich den ganzen Zweig mit nach Hause und gab ihnen täglich solche frischen Schlehenzweiglein, die steckte ich, neben dem Gespinst, in einem Krug in die Luft. Diese Raupen haben sich jeden Abend (um 7 Uhr) in der oben beschriebenen Ordnung zusammengelegt und sind so beisammen geblieben bis morgens 9 Uhr, falls man sie nicht schon vorher mit Nachdruck auf ihre Speise gesetzt hat.« So, ihr Lieben, jetzt wird aber gefressen!

MARIA S. GRAFF IM FREIEN, gleich vor der Stadt. Ein Tag im Frühling. Eins der beliebtesten Themen kleiner Bilderzyklen (vor allem der Druckgraphik) war damals: Die vier Jahreszeiten. Kein Wunder, denn das Leben in jener Welt war stark von den Jahreszeiten geprägt. Auch in der Stadt Frankfurt, aus der man allerdings rasch herauskam, nicht nur Richtung Bockenheim.

Selbstverständlich hat Vater Merian Bilder auch zum Thema Jahreszeiten geliefert, ebenso sein zeitweiliger Schüler Wenzel Hollar. Hier könnte der Beginn einer Auflistung von weiteren Namen sein, das Thema blieb lange beliebt.

Solch ein Zyklus beginnt meist mit einem *Frühlingsbild*. Hier entscheide ich mich ausnahmsweise nicht für eine Druckgraphik aus der Merian-Faktorei, sondern für eine der Zeichnungen des Meisters: ein Garten. Links Bäume, frisch belaubt; rechts ein stattliches Landhaus; im Hintergrund die Gartenmauer, in der sich eine Pforte öffnet. Vor den Bäumen pflanzen zwei Gärtner ein Bäumchen an – es ist schon etwas größer als sie selbst. Vor quadratischen Blumenbeeten stehen drei Pflanzenkübel, sicherlich aus der Orangerie geholt, dem Pomeranzenhaus; die mediterranen Gewächse werden nicht bloß aufgestellt, sondern eingepflanzt, auf Widerruf – ein Gärtner hebt eine Mulde aus. Und weitere Gärtner (in der Mitte des Bildes offenbar auch eine Gärtnerin) sind beschäftigt – an Personal kein Mangel. Von den Herrschaften zeigt sich noch niemand, der Garten ist vorerst den Gärtnern überlassen, sie bereiten die erwünschte Sommerpracht vor in einem ummauerten Bezirk, wie ihn Frau Graff wiederholt betreten wird.

AM 25. JULI 1682: ein Brief aus Frankfurt nach Nürnberg, an die ehemalige Schülerin Imhoff, mittlerweile 18. Die Anschrift sah, hochbarock, so aus: »Der wohledlen und ehren- und tugendreichen Jungfer Clara Regina Imhoff, meiner hochgeehrtesten und freundlich zugeneigten Jungfer. In Nürnberg in Junker Christoph Andreas Imhoffs Behausung am Herrenmarkt abzugeben.«

Es folgt nun der Brief: zwar nicht ›ohne Punkt und Komma‹, aber mit vielen Kommas und wenigen Punkten. Das könnte charakteristisch für sie sein: atemlos dynamisch.

»Sehr edle, ehren- und tugendreiche, insbesondre viel geliebte Jungfer, ihr angenehmes Brieflein habe ich wohlbehalten empfangen und mit Freuden vernommen, dass es Ihnen allen gut geht, der Allmächtige Gott möge Sie allesamt noch so bewahren, meine Wenigkeit und die Meinigen danken Gott herzlich für Gesundheit und Wohlergehen, es freut mich herzlich, dass Sie sich noch an meine Wenigkeit erinnern und mich mit Ihrer schönen Kunst beehren wollen, obwohl ich mich Ihnen und Ihrer wohl tuenden Freundschaft gegenüber in der Schuld befinde wegen vielfältig empfangener Freundschaft, die ich unwürdig genossen habe, und Sie brauchen mir alle nur zu befehlen, und worin ich auch immer zu Diensten sein kann, so werden Sie mich allezeit so willig wie tätig finden; hier schicke ich ein Ordinarium, wozu ich alle Blumen aus dem Raupen- und Blumenbüchlein genommen habe, weil mir sonst nicht mehr bewusst ist, welche Blumen Sie haben, die Rose in der Mitte ist aus dem Raupenbüchlein, die halbe daneben die dunkle im Blumenbüchlein, hoffe, es wird sich gut machen, wenn es gemalt ist, und wird zu Ihrem großen Ruhm gereichen, dessen ich Sie schon mehrfach der Jungfern-Company gegenüber gerühmt habe, und wenn Sie selbiges ausgeführt sehen, so wird es Sie noch mehr erfreuen und zum Staunen Anlass geben; die Lilie oben muss hellblau gehalten werden, wie mir scheint. So wird die Jungfer Otin oder die Jungfer Matesin die Blumenbüchlein koloriert haben, wo sie meine hochverehrte Jungfrau erhalten kann, falls sie die Farben nicht mehr weiß; ich bitte Sie, mir die schlechte Schrift nicht zu verübeln, denn es ist in Eile geschehen. Adieu, Sie lebe vergnügt und bleibe mir gewogen, denn ich verbleibe jederzeit Ihre willige Dienerin Maria Sibylla Graffin.«

DER SOMMER, beispielhaft gezeichnet von Matthäus Merian sel.: Er führt uns in ein Dorf in leicht hügliger Region – es könnte der Anlauf zum Taunus sein. Das Dorf hat einen Teich, an dem steht ein Kirchlein. Und ein Bauernhaus, angeschnitten, im Vordergrund. Ein weiteres Haus und noch eins.

Sommertätigkeiten, Sommerarbeiten ... Da werden im Vordergrund Schafe geschoren von einer Frau, die auf dem Boden sitzt. Da wird, ebenfalls von einer Frau, eine Kuh gemolken; satter Milchstrahl in den Eimer, der aus Holz besteht; auf dem Boden liegt eins der langen Butterfässer von geringem Durchmesser – demnach wird sofort anschließend gebuttert. Schafe, die noch nicht geschoren sind, sie werden jenseits des Teichs am Hügelhang gehütet. Ein Pferd säuft aus dem Teich, Kühe ebenfalls: der große Sommerdurst. Ein Hund ist hinter einem Reiter her, mehrere Hunde sind hinter zwei Reitern her. Ein Bauernpaar schichtet Heu: die runden Heuhaufen hochgewölbt. Männer sitzen im Schatten einer Bude, reichen einem Fußreisenden einen Krug.

OHNE ZUSAMMENHANG MIT IHREM LEBEN, aber potenziell auf ihr Leben einwirkend: Türken am Horizont. Thema seit Jahrhunderten ...! Aktuelles Thema auch für Familie Graff, derzeit Frankfurt?

Zu dieser Zeit, 1683: Wien von einem Belagerungsring der osmanischen Armee umschlossen! Was, wenn die Stadt erobert wurde ...? Wie rasch konnten die Reiterscharen dann westwärts und nordwärts vordringen ...!? Verworrene Lage, kursierende Gerüchte ...

Doch Rettung, wieder einmal, in höchster Not: eine Entsatzarmee durchbricht den türkischen Belagerungsring unter dem Oberkommando des Großwesirs Kara Mustafa Pascha. Wiederholt lese ich, die Türken seien bei dieser Schlacht endgültig besiegt worden. Aber hier dokumentiert sich eher der Wunsch nach überschaubaren Abläufen, nach Geschichten mit klarem Anfang, klarem Ende – in der vertrackten Wirklichkeit geben sich die Türken noch längst nicht geschlagen, schon gar nicht endgültig, es werden weitere Feldzüge und Feldschlachten notwendig.

Ausblick in die Zukunft, mittelfristig: Bereits im Jahr nach der Niederlage können die türkischen Feldherren wieder erste Erfolge melden. 1697 dann die Schlacht von Zenta, und Prinz Eugen, so oft besungen, bringt den Türken wieder einmal eine Niederlage bei, die als vernichtend bezeichnet wird. Aber auch hier ist, historisch, noch kein Schlusspunkt gesetzt, weiterhin Türken am Horizont, wenn auch nicht mehr so bedrohlich. Dennoch, Prinz Eugen kann sich auf seinen Lorbeeren nicht ausruhen, 1716 eine weitere Schlacht, bei Peterwardein, noch einmal ist er siegreich.

Dieses Ereignis ein Jahr vor dem Tod der Maria Sibylla Merian. Das heißt: über drei Jahrzehnte hinweg können die Türken auch für sie immer mal wieder zum Thema werden, wenigstens zum Stichwort. Fast eine Konstante bei all den Kriegen ihrer Zeit. Das Land, aus dem (vor allem über Frankreich und die Niederlande) auch während der Kriegsphasen Tulpenzwiebeln importiert werden, das Land mit den verführerisch üppigen Lebensformen der Wohlhabenden, das Land mit den furchteinflößend tüchtigen Kampfreitern, das Land der Prunksäbel und Panzerstecher, der Janitscharen und Mamelucken, es ist verlockend und bedrohlich zugleich, in historischen Wechselbädern zwischen Entspannungsphasen und Feldzügen.

Übrigens: die Blütezeit des Osmanischen Reichs wird auch als Tulpenzeit bezeichnet. Und damit: zurück ins Jahr 1683.

»AM 21. APRIL 1683 hat in Frankfurt unser Schreiner diesen weißen, eingesponnenen Wurm in einem Tannenholz (das er auseinander gesägt) mittendrin gefunden und zu mir gebracht, der sich am 12. Mai in einen darüber liegenden lieblichen Dattelkern verwandelt. Den weißen Madenwurm habe ich ebenfalls von meinem Schreiner bekommen, am 20. Februar, welchen er in einem ganz verschlossenen, natürlichen Buchenholz (beim Durchsägen) gefunden, worin er seine Wohnung, ungefähr einen halben Finger lang, hatte, worin auch zerbissenes Holz lag, von dem er sich demnach ernährte. In ebendiesem Holz fanden wir auch noch einen, der sich schon in einen Dattelkern verwandelt hatte, der war gelblich.«

LEBENSBILD 23: Aus dem Frankfurter Familienleben. Witwe Merian ist mit einer Stickarbeit beschäftigt; ihre Tochter Maria Sibylla beobachtet ein kleines Objekt (einen Käfer?) auf einer Holzplatte; Johanna Helena, mittlerweile sechzehn, zeichnet eine Tulpe; die sechsjährige Dorothea sitzt, vor dem Tisch, auf einem Fußschemel und liest in einem kleinformatigen Buch. Seitlich ist eine Tür halb geöffnet und ein Mann mit breitkrempigem Hut schaut herein, scheint zu lächeln. Noch wird er von der Familie nicht bemerkt – Johann Andreas Graff? (Schwarze Kreide, etwas weiß gehöht, auf grauem Bütten. Leicht stockfleckig.)

UND HERBST, MAL WIEDER. Vater Merian sel. führt uns erneut in ein Dorf, denn dort zeigt sich Herbst noch deutlicher als in der Stadt.

Diese Jahreszeit unter dem doppelten Zeichen von Keltern und Ernten. Im Vordergrund ein Apfelbaum, ein paar mit Äpfeln hoch gefüllte Körbe; ein Mann klettert an einem der

Hauptäste – gewagt erscheinende Aktion. Unter dem Baum, vertrauensvoll gelassen, eine Frau, die ihre bereits angefüllte Schürze offen hält, Äpfel werden von oben gezielt herabgeworfen. Die werden dann sicherlich kühl gelagert, werden nicht ausgepresst. Aber Trauben werden zu Saft gemacht: unter dem Vordach eines Hauses eine große Kelter, mit dachhoher Spindel; es werden Fässer zurechtgerollt; zwei Mann schleppen traubengefüllte Kiepen heran; in einem Zuber steht der Winzer, zertritt Trauben; Saft läuft in einen Eimer.

NOCH 1683 ERSCHIEN DER ZWEITE TEIL DES RAUPEN-BUCHS – vier Jahre nach dem Ersten Teil. Die Titelseite ist auch biographisch aufschlussreich. Die Verfasserin stellt sich vor: »Von Maria Sibylla Gräffin, Matthaei Merians des Älteren sel. Tochter.« Und zum Ort des (Selbst)Verlags: »Zu finden in Frankfurt am Main bei J. A. Graffen, Mahlern.« Hier wird Gemeinsamkeit betont. Auch durch eine kleine Danksagung, später, für »wohlgeleistete Hilfe meines Eheliebsten« im Bildteil.

Im Vorwort dieses Zweiten Teils wird der »hochgeneigte kunstliebende Leser« darüber informiert, »zu welchem Ende ich dies an den Tag gegeben: Nämlich GOTTES Lob aus seinen Geschöpfen dadurch zu vermehren. Deshalb fahre ich jetzt wieder fort und gebe hiermit den zweiten Teil auch in den öffentlichen Druck, und zwar eben in solcher Größe und auf solche Art wie der erste Teil gewesen.« Gemeinsam gebunden suggerieren die beiden Teile Geschlossenheit. Die betont auch eine Leseanleitung, hier vom Schluss des Buchs nach vorn geholt:

> Die Augenlust recht zu genießen
> Laß dich, oh Leser, nicht verdrießen,
> Daß du nicht urteilst zu behend:
> Lies mich von Anfang bis zum End.

(Das wünsche ich mir natürlich auch ...) Es wird mit diesen Gedichtzeilen souffliert: Es gibt eine Entwicklung innerhalb des Buchs. Jedoch: es ist eine Folge in sich geschlossener Begleittexte zu fünfzig neuen Kupferstichen. Die Bildkommentare laufen nicht, perspektivisch, auf eine These hinaus, sie werden nur (zum Teil anekdotisch) gereiht. Und Subjektivität wird erneut betont: »Andere nennen sie Buttervögelein, Zwiefalter, Fledermäuse und dergleichen, ich aber will das Wort Sommervögelein deshalb beibehalten, weil sie meistens im Sommer fliegen.« Eine zwingende Schlussfolgerung …! Bei den Nachtfaltern dann beharrt sie auf der Bezeichnung »Mottenvögelein«. »Diese sind bei Tag meist unbeweglich, fliegen meistens des Nachts und werden an ihren dicken Köpfen erkannt. Die Übrigen aber werde ich Mücken oder Fliegen nennen.« Für Begriffsverwirrung wird also mit Vorsatz gesorgt, denn was sie hier als Mücken bezeichnet, das sind nicht unsere Stechmücken, das können auch parasitäre Lebewesen sein, die aus Verpuppungskammern schlüpfen.

Nein, sie nimmt es nicht immer sehr genau, auch nicht in den Abbildungen. Sie kombiniert nicht konsequent Raupen, Puppen, Falter mit den »Raupenfraßpflanzen«, das könnte für die hoch geneigte, kunstsinnige Leserschaft zu langweilig werden, sie hat, »dem Liebhaber zu Nutzen«, die »Sache etwas enger zusammengezogen und diejenigen Raupen, die einerlei Speise gebraucht, zugleich auf ein Kupferblatt gesetzt. Und doch sind über hundert Verwandlungen darin zu finden. Überdies habe ich statt unterschiedlicher Speisen, welche schon etliche Mal in meinem Büchlein gezeigt, um größerer Annehmlichkeit willen eine zierliche Blume hinzugefügt.« Oder: »Weil noch leerer Platz auf der Kupferplatte, so habe ich diese kleine Motte, sonst auch Schabe genannt, hinzugefügt.« Auf dem Begleitblatt (Laufzettel) zur Originalausgabe entdecke ich in Nürnberg (nach den exakten bibliographischen Angaben) eine Zusatzbemerkung des Sachbearbeiters, die offenbar Bibliotheksnutzer warnen soll: »Die Pflanzen und Blumen sind zum Teil nur Staffage für die Insekten.«

Drei Textstellen hebe ich noch hervor. Die erste markiert

einen der Übergänge vom Bild zum Sinnbild. »Wiewohl nun diese Würmlein sehr wertlos und schädlich sind, so sieht man doch, dass auch aus manchmal schädlichen Dingen solche unseren Augen wohlgefälligen und hübschen Vögelein durch dero Verwandlung zum Vorschein kommen.«

Ein weiteres Stichwort: Schmetterlingsjagd – eine Textstelle mit Seltenheitswert! Ein ungenanntes Sommervögelein entzieht sich der Nachstellung: »Wenn man es fangen will, so weiß es sich so hurtig unter den grünen Blättern zu verbergen, dass man nicht merkt, wo es hingekommen. Ist also nicht leicht zu erhaschen, es sei denn, dass man es durch Einsetzung des Räupleins bekomme.«

Bei diesem Raupen-Züchten macht sie oft enttäuschende, aber auch überraschende Erfahrungen. So können (scheinbar) unterschiedliche Raupen zu gleichen Faltern werden. Charakteristisch ihr Kommentar dazu: »Woher nun solche ungleichen Raupen dennoch zu einerlei Art von Vögeln kommen, werden die Naturkundigen vielleicht besser auszusinnen wissen.« Sie geht dem Problem also nicht weiter nach, überlässt es den Experten.

Die dritte Textstelle legitimiert mein spielerisches Vergleichen von Wickelkind und Puppe, von der Ent-Wicklung. Sie erwähnt einen »Dattelkern, dessen Form wie ein eingewickeltes Kindlein auf dem gebogenen Stiel des herabhängenden Kerbelkrauts liegt«.

Und wieder ein feierliches Schlusswort, das einem Gelöbnis gleicht. »Ich werde auch künftig, soweit mir GOtt Gnade verleihen wird, in meiner Untersuchung fortfahren, zumal ich darin noch täglich ein sattsames Vergnügen finde, indem ich wohl sehe, dass auch das allergeringste Tierlein, das GOTT erschaffen, und das doch von vielen Menschen für unnütz gehalten wird, ihnen dennoch GOttes Lob und Weisheit vor Augen stellt, sintemalen so vieler Raupen, Sommervögel und Motten unvergleichliche Schönheit, in besonderen Farben und ordentlicher Zeichnung bestehend, unseren stets neubegierigen Augen kein geringes Vergnügen bereitet; keines Menschen

Kunst vermag dem beizukommen, dies zu erreichen.« Und sie wirbt für ihre kolorierte Ausgabe.

DER ZYKLUS DER JAHRESZEITENBILDER wird nun beendet durch ein *Winterbild* – freilich keine Szenerie der Erstarrung, sondern eines fortgesetzt quirligen Landlebens. Auf einem trogähnlichen Schlitten wird eine Dame von einem Pferd durchs Dorf gezogen, offenbar im Galopp; hinter ihr der Kutscher, auf den Kufen stehend. Die hohe Frau scheint sich für Vorgänge im Dorf nicht weiter zu interessieren: nicht für die Männer, die in ihrer Nähe Eis zerstoßen, um Eisdruck zu verhindern, der nahe Mühlräder beschädigen, zerstören könnte; nicht für das Pferd, das aus einem Steinbrunnen säuft; schon gar nicht für das Schlachten im Vordergrund: ein Schwein liegt auf einem Tisch, eine Frau gießt aus einem Topf (sicherlich heißes) Wasser auf die Wamme, Männer halten fest – offenbar zuckt das Schwein noch. Zwei Personen tragen dicke Brennholzbündel heimwärts.

Auch hier könnte angereichert werden, vor allem nach niederländischen Vorlagen, die eher die Winterfreuden betonen: Erwachsene, die sich auf kleinen Schlitten über Eisflächen schieben lassen; Eisläufer – meist haben sie Knochen als Kufen untergeschnallt; Kinder auf Rutschbahnen.

Die Kinder dagegen, die Merian zeichnete, sie tollen, toben, schliddern, rutschen nicht herum, sie spielen mit Schweinsblasen – zur Fußballgröße aufgepustet, dann zugebunden. Erzeugen sie Quietschgeräusche mit den Blasen? Spielen sie sich Blasen wie Bälle zu? Noch hat ihr eigentliches Spiel nicht begonnen.

UND WAS MACHTE EINE BLUMENMALERIN, Raupenmalerin im Winter? Die Pflanzen ohne Blüten und Blätter, der Raupenbetrieb eingestellt. In ihren Verstecken überwintern Eierchen; Pfauenaugen wie Zitronenfalter in der Kältestarre. So fiel ein gutes Quantum Zeit an sie zurück. Was könnte sie da gemacht haben?

Zuerst einmal: sie wird viel gefroren haben. Denn die Winter waren damals erheblich kälter als heute: die von Klimaforschern nachgewiesene »Kleine Eiszeit«. Eine suggestive, aber übertreibende Bezeichnung; Fachleute sprechen und schreiben lieber von einer »Kaltphase« oder »Kaltzeit«. Die begann mit dem Ende des 16. Jahrhunderts und hörte erst auf Mitte des 19. Jahrhunderts. Im Katalog der Berliner Ausstellung zur »Kleinen Eiszeit« sehe ich Graphiken, die Durchschnittswerte von Temperaturen mit blauen Zackenlinien wiedergeben. Die »Kaltphase« demnach zwischen dem »Mittelalterlichen Wärmeoptimum« und dem »Modernen Klimaoptimum«. Die Durchschnittstemperatur lag damals etwa anderthalb Grad niedriger: »Temperaturdepression«. Die allerkälteste Phase steht dem damaligen Europa allerdings erst noch bevor: im letzten Jahrzehnt jenes Jahrhunderts. Aber die Sommer waren auch in dieser Frankfurter Phase schon kühl und die Winter lang und kalt.

Dieser intensivierten Winterkälte konnte man damals kaum oder nur mit großem Aufwand entkommen. Bis in Goethes Zeit die Klagen über Öfen, die mehr Qualm als Wärme abgeben. Und die offenen Kamine, die auf so vielen Bildern des 17. Jahrhunderts zu sehen sind? Da wurde man vorn gewärmt und der Rücken blieb kalt – in Häusern, in denen nur die wenigsten Räume beheizt werden konnten. So saß denn die Kälte in den Wänden, so waren Böden wahrhaftig fußkalt, so bildeten sich Eisblumen an Fensterscheiben.

Aber wenn sie nicht von Kälte beherrscht, von Hausarbeit auf Trab gehalten wurde – was machte sie? Las sie Bücher? Beschäftigte sie sich in ihrer Werkstatt? Arbeitete sie nach oder arbeitete sie vor? Studien zu Insektenbildern anhand von Präparaten, gesteckt oder flachgelegt? Ordnen und Sichten von Einzelportraits von Blumen oder Faltern – zur späteren Verwendung und Wiederverwendung und Zeit sparenden Wiederwiederverwendung? Drucken von Kupferstichen? Und, besonders winterfreundlich: Kolorieren auf Bestellung oder womöglich auf Vorrat? An solcher Arbeit dürfte sich die ältere

Tochter beteiligt haben. Konzentrierte Stille dabei oder Plaudern? Oder, was es früher ja recht häufig gegeben haben soll: gemeinsames Singen? Mutter im Alt, Tochter im Sopran? Erste Stimme, zweite Stimme? Launiges Duett? Oder wurden schon pietistische Lieder eingeübt, als Intonation der späteren Lebenswende?

»AM 10. APRIL 1684 habe ich einen Krammetsvogel bekommen, der hatte inwendig in seinem Leib eine solch starke Bewegung und war doch tot. So gedachte ich nachzuschauen, was doch die Ursache sein möchte, und machte den Bauch des Vogels ein wenig auf: so fand ich denselben voll weißer Würmer. Da tat ich den Vogel samt den Würmern in eine Schachtel und schaute jeden Tag danach. Alsdann fand ich am 24. April, nachdem diese Würmer das ganze Fleisch des Vogels verzehrt hatten, dass sie zu braunen Eiern geworden waren; da zählte ich sie und fand von denselben 156 Stück, welche sich alle glichen. Nach 12 Tagen kam aus einem nur eine Fliege heraus, die anderen sind vertrocknet.«

WO WOHNTEN DIE VIER EIGENTLICH? Dazu ist nichts überliefert; denkbar, dass die Graffs zur Witwe gezogen waren. Das Arbeitszimmer (»Atelier«) von Marrell war ja nun frei geworden, seine Werkstatt ebenfalls, samt allem Gerät. Die Arbeit des Ehepaars konnte also fortgesetzt werden, das Unternehmen Graff & Graff verlagerte seine Produktionsstätte.

Und falls Graff sich jetzt oder später wieder in Nürnberg aufhielt, weil er sich um Haus und Garten kümmern musste, und vor allem, weil er seine Nürnberger Klientel mit Nürnberger Sujets versorgen musste – wovon lebte dann seine Frau mit den Töchtern? Hinterließ oder übermittelte er Geld? Gab es Ressourcen in Frankfurt?

Marrell hatte einerseits Schulden, andrerseits ein kleines Vermögen hinterlassen – wahrscheinlich mussten aus seiner Hinterlassenschaft erst einmal die Schulden beglichen werden. Falls etwas übrig blieb, wird es die Witwe übernommen haben.

Maria Sibylla Graff blieb (als temporäre Alleinerzieherin?) auf Einkünfte angewiesen. Ganz abgesehen davon: eine Merian, die nicht tätig ist, kann ich mir nicht vorstellen. Wo könnte sie angesetzt haben?

Sie war nun wieder in der Stadt des Verlagshauses Merian. Das verjüngte Unternehmen produzierte weiterhin. Hätte ihre Mitarbeit da nicht willkommen sein müssen – als versierte Kupferstecherin? Matthäus war sicherlich als Familienoberhaupt, als Herr der Offizin akzeptiert, aber, wie er uns zu lesen gab: Das Portraitieren gut betuchter Herrschaften war, in seiner Sicht, sein eigentliches Gebiet. Also wird er viel unterwegs gewesen sein. Und Caspar war bereits nach Friesland gezogen. Da war in der Offizin sicherlich Kapazität frei – oder waren alle Arbeitsplätze mit zuverlässigen Kräften besetzt? Oder wollte Matthäus Merian seine Schwester nicht im Betrieb sehen – Nachwirkungen der Familienfehde? Oder: wollte oder konnte sie ihr Repertoire nicht auftragsgemäß erweitern? Die Überlieferung schweigt dazu.

»NUN ABER HATTE ICH, vor dem Jahr 1684, in gut fünf Jahren nacheinander (wieder) solch einen Raupenwurm gehabt, kriegte aber aus keinem (obwohl sie alle ihre richtige Speise von mir erhalten) einen generativen, generischen, das heißt ordinarium Mottenvogel. Zwar spann sich einer mal ein, aber sein Dattelkern verdorrte völlig. An einem 22. Juli eines Jahres wurde mir wieder einer zum Dattelkern, aber auch aus dem ist nichts geworden. Zum Teil verfaulten die Raupen völlig und es wuchsen große Madenwürmer in ihnen, und es kamen große Fliegen heraus.«

WIE SAHEN DAMALS für das Ehepaar Graff eigentlich die rechtlichen Grundlagen der beruflichen Tätigkeit aus? Die Graffs zuvor in Nürnberg und die Graffs nun in Frankfurt wohnend und arbeitend – war solch ein Wechsel schwierig? Wir sahen bereits: Nur, wer einer Zunft angehörte, also einer Berufsorganisation, konnte Bürger werden, offiziell, konnte

Grundbesitz erwerben. Entscheidend: Mitgliedschaft in einer Zunft und Bürgerrecht waren gekoppelt. Hier wurde kontingentiert und reglementiert. Maler, die in die zuständige Zunft aufgenommen werden wollten, mussten ein Probestück vorlegen, und da war in Frankfurt meist ein Portrait verlangt. Ein Maler, der barocke, also zeittypische Malerei mit ihrer opulenten Emblematik produzierte, hätte in Frankfurt keine Chance gehabt vor dem entscheidenden Gremium, es musste in niederländischer Manier gemalt werden, und damit: »Einfachheit, Sachlichkeit, Lebensnähe, Natürlichkeit«, wie es in einem Katalog des Historischen Museums Frankfurt formuliert ist.

Eine Zunft war eine streng abgegrenzte Binnenwelt in einer streng umgrenzten Stadtwelt. Die Zunft oder Gilde sorgte dafür, dass Konkurrenz sich nicht breit machte. Für Maler hieß das, ganz einfach: Nur wer zur Zunft gehörte, durfte Bilder malen und verkaufen. Als, einige Jahrzehnte nach dem Tod der Merian, in Frankfurt erste Auktionen stattfanden, auf denen auch Bilder versteigert wurden, die nicht in Frankfurt gemalt worden waren, da wurde sofort eine Eingabe an den Rat gemacht, unterzeichnet von den Vorstehern der Malerzunft. Wie lange die Emanzipation von Künstlern in der Freien Reichsstadt Frankfurt dauerte, das zeigt eine Eingabe von Malern an den Rat, in der um die Erlaubnis zur Gründung einer Zeichenakademie gebeten wird. Hier gibt es eine Formulierung, die aufhorchen lässt: »... die Gnade erhalten können, aus der Innung auszutreten und wieder Künstler zu werden ...« So weit war man zur Zeit der Merian aber noch längst nicht. Ihr Spielraum war von Vorschriften eingeengt. Wie Herr und Frau Graff in diesem und mit diesem System zurechtkamen, weiß ich nicht. Konnte man Mitglied in Zünften oder Innungen zweier Reichsstädte sein? Konnte man damit ein doppeltes Bürgerrecht besitzen? Wie sah es hier bei Maria Sibylla Graff aus? Das Bürgerrecht war erblich (sie wird es später erst zurückgeben), aber: War sie Mitglied der Malerzunft?

ZWANGSMITGLIEDSCHAFT IN EINER BERUFSORGANISA-
TION – waren hier nur in deutschen Landen die Vorschriften
so eng, die Kontrollen so streng? War man in den Niederlanden liberaler? Eine Frage mit Zukunftsperspektive: die Merian
wird ja, später, dorthin auswandern. Gehörte sie in Nürnberg,
in Frankfurt zu einer Zunft? Wird sie, muss sie, um weiterarbeiten zu können, die Aufnahme in die niederländische Künst-
ler-Gilde beantragen, die St. Lukas-Gilde? Wie fühlte man
sich als Maler in einer Zunft, in einer Gilde? Früh schon wurden hier Klagen angestimmt; eine dieser Klagen ist überliefert
im »Malerbuch« des Karel van Mander. Sie dürfte charakteristisch sein für eine Zeitstimmung unter Malern.

»Oh allzu undankbare Jahrhunderte der Gegenwart, in
denen man auf Drängen gemeiner Pfuscher solch schändlichen
Gesetzen und mißgünstigen Verordnungen in den Städten
Geltung verschafft hat, so daß fast überall (Rom fast allein
ausgenommen) aus der edlen Malkunst eine Gilde gemacht
wird, wie man es mit allen rohen Handwerken und Gewerben
(als da sind: Weben, Pelznähen, Zimmern, Schmieden und
dergleichen) tut. Zu Brügge in Flandern bilden die Maler
nicht allein eine Gilde, sondern es gehören auch noch die
Pferdegeschirrmacher dazu. Zu Haarlem, wo es stets viele her-
vorragende Maler gegeben hat, gehören die Kesselflicker,
Zinngießer und Trödler zur Malergilde. Obwohl diese beiden
Städte Gründe dafür geltend machen, warum dies so geschah,
ist es doch so weit gekommen, daß man fast gar keinen Unterschied zwischen Malen und Schuhflicken, Weben und dergleichen Tätigkeiten macht; denn es muß – wie Unwissenheit und
Unverstand es gern haben – in eine Gilde gezwängt werden,
und die Erlaubnis zu seiner Ausübung muß – dort, wo man sie
noch erlangen kann – mit Geld erkauft werden. Dann muß ein
Probestück gemacht werden, wie es Möbelschreiner, Schneider
und andere Handwerker müssen; denn – was noch plumper
lautet – es wird auch ein Handwerk genannt. Oh edle Malkunst, wohin ist es jetzt mit dir gekommen?! Nun bist du mit
den Pferdegeschirrverfertigern, Zinngießern, Kesselflickern,

Glasmachern und Trödlern zu einer Gilde vereinigt worden, was Fürsten, Herren und Behörden in den Städten nicht allein zulassen, sondern bekräftigen und dir, oh edle Pictura, zur Schmach und Unehre solche Verordnungen aufrecht erhalten und bestehen lassen, ohne zu bedenken, daß deine Unehre ihnen nicht zur Ehre gereichen, noch Lob eintragen kann. Oh allzu undankbare Zeiten!«

»AUF DIESEM GRÜNEN BLATT sind 3 Eichen-Mispeln, als ich sie aufschnitt, fand ich in der Mitte eines jeglichen ein rundes Löchlein, darin war ein runder Samen. Am 7. Juli 1684 in Schwalbach.« Was, außer Raupen, hatte sie in Schwalbach zu suchen, anno 1684? Nach Schwalbach reiste sie wohl kaum, um Erinnerungen an den Vater zu beleben, der dort mehrfach gekurt hatte, dort auch gestorben war, während einer Kur. Was wurde in Schwalbach durch den Sauerbrunnen behandelt? Es wurde sicherlich auch damals schon eine breite Palette an Heilmöglichkeiten offeriert. Frau Graff war noch keine vierzig – woran könnte sie gelitten haben?

Suchwort Schwalbach im Internet, und das »Klassische Mineral- und Moorheilbad« gibt Auskunft mit drei Überschrifts-Stichworten: Herz – Frauen – Rheuma. Hier können wir also aussuchen. Rheuma? Eine rheumakranke, rheumaleidende Frau würde kaum, anderthalb Jahrzehnte später, in das feuchte Surinam reisen. Also eher eine Herz- und Kreislauferkrankung? Oder Blutarmut? Lässt sich bei ihr nicht recht vorstellen: für damalige Relationen war sie erstaunlich langlebig, das lässt Rückschlüsse zu auf ihre Konstitution. Also ein Frauenleiden? Moorpackungen auf den Unterleib? Unter den drei Möglichkeiten scheint mir diese am wahrscheinlichsten.

Sie trinkt also aus der Kohlensäurequelle, nimmt vielleicht Moorbäder, erhält Moorpackungen oder Moormassagen. Nur in diesem einen Jahr 1684? Es wäre ihr postum zu wünschen.

LEBENSBILD 24: Maria Sibylla Graff in einer der zeittypischen enzyklopädischen Privatsammlungen, wie sie auch in

Frankfurt am Main angelegt wurden. (Monogrammist AM dürfte hier allerdings eine idealisierende Darstellung übernommen oder frei ausgestaltet haben.)

Ein lang gestreckter Raum mit Deckengewölbe; zwei Fenster in der rechten Seitenwand; zwei schmale Fenster, Hochformat, in der Stirnseite. Zwischen ihnen ein Sammlerschrank; darüber, im Oval, ein Portraitgemälde; darüber wiederum, waagrecht aufgehängt, ein präparierter Alligator. Auf der gesamten linken Seite: Bücher, hinauf bis zum Ansatz des Gewölbes. Schilder an den Kopfleisten der Regale: Logici, Astron., Medic., Physi. Eine Leiter angelehnt im Bereich Medic. Auf der gegenüberliegenden Seite, zwischen und neben den Fenstern: drei Regale geringer Tiefe, auf denen vor allem Skelette kleiner Säugetiere stehen. Über den Regalen jeweils eine Stadtvedute. Auf dem langen Tisch in der Mittelachse des Raums liegen einige großformatige Bücher, die sich, aufgeklappt, als Herbarien erweisen. Ein Herr in prächtiger Allongeperücke sitzt Frau Graff gegenüber; sie scheint sich intensiv mit einem botanischen Belegexemplar zu befassen: hält ein Vergrößerungsglas, sitzt vorgebeugt. Ein kleiner Globus auf dem Tisch, ein Mikroskop. Zwei Tassen: heiße Schokolade? (Graphitstift auf Papier. Leicht fingerfleckig.)

»AUF DIESEM GRÜNEN EICHENBLATT sind drei runde Gewächse, die man Eichen-Mispel nennt; als ich diese aufgeschnitten im Beisein von Doktor Fabricius, Kurpfälzischer Leibmedicus, fanden wir in jedem ein rundes Löchlein in der Mitte der Frucht, darin lag ein runder Samen. Nach 12 Tagen aber gingen wir wieder dergleichen suchen, und nachdem wir dieselben wieder aufgeschnitten, so fanden wir: das runde Löchlein hatte sich verformt und geteilt, in zwei Teile gleich Herzlein, und in jedem lag ein weißes Würmlein.«

EIN SCHÖNER TITEL unter den Büchern über Maria Sibylla Merian: *Die Falterfrau*. Assoziationen hier an Faltermenschen, die auf alten Zeichnungen schon mal auftauchen: Menschenkörper mit Falterflügeln ... Eigentlich aber müsste der Titel lauten: DIE RAUPENFRAU. Denn: überblickt man die Gesamtheit ihrer Texte, so hat sie sich weitaus mehr für das interessiert, was da »kreucht«, als was da »fleucht«. Raupen haben eine ungleich größere Textrepräsentanz als Falter.

Dass sie eher Raupen als Falter beobachtete und beschrieb, das konnte einen recht simplen Grund haben für die sicherlich pragmatische Frau: Raupen lassen sich im Hause halten, in Spanschachteln; Raupen verbringen einen Großteil des Tages liegend, meist auf einem Blatt der Fraßpflanze – nagend, raspelnd, nagend, raspelnd, Kotkugeln produzierend. Kurzum, die Raupen blieben in ihrem Blickfeld.

Dagegen Falter: Die müssen möglichst rasch freigelassen werden aus einer Spanschachtel, in der sie geschlüpft sind. Die könnten oder können noch eine Zeit lang im Zimmer herumfliegen, aber falls sie auf offerierte Honig- oder Zuckerkost nicht eingehen, muss für sie ein Fenster geöffnet werden wie für die Seele eines Verstorbenen. Will man Schmetterlinge weiter beobachten, muss man sich auf die Pirsch begeben. Das hätte bedeutet: Frau Graff, sowieso oft unterwegs, botanisierend und Raupen sammelnd, sie hätte sich noch weiter als sonst von den Fortifikationen auch Frankfurts entfernen müssen. Die Gefahren, die draußen lauerten oder lauern konnten, sie habe ich schon benannt.

So scheint sie nur vergleichsweise selten auf Falterpirsch gegangen zu sein. Ja, war sie überhaupt jemals auf Schmetterlingsjagd? Vor diese Frage stellt mich Vladimir Nabokov. Fünf kleine fachwissenschaftliche Beiträge des Lepidopterologen und Schriftstellers lesend, sehe ich die andere Seite der Medaille: von Raupen ist bei ihm nicht weiter die Rede, es geht ausschließlich um Falter, vor allem um Bläulinge! Die werden in ihren Revieren, meist im Gebirge, aufgesucht, werden mit dem Kescher gejagt: Wild entschlossen stampft auf einem der Fotos der berühmte Autor in halblanger Hose und mit schwerem Schuhwerk dahin, Kescher in der Hand – so etwas wie Jagdfieber? Das kannte die Merian wohl kaum: sie schaute, im Freien, eher nach unten als nach oben. Sie hob auf und fing nicht ein.

IM HANDWÖRTERBUCH DES ABERGLAUBENS schlage ich nach unter dem Stichwort Schmetterling und registriere staunend, wie viel Böses diesen schönen Erscheinungen nachgesagt wurde. Zwar kann das Erscheinen bestimmter Schmetterlinge zu bestimmten Zeiten (vor allem im Frühjahr) ein günstiges Omen sein, beispielsweise für eine Eheschließung mit guter Zukunft, doch die düsteren, die unheimlichen Konnotationen überwiegen offensichtlich. Tagfalter können verkörpern: Tote Ahnen ... Kinderseelen ... Aber auch: Elben ... Hexen ... Und Nachtfalter als Sterbevögel, Totenvögel, Leichenvögel. Dazu passt, dass man Nachtfalter für Albdrücken verantwortlich machte.

Den Faltern wurde allgemein nachgesagt, sie würden Milch, Rahm und Butter widerrechtlich zu sich nehmen. Verschiedene Bezeichnungen fixierten diese Vorstellungen. Noch Georg Christoph Lichtenberg streicht in einem seiner Sudelbücher das Wort Schmetterling durch und ersetzt es durch Buttervogel.

Gravierend die Unterstellung, Schmetterlinge könnten die Gedanken verwirren. Und sehr belastend die volkstümliche Vorstellung, Schmetterlinge würden Krankheiten verbreiten, vor allem fiebrige, und als schlimmste unter ihnen: die Pest. Davon war man offenbar in verschiedenen Ländern überzeugt: Schmetterlinge verbreiten die Pest. Der Sommer als hohe Zeit der Schmetterlinge und im Sommer jeweils der Höhepunkt der damals fast regelmäßig wiederkehrenden Pestepidemien.

ANNO 1685 SCHREIBT FRAU GRAFF wieder einen Brief an ihre ehemalige Schülerin Clara Regina Imhoff, »présentement« in Nürnberg. Diesmal nur eine raffende Wiedergabe.

Die Bitte um einen Beitrag zum Stammbuch von Claras Bruder will sie so bald wie möglich erfüllen, aber: »Es ist halt noch alles bei mir in Unordnung, denn es ist mit dem Umzug

durcheinander geraten, ich hoffe aber, dass ich bald wieder
Ordnung schaffen kann, dann will ich mich gleich an die
Arbeit machen.« Das schreibt sie drei Jahre nach dem Umzug!
Faktum oder Selbststilisierung? Hat sie mehr Zeit den Raupen
und Insekten und Parasiten gewidmet als dem Haushalt? Oder
war dies nur eine wahrhaftig faule Ausrede?

Einen Monat später schafft sie es aber doch, dem Bruder
etwas für das Stammbuch zu schreiben oder zu zeichnen. Ein
Herr Kraus, der sowieso über Nürnberg nach Augsburg reist,
soll das Gewünschte persönlich überbringen: »Ich hoffe, es
wird Ihnen gefallen oder nicht missfallen, dass ich den Text
auf das Pergament geschrieben habe, weil ich das Buch nicht
zur Hand hatte.« Das Blatt soll also offenbar eingelegt oder
eingeklebt werden. Zuletzt eine Bemerkung von (freilich nur
geringer) biographischer Relevanz: »Neues wüsste ich nicht zu
berichten, außer, dass mein Mann Lust hat, nach Nürnberg zu
reisen; zu welcher Zeit das aber bewerkstelligt wird, weiß ich
noch nicht.«

»EINE SOLCHE SCHNECKE habe ich bei Frankfurt, außerhalb
von Sachsenhausen, bei einem sumpfigen, halb vertrockneten
Weiher gefunden, die tat vorn an ihrem Kopf einige lange
Hörner herausstrecken, als wären es Würmer, die waren so
hübsch gestreift und getüpfelt, und immer trieb einer den
anderen wieder herein, bisweilen aber kamen 3, auch schon
mal 4 hervor und das trieben sie alle Tage bis um 9 Uhr,
danach waren sie ruhig. Ich fand sie 1685, am 17. Juni, und
erhielt sie mit Kräutern bis zum 20. Juni, da starb sie, und ich
machte sie auf und fand 4 Dinger, den Würmern gleich, in
ihr.«

Maden freilegen in einer toten Schnecke: was vielen ekelhaft
erscheinen mag, das schien die Merian nicht weiter zu tangieren.

IM JAHRE 1685 WURDE IN DÄNEMARK eine Frau aus der
Haft entlassen, nach einundzwanzig Jahren, neun Monaten

und elf Tagen. Gräfin Leonora Christina Ulfeldt war im Blauen Turm des Stadtschlosses von Kopenhagen eingesperrt worden – kein Prominentengefängnis, dort saßen auch Bauern ein. Zur Zeit der Verhaftung zweiundvierzig Jahre alt, wurde sie ohne Gerichtsverfahren inhaftiert – ihr Mann war wegen Hochverrats zum Tode verurteilt worden; das Urteil konnte aber nur »in effigie« (anhand einer Holzsilhouette) vollstreckt werden, denn Ulfeldt hatte sich ins Ausland abgesetzt. Auf Gründe und Hintergründe der Staatsaffäre muss ich und will ich nicht weiter eingehen, diese Geschichte ist mir nur wichtig, weil sie auf überraschende Weise in die Nähe der Merian zurückführt.

Erwähnen sollte ich einleitend aber noch, dass die Gefangene eine »natürliche« Tochter des dänischen Königs Christian IV. war, der im Dreißigjährigen Krieg mitmischen wollte, mit Blick auf Landgewinn und Ostseehandel, aber die Intervention ging schief. Nach dem Tod seiner Ehefrau heiratete der Vater von zwei Töchtern und vier Söhnen erneut, aber diesmal nicht standesgemäß: mit Kirsten Munk führte er eine »morganatische« Ehe. Neun Kinder wurden geboren; das zehnte Kind stammte von einem anderen Mann und führte zur Trennung. Leonora Christina war die drittälteste Tochter aus dieser zweiten Ehe. Mit dem Grafen Corfitz verheiratet (der erst Kammerjunker des Königs war und bald mächtiger, machtbewusster, machtgieriger Statthalter von Kopenhagen wurde), brachte sie es ihrerseits auf zehn Kinder. Das schützte sie nicht davor, als ›Mitwisserin‹ der Umtriebe ihres Mannes verhaftet und eingesperrt zu werden. Nach der Entlassung schrieb sie einen Bericht über die Haftjahre, unter dem Titel *Jammers Minde*.

Ich griff auf dieses Buch zurück mit der Frage: Wie verbrachte eine Zeitgenossin der Merian eine längere Zeit in einem Gefängnis? Als Frau, die sich mit Schnecken und Fröschen, mit Maden und Raupen beschäftigte, lebte sie mit einem Fuß im Gefängnis, wegen verdächtiger Umtriebe. Die Zeit der Hexenverbrennungen war im Wesentlichen vorbei, aber es konnte immer noch Haft drohen für den Umgang mit »Teufelsgeziefer«, mit ›pestverbreitenden‹ Schmetterlingen.

Dies als Lesemotiv. Es unterscheidet sich vom Schreibmotiv für diese Sequenz. Denn überraschend traf ich auf zwei verbindende Stichworte: Darstellung von Blumen, Beobachtung von Raupen.

Trotz ständiger Kontrolle (nach der Verhaftung wurde sogar eine Leibesvisitation durchgeführt) gelang es dieser Frau, sich einen Teil der Haftzeit mit Handarbeiten zu vertreiben. Sie durfte weder Schere noch Messer benutzen, konnte sich aber eine Nähnadel besorgen; aus den Borden ihrer seidenen Nachtjacke zog sie Fäden heraus, fleischfarbene, und stickte mit ihnen »allerlei Blumen« in ein »Stück Tuch, welches ich bei mir hatte«. Mit herausgezupften Seidenfäden klöppelte sie auch, mit selbst gefertigten Stäbchen. Aus Flachs, den ein bestochener Aufseher in der Hose hereinschmuggelte, spann sie mit einer Handspindel und begann zu weben. Einen selbst gebastelten Webbaum brachte sie unter dem Tisch an, den anderen band sie sich vor den Bauch; sobald sie den Schlüssel im Schloss der Tür zum Vorraum hörte, versteckte sie alles blitzschnell.

Im Lauf der vielen Jahre verbesserten sich die Haftbedingungen. Die Königin schickte ihr Seiden- und Silberfäden »und ließ mich bitten, ihr eine Blume zu nähen, die auf Pergament vorgezeichnet war; dazu schickte sie eine andere, fertig genähte Blume, damit ich daraus ersähe, wie die Arbeit sein sollte. Ich hatte vorher nie dergleichen Arbeit getan, denn sie strengt die Augen sehr an; dennoch übernahm ich sie und sagte, ich würde mein Bestes tun.« Die Königin war mit dem Ergebnis zufrieden. Die standesgemäßen Beschäftigungen auch im Gefängnis: Sticken, Klöppeln, Nähen, Weben. Und Blumen als schönste aller Dekors.

Überraschend, auch in diesem Kontext, das Stichwort Seidenraupen. »Damals ließ mir Ihre Majestät, die Königin, zum Zeitvertreib ein paar Seidenraupen bringen. Als sie sich eingesponnen hatten, schickte ich sie Ihrer Majestät in einer

Schachtel, die ich mit fleischfarbenem Atlas bezogen und auf die ich mit Goldfäden ein Muster genäht hatte.« Der kostbar ausgestattete Transportbehälter vom Gefängnisturm hinüber zum Wohntrakt zeigt die damalige Wertschätzung von Seidenraupen an. Selbst in höchsten Kreisen fütterte man Seidenraupen, zog man Seidenfäden. »Ihre Majestät die Königin schickte mir zum Zeitvertreib abermals eine große Menge von Seidenraupen: ich sollte sie ihr füttern und Ihrer Majestät ein Gespinst schicken.« Und: »Die Jungfrauen bei Hofe schickten mir einmal verknäuelte Seide von Seidenraupen; sie wollten sie verspinnen und wussten nicht recht, wie sie damit umgehen sollten; deshalb ließen sie mich bitten, sie zu entwirren. Ich hatte anderen Zeitvertreib, den ich nicht gerne liegen ließ (denn damals arbeitete ich gerade an der Zusammenstellung meiner Heldinnen), aber ich tat ihnen doch den Gefallen.«

Das Projekt, an dem sie arbeitete, lief unter dem Titel »Der Heldinnen Zier«. Es sollte eine Sammlung von Portraits »vernünftiger, streitbarer Frauen« werden, zwischen Semiramis und Elisabeth I. von England. (Die Gräfin selbst wurde einbezogen in ein ähnliches Projekt, das vom Sohn ihres Hausarztes begonnen wurde: Sie schrieb auf Wunsch dieses Otto Sperling einen autobiographischen Text, der in eine Sammlung von Lebensläufen »gebildeter und gelehrter Frauen« aufgenommen werden sollte. So schließen sich die Kreise …)

Das eigene Projekt und das weitere Projekt, sie zeigen: sie war prominent als ebenso gebildete wie resolute Frau. Heute würde sie eher den Geisteswissenschaften als den Naturwissenschaften zugeordnet. Damit wird das folgende Zitat nur umso aufschlussreicher: Beobachtungen an »Kohlraupen«.

Es müssen Raupen des Großen Kohlweißlings gewesen sein: blaugrün, elegant gemustert, mit schwarzen Punktfeldern und gelb durchgezogenen Linien. Die Raupen fressen Kapuzinerkresse, auch Pflanzen in Steingärten, und, wie der Name sagt: Kohl. Von den Kohlköpfen lassen sie nur grobe Blattrippen übrig – Kohlkopfskelettierungen. Erscheinen sie in Massen, können sie ganze Felder kahl fressen.

Im Gefängniszimmer des Blauen Turms also beobachtete sie die Entwicklung der Raupen, registrierte dabei auch das Erscheinen von Parasiten, von Maden. Ich rücke ihren kompletten Bericht ein, er lässt wichtige Rückschlüsse zu.

»Auch an Kohlraupen habe ich in meiner Gefangenschaft Beobachtungen gemacht. Ich vertrieb mir die Zeit damit, zu beobachten, wie sie sich veränderten. Die Raupen sahen alle gleich aus, waren gleichermaßen gestreift und hatten die gleiche Farbe. Aber nicht aus allen werden auch Schmetterlinge. Es war lustig zu sehen, wie ein Teil, bevor sie sich veränderten, sich an irgendetwas legten, dann einen Faden (wie einen Seidenraupenfaden) an beiden Seiten befestigten, sich den Faden mehr als fünfzigmal hin und zurück über den Rücken ziehen, und zwar alles auf einer Stelle; manchmal wölben sie dann den Rücken, um festzustellen, ob der Faden stark genug ist; wenn nicht, ziehen sie mehr Fäden. Ist das geschehen, verändern sie rasch ihre Gestalt und werden dick: vorne haben sie eine spitz zulaufende Schnauze, ähnlich dem Fisch, den die Holländer Knurrhahn nennen; sie haben die gleichen Flossen auf dem Rücken und genau solche Köpfe. In dieser Gestalt sitzen sie sechzehn Tage lang, dann kriecht ein weißer Schmetterling aus ihnen heraus. Aus manchen Kohlraupen aber kommen zu beiden Seiten kleine kurze Raupen heraus, die Maden ähneln: sie sind weißlich, an einem Ende breit und am anderen spitz. Sie spinnen sich mit großer Geschwindigkeit ein, jede für sich. Dann spinnt die Raupe sie recht dick zu und dreht sie umher, sodass sie fast wie runde Bälle werden. Dazwischen liegt die Raupe ganz eingeschrumpft da, frisst nichts und wird kurz wie eine Fliege, ehe sie stirbt. Zwölf Tage darauf kommen kleine Fliegen aus dem Ball, der aussieht wie ein Bienenkorb. Ich habe solche Kohlraupen gesehen, aus deren Nacken eine lebende kleine Raupe kam (diesen Fall halte ich für den seltensten), doch lebte sie nicht lange, fraß auch nichts. Die Mutter starb, sobald die kleine Raupe herausgekommen war.«

Ja, und mehr steht auch nicht in einem der typischen Notate und Bildkommentare der Maria Sibylla Graff. Die Gräfin

Ulfeldt als Frau mit völlig anderen Voraussetzungen, völlig anderen Interessen und Intentionen, und doch registrierte sie mit gleicher Genauigkeit, was die Naturkundlerin hundertfach beobachtet und beschrieben hat. Freilich ist noch niemand auf die Idee gekommen, die Gräfin deshalb gleich als Entomologin zu bezeichnen und womöglich als Begründerin der dänischen Insektenkunde. Dabei sind die Beschreibungen gleichrangig.

ZUM VERGLEICH nun ein Begleittext der Merian zu Raupen des Kohlweißlings. »Raupen dieser Art tun dem Kohl großen Schaden an, welchen sie mit Begierde abfressen. Schließlich schieben diese Raupen im August ihre ganze Haut ab und bereiten sich auf ihre Verwandlung vor und hängen sich an eine Wand oder auch an den Kohl, und werden daran zu einem Dattelkern. In solcher Verwandlung bleiben sie 14 Tage hängen, alsdann kommen Sommervögelein dieser Art heraus. (...) Diese Sommervögelein sind sonst sehr lustig und finden in großen Mengen zusammen, solange es noch warmer Sommer ist. Sie legen ihren Samen auf den Kohl, damit, wenn die jungen Raupen herauskriechen, sie sogleich ihre Speise darauf finden mögen.«

DER FRANKFURTER LEBENSABSCHNITT NÄHERT SICH DEM ENDE. Denn immer stärker und schließlich entscheidend wirkt ein Faktor auf die Lebensform, die Lebensgestaltung ein, der nichts mit Naturkunde, erst recht nichts mit dem Zeichnen, Malen, Stechen zu tun hat: *Pietismus*. Die lutherische Reformbewegung schafft biographische Fakten: erst für Caspar Merian, dann für seine Halbschwester Maria. Also darf Pietismus nicht bloß als Faktor erwähnt werden, hier muss (wenigstens im Ansatz) Textpräsenz entstehen.

Aber wie? Eine kurz gefasste Geschichte der Genese und Entwicklung der pietistischen Bewegung vor allem in Frankfurt und ihrer raschen Aufsplitterung in Sekten – dies würde zu weit aus dem Kontext herausführen. So konzentriere ich mich hier auf die Frankfurter Gründerfigur Philipp Jakob Spener.

Im Jahre 1675 veröffentlichte der mittlerweile vierzigjährige Pfarrer der Frankfurter Barfüßerkirche die programmatische Schrift »Pia Desideria oder Herzliches Verlangen nach gottgefälliger Besserung der wahren Evangelischen Kirche«. Ursprünglich geplant war nur ein Vorwort zur Neuausgabe der »Postille« von Johann Arnd – in der »Ausgabe von Merian«! Spener wollte für die Neuausgabe Verbesserungen, Korrekturen übernehmen, die in der »Merianschen Vorrede« versprochen, »aber nicht geleistet worden« waren. Ein Merian war es, der Spener gebeten oder aufgefordert hatte, das Vorwort zu schreiben – das kann eigentlich nur Caspar gewesen sein. Das Vorwort machte sich in jeder Hinsicht selbständig und wurde als separater Text veröffentlicht – mit sehr großer Wirkung in der lutherischen Kirche.

Was Spener (nebenbei ein Heraldiker von Rang) in seiner Schrift verurteilte und verkündete, das hatte er wohl schon in zahlreichen Predigten formuliert, auch in den Bibelrunden, die im Pfarrhaus oder in Häusern von Mitgliedern des Zirkels stattfanden. Dabei wurden charakteristische Formulierungen immer wieder aufgegriffen und in neue Zusammenhänge integriert. Also hebe ich aus Speners Schrift Formulierungen hervor, die typisch sind für die Sprache der Reformbewegung.

Ich folge mit den Sprachmustern nicht der Gliederung des Textes, sondern gruppiere um Stichworte. Das erste könnte lauten: Erkennen der Situation. So weist Spener hin auf »Plagen wie Pest, Hunger und sonderlich stetswährend oder doch öfter wieder aufbrechende Kriege ... das geistliche Elend unserer armen Kirche ... nicht aus Liebe zur Wahrheit, sondern aus einem politischen Interesse herrührt ... Apparat von menschlicher prächtiger Gelehrsamkeit ... das erste praktische Prinzip des Christentums, die Selbstverleugnung ... Zeugnis und Besiegelung durch das göttliche Wort ...«

Eine weitere Gruppierung von Stichworten und Formulierungen unter dem Sammelbegriff Appell: »... erbauen, er-

leuchten, aufmuntern … lasset uns gedenken … erleuchtete
Augen des Verstandes erkennen … lasset uns darauf bedacht
sein … völlige Vergnügung in der Erkenntnis … lasset uns am
meisten befohlen sein … aus inniglicher Liebe zur Gemeinde
Gottes … lasset uns alle mit herzlicher Andacht einander helfen … Geduld … brüderliche Fürbitte … wahre Kirche …«

Eine dritte Gruppierung um das Stichwort: erhellende,
erleuchtende Lektüre der Bibel in kleinen Kreisen. »… Flei-
ßige Lesung der Heiligen Schrift … dass zu gewissen Zeiten
in öffentlichen Gemeindeveranstaltungen die biblischen
Bücher nacheinander ohne weitere Erklärung vorgelesen werden … geistliches Wachstum … auch in der privaten häuslichen Bibellese … jeder Christ ist dazu verpflichtet … Gott die
Früchte seiner Liebe in herzlicher Liebe darbringen … aposto-
lische Einfalt … im innern und neuen Menschen …«

Eine der Konsequenzen der geistlichen Erneuerung: Aufgabe von persönlichem Besitz. »… dass eine andere Gemeinschaft der Güter ganz notwendig sei … dass ich nichts zu
Eigen habe, denn es ist alles meines Gottes Eigentum, ich bin
allein ein darüber bestellter Haushalter … eine nur geringe
Zahl recht wahrer Jünger Jesu … die rechte Einfalt Christi
und seiner Lehre fassen … Mitknechte … Urgemeinde …
Gütergemeinschaft …«

Und noch ein paar Formulierungen aus einer idealtypischen
Predigt mit überlieferten Formulierungen: »Wir erkennen
gern, dass wir einzig und allein durch den Glauben selig werden müssen … Je weiter ein Christ kommt, umso mehr sieht
er, was ihm mangelt … Die erste christliche Kirche in solchem
seligen Zustand gewesen ist … Wiedergeburt und Erneuerung
des Heiligen Geistes …« Sela!

BEI DIESEN SPRACHPROBEN DARF ES NICHT BLEIBEN;
pietistische Verhaltensmuster sollten zumindest ansatzweise
erkennbar werden.

Eine »Radikal-Pietistin«, Johanna Eleonore Petersen, drei
Jahre älter als Frau Graff, berichtet, wie sie Spener begegnete.

Es wäre hier nahe liegend, den Text neu zu formulieren, in Form eines Berichts, aber damit würde ich dem Fremden, auch Befremdenden einiges vom charakteristischen Flair nehmen.

»Ich wurde mit einem rechten Gottesmann in Frankfurt bekannt. Denn da meine gnädige Herrschaft nach dem Emser Bad reiste, war ein Fremder auf dem Schiff, in dem wir nach dem Wasserbad fuhren. Er kam durch Gottes sonderbare Schickung neben mich zu sitzen, und wir gerieten in einen geistlichen Diskurs, welcher etliche Stunden währte, sodass die vier Meilen von Frankfurt bis Mainz, wo er ausstieg, mir nicht eine Viertelstunde deuchten. Wir redeten ohne Aufhören zusammen, und es war nicht anders, als ob er in mein Herz sähe. Da kam alles heraus, worüber ich bis dahin noch in Zweifel gelebt. Ja, ich fand in diesem Freunde das, was ich an einem Menschen in der Welt zu finden bezweifelt hatte; lange hatte ich mich danach umgesehen, ob auch wahre Täter des Wortes sein könnten, und hatte mich daran gestoßen, dass ich keinen fand. Aber als ich an diesem gewahr wurde, dass er so große Einsicht hatte und bis auf den Grund meines Herzens sehen konnte, auch solche Demut, Sanftmut, heilige Liebe und Ernst den Weg zur Wahrheit zu lehren, da wurde ich recht getröstet und sehr gestärkt und suchte durchzubrechen. Da kam eine göttliche Überzeugung in mein Herz, ich bekam immer mehr einen Abscheu vor der Welt. Und ich sprach bei mir selbst: ›Soll ich mich um schnöde, vergängliche Lust der göttlichen Natur berauben? Nein, ich will mit Gottes Hilfe durchdringen, es koste, was es koste.‹ Ich schrieb darauf an den Freund, der mir so göttliche Gabe mitgeteilt, dass ich ihn als einen Vater liebte, ich hätte vor, mich von allen Banden der Welt loszumachen.«

Könnte solch ein Bericht Resonanz bei Frau Graff gefunden haben? Ja, ja, dreimal ja: so ähnlich war das Bekehrungserlebnis auch bei mir ...? Das ist mir aus dem Herzen gesprochen ...? Das kann ich sehr gut nachempfinden ...? Solche Bekehrungsgeschichten wird M.S. Graff öfter zu hören bekommen, vor allem bei den »Versammlungen« der Pietisten. Und fühlte auch sie sich dazu aufgerufen, anderen den wahren Glauben zu vermitteln, zu dem sie gefunden hatte, durch Gottes Fügung?

Wieder eine Szene in der Nähe von Frankfurt, wieder auf einem der Mainschiffe – allerdings wird hier stilisiert, vor allem in der Überzeichnung des Gewitters über dem Main, das eher einem Unwetter auf hoher See gleicht: die alte Metapher vom Schiffbruch wird reaktiviert. Aber wichtiger ist hier: pietistische Mentalität kommt zur Sprache. Eine Geschichte wie aus einer Pietisten-Fibel.

»Es geschah, dass ich auf dem Marktschiff von Frankfurt nach Hanau fuhr, meine Schwester zu besuchen; da waren auf dem Schiff unterschiedliche Leute, auch einige Soldaten, die mit vier unkeuschen Weibspersonen sehr grobe und unzüchtige Scherzreden führten. Ich wurde betrübt, dass die Menschen ihre Seelen so ganz vergaßen, lehnte mich an das Schiff und suchte einzuschlafen, dass ich solche Reden nicht länger hören möchte. Im Schlaf träumte mir der Spruch Psalm 14: ›Der Herr schauet vom Himmel auf die Menschenkinder.‹ Damit erwachte ich und schon im Wachen kam mir's vor, als ob ein großer Sturmwind das Schiff umdrehe; da erschrak ich und dachte: ›Du wachst ja, wie ist dir denn zumute?‹ Und es war nicht eine Viertelstunde darauf, da kam ein mächtiger Wirbelwind, der das Schiff fasste. Wir waren in sehr großer Gefahr, sodass sie alle vor Angst schrien und den Namen Jesu um Hilfe anriefen, den sie zuvor in ihrem leichtfertigen Scherz oft so unnütz genannt. Da tat mir Gott meinen Mund auf, dass ich ihnen vorstellte, wie gut es sei, in der Furcht des Herrn zu wandeln, und dass man in aller Not Zuflucht haben möchte. Als nun der Höchste Gnade gab, dass sich der unvorhergesehene Sturm legte, war eine von den Frauensleuten so frech, dass sie scherzweis sagte, es wäre hier auch bald gegangen, dass unser Schifflein wäre mit Wellen bedeckt worden, ›aber weil ein Heiliger hier ist, sind wir bewahrt worden‹, wobei sie laut lachte. Worüber ich recht eifrig wurde und sagte: ›Ihr freches Frauenzimmer, denkt Ihr nicht, dass uns die Hand des Herrn noch finden könnte?‹ Und kaum hatte ich meinen Mund zugetan, da erhob sich der vorige Wind, und in das Schiff wurde ein Loch geschlagen, dass alle ihr Leben aufgaben. Da auf einmal wurde es ganz still in der Luft, und der Schiffer drang an das Land. Da sprangen sie aus dem Schiff, und die wilden Soldaten hatten meine Worte zu Herzen genommen, und dankten, dass ich ihnen zu Herzen geredet.«

NOCH EINMAL: Juni 1685. Maria Sibylla Graff schrieb: »Mein Ehemann möchte, dass ich nach Nürnberg gehe, aber ich weiß nicht, wie bald dies sein wird.« Im Oktober war es dann entschieden; der Nürnberger Rat beschloss: »Johann Andreas Graff, Maler, soll gestattet werden, sich mit seiner Ehefrau hierorts häuslich aufzuhalten. Bei künftigem Antrag soll ihm, in Anbetracht seines hohen Könnens, eine (weitere) Frist eingeräumt und gestattet werden, sich (nochmal) ein oder zwei Jahre in Frankfurt bei seiner verwitweten Schwiegermutter oder auch anderswo aufzuhalten, ungeachtet des Bürgerrechts.« Der Antrag auf Genehmigung der Rückreise nach Frankfurt wurde freilich schon zwei Tage später gestellt. In der Begründung wurden Graffs solider Lebenswandel, seine Könnerschaft und sein Fleiß bei der Ausbildung von Jugend hervorgehoben. Nichts deutet hier auf eine bevorstehende Trennung hin. Zur Zäsur kam es offenbar überraschend, zumindest für die Behörde.

Denn: von Wieuwerd, vom Schloss Waltha im Wieuwerderbosch aus, munterte oder forderte Caspar seine Halbschwester auf, sich gleichfalls der pietistischen Gruppe anzuschließen, die im Sitz der bekehrten Adelsfamilie Sommelsdijk Zuflucht gefunden hatte.

Und Maria Sibylla brach mit ihren beiden Töchtern und ihrer Mutter zur Reise auf. Die führte aber nicht sofort nach Friesland, sondern erst einmal nach Schleswig, nach Gottorf.

GROSSER AUFBRUCH einer Frau von etwa sechzig, einer Frau von achtunddreißig mit zwei Töchtern im Alter von siebzehn und sieben. Es könnte bei diesem einen Satz bleiben: Das Merian-Quartett reiste nach Schleswig und von dort aus weiter nach Friesland. Glücklicherweise aber gibt es eine Textquelle, die solch eine Reise anschaulich macht, zumindest streckenweise: eine verbürgte Reise von Frankfurt nach Gottorf!

Der Reisebericht, den ich hier adaptiere, stammt vom Venezianer ohne Namen, der uns bereits in die Stadtfestung Nürnberg geführt hatte. Bevor wir uns diesem Reisebegleiter anschließen, erinnere ich noch einmal daran, dass Reisen damals kein Vergnügen war: die durchweg schlechten bis miserablen Straßen; Gasthäuser, vor allem auf dem Land, waren vielfach noch zerstört; zahlreich die Grenzen von Kleinstaaten, und damit: oft schikanöse Kontrollen, Demonstrationen von Machtwillkür. Es müssen wahrhaft zwingende Gründe gewesen sein, wenn eine (für damalige Relationen) sehr alte Frau, eine ziemlich alte Frau, eine Tochter und ein Kind Hunderte von Meilen reisten. Zu allem Ungemach konnten schließlich noch Trupps von Wegelagerern kommen, marodierende Kriegsveteranen, die keine Rücksicht auf reisende Männer nahmen und auf Frauen schon gar nicht. Dennoch: Vielleicht entstand so etwas wie Aufbruchsstimmung.

Auch ihre Reise konnte einen guten Start haben: Man reiste damals so viel wie möglich auf Wasserstraßen, und eine der schönsten und angenehmsten Strecken lag gleich vor dem südlichen Stadttor: mit dem Schiff nach Mainz, von dort mit einem Rheinboot nordwärts, so weit wie möglich, also etwa bis Köln.

Der anonyme Venezianer gibt eine erstaunlich hohe Zahl von Mitreisenden an: »fast 300 Passagiere«. Auch das Frankfurter Hotel, in dem er, während der Messezeit, bloß noch ein Dachstübchen erhielt, es beherbergte etwa 300 Gäste. Manche Entwicklungen haben offenbar schon recht früh begonnen ...

Die Beschleunigung des Verkehrs hatte freilich noch nicht

eingesetzt, das Schiff wurde von sechs Pferden in Schlepp genommen. Zuweilen mussten sie beim Treideln die Uferseite wechseln – dann schwammen die Pferde durch den Main. Und weiter ging die langsame Fahrt. Nach etwa zwei Stunden die erste Pause, mit Landgang: Höchst. Der Reisende registrierte noch Spuren der »Verwüstungen« durch schwedische Truppen, vor allem am Schloss. Und was für Frankfurt galt, das wird auch in Höchst und später in Mainz auffällig gewesen sein: »Auf der Straße waren unzählige verstümmelte Soldaten, die um Almosen bettelten, das ist für Reisende sehr unangenehm.« Doch es gelingt auch dem Venezianer, von Kriegsschäden und Kriegsfolgen abzusehen und landschaftliche Schönheiten zu genießen. »Der Reiseweg ist entzückend, man sieht schönes ebenes Gelände, das von Hügeln gesäumt wird, viele Burgen, Land voller Reben, die sehr niedrig gezogen werden.« Vor Mittag war man in Frankfurt abgefahren, abends um neun erreichte man Mainz.

Damit wurde sicherlich auch für Großmutter, Mutter und Töchter die erste der ausführlichen und Zeit raubenden Kontrollen fällig. Was der Italiener (als Ausländer sowieso verdächtig) vor Mainz erlebte, das könnten auch die allein reisenden Frauen erlebt haben, in ähnlicher Form. Es war ja äußerst ungewöhnlich, dass Frauen ohne ›männlichen Schutz‹ reisten – was für ein Gewerbe mögen die Damen betreiben, was mögen die vorhaben? Laut Reisedokument ist eine dieser Frauen sogar verheiratet – wieso reist die ohne ihren Mann durch die Gegend? Und Malerutensilien hat sie auch noch im Gepäck – will sie etwa Festungsanlagen zeichnen, im Auftrag irgendwelcher, womöglich französischer, Feinde …?!

Auch den Merians könnte es wie folgt ergangen sein: »Ich stieg an Land, ging zum Stadttor, wo ich durchsucht wurde und ihnen nach einer langen Vernehmung die Reisedokumente gab. Sie schrieben sie ab und schickten sie zum Statthalter, der sicherlich schlief. 2 Stunden vergingen, bevor sie mich endlich einließen.« Da ging es also auf Mitternacht zu – fand man zu so einer Zeit noch ein Hotel, einen Gasthof in

der finsteren Stadt, in der sicherlich noch keine Straßenbe-
leuchtung eingeführt war, und wenn ja, dann nur mit einer
Ölfunzel alle hundert Meter?

Fortsetzung der Schiffsreise. Auch das Rheinboot ist
bestimmt wieder voll besetzt. Die Reiseeindrücke werden auch
für das Merian-Quartett erfreulich gewesen sein. »Ich genoss
120 Meilen weit allerliebstes Land, voller Weinreben, eine
Festung oder Zitadelle nach der anderen; zwischen Mainz und
Coblenz sieht man beinah jede halbe Stunde eine. In Rhein-
fels, das dem Kurfürsten untersteht, hielt mich der Statthalter
eine Stunde lang auf, und ich hatte Gelegenheit, einen
Erhängten zu sehen und einen Soldaten auf der Folterbank.«
Offenbar kein Schock für den Venezianer, solche Anblicke
war er von der bisherigen Reise in deutschen Landen gewohnt.
Zuletzt noch in Mainz: ein Erhängter. Und zuvor in Frankfurt: »Sogar einen sehr schönen vierstempligen Galgen sah ich,
30 Schritte neben dem Weg auf einer Anhöhe, mit fünf
Erhängten, rundherum waren fünf Räder, man hatte eben erst
gerädert, aber die Leichen waren nicht zu sehen.« Wahrscheinlich waren da, wieder einmal, »Schnapphähne« hinge-
richtet worden. Oft genügte in diesen unruhigen Zeiten auch
der Verdacht auf Spionage.

Wiederholte Zwischenlandungen also mit Kontrollen. Die
nächste wurde fällig in Koblenz, im Herrschaftsbereich des
Erzbischofs von Trier. »In der über dem Rhein liegenden Burg
des Grafen wurde ich zur Passkontrolle 2 Stunden festgehalten.« Die Kontrollstellen lagen also nicht immer am Fluss,
man musste sich zu den Herrschaften hinaufbegeben. Das
kostete auch wieder Zeit. »Ich fuhr weiter und wies die Reisedokumente an allen Orten vor, die man passiert, und das sind
viele.« Andernach, und damit der Machtbereich des Pfalzgra-
fen. »Auf der Fahrt wurden die Passierscheine oft und oft verlangt, bei jeder noch so kleinen Festung.« Aber auch: viele im
Krieg »zerstörte Burgen«. (Und weitere Zerstörungen werden
folgen: Vier Jahre nach der Reise des Merian-Quartetts wird
Bonn im Pfälzischen Erbfolgekrieg fast vollständig zerstört.)

Falls die beiden Frauen und die zwei Mädchen erst in der Nacht diese Stadt erreichten (man kam ja meistens nachts an und brach nachts auch wieder auf), so konnte man Pech haben wie der Reisende aus Venedig, und die Stadttore waren geschlossen. »Mit einer Wache musste ich die ganze Nacht vor der Stadtmauer stehen. 3 Stunden lang regnete es und blies ein starker Wind, und ich musste durchnässt die ganze Nacht ausharren. Gott sei's gedankt, am Morgen, nachdem die Tore geöffnet und die Reisedokumente kontrolliert waren, trat ich ein.« Es gab also nicht bei allen Städten und Städtchen die Möglichkeit, sich über Zahlung eines Sperrgelds den nächtlichen Zugang zu einer Stadt zu erkaufen, Übernachtungen vor der abgeschlossenen Stadt waren weithin üblich.

Am nächsten Morgen »bestieg ich ein Schiff, und bei schöner Aussicht und ständiger Kontrolle der Passierscheine erreichte ich zu Mittag Köln, wo ich im Holländischen Hof Quartier nahm. Nach dem Mittagessen besichtigte ich den Dom, der nur zum Teil fertig ist.« Auch Großmutter, Mutter und Kinder werden den Dom besichtigt haben. Aber auch im Rheinland die üblichen Schreckensbilder: »Vor Köln habe ich einen Galgen gesehen und drei Räder, die abgetrennten Köpfe der frisch Hingerichteten waren in der Mitte aufgespießt.«

Weiter ging es, nach Kassel. Von nun an mussten die vier Reisenden mit der »Ordinari-Post« fahren, also nach fester Fahrplanordnung. Damit begann der unangenehme Teil der Reise, nun wurde es hart. Im Lebensbuch über Clara Schumann habe ich bereits ausführlich geschildert, wie man vor der Einführung der Eisenbahn in deutschen Landen reiste, ich will das nicht rekapitulieren, mache es nun kurz: Der anonyme Venezianer reiste ebenfalls nach Hamburg, anschließend nach Gottorf, aber erst nach einem Schwenk ostwärts, nach Berlin. Nicht sehr wahrscheinlich, dass die Frauen und Mädchen diese Route nahmen, sie werden direkt Richtung Hamburg gereist sein. Sie erreichten die Hansestadt offenbar ohne dramatische Zwischenfälle. Auch der Venezianer traf dort ein. Und vermerkte lakonisch: »Das Leben ist teuer, der Wein sehr teuer, die Brunnen sind schlecht, und die Fremden werden von Skorbut befallen.«

WER HIER SCHON MAL EIN BISSCHEN VORBLÄTTERT, wird sehen: Es wird ausführlich über ein Hamburger Florilegium berichtet. Warum das in einer Merian-Biographie? Weil sich hier Muster zeigen, die sie durch ein weiteres Florilegium bestätigen und ergänzen wird. Damit will ich nicht suggerieren, man hätte ihr das Hamburger (und später das Gottorfer) Florilegium gezeigt und sie hätte sich dadurch anregen lassen: solche Muster hatten auch wieder ihre Muster! Immerhin wurden im deutschen Raum schon seit Großvater de Brys Zeiten Florilegien gemalt und gestochen und gedruckt, hier hatte sich so etwas wie ein Standard entwickelt. Dazu soll der Exkurs über das Hamburger Florilegium informieren. Dabei soll auch Atmosphärisches vermittelt werden aus der Welt der Gartenbesitzer, der Gartenliebhaber, damit der Blumenfreunde, in deren Kreis sie sich nun wieder begibt, um einen größeren Auftrag auszuführen.

EINER DER RENOMMIERTESTEN BLUMENLIEBHABER der Hansestadt Hamburg war Bürgermeister Barthold Moller. Über ihn und seinen Garten informiert eine opulente Broschüre, »herausgegeben von der Kulturstiftung der Länder, in Verbindung mit der Staats- und Universitätsbibliothek Hamburg Carl von Ossietzky«. Anmerkungsreiche fachwissenschaftliche Beiträge, farbige Abbildungen.

Im Auktionshaus Christie's tauchte, Ende der neunziger Jahre, einer von fünf Bänden eines Florilegiums auf, von dem vier Bände als verschollen galten. »Er enthält 207 Pflanzendarstellungen in Wasser- und Deckfarben auf 88 Pergamentseiten.« Den Zuschlag erhielt Hamburg. Hier ist der Band auch entstanden: Blumenbilder (noch) ohne Text.

In Auftrag gegeben wurde das umfangreiche Werk von Moller in seinem letzten, seinem sechsten Lebensjahrzehnt. Er wohnte, in einem angemessen stattlichen Haus, in der Nähe der St. Petri-Kirche, also zentral. Ein paar Gehminuten entfernt, in der Nähe der Binnenalster, sein Stadtgarten, mit beinah dreieinhalbtausend Quadratmetern. Die Anlage war, wie üblich, von einer Mauer umgeben. Die Blumenbeete geometrisch angelegt: exakt aufgereiht, meist quadratisch. Zu den Blumen kamen Ziersträucher und Kübelpflanzen aus dem Pomeranzenhaus. Und Brunnen, sogar Springbrunnen und Laubengänge.

Hans Simon Holtzbecker malte die Blumenwelt des Bürgermeisters im Format Imperial – der Patrizier wollte hinter einem Fürsten nicht zurückstehen. Im neu entdeckten Band sind ausschließlich Zwiebelpflanzen abgebildet. Unter den aufgelisteten Blumen hebe ich hervor: die Frühlingsboten Schneeglöckchen, Krokus, Märzbecher. Und dann: Schachbrettblume, Traubenhyazinthe, Vogelmilchstern. Und: Tulpen, Tulpen – denen sind allein 27 Tafeln gewidmet. Bunt gestreifte Tulpen, auf gelber Grundfarbe ... Baguette-Tulpen ... Papageien-Tulpen, deren Kronblätter gefranst erscheinen ... Immer neue Varianten wurden gezüchtet, manches waren Zufallsergebnisse, die wurden dann besonders hoch dotiert. Die Tulpen, die den Gartenliebhabern in jeder Hinsicht teuer waren, sie wurden vielfach abkonterfeit. Mit Recht wird hier von Blumenportraits geschrieben: ihre individuellen Züge mussten präzis wieder gegeben werden, hier wurde streng verglichen. Vier der Tulpenportraits, in der Broschüre großformatig abgebildet, sie beweisen: Holtzbecker war ein hochrangiger Pflanzenmaler. Die Merian erreicht die gleiche Qualität. Bei solcher Gleichheit im Rang kann es nicht überraschen, dass dieses Moller-Florilegium lange Zeit der Merian zugeschrieben wurde, auch in Schweden. Die Tulpenbilder sind sich, stilistisch und in der Perfektion, tatsächlich zum Verwechseln ähnlich.

Damit könnte ich dieses Kapitel beenden. Aber die hochlöbliche Broschüre enthält noch einen Beitrag von Jürgen Neubacher: »Hamburgs ›Gahrtenlust‹ im 17. Jahrhundert in den Beschreibungen Johann Rists«. Dieser Pfarrer und Dichter lebte von 1607 bis 1677, vor allem in Wedel, also vor dem Westtor Hamburgs. Rist war selbst Gartenliebhaber, wenn auch in bescheidener Dimension. Aber auch er gehört zu denen, die der Meinung sind, es sei »unter allen irdischen Dingen nichts zu finden, was mich mehr und höher könne belustigen als ein schöner Garten«. In Prosa- und in Gedichtzeilen artikuliert er Begeisterung, Verzückung. »Manch einer spricht: Da bin ich bei eines großen Potentaten Hofe gewesen und habe, unter anderen, auch einen überaus schönen Fürstlichen Garten dort gesehen. Aber, was ist das? Hast du Lust, fürstliche Gärten zu sehen, so komm nur nach Hamburg, da kann man dir nicht nur einen, nicht fünf, nicht zehn, sondern dreißig, vierzig, fünfzig, welche überwiegend den stattlichen fürstlichen Gärten wenig, ja eigentlich in nichts nachstehen, zeigen, wo man, sobald einer wird hineingeführt, nicht allein die Augen, sondern Maul und Augen muss aufsperren, alle die darin vorhandenen Schönheiten, Lusthäuser, Spazierwege, Wasserkünste, Teiche, Malereien, fremde und ausländische Gewächse und tausend angenehme Seltenheiten recht zu beschauen.«

Rist, der übrigens mit Holtzbecker befreundet war, ist der Meinung, die schönsten der Hamburger Gärten würden hinter holländischen Gärten wenig oder gar nicht zurückstehen.

Und gleich zwei Zitate aus Rists Barockgedichten über Barockgärten. Im Jahr nach dem großen Krieg feierte er die Hamburger Gärten. (Auch hier, wie in den Prosazitaten, modernisiere ich Schreibweise und Zeichensetzung, gleiche dieses und jenes Wort dem heutigen Sprachgebrauch an.)

> ... Neapels Blumenlust
> und Brüssels Gartenpracht sind jedem zwar bewusst,
> von Holland sag ich nichts. Doch muss man gern gestehen,
> oh Hamburg, dass in dir auch Gärten sind zu sehen,
> die Rühmens würdig sind: Zitronen und Granat,
> auch güldne Äpfel, die der Spanier häufig hat,
> die findet man selbst hier. Auch kann ich nicht vergessen
> den Lorbeer-Feigenbaum, Jasmin und die Zypressen,
> das edle Rosmarin ...

Um den Kreis hier zu schließen: Rist hat auch den Garten des Hamburger Bürgermeisters gefeiert. Barthold Moller ist für den Dichter der »allergrößte Liebhaber von Blumen, den ich je gekannt«. Und ein »vortrefflicher Botanicus« noch dazu. Auch Moller hat bei ihm die »herrliche Wissenschaft der Kenntnis von mancherlei Gewächsen, Kräutern und Blumen« gefördert. Rist zeigt sich begeistert von der großen Vielfalt der Pflanzen, der Blumen, auch aus den »beiden Indien«. Und er holt Luft zum Lobgesang auf Mollers Garten.

> Sein Garten war fast wie ein kleines Paradies,
> die Bäumchen standen frisch und rochen honigsüß,
> besonders Myrtenbaum, Granaten, Pomeranzen,
> Zitronen, Lorbeerbäum' und was er sonst zu pflanzen
> sehr häufig war gewohnt. Dort ließ er trefflich schön
> wohl tausend Tulpen, Hyazinthen stehn.
> Da wuchs der Safran hier, dort blühten Anemonen,
> im März sah man die schönsten Kaiserkronen. (...)
> Im Sommer fanden sich so schöne Kräutersachen
> bei ihm, Herrn Moller, dass ein ganzes Buch zu machen
> davon leicht möglich wär'. Und dieses, kurz gesagt,
> war alles, was ihm sonst am Leben recht behagt'.

DIE REISE FÜHRTE VON HAMBURG AUS WEITER nach Schleswig, zum Schloss Gottorf und damit: zum fürstlichen Garten der Terrassenanlagen über der Schlei.

Eine repräsentative Auswahl der Blumen dort war schon einmal portraitiert worden – im Jahr nach dem großen Krieg hatte Hans Simon Holtzbecker von Fürst Friedrich den lukrativen Auftrag erhalten, Blumen des Fürstengartens zu malen. Im Lauf eines Jahrzehnts werden es schließlich eintausendeinhundertundachtzig Blumen auf dreihundertdreiundsechzig Tafeln: Gouachen auf Pergament, im Formal Imperial, also einen halben Meter hoch, fast vierzig Zentimeter breit. Hier sollte nicht nur der Hortus Gottorpiensis dokumentiert, hier sollte, laut Kommentar, ein »universelles Pflanzenwerk« geschaffen werden.

Der Fürst der nächsten Generation, Christian Albrecht (der bis 1695 lebte), er muss es gewesen sein, der bei Frau Graff ein weiteres, freilich kleineres Florilegium in Auftrag gab.

Möglicherweise war es nicht dieser Auftrag allein, der sie mit ihren drei Begleiterinnen nach Schloss Gottorf lockte, vielleicht hat hier auch eine Pietisten-Connection mitgespielt. Die Reformbewegung Pietismus in all ihren separatistischen und sektiererischen Ausprägungen fand nicht den Beifall kirchlicher Obrigkeit. Selbst im liberalen, toleranten Hamburg wird es bald zu Konfrontationen kommen – Pietisten werden dort als »Schwärmer« bezeichnet, die Unruhe stiften. Auf Schloss Gottorf aber war man tolerant eingestellt, vor allem den Pietisten gegenüber. So könnte M. S. Graff doppelt willkommen gewesen sein: als Blumenmalerin wie als Repräsentantin des erneuerten Glaubens, der reformierten Kirche.

MARIA SIBYLLA GRAFF MALTE HIER, nach heutigem Stand des Wissens, fünfzig Blumenbilder – wie immer auf Pergament, und zwar auf »carta non nata«, also der bearbeiteten Haut pränataler Schafe. Als Blumenmalerin ist sie in Gottorf auf der Höhe ihres Könnens.

Ihre Bilder lassen erkennen, welche Blumen von den hohen Gartenliebhabern jener Zeit favorisiert wurden: allein sechs der Aquarelle stellen Tulpen dar. Der Crash nach der Tulpomanie lag bald ein halbes Jahrhundert zurück, die Tulpe aber (vor allem die geflammte, die flamboyante) war immer noch Königin im Reich der Gartenblumen. Als Vizekönigin die Rose; das bestätigt sich auch im neuen Florilegium, in dem ihr drei der Blätter gewidmet sind. Der Akelei und der Aurikel, der Hyazinthe und dem Rittersporn sind jeweils zwei Seiten des Blumenbuchs vorbehalten. Keine weitere Aufzählung.

Nur noch eine Anmerkung: Ein paar der Blätter sind signiert oder monogrammiert: M. S. Gräffin oder nur: M. S. G. Dass sie (noch) bei ihrem Ehenamen bleibt, ist selbstverständlich: mit der Reise nach Norden ist die Ehe nicht aufgehoben! Bis dahin werden noch ein paar Jahre vergehen.

Etwa ab 1690, also in Amsterdam, wird sie sich als Witwe ausgeben, wird für ihr Ambiente zur »Juf. Merian«.

Die gleichformatigen, also auf Serie angelegten Blumenbilder werden heute zusammengefasst unter dem Titel »Rosenborger Florilegium«. Der Grund: In einem der vielen Kriege jener Zeit, im Nordischen, wird Gottorf vom benachbarten Dänemark besetzt, Kunstschätze des Schlosses werden, nun, sagen wir: ausgelagert, nordwärts; dabei kommen auch die Blumenbilder der Frau Graff in das Schloss Rosenborg. So gehört das Florileg heute zur Danske Kongers Kronologiske Samling in Kopenhagen.

STREIFZUG

IN HAPPELS WOCHENZEITUNG »Größte Denkwürdigkeiten der Welt« wird selbstverständlich auch hingewiesen auf die fürstlichen Gartenanlagen von Gottorf. Und es werden zwei weitere Attraktionen (für hohe Besucher) hervorgehoben: die »hochfürstl. Bibliothek« (»welche ihresgleichen wohl wenig hat ... allerherrlichst ...«) und: die »vortreffliche fürstliche Kunstkammer«. Was könnte hier Frau Graff, was könnten eventuell sogar Großmutter, Mutter und Töchter gemeinsam besichtigen, mit gnädiger Erlaubnis des Schlossherrn und sicherlich begleitet vom Kustos?

Die »Gottorfische Kunstkammer« als Ausgangspunkt eines Streifzugs durch einige der damaligen Sammlungen. Dabei bleiben wir in Sichtverbindung mit der Merian. Denn sie selbst soll eine Sammlung angelegt und in Frankfurt hinterlassen haben – die Sammlung, die ein berühmter Mann besichtigen will, später. Und: nach ihrer Surinamreise wird die Merian den Auftrag erhalten, den (beinah vollständigen) Bildteil eines gro-ßen Sammlungskatalogs zu gestalten – der »Raritätenkammer«, der Naturaliensammlung des Georg Eberhardt Rumpf aus Hanau, der in Amsterdam (mit der latinisierten Namensform Rumphius) unter Sammlern bekannt wurde, mit diversen Publikationen und vor allem mit der Kollektion von Muscheln, maritimen Schalentieren, Mineralien, die er auf der Molukken-insel Ambon zusammengetragen hatte – und zum gegenwärti-gen Zeitpunkt der Buchchronologie noch zusammenträgt: von der Mitte bis zum Ende dieses 17. Jahrhunderts hält er sich dort auf, als Repräsentant der Ostindischen Handelscompagnie.

Dies als begründender Hinweis; das Stichwort »Ambonische

Raritätenkammer« wird erst in der Schluss-Sequenz fallen. Im Folgenden sollen Beziehungen der Merian zum Phänomen Sammlung zumindest angedeutet werden: das Anlegen einer eigenen Sammlung und die Bildpräsentation einer der bedeutendsten Sammlungen jener Zeit – auch dies lag schließlich in ihrem weit gefächerten Tätigkeitsfeld!

Mit unserem Streifzug wird sich ein Bildhintergrund, ein Panorama entwickeln für die Beschäftigung der M. S. Merian mit Sammlungen. Und: mit dem Blick in Universal-Sammlungen jener Zeit gewinnt ihre *Vielseitigkeit* für uns an Tiefenperspektive.

FOLGENDERMASSEN wurde die Gottorfer »Kunstkammer« in einem Text von 1674 charakterisiert: als Sammlung von »allerhand ungewöhnlichen Sachen, so teils die Natur, teils künstlerische Hände hervorgebracht«.

Die überaus zahlreichen Schaustücke der Sammlung wurden in einem Inventar, einem Katalog aufgelistet. Demnach waren in Gottorf zusammengetragen: 85 Goldmünzen, 191 Silbermünzen, 121 Objekte aus Elfenbein, 196 aus Porzellan, 104 aus »Seifenstein«, 39 aus Koralle, 10 aus Bernstein; dazu: 161 Raritäten, 59 türkische Objekte, 26 mathematische Instrumente, 24 Waffen.

Das vermittelt keinen Eindruck. Objekte aus Elfenbein: Was stellen sie überhaupt dar? Die Aufzählung lässt keine Rückschlüsse zu. Auch damalige Druckgraphiken vermitteln einen nur oberflächlichen Eindruck von »Wunderkammern« – vielfach ist die Darstellung eher »idealtypisch« als realistisch. Also muss ergänzt werden. Hier bieten sich Dokumente an. Zum Beispiel: ein weiterer Bericht des anonymen Venezianers, der uns bereits in die Nürnberger Wunderkammer eingeführt hatte; seine zweite Führung nun durch Ausstellungsräume im Berliner Schloss. Auf diesem scheinbaren Umweg kommen wir dem Phänomen Universal-Sammlung hoffentlich näher.

Bereits zu Beginn des 17. Jahrhunderts wurde die Berliner »Kunstkammer« gegründet, wurde bald zu einer der größten europäischen Sammlungen von Artificialia, Naturalia, Scientifica. Im Dreißigjährigen Krieg die fast vollständige Zerstörung dieser Sammlung. Kurfürst Friedrich Wilhelm baute sie wieder auf, erweiterte sie; die ständige Ausstellung befand sich (in einem Trakt von neun Räumen) im ersten Stock des Berliner Schlosses.

Unser Venezianer hat über diese Ausstellung ausführlich berichtet. Und es erweist sich gleich am Anfang: solch eine Sammlung war auch Wachsfigurenkabinett. Ebenso beliebt waren, wie sich bereits in Nürnberg zeigte, Automaten: der aufspringende König Adolf, mit allerlei hörbarer Mechanik im Bauch, oder der röhrende Hirschkopf an der Wand – muss schauerlich geklungen haben ...! Beliebt waren auch melodienklimpernde, figurenführende Spieluhren. Überhaupt die aufwendig gestalteten Repräsentationsuhren mit allerlei Zusatzfunktionen.

Und damit: Beginn der kleinen Führung durch die Zimmerflucht. »Man betritt einen großen Raum und sieht zuallererst den in ein Kleid aus feinem Tuch mit besticktem Saum gehüllten König in einem Sessel sitzen. Er sieht ganz lebendig aus, mit einem Gesicht aus Wachs. An seiner Seite ein Enkelkind, das 3 Monate alt geworden ist. Es war einmal lebend dargestellt, einmal tot, beide Male aus Wachs. Ein schönes Kunstwerk. Zu Seiten des Königs stehen Lehnsessel ganz aus Elfenbein und schön gearbeitet. Ihm gegenüber ist eine silberne Uhr, die viele Tänze spielt, ein reliefierter Schrein aus Email, ein weiterer Schrank von wunderbarer Machart mit dem silbernen Tafelbesteck, Waschschüssel und Krug, ein Puffspiel, silberne, bemalte Spielkarten, die aber wegen ihres Gewichts nicht zum Gebrauch bestimmt sind. In dem Raum sah ich zwei Wildesel mit schwarz gestreiftem Fell, einen Lappländer im Schlitten mit einem Hirschen, der ihn zog, wie es in Lappland in Schweden üblich ist. Ringsum an den Wänden sind kleine Bilder, ungewöhnliche Portraits, chinesische Schreine, königliche Raritäten.

Dann kommt man in das zweite Kabinett, dort sind an der Wand lauter Schränke voller Antiquitäten aus Elfenbein, Bildnisse von erstaunlicher Machart, Achate, moderne Werke der besten Bildhauer, Pokale aus Achat und Elfenbein, Reliefarbeiten aus weißem Wachs, Bilder mit Figuren aus Papier, Wälder und Häuser ganz aus weißem Papier, man könnte meinen, sie seien aus Garn gesponnen, wenn das möglich wäre. Da sind Reliefbildchen aus Buchsbaum, aus Wachs, aus Marmor, unter anderen ein wunderbar gearbeitetes mit der Darstellung des Goldenen Zeitalters, das der König dem Reich gebracht hat. Miniaturportraits gibt es unzählige, chinesische Schränke in verschiedener Form schmücken die Ecken.

Dann kommt man in den dritten Raum, der ganz mit Spiegeln ausgekleidet ist, zwischen denen Schränke voller Raritäten der Erde, der Luft und des Meeres stehen. Die Haut einer 7 Ellen langen Schlange schmückt die Tür, das Knochengerüst derselben dient ihr als Krone. Schlangen, Ungeheuer, Chamäleons, Krokodile und andere nie gesehene Tiere sind in Glasurnen voll Branntwein eingeschlossen. Ich habe den Fliegenden Fisch gesehen, der ganz frisch wirkt, Eier von Krokodilen, die eben beim Schlüpfen waren, große und kleine Krokodile. Ein Teil ist voll der seltensten Vögel, darunter Paradiesvögel und andere von nie vorher gesehener Färbung. Da waren ein Strauß, ein Kanarienvogel mit einem Horn auf dem Kopf, der aussah wie die beiden lebenden, die ich im Tiergarten von Kassel gesehen hatte, Vögel aus Indien und andere, die man lieber sieht als beschreibt. Hörner vom Einhorn, vom Seepferd, vom Rhinozeros schmücken einen anderen Teil, dort sieht man auch Elefantenzähne, und das Seltenste ist folgendes Spiel der Natur: Der Schädel eines Hirschen ist in einen 4 Ellen hohen und gut drei Spannen dicken Stamm so eingewachsen, dass das Geweih hervorschaut und, um die Ungläubigen zum Verstummen zu bringen, ein Stück des Schädels. Außerdem ist da noch ein auf dieselbe Weise eingewachsenes Hufeisen. Man sieht etwas ähnlich Rares im Kuriositätenkabinett von München in Bayern, dort sind zwei Köpfe von Hirschen, deren Geweihe und Knochen derart ineinander verkeilt gefunden wurden, dass man sie unmöglich voneinander lösen konnte, ohne sie zu brechen. Die gold- und silberhaltigen Mineralien verschiedener Art würden neugierigen Chemikern gefallen, Muscheln und verschiedene Meeresschnecken füllen die Fensterkästchen. Da sind viele große und dicke Korallen von seltensten Farben, Ungeheuer des Meeres hängen als Schmuck von der Decke herab, kurz, man sieht in diesem Raum alles, was die vier Elemente und die ganze Welt an Seltenem besitzen.«

WIR SOLLTEN, mit der vorzeitigen Beendigung dieser Führung, noch nicht das Berliner Schloss verlassen, es findet nämlich eine zusätzliche Besichtigung besonderer Art statt: Original-Hoheiten, beim Speisen betrachtet.

Von Herrschern, Regenten, Königen ist kaum die Rede in diesem Buch. Sie waren aber da, die hohen Herren, übten jeweils ihre Macht aus, vorwiegend reglementierend, restriktiv. Also werden nun Berliner Herrschaften der Merian-Zeit mit besichtigt – stellvertretend für die vielen großen und kleinen Herrscher in den zersplitterten deutschen Landen.

Berlin ...! Schloss ...! Fortsetzung des Streifzugs ...! Nachdem der Venezianer noch einer groß besetzten Hofmusik mit Pauken und Trompeten zugehört hatte, ausgeführt von Grenadieren in Paradeuniformen, ging er im Schloss umher – die Zugänge wurden offenbar nicht bewacht. »Als ich den Saal und dann das Vorzimmer betreten hatte, stand der Herr Offizier der Schweizer Wache vor mir, mit dem ich zu Abend gespeist hatte, und bot sich höflich an, mich zum König zu führen, der sich gern fremden Besuchern zeigt. So geschah es auch. Er sprach mit Seiner Majestät, die mir sogleich die Gnade zuteil werden ließ. Ich trat ein und verbeugte mich tief vor dem König und den Prinzen, die meinen Gruß zu erwidern geruhten. Ich blieb und sah ihnen beim Speisen zu. Der König saß allein an der Stirnseite des länglichen viereckigen Tisches, an der Seite rechts von ihm saßen der Erbprinz, dann der erste Bruder des Königs, an der linken Seite die Erbprinzessin aus dem Hause Hannover und daneben die Gemahlin des ersten

Bruders und der zweite Bruder auf dem letzten Sessel, mit dem Rücken zur Tür. Die Tafel war voll mit Pasteten, Leckereien in Saft und dicken Suppen. Seine Majestät aß Austern, die aus Hamburg kommen wie die Störe, die man auch in großen Stücken auftrug. Ein Edelmann zerlegte die Speisen. Kredenz gab es keine, dafür sieht man in allen Sälen große Teller auf dem Boden, die warm gehalten werden. Alle trinken im Stehen, auch die Prinzessinnen, und der König gibt sich dem Essen hin. Das Tafelbesteck ist aus vergoldetem Silber. Ich blieb eine Viertelstunde, verneigte mich vor dem König und den Prinzen, die ihrerseits so gnädig waren, den Gruß entgegenzunehmen.«

Anschließend ging er selber essen. Man aß damals gern und meist auch reichlich in deutschen Landen: in guten Hotels speiste er, mit anderen, bis zu vier Stunden lang, und es wurden zwölf- oder siebzehnmal die Teller gewechselt. Dabei wurde zügig pokuliert, Wein aus dem Rheintal oder aus Frankreich oder von den Kanarischen Inseln. Und es wurde genascht, es wurden Pfeifen geraucht. Wer es sich leisten konnte, ließ es sich nach den Notzeiten gut gehn. »Wir genossen exquisite Dinge.«

AUF KLEINEM UMWEG führe ich in diesem Streifzug nun zurück zum Thema Sammlungen. Die Vorliebe hoher Herrschaften und reicher Bürger für das Exotische, das Kuriose, für präparierte Tiere vor allem, sie fand Entsprechungen in damaligen Unterhaltungsangeboten auf dem Lande.

Matthäus Merian hatte, sechs Jahre vor der Geburt seiner jüngsten Tochter, die Übersetzung einer italienischen Schrift veröffentlicht, die in Venedig unter dem schönen Titel *Piazza universale* veröffentlicht worden war. Die Übersetzung erweiterte diesen Titel: »Allgemeiner Schauplatz aller Künste, Professionen und Handwerke.« Was Garzoni speziell über Gaukler und Quacksalber berichtete, traf überwiegend auf Italien zu, fand aber Entsprechungen in deutschen Landen, vor allem südlich des Mains. Und es zeigt sich: Die überwiegend ländliche Bevölkerung ergötzte sich besonders an Raritäten, an exotischen (selbstverständlich präparierten) Lebewesen.

»Andere haben Affen, Meerkatzen, Murmeltiere, Kamele oder andere dergleichen fremde Tiere bei sich oder auf ihren Bänken, damit sich das närrische und fürwitzige Volk sammle, dieselben zu sehen; etliche halten Trommeln und Pfeifen, etliche Trompeten und lassen bisweilen mit großem Feldgeschrei zusammenblasen, etliche haben andere Kurzweil, z. B. daß sie Eier auf einem ausgehöhlten Stecken auf- und ablaufen lassen, mit allerlei Veränderungen, worüber die Bauern Maul und Nasen aufsperren. (...) Endlich ergreift man die auch auf Tisch oder Bank stehenden Schachteln, aus einer langt man einen Molch, zwei Ellen lang und armsdick, aus der andern eine große Schlange, aus der andern eine Otter, und erzählt bei einer jeden, wie man die gefangen, als die Bauern das Korn geschnitten, die deshalb in großer Gefahr gewesen, wenn man ihnen wider diese gräßlichen Tiere nicht wäre zu Hilfe gekommen. Darüber erschrecken denn die Bauern dermaßen, daß sie nicht wieder nach Hause gehen dürfen, sie hätten denn einen Trunk von solchem köstlichen Schlangenpulver getan, kaufen auch noch mehr und nehmen's mit nach Haus für Weib und Kind, damit sie ja vor Schlangen und anderem giftigem Tierbiß mögen versichert sein. Und hiermit ist das Spiel nicht geendet, sondern es sind noch mehr Schachteln bei der Hand, die macht man auch auf und langt aus einer eine rauhe Otter, aus der andern einen toten Basilisken, aus der andern ein junges Krokodil, aus Ägypten gebracht, eine indianische Eidechse ...«

So fand die Sammelleidenschaft betuchter Herrschaften indirekte Reflexe bei vorwiegend ländlicher Bevölkerung: Sie ließ sich mit Raritäten, Abnormitäten, Exotismen unterhalten – für wenig, meist für sehr wenig Geld.

IM JAHRE 1990 HATTE IN BERLIN ein internationaler Kongress speziell zum Thema Sammlungen stattgefunden. Der offizielle Titel: *Macrocosmos in Microcosmo.* Die (meist übersetzten) Beiträge wurden von Andreas Grothe in einem voluminösen Band zusammengefasst, veröffentlicht vom Institut für Museumskunde, Berlin.

In den Referaten zu Sammlungen in verschiedenen Ländern entfaltet sich ein breites, zuweilen verwirrend breites Spektrum. Gesammelt wurde vor allem von Fürsten, gesammelt wurde ebenfalls von Apothekern, Ärzten, Kaufleuten – die Hauptgruppe. Sammeln wurde zur Leidenschaft in Europa – entsprechend vielfältig die Korrespondenz unter Sammlern, entsprechend wichtig der Tauschhandel. Gekauft und getauscht wurden Gegenstände, die in die Welt des Luxus gehörten; man musste es sich leisten können, Objekte zu sammeln, die nicht (oder kaum) Gebrauchswert besaßen. Es wurde beisammengehalten, was zusammengefunden hatte – hier spielte vielfach auch Zufall mit. So waren kundige Besucher der Ausstellungen willkommen – sie brachten zwar nichts ein, brachten aber meist etwas mit. Und wie das bei Geschenken oft so ist: sie lassen sich nicht planen. Auch so wuchs der Anteil von Kuriosa in vielen Sammlungen. Gelang es dem Besitzer oder Kustos nicht, ausreichend Bezüge herzustellen in der Vielfalt, so entstand »ein mit klassifizierenden Unterteilungen versehenes Lagerhaus«. Eine Formulierung von Arthur MacGregor.

Er referierte auf der Tagung über die Münchner Kunstkammer – die ja auch von unserem Venezianer besucht wurde. Die Sammlungsräume befanden sich im ersten und zweiten Geschoss des Marstalls, über den Pferden also. Ein Gebäude mit vier Flügeln, Kantenlänge fünfunddreißig Meter; in den hellen Räumen jeweils zwölf quadratische Tische in Fensternähe, lang gestreckte Tische in der Raummitte. MacGregor in seiner (hypothetischen) Rekonstruktion: »Die Wände waren bedeckt mit Jagdtrophäen, Reliefs und Gemälden, großformatige Büsten standen auf dem Fußboden bei den Fenstern, kleinere Arbeiten in Bronze und Stein, sowie antike und zeitgenössische Gefäße, befanden sich auf zwei Borden, welche an den oberen Wandflächen umliefen. Von der Decke hingen Krokodile und Schildkröten.«

Vom Referenten zusammengetragene Hinweise auf Exponate der Sammlung: missgebildete Kalbsköpfe, Graphiken von Abnormitäten, Gipsmedaillons, ein Auerochsenkopf, Gehörnmissbildungen, indianische Gefäße und Textilien, Waffen, Bleiabgüsse von Tieren, moskowitische Holzgefäße, Elfenbeinsättel, Mikroschnitzereien, Gipsabgüsse von Hirschfüßen, ein hölzerner Schlüsselring, das Brauthemd der Kaiserin Eleonore, Schwerter, Dolche, Messer, Rosenkränze, Magensteine, der silberbeschlagene Gürtel einer Nonne, ein ceylonesisches Elfenbeinkästchen, ein Himmelsglobus, Folterwerkzeuge, Drucklettern, Porzellangeschirr, Muscheln, Totenurnen, Walflossen, Schildkrötenpanzer, türkische Objekte, Köpfe von Meerwundern, Schiffsmodelle, geodätische Geräte, vom Himmel gefallene Getreidekörner, ein Scherzspiel, ein Faltstuhl. Und so weiter und so fort.

SCHWIERIG, in solch einem, ja: Durcheinander klare Perspektiven zu entdecken oder zu entwickeln! Wenn Überschaubarkeit der Universalsammlungen oft kaum noch zu gewährleisten war – *theoretisch* bleibt alles durchschaubar; man muss nur Details austauschen gegen Begriffe.

So wurden die Sammlungen der »Kunst- und Wunderkammern« später als »begehbare Enzyklopädien« bezeichnet. Die Universalsammlung, so füge ich erweiternd hinzu, als *Forum der Begegnung von Natur und Kunst.* Man wollte Abgrenzungen und Ausgrenzungen aufheben. Der Kunstfreund wie der Naturliebhaber sollten angesprochen werden – der Kunstfreund auch durch Naturobjekte verschiedenster Art, der Naturliebhaber auch durch Werke von Künstlern seiner Zeit. Kunst, Technik, Wissenschaft sollten sich nicht nur tangieren, sondern durchdringen. So weit das Konzept.

Sobald wir freilich ins Detail gehen, uns auf Details einlassen, wird es problematisch. Denn zu den Kunst- und zu den Naturobjekten kamen, damals, fast unausweichlich die Mirabilia und die Kuriosa: ein Kalb mit zwei Köpfen, als Präparat ... das Modell einer übergroßen Kapaunleber ... der Dolch, mit dem Caesar erstochen wurde … »Vier Donnerkeile und der Schleier, der in Ungarn vom Himmel in das kaiserliche Heerlager fiel« …

So lässt, so ließe sich das, der Überlieferung folgend, ad libitum fortsetzen: die Standarte eines aztekischen Fürsten in Federmosaikarbeit und ein Stück vom Strick, mit dem sich Judas erhängt haben soll, und eine Schale Porzellan, Ming-Dynastie, und Alraunwurzeln und Nägel aus der Arche Noah und Wünschelruten und Galgenmännchen und Krötensteine und Greifenklauen und Natternzungen und Kometeneier …

Der Gesamteindruck jener Sammlungen: gedrängte Fülle, drangvolle Enge. Ja, es wird der Eindruck erweckt von Überfülle, von einem fast schon selbständigen Nachdrängen und Nachrücken der Exponate. Objekte rufen Objekte herbei, Objekte ziehen Objekte nach sich, Objekte locken Objekte an, Objekte üben Sog auf Objekte aus, und so sind die Schau-Tische überfüllt, die Schau-Regale, die Schau-Schubfächer. Befragt, unter diesem Stichwort, hätte der Kustos solch einer Sammlung, hätte vor allem ein privilegierter Besucher sagen können: Wir haben zwar noch nicht den rechten Überblick, aber irgendwie wird das, muss das schon zusammengehören, und sei es in der Person des Sammlers, unseres erlauchten Fürsten (oder des reichen Fernhändlers).

Die Zusammenhänge wurden freilich auch suggeriert durch den Schulterschluss der Objekte, die wir heute in Ausstellungen voneinander abrücken. Dieses Gedrängel von zusammengestellten, in unseren Augen aber nicht zusammengehörigen Objekten war aber nicht eine Geschmacklosigkeit einiger sammelwütiger Herrschaften, es findet Entsprechung auch in Gemäldegalerien jener Zeit, und das noch weit ins 18. Jahrhundert hinein. Gemälde von Gemäldegalerien zeigen es mehrfach: Die Wand als solche war kaum noch zu sehen, Gemälde hingen Rahmen an Rahmen, da berührten sich nicht nur die Seitenkanten, es stieß Oberkante an Unterkante, Unterkante an Oberkante, und zusätzlich waren Bilder angelehnt, an Stühle oder Konsolen. Man musste schon scharf

fokussieren, sich sehr konzentrieren, um aus diesen Sammel-
bildflächen ein einzelnes Objekt des Interesses, der genauen
Wahrnehmung herauszufiltern. Es drohte ein Umkippen der
erwünschten Fülle in problematische Überfülle – der Raum
wurde allenthalben knapp für die expandierenden Sammlungen.

Aber gibt es nicht nur ein Raumproblem. Wie soll noch vermittelt werden, was sich an Gegenständen, damit an Kenntnis-
sen ansammelt? Wie soll man das noch umsetzen, vor allem
für die Liebhaber von Kunstwerken und Naturobjekten? Leibniz denkt an abwechslungsreich unterhaltsame Präsentationen
in Schauräumen, »denn«, so notierte Johann Valentin Andreas
schon 1619, »die Wissenschaften gehen durch Sehen leichter
ein als durch das Hören.« Leibniz will alles einsetzen, was
Interesse wecken und wach halten kann: man soll die Laterna
magica benutzen, soll Alraunen zeigen oder den »königlichen
Automaten eines künstlichen Pferderennens«, soll Springbrunnen installieren, soll Feuerwerke abbrennen, soll Himmels-
bilder vermitteln und: man soll es mit »Konversationen und
Konferenzen« versuchen. »Offenbar erträumte sich Leibniz
Theaterformen, um neue Erfindungen in die Welt des Ver-
gnügens einzuschmuggeln.«

So Horst Bredekamp, Kurator der Berliner Ausstellung
»Theater der Natur und Kunst, Theatrum naturae et artis«.
Was der anonyme Venezianer um 1700 im Berliner Schloss
gesehen hatte, das konnte ich, im Jahre 2000, im Gropius-Bau
besichtigen, in einer heutigen Version der »Wunderkammern
des Wissens«. Die Ausstellung basierte auf der Konzeption
eines erweiterten und systematisierten Theatrum (im Sinne
von: Schauraum), wie sie Leibniz entwickelt hatte, ausgehend
von der Berliner Kunst- und Raritätenkammer. So gewann
Historisches, scheinbar längst Vergessenes, überraschende Ge-
genwärtigkeit.

»DIESE HERRLICHE GOTTESKUNSTKAMMER«! So hieß es in
Happels Wochenzeitung, unter der Überschrift *Die wunderba-*

re Kunstkammer. Und der Artikel wurde folgendermaßen eingeleitet: »Große Potentaten, auch oftmals geringere Leute« (sofern sie über die Mittel verfügen und die rechte Lust dazu haben), sie legen »große Summen Geldes« aus für »schöne Raritäten, herrliche Kostbarkeiten, curieuse Antiquitäten und dergleichen. Aber was ist dies alles gegen die unvergleichliche Kunstkammer des allergrößten Monarchen von der Welt? Gott hat auf seiner runden Weltkugel eine solche Kunstkammer ordiniert, mit welcher keine einzige zu vergleichen ist.« Und Happel verweist auf die verschiedenen Räumlichkeiten von Natur- und Kunstsammlungen mit ihren diversen Aufteilungen und Ordnungsmustern der Exponate – wie weit lässt sich eine solche Anordnung und Ordnung noch in der »Weltkunstkammer« realisieren? »In dieser Betrachtung kann uns eine angenehme Konfusion und Unordnung ohne Zweifel annehmlicher fallen als eine nette Ordnung, welche leicht zu erfinden, aber schwer zu halten sein möchte.«

IN DER CHRONOLOGIE DIESES BUCHS befindet sich Maria S. Graff auf der Anreise zu einer pietistischen Kommune. Frage also: War die Gottorfer Sammlung so etwas wie weltlicher Auswuchs in den Augen der frommen oder fromm gewordenen Frau? Hatten Pietisten hier eine klare Perspektive: An jedweder Akkumulation vorbei in spiritueller ›direttissima‹ zu Gott? Und so fühlten sie sich erhaben über jede Art von Sammelei? Gewarnt wurde damals schon, nicht nur unter dem Vorzeichen des Pietismus: »Dieses Verlangen, zu besitzen, welches keine Beschränkung kennt, ruiniert fast stets Vermögen und ist daher gefährlich.«

Erstaunlicherweise verfielen auch Pietisten dem Sammeltrieb, allerdings kaum der Sammelleidenschaft. Wenn der Merian eine hauseigene Sammlung zugeschrieben wird, so signalisiert das also keine Abweichung vom wahren Weg zum Heil. Pietisten akzentuierten hier freilich anders als Fürsten oder Fernhändler: Gemälde, Statuetten und so weiter finden sich kaum oder gar nicht in ihren damaligen Sammlungen;

Pietisten setzen eher auf die Schrift als auf das Bild: Schrift als Mittel der Verkündigung. Exponate aus dem Reich der Natur waren ihnen dennoch willkommen, denn selbst in bescheidensten Ausführungen verkündeten sie das Lob des Schöpfers.

Alles stand, alles steht unter dem Zeichen der Verkündigung. So reisten damals pietistische Missionare (auch) an die indische Pfefferküste, um Malabaren zu bekehren und darüber Rechenschaft abzulegen in *Malabarischen Missionsberichten*, publiziert vom Franckeschen Waisenhaus. Von der Südwestküste Indiens schickten Missionare aber nicht nur Berichte, sondern auch zahlreiche interessante (oder interessant erscheinende) Objekte nach Halle.

Denn vor den Toren dieser Stadt lag ihr geistliches Zentrum, das später berühmte Waisenhaus, begründet von August Hermann Francke. Auch hier wurde eine Sammlung angelegt: die Exponate überwiegend als Anschauungsobjekte für den Unterricht. Diese Sammlung blieb weitgehend erhalten, und das ist fast ein Wunder. Ich war während der Systemzeit mehrfach in der DDR, auch in Halle, da ergab sich auch eine Fahrt hinaus zum Waisenhaus, und es hat sich hier festgesetzt das Erinnerungsbild eines scheinbar unaufhaltsamen Verfalls. Von der Sammlung wusste ich damals noch nichts, die hätte mich auch kaum interessiert, das Interesse wurde (auch hier) erst durch die Merian geweckt. Abgesehen davon: In den siebziger und achtziger Jahren war die Sammlung öffentlich nicht mehr zugänglich, sie verkam, verfiel, wurde von Tauben geweißelt. In der sprichwörtlich letzten Minute wurde sie vor dem endgültigen Verfall, vor der ›Entsorgung‹ geschützt. Sie wurde nicht nur konserviert, sie wurde restauriert, rekonstruiert, ein Wunderwerk nun von einer Wunderkammer. Aber: sie repräsentiert eine Konzeption, die erst ein paar Jahre vor Goethes Geburt realisiert wurde. Vorher sah es um die Sammlung in Halle schlecht aus: einige Jahre nach dem Tod der Merian wurde sie von einem kundigen Besucher als »liederlich« bezeichnet.

Nur solange man in der Höhenlage der Abstraktion bleibt, kann sich eine Sinnfigur entwickeln. Dazu brauche ich bloß einige flottierende Begriffe und Formulierungen aufzugreifen, etwa aus dem prächtigen Bildband über diese wiederauferstandene Sammlung: »Die ganzheitliche Weltsicht ... konsequent vernetzte Denkweise ... mutet dieser ganzheitliche Ansatz einer barocken Wunderkammer auf eine besondere Art modern und zukunftsweisend an ... Nachbau des Kosmos ... Erklärungsmuster für das Große ... das biblische Vorbild der Arche Noah ... großes begehbares Gesamtexponat ... enzyklopädischer Anspruch ... Beziehungsgeflecht ...« Doch diese trefflichen Formulierungen passen eher zur Sammlung, wie sie im 18. Jahrhundert neu geordnet wurde. Zu Lebzeiten der Merian herrschte offensichtlich wahllose Akkumulation: Sammelsurium, kaum Sammlung.

Zwischenfrage: Wie soll man eigentlich eine Universalsammlung spezifizierend benennen, wie lautet der offizielle Begriff? Hier sind die Bezeichnungen so unterschiedlich wie die Sammlungen selbst. Hochoffiziell, und im Sinne von Leibniz: Theatrum artis et naturae. Sodann: Kunst- und Wunderkammer ... Raritätenkammer ... Kunst- und Naturalienkammer ... Oder einfach nur: Wunderkammer. Diese nomenklatorische Vielfalt wurde bereits 1727 vermerkt: »Die Deutschen haben auch unterschiedliche Namen erdacht, womit sie ihre Kuriositäten-Behältnisse zu benennen pflegen, wie: eine Schatz-Raritäten-Naturalien-Kunst-Vernunftkammer.«

Noch weitaus größer als das Spektrum möglicher Bezeichnungen war die Varietät der Exponate. Ich zitiere, was ich von einer reproduzierten Seite des ersten Katalogs dieser pietistischen Sammlung ablese, gebe es selbstverständlich in heutiger Schreibweise wieder. »Ein samogetisches Kleid von Rentierfellen. Ein Paar samogetische Strümpfe. Ein tatarischer Bogen mit Tasche, Köcher, Pfeilen und Decke über die Pfeile. Zwei türkische Pfeile. Eine Mückenhaube aus Astrachan. Ein abortus vom 6. Monat in einem Glas. Ein abortus vom 4. Monat in einer Schachtel. Ein Stück schwarzes lapidesziertes Holz.

Ein Stück braunes lapidesziertes Holz. Ein Schwert von einem Schwertfisch. Ein Elefantenzahn. Ein Einhorn. Ein Horn von einem Rhinozeros. Drei priapi ceti (Walfischpenisse). Zwei tubi optici. Ein Bäumlein aus einem lapideszierten Knochen, gewachsen. Zwei Stück lapidesziertes Moos. Ein Zahn von einem hippopotamus. Ein weißer Krebs. Ein weißer Maulwurf. Ein Blatt von einem Pisangbaum in Indien. Ein persisches Schreibzeug. Ein indischer Tannenzapfen.« Die Pietisten sammelten auch »Kriegsinstrumente«, wie Kettenhemden, Spieße, Schwerter und weitere Schlachtgeräte. Dazu gehörte auch ein japanischer Bauchaufreißer.

Man muss schon in ein Stadium des Beziehungswahns geraten, um hier noch Verbindungen, Vernetzungen, neudeutsch: Crossovers zu entdecken. Denn die Inventarlisten lassen sich ins beinah Unabsehbare fortsetzen. »Ein Modell vom heil. Grabe, dergleichen zu Jerusalem verfertigt werden. Ein Original-Ablassbrief von anno 1505. Ein türkisches Beschneidungsmesser. Das Bild des Konfuzius aus gebranntem Ton aus China. Der peruanische Abgott Vitzliputzli in rotem Speckstein. Ebenderselbe in einem Reiskorn, darüber eine hölzerne Capsul mit Schrift. Ein Mercurius von korinthischem Erz; ein Original. Ein ägyptischer Apis aus Metall. Zwei ewige Lampen aus einem römischen Grab, nebst einem Tränengefäß.« Und so weiter, etcetera, und so fort, ad libitum. Was in keiner Sammlung fehlen durfte, also auch nicht in dieser Auflistung: eine Missgeburt. Hier freilich nur gemalt: »Ein russisches Gemälde auf Papier von einer ungestalten Missgeburt, welche halb Mensch, halb Kamel ist.« Das reicht ja wohl.

Kein leitender, ordnender Zentralgedanke, der über solchen Endmoränen damaliger Realien schwebte, eher war es ein ausgestopftes Krokodil – horizontal unter dem Deckengewölbe, mit möglichst weit aufgerissenem Maul. Das Krokodil, das alles verschlingt, so wie Sammler alles mit ihren unersättlichen Augen verschlingen … In dessen Magen alles reingeht, alles reinpasst, so wie in Sammlungen alles reingeht, alles reinpasst … Und je mehr es frisst, so ein Krokodil, desto größer wird es

– und damit wächst wiederum seine Gier: schnappt nach allem, schluckt alles. Doch seine letzte Mahlzeit: Stroh und Werg. Der Krokodilkadaver als Trockenpräparat über einer auf Grund gelaufenen Arche Noah, die im Kielraum auch Kunstwerke transportierte.

MIT BLICK AUF DAMALIGE SAMMLUNGEN GEFRAGT: Genügte es schon, wenn Kunstwerke und Geräte und Naturpräparate (und ein paar Mirabilia) unter einem Dach, unter einer Saaldecke zusammenfanden, oder musste hier so etwas wie eine kritische Masse der Verdichtung geschaffen werden, gleichsam den anderen Aggregatzustand von Kunstundwissenschaft, von Wissenschaftundkunst erzwingend? Kämen wir diesem Zustand näher durch Exponat-Verdichtung? Versuchsweise wie folgt?

… Hand, von einem Dieb gehackt, dann balsamiert, hält hochgehoben eine Gemme: Ikaros – noch sonnennah. Und Blasensteine, fünf im Grüppchen, auf einem dicht beschriebnen Blatt – jedoch kein Nachweis ihrer Herkunft, vielmehr ein Gedicht von Raleigh – die meisten Wörter steinbedeckt. Zwei Glasbehälter, dicht verschlossen; im Branntwein schweben farbenecht die Feuerwalze und der Haarstern; zwischen diesen Gläsern steht, als Bronzeguss, ein Feldherr, römisch: Statuette. Der Penis eines Walfischs, konserviert, liegt schräg auf sieben Kupferstichen – Offizin Joannes Galle, einst Antwerpen. Ein Gallenblasenstein, geschliffen, steckt in einem Taschenglobus, die Kugel mittig aufgeklappt, von innen ebenfalls bemalt; so zeigt der Deckel Sternenzeichen auf einem Bild im Querformat, Öl auf Leinwand, nicht signiert …

MARIA S. MERIAN WIRD SPÄTER auch in Amsterdam (einige) Sammlungen besichtigen, wird selbst davon berichten. Eine von ihnen kann hier beschrieben werden: die des Gelehrten, des Mediziners Frederik Ruysch.

Die Sammlung war in zweifacher Hinsicht charakteristisch: für den Mann und für die Zeit. Keine enzyklopädische Sammlung von Naturobjekten und Kunstprodukten, sondern eine der ersten Spezialsammlungen: der Anatom, der Pathologe interessierte sich vorwiegend für Präparate, für Objekte aus dem weiten Feld (einer) seiner Tätigkeiten. Es war die Sammlung eines »Med. doctor Anatomiae ac.«, wie auf einem Kupferstich-Portrait des greisen Fredericus Ruysch zu lesen ist.

Über ihn und seine Sammlung informiert mich vor allem Antonie M. Luyendijk-Elshout, in einem der Beiträge zum Berliner Kongress *Macrocosmos in Microcosmo*. Demnach: Ruysch ist ein Jahr jünger als die Merian, wird aber erst 1731 sterben, mit dreiundneunzig. Es sollte betont werden, dass dieser Mann agil bleibt bis ins hohe Alter. Das bezeugt er selbst in seiner Einleitung der *Anmerkungen zur Sezier- und Heilkunde*: »Sie sehen mich, freundlicher Leser, wieder zu Worte kommen! Wäre es nicht besser, dass ein Mann von 83 Jahren schwiege und sich auf die große, in Kürze anzutretende Reise vorbereitete? Ja, gewiss! Denn man sollte sich zwischen den Betriebsamkeiten des Lebens und dem letzten Tag eine Ruhepause gönnen, in der man die wahre Philosophie, die eine Betrachtung des Todes ist, studiert. (...) Was mich angeht, so glaube ich jedoch, dass ich, indem ich täglich etwas Neues lerne, glücklich alt werde.« Da lag noch ein Jahrzehnt vor ihm ...

Zum biographischen Hintergrund seiner Sammlung ein paar Eckdaten. Ausbildung als Apotheker; Studium der Medizin; frühe Freundschaft mit dem gleichaltrigen, freilich früh verstorbenen Jan Swammerdam; Lehrauftrag der Chirurgengilde Amsterdam; Unterricht für Hebammen; Ernennung zum Gerichtsmediziner; mit 47 Jahren Hochschullehrer, und das, überraschenderweise, im Fach Botanik, genauer: im Fach Kräuterkunde für Apotheker und Ärzte; Freundschaft mit Joannes Commelin, dem Begründer des Botanischen Gartens von Amsterdam, Onkel des späteren botanischen Fachberaters der Merian. So schnitten sich damals schon die Kreise ...

In seinem recht kleinen Haus begann er ab 1689 zu sammeln: Skelette und einbalsamierte Föten, Neugeborene, Kleinkinder – hier wirkten sich seine Verbindungen und Beziehungen aus als Lehrer von Hebammen und als Gerichtsmediziner. In Glasbehälter mit Weingeist eingelegt war aber nicht mal ein Dutzend der schließlich rund 350 Schaustücke. Die machten eine Erweiterung der Schauräume notwendig, er kaufte eine zusätzliche Wohnung. Ich stelle mir das häusliche Ambiente dieses Gelehrten vor wie den Arbeitsraum von Prof. Virchow in Berlin, fotografisch dokumentiert: die Skelette so dicht gruppiert, dass er, umhergehend, sicherlich die Arme einziehen musste. Ruysch stellte seine Skelette freilich nicht nach Ordnungsmustern auf, er schuf Arrangements. Schon am Eingang zur Sammlung: ein kleines Empfangskomitee von Skeletten mit beschrifteten Wimpeln und Fähnchen. »Kein Kopf, so stark auch immer, wird dem grausamen Tode entgehen.« Also, mal wieder: der Grundgedanke der Vanitas. Die Lehre konnte aber auch zeichenhaft sein. Eins der Skelette hielt eine getrocknete, aufgepustete Hundeblase, denn: »Der Mensch ist nicht mehr als eine Blase.« Und wie schnell kann die platzen!

Nach der Skelett-Ouvertüre die eigentliche Sammlung, das »Erste Anatomische Kabinett«. Hier bildeten Skelette die Mehrheit. Zahlreich waren aber auch einbalsamierte Köpfe und Körperteile. Ruysch war ein damals unübertroffener Meister im Injizieren von konservierenden Flüssigkeiten, deren Rezeptur er geheim hielt. Grundstoffe waren ätherische Öle und Harze. Meisterhaft war er auch im Herstellen von Blutgefäß-Präparaten. Er isolierte diese Verzweigungsmuster, brachte sie mit Injektionen zum Erstarren, erzeugte so dekorative Objekte, die weit verzweigten Korallenästen glichen oder miniaturisierten Baumkronen im Winter. Ich habe mir so etwas (bei einem restaurierten Präparat) genau angesehen und kann mir, unterstützt von Hinweisen des Berliner Wunderkammer-Katalogs, denken, wie da verfahren wurde: Man nehme ein Organ oder Körperteil, entleere es von Blut oder Blutresten, injiziere eine blutrote Flüssigkeit, die sich in den Arterien verhärtet, löse sodann Bindegewebe ab mit geeignetem Gerät, eventuell auch durch Säuren, konserviere die Oberfläche des erstarrten Ader- oder Arterien-Korallengewächses, baue es wie ein Requisit oder wie eine Kulisse in das Theatrum ein, erwirke damit Beifall des Besucherpublikums.

Der Gelehrte hatte einen spezifischen Sinn fürs Dekorative. Einbalsamierte Babyleichen schmückte er mit Seiden- oder Batistkleidung, mit Blüten, sogar Perlen. Zar Peter der Große, der (vermittelt von Bürgermeister Witsen) die Sammlung besichtigte, soll eins dieser Babys geküsst haben, wohl auf die Stirn, weil es so lebensecht wirkte im Tode. Was uns makaber erscheinen muss, war damals der Versuch, Realien mit ästhetisierenden Darstellungsformen und moralischen Botschaften zu verbinden.

Das geschah am systematischsten in Arrangements, die Ruysch jeweils Thesaurus nannte. Auf einem Podest von »geflammtem indischem Holz« etwa ein Hügelchen von Blasen- und Gallensteinen, in die, astgleich, erstarrte Blutgefäßbildungen gesteckt waren und auf dem ein Babyskelett stand, flankiert von zwei weiteren Babyskeletten rechts wie links – aus Raumgründen verzichtete er auf Skelette von Erwachsenen. Die großköpfigen Skelette stellten jeweils etwas dar oder verkündeten etwas – selbstverständlich Botschaften für Kenner. Eine getrocknete Eintagsfliege in einer Knochenhand korrespondierte mit einem Zitat von Plautus: »Wie eine Blume des Feldes bin ich rasch aufgegangen und wieder abgerissen worden.« Vanitas – notorisches Dauerthema jener Epoche des frohgemuten Aufbruchs in breiter Front.

Zwei Schatz-Ensembles sollen kurz skizziert werden, stellvertretend für eine Vielzahl weiterer Arrangements. Ruysch hat sie zeichnen lassen, hat sie zum Teil auch selbst gezeichnet, hat sie dann in Kupfer stechen lassen. Die niederländische Kunsthistorikerin kann die Details präziser benennen, also paraphrasiere und zitiere ich.

Thesaurus I. Auf dem Edelholzsockel die obligatorische Hügelbildung aus Gallen- und Blasensteinen. Als dekorative Elemente hineingesteckt »getrocknete Blutgefäße von Kälbern, die mit rotem Wachs eingespritzt waren«. Auf der Hügelkuppe das Skelett eines Fötus, in einer Hand eine Perlenschnur, in der anderen »das zu Stein gewordene Herz eines Jungen«. Motto: »Warum sollte ich diese weltlichen Dinge lieben?« Preisfrage. Links vom Hügelchen, auf eigenem Sockel, das Skelett eines weiteren Fötus, im Gestus der Verzückung gebannt, eine Sichel haltend. Dargestellt ist hier der lachende Philosoph Demokrit: »Weil man im Leben so viel Elend erleiden muss, triumphiere ich freudvoll, ohne Stimme, da ich durch den Tod von ihr befreit bin.« Das andere Fötus-Skelett, zur Rechten, hält ein proportional riesiges Taschentuch vor ein Auge – das Taschentuch besteht aus feinster Darmhaut. Dargestellt ist hier der weinende Heraklit: »Wir, dieses süßen Lebens beraubt und von den Brüsten weggerissen, sind durch den grausamen Tod fortgenommen und ins düstre Grab gelegt worden.« Das Darmhaut-Taschentuch wird von Ruysch in seinem Sammlungskatalog übrigens speziell kommentiert, mit einem Zitat aus dem 139. Psalm: »ihr habt mich erschaffen wie eine Stickerei im Mutterschoß.« Das bezieht sich auf ein feines Muster von rot ausgespritzten Blutgefäßen in der Darmhaut: also ein dezent gemustertes Taschentuch ... Seine Injektionskunst war in der Tat subtil.

Weniger Predigt, mehr Erheiterung in Thesaurus III: Thema Musik (natürlich mit dem Basso ostinato der Vanitas). Auf dem Hügelchen aus Körpersteinen, geschmückt mit Scheinkorallen, ein geigendes Kleinskelett, der Kopf, in Virtuosenpose, schräg zurückgelehnt. Die Skelettkollegen, diesmal auf gemeinsamem Podium, sie akkompagnieren. Das erste Begleitskelett spielt auf einer Ziehharmonika, hergestellt aus der »gewundenen, getrockneten Darmschnur eines Schafsfötus«. Das dritte Skelett des Ensembles schwingt den Taktstock, »aus den Fasern einer Urinblase geflochten«.

Bevor ich fortfahre, werden zwei Anmerkungen fällig. Ad 1: Dies war die Sammlung eines renommierten Gelehrten jener Zeit, und diese Sammlung galt als herausragend. Zar Peter der Große wird sie später komplett aufkaufen und nach St. Petersburg verfrachten lassen, wo sie zu großen Teilen noch erhalten ist. Dieser Transfer im Todesjahr der Merian. Der alte Ruysch wird bald darauf, um 30 000 Gulden reicher, eine neue Sammlung aufbauen. Zu dieser Zeit wird er von der Royal Society in London als Mitglied aufgenommen, an die vakant gewordene Stelle des Sir Isaac Newton.

Ad 2: Die Töchter des Anatomen entwickeln sich zu Malerinnen – die eine zu einer bekannten, die andere zu einer berühmten Künstlerin. Wenn Maria Sibylla Merian dem Hause und der Sammlung Ruysch Mitte der neunziger Jahre ihren Besuch abstattet, so ist Rachel bereits dreißig und frisch verheiratet, hat schon einen Teil ihres umfangreichen Werks geschaffen (auf das ich noch ausführlicher verweisen werde). Erst 1708 wird Rachel mit ihrem Mann nach Düsseldorf ziehen, (auch sie) eingeladen von Kurfürst Johann Wilhelm; bis dahin dürfte es verschiedene Gelegenheiten gegeben haben, die berühmte Tochter des gefeierten Anatomen kennen zu lernen.

Und damit komme ich ganz von selbst auf die Sammlung zurück, denn: Diesem Kurfürsten zu Düsseldorf widmete Ruysch einen Teil der Sammlung, das »Kabinett der Tiere«. Hier waren die so genannten Doppeldecker-Präparate zu sehen. Der untere Teil bestand aus einem hohen Glasbehälter, in dem ein exotischer Fisch, Maul nach unten, in Weingeist schwebte oder ein Tintenfisch. Auf dem Holzverschluss erstarrte Blutgefäße, die hier erst recht Assoziationen an Korallen weckten. Hineingesteckt ein getrockneter Fisch, scheinbar schwebend. Bezeichnend ist nun, dass der Fisch unten und der Fisch oben, dass Fisch senkrecht und Fisch waagrecht, nichts miteinander gemein hatten, nicht die Gattung, nicht die Art, sie mussten nicht einmal aus demselben Weltmeer stammen. Hier wurde allein nach dem Gesichtspunkt des Dekorativen arrangiert. Ich hebe das hervor, weil die Merian auf einigen ihrer Vorzeichnungen für die Kupferstiche ihres Surinambuchs ähnlich großzügig verfährt. Das wird also nicht charakteristisch sein für sie als Person, sondern typisch für ihre Zeit. Dies schon mal vorweg bemerkt.

Von den Arrangements zu Präparaten, die ebenfalls arrangieren. Eins dieser Nasspräparate ist, als Original, im Petersburger Museum für Anthropologie und Ethnographie aufbewahrt: ein Beinchen eines Neugeborenen, die Amputationsfläche »mit einem Batisttüchlein abgedeckt«, über den Fuß scheint ein großer Skorpion zu kriechen. Ruysch interpretiert ihn als kleines Krokodil, »das, erkennbar an seinen Gesten, das Füßchen beißen will«. Ruysch ging noch weiter: in einem anderen Präparat ein kleiner Alligator, der eine Kinderleber aufzufressen scheint. Wissenschaftliches Exponat, Amsterdam, neunziger Jahre des 17. Jahrhunderts. In einem dritten Präparat eine Abwehrgeste: ein Kinderbeinchen, »in ein Spitzenhöschen gehüllt«, tritt scheinbar nach einem »von Syphilis angefressenen Knochen eines Frauenschädels«. Dazu der Präparator, der Sammler moralisierend, damit motivierend: »Warum ein Stück dieses Schädels unter das Füßchen gestellt wurde, ist leicht zu begreifen, da diese Hure ihr Leiden nicht ohne ihren verabscheuungswürdigen Beruf bekommen hätte, denn ›in solchem Wasser fängt man solche Fische‹. Alles wurde in einer sehr hellen Flüssigkeit bewahrt.«

Was für uns abgeschmackt, mehr als abgeschmackt wirkt, das war für Ruysch Teil seiner Gesamtbotschaft, und auch die lautete, frei umschrieben: Die Größe und Schönheit der Schöpfung selbst im bisher unbekannten oder nicht beachteten Detail sichtbar machen. So bemerkte er zu einem seiner gefeierten Präparate von Blutgefäßen der Leber: »Obwohl ich Tausende anatomischer Gegenstände besitze, mit denen ich der Leugnung Gottes Einhalt gebieten könnte, dieses Präparat allein schon würde genügen« ...

Das Kabinett des Doktor Ruysch wurde so rasch nicht vergessen. Giacomo Leopardi ließ 1824 in seinen Gesängen, Dialogen und Lehrstücken einen Chor im Studierzimmer des Meisters auftreten, mit den passenden Zeilen: »Ein wundersam Geheimnis scheint uns das Leben heute, so rätselhaft« ... Und in einem »Dialog zwischen Friedrich Ruysch und seinen Mumien« lässt Leopardi ihn die Frage stellen: »Was ist denn der Tod, wenn er nicht Schmerz ist?« Und eine der Mumien

gibt zur Antwort: »Am ehesten ein Lustgefühl.« Und damit
Schluss dieser Besichtigung!

BEI VIELEN SAMMLUNGEN, so habe ich den Eindruck, war
entweder die wissenschaftliche Relevanz oder die künstlerische
Präsenz gering, und damit fehlte die Balance, die erst eine
wechselseitige Annäherung von Kunst und Wissenschaft
ermöglichte. Es gab einerseits Natursammlungen mit einigen
Kunstwerken, es gab andererseits Kunstsammlungen mit einigen Naturalia; dazwischen ein breites Spektrum wechselnder
Mischungsverhältnisse. Persönliche Vorlieben von Sammlern,
von Kustoden hatten sicherlich prägende Wirkung. Persönliche Vorlieben auch bei Besuchern: der eine eher als Kunstfreund, der andere eher als Naturliebhaber. Und die Mehrzahl
war, wie bezeugt, nur an Curiosa und Mirabilia interessiert:
Begeisterung für Automaten, Faszination von Missbildun-
gen. Der allseits interessierte Besucher der Schauräume eines
allseits offenen Sammlers dürfte eher Wunschbild gewesen
sein.

Beispielsweise Gottorf: keine Gemälde, keine Statuen, keine
Statuetten, keine Halbreliefs. Asymmetrie also auch hier. Kupferstiche, die Einblick gewähren oder zu gewähren scheinen in
diese »Kunst- und Wunderkammer«, sie lassen nur Geräte und
Naturobjekte erkennen oder erahnen.

Wurden auf solchen Druckgraphiken eher Sammlungen
dargestellt, in denen sich Naturalia ausbreiteten, so ist das auf
Gemälden, auf Ölbildern ganz anders: hier wurden Sammlungen favorisiert, in denen eher Kunstwerke dominierten. Wie
eine kunstbetonte (Universal-)Sammlung aussah, ausgesehen
haben mag, davon können wir uns ein Bild machen nach
Gemälden von Frans Francken.

Maler mit diesem Namen gibt es gleich dreifach: Frans
Francken I, dessen Sohn Frans Francken II, dessen Sohn
Frans Francken III. Ich erwähne das, weil sich auch hier wieder zeigt: Man war im 17. Jahrhundert nicht immer an Unver-
wechselbarkeit interessiert, es wurden eher Traditionen fort-

geführt. Das zeigen auch Zusatzbezeichnungen. Frans Francken I signierte zuweilen als »de oude Francken«. Solange er lebte und malte, signierte sein Sohn als »de jonge Frans Francken«. Als der Vater gestorben war, signierte der Sohn mehrfach als »de oude Francken«, und es wird entsprechend schwierig mit der Zuweisung von Bildern, falls die nicht dankenswerterweise datiert sind. Individualität wurde nicht besonders betont in jener Zeit – das behielten sich nur einige besonders ausgeprägte Individuen vor, wie Frans Hals oder Rembrandt.

Der Frans Francken, um den es hier geht, ist Frans Francken II. Er wurde 1581 in Antwerpen geboren, er starb 1642. Auch er verfügte, wie sein Vater, über ein breites Spektrum der Sujets, wie ich im großen Künstlerlexikon von Thieme-Becker lese. Demnach war Frans Francken II der Erste, der »Bildergalerien mit naturgetreuer Wiedergabe von Meisterbildern malte«. Wahrscheinlich hat auch er zuweilen frei arrangiert, aber der Typus der kunstbetonten Sammlung dürfte hier einigermaßen realitätsnah wiedergegeben sein.

In Abbildungen sehe ich drei solcher Bilder. Auf diesen Gemälden sind Bilder jeweils eng gehängt, fast Rahmen an Rahmen, in zwei, drei ›Reihen‹. Ergibt sich ein Abstand, ist da schon mal ein getrocknetes Seepferdchen aufgehängt oder ein getrockneter Fisch. An die Wand mit solchen Exponaten herangerückt, ein Tisch. Darauf wird beispielsweise ein Bild präsentiert: Madonna mit Kind. Daneben eine Madonna mit Kind als Statuette, das Bild überragend. Dann, scheinbar willkürlich verteilt: große Muscheln, eine runde Spanschachtel, ein Vorhängeschloss, Blumen in einem verschlossenen Glasbehälter, samt Schnecke, das Ganze also wohl in Weingeist. Münzen; ein aufgeschlagenes Buch; ein Globus. Die Plastik eines liegenden, nackten, langhaarigen, bärtigen, muskulösen Mannes, darunter Kettenschmuck.

Ich habe hier zwei dieser Bilder gleichsam zusammengezogen, das Gemeinsame suchend. Und ich sage mir: Die paar zwischengehängten oder zwischengestreuten Naturgegenstän-

294

de machen aus der Bildergalerie noch keine Universalsammlung.

Auf einem Ölgemälde von 1630 ist das Spektrum allerdings
verheißungsvoll verbreitert. Auch hier bin ich auf eine Buchabbildung angewiesen, das Original hängt in Baltimore.

Frans Francken malte einen fürstlichen Raum mit Bildern,
Geräten und Naturalia. Zwei große Fenster links, Butzen-
scheiben. Im Hintergrund, über einem Kamin, rund anderthalb Dutzend Gemälde, in verschiedenen Formaten, mit sehr
unterschiedlichen Sujets. Figürchen auf dem Kaminsims. Zwischen Kamin und offener Tür: Saiteninstrumente, an die
Wand gehängt. Die Tür geöffnet zu einem Raum mit Büchern
im Regal und drei Wächtern, die, Lanzen aufgestützt, miteinander zu plaudern scheinen. Zehn Damen und Herren im
Hauptraum, ein halbes Dutzend Hunde, zwei Äffchen. Ein
riesiges Bouquet in einer Bodenvase. Auf einem schwarz aus-
gelegten Tisch ein Globus, dominierend, ein aufgeschlagenes
Buch und allerlei Kleinkram, wohl mit Muscheln, aber das
kann ich in der Reproduktion auch mit dem Vergrößerungsglas nicht identifizieren.

Ein zweiter Tisch, ans Fenster gerückt, mit prunkvoller
Tischdecke. Mittendrauf ein Gerät in der Größe, fast auch in
der Form eines Globus, eine geheimnisvolle Maschine, die
eine Dame und ein Herr betrachten. Vorn, an den Tisch
gelehnt, ein Herr, der ein Bild in den Händen hält, und ein
zweiter Herr zeigt auf ein Detail. Fast so etwas wie Proporz an
diesem Tisch: Zwei interessieren sich für ein technisches
Gerät, zwei für ein Kunstwerk, von dem wir freilich nur die
Rückseite sehen.

Am überraschendsten ein Detail, das mir erst bei wiederholter, lupengeschärfter Betrachtung auffällt: mitten im Raum ein
Stuhl, an den ein weiteres Gemälde gelehnt ist, wohl frisch
eingetroffen. Wenn ich das richtig sehe, ist auf diesem Gemälde ein Raum von ähnlichem Zuschnitt dargestellt wie der
Raum, in dem das Bild steht: Fenster links, großer Tisch links,
Bilder an der Rückwand. Das heißt: Nur noch einige der Bil-

der hängen dort. Denn die Sammlung wird soeben demoliert; vier Mann in voller Aktion. Einer steht auf dem Tisch, hat ein Bild von der Wand gerissen, scheint es auf den Boden zu schmeißen. Einer zerschmettert ein Bild an einer Tischkante. Einer schlägt auf Bilder an der Wand ein. Auf dem Boden liegen zerbrochene Bildrahmen umher. Bild der Zerstörung in einem Bild friedlicher Wahrnehmung von Kunstwerken, Geräten und Naturalia. Beinah statuarische Körperhaltungen und dieser Wirbel von entfesselter Zerstörungswut. Bedrohte Bilderwelt im 17. Jahrhundert der Kriege.

VOM BERÜHMTESTEN ALLER NIEDERLÄNDISCHEN MA-LER ist bekannt, dass er eine Sammlung angelegt hatte, die ansatzweise so etwas wie eine Wunderkammer gewesen sein dürfte. Bezeugt ist freilich nur das unter der Decke schwebende Krokodil. Ein Inventar ist, soviel ich weiß, nicht überliefert, auch nicht zu den »gerichtlichen Verkäufen« der Jahre 1657 und 1658, als Rembrandt mit seiner Wirtschaftsführung ins Trudeln geraten war.

Die spurlos verschwundene Sammlung: ganz unerwartet werde ich mit einer Rekonstruktion beglückt. Der obligatorische Besuch des Rembrandt-Hauses in der früheren Sint Anthonisbreestraat, in der Nähe des heutigen, sehr heutigen Waterlooplain. Skepsis, von vornherein: Das Haus ist über einen langen Zeitraum hinweg bewohnt worden von Personen, die nichts mit Rembrandt zu tun hatten, keiner der Einrichtungsgegenstände der beiden Rembrandt-Jahrzehnte im Hause blieb erhalten, das Gebäude wurde restauriert, zum Teil rekonstruiert, die gesamte Einrichtung wurde zusammengetragen, zusammengekauft, Objekte im Stil jener Zeit.

Ich hatte zwar registriert, dass bei den Umbauten in einer Abfallgrube neben zwei Murmeln, einer Kanne und einer Salzdose aus einem Kinderservice auch Kreidestücke gefunden wurden, die wahrscheinlich von des Meisters Hand konsekriert worden waren, aber von einer Rekonstruktion der Sammlung wusste ich nichts. Nun führte auch mich der Rundgang im

Haus mit den sehr steilen Holzstiegen in einen Raum, hof-
wärts, mit einer Sammlung. Mit einem etwas betulichen Wort:
Liebevoll ist diese Sammlung zusammengetragen worden.
Und das in einem ausgewogenen Mischungsverhältnis von
Naturobjekten und Kunstprodukten. Diese Sammlung, die in
etwa der Sammlung Rembrandts entsprechen könnte, als so
etwas wie ein Modell jener Universalsammlungen, die bei großen Herren mehrere Schlossräume einnahmen. Eine Sammlung nun hier, die auf ein Zimmer konzentriert ist, das sich
mit einem Panorama-Schwenkblick wahrnehmen lässt. Nun
wird anschaulich, was Abbildungen bisher nur andeuteten,
zweidimensional.

Unter der Zimmerdecke das unvermeidliche Krokodil, in
freilich kleiner Ausführung; dafür hängt, in großer Ausführung, ein Krokodilsleder an der Wand. Der ebenfalls obligatorische Kugelfisch unter der Decke: aufgeblasen, dornenge-
spickt ... Hirschgeweihe an den Wänden ... Gipsabgüsse
speziell von römischen Büsten ... Indianerfedern ... Pfeile ...
alte Bücher, waagrecht gestapelt, und auf einem dieser Stapel
noch ein Kugelfisch, präpariert ... auf einem der weiteren Stapel ein Gürteltier ... Fayenceteller und Zinn ... eine Schublade mit Faltern, genadelt ... eine Schublade mit Mineralien
... ein Sammelschränkchen mit Schubläden und Schubfächern, in denen Münzen liegen ... Knochen, Schädel ...
Korallengeäst ... zwei Globen: Erdglobus, Himmelsglobus ...
Seesterne ... ein alter Helm ... merkwürdige Holzwuchsfor-
men ... Dies alles freilich nicht in ›totalem Durcheinander‹,
sondern gruppiert: die Büsten auf zwei Borden gereiht, die
Bücher im Winkel gleich rechts von der Tür. Aber die
Abgrenzungen werden überspielt: Naturobjekte zwischen
Büsten wie auf Büchern.

Was hier freilich fehlt: die Druckgraphiken, Zeichnungen,
Gemälde anderer Meister, die Rembrandt gekauft und ersteigert hatte. Dies hinzugedacht, und hier wäre ein Schauraum
von »Natur und Kunst« auch in heutigem Wortsinn.

ZUM SCHLUSS DES STREIFZUGS müsste eigentlich eine virtuelle Sammlung eröffnet werden: die Meriansche Kunst- und Wunderkammer. Einige der potenziellen Exponate: Unterarmlanges Holzmodell einer Seidenraupe ... eine Palette ... ein Mikroskop ... eine Linse, eine Brille, ein Vergrößerungsglas ... Kupferstich, koloriert: die Tulpe Semper augustus ... Bücher aus ihrem Besitz ... aus ihren Büchern herausgeschnittene Kupferstiche ... Malpinsel, Graphitstifte, Grabstichel ... Gouache: Alligator und Riesenschlange im Kampf ... eine Pinzette, ein feines Messer ... Spannbrett für Falter ... niederländische Schiffsfahne, dekorativ an der Wand ... Walze einer Tiefdruckpresse, Walze einer Zuckerpresse ... eine Schlangenhaut ... bis auf die Äderung abgefressene Blätter ... Gouache: vier tote Bergfinken, gebündelt ... Erbauungsbuch, aufgeschlagen mit dem Frontispiz von Spener ... Herbarienblätter ... eine Weltkarte von Mercator und Hondius ... Präparat, unter der Decke aufgehängt: Fliegender Fisch, die Flügel ausgebreitet ...

SCHLOSS
WALTHA

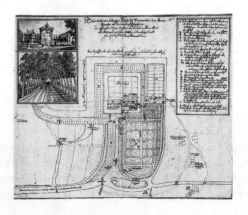

Ein Plan der Schlossanlage Waltha, mit Vignetten, höchstwahrscheinlich von Johann Andreas Graff gezeichnet in der Zeit, in der er darauf wartete, dass seine Frau schließlich doch mit ihm nach Nürnberg zurückkehren würde. Doch er wartete vergebens.

VON SCHLOSS GOTTORF (etwa in der Mitte zwischen Kiel und Flensburg) dürfte das Merian-Quartett 1685 (wohl im Herbst) nach Hamburg zurückgefahren sein; von dort aus könnte man ein Küstenschiff genommen haben, entweder bis zur Wester-Ems und dann über Groningen nach Friesland, oder über die Zuiderzee, das heutige Ijsselmeer.

»Rekonstruktion eines historischen Umfelds«: diese Formulierung und Forderung einer wissenschaftlichen Monographie übernehme ich – eine gleichsam flottierende Formulierung. Wie sehr jenes historische Umfeld noch mit Elementen und Fermenten des Fabulösen durchmischt war, dies könnte sich, nebenher, auf der kurzen Nordseefahrt zeigen: wurde an Bord auch von Furcht einflößenden Phänomenen und Phantomen gesprochen? Das Fremde, das Bedrohliche damals in oft unmittelbarer Nachbarschaft zum Bekannten, zum Gewohnten. Als Beispiel der gewaltige Mahlstrom, das maritime Schwarze Loch auf Höhe der Lofoten.

Zu lesen ist darüber in Happels Wochenzeitung. Berichte über fortschreitende Erkenntnisse in Naturwissenschaften und Berichte über Zwerge und Riesen und weitere Wunder der Natur, sie halten sich, in den Textanteilen, ungefähr die Waage. Zur Wunder-Zeitungsseite der Schöpfung gehört auch, laut Überschrift, »der ungeheure nordische Strudel oder Moskoe-Strom«. Ein Bericht aus dem Jahre 1683 – Frau Graff könnte ihn also gelesen haben.

»Unter der großen Menge der Wunder dieser Welt ist wohl der vornehmsten einer der erschröckliche Strudel bei Norwegen, der da unter dem Namen Mahlstrom, Seenabel und Moskoestrom nunmehro in der ganzen weiten Welt bekannt ist, zumal man ansonsten nirgends seinesgleichen finden wird.« Und es wird präzisierend hingewiesen auf die nahe Moskoe-

Insel und die Lofoten. Hier veranstaltet das Meer, dem Zeitungsbericht zufolge, mächtigen Spuk. »Wenn die Flut der See am höchsten ist, so beginnet dieser Würbel sich mit einer erschröcklichen Gewalt herumzudrehen, indem sich nämlich der Strom an den vielfältigen Felsen unter dem Wasser zerspaltet und das Wasser nach sich ziehet, bis es mitten in dem großen Loch mit einem ungeheuren Geräusch in den Abgrund versenket wird. Und kann man dieses erschröckliche Brausen ebenso wohl bei stillem Wetter als bei stürmender Luft nicht ohne Entsetzen hören. Kein Schiff, wie groß es auch immer sein mag, kann seiner Gewalt, wann es ihm zu nahe kommt, entgehen, es wird auf eine Meile Wegs vom würbelnden Strom ergriffen, etliche Mal in einem Circul herumgeschleudert und hernach in das große Trichterloch gestürzet.«

Es wird weiter berichtet, wie der Riesenwirbel »sein eingesoffenes Wasser« wieder ausspeit, und das noch höher hinauf als jede Mastspitze. So ähnlich wie Wasserfontänen, von Walen hochgeblasen? Selbst, wenn man dies aus sicherer Entfernung sieht: Gruseln … Entsetzen … Eine gigantische, nach innen gerichtete Spiralbewegung, und selbst Segler von vierhundert, sechshundert Tonnen flutschen hinein ins schwarze Wasserloch, und was dort wieder hochgeschwemmt wird, ist so etwas wie Mulch. Und einen Wal zerlegt es in Fischstäbchen. Wer das nicht glaubt, der fahre von Drontheim aus sechzig Seemeilen nordwärts, und er wird sein schwarzes Wunder erleben!

Auch so etwas gehörte damals zur Welt von gebildeten Zeitungslesern: eine von Fiktionen angereicherte Realität. Hielt auch Maria Sibylla Graff solch einen Zeitungsbericht für glaubwürdig? War das Meer auch in ihrem Bewusstsein zusätzlich belebt von diversen Fabelwesen?

JOHANN DIETZ, DER ZEITGENOSSE, soll hier, stellvertretend, über die Fahrt auf der Elbe zur Nordsee berichten. »Mein Schiff lag auf der Reede vor Hamburg. Als wir uns equipiert und Leute genug hatten, gingen wir an Bord und fuhren die Elbe hinauf, Stade und Glückstadt vorbei, wo wir die Segel streichen mussten, mit drei Schüssen. Gleich noch auf der Elbe hatten wir Sturm und konträren Wind. Weshalb wir in Ritzenbüttel zwei Tage stille anlegen mussten. Denn es die Elbe hinauf viel Sandbänke gibt, und Tonnen an Ketten schwimmen, dass die Lotsen danach fahren können, welche allein das Schiff, auf ihre Gefahr, dirigieren und dafür ein Gewisses bekommen. Hier war eine Warte und ein Feuerturm, danach sich die Schiffe in See richten, dass sie nicht stranden; des Nachts mit brennenden Pechkränzen. Als sich der Wind wieder gelegt, gingen wir wieder in See. Da war es anfangs mir wieder ganz schoplich im Leibe. Aber weil ich nüchtern auf die See kam und, nach der Lehre, eine Hand voll Seewasser – wonach man sich gleich erbrechen muss – genommen hatte, ging es bald vorüber.«

WIE AUCH IMMER DAS QUARTETT von Hamburg aus zum niederländischen Friesland reiste – einen guten Teil der Strecke landeinwärts wird man auf Wasserstraßen der Provinzen Groningen und (oder) Friesland gefahren sein, mit »Treckschuten«, also Passagierbooten, die jeweils von einem Pferd gezogen wurden, meist von einem Waisenknaben beritten.

In Happels Wochenzeitung wird, in jener Zeit, ausführlich auch über diese Treckschuten berichtet – ein Verkehrsmittel, das den Zeitungsmacher begeistert: »wahrlich eine große Kommodität«. Die Boote fahren nach Plan: »Man hält in Holland eine schöne Ordnung in dieser Treckfahrt.« Bis zu dreißig, ja vierzig Passagiere, jeweils. Unter dem Dach ein lang gestreckter Tisch mit Bänken, »nett bemalt«: »Man kann hier spielen, lesen, essen und trinken, wie man will, gleich in den besten Herbergen.« Die Schiffe fahren sogar nachts. Herren, die in Amsterdam zu tun haben, können »zu Mittag um die Börsenzeit in Amsterdam sein und, wenn sie ihre Geschäfte daselbst verrichtet, vor abends sich wieder in ihrem Hause einfinden. Wenn einer zur Hochzeit oder Gasterei geladen worden, kann er, ohne einige Reisekleider mitzunehmen, in dem besten Habit sich ins Schiff setzen und in der Nacht wieder nach Hause (zurück)kehren.«

Alle zwei Stunden wird das Zugpferd gewechselt. Gasthäuser an der Wasserstraße. Zahlreich die Fracht-Schleppkähne. »Die reichen und fürnehmen Leute können aus den Städten von und nach ihren Gärten und Lust- oder Landhäusern gar füglich alles bringen lassen auf diesen Schuten, ja die Bauern oder Landleute führen solchergestalt ihre Früchte, Butter, Milch, Käse, Getreide, Gemüse, Eier und dergleichen sehr bequemlich, wohin sie verlangen, und solches alles auf die Stunde, die er selber wählet.« Also durchaus geordnete Verhältnisse im Land, in dem Maria Sibylla Merian insgesamt mehr als ein Vierteljahrhundert verbringen wird.

So gleiten sie dahin, im Zuckeltrab gezogen, und der Junge auf dem Pferd knallt schon mal mit der Peitsche, stößt in sein kleines Horn, sobald Vorfahrt zu fordern ist. Leinenwerfen vor, Leinenfangen hinter Brücken. Und sie sitzen am Tisch oder stehen auf dem kleinen Vordeck: Johanna Catharina Sybilla, verwitwete Merian, verwitwete Marrell; Maria Sibylla Graff, 38; Johanna Helena Graff, 17; Dorothea Maria Graff, 7.

EINE FAHRT MIT DEM AUTO DURCH FRIESLAND, Richtung Wieuwerd, als Fahrt durch eine fast völlig ausgeräumte Landschaft: maschinengerechte Monokulturen, große Weideflächen, gelegentlicher, spärlicher Baumbestand.

Wenn ich mir, im Berliner Kupferstichkabinett, Zeichnungen beispielsweise von Cuyp anschaue und (in besonders feierlicher Arbeitsphase) von Rembrandt, so sehe ich ein völlig anderes Land, in dem, wie es scheint, Riesenbäume standen, Hütten und Häuser mühelos überragend, und: in dem sich Buschwerk weit ausdehnte, in dem Wege mäanderten.

Friesland: Ich schlage unter diesem Stichwort nach in Zedlers Universallexikon und lese, unter anderem: »Das Land ist morastig, und wächset dahero nicht allzu viel Getreide darinnen, jedoch hat es schöne Weide für das Vieh, und es bringet vortreffliche Ochsen, Kühe und Pferde hervor.«

Und noch eine Anmerkung: »Man muß diese friesländische Provinz nicht mit West-Friesland verwechseln, welches die Einwohner Nord-Holland nennen, worinnen die Städte Alkmaar, Enkhuisen etc. liegen.« Zu dieser Verwechslung kommt es ein Vierteljahrtausend später immer noch, auch in wissenschaftlichen Arbeiten. Hier ist Verwirrung freilich einprogrammiert. Auf deutschen Karten liegt Ostfriesland innerhalb der Landesgrenzen, und Westfriesland ist die niederländische Fortsetzung. Auf niederländischen Karten wiederum ist Westfriesland traditionsgemäß nach Westen verschoben, über das Ijsselmeer hinweg: die Landzunge nördlich von Amsterdam. Das Einfachste: wir bleiben, wie die Merian, bei »Friesland«.

DIE NEUE ANSCHRIFT VON M. S. GRAFF, für das nächste halbe Jahrzehnt, sie lautet: Schloss Waltha im Wieuwerderbosch (oder: Bosch) bei Wieuwerd, Friesland, Republik der Vereinigten Niederlande.

Friesland als einer der sieben »Generalstaaten« des protestantischen Bundes, der sich von spanischer Vorherrschaft freigekämpft hatte – ein Krieg, der fast achtzig Jahre lang gedauert hatte, mit Pausen. Das diktatorische Regime des spanischen Königs Philipp II. war für die protestantische Mehrheit nicht mehr zu ertragen gewesen, so hatte der Aufstand begonnen. Zum Schluss die Teilung: Der Süden (also auch das flämische Gebiet um Antwerpen) blieb im Herrschaftsbereich der Spanier, der Norden regierte sich selbst, in der Generalversammlung der sieben Provinzen. Friesland und Groningen ganz im Norden, Zeeland ganz im Süden, dazwischen, vor allem: Holland. Als Provinz, die in jeder Hinsicht eine führende Position einnimmt, wird es den Niederlanden einen zweiten Namen verleihen.

Nach Antwerpen wurde nun Amsterdam zum dominierenden Handelszentrum. Nachgeholfen wurde dieser Entwicklung mit einer langen Schiffsblockade der Schelde. Mit den Umsätzen wuchs die Einwohnerzahl: als Maria Sibylla geboren wurde, waren es bereits 200 000. Die Dominanz von Amsterdam wird sich nicht unangefochten entwickeln: insgesamt vier See-kriege mit England. Aber nun erst einmal: nach einem großen Sieg der Niederlande wurde Frieden geschlossen, 1667. Haupt-konditionen: die Insel von Neu-Amsterdam (das spätere New York) wurde den Engländern überlassen, dafür durften die Niederlande das Kolonialgebiet Surinam behalten, das sie bereits durch die Westindische Handelsgesellschaft in Besitz genommen hatten.

DIE NIEDERLANDE IM 17. JAHRHUNDERT: noch nicht das Land vorbildlicher sozialer Modelle, einer sich selbst feiernden Liberalität, vielmehr: ein Land, das Kriege führte, Katastro-phen erlitt, und Druck wurde weitergegeben an Untertanen.

Die große Pestepidemie auch in den Niederlanden, vor allem in Amsterdam, schon 1663 und noch sehr viel schlimmer 1664. Woche um Woche wurden die Zahlen der Toten von den Kirchengemeinden zusammengetragen und veröffentlicht: »In alles van dese Week acht hondert drie en't negentigh doo-den.« Die Listen auch fortgesetzt im folgenden Jahr.

Und Admiral de Ruyter führte, nach einigen Niederlagen der seeländischen und holländischen Flotte, ein riskantes Unternehmen durch, 1667: drang mit 80 Kriegsschiffen in die Themse ein, die Sperrkette bei Chatham wurde durchbrochen, sechs englische Segelschiffe wurden zerstört, zwei wurden gekapert und abgeschleppt, eine Werft wurde vernichtet, Häu-ser wurden angezündet. Ein Schock für England: Was wäre geschehen, wenn die Flotte bis London gesegelt wäre? Frie-densverhandlungen wurden angeboten; in den Niederlanden läuteten die Glocken.

Und im Jahre 1668 wurde eine Schrift von Adriaen Koer-bagh verboten: *Ein das Dunkel erhellendes Licht*. Dieses Licht der Vernunft war unerwünscht im verfinsterten Land, der Philosoph floh, wurde gestellt, gefesselt, nach Amsterdam zurückgebracht, wurde eingesperrt, gefoltert, wurde zu zehn Jahren Kerkerhaft verurteilt und zusätzlich zu zehn Jahren Verbannung und obendrein zu einer Geldstrafe von 4000 Gulden (ein Betrag, der ungefähr sechs Jahresgehältern eines Bankangestellten entsprach). Diese drakonischen Strafen reichten dem Schöffen, Senator, Bürgermeister Nicolaes von Witsen noch längst nicht, er plädierte für öffentliche Folterung, für das Abhacken eines Daumens, für das Durchbohren der Zunge, für die Beschlagnahmung des Privatvermögens, für die Verbrennung seiner Bücher, für lebenslängliche Verbannung.

Und im Jahre 1672 marschierte ein Heer von 120 000 Franzosen im Süden ein: Niederländisches »Ungeziefer« sollte ausgerottet, fette Beute eingeheimst werden. Utrecht wurde erobert, Amsterdam war bedroht; Kriegsgräuel, Kriegsgräuel; Sündenböcke wurden gesucht, die Gebrüder de Witt, zwei der Regenten, wurden eingesperrt, Mob stürmte das Gefängnis, lynchte die Brüder, es hieß sogar, ihre Körper wären zerfetzt worden, das »verräterische Herz« des Johan de Witt wurde herausgerissen, hochgereckt.

Und 1674 wurde die Übersetzung des *Leviathan* von Hobbes verboten. Verboten wurde sogar ein Buch, das Philosophie als Exegetin der Heiligen Schrift interpretierte. Verboten wurde auch der theologisch-politische Traktat eines jüdischen Philosophen: »gotteslästerlich, seelenverderbend … die höchst gottlosen Meinungen von Spinoza«.

LEBENSBILD 25: Ein Raum mit hohen Fenstern. An der Stirnseite, auf kleinem Podest, ein Tisch. Mehrere Bankreihen. Auf einer der Bänke, mitten im schmucklosen Raum, sitzt vorgebeugt eine Frau. (Rohrfeder in Braun. Leichte Knick- und Faltspuren.)

SCHON EINMAL hatte eine weithin bekannte Frau ihre Lebensform aufgegeben und sich nach Wieuwerd zurückgezogen in die Labadisten-Kommune: Anna Maria Schurmann.

Sie ist bereits verstorben, als Maria S. Graff mit Familienbegleitung dorthin kommt, aber man wird sicher viel zu erzählen haben von dieser fromm gewordenen Wissenschaftlerin, die auch Zeichnungen und Kupferstiche, sogar Selbstportraits hinterlassen hat. Möglicherweise war sie Frau Graff schon vorher ein Begriff, denn: Ihr Bruder könnte sie mit dem Zusatzmotiv nach Wieuwerd gelockt haben, es sei eine sehr angesehene Frau von Anfang an mit dabei gewesen, eine Frau, die von der Wissenschaft zum rechten, gottgefälligen Leben gefunden habe. Die Schurmann als Vorläuferin in der Veränderung, der Verwandlung des Lebens, allerdings in einer Umkehrung des geläufigen Musters: von der Entfaltung zurück in die Verpuppung.

In heutigen Lexika ist sie nicht mehr verzeichnet. Im Großen Vollständigen Universallexikon, das 1737 bei Zedler in Halle und Leipzig erschien und das glücklicherweise als Reprint vorliegt, sind der »Schurmannin« drei Spalten gewidmet. Ich halte mich an diese Vorlage; die Lebensdaten müssen nicht korrigiert oder ergänzt werden, es geht um ein Grundmuster, um ein Modell, mit Blick auf die »Merianin«.

Anna Maria Schurmann, gleich einleitend als »sehr gelehrte und berühmte Labadistin« bezeichnet, wurde 1607 in Köln geboren, in einer »vornehmen adeligen Familie«. Die vielseitige Begabung des Kindes wurde früh erkannt und gefördert. Mit acht Jahren erlernte sie die Blumenmalerei, und das führte sie offenbar konsequent fort. Dazu das Kupferstechen. Sie gravierte Gläser. Sie formte Miniaturbüsten aus Wachs. Sie spielte ein (leider nicht benanntes) Instrument; sie sang. Sie war eminent sprachbegabt, lernte auch verschiedene Schriftarten. (Übungsblätter aus ihrer Hand wurden von Sammlern in ihre Raritätenkammern aufgenommen.) Ihr Vater, so der Verfasser des Lexikonartikels, »hielt sie selbst zum Studieren an und gab ihr zeitig den Seneca in die Hände. Sie brachte es auch so weit, daß sie nicht nur die lateinische, griechische, hebräische, syrische, chaldäische, arabische und äthiopische Sprache verstand, sondern auch sogar die ersten drei sowohl als die französische, englische und italienische vollkommen reden konnte. Die Geographie, Astronomie, Philosophie und andere gelehrte Wissenschaften hatte sie wohl inne, daß sie mit großem Verstand davon sprechen und urteilen konnte.« Hinzu kam noch Theologie.

Die trotz all dieser Kenntnisse, Fertigkeiten, Fähigkeiten als bescheiden, ja demütig bezeichnete Frau wurde bald gefeiert, in den Niederlanden – die Familie war nach Utrecht gezogen. Hier wurde sie als »Wunder« bezeichnet, als »holländische Minerva«. Diese Göttin des Handwerks, der Künste, der Weisheit korrespondierte mit etlichen Berühmtheiten ihrer Zeit. Ich nenne nur Constantijn Huygens, den Humanisten, Naturforscher, Kunstfreund (der in diesem Buch bald auftauchen wird). 1641 publizierte sie eine Schrift, in der es vor allem um die Frage ging, laut Zedler, »ob das Frauenzimmer auch studieren dürfe«. Was sie für sich selbst entschieden bejahte. 1648 erschienen »Annae Maria Schurmann opuscula«.

Das hätte sich so fortsetzen können, aber es kam zu einer tiefen Zäsur. Auch hier spielte ein Bruder eine wichtige Mittlerrolle. In Genf lernte er Jean de Labadie kennen: »ein bekannter Sektierer« mit »separatistischen Meinungen«. Der bekehrte Bruder überzeugte seine Schwester davon, dass Labadie den rechten Weg zum Heil weise. Sie reiste daraufhin nach Middelburg, wo Labadie einige Zeit lebte, als Prediger; sie lernte ihn dort kennen, auch seinen Jünger Pierre Yvon. Nun galt alles plötzlich nichts mehr, womit sie zuvor die Bewunderung der Gelehrtenwelt erweckt hatte, es fand ein Sacrificium Intellectus statt, die Gelehrsamkeit wurde geopfert auf dem Altar der neuen Religion. Assoziationen hier an Stensen, der die Fachwelt ebenfalls in Erstaunen setzte, als er sich für die geistliche Laufbahn entschied. »Nachdem ich etliche Jahre her den Abfall des Christentums von seinem Ursprung und die fast gänzliche Verderbnis mit eigenen Augen gesehen (...), wer wollte mir mit Recht verdenken, daß ich reformierte Pastoren, welche, andere verfallene Christen zu reformieren, von Gott ausgerüstet sind, für die meinigen erwählt und mit Freuden aufgenommen habe.« Und das Barocklexikon: »Sie beklagt auch die Torheit, die sie mit ihrer menschlichen Gelahrtheit begangen.« Auch die Kunst durfte nur noch eine dienende Rolle spielen: die Schurmann formte aus Wachs eine Miniaturbüste von Labadie. Das steht nicht im Zedler, aber dies: »Daß sie sehr gern Spinnen gegessen habe.« Eine scheel angesehene, ja verachtete, verhasste Kreatur nicht nur feiern, sondern sich einverleiben? Überzogener pietistischer Reflex?

Nachdem Labadie in Amsterdam gestorben war, zog sein Anhang auf Umwegen nach Friesland, fand Zuflucht im Schloss bei Wieuwerd, südwestlich der Provinzhauptstadt Leeuwarden. Es bildete sich die Kommune. Anna Maria Schurmann starb in Wieuwerd, 1678 – sieben Jahre bevor die Merian dorthin kam.

DIE SCHURMANNIN UND DIE MERIANIN lebten im Zeitalter des Barock. Wie weit prägte diese Zeitgenossenschaft ihre Mentalität, oder, vorsichtiger: Wie wirkte diese Zeitgenossenschaft auf die Mentalität dieser Frauen ein? Waren hier Vorzeichen für ihre (zeitweilige) Weltentsagung? Gab es hier eine Grundresonanz? Einen verstärkenden Faktor?

Maria Sibylla wird wacher als andere Frauen wahrgenommen haben, was das Grundgefühl jener Zeit bestimmte, zumindest in Artikulationen von Gelehrten, von Dichtern, von Malern, von Bildhauern. Ich hebe nur einen Punkt hervor: Man feiert Schönheit und bleibt sich der Hinfälligkeit von Schönheit bewusst. Also: Die Entfaltung von Blütenschönheit und ihr Verwelken, Verfallen, Verfaulen ... Das Erscheinen von Falterschönheiten, und bald sind die Wanderfalter wieder nach Süden gezogen ... Das Grundgefühl der Vergänglichkeit, damit der Vergeblichkeit: vanitas ... vanitatum vanitas ...

Der äußerst vielseitige Jacques de Gheyn (II) hat bereits 1603 ein (offenbar erstes) Vanitas-Bild gemalt, mit dominierendem Totenschädel. Von da an blieben Vanitas-Bilder mindestens ein halbes Jahrhundert lang beliebt: zahlreich die Gemälde mit diesem Thema. Zentral meist der Totenschädel und wichtig die unbarmherzig ablaufende Sanduhr und die erlöschende oder bereits erloschene Kerze, die dahinschwebende, erfahrungsgemäß bald platzende Seifenblase. Diese Motive nun gekoppelt mit allem, was Menschen lieb und teuer ist: mit edlen Münzen, versteht sich, mit Juwelen und weiteren Zeichen des Reichtums (der auch Macht bedeutete), mit Spielkarten und Musikinstrumenten und Raucherutensilien (als Zeichen für mehr oder weniger subtile Genüsse) und schließlich: mit wissenschaftlichen Instrumenten und Büchern. Hm, Bücher?!

Und, thematisch naheliegend: Vanitas-Bilder mit Blumen. Besonders eindrucksvoll hat das, im Jahre 1668, eine niederländische Malerin gestaltet: Maria van Oosterwijk. Auf einer Tischplatte eine Vase mit einem alles überragenden Bouquet, daneben ein Globus. Vor der Vase ein Totenschädel, daneben ein hingeschlenkertes Buchskript, auf dem aber – tröstlich, tröstlich – ein Falter sitzt. Das recht umfangreiche Skript an einer Sanduhr, die wiederum auf zwei (gebundenen) Büchern steht. Weitere Details, aber die scheinen mir nicht wichtig. Das Ganze in Öl auf Leinwand, 73 mal 88, also in repräsentativem Format.

Mit dem Vanitas-Thema wurde Maria Sibylla Graff aber nicht nur auf dem Kunstmarkt konfrontiert (ich gehe davon aus, dass sie sich in Frankfurt und in Nürnberg auf dem Laufenden gehalten hatte), auch in Gedichten wurde Vanitas beschworen. Offensichtlich hatte sie auch Auge und Ohr für Gedichte, sonst hätte sie bei Herrn Arnold nicht die gereimten Beiträge bestellt, die sie in ihren Büchern veröffentlichte. Stellvertretend für viele andere Beispiele: Zitate aus zwei Gedichten.

Georg Philipp Harsdörffer, 1607 in Nürnberg geboren, in Nürnberg als Patrizier in gesellschaftlich hochrangigen Positionen, Verfasser der Schrift »Nürnberger Trichter«, in Nürnberg gestorben, als Maria Sibylla elf war, er hinterließ ein Gedicht mit dem Titel »Das Leben des Menschen«. Zwei Zeilen daraus, die in M. S. Graff besondere Resonanz gefunden haben dürften, gefunden haben könnten: »Das Leben ist ein Laub, das grünt und falbt geschwind.« Und, vier Zeilen weiter:

»Die Blum, so nach der Blüt verfällt.« Ihr Umgang also mit durchaus vergänglichen Phänomenen ...

Der Dichter des nächsten Zitats war ebenfalls längst verstorben, in Breslau, sein Werk aber gewann erst in dieser Zeit, ab 1680, mit einer postumen Ausgabe größere Präsenz – mehrere Nachdrucke auch im folgenden Jahrhundert. Der Breslauer Ratsherr Christian Hoffmann von Hoffmannswaldau hatte (neben zahlreichen erotischen Gedichten, die ihm zuweilen verübelt wurden) mehrere Vanitas-Gedichte geschrieben, und das berühmteste unter ihnen wird eröffnet mit der rhetorischen Frage: »Was ist die Welt und ihr berühmtes Glänzen?« Drei der Antworten, herausgelöst:

> Ein schön Spital, das voller Krankheit steckt,
> Ein Sklavenhaus, da alle Menschen dienen,
> Ein faules Grab, so Alabaster deckt.

Der Blick also nicht nur gerichtet auf Schönheiten von Natur und Kunst (und deren Vergänglichkeit), es wird auch der Kranke wie der Sklave heraufbeschworen, auf der notorischen Schattenseite des Lebens.

MIDDELBURG, ZEELAND. Von hier war eine Entwicklung ausgegangen, die auf das *Werk* der Maria Sibylla eingewirkt hatte: Stichwort Blumenstilleben. Und von hier ging eine Bewegung aus, die einwirkte auf das *Leben* der Merian: die Lehre des Labadie.

Einleitend, hinführend erst ein paar Daten und Eckdaten. Jean de Labadie, Jahrgang 1610, Sohn eines Offiziers; Jesuitenschüler; mit achtundzwanzig Priesterweihe; ein Jahr später trat er aus der Societas Jesu aus; er forderte – vergeblich – Reformen der katholischen Kirche, resignierte mit vierzig, konvertierte zur reformierten Kirche; zwei Jahre später erneute Priesterordination, drei Jahre darauf Ernennung zum Rektor der Akademie von Montauban; er zog um nach Orange, später nach Genf, schließlich nach Middelburg – die fortgesetzte Suche nach Ansatzpunkten zu einer umfassenden Kirchenreform, die zugleich fundamentale Reform der Lebensführung sein sollte. In Middelburg ließ der Pastor eine Schrift drucken unter dem Titel »La Reformation de l'église par le Pastorat«. Im folgenden Jahr sein Hauptwerk mit dem (späteren) deutschen Titel »Handbüchlein der wahren Gottseligkeit«. Es wurde ins Niederländische übersetzt, auch ins Englische. Die größte Resonanz fand es in Deutschland, das bezeugen mehrere Übersetzungen (ein Urheberrecht gab es damals noch längst nicht). Erst 1730 erschien die heute verbindliche Version von Gerhard Tersteegen, auf der Grundlage früherer Eindeutschungen.

Welche der Übersetzungen die Merian gelesen hat, ist unbekannt. Das ist hier aber auch nicht so wichtig. Ich halte mich an die Übersetzung, die als Reprint vorliegt – veröffentlicht mit Unterstützung des Landschaftsverbandes Rheinland und der Evangelischen Kirche im Rheinland. Wieso das? Ein kurzes Vorwort gibt eine Erklärung: Hier »lässt sich der Einbruch einer mystisch geprägten, unreformatorischen Frömmigkeit studieren. Man muss solche Texte kennen, um die Sorge der niederrheinischen Gemeinden vor einer schwärmerischen, kirchenkritischen Frömmigkeit zu verstehen.« Also rückwirkende Absicherung ...

Von dieser Sorge war ich freilich nicht geleitet, mich führte die nahe liegende Frage zur Lektüre: Mit welcher Lehre hat sich die Merian identifiziert, und das für mindestens ein halbes Jahrzehnt? Was sprach, betete, sang sie als Labadistin? Nur mit dieser Leitfrage habe ich mich zur Lektüre zwingen können. Ich begebe mich hier in ein Ambiente, das mir fremd ist, fremd bleibt: verschlossene Welt innerhalb einer weit entfernten Welt.

Fangen wir an. Die »nach der wahren Gottseligkeit trachtende Seele« des Übersetzers Tersteegen spricht in der ausführlichen Einleitung von einem »Traktätlein« des Predigers zu Middelburg, und so macht er das »Manuel« konsequent zum »Handbüchlein« – bei rund 280 Druckseiten lässt sich diese Verkleinerungsform aber kaum akzeptieren, vor allem, wenn man bei der Lektüre das Gefühl hat, es wären vierhundert oder sechshundert Druckseiten. Die generelle Empfehlung Labadies, »Gemütsbewegungen« zu »unterdrücken« – sie konnte ich nicht immer befolgen. Schon die fünfzehn »Pflichten« des ersten Teils wurden zur herben Pflichtarbeit. Anspornend die Verpflichtung, auch diesen Lebensabschnitt der Merian präzis und prägnant zu vergegenwärtigen. Also muss Labadie, auch Labadie an Textpräsenz gewinnen. Großäugig, ungemein hakennasig und mit herabgezwirbelten Schnurrbart-Enden schaut er mich an auf einem Kupferstich: An mir kommst du nicht vorbei, mein Sohn ...

Sein Buch richtet sich an Kirchenlaien, die sich in privaten Bibelkreisen zusammenschließen. Eine niederländische Stimme, im Rückblick: »Zo vormden zich huisgemeenten met dagelijkse bijbelbesprekingen. Richtlijnen gaf Labadie in zijn Manuel de Piete.«

Der erste Teil handelt von »Christlichen Pflichten und Erhebungen des Herzens zu GOtt«. Jeder Pflichtenteil wird eingeleitet durch ein kurzes pietistisches Statement, meist auf einer halben Seite, dem jeweils eine drei- bis viermal so lange »Erhebung des Herzens zu GOtt« folgt, sprich: ein Gebet. Der erste Teil somit als Gebetbuch, mit kurzen Einleitungen, Hinleitungen, Überleitungen.

Die Hauptbotschaft ist einfach: GOtt ist groß und du bist klein. Beziehungsweise: GOtt ist riesig, du bist winzig. Beziehungsweise: GOtt ist alles, du bist nichts. Um meine Paraphrase etwas auszuweiten: GOtt hat dich zwar erschaffen, mit all deinen Sinnen und Fähigkeiten, aber Er wünscht nicht, dass deine Sinne und Fähigkeiten entwickelt, weiterentwickelt, ja, dass sie überhaupt gebraucht werden. Denn: Nur wer sich so klein macht wie irgend möglich, wer sein Selbst zerstören, vernichten kann, findet den wahren Weg zu Gott.

Dies ist gleichsam die Urzelle des Buchs. Von hier aus setzen Weiterungen ein in verschiedene Richtungen, doch alle mit dem perspektivischen Fluchtpunkt: Gott ist nur präsent, wo das Selbst nicht mehr ist.

Nach dieser vorweggenommenen Zusammenfassung jetzt, fürs Erste, nur ein paar Lesefrüchte: Formulierungen, Sätze, Satzfolgen, die sich wohl auch Maria S. Graff zu Eigen gemacht hat, Sätze, von denen und mit denen sie lebte, zumindest in den folgenden Jahren. Sätze, die Rückschlüsse zulassen: sie war fähig auch zur religiösen Schwärmerei. Das überrascht bei ihr, vor allem, da wir die Vorgeschichte dieser Bekehrung nicht kennen. Zur Schwärmerei kam Rigorismus. Was weniger bei ihr überrascht. Aber nun: ganz neue Seiten in ihrem Lebensbuch.

Tersteegen kündet den ersten Teil des Handbuchs wie folgt an: »Der erste begreift in sich einige gottselige Pflichten gegen GOtt, welche sehr dienlich und bequem sind, die Seele zu Ihm zu erheben, wenn sie solche mit Andacht lesen, und es Ihm gefällt, durch Seinen Geist und Gnade sie dadurch zu rühren und zu sich zu ziehen.«

Das erste Zitat als Überschrift der I. Pflicht: »Von der Offenlegung seiner selbst in der Gegenwart GOttes«. Erster Satz der II. Pflicht: »Nachdem wir uns nun in GOttes Gegenwart gestellet, ist es unsere erste Pflicht, uns vor derselben aufs Tiefste zu erniedrigen, sowohl in Ansehung Seines groß-herrlichen Wesens, verglichen mit unserer Geringheit, als auch in Ansehung Seiner Heiligkeit, verglichen mit unseren abscheulichen Sünden.« Und der erste Satz des anschließenden Gebets: »Wir erkennen vor Dir, daß wir nichts anders von uns selbsten sind als ein Nichts, als Staub und Asche, als ein Tröpflein Wasser, noch viel weniger, gegenüber der unendlichen Größe Deines Wesens und gegenüber dem unermeßlichen Ozean Deiner Majestät.« Und gleich noch ein erstes der Gelöbnisse: »Wir opfern dir alle unsere Gedanken, Worte und Werke zu einem Lobopfer auf.« Denn: »Es ekelt uns vor der Welt und vor ihren Gütern, vor uns selbst.« Und ein Satz, den die Gläubige aus Frankfurt besonders beherzigt haben wird: »So sollen auch mein Haupt, meine Augen, meine Zunge, mein Mund, meine Hände und mein Herz nur Instrumente und Werkzeuge sein, Dich zu lieben, Deine Werke zu tun, zu beschauen, davon zu reden, sie zu verkünden.« Ein Glaubenssatz, der im Raupenbuch bereits ein Voraus-Echo gefunden hat: einer der Gemeinplätze jener Zeit, oder zeigte sich damit schon Affinität zum Pietismus?

Mit dieser Frage bereite ich den Abschluss dieses Kapitels vor. Es muss aber fortgesetzt werden, denn: wir können, wir müssen davon ausgehen, dass im Wieuwerderbosch die Lehre des Meisters fortwährend rekapituliert wurde. Also: was in den fünf Jahren an Indoktrination ständig fortgesetzt wird, das muss andeutende Entsprechung finden im Lebensabschnitt Waltha. Aber jetzt lege ich das Erbauungsbuch erst mal auf die Seite.

NOTIZEN ZUR GESCHICHTE DER SEKTE, in der Caspar Merian endlich die Stiefmutter, die Halbschwester und die Halbnichten begrüßen konnte, in Gottes Namen.

Nach dem Tod des Jean de Labadie gründeten seine Anhänger Gemeinden in Herford und Altona, aber die hatten nur kurzen Bestand. Die Sekte fand schließlich Zuflucht auf den Ländereien des Schlosses Waltha. Es gehörte Cornelis van Aerssen, Herr van Sommelsdijk. Er residierte zu jener Zeit in Paramaribo, Surinam, als Gouverneur. Seine Schwestern scheinen den Besitz verwaltet zu haben. Eine von ihnen war verheiratet mit Pierre Yvon, dem Schüler, dem Jünger von Labadie. Frau Yvon wird es gewesen sein, die ihre Schwestern zur neuen Lehre bekehrte, und damit ergab sich: Verzicht, zumindest nominell, auf weltlichen Besitz. Offenbar wohnten die Schwestern aber weiterhin im Schloss; die Neben- und Wirtschaftsgebäude wurden dann wohl der Gemeinde überlassen. Etwa 350 Personen gehörten der Kommune an, Menschen aus verschiedenen sozialen Schichten, unterschiedlichen Berufen – ein weites Spektrum zwischen Ärzten und Handwerkern. Sie alle mussten sich dem strengen Reglement unterwerfen: kein Privatbesitz mehr, karge Einrichtung der Wohnräume, äußerst schlichte Kleidung. Und: möglichst wenig Kontakt zur Außenwelt. Für Unverheiratete galt das Zölibat, für Ehepaare war »heilige Zurückhaltung« vorgeschrieben. Die arbeitsfähigen Mitglieder der Kommune betrieben Landwirtschaft, zur Selbstversorgung. Auch wurden Tuche gewebt, wurde Seife gesiedet, vor allem zum Verkauf.

Genügte es, wenn die vier neuen Mitglieder ihre Arbeitskraft einbrachten? Und die alte Frau und die jungen Mädchen halfen mit beim Weben oder Sieden? Und Glaubensschwester Maria, eine wohl robuste, eine zumindest zähe Frau, sie arbeitete im Stall oder auf den Feldern? Wird das ausgereicht haben als Beitrag? Oder mussten zusätzlich Geldmittel eingebracht werden, gleichsam als Sockelbetrag? Maria S. Graff hatte ihren Ehemann ausgezahlt (wofür eigentlich?), sie konnte wohl kaum Geld mitbringen. Hat die Witwe Merian-Marrell so etwas wie einen Mindestbeitrag geleistet – auf dem wohl auch eine pietistische Sekte bestanden haben muss?

GEISTLICHES OBERHAUPT der Kommune Waltha also war Pierre Yvon. Mit einem neueren Wort: er war Sektenführer. So viel und so weit ich mich auch lesend umschaute: dieser Yvon blieb für mich Namensträger. Aber ein paar Informationen wollte ich schon haben über diesen Mann, dem auch MSM aufs (geistliche) Wort folgte und der das Binnenklima der Kommune weithin bestimmt haben dürfte. Erst im großen Zedler wurde ich fündig: ein vier Spalten langer Eintrag! Ich zitiere den biographischen Teil des Artikels, in modernisierter Schreibweise. Dennoch: hier ist wieder eine Sprachprobe Spätbarock, Frühe Aufklärung.

»Yvon (Peter), ein berühmter Labadist, zu Montauban in Frankreich um 1646 geboren, allwo Johann Labadie eine Zeit lang Prediger bei der dortigen Reformierten Französ. Kirche war. Als er 5 Jahre alt war, nahm ihn seine Mutter oft in des Labadie Predigten mit sich, und als derselbe nach Genf kam, folgte er ihm 1662 dahin nach, und studierte unter ihm 4 Jahre die Philosophie und Theologie, wohnte auch in seinem Hause und genoß eines vertrauten Umgangs mit demselben. Er begleitete ihn 1666 nach Middelburg in Zeeland, wohin Labadie zum Prediger bei der Wallonischen Gemeinde berufen worden war, und als Labadie einige Monate danach wegen seines allzu weit gehenden Eifers und daher rührenden Streits von der zu Dordrecht gehaltenen Wallonischen Kirchenversammlung wieder abgesetzt worden, folgte ihm Yvon, als ein junger Student, nach Amsterdam; auch als er da nicht sicher war, nach Herford in Westfalen, wohin ihn die Äbtissin berufen hatte. Weil Yvon nun die besonderen Meinungen seines Lehrmeisters auf alle Art und Weise auszubreiten versuchte, und gar nicht von ihm abzubringen war, so wurde er, nebst noch einigen seinesgleichen, von obgedachter Kirchenversammlung für untauglich erklärt, jemals in der Niederländischen Kirche zu einem Predigerdienst befördert zu werden, es wäre denn, dass er Labadie absagte. Allein, Yvon kehrte sich an diesen Beschluß der Kirchenversammlung nicht, sondern blieb noch, wie zuvor, des Labadie getreuer Anhänger; vielmehr folgte er dem Labadie abermals, als solcher 1671 von Herford weg mußte, nach Altona. Hier ist er 6 Jahre lang bei ihm geblieben. Nach des Labadie im Jahr 1674 erfolgten Todes wurde er das Haupt der Labadisten und begab sich mit solchen um 1678 nach Wieuwerd, welcher Ort dem Hause Sommelsdijk zugehörte. Allhier predigte er einer kleinen Versammlung, und als er eine Tochter aus dem erwähnten Hause Sommelsdijk, welcher das ganze Vermögen zugefallen, zur Ehe genommen, ward er Herr von Wieuwerd. Man weiß nicht eigentlich, wann er gestorben, er soll aber um 1704 noch am Leben gewesen sein.«

Es schließt sich eine Bibliographie an, offenbar in Auswahl: »Unter seinen herausgekommenen Schriften sind ...« Es folgen drei Titel seiner Arbeiten in lateinischer Sprache, vierzehn Titel französischer Schriften, sechs Titel niederländischer Beiträge, fünf Titel von Texten in deutscher Sprache, publiziert in Altona wie in Amsterdam. Seine Schriften sind vielfach Streitschriften, auch im Deutschen, gerichtet gegen »unterschiedliche gottlose und irrige Reden und Sätze«. Selbstverständlich ist in der Bibliographie auch ein »Handbüchlein der Gottseligkeit« verzeichnet, ebenso die »Wahre und selig machende Erkenntnis GOttes und JEsu Christi«. Dem fünften Titel folgt der Hinweis, Yvon hätte vorgehabt, eine Vita Labadies und eine Vita der Schurmannin zu verfassen. Dazu ist er offenbar nicht mehr gekommen – hängt das mit der späteren Auflösung der friesischen Sekte zusammen?

IN DER MSM-LITERATUR wird wiederholt suggeriert oder souffliert, Maria Sibylla sei mit Mutter und Töchtern nach Friesland gezogen, um auf diesem Umweg ihren Mann loszuwerden. Weniger pointiert: Sie floh in die pietistische Kommune, und als ihr Mann sie zu Umkehr und Rückkehr bewegen wollte, wurde er abgewiesen, mit Hilfe eines pietistischen Lehrsatzes, nach dem eine Ehe zwischen einer Gläubigen und einem Ungläubigen nicht möglich sei – mit diesem Schachzug sei Graff mattgesetzt worden.

Diese Argumentation, diese Darstellung scheint schlüssig, ist aber kurzschlüssig. Wir müssen uns den Ablauf gleichsam in Zeitlupe vergegenwärtigen. Dabei hilft mir die vorzüglich recherchierte Arbeit von Natalie Zenon Davis vor allem über diese Phase im Leben der Merian.

Notizen zweier berühmter Besucher der Kommune sollen erst einmal das Klima dieser Binnenwelt charakterisieren.

Der erste Besucher: William Penn, Quäker. Dieser Prediger, drei Jahre älter als Frau Graff, war Nachfolger von Fox als Oberhaupt der Gemeinde, die sich seit einigen Jahren »Society of Friends« nannte. Man war gegen Sklaverei und für den Weltfrieden. William Penn, der in Pennsylvania Quäker-Siedlungen gründete, er interessierte sich wohl (auch) für die Lebensformen der Labadisten-Kommune. In seinem Bericht über die Reise in die Niederlande und nach Deutschland, »for the Service of the Gospel of Christ«, schrieb er: »Es sind ernste und schlichte Menschen und beinahe Freunde, was das Schweigen bei Versammlungen, das Wortergreifen der Frauen beim Gottesdienst, erleuchtetes Predigen, die Schlichtheit der Kleidung und die karge Ausstattung ihrer Häuser angeht.« Ich hole dieses Zitat aus dem Versteck der wissenschaftlichen Anmerkungen von Mrs. Davis hervor.

Als zweiter Besucher: der englische Philosoph Locke. Zeitgerecht kam er 1685 nach Wieuwerd. Er durfte nicht in den Klausurbereich, musste die Gespräche in einem kleinen Haus (wohl dem Pförtnerhäuschen) vor der Schlossmauer führen. John Locke zeigte nicht (wie acht Jahre zuvor der Quäker) Begeisterung.

»Obschon ich glaube, dass sie, allgemein gesprochen, Menschen sind, die ein sehr gutes und mustergültiges Leben führen, so erweckten doch der Ton, die Gebärden und die Manier derjenigen, mit denen ich gesprochen hatte, den Eindruck einer gewissen Aufgeblasenheit. Daneben schwingt in allen ihren Reden die Behauptung mit, sie seien reiner als gewöhnliche Menschen, und niemand befände sich wie sie auf dem geraden Weg in den Himmel. Das Ganze mit einer Frömmelei, in der alles sogleich auf Gott bezogen wird, selbst wenn man nach den verstandesgemäßen Mitteln und Vorgehensweisen fragt, so als ob sie alles durch göttliche Offenbarung tun würden.«

Dies war die Welt, in der Maria Sibylla Graff fünf Jahre lang leben wird. Auch sie hatte allen Schmuck abgelegt, auch sie trug einfache Kleidung, auch sie nahm regelmäßig an Bibellesungen und an »Versammlungen« teil. Sie hatte keinen Sonderstatus als eine ›in Fachkreisen‹ bekannte Naturkundlerin und Malerin. Sie musste sich klein machen. Das soll auch die Verkürzung ihres Mädchennamens zur Paraphe andeuten: MSM.

Wir wissen zu wenig über ihre Zeit in Waltha; (auch) hier fehlen uns Aufzeichnungen, fehlen uns private Briefe – eine Überlieferungslücke, oder hat sie sich über ihre Religiosität, auch über ihre Religiosität nicht geäußert? Aufzeichnungen über Beobachtungen von Insekten und Fröschen in der Umgebung des Schlosses, in Heide und Sumpf, das ja, aber keine Aufzeichnungen über die Glaubensgemeinschaft, und schon gar nicht: Aufzeichnungen über Selbstbefragungen, Selbstbeobachtungen unter pietistischen Vorzeichen. Falls hier nicht bloß eine Lücke in der Überlieferung vorliegt, lässt sich nur der Schluss ziehen: die Merian war auch in dieser Hinsicht verschwiegen. Aber auch dies stand offenbar im Kontext mit ihrer Zeit: Privates ließ man nur ausnahmsweise zur Sprache kommen.

IM JAHRE 1686 STARB CASPAR MERIAN. Als er seine Halbschwester ermuntert, ermutigt oder aufgefordert hatte, ihm nach Waltha zu folgen, war das kaum unter dem Vorzeichen geschehen: Rette dich auf diese Weise vor deinem Mann, sondern: Rette deine Seele. Er wird gewusst haben, dass er damit große Opfer von ihr verlangte, in ihrer Aktivität und Kreativität. Er selbst war ein Beispiel dafür: Bevor er dem inneren Ruf nach Friesland folgte, hatte der versierte Kupferstecher verschiedene Motive und Sujets verweigert – etwa die (beliebte) Darstellung von Festzügen, festlichen Veranstaltungen; das alles waren Demonstrationen irdischer Eitelkeit geworden.

Im Jahr seines Todes nun reiste Johann Andreas Graff von Nürnberg nach Wieuwerd. Besteht hier ein Zusammenhang? Hatte er vom Tod des sektiererischen Schwippschwagers erfahren? Machte er sich Hoffnung, es könnte nun leichter sein, die Familie zurückzuholen? Graff wollte sich mit der Entwicklung nicht abfinden.

Im Pförtnerhaus wird er darum gebeten haben, mit seiner Frau, mit seinen Töchtern sprechen zu dürfen – der Eintritt in den Schlossbereich wurde auch ihm verwehrt. Dies wohl mit Nachdruck – man fürchtete offenbar, er wolle umgehend mit seiner Frau schlafen, ihm wurde entgegengehalten, »dies sei ein heiliger Ort, wo ein Mann nicht seiner Frau beiliegen solle«. Und überhaupt dürfe das »Neue Jerusalem« nur von Erleuchteten betreten werden; er gehörte aber nicht einmal zur »zweiten Klasse« der Gläubigen.

Offenbar ließ sich Graff nicht gleich abwimmeln, es lag ihm ernsthaft an der Fortsetzung der Ehe. Er mietete sich in der Nähe ein, richtete sich wohl auf längere Wartezeit ein, begann wieder zu arbeiten. So ist eine topographische Darstellung des Schlossareals überliefert, die von ihm stammen dürfte.

Seine Töchter, mittlerweile achtzehn und acht, wollten (oder durften) ihn nicht sehen, schon gar nicht sprechen. Es muss aber zu einer Begegnung der Ehepartner gekommen sein, sicherlich im Pförtnerhaus. Es ist (wenn auch nicht wissenschaftlich verlässlich) überliefert, dass Graff sie auf den Knien gebeten habe, mit ihm nach Nürnberg zurückzukehren. Und es ist überliefert, von Mitbruder Petrus Dittelbach, MSM sei in dieser Situation »von beispielloser Härte« gewesen. Ich wiederhole, weil so etwas ungern zitiert wird: »von beispielloser Härte«. Ihre Rigorosität überstieg offenbar die Forderungen der Lehre.

Es ging hier um eine Grundsatzfrage. Mitbruder Dittelbach zitierte in einem Gespräch mit ihr aus der Bibel, aus dem ersten Korintherbrief: Auch ein ungläubiger Mann könne durch seine Frau »geheiligt« werden. MSM hingegen, so Mrs. Davis, berief sich auf eine neuere Publikation von Pierre Yvon, nach der eine (christliche) Ehe nur zwischen zwei Menschen möglich sei, die den gleichen Glauben besäßen. Ein Prinzip, aber kein Konsens. Die Vorstellung, sie sei mit der festen Absicht nach Wieuwerd gezogen, sich so von ihrem Mann zu trennen, sie verliert an Boden. Denn: sie machte sich eine von zwei gegensätzlichen Interpretationen zu Eigen, die beide ihren Stellenwert in der strengen Glaubenslehre der pietistischen Kommune hatten.

Das Problem war mit einem Handstreich und mit bloßer Härte nicht zu lösen. Weltliche Autoritäten erkannten nicht an, was in einem friesischen Kommune-Schloss ausgeheckt wurde, darin sah man wohl nur eine sekteninterne Regelung. Es musste Recht gesprochen werden. MSM teilte dem Frankfurter Rat mit, dass Graff »sich von ihr getrennt hat und in Unrichtigkeit mit ihr lebt«. Johann Andreas teilte dem Nürnberger Rat mit, dass »sein Weib ihn verlassen hat und zu den Labadisten entwichen ist«. Dies war der Auslöser für die Trennung und (Jahre später) für die Scheidung – von Graff in die Wege geleitet, weil er endlich wieder heiraten wollte.

Es wurde später in einer Nürnberger Zeitung von einem »schändlichen Laster« Graffs geschrieben, aber das musste bald darauf dementiert werden. Doch Neugier ist geweckt. Was könnte da gemeint sein? Alkoholismus? Eine Perversität? Es dürfte einfacher gewesen sein: im Tugendkanon der Labadisten war praktizierte Sexualität eines erleuchteten Menschen nicht würdig. Mrs. Davis, die sehr behutsam vorgeht, riskiert immerhin diese Frage: »War es im Haus der Graffs zu Unstimmigkeiten hinsichtlich der ›heiligen Zurückhaltung‹ gekommen?«

Als ich 1993 meinen Film über die Merian drehte, war die biographische Arbeit von Natalie Zenon Davis noch nicht publiziert, sie erschien in den USA erst 1995 und ein Jahr später in Deutschland. Aber ich witterte hier ein Problem. Das wurde nicht erörtert im Film, das wurde gestisch präsent: Marita Breuer, die Darstellerin der Merian, und Wolfgang Caven, der Darsteller von Graff, sie stellten sich vor der Kamera auf wie zu einem Hochzeitsfoto; zwischendurch ein kurzer Gang zur Seite, und überfallartig küsste der Bräutigam seine Braut, eine wilde Heftigkeit des Mannes, gegen die sich die »Merian« sträubte; dann stellten sie sich wieder in Positur, als wäre nichts geschehn. Offenbar habe ich mich mit dieser erfundenen Szene nicht von der (wahrscheinlichen) Realität entfernt. Einem Besucher in Amsterdam soll die Merian später gesagt haben, es sei ihr in der Ehe »übel ergangen«. Das könnte in diesen Kontext passen: dass Graff öfter (oder länger) mit ihr schlafen wollte, als ihr das recht war.

Ich schreibe dies auf Widerruf: Dass hier der springende Punkt gewesen sein könnte oder gewesen sein dürfte. Die Heftigkeit und Hartnäckigkeit, die Graff bei seinem Antichambrieren und Intervenieren in Waltha zeigte, sie könnten das bestätigen. Dittelbach, unser Zeuge, berichtet, Graff wäre da beinah geisteskrank geworden. Heute würden wir eher sagen: Er wäre fast durchgedreht. Er hat, wahrhaftig, um den Erhalt der Ehe gekämpft, hat dabei Rückschläge, Erniedrigungen, Peinlichkeiten hinnehmen müssen. Dennoch drängte er nach seiner Niederlage von Waltha nicht sofort auf Scheidung, er ließ sich Zeit. Der Nürnberger Rat brauchte ebenfalls seine Zeit. Schließlich wurde die Scheidung offiziell ausgesprochen. Graff heiratete freilich erst wieder im Jahre 1694. Da war er beinah sechzig; seine zweite Frau soll halb so alt gewesen sein.

KRITISCHER KOMMENTAR EINES PIETISTEN zu den damaligen Sonderwelten von Pietisten, mit dem jeweils spezifischen Regelkanon: In seiner *Lebensgeschichte* schreibt Jung-Stilling, was indirekt auch für die Kommune Waltha gelten könnte. »Ich hab's hundertmal gesagt und geschrieben, und kann's nicht müde werden, zu wiederholen: Wer ein wahrer Knecht Gottes sein will, der sondre sich nicht von den Menschen ab, sondern bloß von der Sünde; er schließe sich nicht an eine besondere Gesellschaft an, die sich's zum Zweck gemacht hat, Gott besser zu dienen als andere; denn in dem Bewußtsein dieses Besserdienens wird sie allmählich stolz, bekommt einen gemeinen Geist, der sich auszeichnet (...) und also dem reinen und heiligen Gott ein Greuel ist.«

SELBSTBETRACHTUNG unter den Leitwörtern Schuld und Sünde: eine der Pflichtaufgaben von Pietisten. Solche »Selbstprüfung« also auch in Wieuwerd, und das wohl regelmäßig. Damit stellt sich die Frage: Wie mag MSM nun ihr Leben sehen, in erstem Rückblick? Sie ist bald vierzig, ist also bereits um Jahre hinaus über die allgemeine Lebenserwartung, also mussten ihr diese Stichworte nicht nahe gelegt werden, sie lagen bereit.

Ich versuche zu entwerfen, was nicht überliefert ist: eine pietistische Version ihrer Selbstbetrachtung, ihrer Lebensgeschichte. Ich kann, darf, will hier aber nicht aufs Geratewohl erfinden, ich brauche Baumaterial für dieses Konstrukt, und das finde ich reichlich im »Rückblick auf Stillings bisherige Lebensgeschichte«, einer der Schluss-Sequenzen der Autobiographie des Johann Heinrich Jung-Stilling. Mit Zitaten, mit

Formulierungen von ihm entwerfe ich nun den Lebensabriss, den fiktiven, der MSM.

Einleitend würde (auch) sie betonen, dass sie allein der Wahrheit folgen werde; nur dann sei es möglich, den »wahren Gesichtspunkt zu vermitteln«, nach dem ihr Leben »gesehen und beurteilt werden« müsse. Dieses Leben sei nicht einem blinden Ungefähr überlassen (nichts in dieser Welt komme von ungefähr!), auch ihr Leben sei »einem von GOtt entworfenen Plan« gefolgt. An der Ausführung dieses Plans und damit an ihrer »Führung« habe sie allerdings frei mitgewirkt.

Früh schon habe sich in ihrem Leben die »alles regierende Hand einer allwissenden allmächtigen Gottheit« gezeigt, denn bereits während ihrer Kindheit sei sie zu ihrem künftigen Beruf »ausgerüstet« worden. Doch habe sie weite Wege, auch so manchen Umweg, beschreiten müssen, ehe sie zu ihrer wahren Bestimmung gefunden habe; allzu lange wurde sie in ihrem Schwärmen und Irren von jenem Mann bestärkt, dem sie sich ehelich verbunden hatte. Erst ihr Halbbruder Caspar habe ihr dazu verholfen, den Weg zu ihrer wahren Bestimmung einzuschlagen: ein »wohltätiges Werkzeug in der Hand des Herrn« zu sein! »Liebe Brüder, liebe Schwestern«: weil die Vorsehung ihren Plan für sie weder in Nürnberg noch in Frankfurt durchführen konnte, hat sie in ihr den Vorsatz geweckt, nach Friesland zu gehen, dem Ruf ihres Halbbruders folgend. »Auf dieser Reise hat uns die Vorsehung so gnädig geleitet und bewahrt, dass uns auch nicht der geringste Unfall begegnet war.« In Wieuwerd schließlich, im »himmlischen Umgang mit so vielen begnadeten Kindern Gottes aus allen Ständen«, entdeckte sie den ihr »ganzes Wesen erfüllenden Zug zur Einkehr«. Es wurde ihr die Erkenntnis zuteil, »dass in der Tiefe meiner Seele auch die Eitelkeit verborgen lag, als ein großes Licht« der Malerei zu glänzen und durch Bücher »in aller Welt berühmt zu werden«. Nun erst gelinge es ihr, in der himmlischen Führung durch »GOttes Vaterhand«, ihren Beruf mit ihrem »religiösen Grundtrieb« zu verbinden. Wenn sie heute in »GOttes Garten« hinausgehe, dort sammle und zeichne, so folge sie damit nur noch dem »religiösen Grundtrieb«, die Herrlichkeit Seiner Schöpfung auch in den bescheidensten, den unscheinbarsten, ja sogar in den als hässlich geltenden Lebewesen »sichtbar und erkennbar zu machen«. »Meine Lieben! So unbeschreiblich weise hat mich der Herr endlich zu diesem Ziel geführt. Halleluja!«

NACHTRAG. Eine erst spät von mir (bei Mulzer) entdeckte Quelle motiviert einige weitere Zeilen über Johann Andreas Graff. Seine Reise nach Wieuwerd, über rund tausend Kilometer hinweg, sie zeigt: er muss seine Frau geliebt haben. Oder: er war von dieser starken Frau abhängig geworden. Er nahm Mühen, Erniedrigungen, Demütigungen hin, um sie wieder zu gewinnen.

Wie weit man in seiner Behandlung ging, das zeigen Aufzeichnungen eines Nürnberger Autors aus dem Jahre 1730. Johann Gabriel Doppelmayr hatte auf einer Leerseite seines Buchs über Nürnberger »Mathematici und Künstler« notiert, was als Nürnberger Klatsch abgetan werden könnte, und doch dürfte hier etwas ›dran sein‹. Graff wurde von seiner Frau nicht nur mit äußerster Schroffheit abgewiesen, ihm wurde übel mitgespielt – offenbar hatte er die Kommune gegen sich. Er musste an einer Baustelle Ziegelsteine eine Leiter hinaufschleppen; man gab Kühen im Stall neben seinem Zimmer kein Futter, damit sie nachts brüllten, ihm den Schlaf raubten; man machte sogar Spuk: »Man simulierte auch allda im Schloss ein Gespenst, um ihn furchtsam und desto eher fortgehend zu machen.« Er wurde zurückgewiesen und vergrault.

Wieder in Nürnberg musste er sich Anerkennung hart erarbeiten. Noch vor seiner Frieslandreise hatte der Rat der Stadt einen seiner Kupferstiche (vom Innern der Lorenzkirche) zwar angenommen, jedoch erklärt, er möge »künftig den Wohledlen Rat mit Präsentierung solcher Kupferstiche verschonen«. Er produzierte aber weiterhin Vorlagen für Kupferstiche, die Johann Ulrich Kraus in Augsburg ausführte (»unser guter

Freund«, wie die Merian schrieb). Die Zahl seiner Arbeiten scheint dennoch gering gewesen zu sein. Den Höhepunkt seiner bescheidenen Laufbahn erreichte er 1701: er sollte ausgewählte Kirchenfenster, »desgleichen alle Gemälde im Rathaussaal abzeichnen und ebenmäßig in Kupfer stechen«. Also Reproduktionsgraphik. Ein Vierteljahr nach diesem Auftrag starb er.

MARIA SIBYLLA GRAFF: VON IHREM MANN GETRENNT. Die Darstellung der Motive und Abläufe erwies sich als schwierig. Damit: erneute Werkreflexion.

Das Schreiben eines fiktiven Textes über eine andere Person und das Schreiben eines biographischen Textes über eine andere Person: fundamental verschiedene Voraussetzungen. Eine Romanfigur hat ein Vorbild oder ist entworfen; sie kann sich im Schreibprozess weiterentwickeln, kann zusätzliche Facetten gewinnen. Was ich über diese Figur nicht weiß, kann ich nach und nach ergänzen; ich kann die Figur aufbauen. Also ist sie disponibel.

Bei einer Figur einer biographischen Annäherung ist das ganz anders: sie kann sich verweigern. Es können da Punkte sein, die dunkel bleiben, es kann Ereignisse geben, die sich nicht erhellen lassen. Auch eine längst verstorbene Person, die Schriftzeugnisse hinterlassen hat, sie kann anhaltend Widerstand leisten. Ich kann mich in ihr täuschen; ich kann Verhaltensweisen falsch deuten; ich kann, im postumen Umgang mit ihr, zu Revisionen gezwungen werden; ich muss Neuansätze suchen, wo ich nicht weiterkomme; ich kann zur Resignation verleitet werden: Es ist etwas in dieser Person, das ich nicht verstehe. Im Umgang mit einer lebenden Person kann ich nachfragen; im Umgang mit einer verstorbenen Person muss ich weitere Dokumente suchen. Und wenn die nicht aufzuspüren sind? Durch Fiktionen ersetzen, was an Fakten fehlt? Das wäre eine dubiose Interpolation.

Bleiben die Fragen. Jetzt, vor allem, ist es die Frage: Wie könnte ihr Grundgefühl, ihr Lebensgefühl gewesen sein nach der Abreise von Graff? Keine Hoffnung mehr auf eine Beziehung von Dauer? Auch kein Wunsch danach? Sie ist mittlerweile 39, statistisch gesehen eine alternde Frau. Aber mental hat das Altern noch nicht eingesetzt! Also die Notwendigkeit einer über den Trennpunkt hinaus verlängerten Lebensperspektive. Weitermachen, weitermachen: Energie, die noch nicht abgebaut, umgesetzt ist? Sich eher noch verstärkt der Naturbeobachtung zuwenden, nun ohne Abstriche, jetzt schon gar nicht? Statt des zweifachen Brennpunktes der Lebensellipse nur noch *ein* Brennpunkt? Lebens-Asymmetrie, hingenommen? Die von nun an vorherrschende Perspektive: Fixierung auf Flora und Fauna?

UND DIE MALEREI? Wäre dies keine Möglichkeit gewesen: dass MSM sich innerhalb der Kommune zurückzieht und wieder zu malen beginnt? So heimlich wie damals, damals in Utrecht, als Kind vor der stibitzten Tulpe der Familienanekdote? Ein Nebenraum im Hauptgebäude, und nur eine der Schwestern Sommelsdijk weiß, konspirativ unter Frauen, von diesem Kunstrefugium, schirmt die Glaubensschwester ab?

Aber: hätte sie sich in solch einem Ambiente entfalten können? Hätte nicht eher verstärkt werden können, was wahrscheinlich bereits eingesetzt hatte: ein Selbstreduzieren, Selbstbescheiden in der Entfaltung von malerischem Glanz? Im Namen der religiösen Überzeugung: weniger Oberflächennuancen, weniger Farbsinnlichkeit? Aber schon die Blumen, von der Merian in Frankfurt, in Nürnberg gemalt: nicht vor betonend schwarzem, sondern vor neutralisierend weißem Hintergrund, im nüchternen, neutralen Licht, das sich keinen Luxus der Bündelung oder Brechung leisten durfte – da hatte sie sich sowieso schon um Wirkung gebracht. Und nun erst recht das Dämpfen von Farben, das Erstarren von Formen? Bilder mit nur bescheidenen Verlockungen zur Augenlust, mit gedämpfter Formsinnlichkeit: sichtbare Einwirkungen, bei ihr, von pietistischer Mentalität – schon vor der Zeit in Friesland? Und nachwirkend auch später?

ICH STELLE DIESE FRAGEN und muss gestehen: ich weiß keine Antwort darauf. Nun wird von einem Biographen vielfach noch immer erwartet, dass er für die rekonstruierte Lebensgeschichte ein schlüssiges Interpretationsmuster entwickelt und umgesetzt hat, aus dem heraus sich Antworten auf vielfältigste Fragen ergeben. Aber das ist eine antiquierte Vorstellung von einer Biographie – die zockelt ja meist im Tross hinter der literarischen Entwicklung her. In einer neuen, aufgebrochenen Form kann es sich dieses Genre jedoch leisten, auf die Entwicklung eines stringenten, alle Daten und Fakten konsequent und harmonisch einordnenden Interpretationsmusters zu verzichten, wie es beispielsweise Stefan Zweig entwickelt hatte. Nach Erfahrungen, die uns das 2. Jahrtausend aufgezwungen hat, ist solche Harmonisierung eigentlich nicht mehr möglich. Formal neue Versuche biographischer Annäherung sind notwendig geworden.

Ich kann hier die Ellipse mit den beiden Brennpunkten nur umschreiben: Malerei hier, Labadismus dort. Fand ein Zusammenrücken der Brennpunkte statt, und aus den beiden Punkten wurde der Mittelpunkt eines Kreises? Zumindest für die Zeit in Friesland bin ich sicher: Die religiöse Überzeugung dieser Frau schränkte sie erheblich ein in der Entfaltung malerischer Ausdrucksmittel. Aber, noch einmal: Hatte Pietismus schon früher auf sie eingewirkt? War hier der Hauptgrund, weshalb die »begabte Blumenmalerin« sich nicht zu einer fulminanten Malerin von Blumenstilleben entwickelte – wie die Garzoni, die Peeters, die Oosterwijck, die Ruysch? Verhinderte Pietismus diesen Quantensprung in eine energiereichere Umlaufbahn? War sie ein künstlerisches Opfer des Pietismus? Oder: War ihre Veranlagung zum Malen vergleichsweise bescheiden? Oder: Setzte eine zu frühe Spezialisierung ein?

Ich kann das Problem nur umkreisen. Vielleicht (ich betone: vielleicht) war da eine große, allzu große Bescheidenheit und Selbstbescheidung, die sich konsequenterweise auch auf Bildflächen auswirkte, und diese Selbstbescheidung potenzierte sich mit der Lehre, die Selbstbescheidung zur Hauptforderung erhob, bis hin zur mentalen Selbstverstümmelung, ja bis zur Vernichtung des Selbst.

LABADISTISCHE AUSSAGEN ZU KUNST UND SCHÖNHEIT: auch hier lässt sich dokumentieren. Denn: Tersteegen hat dem »Handbüchlein« einen längeren Anhang mitgegeben, und zwar mit gereimten Predigten seines Lehrers. Unter literarischem Aspekt können wir diese »herzrührenden Verse« ignorieren, das deutet sogar Tersteegen an: »Was an der Zierlichkeit der Poesie ermangelt, wird die Göttlichkeit der Materie ersetzen«; die Gedichte »sollen nicht so sehr die Sinne vergnügen, als das Herz rühren und zur Anbetung GOttes in Geist und Wahrheit anleiten«.

In diesen Erbauungstraktatpoemen finden sich Formulierungen und Sequenzen, die MSM auf sich beziehen konnte. Alles, was sie bisher geleistet hat, als Zeichnerin, Malerin, Stecherin, das muss sie nun gering schätzen, ja verachten, ja auslöschen, ja abtöten. Denn: »In Betrachtung Deiner Schönheit keine Schönheit mir gefällt.« Und, weiter im Text der »Beschauung GOttes unter diesem Namen: Schönheit«:

> Vor dir weichen ... und erbleichen ... muß die schöne
>   Rosenblum,
> Und der Edelstein Karfunkel bald verlieren seinen Ruhm,
> Es muß alle ... Schönheit fallen ...

Und, noch weiter:

> Doch ich meine ... nicht, daß deine ... Schönheit solcher
>   Art sollt sein,
> Die da sollt den Blumen gleichen, ihrem kurzen
>   Schönheitsschein.

Das alles ist nicht gerade ein mentales Künstlerförderungsprogramm! Bewundernswert, dass sie aus diesem Zirkel wieder herauskommen wird, dass sie nicht im abgelegenen Friesland versauert, zur pietistischen Juffer wird, dass sie den Abbruch dieses Experiments, dass sie den Aufbruch schafft in eine ganz neue, entschieden buntere Lebensform.

Aber so weit sind wir hier im Text noch nicht.

FRIESLAND MIT DER HAUPTSTADT LEEUWARDEN: alles andere als eins der Zentren der Malerei des 17. Jahrhunderts, des Goldenen Zeitalters! In der umfassenden Darstellung von Erika Gemar-Koeltzsch finde ich nur drei Namen. De Wilde und De Horn malten Küchenstücke, Jagd- und Früchtestilleben, wobei die Objekte stark in den Vordergrund gerückt wurden. Der Erste ist lange vor ihrer Ankunft gestorben, der Zweite wahrscheinlich nur wenige Jahre zuvor, hier gibt es verschiedene Daten.

Mit Sicherheit verstorben war auch bereits Margaretha de Heer, die in Groningen gelebt und gemalt hatte, als Frau eines Malers. Wahrscheinlich wird die Merian nichts von ihr gewusst haben – dabei hätten sie sich, bei einiger Zeitverschiebung, sicherlich gut verstanden. Denn neben Jagdstilleben malte und zeichnete sie vor allem »Schmetterlinge, Raupen, Käfer, Muscheln und Blumen«. Die datierten Bilder stammen freilich schon aus den vierziger Jahren. Auch sie hat mit Wasser- und Deckfarben auf Pergament und Papier gearbeitet, freilich auch in Öl auf Holz. Beispielsweise wird im Friesischen Museum von Leeuwarden ein »Muschelstilleben mit Insekten« präsentiert, mit einem Nashornkäfer und einer Hornmuschel und einem Roten Admiral und einem weißen und einem grauen Falter. Und im Museum von Groningen ihre Gouache »Iris und Insekten«. Die Iris liegt, der Schmetterling sitzt, zwei große und zwei kleine Käfer krabbeln. Und im Historischen Museum zu Amsterdam ihr Stilleben mit Rosen. Geradezu barock üppige Rosenblüten liegen auf dem Tisch, auf dem wieder Falter sitzen und Käfer krabbeln, ja und von links oben, mit gespreizten Flügeln, ein weiterer Falter im Anflug. Gemar-Koeltzsch lassen solche Darstellungen »freilich mehr an die Zusammenstellung von Einzelstudien denken als an gestaltete Gemäldekompositionen«. Was übrigens auch auf etliche Arbeiten der Merian zutrifft. Zwei, so hätte man früher gesagt: verwandte Seelen im niederländischen Norden des 17. Jahrhunderts, nur leider zeitverschoben.

»ANNO 1686 HABE ICH IN FRIESLAND OBSERVIERT: im April legten sie eine große Menge Eierchen, die man Froschlaich nennt. Ich schnitt das Weibchen auf und fand in ihr eine Matrix, wie sie alle anderen Tiere haben (wonach sie also nicht durch den Mund gebären, wie etliche Schriftsteller gemeint haben), und in der Matrix fand ich eine Menge Samen. Anfang Mai nahm ich vom oben erwähnten Froschlaich, den ich am Wasser fand, und stach vom jungen Gras mit Erde ab und tat dies in ein Geschirr und goss Wasser drauf und warf Brot dazu, und das erneuerte ich täglich, nach einigen Tagen fingen die schwarzen Körnlein an, ihr Leben zu zeigen, und ernährten sich eigentlich von dem weißen Schleim, der um sie herum war, danach bekamen sie Schwänzchen, mit denen sie im Wasser schwammen wie die Fische, Mitte Mai bekamen sie Augen, 8 Tage danach brachen hinten zwei Füßlein aus der Haut, und wieder nach 8 Tagen brachen noch 2 Füßlein vorne aus der Haut, da sahen sie aus wie kleine Krokodile, danach verfaulte der Schwanz, nun waren es echte Frösche, und die sprangen aufs Land.«

KEIN LEBENSBILD (das hier die Nummer 26 hätte), auf dem MSM beim Obduzieren eines Froschs dargestellt würde. Was wäre auf solch einer Zeichnung zu sehen? Der Frosch in Rückenlage auf einem Brettchen zwischen vier Nägeln aufgespannt: »fixierte Spreizstellung«; Fäden jeweils zwischen den Gelenken der Vorder- beziehungsweise Hinterbeine und den Nägeln mit großen Zierköpfen; die Beine abgewinkelt, der Kopf mit dünnem Nagel auf der Platte fixiert; im Längsschnitt die Bauchhaut zwischen Becken und Unterkiefer geöffnet und zur Seite geschlagen, dort jeweils, straff gezogen, von drei Nägelchen festgehalten; die Organe freigelegt zur weiteren Sektion mit kurzem, spitzem Messer: Herz, Leber, Lunge,

Magen, Darm, Galle, Eierstock. Hier könnte die Messerspitze aufliegen: die Matrix ...

MSM SCHNEIDET ALSO EINEM FROSCH DIE BAUCHDECKE AUF. Mit welcher Intention? Deckert, beispielsweise, wäre davon überzeugt: Sie seziert den Frosch im Rahmen ihrer Forschungsarbeiten, sie »wagt sich« wieder einmal »auf völliges Neuland der Wissenschaft«. Gemach, gemach ...

Dass sie einem Vogel, einer Maus den Körper geöffnet, dass sie einen Frosch, eine Schnecke aufgeschnitten hat, das hat sie selbst erwähnt. Mehr aber nicht. Kein Wort über das Verfahren, über den Verlauf, kein Wort über ein eventuelles Ergebnis. Wenn Forschung sich nicht in Forschungsergebnissen dokumentiert, so wenigstens in Forschungsprotokollen, wie auch immer die damals geführt wurden. Mit keinem Wort aber deutet sie an, wie eine Obduktion verlaufen ist.

Denkbar wäre beispielsweise dieser Ansatz: sie will mit eigenen Augen und durch das Vergrößerungsglas sehen, wie der Eierstock geformt ist, wie viele Eier hier enthalten sind, möchte damit einen erneuten Beleg für das (seit Jahrzehnten bekannte) Faktum erbringen, dass Lebewesen, auch glitschige, nicht aus aristotelischem Urschlamm oder aus Fäulnisprozessen entstehen, sondern aus Eiern. Hier, im Eierstock, ist für sie der Beginn eines (weiteren) Verwandlungsprozesses: vom Ei über die Kaulquappe zum Frosch. In ihren Notaten erwähnt sie diese Stadien – sie sind geläufig. Die Forschung ihrer Zeit hat sich längst detaillierten Problemen zugewendet, auch bei Fröschen, etwa zum Blutkreislauf, und es wurden, mikroskopisch, die roten Blutkörperchen nachgewiesen. So lässt sich, nach dem Stand der Überlieferung, nicht begründen, sie hätte hier Forschungsarbeit geleistet. Auch beim Aufschneiden einer Schnecke, beim Öffnen eines Maus- oder Vogelkadavers – keine motivierende Frage notiert, kein Resultat angedeutet. Sie scheint eher Neugier zu befriedigen. Wenn sie, nach diversen Insekten, ein etwas größeres Lebewesen inspizierte, so war dies kein Neuansatz, keine Fortführung eines Programms, es war Episode, und die blieb folgenlos. Sie hat beobachtet, was ihr vor Augen kam, in ihrem begrenzten Bereich, es blieb bei Beobachtungen.

UND LANGSAM ÖFFNEN SICH NEUE PERSPEKTIVEN ...!
Im Schnittpunkt der Linien: das ferne, ferne Surinam ... Der Name des Landes weiterhin verbunden mit dem Namen einer Person: Cornelis van Aerssen, Herr van Sommelsdijk, Gouverneur.

Im Jahre 1683 hatte er ein Drittel der Kolonie gekauft, von der WIC, der Westindischen Handelscompagnie. Die behielt ein Drittel; das weitere Drittel hatte die Stadt Amsterdam übernommen. Die wiederum besaß einen Anteil des Kapitals der WIC: so beherrschte sie, mehrheitlich, die »Societeit van Suriname«. Und die hatte den Großaktionär zum Gouverneur gewählt.

Diesen Gouverneursbruder des pietistischen Schwesterntrios sehe ich in Amsterdam auf einem Gemälde in repräsentativem Hochformat: ein Mann von etwa vierzig, mit weichem Gesicht und schütterem Schnäuzer, das Haar wallt über die Schultern herab, die eisengepanzert sind. Dieser Mann, der, trotz applizierter Rüstung, auf dem Portrait keineswegs martialisch wirkt, er war offenbar von entschiedener Durchsetzungskraft. Als Anteilseigener der »Societeit van Suriname«, der ehrenwerten Verwaltungsorganisation, griff er reorganisierend durch. Vieles war bei Rum-Sauferei und Tropen-Schlendrian vernachlässigt worden, renditeschmälernd, also sorgte er für Ordnung, »op hardhandige wijze«, wie ich auf Niederländisch, »with brutal efficiency«, wie ich auf Englisch lese. Immerhin wird ihm auch nachgesagt, er hätte stabile Verhältnisse geschaffen in der »Provintie Suriname«. Er scheint es mit der Härte jedoch überzogen zu haben, denn 1688, fünf Jahre nach Amtsantritt, wurde er ermordet – nicht von aufrührerischen Sklaven oder von Indianern, deren Rechte er verletzt hätte, sondern von niederländischen Soldaten, denen er zu viel zumutete und zu wenig gewährte. Auch sein Verwalter wurde getötet. Die kreolische Mätresse des Gouverneurs wurde offenbar verschont.

Übernahmen die drei Schwestern, als Erbengemeinschaft, den Sommelsdijk-Anteil an der »Societeit van Suriname«? Zumindest blieb Grundbesitz, blieb eine Zuckerrohrplantage in Familienbesitz – Lucia van Sommelsdijk wird in den neunziger Jahren mehrfach nach Surinam reisen, um nach dem Rechten zu sehn. Surinam war und blieb also wohl Thema in Schloss Waltha.

MITBRÜDER VERLIESSEN WALTHA, reisten nach Surinam, missionierten dort ein paar Jahre, kehrten zurück. Was hatten sie aus jener Welt jenseits des Horizonts zu berichten? Die Überlieferung schweigt hier mal wieder. Aber solch ein Bericht wäre wichtig, denn er könnte auf MSM eingewirkt haben, motivierend, mit langer Inkubationszeit: Stimulation des Wunsches, selbst einmal in jene Tropenwelt zu reisen, zwar nicht der Heiden, aber der Pflanzen und Insekten wegen.

Ich mache wieder eine Textanleihe, zur Interpolation, ziehe einen überlieferten, sogar übersetzten Bericht eines Missionars heran, der wenige Jahre vor MSM nach Westindien reist, freilich auf dortige Inseln: Jean-Baptiste Labat, Dominikaner.

Nachrichten erst einmal von der Überfahrt, die etwas mehr als zwei Monate dauerte. Der Mitbruder könnte erwähnen (ohne dabei jeweils eitel die Stückzahl zu nennen), was er mitnehmen musste: Matratze ... Bettlaken ... Hemden ... Schlafhosen ... Schnupftücher ... Nachthauben ... Leinenstrümpfe ... Socken ... Schuhe ... Dies alles in einem Kasten verstaut. Ja, und selbstverständlich Bücher, geistliche. Es war aber mit unerwarteten Schwierigkeiten verbunden, die Seekiste an Bord zu bringen, denn es wollten wieder einmal ein paar Personen zu viel mitreisen, ziemliches Durcheinander im Notariat: Erst hieß es, es sei kein Platz für ihn auf dem Schiff vorgesehen, dann aber meldete sich jemand ab, aus Angst, offenbar, vor der Reise – kurz zuvor war ein Handelssegler gekapert und in Brand gesteckt worden, auf hoher See ...

Was seine Mitreise zusätzlich in Frage stellte: er wurde sehr krank in Amsterdam, kurz vor der Abfahrt; ein paar Tage lang sah es so aus, als müsste er eine Reise antreten, »zu der kein Schiff nötig war«; es wurde aber geringfügig besser, und so ließ er sich an Bord tragen; man bot ihm Platz an in einem kleinen Raum, in dem mehrere Kanonenrohre gelagert waren – sein Lager zwischen zwei dieser Bronze-Ungetüme. »Ungeachtet des Lärms«, der an Bord eines Schiffs entsteht, sobald es in See sticht, schlief er fast zwölf Stunden lang, fühlte sich danach zwar nicht wie neugeboren, aber doch auf dem Weg zur Besserung, wozu gutes Essen und innerlich reinigender Aquavit beitrugen.

Schiffsalltag, hier kann der Missionar sich knapp fassen: er las oder er spielte Schach, saß vor allem abends auf dem Oberdeck, sah unten »die Matrosen tanzen«. Es wurde schändlich viel getrunken an Bord, und wenn es hoch herging, feuerte man Kanonen ab ... Erste Gewalttätigkeiten, eine Messerstecherei; ein Soldat und ein Seemann wurden in Eisen geschlossen ...

Ausführlicher könnte auch ein pietistischer Missionar vom Fang eines Haifisches berichten (in einer Labat-Kontrafaktur). Drei Tage lang folgte er dem Schiff, dann beschloss die Mannschaft, ihn zu fangen, man warf ein Seil aus – der letzte Meter vor dem massiven Haken war eine Kette; der Hai schnappte erwartungsgemäß zu, verschluckte den Haken an der Kette, wollte sich losbeißen und losreißen, vergeblich. Nun entstand ein Spektakel, das die gesamte Mannschaft, auch die Passagiere, lange Zeit unterhielt. Endlich war der Hai so erschöpft, dass man ihn höher hieven, ihm eine Seilschlaufe um den Schweif werfen konnte, so wurde er an Deck gezogen, und dort zertrümmerte ihm ein Seemann mit einer Axt das Rückgrat, und er wurde zerlegt, auch zum Einpökeln. Im Magen fand man etliches von dem wieder, was in den Tagen zuvor über die Reling geflogen oder gefallen war, unter anderem der Hammer des Zimmermanns.

Sicherlich Staunen im Kommunen-Plenum: Hai verschluckt

Hammer?! Tatsächlich? Der Missionar wechselt das Thema, berichtet von der Missionsstation in der Farm Providentia – deren Erlöse sicherlich auch der Kommune zugute kommen. Also könnte die Rede sein von der Zuckermühle und der Zuckersiederei der Plantage, die am Surinam-Fluss liegt, in einer weiten Rodungsfläche des Regenwalds, der in jener Region – landeinwärts, stromaufwärts – besonders dicht ist. Aber die Beschreibung einer Zuckermühle mit Wellbaum und großer Rollenwalze und kleineren Walzen, auch eine Beschreibung der Zuckersiedereien, der langen Herde mit mehreren Feuerstellen und den Kesseln über ihnen, auch die Beschreibung der Rohzuckerformen, die in Öfen getrocknet werden, auch der Zuckerhüte, die sich in Speichern reihen, auch die Beschreibung des Platzes, auf dem die Zuckerhüte zerstampft und in Fässer gefüllt werden vor dem Transport nach Holland, zur letzten Aufbereitung, Verfeinerung – all dies wird nicht so viel Interesse finden wie das Thema Schlangen. Adaptiertes Zitat von Labat: »Die Furcht, Schlangen anzutreffen und von ihnen gebissen zu werden, hielt mich davon ab, tiefer ins Gehölz zu gehen und dort die Pflanzen zu untersuchen.« Und es könnte von einem »Neger« berichtet werden, der über dem Fußgelenk »von einer Schlange gebissen worden, die sieben Fuß in der Länge aufwies und ungefähr so dick war wie ein Mannsschenkel.« Sie war getötet worden, der Missionar besichtigte sie kurz, eilte dann sogleich zum Opfer: »Bein und Fuß waren schrecklich angeschwollen und auch das Knie trotz der Abbindung (mit einer Liane) betroffen. Er war 19 bis 20 Jahre alt. Sein Vater, seine Mutter und die übrigen Verwandten bedauerten ihn aufs höchste.« Und der Missionar berichtet, was sich MSM einprägen könnte: Nach einem Schlangenbiss »soll man schleunigst ohne den geringsten Aufenthalt nach Hause gehen, auch sich davor hüten, etwas zu trinken, es sei denn den eigenen Urin, der unter solchen Umständen das stärkste Gegengift bildet.«

UNTER VIER ODER SECHS AUGEN könnte einer aus dem Grüppchen nachtragen, was in einem offiziösen Bericht höchstens angedeutet wurde: Details zu Lebens- und Arbeitsbedingungen in Surinam.

Die feuchte Hitze so groß, die Regenzeit, ab November, Dezember so lang, dass man kaum die Kraft aufbringt, zu arbeiten, ja überhaupt etwas zu unternehmen. Die durchschnittliche Temperatur im Winter so hoch wie im Sommer, also letztlich doch kein Winter, kein Sommer, nur die Unterscheidung zwischen Regenzeit und Trockenzeit. In diesem mörderischen Klima ist man auf Sklaven angewiesen. Wenn man die aber nicht hart genug anpackt, tanzen sie einem auf der Nase herum, also muss man andre Saiten aufziehn; obwohl man sich von den durchweg borniertem Plantagenherren unterscheiden will, muss auch ein Pietist schon mal zur Peitsche greifen. Ach ja, und viele Enttäuschungen zu all den Belastungen, da geht auch die brüderliche Eintracht in die Brüche: Streitigkeiten, zumindest: gereizte Stimmung. Alles dort setzt einem zu. Man wird von Ameisen gezwickt, womöglich von einer Schlange gebissen, von einem Tiger angefallen. Aber auch ohne solche Attacken: Immer öfter macht man schlapp, streckt alle viere von sich. Kein Wunder: Monatelang trieft und dampft alles vor Feuchtigkeit, da kriegt man Schwimmhäute zwischen den Zehen. Und ständig, ständig die Hitze. Dazu noch die Moskitos; die machen einen kirre – wenn man nicht dauernd herumwedelt, um sich schlägt, sind die Finger von all den Stichen derart angeschwollen, dass man kaum noch schreiben kann. Aber man muss Gott ja schon dafür dankbar sein, dass man sich in diesem Sumpfland nicht auch noch den Tod geholt hat. Amen.

»DIESE ZIERLICHEN, gelb und schwarz gefleckten Raupen habe ich oft gefunden auf Aprikosen-, Kirschen- und Quittenbäumen, womit ich sie auch ernährt, bis sie eingesponnen waren, aber es ist mir nie kein Vöglein daraus hervorgekommen, sondern sie sind vertrocknet, aber zu Wieuwerd, anno 1690, hat sich einer eingesponnen, und im folgenden Jahr im Juni ist ein graues Vöglein draus geworden.«

Auch wenn solche Beobachtungsprotokolle meist lakonisch ausfallen, so lassen sie doch, gleichsam nebenher, Rückschlüsse zu auf die Lebenssituation, die Lebensform der MSM in Friesland.

So schreibt sie von grauen Raupen (keine weiteren Details dazu): »In Wieuwerd, anno 1690, habe ich viele auf der geflammten Distel gefunden, von der sie so sehr viel gegessen haben, endlich haben sie sich unter ihrem Kot und in den Blättern, so in der Schachtel, verborgen.«

Sie hatte also auch im Schloss (oder in einem der Nebengebäude) ihre gewohnten Spanschachteln, in denen sie Raupen atzte, an denen sie ihre Beobachtungen machte unter dem Generalthema Veränderung, Verwandlung; das wurde offenbar auch in Wieuwerd nicht aufgegeben, ihre anhaltende Geduld auch hier. Weder Gott noch die Welt konnten sie davon abbringen – sie hatte ja auch ein bewährtes Erklärungsmuster für diese Fixierung.

LEBENSBILD 26: Maria Sibylla Graff (oder nennt sie sich schon wieder Merian?) an einem Tisch vor zwei Schaukästen mit Faltern. Sie steht vorgebeugt, betrachtend. Die offensichtlich tropischen Falter aus Surinam sind nicht in Reihen geordnet, sondern zu Ornamenten gruppiert: ein Kreis, ein Oval. (Feder in Braun. Leichte Stauchspur in der Mitte. Schwach eckfleckig.)

DER MERIAN-FILM MACHTE ES MÖGLICH: In mehreren, vom Requisiteur besorgten Schaukästen sah ich handtellergroße Schmetterlinge, meist aus der großen Familie der Morpho-Falter. Sattes Blau und kontrastierendes Braun, feinste Zeichnung auf Weiß, mit Perlmuttglanz in Blau und Violett, und je nach Betrachtungswinkel wird aus einem sanften Lila ein tiefes Blau, das wiederum ins Rosenfarbene changiert – ich sauge mich voll mit Tropenfarben. Einen der Falter halte ich hoch an der Stecknadel, die den ausgetrockneten Körper durchbohrt: Von oben und von unten gesehen, scheinen das zwei verschiedene Falter zu sein, in den Farben, in der Zeichnung – oben dominiert Blauviolett, unten zartes Braun. Durch die Lupe gesehen scheinen aus dem Farbpigment lichtstarke Farbkristalle zu werden.

AUCH IM SCHLOSS WALTHA war eine Sammlung angelegt, wurde eine Sammlung ausgebaut, vor allem mit Exotica aus Surinam. Und es hat den Anschein, als hätte MSM ebenfalls (wieder) gesammelt.

Wie in jeder Sammlung wird es auch in Wieuwerd Doubletten gegeben haben, die man der Mitschwester sicherlich gerne abtrat, für eine entsprechende Gegengabe in der Tauschwirtschaft der Sammler. In den Sumpf- und Waldgebieten der näheren und weiteren Umgebung des Landsitzes wird sie interessante Pflanzen und Insekten gefunden haben, auch als Tauschobjekte. Dazu eigene Pflanzenbilder, Insektenbilder – kleine, pietistisch bescheidene Arbeiten als Gegengaben? Und es wuchs in ihrer privaten Sammlung die Zahl der Surinam-Tagfalter?

ZUM ZWEITEN, ABER LETZTEN MAL: ein Missionar kommt heim und erstattet Bericht. Diese Verdoppelung hat eine reale Vorgabe: Zweimal kehrten in jenem halben Jahrzehnt Missionare aus Surinam zurück nach Friesland. Als Missionsstation weiterhin die Zuckerrohrplantage Providentia – schwärmte man von dort aus in den Regenwald, suchte Dörfer auf von Indianern, Dörfer von »Buschnegern« – also von Schwarzen, die den Sklavenhaltern entwischt waren?

Nun spiele ich mir das Stichwort Missionars-Rückkehr nicht zu, um sachkundige und zweckdienliche Mitteilungen über Surinam einzuschleusen, einstimmend auf das große Surinam-Lebenskapitel. Ich gebe auch hier wieder, was ein Missionar (wenn auch ein katholischer) nach seiner Rückkehr aus Westindien (wenn auch von einer der Inseln dort) zu berichten wusste, und das könnte beispielsweise sein: Heilung eines vergifteten »Negers« durch einen Sud aus Fühlkraut. Der Missionar war auch (vor allem?) als Heiler gefragt – ein Mann aus jener fernen Welt, in der so riesige Schiffe gebaut und Kanonen mit solch durchschlagender Wirkung gegossen wurden, er musste auch über besondere Heilkräfte verfügen. Es könnte sein, dass Hilfeleistungen, auch medizinische, überhaupt erst den Zugang zu Indianern und Negern ermöglichten. (In welcher Sprache wurde eigentlich missioniert? Nicht einmal Eingeborene und frisch eingetroffene Sklaven konnten sich in Surinam verständigen ...)

Einleitend oder überleitend könnte der Sprecher des heimgekehrten Grüppchens ein paar Angaben machen zum Fühlkraut: Sehr berührungsempfindliche Pflanze – kaum mit Finger oder Stöckchen berührt, rollen sich Blätter ein, bilden minutenlang ein Objekt, das Tieren ungenießbar erscheint, öffnen sich wieder. Fühlkraut gibt es, laut Labat, in drei Arten; so könnte das, analog, auch einer der pietistischen Westindien-Missionare berichten. Die Wurzel etwa unterarmlang, außen braun, innen weiß, schmeckt süßlich; die Äste elastisch, saftig, dornenbewehrt; die Blätter jeweils paarweise angeordnet, etwa im Dutzend pro Stängel, und doppelt so lang wie breit; die Blüten als Fadenbüschel; kleine, braune Schoten mit harten, braunen Samenkörnern. Ende der (bezeugten) Beschreibung durch einen Missionar: man schaute genau hin, auch wenn man kein Botaniker war. Blätter und Wurzel des Fühlkrauts nun als Mittel, therapeutisches Erbrechen auszulösen. Dabei müsse man den Pflanzensud vorsichtig dosieren, die Wirkung sei stark, ja vehement. Es gebe eigentlich nur zwei Möglichkeiten: der Sud bringe den Todkranken vollends um, oder es werde Besserung eingeleitet, nachdem das Gift ausgewürgt sei.

DIE JAHRE IN FRIESLAND WAREN GEZÄHLT: fünf. Danach war das Leben in Wieuwerd offenbar nicht mehr zu ertragen. Rigide Lebensformen – vielleicht opponierten die Töchter. Die ältere, Johanna, hatte sich in den Mitbruder Hendrik verliebt, und der, so lese ich bei Mrs. Davis, wehrte sich gegen das strenge Reglement.

Weitere Gründe werden dazugekommen sein, den Entschluss auslösend. Vor allem dürfte mitgespielt haben, dass, nach dem Halbbruder, inzwischen auch die Mutter verstorben war. Und wahrscheinlich wollten Johanna und Dorothea etwas mehr von der Welt sehen und erleben. Jedenfalls: Die Zeit in Waltha ging für Mutter und Töchter dem Ende entgegen, diese Zeit der Verpuppungsdüsternis – die drei wollten ausschlüpfen, metaphorisch.

KAUM VORSTELLBAR, dass die Ablösung von der Kommune konfliktfrei verlief. Selbst wenn Auflösungserscheinungen mittlerweile nicht mehr zu übersehen, zu überhören waren – ein harter Kern unbeirrt Rechtgläubiger wird zusammengehalten und Druck ausgeübt haben, denn allzu klein wollte die Gemeinde, allzu leer sollte die Versammlung nicht werden. Also Vorhaltungen? Etwa wie folgt?

Wir alle sehen uns im Himmel wieder, aber deine Mutter wird vergeblich auf dich warten, du wirst nicht kommen, du bist vom rechten Glauben abgefallen. Auch dein Bruder wird umsonst auf dich warten, denn du bist abtrünnig geworden. Aber es geht ja nicht um dich allein: wie willst du die Verantwortung für das Seelenheil deiner Töchter übernehmen? Du reißt sie mit ins Unheil, lieferst sie dem Verderben aus. Deine Mutter und dein Bruder in der Gemeinde der Seligen, sie werden sich grämen.

Aber wie soll das möglich sein in der Gemeinde der Seligen, dass man sich grämt?!

Solche Spitzfindigkeiten zeigen nur, dass immer noch zu viel vom alten, vom eitlen Selbst in dir sein teuflisches Unwesen treibt!

FÜNF JAHRE WALTHA, FÜNF JAHRE PIETISTISCHE KOMMUNE: Welcher Faden lässt sich von hier aus weiterspinnen? Wie verbindet sich Künftiges mit dieser Gegenwart, die nun in die Vergangenheit abrückt? Die Merian wird, wie früher, Naturkunde betreiben, wird, wie früher, zeichnen, malen, stechen, und ihr Stil wird sich nicht ändern. Also: keine konsequente, logische Verbindungslinie von Waltha nach Amsterdam, Surinam, Amsterdam?

Hinter diesen rhetorischen Fragen steht ein Denkmodell, ein Interpretationsmuster, von dem ich mich wiederholt befreien muss: Leben als durchgehendes Muster unbedingter und bedingungsloser Kontinuität und damit: Kohärenz ... alles, was künftig geschieht, ist in Vergangenem angelegt ... Zeichen mit Vorzeichen ... Ansätze mit Fortsetzungen ... Eröffnungen mit Weiterungen ... geheime oder offenkundige Zusammenhänge ... Linien als Entwicklungslinien ... Wohin auch immer das Leben führen mag – im Rückblick ergibt sich ein konsequenter, kontinuierlicher Lebensweg, den ein Biograph nur nachzeichnen muss; die Kontinuität, die Kohärenz, sie verbürgen Identität: Was auch immer geschehen mag, man bleibt der Gleiche.

Dies, grob umrissen, als Muster, mit dem Biographen ihre Leserschaft vor einem Dreivierteljahrhundert noch überzeugen konnten. Gefeiert wurden Biographien, die alles möglichst überzeugend, ja zwingend miteinander verbanden. Je suggestiver das geschah, desto höher wurde der Rang einer Biographie angesetzt. Die geschlossene Form als Zeichen des Gelingens; die Homophonie, die Gleichstimmigkeit als Ausgang und Ziel.

Aber hier, beispielsweise auch hier versagt dieses Interpretationsmuster, versagt das Darstellungsmodell, dieses scheinbar bewährte, scheinbar lebensnahe: Die fünf Jahre Waltha lassen sich nicht plausibel einordnen in ein Lebensmuster. Die Zeit in Waltha: ein Kapitel für sich.

Dass sie mit Mutter und Töchtern nach Friesland zu den Labadisten gezogen war, nur um den Ehemann auf diesem Umweg loszuwerden, das erwies sich bei genauerem Hinsehen als Kurzschluss oder Trugschluss. Pietismus als Mittel, justiziable Fakten zu schaffen, das wäre einer frommen Person lästerlich, ja ketzerisch erschienen. Andersherum: wenn hier wirklich ihr Hauptmotiv gewesen wäre, warum dann ein halbes

Jahrzehnt in dieser provinziellen Abgeschiedenheit? Nur anstandshalber? So, wie man als Gast nicht zu früh eine Gesellschaft verlassen mag?

Und wenn es die Mutter gewesen wäre, die in die pietistische Kommune aufgenommen werden wollte? Die doppelt verwitwete Frau, die zum Ende ihres Lebens Zuflucht suchte im überschaubar Gesicherten? Und da man ohnehin zum Zusammenleben entschlossen war, zog die Tochter mit, und die wiederum nahm ihre Töchter mit? Und die Trennung vom Ehemann ergab sich gleichsam nebenher, als Spaltprodukt? Und als die Mutter tot war, hielt es Tochter und Tochtertöchter nicht länger in Wieuwerd – könnten Fragen nicht auch hier ansetzen?

Das Stichwort Lebensmuster werde ich später nochmal aufgreifen, bei passendem Stichwort, hier kann jetzt nur konstatiert werden: Das Lebensmodell Kontinuität, das unangefochtene Identität verspricht, ja verbürgt, es muss hier abgelöst werden durch ein Modell der Offenheit, durch ein Modell, das Sprünge und Brüche zulässt, ohne sich aufzuheben. Das macht in der Lebensgeschichte Perspektivwechsel notwendig und auch: Stilwechsel, sogar Stilbrüche. In einem homogenen Sprachmedium kann ein Leben in Brüchen, ein Leben mit Neuanfängen nicht nachvollzogen werden. Der Lebensform muss die literarische Form entsprechen. Oder: literarische Form muss Lebensform ebenso plausibel wie suggestiv, ebenso suggestiv wie plausibel umsetzen. Also: Zäsuren, Zäsuren.

Konkret: nach Waltha ziehend, hat sie mit ihrer früheren, ihrer vorherigen Lebensform gebrochen. Aus Waltha, aus Friesland wegziehend, bricht sie mit ihrer jüngst vergangenen Lebensform. Maria Sibylla Merian in Frankfurt, in Nürnberg und dann auf Schloss Waltha: ihre Person erscheint jeweils wie ›ausgewechselt‹. Ein Floskelwort, ja, aber hier passt es.

Und nun wieder: Maria Sibylla Graff in Wieuwerd und Maria S. Merian bald in Amsterdam: nun erst recht wird sie wie ›ausgewechselt‹ erscheinen.

FRAU MERIAN!
UND ICH.

ERNEUTER ANSATZ ZU EINEM SELBSTPORTRAIT eines Autors, der eine Person der Vergangenheit portraitiert. Oder, um noch einmal auf ein Leitzitat anzuspielen: Wie ist das Glas getönt, durch das ich auf Maria Sibylla Merian blicke und in ihre Zeit? Und damit: Vorgeschichte(n), autobiographische Voraussetzungen (auch) dieses Projekts.

Und: Rückwirkungen der Arbeit an dieser Biographie in den Bereich des Autobiographischen. Noch einmal der Satz von Valéry: »Worauf man seine Aufmerksamkeit richtet, das verwandelt man sich an.« Ein Satz, den ich mir zu Eigen gemacht habe. Indem ich mich mit Maria Sibylla Merian beschäftige, werde ich zwar kein anderer, aber es finden kleine Verwandlungen statt – für die ich offenbar disponiert war. Rückwirkungen: sie sollen zumindest angetippt werden in diesen Begleitschreiben. Damit könnten wiederum Rückwirkungen ausgelöst werden bei denen, die sich lesend auf dieses Unternehmen eingelassen haben. Rückblicke, Seitenblicke, Ausblicke.

ALS ERSTES: Von wie vielen Malerinnen und Malern hätte ich wohl nie etwas erfahren ohne die Arbeit an dieser Lebensgeschichte, an dieser Biographie! Beispielsweise Giovanna Garzoni: auch sie ist, neben Clara Peeters, eine der Malerinnen, die mir vor der Arbeit an diesem Buch völlig unbekannt waren – eine Malerin, die ich bei vergleichenden Seitenblicken für mich entdeckte. Zwar habe ich kein Original der Garzoni gesehen, bisher, aber mit Beginn des neuen Jahrtausends ist in

Frankreich ein Bildband über ihr Werk erschienen. Eins ihrer Bilder ist denn auch in diesem Buch wiedergegeben, als Beispiel.

Giovanna Garzoni wurde 1600 geboren und starb 1670. Als Maria Sibylla noch Kind war, hatte die Garzoni bereits einen gewichtigen Teil ihres Werkes vollendet. Das frühreife Talent hatte schon mit sechzehn eine Heilige Familie gemalt und ein Pflanzenbuch illustriert (das erhalten blieb). Dies scheint charakteristisch für Giovanna: Im Zeitalter weithin üblicher Spezialisierung entwickelte sie ein weites Spektrum von Sujets; sie malte Figuren der christlichen Religion, malte Figuren der antiken Mythologie, malte Portraits von Auftraggebern. Mit zweiundzwanzig schloss sie die Ehe mit einem älteren Malerkollegen, verweigerte sich ihm jedoch, berief sich auf ein Jungfräulichkeitsgelübde: Scheidung. Und sie malte weiter, vor allem in Florenz. Geschickt legte sie ein Netz von Verbindungen und Beziehungen an, doch die Auftragslage verschlechterte sich – aus Gründen, denen ich hier nicht nachgehen kann. Mit vierzig in eine offenbar kritische Phase geraten, fasste sie den Entschluss, Italien zu verlassen und ihr Glück in Paris zu suchen. Wahrscheinlich wurde sie von ihrem Bruder begleitet, als Anstandsperson. In Paris schien es freilich nicht so zu laufen, wie sie das gewünscht oder erwartet hatte, sie kehrte 1642 nach Florenz zurück, blieb dort erst mal ein Jahrzehnt. Nun schien sie mit ihrer Mal- und Distributionsstrategie erfolgreich zu sein, ihre Bilder waren begehrt in besten Kreisen. Ich übernehme Zitate: »Ich präsentierte dem Großherzog einen großen Blumenkranz mit zwei Amor-Darstellungen in der Mitte ... dem Fürsten Leopold eine große Blumenvase, zum Großteil mit Rosen, außerdem ein großes Blatt mit Vögeln und Früchten ... neun Blätter mit Schmetterlingen und anderem Kleingetier ... dem Erlauchten Fürsten Don Lorenzo eine Blumenvase und ein Gemälde mit Granatäpfeln und Porzellan ... dem Erlauchten Kardinal Giovan Carlo eine sehr große Blumenvase ... ein Blatt mit Pfirsichen und Blumen ...«

Sie arbeitete mit Deckfarben auf Pergament: Gouachen von höchster Qualität. Hier ließ sich bald nichts weiterentwickeln; sie begann, sich zu reproduzieren. Wer nach ihr kam, konnte nur versuchen, (auch) ihren Standard zu erreichen, oder man musste eine ganz andere Malstrategie entwickeln. Aber das war schwierig in einer Zeit, in der Käufer in ähnlicher Form bei sich zu Hause sehen wollten, was sie in Privaträumen von Kollegen oder Konkurrenten gesehen hatten. Der offenbar übliche Reflex: So was möchte ich auch haben ... Die Auftragslage von Blumenmalern war gut, zeitweise sehr gut. Aber das hieß: sie malten Blumen, über Jahre hinweg, sie malten Blumen über Jahrzehnte hinweg, sie malten Blumen, sie malten Blumen, sie malten Blumen, bis ihnen, in bösen Träumen, Tulpen und Rosen aus Nasenlöchern und Gehörgängen hervorwuchsen, aus Mundwinkeln und Augenhöhlen.

EIN MANDELSTAM-ZITAT nun als Überleitung in das Reich der Naturwissenschaften, der Erforschung von Flora und Fauna. Ich habe Ossip Mandelstam unter dem Aspekt Naturkunde für mich neu entdeckt, in der deutschsprachigen Gesamtausgabe.

Das Zitat eröffnet seine Notizen zum Thema *Rund um die Naturforscher,* aus den Aufzeichnungen zur *Reise nach Armenien*: »Seitdem mich meine Freunde – doch das ist zu hochtrabend, ich sage wohl besser: wohlwollende Menschen – in den Kreis naturwissenschaftlicher Interessen hineingezogen haben, hat sich in meinem Leben eine weite Lichtung gebildet.«

Diese Aussage ermutigt zu eigenem Statement: Ohne die Beschäftigung mit Leben und Werk der Merian wäre mir diese wachsende Lichtung verborgen geblieben. Direkter formuliert: Ohne die Existenz dieser Frau, damals – wie viele Naturphänomene wären für mich, heute, nicht existent! Ich kann und mag mir nicht mehr vorstellen, dass ich nie etwas von all diesen Wunderwelten erfahren hätte ...

GLEICH AUSSERHALB DER BEFESTIGUNGSANLAGEN VON FRANKFURT, vor allem außerhalb der Befestigungen von Sachsenhausen, hatte für Maria Sibylla Graff das Reich der Pflanzen, der Raupen, der Falter begonnen. Das ließe sich heute auch bei ausgedehnten Streifzügen nicht mehr nachvollziehen, sie führten durch Stadtviertel, Vororte. Es gibt allerdings im Rhein-Main-Gebiet eine (kleine) Region, in der eventuell noch realisiert werden kann, spurenhaft, was für die junge Naturkundlerin und Illustratorin selbstverständlich war: Vielfalt von Pflanzen und Insekten. Ein MSM-Gedächtnisbiotop?

Als Stadtschreiber von Mainz wohnte ich unter dem Dach des alten Gutenberg-Museums (des noch älteren Hotels »Römischer Kaiser«; nach dem Krieg musste hier viel rekonstruiert werden). Einer der Mitarbeiter des Museums erzählte mir von seinen Spaziergängen im »Mainzer Sand«. Und: Während er dort in den sechziger Jahren die Küchenschelle und das Adonisröschen noch oft gesehen hatte, fand er diese Blumen zu Beginn der neunziger Jahre nur noch in seltenen Ausnahmen. Und: Auch dort sterben Schmetterlinge aus. Mainzer Sand: Naturschutzgebiet (brutal abgekürzt zu: NSG) im Westen der Stadt Mainz, ein Gebiet, das vor allem berühmt ist für seine Sandflora und als »Schmetterlingsparadies«. Ich mache mich kundig im Naturhistorischen Museum, mir wird eine sechshundert Seiten starke Publikation über den »Mainzer Sand« geliehen (Mainzer Naturwissenschaftliches Archiv, Band 26).

Schon vor der Zeit der Merian war dieses Gebiet zwischen Mainz und Ingelheim bekannt unter Naturforschern: das etwa fünfzehn Kilometer lange Flugsandgebiet, und als östlichster Abschnitt das Sandbiotop, das nun geschützt ist. Steppenvegetation, Steppenfauna, ein »Relikt der spätglazialen Kiefernsteppenzeit«. Hieronymus Bock, zum Beispiel, der ungefähr ein Jahrhundert vor Maria Sibyllas Geburt starb, bezeichnete dieses Gebiet als »Ingelheimer Heide«. Durchaus denkbar, dass Frau Graff von Frankfurt aus in dieses Gebiet gefahren oder geritten ist, angelockt von seltenen Pflanzen und Insekten, vor allem von Faltern und Käfern (die hier ein Kapitel für sich sind).

Die Position, die Situation dieses Naturschutzgebiets ist beispielhaft für unsere Zeit. Das ungefähr quadratische Areal ist im Süden optisch begrenzt durch einen breit gestaffelten Hochhauskomplex am Rand von Mainz-Gonsenheim – eine Anlage, die man mit bloßem Auge sogar von den Höhen der Bergstraße sehen kann. Faktisch begrenzt ist das Gebiet hier vom Autobahnzubringer; bei meiner Begehung, Oktober 1993, war hier zusätzlich ein amerikanisches Truppenübungsareal. Im Osten: die immer weiter nach Westen vorgeschobene Bebauung des Stadtteils Mombach. Im Westen die brutalste Begrenzung, die ein Naturschutzgebiet finden kann: die Bundesautobahn 643, die so genannte Lennebergspange zwischen dem Mainzer Dreieck und Wiesbaden-Schierstein, dem Schiersteiner Kreuz. Diese Autobahn ist westlich von Gonsenheim tief in das Gelände eingefräst und damit wurde der »Quellhorizont angeschnitten«: Wasser, das sich in tieferen Schichten des Gebiets ansammelte, es fließt jetzt nutzlos in einer Drainage neben der Autobahn zum Wasserrückhaltebecken bei Mombach. Erste Zeichen der Störung: Kiefern gingen ein. Diese Autobahnschneise trennt den Mainzer Sand vom Lennebergwald ab, der ebenfalls zum Flugsandgebiet gehört, mit seiner heute (noch) charakteristischen Dominanz von Kiefern und Stieleichen. Migrationen zwischen diesen Gebieten können nicht mehr stattfinden, die Autobahn als Todesfalle. So wurde schon überlegt, öffentlich, ob man den entscheidenden Abschnitt der Autobahn nicht überdecken soll, wie bei einem Flughafenareal.

Eine Situation wie in einem Lehrfilm oder in einem Appelltext über gesellschaftliche und technische Entwicklungen und deren Folgen, Spätfolgen: das »NSG« zwischen Autobahn, Autobahnzubringer, Truppenübungsplatz, Hochhaussiedlung, Stadtrandbesiedelung. Wenn man vom Parkplatz her dieses Gebiet betritt, erscheint es erst einmal weit – der Blick schwingt hinweg über den Einschnitt der abgesenkten Autobahn, Mainzer Sand und Lennebergwald scheinen ein zusammenhängendes Gebiet zu sein, man sieht sogar den Feldberg im Taunus. Auf dem Rundweg aber wird die Begrenzung bald zur Erfahrung: die Autobahn akustisch präsent auf dem kleinen Wegstück westwärts; parallel zur Autobahn gehe ich ein längeres Stück auf einem Brettersteg, das zarte Geflecht von Moosen und Farnen auf dem Sandboden soll geschützt werden. Betonfundamente wohl eines Barackenbaus mitten im Areal signalisieren, dass dieses Gebiet missbraucht worden ist: als Truppenübungsplatz und vorher als Feldflughafen. Und wie haben, beispielsweise, Schmetterlinge auf diese Entwicklungen reagiert?

Noch an der Wende vom 19. zum 20. Jahrhundert registrierte von Reichenau (ein Kavallerieoffizier, der, nach einem bösen Sturz, zum Botaniker geworden war und der eine große Monographie über das Flugsandgebiet verfasst hat) siebenundsiebzig Arten von Tagfaltern im Bereich des Mainzer Sandes. 1969 wurden noch fünfundsechzig Arten registriert. Danach begann die Negativentwicklung zu eskalieren: 15 Jahre später waren nur noch zweiundvierzig Arten von Tagfaltern im Mainzer Sand bekannt. Und zurzeit ...? Die überlebenden Arten sind nicht mehr sonderlich charakteristisch für dieses Sandbiotop: der größere Teil gehört zu Arten, die auch in anderen Biotopen überleben. Die Fachbezeichnung: Biotopkomplexbewohner. Also: Gerade die interessantesten, die seltensten Falter (so formuliere ich freihändig), sie sind verschwunden; geblieben sind die besonders resistenten Arten, zu denen auch hier das Tagpfauenauge gehören dürfte, das sich immer härteren Lebensbedingungen angepasst hat. Die »Rote Liste« der bedrohten Arten wuchs und wächst also auch für dieses Naturschutzgebiet. In einer Liste der Tagfalter, die im Mainzer Sandbiotop vorkamen und vorkommen, lese ich, in der letzten Spalte, »Bemerkungen«. Zum Beispiel: »ganz vereinzelt ... 1963/64 letztmals ... 1971 letztmals ... 1976/77 letztmals ... einzeln, Wiederauftreten möglich ... ganz vereinzelt ... sehr selten ... letztmals ... letztmals ...«.

Die Vertreibung von Schmetterlingen aus dem Schmetterlingsparadies: ein Abgesang. Der Mainzer Sand als Exempel. Wäre Maria Sibylla Graff in die Ingelheimer Heide gefahren oder geritten, und hätte sie dort Falter beobachtet, gezeichnet, später in Kupfer gestochen, so wäre ein Großteil ihrer Darstellungen zu Nachrufen geworden, zu Abschiedsbildern, zu Dokumentationen rein historischer Naturphänomene.

ZWISCHENSPIEL, ANEKDOTISCH. In einem noblen Antiquariat habe ich mir einen der Kupferstiche der Merian gekauft, sogar koloriert – von ihr persönlich? Lässt sich nicht mehr bestimmen, aber immerhin: ein Blatt aus ihrem Raupenbuch. Ein Blatt, das zur Fortsetzung der Arbeit stimulieren soll, ein Blatt zur späteren Erinnerung an eine intensive Arbeitszeit.

Der Kauf von Gespräch begleitet. »Schreiben Sie doch mal einen Roman über Kunsthandel und Kunstschmuggel«, meint der Kunsthändler, »so was würde ich gern lesen.«

»Da müssten Sie mir aber Interna erzählen.«

Kleines Spiel, aber das Stichwort blieb im Kopf, es reproduzierte sich, wenn ich mir den kolorierten Kupferstich anschaute: Könnte auch Kunstschmuggel stattfinden mit Werken der Merian?

Als Stadtschreiber von Mainz wollte ich mir das dortige Exemplar des Neuen Blumenbuchs ansehen, aber da wurde mir, verlegen, mitgeteilt: Auf dem Weg zum Restaurator verschwand das Exemplar irgendwo innerhalb oder außerhalb der Verwaltung und ward nie mehr gesehn.

Ein weiterer Fall: In der zweiten Hälfte der fünfziger Jahre ließ ein Bibliothekar der Universitätsbibliothek Erlangen wiederholt Rarissima verschwinden, und zwar systematisch: zog auch die Karteikarten ein und löschte Vermerke. Er war drogensüchtig, brauchte Geld. Unter den Titeln: das Amerikabuch des Theodor de Bry, das Blumenbuch seiner Enkeltochter und ihr Surinambuch.

Was geschah mit diesen Werken? Wurden die Bildseiten

herausgetrennt und einzeln verkauft? Könnte sein, ist aber nicht sehr wahrscheinlich, meinte der Kunsthändler, denn komplette Werke bringen heute entschieden mehr Geld. Auf der 40. Stuttgarter Antiquariatsmesse wurden zwei postume Ausgaben des Surinambuchs für 140000 DM verkauft. Gestohlene Ausgaben haben da aber keine Chance, denn Auktionshäuser und führende Antiquariate werden von den geschädigten Institutionen umgehend und eingehend informiert. Es gehört zum Codex der Branche, sofort die Polizei zu benachrichtigen, falls jemand versucht, solch ein Objekt zu verkaufen oder in Kommission zu geben. Also doch: Kunstschmuggel?

WIEDER EIN RAUPENGASTSPIEL IM EIFELHAUS. Beim Entspannungsschlendern auf dem Grundstück sehe ich eine prachtvolle Raupe: helles Blaugrün, und rundum ist sie gleichsam gespickt mit weißen Borsten. Ich nehme sie mit ins Haus, lege sie in eine glasierte Schüssel, gebe ein paar Blätter dazu. Die Raupe bleibt erst mal eingerollt, hellgrünes Scheibchen mit gleichmäßig verteilten Borsten. So verharrt sie. Ich setze die Arbeit fort, gehe nach einiger Zeit wieder auf den Balkon, blicke in die Schüssel: die Raupe hat sich gestreckt, aber noch nicht vom Fleck gerührt. Meine bisherigen Blattofferten scheinen sie nicht zu interessieren. Ich erweitere die Auswahl, breite sie auf dem Schüsselboden aus. Die Raupe rollt sich sofort wieder ein, muss also eine Zeit lang sich selbst überlassen bleiben. Schließlich finde ich sie wieder gestreckt vor. Ich puste sie animierend an, gleichsam ein Luftstupser, und sie reagiert sofort: im Vorderteil ihrer Segmente buckelt sie sich hoch, es öffnet sich ein schwarzer Spalt auf dem Rücken und, im Segment davor, eine Fläche wie ein aufgerissenes, innen schwarzes Maul. Darüber und darunter ein kleiner Borstenpinsel. Und sie hebt ein wenig den rötlichen Borstenpinsel am Hinterteil. All das soll wohl abschreckend wirken auf Fressfeinde. Nach wenigen Minuten beendet die Raupe diese Schaustellung, ist nur noch hellblaugrün, rührt sich nicht vom Fleck.

Einige Zeit später wiederhole ich den Reaktionstest: puste die Raupe an, und sofort wölbt sich wieder das Vorderteil hoch, öffnet sich der schmale und der maulähnliche Schlitz im Grün. Nach einiger Zeit schließt sich das wieder.

Mir wird bewusst, dass am hellen Tag eigentlich Raupennacht ist, in der sie sich vor Vögeln verstecken, also lege ich ein Blatt auf sie. Weil ich sicher bin, dass sie aus der Schüssel mit der sehr glatten Glasur nicht herauskommt, decke ich sie über Nacht gar nicht erst ab. Am nächsten Morgen gleich hinaus zum Tisch auf dem Balkon: Raupe weg! Ich hebe und wende die Blätter: keine Raupe mehr. Hat sie mir ein Vogel weggepickt?

IM SECHSHUNDERTSEITENBUCH über den Mainzer Sand lese ich nicht nur das Kapitel Tagfalter, ich lese andere Kapitel zumindest an, markiere Textstellen, mache mir Notizen, versuche so, mir einen Überblick zu verschaffen. Das will nicht recht gelingen, denn: Jeder der Wissenschaftler, jede der Wissenschaftlerinnen konzentriert sich strikt auf einen Bereich oder Ausschnitt des Gesamtbilds. Damit wird die generelle Entwicklung wieder einmal deutlich: Für die Merian wäre es, auch in der Ingelheimer Heide, selbstverständlich gewesen, nicht nur (je nach Saison) Raupen oder Falter zu suchen oder zu belauern, zu sammeln oder zu fangen, sie hätte auch die Flora »observiert«, wie sie schon mal schrieb, im damaligen Sprachgebrauch. Heute hingegen sind etwa zwanzig Spezialisten notwendig, um Fauna und Flora des Mainzer Sandes zu registrieren, zu beschreiben: die ein paar hundert Meter lange und ein paar hundert Meter breite Sandinsel im Rhein-Main-Becken wird zur Koordinationsbezeichnung von Sonderwelten.

Da sind zum Beispiel die »Farn- und Blütenpflanzen des Mainzer Sandes«. Lange Auflistungen lateinischer Bezeichnungen; erst in den »Anmerkungen zu ausgewählten Arten« wird die lateinische Nomenklatur ergänzt durch deutsche Namen. Ich lese einige von ihnen auf. Auch hier soll das Adonisröschen zuerst genannt werden, dessen »Population vorerst gesichert« ist, zumindest in diesem Naturschutzgebiet; auch die blaugrüne, dicht behaarte Sand-Quecke scheint nicht gefährdet zu sein, wogegen das Sand-Steinkraut, fast das ganze Jahr hindurch blühend, als gefährdet gilt, der Bestand ist »merklich zurückgegangen«. Aber ich will jetzt nicht einen zweiten Abgesang anstimmen, ich folge diesen Anmerkungen nur, um durch eine Vielzahl von Pflanzennamen eine (noch mögliche) Vielfalt zu suggerieren, die für eine Merian fraglos selbstverständlich war.

Also, es wächst dort immer noch und wohl auch weiterhin der Unterbrochene Wildhalm, dazu (noch) die Steppen-Segge. Und der Braunrote Ständelwurz wird von Kaninchen besonders gern »verbissen«, da helfen keine Kaninchenfallen. Das Heideröschen freilich wird von den Karnickeln verschont, aber das lässt nicht aufatmen, es ist ohnehin vom Aussterben bedroht auf dem Mainzer Sand. Dort gibt es auch noch das Ebensträußige Gipskraut und die Sand-Strohblume und die Sand-Silberscharte und die Sand-Radmelde, eine sehr gefährdete Steppenreliktpflanze, und das Blaugrüne Schillergras und den Sand-Lotwurz, von großer »florengeschichtlicher Bedeutung«, und das Badener Rispengras und die viel gepflückte Küchenschelle und die Wohlriechende Skabiose und den Zwerg-Schneckenklee und das Hungerblümchen. Und ich lerne das Wort »Pflanzensoziologie« kennen, da bilden sich feste Nachbarschaften, zum Beispiel der Sandsilberscharten-Blauschillergras-Rasen, und der Schwingel-Pfriemengras-Steppenrasen und der Adonisröschen-Fiederzwenken-Rasen ... Reiches Angebot für einen Sprachvampir!

Zuletzt noch eine kurze Namensarie aus dem Reich der Entomologie, als Hommage an M. S. Merian. Auch hier: das von der Ingelheimer Heide auf den Mainzer Sand reduzierte Areal als Forschungsgebiet für Spezialisten, beispielsweise für Wanzenfauna: Gitterwanzen, Keulenwanzen, Feuerwanzen als »Charaktertiere« trockener Steppenrasen. Und: Wanzen auf Sträuchern und Bäumen, Wanzen als Bodenbewohner, Wanzen zwischen Zapfenschuppen von Kiefernzapfen, Wanzen, die nach warmen, trockenen Sommern »beim Aufsuchen von Winterquartieren in menschlichen Wohnungen lästig« werden. Für Wanzen ist das »NSG«-Biotop übrigens biologisch noch relativ intakt. Für Zikaden schon weniger: »Erneuter Nachweis wäre wünschenswert ... Vorkommen scheinen inzwischen erloschen zu sein ...«

Für die Käferfauna des Flugsandgebietes wieder ein breites Bezeichnungsspektrum, ohne Berücksichtigung der speziellen Rüsselkäferkartei: Der Johanniskraut-Schmalprachtkäfer ... der Rotköpfige Linienbock ... der Rotpunktierte Walzenhalsbock ... das Schafgarben-Böckchen ... der Rotlippige Großkopfblattkäfer ... der Vierfleckige Langfuß-Erdfloh ... der Natternkopf-Langfußerdfloh ... der Feingenetzte Schildkäfer ... der Sonnenröschenstecher ... der Klobige Ginster-Spitzmaulrüssler ... der Schmucke Spaltklauen-Blütenrüssler ... Hier deutet sich, in einigen aufgepickten Namen, Vielfalt an, doch diese Diversität ist nur noch Teil eines breiteren Spektrums: acht Druckseiten lang sind Arten aufgezählt, die im Zeitraum 1951 bis 1985 zum letzten Mal nachgewiesen wurden. Mittlerweile sind wieder mehr als anderthalb Jahrzehnte vergangen, also wird die Liste sich wieder verlängert haben. Verschwunden und verschollen sind im Mainzer Sand der Schmale Ziegelei-Handkäfer und der Blauhals-Schnellläufer und der Beschuhte Schnellläufer und der Mondfleck und der Bleiche Ungleichkäfer und der Große Schwarze Kahnkäfer und das Kurzflügel-Johanniswürmchen und der Erzgraue Haar-Fliegenkäfer und der Weißbandige Blumenwalzenkäfer und der Randhalsige Herzschild-Schnellkäfer und der Achtpunktige Kiefern-Prachtkäfer und der Pechbraune Buntfleck-Baumschwammkäfer und der Schrägbindige Zwerg-Kugelkäfer und der Zwergige Ginstersamenkäfer und –

Durch das Naturschutzgebiet Mainzer Sand spazierend, auf vorgeschriebenem Rundweg, westwärts begleitet vom Rauschen der BAB 643, bewege ich mich in einem Restgebiet, das artenreicher ist als viele andere Biotope meines Landes, und doch bin ich hier sehr weit von der Welt, der Natur entfernt,

die für Maria Sibylla Merian als Schöpfung selbstverständlich
und: *ewig* war. Aus dem großen Buch, das sie über die Ingelheimer Heide hätte schreiben, zeichnen, stechen, kolorieren
können, wären mittlerweile zahlreiche Abbildungen herausgeschnitten, zahlreiche Seiten herausgerissen: ein geschrumpf-
tes Buch heimischer Flora und Fauna ...

HIER WIRD, WENN AUCH SPEZIFIZIERT, EINE ALTE
KLAGE ANGESTIMMT. Kein Klischee, aber Klischees könnten
darauf antworten. Also soll ein Gegenakzent gesetzt werden:
Es muss nicht nur, wiederholt, Abschied genommen werden
von Pflanzen und Tieren unserer Bereiche, wir dürfen auch
neue Bewohner begrüßen.

So lese ich in der Beilage »Natur und Wissenschaft« der
FAZ: »Ein gelb bis orange schillernder Schmetterling, nur
wenige Millimeter groß, breitet sich seit Anfang der neunziger
Jahre in Deutschland aus. Das Insekt mit dem wissenschaftlichen Namen Phyllonorycter robiniella ist aus den Vereinigten
Staaten eingeschleppt worden. (...) Die Raupen der Schmetterlinge ernähren sich von Blättern der Robinie. Dieser Baum,
ebenfalls ein ›Zuwanderer‹, wird von einheimischen Insekten
eher gemieden.«

Gesehen habe ich diesen sehr kleinen Zuwanderer in das
Gesamtbiotop meines Landes noch nicht. Aber bei Spaziergängen am Rhein, im Norden Kölns, sehe und höre ich dutzend-
fach indische Sittiche, wie sie vor Jahren der Voliere des Kölner
Zoos entflogen waren; entgegen allen Erwartungen haben sie
sich im neuen Biotop gehalten und sogar vermehrt. Sie sind zu
erkennen an ihren hellen Schreien (die dazu verleitet haben,
dass die Sittiche vielfach als Papageien bezeichnet werden); in
kleinen oder größeren Formationen fliegen sie rasch umher,
hellgrüne Vögel mit charakteristischen Schwanzfedern.

Ich lese und lerne, dass dies keine Ausnahmeerscheinung
ist. Wilhelm Barthlott: »Die autochthonen, vielleicht einma-
ligen Arten sind bedroht oder teilweise ausgestorben, in der
Summe aber ist die Biodiversität höher denn je.« Dafür gibt es

eine paradox erscheinende Begründung: »Stark gestörte Lebensräume sind relativ artenarm; aber auch weitgehend ungestörte Lebensräume sind relativ artenarm. Höchste Diversitäten finden sich dort, wo evolutiv ›kalkulierbare‹ mittlere Störungen als dynamisches Element wirken.« Dazu gehören auch Straßenränder: hier sind, bei uns, allein zwei Drittel heimischer Insekten angesiedelt; auch an den Rändern von Amazonas-Routen nimmt, numerisch, die Zahl der Arten zu. Maria Sibylla Merian würde sich heute also, suchend, (auch) an Straßenböschungen bewegen und an den von Dickicht begleiteten Rändern von Regenwald-Pisten.

Informationen, die ich nur in der Fachpresse finde. Die Biodiversität, die Vielfalt also von Arten in Flora und Fauna, sie ist nicht einmal in unserem Land reduziert, numerisch. Aber: es sind vor allem Biotopkomplexbewohner, die fast überall leben können. Die jeweils spezifischen Arten regionaler Habitate, sie sind zunehmend bedroht. Aber die Räume werden gleich wieder besetzt. Es findet auch so etwas wie eine Globalisierung der Pflanzen- und Tierwelt statt – soweit klimatische Unterschiede das zulassen.

ANMERKUNGEN ZUR BEDEUTUNG DES ZEICHNENS, auch heute noch, in Naturwissenschaften, vor allem in Botanik und Zoologie.

Auf einem Sonderdruck (in der heutigen Welt-Wissenschaftssprache Englisch), den mir Wolfram Mey über seine neu entdeckte Leucoptera überreicht, sehe ich vier Fotografien (etwa vom Habitat der Neuentdeckung) und ein gutes Dutzend Zeichnungen. Im Zeitalter perfektionierter Fotografie wird noch derart viel gezeichnet, in wissenschaftlichen Publikationen ...?!

Aber nur, bekomme ich zu hören, das geht *nur* über Zeichnungen! Bei Nahaufnahmen beispielsweise das Problem der Tiefenschärfe. Und manchmal gibt es kleine Beschädigungen oder Deformationen der Oberfläche von Corpus oder Flügeln – hier arbeiten Zeichner das Charakteristische heraus. So wird selbst die »fully grown larva« gezeichnet, die Raupe in ihrem letzten Entwicklungsstadium.

Noch Genaueres über die Problematik des Fotografierens erfahre ich von Katharina Schmidt-Loske, die zoologische Illustrationen für wissenschaftliche Bücher anfertigt, in Tuschtechnik – seien es Schildkröten, seien es Eidechsen. Das Hauptproblem bei Fotografien ist, so bestätigt sie, die Tiefenschärfe – meist wird die Entfernung auf den Kopf eingestellt, und so werden andere Partien rasch undeutlich. Schuppenmuster beispielsweise verschwimmen, an den Flanken, in der Schwanzpartie, und so muss auf Fotos erst einmal nachgezeichnet werden. Dazu müssen Präparate aus den Gläsern, aus dem Alkohol genommen und zurechtgelegt werden – die Beine oft grotesk verdreht in den meist engen Glasbehältern ... Und es werden nun, vor allem, Schuppenmuster mit der Lupe studiert, im Dunst von Alkohol und gelinder Verwesung; Quadratzentimeter um Quadratzentimeter muss erarbeitet werden – in der Hoffnung, dass im Druck dann nicht alles etwas zu dunkel oder etwas zu hell ausfällt.

Bei den Vorarbeiten und Dreharbeiten zum Merian-Film konnte ich im Zoologischen Institut der Universität Mainz Frau Rehbinder zuschauen, die ebenfalls Illustrationen für wissenschaftliche Zeitschriften und Monographien anfertigt, sich dabei auf Vögel spezialisiert hat. Für den Film wäre mir lieber gewesen, sie hätte sich auf Schmetterlinge spezialisiert, aber primär kam es mir darauf an, die penible Geduld des Zeichnens von kleinen Tieren ins Bild zu bringen. Abgesehen davon: die Merian hatte, als junge Frau, auch Vögel dargestellt, mit Deckfarben auf Pergament: die vier toten Bergfinken im Naturstudien-Stilleben! Dieses Bild entspricht übrigens in der Maltechnik fast strichgenau dem Darstellungsverfahren der heutigen Illustratorin, und das im Zeitabstand von rund drei Jahrhunderten. Ja, gemalte Bergfinken vom Ende des 17. Jahrhunderts und gemalte Bergfinken vom Ende des 20. Jahrhunderts: die wären zum Verwechseln ähnlich.

Auch von Frau Rehbinder wurde damals schon betont:

Auf keiner Fotografie lassen sich so viele notwendige Aspekte der Darstellung vereinigen, lassen sich derart viele Nuancen etwa der Befiederung herausarbeiten, kontrastgenau, konturenscharf.

Das Vorgespräch ... Der Drehtermin ... Ich ließ die Kamera einfach ›zuschauen‹ beim Zeichnen, beim Kolorieren; der Vogel als Präparat neben dem Papierbogen. Es wird (später) keine Musik eingespielt, es wird kaum Kommentar eingesprochen ... Nur das kleine Geräusch des Bleistifts, der Farbstifte auf dem Zeichenblatt. Das zeitabsorbierende Arbeiten am kleinen Detail, das keinen raschen Strich zulässt, keine Dynamik der Bewegungen. Die Ruhe des Hinschauens, die Ruhe des Wiedergebens, die Ruhe des Vergleichens und Abstimmens, die Ruhe des Korrigierens und Ergänzens: immer noch die Voraussetzungen naturgetreuer Darstellung. Geduldige, ruhige, gelassen-intensive Arbeit. Stille im kleinen Zimmer des Instituts. Ruhe sichtbar, fast spürbar gemacht, Ruhe der wissenschaftlichen Illustratorin bei der Abbildung des Vogelpräparats – auf dem Papier wirkt der Vogel fast wieder lebendig.

Und Rückschlüsse ergaben sich wie von selbst: Maria S. Merian beim Anfertigen der Vorlagen für Kupferstecher: Präsenz einer Person, die »die Ruhe selbst« gewesen sein muss, zumindest in solchen Arbeitsphasen. Sitzt und schaut ... Steht und schaut ... Ist ganz Auge ... So sah ich sie, so wollte ich sie darstellen, so sehe ich sie noch immer.

UNTER DEN BILDERREICHEN BÜCHERN, die ich mir vor und während der Arbeit, der lustvollen, an dieser Biographie kaufte, ist ein kleinformatiger Band mit Abbildungen großformatiger Bilder, die Bernard Durin (bereits eingeführt) hinterlassen hat. Ich sah und sehe hier eine weitere Bestätigung einer (fast völlig) ungebrochenen Tradition der Technik von Pflanzen- und Insektenmalern, seit Hoefnagels Zeiten. Keine Entwicklung, sondern: Fortführung, unbeirrte Fortführung. Und ich staunte, bedachtsam blätternd, über die sinnliche Präzision, mit der Durin verschiedenartigste Insekten plastisch darstellte.

Dabei fand ich in den Bildkommentaren von Gerhard Scherer die Story vom Pfeifenräumer.

In Seitenansicht stellt Durin, unter vielen anderen Insekten, eine Schlupfwespe dar: hochbeinig, staksbeinig, fast wie auf Stelzen. Die Fühler nach vorn geschwungen, bei gesenktem Kopf. Die schmalen, durchäderten Flügel (Hautflügler ...) aneinander gelegt und nach oben gestreckt, auch der Hinterleib ist hochgereckt, schwingt dann ein in die Horizontale, ist, im siebten Segment, wieder nach unten eingekrümmt. Hier setzt, in doppelter Halterung, der Legbohrer an, der zwischen dem dritten Beinpaar senkrecht nach unten führt. Eine unter den rund 20 000 Arten von Schlupfwespen auf dieser Erde. Der deutsche Name dieser Schlupfwespe, assoziativ nach dem Aussehen: Pfeifenräumer, also: Pfeifenreiniger.

Und es folgt nun die Pfeifenräumerstory ...! Ich fasse zusammen, was ich mir zusammen-gelesen habe: eine der Geschichten aus der Natur, die mich das Staunen lehren. Eine der Geschichten aus der Natur, die ich ohne die Beschäftigung mit Leben und Werk der Frau Merian nie kennen gelernt hätte. Eine der Geschichten, die sich festgesetzt haben – als hätte die Schlupfwespe auf meinem Schädel den Legbohrer angesetzt und in eine Hirnschrunde das Ei gelegt, aus dem es sich nun herausarbeitet ...

Vor dem Pfeifenräumerweibchen die Fichtenholzwespe. Sie hat ein System entwickelt, das ihrem Nachwuchs scheinbar völlige Sicherheit garantiert: sie wandert auf Fichtenholz umher und bohrt an geeigneter Stelle einen engen Kanal, bis zu sechs Zentimeter tief; im Holzbunker deponiert sie dann ein Ei. Die Arbeitsspuren werden gelöscht.

Ungefähr ein Jahr später (also nicht auf ›frischer Spur‹) wandert das Pfeifenräumerweibchen sondierend auf Fichtenholz umher, und zwar zu dem Zeitpunkt, an dem, tief im Holzinnern, aus dem Ei die Larve geschlüpft ist. Die Position dieser Larve wird vom Pfeifenräumerweibchen mit erstaunlicher Genauigkeit geortet. Diese nicht nur verwunderliche, sondern wundersame Wahrnehmung gab dem Insekt auch den Namen:

Ichneumonidae. Übersetzt: die Spürer, die Aufspürer. Sie spüren mit den Fühlern auf – aber wie? Die Fichtenholzwespe hat ihr Bohrloch ja bestimmt nicht markiert, etwa durch einen Duftstoff, das Ei soll völlig sicher liegen im Holzbunker, die Larve soll ungestört heranwachsen. Doch die Pfeifenräumer-Holzschlupfwespe findet punktgenau heraus, wo gebohrt und deponiert worden ist, und sie setzt den eigenen, gut körperlangen Bohrer an. Sobald der ein Stückchen ins Holz gepresst ist, beginnt das Insekt zu bohren: Dabei dreht es sich mit dem ganzen Körper um den senkrechten Legbohrer herum, treibt ihn damit tiefer, bei entsprechendem Druck des Hinterleibs. Das wird fortgesetzt, bis die Spitze des Bohrers genau die Larve der Fichtenholzwespe erreicht und deren Haut perforiert.

Wie kommt das, ohne Sichtsonde, so genau aus? Der Bohrvorgang könnte doch versehentlich ein paar Millimeter oberhalb der Larve beendet werden ... Oder der Legbohrer geht ein bisschen zu tief, wird versehentlich durch die Larve hindurchgetrieben ... Oder er geht haarscharf an ihr vorbei ... Aber nein: der Legbohrer wird nicht nur punktgenau über der Larve drunten, drinnen angesetzt, er wird auch auf den Zehntelmillimeter genau gestoppt. Und die Bohrnadel wird zum Eileiter: das Schlupfwespenei wird in die Fichtenholzwespenlarve gleichsam injiziert.

Und die Wunderstory wird fortgesetzt! Aus dem Ei schlüpft die Pfeifenräumerlarve aus und beginnt die Fichtenholzwespenlarve von innen her leerzufressen. Und zwar beginnt sie bei Organen, die noch nicht überlebenswichtig sind für die Beutelarve, frisst anschließend die Organe, die bereits lebenswichtig werden, aber auch dies in genau kalkulierter Reihenfolge, bis zuletzt das Organ gefressen wird, mit dessen Verschwinden das Leben der ausgeplünderten Larve endet. Aber da hat die Pfeifenräumerlarve schon ihre Portionen verzehrt. Und es setzt die Verpuppung ein. Die Larvenorgane werden aufgelöst, Schlupfwespenorgane werden gebildet, es wird sich eine neue Schlupfwespe entpuppen, die ihren Weg ins Freie findet – ich weiß allerdings nicht, wie.

Meine bereits notorische Frage, wie es zu derart ausgetüftelten Abläufen kommt, sie findet bereits vollautomatisch ihre Antwort: Wer nicht findig, nicht erfindungsreich ist, geht unter ... Ich weiß, ich weiß, und dennoch: ich kann das nicht gelassen registrieren, ich bleibe bei der Verwunderung, beim Staunen. In meinem Laienverstand kann ich mir einfach nicht vorstellen, dass sich solche Abläufe bloß nach dem Schema »trial and error« entwickeln. Schlupfwespen, denen es nicht gelingt, punktgenau und auf den zehntel Millimeter tief das Holz zu durchbohren und die Larve zu punktieren, sie können als Art nicht überleben. Und die Larve, die in der Larve nicht genau ›weiß‹, welches Organ zuerst und welches zuletzt gefressen werden muss, stirbt mit der vorzeitig sterbenden Erstlarve. Alles ganz klar, selbstverständlich. Muss so sein, selbstverständlich. Aber wie bitte kommt es zum Aufspüren einer tief im Holz versteckten Larve? Auch das muss ja zeitlich genau abgepasst werden – das Schlupfwespenei darf nicht in ein Fichtenholzwespenei gepresst werden, es muss in eine reife Larve eingeführt werden. Und wie bitte ›weiß‹ die Larve, was die optimale Reihenfolge im Organfraß ist? Wie hat sie das gelernt? Eine Larve besitzt ja keine anatomischen Kenntnisse einer anderen Larve, sie geht gleichsam blindlings vor und tut genau das Richtige. Und das alles wäre denn ein ganz selbstverständliches Ergebnis einer ganz selbstverständlichen Entwicklung zur Erhaltung der Art?

Ich bin nicht, was man früher »naturfromm« genannt hätte. Zwar besitze ich eine Konfession, die ich in der Steuererklärung nicht verleugne, aber ich lebe fernab von der Kirche. Ich bin also nicht dazu prädestiniert oder programmiert, in solchen Wunderwesen und Handlungsabläufen das Bewusstsein beflügelnde Gottesbeweise zu sehen. Aber die Bewusstseins-Larve, die aus dem Bewusstseins-Ei wächst, das mir eine nun metaphorische Schlupfwespe ins Hirn gesenkt hat, sie bringt, in einer Metamorphose, etwas für mich Neues hervor. Und ich wünsche mir, weil damit so viel Unerklärliches doch erklärbar werden könnte, einen Gott, der einen ausgeprägten Sinn fürs

Spielerische hat, fürs Vertrackte, manchmal auch Komische und zugleich für komplizierte, zuweilen sogar unnötig komplizierte Ablaufprogramme, einen Gott, der speziell zuständig war für die Erschaffung der Welt.

Warum diese Spielfigur, diese Wunsch-Spielfigur eines Demiurgen? Es geht mir um Zuschreibung, um Signatur – wie bei einem Kunstwerk, das seine wahre Aura erst entwickelt, wenn es sich mit einer Person verbindet, nachweislich. Ich stelle mir den Demiurgen, auch den Deus ludens vor wie einen »Chef und Mastermind« (eine Formulierung, die ich in einem Werbetext für einen Musiker finde), der persönlich für das Werk verantwortlich zeichnet, für das er gefeiert wird. Wie kann ich denn eine allgemeine statistische Entwicklung über, meinetwegen, zehn Millionen Jahre hinweg feiern? Ich würde dem Chef und Mastermind gern gratulieren zu seiner intrikaten Erfindung des Schlupfwespenzielbohrens. Oder zur witzigen Präzision, mit der beim »Wandelnden Blatt« nun wirklich an alles gedacht wurde: Insekt in Blattform, und die scheint angefressen, angefault, befallen. Oder die »Sexualtäuschblumen«, die mit Blütenblättern die Attrappe eines Insektenweibchens formen zu der Zeit, in der entsprechende Männchen auf Partnersuche sind, und die sollen mit der Blüte kopulieren, sollen dabei Pollen übernehmen, zur weiteren Verbreitung ... Und so weiter, und so weiter, und so weiter. Der Masterplan des Mastermind, und nicht eine statistische Entwicklung: So hätte ich es gern. Aber ich weiß, ich weiß ja ...

Grundsätzlich: Mit unserem Monotheismus kommen wir hier rasch in Problemzonen. Neidisch denke ich, in dieser Beziehung, an Menschen der Antike, die gelassen aufteilen konnten: für ein Schlupfwespenwunder, für die Spielform eines Wandelnden Blatts, für Sexualtäuschblumen wäre dann ein Demiurg zuständig gewesen, für die permanenten Kriege der Kriegsgott, und wenn der endlich mal sein Mütchen gekühlt hat, tritt die Göttin des Friedens auf den Plan ... So waren Zuständigkeiten verteilt auf Götter, und man konnte sich an die jeweils zuständige Gottheit wenden oder halten. Ein praktikableres Modell eines Überbaus! Aber der Polytheismus ist für uns verabschiedet, definitiv, es sind nur zitierende Rückgriffe möglich, und mein Plädoyer für einen Demiurgen oder einen Deus ludens ist nichts anderes als solch ein zitierender Rückgriff. Wenn ich mir einen Demiurgen als Weltenschöpfer mit Witz vergegenwärtige, mit Spiellaune, als Kombinatoriker und Künstler mit überbordendem Erfindungsreichtum, so muss, so müsste ich zugleich einen fast unablässig beschäftigten Kriegsgott mitdenken, nach dem 20. Jahrhundert der bestialischen Kriege, und da hört das Gedankenspiel sofort wieder auf.

IN EINER ZEIT, in der wir fast pausenlos mit Kriegsnachrichten konfrontiert werden, in der wir von immer neuen Gräueltaten Kenntnis nehmen müssen, in dieser Zeit wird die Wahrnehmung auch von Kriegen und Kriegsgräueln der Merianzeit ständig neu stimuliert. Auch in jener Zeit, nach Dietz: »Bilder der Zerstörung«, »Bilder des Jammers«, »schreckliche Bilder«. Was man nicht selber sah, das wurde durch Journale und Flugblätter verbreitet. Und es bestätigte sich fortlaufend: Es war eine Zeit kaum gehemmter Brutalität. Das verbindet jene Ära mit unseren kriegsbetonten Zeiten.

Einer, der unmittelbar miterlebte, was auch damals menschenmöglich war: der bereits zitierte Johann Dietz, Barbier und Feldscher, der »die getreue von ihm selbst gemachte Beschreibung seines Lebens« verfasste. Er berichtet über die Belagerung und Erstürmung der von Türken besetzten Stadtfestung Ofen, also des östlichen Teils von Budapest. Das war im September 1686, als sich Großmutter, Mutter und Enkel in Friesland einlebten. »Mein Gott, was war da für ein Geschrei und Lamentieren von den Blessierten von allerhand Nationen. Etlichen waren die Arme, Beine weg, etlichen die Köpfe entzwei, das untere Kinn weg, daß die Zunge dahing. Wann sie so mir, auf den Zeltstangen, entgegengetragen wurden und schrien erbärmlich: ›Ach, mach mich tot! Stecht mich tot usw.‹ da dacht ich: Daß Gott erbarme, geht' s hier so zu?«

Es ging noch schlimmer zu! Einer der vergeblichen Angriffe: »Wurde auch keiner bei dem Leben gelassen, sondern alle massakriert und meist die Haut abgezogen, das Fett ausgebraten und die membra virilia abgeschnitten und große Säcke voll gedörrt und aufbewahrt. Als woraus die kostbarste mumia gemacht wird. Sie wurden auch meistens aufgeschnitten und die Eingeweide durchsucht, ob etwa, wie ehemals, Dukaten verschluckt gefunden würden.«

Schließlich der Hauptangriff, die Eroberung. »Da ward das Kind im Mutterleibe nicht geschonet. Alles, was angetroffen ward, mußte sterben. Wie ich denn mit Augen gesehen, als ich auch vom Berge über die Bresche in die Stadt gedrungen, daß Weiber dagelegen und die gelösten Pistolen noch in der Hand haltend, teils bloße Säbel. So aber nackend ausgezogen, die Leiber mit Partisanen (also: Hellebarden-Spießen) durchstochen, durch die Geburt; die Leiber aufgerissen, daß die noch nicht gebornen Kinder herausgefallen; welches mich am meisten gejammert. Nackete Kinder von ein bis zwei Jahren aufgespießt und an die Mauern geschmissen wurden! Ich bin erstaunt, was da ist vorgegangen, daß auch Menschen viel grausamer als Bestien gegeneinander sich bezeigten.«

HABEN DIE METZELEIEN UND MASSAKER, die Kämpfe und Kriege jener Ära eingewirkt auf Bilder von Zeitgenossen?

Mir fallen hier als Erstes die Zeichen ein, die Volkamer in seinem Nürnberger Gartenbuch setzen ließ: eine schöne Pflanze und auf derselben Kupferplatte die Beschießung einer Stadt durch Mörser. Erst beides zusammen charakterisiert jene Zeit der Kriege und eines hohen Aggressionspotenzials in einer zwischendurch nur scheinbar befriedeten Gesellschaft.

Es gibt einen Maler von Stilleben, der die Bedrohung einer schönen Welt konsequent umsetzte: Otto Marseus van Schrieck, um 1621 in Nijmegen geboren, 1678 in Amsterdam gestorben.

Er begann als Maler von Blumenstilleben, von Blumenstücken: das Bouquet in der Vase aus Kugelglas oder Edelmetall.

In Italien, ausgerechnet in Italien, entwickelte er sein spezifisches Genre: das sottobosco, das Waldbodenstilleben. Hier lässt Marseus van Schrieck jeweils zahlreiche Schmetterlinge in einem durchweg düsteren und für sie gefährlichen Ambiente sitzen und flattern, im Bereich des Unterholzes von Wäldern, die sehr dicht zu sein scheinen, denn nur wenig Licht dringt durch bis zum Waldboden, auf dem Disteln stehen, Pilze wuchern, Holz fault. Und hier hocken gefräßige Kröten, hier huschen gierige Eidechsen umher, und gefährliche Schlangen winden sich zwischen Grashalmen und Pilzen hindurch. Solange sich Kröten und Reptilien nicht gegenseitig bekämpfen, haben sie ein gemeinsames Objekt ihrer Fressgier: Falter.

In vieldutzendfachen Varianten erzählt Marseus van Schrieck seine Bildgeschichte neu: Das Schöne und das Böse. Schönheit wird gefeiert in farbfrohen Schmetterlingen, aber die sind nicht, wie auf anderen Stilleben, zusätzliche Zierde, als schwebende Blüten über Bouquets, die bevölkern eine Dämmerwelt der Kämpfe. Eine Eidechse huscht an eine Kröte heran, wird sie attackieren; zwei Schlangen greifen sich mit weit aufgerissenen Mäulern an; ein Falter wird von einer Eidechse gepackt, die Flügel sind noch dekorativ geöffnet im Todesmoment, der auch für die Eidechse den Tod bedeutet, denn von hinten greift sie eine Schlange an. Oder, auf einem anderen Bild: ein Tagpfauenauge mit ausgebreiteten Flügeln am Sockel eines Baumstamms und eine Schlange mit geradezu unflätig aufgerissenem Maul, nur noch eine Daumenbreite vom Falter entfernt, und schnapp wird er weg sein. Oder, auf einem wiederum anderen Bild: schmetterlingsumgaukelte Blumen links oben, ein Distelgewächs rechts unten, in der Mitte eine übermäßig dicke Kröte, die ihre Klebezunge herausschnellen lässt zu einem Falter, der ihr unausweichlich auf den Krötenleim geht. Und Chamäleons lassen noch längere Fang- und Klebsonden auf sie losschnellen – auf einem Bild beteiligen sich gleich fünf Chamäleons an der Falterjagd! Und immer wieder Schlangen, die vor Schmetterlingen ihre Mäuler so weit aufreißen, als wollten sie Mäuse oder Ratten verschlucken – auf einem Bild drei Schlangen und acht potenzielle Falteropfer. Der Waldboden als Metzelstätte, speziell für Falter. Die ahnungslosen Schmetterlinge, die über solchen Szenen hinwegschweben, sie können ebenfalls zum Eidechsen-, Kröten- oder Schlangenfraß werden. Schmetterlinge in Gefahrenzonen. Bedrohte, ständig bedrohte Schönheiten!

Gab Marseus hier Realitäten wieder, oder entwickelte er Inbilder? Er besaß ein kleines Landgut: Waterrijck. Hier hatte er ein Terrarium angelegt, in dem er Reptilien großzog, vor allem Schlangen. Wenn er dort draußen war, fütterte er sie offenbar persönlich. Es heißt, er hätte sogar Schlangen dressiert, und sie hätten malerische Ringelposen eingenommen, bis der Meister mit ihrer Wiedergabe fertig war. Wie auch immer – Marseus kannte seine Reptilien. Also musste er wissen, dass Schlangen nicht mit Eidechsen kämpfen und keine Schmetterlinge fressen. Mit aller Präzision eines Naturbeobachters hat er zugleich Fabulöses gestaltet: Reptilien-Mischwesen. Auch sie wurden angesetzt zur Falterjagd. Das große Falter-Halali im düsteren Reich der Waldboden-Stilleben. Van Hoogstraeten, ein Zeitgenosse, hat »vollendete Gemälde« definiert als »Spiegel der Natur, der Dinge, die es nicht gibt, scheinbar existieren lässt«. Schmetterlinge, die vor allem von Schlangen attackiert, gefressen werden: Bildrealität. Sie konnte einem Grundgefühl der Epoche entsprechen.

Und was hat der Fall Marseus mit MSM zu tun? Dies: Nach der Surinam-Reise wird sie auf einem der Blätter ihres Bildbandes eine Schlange darstellen, die mit aufgerissenem Maul einen Falter attackiert, von oben herab. Und: sie wird einen schönen Kolibri zeichnen, der von einer gleichgroßen Vogelspinne überwältigt wird – das besonders Schöne und das besonders Böse …! Im Großkapitel Surinam werde ich näher auf diesen ungleichen Kampf eingehen. Freilich, dieses Motiv wird selten bleiben in ihrem Werk. Bei Marseus van Schrieck hingegen ist hier fast eine Konstante. Und damit: düsteres Faszinosum seines Werks … Notwendiger Gegenakzent …

HAT MIR RAUPEN IN DEN KOPF GESETZT, die Frau Merian
…! Ich will, muss mich weiterhin mit der Lebensgeschichte
dieser Frau beschäftigen, mit der Zeitgeschichte, der begleitenden, der einwirkenden, der rückwirkenden, aber wohin
führt mich jetzt dieses biographische Unternehmen?! Ich
beginne mich für Raupen zu interessieren. Ausgerechnet für
Raupen! Ohne die Merian wäre ich nie darauf gekommen,
Zeitschriftenartikel, sogar ein Buch speziell über Raupen zu
lesen, dabei eine besondere Faszination zu entwickeln für
Methoden, mit denen sich Raupen dagegen wehren, von
Vögeln gefressen zu werden!

Wie viele Spielarten, ja SpielArten sich hier allein entwickelt haben …! Eine der Techniken der Tarnung: die Mor-
pholyse. Ein Wort, dem ich in einem *GEO*-Artikel (vom
November 1977) des Fotografen Hans Pfletschinger zum ersten
Mal begegne. Es bedeutet: scheinbare Auflösung der Form. So
ist manche Raupe nicht durchgehend gleich gefärbt, sondern
verschiedenartig, als wäre etwas zusammengestückt, und zwar
so, dass man die Raupenform nicht gleich erkennt. Assoziationen hier an Tarnung im Militär: die hell und dunkel, die mit
unregelmäßigen Mustern bemalten Flanken etwa eines Kriegs-
schiffs, Konturen überspielend. Ähnlich die Raupe des Großen
Gabelschwanzes: auf blaugrauem Grund, wie aufgemalt, zwei
hellgrüne, weiß punktierte Flächen, die Oberkanten jeweils
unregelmäßig gezackt. Ein Vogel mit dem Wunschsuchbild:
Runde, fette Raupe, er soll enttäuscht werden: Gezacktes
Zeug, nichts für mich …

Neben der Tarnung die abschreckende Wirkung: Die Raupe
des Weinschwärmers (schönes Wort!), sie hat auf ihrer Oberseite ein Augenmuster entwickelt, auf dem vordersten Körper-
Ringsegment, das sich bei Gefahr jäh verdickt, und der
Angreifer wird mit einem wahrhaft gespenstischen Schein-
Augenpaar angestarrt. Was da über ihrem Kopf geschieht, das
sieht die scheele Raupe nicht, dennoch die perfekte Ausformung eines Gruselmusters: abschreckend weite Augen mit
bogenförmigen Pupillen, deren Braun durch weiße Umran-

dung betont wird auf schwarzem Untergrund. Wie, zum Teufel, ist es zu solch einer Entwicklung gekommen?

Zur scheinbaren Auflösung der Form, zur abschreckenden Wirkung die perfekte Angleichung an das Habitat! Am frappierendsten ist für mich hier die Raupe des Herbstlaubspanners, die in jedem Detail einem Aststück gleicht, an dem sie sich mit ihren Saugfüßchen festhält, um fast waagrecht wegzuragen vom Trägerholz und, etwa in der Körpermitte, nach oben abzuknicken, beinah parallel zum Ast. Und die Körperoberfläche der Raupe ist nicht nur in den Farben, ja Farbvaleurs genauestens abgestimmt auf die Astrinde, es sind auch Borkenschrunden und kleine Knubbel der Rindenoberfläche nachgeahmt. Als hätte die Raupe im Verlauf ihrer Evolution das Astholz porengenau studiert ... Als würden Vögel ihren Fraß erst mal mit der Lupe betrachten ... Als hätte ein niederländischer Stillebenmaler all sein Können aufgeboten zur Augentäuschung ...

Noch einmal: Wie kommt es zu solchen Entwicklungen?! Evolutionsbiologen warten bei solch einer Frage mit einer gelassenen Antwort auf. So weist etwa Rüdiger Wehner darauf hin, »dass in der Evolutionsbiologie gerade jene Beispiele funktioneller Anpassung das Wirken äußeren Selektionsdrucks am eindrücklichsten demonstrieren, die unserer Intuition als merkwürdig, ja bizarr erscheinen«. Ich nehme zur Kenntnis. Und doch wollen sich die Fragen mit solch einer Antwort nicht ganz zufrieden geben. Wie, wie, wie kommt es unter dem »Selektionsdruck« zu derart »bizarren« Spielformen wie der perfekten Nachahmung eines Ästchens, bis in jeden Borkenpickel? Wie kommt es dazu, dass die Raupe der Orangefarbenen Zackeneule nicht nur präzis die Grüntönung ihrer Futterblattpflanze annimmt, sondern auch noch den gezackten Blattrand nachahmt? Wie kommt eine Raupe dazu, sich bei Bedrohung als kleine Schlange aufzuspielen? Wie kommt es zur »Vogelkotmimese«: eine Raupe, die durch Oberflächenstrukturen und -schattierungen vortäuscht, sie wäre ein wertloser Klacks Vogelkot?

RAUPEN, DIE SICH DAVOR SCHÜTZEN, von Vögeln gefressen zu werden ... Pflanzen, die sich davor schützen, von Raupen gefressen zu werden ... Das in der Merian-Literatur so gern heraufbeschworene Wort »Lebensgemeinschaft«, es muss entschieden relativiert werden!

Das wird mir wieder bewusst bei der Zufallslektüre eines Beitrags einer Corporate Communication (die ich in diesem Zusammenhang nicht nennen muss): ich lese von chemischen Hilferufen und Abwehrmaßnahmen einiger Pflanzen bei beginnendem Raupenfraß. Lektürestimulierende Stichworte: »Produktion von Abwehrstoffen gegen Raupenfraß« ... Forschungszentrum Jülich ... Eichen, die von Raupen »befressen« werden, sie versuchen, sich dagegen zu wehren, indem sie ätherische Stoffe produzieren und um sich verbreiten, die erst einmal die Eichen-Nachbarschaft warnen – was freilich voraussetzt, dass sie, im wahrsten Wortsinn, Wind davon kriegt. Mit diesen hochaktiven Duftstoffen wird wiederum die Produktion von »natürlichen Pestiziden« stimuliert. Was nicht immer ausreichend gelingt – der desolate Anblick von Waldflächen kahlgefressener Eichen ...

Der Mais kann sich offenbar besser helfen. Einige Stunden nach dem Beginn von Raupenfraß sendet auch Mais einen hochaktiven Duftstoff aus, der Warn- und Hilferuf zugleich ist. Es werden damit Cotesia-Wespen angelockt, die sich über die Raupen am Mais hermachen. »Komplexe Wechselbeziehungen zwischen Pflanzen und ihren Fressfeinden.«

Ich suche weitere Nachrichten zum Abwehrkampf von Pflanzen gegen Raupen und finde zwei Artikel zum Thema in der wöchentlichen Beilage »Natur und Wissenschaft« der *FAZ*. Einer dieser Berichte führt uns in die Tropen, in den Regenwald, Urwald. Dort produzieren »viele Gewächse den sogenannten Blattnektar«. Mit Blütennektar werden Insekten zum Bestäuben motiviert; mit Blattnektar, also süßen Ausscheidungen der Blattoberflächen, werden vor allem Ameisen angelockt. Wird nun ein Gewächs von Fressfeinden befallen, so produziert es den Botenstoff Jasmonsäure, mit der Message:

Die Produktion von Blattnektar ist prompt zu erhöhen, um das Doppelte, Dreifache, Vierfache, ja Sechsfache. So werden Ameisen in entsprechender Zahl angelockt und die attackieren erst mal die Raupen, die ihnen die Nektarbasen zerstören wollen. Anschließend tun sie sich am Belohnungsnektar gütlich.

Aber es kommt nach allerneusten (im Jahre 2001 allerneusten) Erkenntnissen noch toller! Die Raupe schaltet (wahrscheinlich durch ihren Speichel) unwissentlich ein Gen an, das die Produktion eines Rufstoffs auslöst: »flüchtige chemische Stoffe, die von den Blättern abgegeben werden«. Dieser Duft- und Rufstoff wird am intensivsten von den jungen Trieben verbreitet, schließlich ragen sie »am weitesten in die Luft und können somit das chemische Signal am wirkungsvollsten weitergeben«. Mein Staunen wird potenziert durch weitere Informationen über neue Forschungsergebnisse: Es sollen spezifische Helfer herbeigerufen werden, also wird nicht ein Rufstoff »Mayday, Mayday, an alle!« ausgesendet, sondern ein Ruf, den nur bestimmte Schlupfwespen registrieren. Dieses »hochspezifische Signal« ist nicht nur durch die chemische Zusammensetzung codiert, »sondern auch durch eine bestimmte zeitliche Reihenfolge bei der Freisetzung der Indole und Sesquiterpene.« Binnen Stundenfrist kommen nun Schlupfwespen zur hilferufenden Pflanze und krabbeln zur Tat: führen Eier in die Raupen ein, es wachsen in ihnen Larven heran, und die fressen von innen her die Raupen auf.

Wie spricht der Volksmund? Ich komme aus dem Staunen nicht heraus. Wie es zu solchen Entwicklungen gekommen ist – diese Laienfrage stellt sich auch hier wieder. Ich weiß, ich weiß, das alles sind Strategien des Überlebens der Art. Aber wie kommt es zur Entwicklung des Botenstoffs, der erhöhte Produktion von Blattnektar auslöst, und wie kommt es dazu, dass eine Ameisenart auf solch einen spezifischen Duftstoff reagiert und eine bestimmte andere Insektenart daraufhin angreift? Alles höchst ausgeklügelt, als walte überlegene, frei disponierende Logistik.

EINE ANDERE STRATEGIE, mit der Pflanzen die (so gern suggerierte) Lebensgemeinschaft mit Fressfeinden aufkündigen, von vornherein: Tarnung, Mimikry. Allein schon dieses Phänomen beweist, dass die Lebensgemeinschaft von Raupe und »Wirtspflanze« Fiktion ist, betuliche Fiktion. Denn Mimikry signalisiert: Ich will nicht zur Nahrung dienen, ich will nicht gefressen werden, ich will bitteschön verwechselt und am besten gar nicht erst wahrgenommen werden.

Ich will, kann, mag, darf jetzt nicht versuchen, so verlockend das wäre, einen Überblick zu vermitteln über Varianten der Mimikry in der Welt der Pflanzen, ich werde nur ein paar Spielarten hervorheben. Dabei folge ich, erst einmal, einem Aufsatz von Wilhelm Barthlott: *Mimikry*. Untertitel: »Nachahmung und Täuschung im Pflanzenreich.«

Mimikry wird hier definiert als Maske – dies freilich in distanzierenden Anführungsstrichen. Ein wissenschaftlich akzeptierter Begriff dagegen ist: Signalkopie. Eine fressbare Pflanze mit der Signalkopie einer ähnlich aussehenden, nicht fressbaren Pflanze. Ein Beispiel aus den Tropen: Die durchaus verzehrbaren, fleischigen Stängel sehr großer Aronstabgewächse zeigen auf ihrer Scheinrinde das typische Muster von Krustengeflechten – beinah kreisförmige Flächen in unregelmäßiger Verteilung, sich gelegentlich überschneidend. Um die Mimikry auf die Spitze zu treiben, werden unter den imitierten Flächen der Krustenflechte auch noch Schattenbildungen angedeutet! Was für (ungenießbare) Baumstämme im Unterwuchs von Regenwäldern charakteristisch ist, das wird von einem (durchaus genießbaren) Riesenstängel kopiert, und zwar perfekt. Signalkopie, zur Täuschung gefräßiger Tapire.

Wichtig ist für uns aber nun das Wechselspiel Raupe/Pflanze. Dazu liefern südamerikanische Passionsblumen einen besonders originellen Beitrag: in jeweils zwei Reihen haben sie auf ihren Blattoberseiten Punktierungen entwickelt, die regelmäßig abgelegten Schmetterlingseiern gleichen. Einem anfliegenden Falter, der Eier ablegen will, wird damit vorgetäuscht: Alles besetzt, flieg weiter, hier gibt es nichts mehr zu fressen für zusätzliche Raupen. Zweckmäßige Markierung, und die ist auch noch schön, in unseren Augen: die beiden Punktreihen auf der Blattfläche nicht parallel angeordnet, sondern leicht auseinander gewinkelt, zwischen den symmetrischen Hauptblattadern.

Mit einem ähnlichen Trick arbeiten einige Weinrebengewächse, in frühen Wuchsstadien: sie bilden »farbige Sekretkügelchen, die in Form, Farbe und Anordnung verblüffend an Schmetterlingsgelege erinnern. Es ist zu vermuten, daß es sich wie im Falle der Passionsblumen um eine Insektenabwehr handelt.«

Wie kommt es zu solchem Trompe l'œil, entwickelt von blinden Pflanzen? Barthlott: »Der Nachahmer kopiert sein Vorbild nicht ›aktiv‹, sondern die am besten gelungenen und damit lebenstüchtigeren Kopien werden im Wechselspiel zwischen Mutation und Selektion ›herangezüchtet‹. Dies wird gerade auch bei Pflanzen verständlich, da sie keinerlei Sinnesorgane (Augen) besitzen, um ihr ›Vorbild‹ zu erkennen.«

Naiv, wie ich bin im Pflanzenreich, gebe ich mich mit solch einer Antwort nicht zufrieden. Woher, so insistiere ich, woher bloß ›weiß‹ eine augenlose Pflanze, wie Schmetterlingsgelege ihrer künftigen(!) Fressfeinde aussehen? Wurden seit der Kreidezeit allerverschiedenste Sekrete ausgebildet, einfach mal so, und das Muster, das sich schließlich in der Abwehr von Schmetterlingen, von Raupen bewährte, das wurde aufgenommen ins Überlebensprogramm? Aber wie konnten solche Pflanzen überleben bis zum Zeitpunkt, an dem dieses Überlebensprogramm endlich entwickelt war und funktionierte?

UND JETZT (ein ›Kunstfehler‹ droht ...!) folgt eine Sequenz, die ich eigentlich im Ausdruck streichen, auf der Festplatte löschen müsste, sie führt zu weit aus dem Kontext heraus. Selbstermahnung, vergeblich: Es dürfen sich keine Informations-Protuberanzen bilden! Aber ich bringe es nicht fertig, die folgenden Details zu unterdrücken: Wie Pflanzen Insekten anlocken, die (unfreiwillig) bestäuben und bei dieser Gelegenheit Pollen davontragen, somit für die Verbreitung der Art sorgend. Hier hat die Natur, pardon: Hier hat die Evolution eine Reihe stupender Spielarten ausgeheckt.

Beispielsweise beim südostasiatischen Aronstabgewächs: es »imitiert mit seinem aufgeschwollenen Blütenkolben und Fäkalgeruch einen Kotballen. Dungkäfer und Kotfliegen werden angelockt.« Darauf muss eine Pflanze erst einmal ›kommen‹: eine Blüte als Kothaufenattrappe auszubilden, samt passendem Gestank. Da wird getarnt, da wird angelockt: Tarnung vor Fressfeinden (eine Pflanze kann nicht fliehen), Anlocken von Bestäubern und Pollenverteilern.

Noch weitaus erstaunlicher: die im Bodenlaub (wie eine nach vorn offene Tülle) aufliegende, dunkelrote Blüte der Aristolochia arborea hat ein inneres Blütenblatt so geformt, dass es einem kleinen Pilz täuschend ähnlich sieht, mit hellem Stiel und dunklem Hut. Auch eine südamerikanische Orchidee lockt Pilzmücken an mit einer Pilzattrappe, und die ist besonders sorgfältig nachgebildet: es werden sogar Pilzlamellen angedeutet!

Noch ein (letztes) Beispiel hier, das uns wieder ins Reich der Falter und Raupen zurückführt: die Schmetterlingsorchidee tropischer Regenwälder. Wilhelm Barthlott: »Sie hängt ihre Blüte an meterlangen Stielen schaukelnd im Kronenbereich der Regenwälder Kolumbiens auf und wird von Schmetterlingen attackiert (und dabei bestäubt), die sie für einen Eindringling in ihr Revier halten.« Und ich frage mich erneut: Wie kann es zu solch einer Entwicklung kommen?! Wie kann eine (blinde!) Blüte die Grundform und die Farben einer bestimmten Schmetterlingsart annehmen, und wie kommt sie darauf, diese Schmetterlingsattrappe mit einem meterlangen Stängel in den Luftraum zu strecken, um eine bestimmte Falterart zur Attacke herauszufordern, die zur Bestäubung führt?

Ich weiß, ich weiß, es gibt keinen Masterplan, keine Regie, was auch immer, da wurde im Lauf von Jahrmillionen durchprobiert, wurde durchgespielt, ja durchgespielt, aufs Geratewohl, und es kam dies dabei heraus, kam jenes dabei heraus, dies bewährte sich nicht, jenes ein bisschen, konnte sich weiterentwickeln, konnte sich ausformen, bewährte sich dann aber doch nicht, verfiel, wurde vergessen, von der Entwicklung überholt – und so weiter. *Aber*: da wurde doch durchge*spielt*! Da wurden *Spielarten* entwickelt. Da war alles angelegt auf die spielerische Entwicklung allerverschiedenster Spielarten, da war, da ist also bei fortgesetzter Evolution reichlich Spielraum vorgegeben, SpielRaum, und da sollte der Gedanke völlig fern liegen, es könnte eine Instanz geben, die das Spiel macht, das Spiel zumindest einleitet? Für solche Gedanken ist in unserer Zeit kein Platz mehr, da muss man in der Vergangenheit Anleihen machen, muss, doch mal wieder, den *Deus ludens* heranzitieren. Erscheint mir immer noch sympathisch, als Vorstellung: ein Superkombinatoriker mit deutlich ausgeprägtem Spieltrieb, mit gelegentlichem Anflug von Humor, von Witz, fallweise in bester Spiellaune: Blüte in Falterform, an meterlangem Stängel in den Luftraum gestreckt von einer Baumkrone aus, in tropischer Brise schaukelnd, damit Flugbewegungen suggerierend, und schon taucht ein ähnlich gestalteter Schmetterling auf – etcetera … Typisches Produkt eines *Deus ludens*? Fortgesetztes Gedankenspiel … Ich mache es, fürs Erste, zur geheimen Verschluss-Sache, will mich nicht vor der Innung blamieren.

FAHRT NACH BONN, zum Botanischen Institut der Universität, stundenlanges Gespräch mit Wilhelm Barthlott, zum Beispiel über Frau Merians höchst verwunderliche Darstellung einer Wasserhyazinthe – das Stichwort wird später fallen. Schließlich gehen wir hinüber zum Botanischen Garten, der bereits geschlossen ist, ich folge Barthlott durch Gewächsschauhäuser, die ich schon durchstreift hatte, und durch Treibhäuser, die mir bisher verschlossen waren. Und bald schon sind mir die Hände, dann die Arme mit exotischen Gewächsen gefüllt, bis wir, gemeinsam, eine Plastiktüte suchen in einem Arbeitsraum.

Eine der Reliquien, die mir besonders wichtig werden: ein

junger, ein frischer Spross von Cynanchum marnierianum, der in jedem Detail aussieht wie ein blattloser, dürrer Ast: Mimikry! Bis in kleinste Details ist die Tarnung perfektioniert: mit Ansätzen, vernarbten, zu Seitenästen, mit kleinen Abweichungen von der Wuchsrichtung, mit haptischer Oberflächengestaltung, kurzum, mit allen Kennzeichen eines dürren, ungenießbaren Astes, der sich, hängend, auch noch in einer anderen Hängepflanze versteckt. Entsprechend spät erst wurde die Pflanze entdeckt, auf Madagaskar: in den sechziger Jahren des 20. Jahrhunderts. Ich stecke das Ästchen in die Brusttasche meines Hemds, trage es, wahrhaftig, auf dem Herzen.

Dann der Höhepunkt dieser privaten Führung: Barthlott zeigt mir, was ich sonst übersehen hätte, auf der Humusfläche: eine Blüte der Aristolochia arborea, die ich zuvor nur auf einem Farbfoto gesehen hatte. Mein Enthusiasmus wird belohnt: mit dem Taschenmesser schneidet er mir auch diese Blüte ab (die sowieso bald verwelken wird), und da liegt sie auf meiner Handfläche, ich kann die Pilzattrappe mit der Fingerspitze berühren. Und höre eine erstaunliche Story: Von dieser Attrappe wird, wie ich das schon gelesen habe, eine Pilzmücke angelockt; sie kriecht um den weißen Scheinstiel herum und gerät in die Öffnung eines Höhlengangs, der unausweichlich hinein und hinunterführt in ein schlauchartiges Gefängnis unter oder hinter der Blüte im Fall-Laub; in diesem Behälter muss die Pilzmücke etwa zwei Stunden lang verharren, bis sie genügend eingepudert ist mit Pollen, dann öffnet sich, von einer Molekular-Uhr gesteuert, dieser Behälter, die Pilzmücke gelangt ins Freie, kann beginnen mit der unfreiwilligen Verteilung von Pollen.

Zurück im Eifelhaus lege ich diese Wunderblüte auf einen Unterteller, mit Wasser, schaue mit der Lupe immer wieder in die Blütenöffnung, starre auf den imitierten kleinen Pilz, der sich weiterhin fest anfühlt. Ich trinke der Blüte zu.

UND FORTGESETZTER INFORMATIONSVERZEHR ... Stellvertretend für weitere Informationen, die auch mit Blick auf die Merian relevant wären, relevant sein könnten, erwähne ich hier nur noch eine Rezension, die ich ausgeschnitten und in die Merian-Sammelmappe gesteckt habe.

In der *FAZ* besprach Cord Riechelmann die Neuerscheinung *Nabokov's Butterflys*. Hier prägte sich ein: Es gibt eine Raupe, die nicht nur eine Blattform nachahmt (was häufiger vorkommt), sondern eine Blattform, die »durch Schattierungen auch noch Raupenfraß« vortäuscht. Das ist die Krone! Um nicht von einem Vogel gefressen zu werden, ahmt eine blätterfressende Raupe ein Blatt nach, das von einer Raupe angefressen wurde! Das ist ja schon Mimikry in dialektischem Zirkelschluss! Und tief durchatmend lese ich erneut: »Viele Imitationen haben etwas Unnötiges, übertreffen sie doch das Unterscheidungsvermögen ihrer Fressfeinde bei weitem. Nur mit ›natürlicher Auslese‹ und dem ›Kampf ums Dasein‹ lassen sich viele Erscheinungen in ihrer Aufwendigkeit nicht erklären. Neben dem Begriff des Nutzens muss noch ein Prinzip des zweckfreien Spiels treten.«

Das muss ich auch optisch hervorheben, denn hier sehe ich, unerwartet, eine Vermutung bestätigt: *Ein Prinzip des zweckfreien Spiels.* Danke, kommt mir wie gerufen!

EIN GESPRÄCH im Arbeits- und Büroraum eines Lepidopterologen – aufeinander gestapelte und nebeneinander abgelegte Schmetterlingskästen auf einem großflächigen Arbeitstisch; neben dem Binokular ein kleines Radio, das unser Gespräch grundiert. Ich wage mich schließlich doch vor auf das heikle Gebiet der Evolutionsbiologie und deute an, dass mir etliche Entwicklungsformen so phantastisch erscheinen, dass ich am liebsten wieder den griechischen Weltenschöpfer, den Demiurgen aus der Remise holen würde, dass ich, noch eher, an einen –

»Nein, nein, nein, alles Statistik!«, ruft er mir zu, hin und her gehend vor der wandlangen, wandhohen Handbibliothek, »alles Statistik!« Er hat meine Frage schon kommen sehen, er weiß, worauf ich hinauswill, er kennt so was, aber ich soll ihm glauben: Auch die phantastischsten Formen sind Ergebnisse einer jahrmillionenlangen Entwicklung.

Ich hole aus, um einige der Wunder zu nennen, die sich doch nicht einfach so von selbst und wie nebenher ergeben haben können! Dass ein Falter die Form einer Hornisse annimmt, um abschreckend gefährlich auszusehen, dass der Hornissenschwärmer im Flug sogar das typische Hornissenbrummen von sich gibt … Dass sich der Himmelblaue Steinklee-Bläuling nach dreimaliger Häutung von der Fraßpflanze fallen, blindlings auf den Boden fallen lässt und darauf ›wartet‹, von einer Ameise entdeckt zu werden und nach stundenlangem Beschnüffeln wird die Raupe adoptiert und in den Ameisenbau geschafft, wird dort den Winter über gefüttert und belohnt die Ameisen dafür mit süßem Sekret … Oder dass ein Insekt (Name leider vergessen) die Form, die Gestalt einer Biene annimmt, erstens, dass sie zweitens einen für andere Bienen verlockenden Geruch verströmt, der ihm den Zugang zu einem Bienenstock ermöglicht, dass es, drittens, sogar das Geräusch einer Bienenkönigin nachahmen kann, um gleich darauf rundum bedient und mit süßen Häppchen gepäppelt zu werden …

Auch das, auch das: Ergebnisse statistischer Entwicklungen über Jahrmillionen hinweg! Es werden die verschiedensten Spielarten entwickelt, und die Formen, die das Überleben der Art ermöglichen, die setzen sich durch, alles andere verschwindet im Lauf der Zeit. Wenn es einem Bienenstockräuber nicht gelingt, eine spezifische Duftnote zu entwickeln, wird er von der Torwache des Bienenstocks sofort umgebracht. Und wenn es nicht gelingt, das spezifische Geräusch einer Bienenkönigin nachzuahmen, findet kein Hegen und Pflegen statt.

Aber woher weiß der Bienenstockräuber denn, welche Duftnote die richtige ist? Woher weiß der Bienenstockräuber überhaupt, was für ein Geräusch eine Bienenkönigin erzeugt, und der Eindringling trifft von vornherein den richtigen Ton? Das sind doch vorsätzliche Signalkopien!

Nein, da wird nicht ausbaldowert und imitiert, das sind alles statistische Entwicklungen zur überlebensfähigen Art. Tausende von potenziellen Bienenstockräubern sind getötet worden, weil sie nicht den rechten Duft mitbrachten, und die eine Art, die hier die rechte olfaktorische Eintrittskarte entwickelt hat, die überlebt, die kann sich fortpflanzen. Solche Entwicklungen konnten ja ruhig ein paar Millionen Jahre dauern! Dann funktioniert es schließlich aber auch.

Ja? Ist damit wirklich alles erklärt? Oder –

VOM (GEMIETETEN) FERIENHAUS IN ZEELAND ein Abstecher ins nahe Belgien, nach Knokke-Heist, am Rand des Naturreservats »Het Zwin«: »De Vlindertuin«, ein Schmetterlingsgarten. Ein kühler, feuchter Septembertag und jäh das schwüle, feuchte Treibhausklima. Plattierte oder kiesbestreute Pfade; ein Brückchen; ein Winzling von einem entengrützengrünen Teich; ein Miniaturwasserfall; Büsche, kleine Bäume; Blüten, Bananen. Und überall Falter: durch den Luftraum fliegend, an der Gazefläche unter dem Treibhausdach hängend, mit ausgebreiteten Flügeln auf Blättern sitzend, mit hochgeschlagenen Flügeln auf Blüten, Rüssel in Kelche einfahrend; Schmetterlinge auf halbierten Bananen, Schmetterlinge auf Kleidungsstücken, Schmetterlinge auf Blüten, von Kindern in Scout-Uniformen getragen – das muss natürlich gleich geblitzt werden.

Erst beim zweiten Rundgang im mittlerweile fast wieder menschenleeren Schmetterlingsgarten gewinne ich so etwas wie Überblick, erkenne einzelne Exemplare wieder. Etwa drei Dutzend Arten sind es, so lese ich zwischendurch auf einer Informationstafel, und all diese Falter scheinen auszuschlüpfen in Kästen aus Holz und feinstem Maschendraht; dort liegen Kokons, liegen Verpuppungskammern aufgereiht zwischen sehr schmalen Trennleisten. Eine Reihe von Verpuppungskammern auch unter dem Kastendeckel hängend. Manche sehen aus wie aufgerollte Herbstblätter, manche wie modellierter Nasenpopel, andere wie eng gewickelte, mehrfach taillierte Weinblätter. Eine kleine englische Firma, so wird mir erzählt, verschickt

schlupfreife Verpuppungskammern, so muss in Schmetterlings-
gärten nicht die gesamte Metamorphose vom Ei über die Raupe
und die Puppe zum Falter reproduziert werden, dabei würden
die Raupen zu viel Blattgrün wegfressen, die Gärtner hätten
übermäßig viel zu tun, also kauft man Verkürzung des Ablaufs
ein. Vielfalt, die organisiert ist im Fortsetzungsabonnement.

Einer der Falter arbeitet sich aus der scheinbar aufgeplatzten
Kammer heraus, legt aber wiederholt Pausen ein. Einige offenbar frisch geschlüpfte Falter reglos am sehr feinen Maschendraht; die werden wohl erst am nächsten Tag freigelassen. Fast
verwirrend die Vielfalt. Ein Falter mit beinah oszillierendem
Grün in breiten Schrägstreifen auf Flügeln, die im Umriss
denen des Segelfalters gleichen; Schmetterlinge, handteller-
groß, mit chamoisweißen Flügeln, wie japanisches Seidenpa-
pier, und delikater brauner Zeichnung; Falter in Schwarz und in
Rot, und das samtige Schwarz betont das leuchtende Rot, das
leuchtende Rot betont die samtige Schwärze. Schmetterlinge
mit einer Flügelspannweite, wie sie beispielsweise auch Pfauenaugen zeigen, und Schmetterlinge, die ungefähr so groß sind
wie die kleinen Fledermäuse, die um das Eifelhaus herum-
schnellen, umherzucken. Sehr unterschiedlich auch der Flugstil:
manche bewegen sich mit raschen, beinah flirrenden Flügelschlägen scheinbar zielstrebig geradeaus, andere fliegen in wellenförmigen Linien, mit langsamen Flügelschlägen. Und Falter
umfliegen mich in Linien, deren Verlauf sich nicht vorhersehen
lässt, sie wechseln dauernd, scheinbar spielerisch, die Flugrich-
tung, die Flughöhe, das scheint entspannte, zweckfreie Bewegung zu sein, und die narrt mich, foppt mich: ich will solch
einen Falter genauer sehen, aber mit seinem Gaukelflug kommt
er mir nah und entzieht sich zugleich. Mir wird etwas vorgegau-
kelt ... Gaukler der Lüfte ... Nun ist das nicht mehr ein Wort
mit Varianten, nun ist das Seh-Erfahrung: umgaukeln mich in
dieser Luft mit hoher Luftfeuchtigkeit und etwa dreißig Grad
Raumtemperatur. Setzen sich auf Blüten, auf Blätter, heben ab,
fliegen, gaukeln, umgaukeln ... Andere setzen sich, dankenswerterweise, auf eine Blüte, senken das ausrollbare Rüsselröhr-

chen tief in den Blütenkelch, und ich kann schauen, betrachten. Schmetterlinge, wie ich sie bisher nur auf Bildschirmen oder in Büchern gesehen habe, sie kann ich hier, vielfach sogar in Augenhöhe, ›studieren‹: das Eintauchen des gestreckten Rüsselfadens ins Blüteninnere, wie ein Sondierungsbohren, und rasch diese Saugpipette herausgezogen und in die nächste Blüte gesenkt, in voller Länge. Selbst wenn ich sehr nah herangehe – die Falter lassen sich nicht stören. Einer setzt sich sogar auf meinen Hemdsärmel. Noch sehr viel lieber fliegen die Falter die Bananenstaude an: Schmetterlinge mit großen, hellbraunen ›Augen‹ auf der dunklen Unterseite der Flügel, die sie meist hochschlagen.

Ich habe keine Namen für diese Schmetterlinge. Eine Schautafel bietet mir die Bezeichnungen an, Identifizierungen sind über die Farbfotos leicht möglich, aber es sind die offiziellen lateinischen Namen, die prägen sich nicht ein. Jedoch: Die Vielfalt wird evoziert auch durch die Vielzahl der Namen.

Nach erster Aufregung und Verwirrung werde ich immer ruhiger im Betrachten von Faltern auf Blüten, auf Blättern, auf Gaze, lasse Farben einwirken in meine Erinnerungssubstanz, ich möchte die Farben jederzeit wieder aus dem Gedächtnis abrufen können als Farbausbeute. Das intensive Rot oder das beinah oszillierende Grün: lösen sich von Flügelformen ab, werden zu Schwebefarben, Gaukelfarben, Flatterfarben, auch zu bewegungslos dargebotenen Farbflächen, an denen ich mich satt schaue. Und farbgesättigt verlasse ich die kleine, künstliche Welt.

FORTSETZUNG DES GEDANKENSPIELS, das den Wintergast zum Abgesandten der Merian erklärte. Ja, solch eine Auslegung bietet sich an, drängt sich beinah auf: habe ich an einem Wintermorgen im Eifelhaus etwa eine Stunde weitergearbeitet an diesem Buch, so höre ich zwischen Holzwand und Heizkörper das Rascheln schneller Flügelschläge – schon kommt der Falter ans Tageslicht, fliegt hoch zur Fensterscheibe, beginnt mit dem

Ausbruchversuch in einen falschen Frühling, vor dem ich ihn schütze. Ich frage mich, wie mein Zimmergenosse dieses Wechselleben überstehen soll, im Frühjahr wird sein wiederholt gestörter Winterschlaf nicht ausreichen, aber: Wie kann ich ihn schützen vor Winterschlafstörungen? Da wird jeweils Stoffwechsel aktiviert, der bei seinem Kollegen im Keller auf null gestellt ist. Zuweilen kommt es mir so vor, als werde das Pfauenauge bei seinen Fensterflügen, bei seinem Erkundungskriechen taumelig. Einmal sogar glaube ich, es setze Todeszucken ein, aber kurz darauf erweist er sich wieder als putzmunter, bestürmt die Fensterscheibe, hinter der sein Tod lauern würde. Denn er fände wohl kaum rasch genug ein neues Winterquartier.

Ich sage mir, dass dieses Kriechen und Flattern Energie verbraucht, die im Winter-Energiehaushalt nicht vorgesehen ist, also kommt ein Tropfen provenzalischer Honig auf die Fenstersprosse, auf der er sich niedergelassen hat, nun wieder mit hochgeschlagenen Flügeln; ich deponiere das Mini-Deputat eine Fingerlänge vor den Fühlern, die den Duftstoff eigentlich, falls sie im Winter nicht neutralisiert sind, wahrnehmen müssten, aber: keine Reaktion. Daraufhin biete ich als Ausweichquartier den Flur an, der nicht beheizt werden kann, lasse im Arbeitszimmer die Holzjalousie herab, halte stundenlang die Zimmertür offen zum jetzt helleren Flur, aber auf diese Offerte geht mein Pfauenauge nicht ein, klammert sich wieder an der Wand fest, hinter dem Heizkörper, ausgerechnet hinter dem Heizkörper. Also will er mir offenbar Gesellschaft leisten beim Schreiben eines Buchs über eine Frau, die in solchen Erscheinungen jeweils das Endphänomen einer Metamorphose sah. Stumme Supervision?

Gedankenspiel an der Grenze des Obskuren, ich weiß. Deshalb weiche ich, einen Filmproduzenten zitierend, ins Englische aus, modifizierend: Merian's spirit seems to have been watching over the production.

Nach einer erneuten Arbeitsphase in Berlin schaue ich, in die Eifel zurückkehrend, im Arbeitszimmer sofort nach dem

›Abgesandten‹ und wäre aus Versehen fast auf ihn getreten: hat sich eine Handbreit neben dem linken hinteren Bein des Stuhls am Arbeitstisch niedergelassen, die Flügel wieder hochgeschlagen. It was an auspicious and extraordinarily generous gesture … Um ihn vor unachtsamen Bewegungen im Arbeitsrausch zu schützen, lege ich das Universalwörterbuch der Firma Duden schützend zwischen Falter und Stuhlbein.

Fortsetzung der Arbeit. Gelegentlicher Kontrollblick. Im wieder geheizten Zimmer breitet er schon mal die Flügel aus, und ich kann die vier Augen auf einen Blick nachzählen, dann schlägt er sie gemach wieder hoch und setzt den Winterschlaf fort. So hebe ich ihn, in einer der Ruhephasen, schließlich doch auf, bringe ihn die Kellerstiege hinunter, setze ihn, in der Nähe eines Kollegen, auf ein Brett, und er heftet sich sofort an, kippt nicht einfach um, wie befürchtet. Die stark wechselnden Temperaturen wären für ihn auf Dauer schädlich gewesen, das allzu nahe Stuhlbein hätte ihn unmittelbar gefährdet. Nun muss ich weiterschreiben ohne mittelbare Assistenz durch Falterpräsenz.

AUF
NACH
AMSTERDAM!

Ein Theatrum, ein Schauraum und Schauplatz mit Sammel-
stücken eines Naturkundlers. Ein skurriles Bild mit authen-
tischen Details: die runden Spanschachteln; dominierend,
auch hier, die (überdimensionierte) Raupe; ein Wandregal mit
Präparaten. Und: Oh, was ist denn das?! Natürlich (noch!) ein
Falter.

SOMMER 1691! Mutter Merian und ihre Töchter wieder auf einer Treckschute; diesmal fahren sie südwestwärts. Hinter ihnen Friesland, doch nun wird ein neues Leben beginnen ...

In den Reisepapieren wird Maria Sibylla höchstwahrscheinlich noch immer Frau Graff sein, aber sie wird, wohl ohne Rücksprache mit einer Behörde, zu ihrem Mädchennamen zurückkehren, wird sich, zur Vereinfachung der Angelegenheit, als Witwe bezeichnen – so rasch, so leicht konnte man zu jener Zeit Personalien nicht überprüfen ... Der Mann war ohnehin für sie gestorben, also legte sie auch seinen Namen ab.

Die Töchter werden ihrem Beispiel folgen. Also: Maria Sibylla Merian, nun 44. Johanna Helena Merian, nun 23. Dorothea Maria Merian, nun 13. Aufregung beim Mädchen und bei der jungen Frau? Jenseits des flachen Horizonts die größte und reichste und wohl auch lebendigste Stadt der Vereinigten Niederlande!

Und wie viel ist jetzt schon zu sehen! Boote, Kähne, die entgegenkommen ... Gasthäuser der Zwischenstationen, an denen jeweils das Pferd gewechselt wird ... Die Tische bereits gedeckt, eine warme Mahlzeit servierbereit ... Gespräche, am langen Tisch im Boot geführt, sie werden hier – von Bier, womöglich von Wein belebt – fortgesetzt, die »Kaufmanns-, Kriegs-, Disputations-, Haushaltungs- oder anderen Diskurse«, wie Happel schreibt.

Ja, wie mag Mutter Merian sich fühlen? Ebenso gespannte wie bange Erwartung? Wird das Experiment gutgehn nach einem halben Jahrzehnt gestrengster Selbstbescheidung, spiritueller Selbstkasteiung?

AMSTERDAM! WIE SAH DIE STADT DAMALS AUS? Jan van Kessel II hat zahlreiche Bilder gemalt und noch mehr Zeichnungen angefertigt, die uns eine genauere Vorstellung vermitteln von jenem Land zu jener Zeit, von seinen Dörfern, Städtchen, Städten. Was Jan van Kessel fasziniert haben muss (oder was Bildkäufer besonders gern sehen wollten), das waren Bleichwiesen vor Städten und Dörfern. Immer wieder, aus der Vogelperspektive, die Wiesen mit langen, weißen Bahnen von Leinenlaken, Leintüchern – stets parallel gereiht.

In der Synopse seiner Bilder ist Amsterdam eine überaus ›malerische‹ Stadt. Windmühlen an der Amstel; Maste von Segelschiffen jenseits einer der Schleusen; hohe Bäume mit weiten Kronen vor spitzgieblingen Bürgerhäusern in dichter Reihung; kleine Verkaufsstände für Spaziergänger; Brücken steil hinauf und steil hinab; Häuser mit gestaffelten Fassadengiebeln, Balken für Flaschenzüge; gelegentlich Holzbauten, die in eine Gracht hinausragen; prachtvolle Kirchtürme, weit ins Land hinaus das Stadtbild charakterisierend.

Doch zahlreich die Veränderungen! Eins der Stadttore, die Heiligewegspoort, wird abgerissen, im Zuge der Erweiterungen, der Umgestaltungen der Stadt. Und Baugerüste, allenthalben Baugerüste. Und eine Ramme, von einem Menschentrupp betätigt: Stämme werden in den weichen Baugrund geschlagen, vor dem Bau des Rathauses, das später als achtes Weltwunder gefeiert und entsprechend oft gemalt wird. Eine Großstadt in erneutem Aufbruch – dies dürfte auch das Lebensgefühl des Merian-Trios beflügelt haben.

ZWISCHENNOTIZ. Descartes schreibt aus Amsterdam an einen Freund: »In dieser großen Stadt, in der es außer mir niemanden gibt, der nicht Handel treibt, ist jedermann so scharf auf seinen Profit, dass ich mein ganzes Leben dort verweilen könnte, ohne von irgend jemandem bemerkt zu werden. Ich spaziere alle Tage mit eben so viel Freude und Behagen durch das Gewoge einer großen Menge wie Sie durch Ihre Alleen.«

NUN SUCHTEN UND FANDEN Mutter und Töchter neue Lebensformen in Amsterdam. Sie mussten sich umstellen: nach der abgeschirmten Kommune die weltoffene Stadt … Nach den gleichförmigen, den geregelten Abläufen zu Waltha das Leben wieder selbst organisieren …

Was könnte Maria S. Merian als Erstes unternommen haben? Wahrscheinlich hat sie Verbindungen aufgenommen, Kontakte gesucht – schließlich war sie angewiesen auf Umsätze, Einkünfte, wobei sicherlich die Töchter halfen. Kleines Modell der Frankfurter Offizin nun im Dreifrauenhaus oder in der Dreifrauenwohnung in der Vijzelstraat: Es wird gezeichnet, es wird aquarelliert, es wird verkauft, es werden Aufträge akquiriert. Sicherlich wird auch der Farbenhandel wieder aufgenommen: Direktimporte weitergeleitet. Es wird mit Insektenpräparaten gehandelt, zum Teil wohl schon in Wieuwerd verkaufs- oder versandfertig gemacht. Kundschaft musste sie wohl erst einmal im deutschen Kleinstaatenbereich suchen, in Reichsstädten wie Nürnberg und Frankfurt.

Sie scheint aber auch in Amsterdam eine besondere Fähigkeit entwickelt zu haben, mit wichtigen Personen in Kontakt zu kommen – nach den Patriziern und Gelehrten in Nürnberg nun der Bürgermeister und einige wohlhabende Sammler. Ein Besucher, Uffenbach, bezeichnete sie (später) als »gar muntere und sehr höfliche, manierliche Frau«. Manierlich kann hier nur bedeuten: eine Frau mit Manieren, mit guten Umgangsformen. Die waren in ihrer Position auch notwendig.

EIN SCHON BERÜHMTER MANN reiste nach Frankfurt, wollte bei dieser Gelegenheit der mehr als ortsbekannten Frau Merian seine Aufwartung machen, erfuhr, dass sie mittlerweile in Amsterdam lebte, besuchte dennoch die Stätte ihres Wirkens, besichtigte (so lese ich bei Eric J. Aiton) ihre Sammlung, schaute sich die beiden (hoffentlich kolorierten) Bände ihres Raupenbuchs an. Ich halte den Namen der Zelebrität noch ein wenig zurück, will erst einmal stichwortartig hervorheben, womit man sich zu ihrer Zeit als Wissenschaftler, Philosoph und Bürger beschäftigen konnte in einem freilich unvergleichlich breiten, selbst barocke Maßstäbe sprengenden Spektrum.

Bevor dieser Mann von fünfundvierzig Jahren nach Frankfurt kam, hatte er in einer Denkschrift ein Modell für die Wahl des neuen polnischen Königs entwickelt und einen (damals ja auch dringend erforderlichen) Geheimplan zur Erhaltung des Friedens in Europa, hatte, in der Chronologie seines Wirkens, eine Rechenmaschine konstruiert, in einem Prototyp, hatte teilgenommen an der Weiterentwicklung des Mikroskops, hatte dazu Fachgespräche geführt mit Leeuwenhoek, hatte mit Spinoza diskutiert, hatte sich in Denkschriften geäußert zur Ordnung von Bibliotheken, wollte sich nicht länger zufrieden geben mit den weithin üblichen Angaben wie »links vom Fenster« oder »rechts von der Türe«, aber genauso wichtig waren ihm eine effektive Wollverarbeitung und die Gewinnung von Gold aus Silber, wobei er auf ein Destillat von Urin setzte, das er fässerweise aus einer Kaserne kommen ließ, doch es entstand auch bei ihm kein Gold, dafür aber Phosphor, immerhin Phosphor, und er konzipierte die Quadratur eines Zykloidsegments, was ich nicht weiter erklären kann, es geht ja auch nur um Stichworte, und das nächste lautet: Denkschriften über die Reformen der Stadtverwaltung, über die Organisation von Archiven, über die Verbesserung landwirtschaftlicher Anbaumethoden, über den Abbau von Mineralien, wobei er betonte, man wolle und dürfe späteren Generationen nicht all diese Rohstoffe wegnehmen, und er beschäftigte sich ebenso zukunftsweisend mit Windmühlen, die aber nicht Getreide mahlen, sondern Wasser aus Bergwerken abpumpen sollten, zusätzlich zur Wasserkraft, die ebenfalls Pumpwerke antrieb beim Sümpfen von Bergwerksstollen, in die er inspizierend hinabstieg, und kaum war er wieder oben, kümmerte er sich um seine Windmühlen, ließ sie auf Probe laufen, wurde dabei vor allem vom Wind enttäuscht, da hatte er sich ausnahmsweise nicht kundig gemacht in der Harz-Region, dafür äußerte er sich aber kompetent zur Wiedervereinigung der beiden Kirchen wie zu Erleichterungen beim

Transport von Kanonen, schrieb nebenbei lateinische und französische Gedichte, aus gegebenen Anlässen, dachte öffentlich nach über Vorteile der Textilindustrie und über das Bergrecht und wie man mit komprimierter Luft Energie übertragen könne, nur fehlten ihm druckfeste Rohre für die Druckluft, also wurde Hirnkapazität frei, und er konnte eine weitere Denkschrift verfassen, diesmal zur Verbesserung der Organisation und der Moral in der Armee, wobei er vor allem auf Sport setzte und auf nützliche Arbeiten in Friedenszeiten, speziell beim Trockenlegen von Sümpfen, beim Bau neuer Festungsanlagen, woraus sich wiederum eine politische Satire ergab auf den eroberungssüchtigen französischen König, der, als »Mars christianissimus«, wiederholt die europäischen Verhältnisse aufmischte, wofür er nun verbal abgestraft wurde, und anschließend wurde begonnen mit der Geschichte des Hauses Braunschweig-Lüneburg, streng nach Quellen, damit neue Maßstäbe setzend, was ihm aber auch bei der Infinitesimalrechnung gelang und bei der Berechnung der Bewegungen von Planeten, womit, bis zu diesem Zeitpunkt, bereits klar sein dürfte, wer der hohe und angesehene Besucher war, nämlich Johann Georg Leibniz persönlich, den nun auch die Verwandlung, die Metamorphose von Raupen und Larven in kriechende oder krabbelnde oder fliegende Insekten interessierte, leider in Abwesenheit der Frau, die ich gern in einem Gespräch mit Leibniz imaginiert hätte.

LEIBNIZ, DER UNIVERSALIST, der Generalist und die Sammlung der Frau Merian – da stellen sich einige Fragen. Hat sie eine Frankfurter Stadtwohnung behalten? Hat sie ihre Wohnung weitervermietet, sich jedoch ein Zimmer vorbehalten für ihre Sammlung – so etwas wie ein Frankfurter Depot? Oder: wie eine Auslieferungsstelle für Präparate und Druckgraphiken, und einer aus dem Merian-Clan übernahm hier die Vermittlung? Falls es so etwas gab, unter Federführung von Matthäus Merian junior oder einem seiner Familienangehörigen – was mochte in diesem MSM-Raum deponiert worden sein? Was hätte das Interesse immerhin eines Leibniz wecken können? Das waren bestimmt nicht bloß Herbarblätter und getrocknete Käfer und Falter auf Nadeln. Waren es die Druckgraphiken? Die Blumenfaszikel und das Raupenbuch in zwei Teilen hätte Leibniz allerdings auch woanders sehen können, er hatte schließlich Verbindungen, Beziehungen zu großen Bibliotheken, über deren Neuorganisation er ja wiederholt nachdachte. Die Publikationen allein werden ihn wohl kaum in das kleine Reich der abwesenden Maria S. Merian gelockt haben. Also doch eine veritable Sammlung – zu groß, um in die Niederlande mitgenommen zu werden? Die gelegentlich erwähnte Sammlung der Merian – leider nur ein Stichwort.

Ich lasse es noch nicht verfallen. Nahe liegend die Vorstellung, dass sie nun in Amsterdam eine zweite, eine weitere Sammlung anlegt oder ihre Sammlung von Waltha systematisch erweitert – die reichen Angebote, auch hier, der Weltstadt. Das stimulierende Grundgefühl wacher Stadtbewohner: Hier kommt alles zusammen …! Hunderte von Handelsseglern mit Kurs auf Amsterdam, im Lauf eines Geschäftsjahres …! Riesige Warenspeicher …! Den allergrößten Warenspeicher hatte die VOC angelegt … Waren vor allem aus den Anrainerländern der Ostsee, Waren »von ons Indie« im Kolonialimperium von »Oranje-Blanje-Bleu«. Ich folge einer Aufzählung von Weidemann: Pfeffer und Nelken aus Sumatra, Vanille und Zimt aus Ceylon, Baumwolle aus Bengalen, Parfüm und medizinische Pflanzen aus Arabien, Seide, Tee und Porzellan aus China und Japan, Zucker aus Java und, über die Schwestergesellschaft, die WIC, Rohzucker aus Surinam, für einige der vierzig Zuckerraffinerien, der »Suyckerbackerijs« der Stadt. Amsterdam nicht nur als (damals) führender Umschlagplatz, auch als riesige Lagerstätte. Diderot bezeichnete die Stadt sogar als »Warenlager des Universums«. Dieser Waren-Universalismus schien Entsprechungen gefunden zu haben in den Universalsammlungen reich gewordener Fernhändler, in den »begehbaren Enzyklopädien« ihrer Kollektionen, die dekorativ oder unter Leitbegriffen geordnet waren. Die neue

Mitbewohnerin dieser Stadt wird Gelegenheit erhalten, solche Sammlungen zu besichtigen: die des Pathologen Ruysch, die des Bürgermeisters Witsen. Weitere Namen kommen hinzu.

DASS EINE SO PROMINENTE PERSÖNLICHKEIT wie Leibniz sie besuchen, sie sprechen wollte, lässt darauf schließen, dass sie bekannt war – zumindest in Zirkeln, die man heute als Fachkreise bezeichnen würde. Ihre Bekanntheit verdankte sie auch ihrem Medium: der Druckgraphik.

Neue Gemälde waren zwar, zum Teil, bei Kunsthändlern und auf Messen zu sehen, aber danach gingen sie in Privatbesitz über, wurden an Wände mit oder ohne Ledertapeten gehängt. Und Gouachen, Aquarelle, Zeichnungen wurden in Schubfächern aufbewahrt, die nicht für jedermann geöffnet wurden. Selbst ein Dürer, ein Raffael, ein Rembrandt – sie wurden zu Lebzeiten vor allem durch ihre Druckgraphik zu europäischen Berühmtheiten.

Die Merian hatte also von Anfang an das richtige Medium gewählt. Ihre postkartenkleinen Gouachen auf Pergament waren für Sammler bestimmt, die sich für Naturkunde oder gar Wissenschaft, für angewandte oder gar freie Kunst interessierten. Die wenigen Stillleben aus ihrer Hand: auch nicht öffentlich präsent. Dagegen die Druckgraphik: das Blumenbuch, das Raupenbuch, später das Surinambuch – für den freien Markt bestimmt. Die Auflage solcher Bildbände war nicht abhängig von der Konsistenz des Bleisatzes, sondern von der Resistenz der Kupfertafeln. Es ist allerdings nicht bekannt, dass die Merian abgenutzte Kupfertafeln nachbearbeitet oder gar durch Kopien ersetzt hätte, es scheint bei kleinen Erstauflagen geblieben zu sein. Aber (hoffentlich: stolze) Besitzer ihrer Bücher konnten die ihren Freunden, Bekannten, Besuchern zeigen. Also war hier Distribution, und die schuf Reputation.

WIE ES IN DER WERKSTATT eines florierenden niederländischen Kupferstechbetriebs aussah, das zeigt eine Arbeit, die in

einem Kupferstichkonvolut des Jahres 1638 veröffentlicht wurde, von Joannes Galle in Antwerpen.

Ein großer Raum, der sich, mit weitem Durchgang, in einen
zweiten Raum öffnet. Im Raum vorn wie im Raum hinten
wird an Tiefdruckpressen gearbeitet: vier mächtige Sprossen
jeweils, die gezogen und mit einem Fuß geschoben werden.
Ein Arbeiter kontrolliert den Durchlauf der Platte unter der
Walze. Ein weiterer Arbeiter hängt, im Bildhintergrund,
druckfrische Graphiken zum Trocknen auf – in drei Reihen
hängen sie an Stangen, parallel zur Wand. An einem Werk-
tisch mit Schubladen hockt ein Mann, Brille aufgesetzt. Mit
der rechten Hand presst er die Holz- und Kupfertafel an die
Brust, mit der linken führt er den Stichel. Ein Kind schaut zu,
ein zweites kommt heran. Ganz vorn scheint ein Junge eine
Tafel zu kopieren: hält seine Kupferplatte schräg an den Leib
gepresst, in Gürtelhöhe, führt den Stichel. An einem Werk-
tisch in der Mitte des Raums wird eine Platte poliert, wird
eine Platte auf einem flachen Kasten abgelegt.

ES WAR EINE ZEIT BEDEUTENDER ERFINDUNGEN, zu-
kunftsweisender Entwicklungen. Man begann die Welt mit
neuen Augen zu sehen. Wichtigstes Hilfsmittel: Linsen. Hier
wuchs der Bedarf: Linsen für Mikroskope, Linsen für Teleskope, Linsen für Lupen.

Und längst schon: Linsen für Brillen. Ein fälliges Stichwort:
die Merian ist nun Mitte vierzig, also dürfte auch sie eine
Brille zur verbesserten Nahsicht brauchen. Keine Zivilisations-
krankheit, ausnahmsweise: die Justierung der Augenlinsen lässt
nach. Also: eine Brille. Dass sie zusätzlich ein Vergrößerungsglas benutzt, wird noch hinreichend dokumentiert. Außerdem
mikroskopiert sie, zumindest gelegentlich.

Ansprüche an Qualität und Leistungsfähigkeit von Linsen
wuchsen. In den Niederlanden wurde das Mikroskop weiterentwickelt, dafür steht vor allem der Name Anthonij van
Leeuwenhoek, mit dem Frau Merian in Verbindung treten
wird. In den Niederlanden wurden auch Fernrohre gebaut,

vor allem für militärische Zwecke: Teleskope für Kapitäne und Kommandeure. Linsenrohre mit größerem Durchmesser, größerer Länge für Astronomen. Wie früh hier die (rasche) Weiterentwicklung einsetzte, soll eine Jahreszahl belegen: bereits 1608, also womöglich noch vor Galilei, entdeckte Simon Marius aus Ansbach die Monde des Jupiters. So lese ich im Katalog des Deutschen Museums zu München, das dieses Teleskop ausstellt, auch zwei Mikroskope von Leeuwenhoek. Die winzigen Monde des unermesslich weit entfernten Jupiter! Mit den ständig weiterentwickelten Geräten wuchs die Zahl der Sterne, nahm der Weltraum (in der Wahrnehmung) an Tiefe zu. Über die Planetensphäre hinaus: kosmische Weite!

Zugleich wuchs der Mikrokosmos ins immer Kleinere, vorher nie Wahrgenommene, da wurde Realität, was zuvor nicht zu existieren schien – beispielsweise Bakterien. Die Perfektionierung der Linsen: beinah zeitenwendender Faktor in der Geschichte der Wissenschaften.

AUCH MIT BLICK auf ihre sicherlich schwierige Finanzlage reaktivierte Frau Merian alte Verbindungen, Beziehungen, schrieb 1692 an Madame Clara Regina Scheuerling, geb. Imhoff. Die einleitende Floskelfolge spare ich aus, komme gleich zum atemlosen Text.

»Viele Jahre sind verflossen, in denen ich nichts von all den lieben Freunden, die ich seinerzeit in Nürnberg gehabt, gehört habe, ich gebe zu, es hat mich erfreut, von denen etwas zu hören oder einiges zu sehen, obwohl ich mich für dessen unwürdig halte, es sollte mir doch die Freundschaft widerfahren, dass ich zuweilen ein paar Zeilen zu Gesicht bekomme, zudem gibt es hier in Holland zahlreiche Raritäten aus Ost- und Westindien, falls jemand gerne so etwas hätte, so würde ich gern dergleichen übersenden, falls ich dafür allerlei Tierchen erhalten könnte, die in deutschen Landen sind, so Schlangen von verschiedenster Art und allerlei Sommervögelein oder Hirschkäfer und dergleichen Tierlein, die Schlangen und dergleichen Tiere tut man in Gläser mit gewöhnlichem Branntwein und macht die Gläser mit Pantoffelholz dicht zu, da erhalten sie sich gut, und wenn man die Sommervögel rasch haben will, so hält man die Spitze der Stopfnadel in ein Licht und macht es so heiß oder glühend und sticht es in das Sommervögelein, dann sind sie alsbald tot, und es bleiben dann die Flügel unbeschädigt, und die Schachteln, in die man sie stecken will, kann man zuerst mit Spicköl bestreichen, dann kommen keine Würmchen hinzu, die sie sonst auffressen, auch wenn jemand verschiedene Samen von indianischen Gewürzen zu haben wünscht, die sind hier ebenfalls erhältlich.«

MARIA S. MERIAN IN AMSTERDAM: sie erweist sich, wieder einmal, als vielseitig. Handelt mit Farben, vermittelt Präparate, zeichnet, aquarelliert, wird sicherlich auch malen, wird unterrichten – sie muss sich eine neue Existenz aufbauen, nach der langen Zäsur von Waltha.

Ihre Vielseitigkeit habe ich von Anfang an bewundert. Erst recht spät fällt mir die Frage ein, ob diese Vielseitigkeit sie *als Person* charakterisiert. Wenn ich sie als vielseitig bezeichne, muss das die Vorstellung wecken: Es war eine Lust für sie, die Ärmel hochzuschieben und zuzupacken … Von Tätigkeit zu Tätigkeit wechselnd, fühlte sie sich in ihrem Element … Nach den Einschränkungen in der pietistischen Lebens- und Arbeits- und Glaubensgemeinschaft erweist sie sich nun als die *wahre* Merian … Oder: Nach den Zwischenjahren der Verpuppung (der Puppenruhe, wie es fachgerecht heißt) entfaltet sie sich.

Dieser Textansatz muss wieder einmal in Beziehung gesetzt werden zum Kontext ihrer Zeit. Das verbindende Stichwort: Geld. Kurzum, wir müssen uns jetzt mal den Finanzen zuwenden.

Die Merian wird mit leeren Händen die Kommune verlassen haben. Womöglich musste sie in Amsterdam erst einmal Kredit aufnehmen – hohe Zinsen waren hier üblich. Aber die Miete für Haus oder Wohnung musste aufgebracht werden, und die Lebenshaltungskosten waren gestiegen. So wird Mutter Merian dort das Geld geholt haben, wo es sich anbot.

Aber, großes ABER: Die Produktion von Stichen, Aquarellen, Gouachen oder Ölbildern brachte nicht genügend Umsatz, schon gar nicht, wenn man neu war auf fremdem Markt. Ein paar Botaniker in Amsterdam werden sie gekannt haben, für die potenzielle Käuferschicht des Kunstmarkts aber wird sie noch kein Begriff gewesen sein, da hatte ihr Name noch keine Aura.

Und selbst, wenn sie unter Sammlern bald registriert worden wäre: Sie hätte vom Verkauf von Bildern allein nicht leben können. Auch nicht von Aufträgen. Der Trend ging eher dahin, sich vom Dreinreden der Auftraggeber zu befreien und für den freien Markt zu produzieren. Davon leben konnten aber nur wenige. Bilder wurden in der Regel schlecht bezahlt. Und es wurde zu viel produziert: Maler stellten Repliken her, Schüler malten Kopien, Fälscher waren fleißig. Etwa 70 000 (so wurde kürzlich hochgerechnet), etwa siebzigtausend Gemälde wurden pro Jahr von »Gildemalern« produziert. Die Preise waren ›im Keller‹. Es sind Zahlen überliefert: dreißig oder zwanzig oder nur zehn Gulden für ein Ölgemälde. Auftraggeber (Malen Sie mir mal diese Aurikeln …) zahlten in der Regel etwas mehr, aber sie wussten, was üblich war, richteten sich danach.

Nun erst mal: Wie hoch lässt sich der Gulden jener Zeit ansetzen? Fachwissenschaft macht es sich hier in der Regel leicht: Man gibt exakte Zahlen an, fragt aber sicherheitshalber nicht nach der Kaufkraft. Wenn ich lese, ein Ölgemälde kostete 28 Gulden, so klingt das beschämend mickrig. Was aber war der niederländische Gulden wert, nach heutigen Relationen?

Einige Zahlen als Eckdaten, als Vergleichswerte. Ein Korporal hatte einen Sold von 15 niederländischen Gulden, ein Feldwebel von 18 Gulden monatlich. Ein Maurer- oder ein Schreinermeister verdiente rund 300 Gulden im Jahr. Ein Angestellter einer Bank bezog ein Jahresgehalt von etwa 650 Gulden.

Auf der »Ausgabenseite«: ein bescheidenes Haus in Amsterdam kostete etwa 7000 Gulden, ein stattlicheres Haus rund 13 000. (Diese Zahlen sind für Rembrandts Häuser überliefert.)

Auf die Kaufkraft des niederländischen Gulden und auf die durchweg geringen Preise für Gemälde lässt sich gleichermaßen rückschließen aus einem notariell beglaubigten Dokument. Frans Hals, meist in roten Zahlen, stand bei seinem Bäcker Jan Ykesz mit 200 Gulden in der Kreide – ein Teil davon als Darlehen! Der Maler konnte diese Außenstände nicht in bar begleichen, er musste verpfänden. Demnach entsprachen zweihundert Gulden: drei Betten, komplett, auch mit Keilkissen; ein Eichenschrank; ein Eichentisch; dazu: fünf Gemälde. Eins von seinem Lehrer Karel van Mander: »Predigt Johannes des Täufers.« Eins von seinem Sohn Harmen: ebenfalls eine »Predigt Johannes des Täufers«. Ein drittes Bild von einem zweiten seiner vielen Söhne. Ein viertes Bild von einem Maler, dessen Name mir nichts sagt. Das fünfte Bild schließlich vom Meister persönlich. Ein Original-Frans-Hals: im Gesamtbetrag inbegriffen.

Aber ich kann hier zwei Zahlen nennen. Das kleinformatige, großartige Portrait, das er von seinem Kollegen Frans Post gemalt hat, es erzielte auf einer Auktion im Jahre 1773 ganze 42 Gulden.

Und eine Zahl aus der Zeit des Frans Hals: für jedes Einzelportrait auf einem der Gruppengemälde von Schützengilden sollte er 60 Gulden erhalten; als man den säumigen Maler zur Vollendung des Riesengemäldes antreiben wollte, erhöhte man das Angebot um jeweils zehn Prozent, vergeblich: der Meister hatte keine Lust mehr. Dabei war dies ein vergleichsweise gutes Honorar.

Erheblich geschickter operierte Rembrandt auf dem Kunstmarkt. In ihrem Buch *Rembrandt als Unternehmer* hat Svetlana Alpers seine Marktstrategien analysiert. Ich kann hier nur eine stark vereinfachende Zusammenfassung anbieten: Rembrandt trieb Preise bewusst in die Höhe, um seine »Ehre«, seine

Reputation als Maler zu fördern. Das bekannteste Beispiel für sein taktisches Verfahren ist das Hundertguldenblatt: auf einer Auktion trieb er den Preis für einen Abzug seiner Kreuzigungsszene hoch auf 100 Gulden, um zu demonstrieren, was seine Kunstprodukte eigentlich wert seien. Ein horrender Preis: hundert Abzüge solch einer Radierung als Gegenwert eines Stadthauses. Umgangssprachlich: Rembrandt pokerte hoch. Wenn er für ein großformatiges Gemälde 500 oder 600 Gulden erhielt, war das ein Spitzenpreis, den er auf dem Markt ertrotzte. Für die »Nachtwache« erhielt er 1600 Gulden.

Andere, beispielsweise sein Schüler Gerard Dou, fanden reiche Herren, die an kontinuierlicher Kunstproduktion interessiert waren und so etwas wie ein Gehalt zahlten. Und Bosschaert erzielte 1621 für eins seiner gefeierten Blumenstilleben einen Spitzenpreis von tausend Gulden. Solche Dimensionen erreicht erst wieder eine Rachel Ruysch.

Bilder der »Feinmalerei« (vor allem von Stilleben!) kosteten viel Zeit. Wie Handwerker anderer Gilden berechneten Maler die Preise von Gemälden oder Gouachen oft nach der Zahl der Arbeitsstunden. Aber damit kamen sie nicht hin, sie mussten zusätzliche Geldquellen erschließen, Nebenerwerbsquellen – die vielfach zur Hauptquelle wurden. Im »Volk der Händler« trieben auch viele Maler Handel. Stiefvater Marrell hatte das exemplarisch vorgeführt: der angesehene Maler war zugleich Kunsthändler, nicht nur mit eigenen Bildern, er handelte auch mit Tulpenzwiebeln. Kein Tausendsassa, kein Hans-Dampf-in-allen-Gassen: hier waren zwingende Notwendigkeiten. Etliche Maler als Blumenhändler, etliche Maler als Woll- oder Weinhändler ... Wie auch immer: Zusätzliche Tätigkeiten waren erforderlich. Das heißt: Vielseitigkeit war nicht nur lebenswichtig, sie war überlebenswichtig. Kann unter solchen gesellschaftlichen Konditionen Vielseitigkeit noch eine Person charakterisieren? Es war dies keine Vielseitigkeit, die sich frei entwickelte, die Vielseitigkeit wurde von der Marktlage erzwungen. Also war sie eher ein Gruppenphänomen.

Folgerung: Maria Sibylla Merian, eigentlich Malerin, Zeichnerin, Stecherin, sie konnte vom Erlös ihrer Bilder bestimmt nicht leben, erst recht nicht in Amsterdam. Deutlicher noch als früher wird sich dies als Handicap erwiesen haben: dass bei ihr das Repertoire an Darstellungsmustern, Darstellungsmethoden sehr gering war, verglichen mit dem Werk anderer Frauen wie Clara Peeters oder Judith Leister, der Schülerin von Frans Hals. Selbst monomane Spezialisten auf dem Gebiet des Blumenstillebens beherrschten die Kunst, auch Vasen aus Kugelglas, geschliffenem Glas, aus getriebenem Silber mit Halbreliefs oder mit Email-Applikationen zu malen, und diese Vasen auf beinah haptisch gestalteten Holz- oder Steinflächen, auf kostbaren Tüchern oder Brokatdecken – sinnliche, sinnlichste Gestaltung von Oberflächen mit Reflexen, Lichtpunkten, Spiegelungen.

Und: Blumenportraits, Blumenstilleben waren seit fast einem Jahrhundert auf dem Markt; an den differenzierenden Entwicklungen mittlerweile hatte die Merian nicht teilgenommen, sie modifizierte Muster aus der Zeit ihres Großvaters, ihres Stiefvaters. Auch bei den tausendfältigen Herausforderungen der Kunsthochburg Amsterdam: sie blieb bei ihren Schemata. Weder von den Sujets her noch in der Malmethode war da viel zu holen auf dem boomenden Kunstmarkt. Also ergriff sie wohl jede Gelegenheit, Geld zu verdienen.

Hier muss festgehalten werden: Sie fühlte sich dabei gewiss nicht in einer Künstlerehre gekränkt durch ›schnöden Broterwerb‹. Man würde sie aus allen Zeitbezügen herauslösen, stellte man sie als sensible Künstlerin dar, die stöhnend Insekten präparierte, seufzend zum Handel überging – sie wird hier, auch hier Selbstverständlichkeiten gesehen haben. Das Verkaufen von Farben, das Herstellen und Vertreiben von Präparaten wird ihr oder könnte ihr zwar lästig gewesen sein, aber es wurde sicherlich nicht zum Problem, schon gar nicht zum Identitätsproblem.

Abrundend, abschließend wiederholt: ihre Vielseitigkeit charakterisiert eher Zeitumstände als Anlagen und Kennzeichen der Person; hier wurde nicht frei gewählt und frei entfaltet, weil die Struktur der Person das nahe legte oder erzwang, hier wurde eher reagiert. Wenn sie in Amsterdam überleben wollte, *musste* sie sich als vielseitig erweisen. Das kam wahrscheinlich ihren Anlagen entgegen. Das dürfte auch ihrer Sozialisation entsprochen haben als Tochter eines Kupferstechers, Verlegers, Zeichners, als Stieftochter eines Malers, Kunst- und Blumenhändlers.

IN AMSTERDAM LERNTE DIE MERIAN auch Anthonij van Leeuwenhoek kennen. Dessen Name verbindet sich notorisch mit der Weiterentwicklung des Mikroskops, also dürfte sie mit dem großen Gelehrten auch über diese Instrumente gesprochen haben. Und vielleicht hat er ihr eine seiner Neuentwicklungen vorgeführt. Bei solchen Fachgesprächen allein muss es nicht geblieben sein.

In ihrer Amsterdamer Zeit war Leeuwenhoek bereits ein Senior unter den Gelehrten. Fast anderthalb Jahrzehnte vor der Besucherin oder Gastgeberin geboren, wird er sie um ein halbes Jahrzehnt überleben. Dieser gefeierte Naturwissenschaftler, dieser Botaniker und Zoologe, er war auch Mathematiker und Philosoph, kannte sich in der Astronomie wie auch in der Schifffahrt aus. Ein Mann, der den blauen, vorne leuchtend rot abgesetzten Mantel des Gelehrten mit mehrfacher Berechtigung trug. Wahrscheinlich hat er so, als Mittdreißiger, dem Delfter Mitbürger Vermeer Modell gestanden beim Geographen und gleich auch noch beim Astronomen, in kaum verändertem Zimmer-Ambiente: der Geograph stehend, der Astronom sitzend, mal die Karte, mal der Himmelsglobus und jeweils der Tisch mit der teppichähnlichen, malerisch faltenwerfenden Decke.

Ein Gespräch also auch über Vermeer, damit über Malerei? Wohl nicht ganz zufällig wurde Leeuwenhoek Nachlassverwalter der Hinterlassenschaft Vermeers: Der zuletzt Dreiundvierzigjährige hatte elf Kinder, und in seinem Todesjahr waren sie alle, bis auf eins, noch minderjährig. Und riesig seine Schulden. Da musste Leeuwenhoek versuchen, auszugleichen, durch Verkäufe und Versteigerungen. Vermeer hatte, so könnte er der Gesprächspartnerin berichten, einen großen Teil seiner nicht eben zahlreichen Gemälde hinterlassen, denn: Ab 1672 lief auch bei ihm das Geschäft sehr schlecht. Das niederländische Katastrophenjahr: wieder ein verlustreicher Krieg gegen England, vorher die Invasion der Spanier, dann der Einmarsch der Franzosen, Niederlagen, Niederlagen, der Höhenflug beendet, das Goldene Zeitalter verlor an Glanz, der langsame, doch unaufhaltsame Aufstieg Londons zur weltbeherrschenden Handelsmacht, und in Hamburg lief es auch immer besser mit dem Seehandel – Vermeer, auch Vermeer kriegte die allgemeine Baisse deutlich, viel zu deutlich zu spüren; so könnte der Gelehrte aus direkter Kenntnis berichten. Zwei Jahre nach dem Tod des Meisters musste seine Witwe einen Bittbrief schreiben: »Während des verheerenden, sich lange hinziehenden Krieges war er nicht in der Lage, eines seiner Kunstwerke zu verkaufen, und musste außerdem zusehen, wie auch die Gemälde anderer Meister, die er zum Verkauf übernommen hatte, liegen blieben.« Erinnerungen eines Nachlassverwalters und es wird der Gesprächspartnerin bewusst, dass sie nicht (mehr) zur Blütezeit nach Amsterdam gekommen ist.

UMSO WICHTIGER WURDEN KONTAKTE zu Auftraggebern, zu Käufern. Wenigstens *eine* der Frauen aus diesem Kreis soll hier eine (etwas) erweiterte Visitenkarte auf einen imaginierten Silberteller legen: Agneta Block, achtzehn Jahre älter als Frau Merian, Gattin des reichen Seidenhändlers de Flines, Mutter zweier Töchter.

Die Familie wohnte auf dem Landsitz »Vijerhof« bei Amsterdam. Hier war ein repräsentativer Garten angelegt mit einer Voliere und einem Treibhaus, in dem auch eine Ananasstaude heranwuchs. Frau Block sammelte Skulpturen, nicht nur für den Garten, sammelte Gemälde, Graphiken. Sie erteilte (neben anderen) M. S. Merian den Auftrag, Blumen zu portraitieren. Agneta Block kaufte aber auch (mindestens) eins der Blumenbilder (Fingerhut) von Tochter Johanna.

Frau Agnes (oder Agneta) Block beschäftigte Maler auch paarweise: gemeinsame, freilich zeitversetzte Arbeit. Zum Beispiel gab sie bei Willem de Heer das Portrait eines Amaranthus tricolor in Auftrag, 1695, und die Merian musste das (eigentlich fertige) Bild durch zwei Falter ergänzen, einer mit hochgeschlagenen Flügeln auf einer Blattrandkante balancierend, der andere, wie üblich, im Sturz-Anflug mit ausgebreiteten Flügeln.

Diese Form der Arbeitsgemeinschaft (von der ein Pflanzenmaler vielleicht gar nichts erfuhr) ist mehrfach dokumentiert, in einem späteren Katalog: »Waar bij 2 schoone Capellen van Juf. Merian«, heißt es da beispielsweise. Capellen, das sind Tagfalter, und Frau Merian wurde (nicht nur hier) nach holländischem Brauch als »Jufrouw« bezeichnet, was unserem (nicht sehr freundlich klingenden) Wort Juffer entspricht, einer Frau im reifen Alter, doch ohne Ehemann. »De Capellen van Juf Merian«, heißt es auf der Rückseite eines anderen Blatts, in der Handschrift der Frau Block, oder: »De Capellen m: s: merian faecit«. Hier wurde vor keiner noch so gewagten Kombination zurückgescheut: »ein südamerikanischer Schmetterling auf einer südafrikanischen Pflanze«. Einerseits wurde Naturtreue gefordert und gewahrt, andererseits erhielt das Dekorative weiten Spielraum.

JUF. MERIAN IM PRIVATEN BOTANISCHEN GARTEN des »Vijerhof«, also auch im Treibhaus mit der Ananasstaude. Juf. Merian wahrscheinlich, ja höchstwahrscheinlich auch im (relativ neuen) botanischen Garten ihrer Stadt. Es ist anzunehmen, dass sie auch die kurze Reise nach Leiden unternommen hat, um den noch größeren, noch renommierteren botanischen Garten der Universität zu besichtigen, ihr besonderes Augenmerk gerichtet auf Pflanzen tropischer Länder.

Gab es damals schon so etwas wie Gewächsschauhäuser mit simuliertem Tropenklima? Dreißig Grad ›im Schatten‹ und neunzig Prozent Luftfeuchtigkeit? Es gab die Pomeranzenhäuser mit ihren großen Öfen, und man war sicherlich auch findig genug, um hohe Luftfeuchtigkeit zu erzeugen. So hätte Frau Merian schon mal Tropenluft schnuppern können.

Freilich, ein heutiger Rundgang durch ein Gewächsschauhaus für Pflanzen aus feuchtheißem Klima führt auch nicht ansatzweise an Gewächshäuser jener Zeit heran, in Amsterdam oder Leiden. Heute ist hier, mit ausgewählten Beispielen, die gesamte tropische Welt vertreten, da steht ein Ameisenbaum aus Brasilien gleich neben einem Pfefferbusch aus Peru, da stehen, unter einem Dach, gepflegte Erscheinungen aus Venezuela wie aus Java, aus Guinea wie aus Uganda, von den Philippinen wie von Madagaskar ...

Und: War schon damals bei jeder Pflanzenart ein Schildchen in den Boden gesteckt? Mit lateinischen oder niederländischen Bezeichnungen? Und Schilder, in etwas größerem Format, für Pflanzenfamilien, etwa für Aufsitzerpflanzen oder Schwemmblattgesellschaften? Schilder auch draußen, im weiten Freilandgebiet? Und womöglich schon Zusatzschilder? Heute sind die selbstverständlich geworden: »Schön blühende Pflanze der Woche« oder »Vorsicht: empfindliche Pflanzengesellschaft«. Auch mehrfach wiederholte Rundgänge, beispielsweise im Botanischen Garten der Universität Bonn: sie können nicht einmal ansatzweise sichtbar machen, wie ein niederländischer botanischer Garten damals angelegt war. Dennoch, dies kann man voraussetzen: unter den etwa sechstausend verschiedenen Sorten (nicht Arten!) im Botanischen Garten zu Leiden dürften die Chancen groß gewesen sein, Pflanzen tropischer Gebiete zu sehen, beispielsweise aus Guyana. Da könnte die Merian denn Vorstudien betrieben haben, zeichnend. Wiederholte Vorstudien?

»IN HOLLAND SAH ICH VOLLER VERWUNDERUNG, was für schöne Tiere man aus Ost- und Westindien kommen ließ, besonders, wenn mir die Ehre zuteil wurde, die kostbare Sammlung des Hochwohlgeborenen Herrn Dr. Nicolaes Witsen, Bürgermeister der Stadt Amsterdam und Vorsteher der Ostindischen Gesellschaft, sehen zu dürfen wie auch des edlen

Herrn Jonas Witsen, Sekretär selbiger Stadt. Ferner sah ich auch die Sammlung des Herrn Frederik Ruysch, Medicinae Doctor, Anatomes et Botanices Professor, die des Herrn Livinius Vincent und vieler anderer.«

DIE SAMMLUNG RUYSCH wurde bereits im ersten Streifzug beschrieben. Keine weiteren Details hier, nur eine zweifache Anmerkung.

Der Besuch im Hause Ruysch hätte in doppelter Hinsicht aktivierend wirken können: für Maria Sibylla Merian als Naturkundlerin, für sie als Malerin. Denn mit großer Wahrscheinlichkeit konnte Vater Ruysch ihr auch das eine und andre der Gemälde zeigen, die seine beiden Töchter bis dahin gemalt hatten, ja Rachel selbst hätte dies, im Anschluss an die Besichtigung, übernehmen können.

Hier hätte denn, nach dem halben Jahrzehnt unter Pietisten, ein Impuls sein können für einen großen inneren Aufbruch! Es steckte noch sehr viel Energie in dieser Frau von Mitte vierzig, die sich sieben, acht Jahre später nicht zu alt fühlen wird für die Reise nach Surinam, und ein Jahrzwölft später wird sie mit der Arbeit an ihrem opulentesten und repräsentativsten Werk beginnen, in »Großfolio«, dem Buch über Insekten von Surinam. Sehr viel Energie, die sie in den Jahren zu Waltha kaum hatte umsetzen können, aber nun, konfrontiert mit Ergebnissen einer Entwicklung, die sie rechts und links überholt hatte: lässt sie sich animieren, motivieren, stimulieren? Sagt sich, angesichts einiger Meisterwerke dieser großen, jungen Malerin: Lange genug kasteit, Leinwand her, Pinsel her, Malstock her, Ölfarben her, jetzt zeige ich, uneingeschränkt, was in mir steckt, jetzt lege ich erst richtig los!? Ein Aufbruch mit der gleichen Energie wie ihr Aufbruch, später, ins Abenteuer? Hier aber nun als Aufbruch in das Abenteuer autonomer Malerei?

DER GROSSE, AUSLÖSENDE IMPULS hätte auch so aussehen können: »Sammle!« Denn gerade hier in Amsterdam kam alles zusammen, was interessant war an ferner Flora und Fauna, da musste man nicht unbedingt selbst hinausreisen, den Kapitänen der Ostindischen oder Westindischen Compagnie wurden Sammellisten mitgegeben, und die Repräsentanten vor Ort wussten längst, was gefragt war. Die Merian hätte zudem private Verbindungen nutzen können, etwa zu Lucia van Sommelsdijk, die mehrfach nach Surinam reiste in diesen neunziger Jahren, sie hätte ihr sagen können: Ich werde langsam älter, da schätzt man Sesshaftigkeit, hier ist eine Liste der Desiderata, Trocken- und Nasspräparate wie folgt. Und achte dabei stets auf die Eignung für Bildvorlagen.

Was an Naturobjekten nach Amsterdam importiert wurde, es war kaum noch zu überblicken, damit wäre man als Naturkundler bis ans Lebensende beschäftigt gewesen. Auch für Flora- und Faunabilder gab es wahrlich genug Sujets. In Amsterdam bleibend, hier ihre Beobachtungen und Aufzeichnungen fortsetzend, hier das Zeichnen, Malen, Stechen fortführend, hätte sie durchaus einem Erwartungsbild entsprochen.

»DIESE RAUPE habe ich auf einem Nussbaum gefunden, dessen Blätter sie als Speise verwendet, obwohl viele der festen Meinung sind, es gäbe keine Raupen auf Nussbäumen. Allein, hier ist der Gegenpart, denn diese Raupe hat sich mit solch grünen Nussblättern ernährt. Doch, um die Wahrheit zu sagen, so war dies auch nur die einzige Raupe, die ich auf dem erwähnten Baum gefunden und mit seinen Blättern erhalten habe. Ihre Zeit ist im Mai, wo der erwähnte Baum blüht. Diese Raupe ist nun schön grün und sie hat über den ganzen Leib weiße Streifen und auf jedem Glied weiße Tüpfelchen; sooft ich sie berührt habe, ist sie eine ziemliche Zeit ruhig liegen geblieben, als wäre sie tot. Endlich aber begab sie sich wieder zu ihrer früheren Speise. Ende Mai schob sie ihre Haut ab. Da nahm sie dann solche grünen Nussblätter, spann sie zusammen, machte ein weißes Gespinst um sich und das Blatt herum und wurde darin zu einem kastanienbraunen Dattelkern. Was ungewöhnlich ist, denn sie machen sonst innerhalb der Blätter das Gespinst.«

IM LANDE BLEIBEN, eine Sammlung aufbauen, forschen – dafür gibt es ein (späteres) Beispiel: Jean-Henri Fabre. Dieser Verfasser eines zehnbändigen Werks zur Insektenkunde verzichtete auf Expeditionen, fand Forschungsobjekte genug vor der Tür des Hauses, das er sich baute.

Es blieb, als kleines Museum, erhalten für Besucher, die von Orange aus die wenigen Kilometer nordöstlich hinausfahren in eine Region, in der weder pompöse Landschaftsformen noch wichtige Denkmäler locken. Kurz vor dem dorfkleinen Städtchen Serignan liegt, an der Landstraße, das von einer Mauer umschlossene Reich des Forschers – damals war dort noch Brache (und die gab dem Gut auch den Namen: L'Harmas). Heute ist hier ein botanischer Garten, in dem noch einige der Bäume stehen, die Fabre gepflanzt hatte.

Der ehemalige Lehrer hatte in diesem Geviert sein Reich gefunden. Er konzentrierte sich hier nicht nur auf Insekten, speziell auf Käfer, er legte auch Herbarien an, die in einer stattlichen Reihe voluminöser Bände erhalten blieben, er sammelte und präparierte Vögel, ging auf Pilzsuche, und: außerhalb des Grundstücks fand er antike Münzen, prähistorische Knochen. Und weiterhin schrieb er didaktische Bücher – es waren schließlich an die hundert. Primär aber die Fortsetzung der Erforschung von Insekten. Auch von Pilzen – was er hier beobachtete, reichte aus für etwa 700 Aquarelle.

Dreieinhalb Jahrzehnte blieb er in dieser Region, blieb er, zumeist, im ummauerten Reich seines Wohnsitzes, und ihm ging der Stoff nicht aus. Umsorgt wurde er von seiner zweiten, erheblich jüngeren Ehefrau, die drei weitere Kinder zur Welt brachte. 1915 starb er, mit zweiundneunzig: der längst berühmte Entomologe, der nie eine Expedition unternahm.

LEBENSBILD 27: Feuchtgebiet am Rand der Amstel. Im Bildvordergrund, vorgebeugt über einem Staudengewächs, »Juf.« Merian. Die Stadt Amsterdam, jenseits der Wasserfläche, scheint im Dunst zu verschwimmen. Nur schemenhaft: dichte Gruppierung von Schiffsmasten; Bastionen der Stadtbefesti-

gung; spitze Giebel, überragt von den Türmen der Westerkerk, der Zuiderkerk; eine Windmühle am Wassersaum, weitere Windmühlen nach rechts hinaus in die Ferne gestaffelt.
(Graphitzeichnung, monogrammiert AM. Schwache mittlere
Quetschspur.)

»IN AMSTERDAM 1694, den 10. Mai, habe ich ein solches
Räuplein bekommen, woraus ein Würmlein gekrochen, welches sich den 12. in ein weißes Eierchen gesponnen hat, woraus
den 2. Juni eine schwarze Fliege gekommen ist.«

STILISIERTES GEMÄLDE EINES GARTENS in Amsterdam:
weiter Torbogen, dahinter eine hohe, beschnittene Hecke,
daneben zu Obelisken zurechtgeschnittene Büsche mit Kugel-
aufsätzen. Am Eingang ein Denkmalssockel mit der Büste
eines hageren Mannes. In der Bildmitte, vor dem Torbogen,
eine Frau in klassischem Faltenwurf und mit einer Krone, in
der Rechten einen großen Schlüssel haltend: Verkörperung der
Flora? Ein nackter Mann neben ihr hält eine Fackel. Eine
dunkelhäutige Frau trägt mit beiden Händen einen bauchigen
Blumenkübel mit hohem Buschwerk vor sich her zur bekrön-
ten Dame. Ein negroider Mann (Sklave?) steht, im Bildhintergrund, mit einem weiteren Blumenkübel bereit, er scheint auf
sein Stichwort zu warten. Mit einem Papierbogen auf einem
Zeichenbrett auf dem Oberschenkel: Frau Merian – ihr
Monogramm auf der sonst leeren Seite. Sie wird von einer
Fächerpalme überragt. Eine riesige, bereits getötete Schlange
auf dem Boden. Zwei Putti ganz vorn, einer mit einem ther-
mometer-ähnlichen Messgerät, der andre auf einen kurzstieli-
gen Spaten gestützt.

»DERGLEICHEN GRÜNE RAUPEN habe ich auf wilden Bäu-
men 1696 in Amsterdam gefunden; am 10. Juni wurden sie zu
Datteln und sind das bis zum 9. Juli geblieben; dann sind
Mottenvögelein herausgekommen.«

VON EINEM KANONENSCHUSS ANGEKÜNDIGT, nähert sich ein Frachtsegler der Vereinigten Ostindischen Compagnie der Reede von Amsterdam. Das kommt etwa zwanzigmal in der Saison vor, und dieses Ereignis ruft nicht nur Gaffer, es ruft auch Sammler auf den Plan. Unter ihnen wahrscheinlich auch Mutter Merian mit einer ihrer Töchter: Hoffnung auf lohnende Erwerbungen? Die Muscheln, die Blumenzwiebeln, die Samen, die getrockneten Pflanzen, die präparierten Tierchen und Tiere, auch Nasspräparate.

Selbstverständlich gab es privilegierte Sammler. Bürgermeister Witsen, der (so würden wir heute sagen) zum Aufsichtsrat der Gesellschaft gehörte, für ihn war vorgesorgt: Punkt um Punkt einer eventuellen Wunschliste dürfte erfüllt worden sein. Auch ein stadtbekannter Arzt musste nicht befürchten, dass andre ihm die schönsten Stücke wegschnappen könnten, ihm war der frühestmögliche Zutritt gesichert: ein großer Teil der Mannschaft war krank nach den zwei oder drei Jahren einer Fernostreise, die womöglich bis Nagasaki geführt hatte. Der Schiffsarzt war nach einer so langen Reise wohl am Ende seines Lateins und bestimmt auch seiner Vorräte an Medikamenten, nun half der Amsterdamer Kollege, und das sicherte ihm frühen Zugriff auf Objekte, die nicht einem Adriaen oder Jonas Witsen vorbehalten waren. Oder einem anderen Herrn in führender Position.

Für eine nichtprivilegierte Sammlerin wie M. S. Merian fiel aber sicherlich noch allerlei Interessantes, Lohnendes ab, wenn sie nur rasch und geschickt genug war. Etliche Seeleute wussten, was gefragt war, brachten Sammlerstücke auf eigenes Risiko mit – soweit der Kapitän das Mitführen von Handelsobjekten solcher Art zuließ. Diesbezüglich gab es strenge Regeln, es durfte auf keinen Fall Laderaum verschwendet werden, der Transport von größeren Pflanzen war untersagt, erst recht das Mitführen seltener Tiere in Verschlägen. Die Transportkapazität musste genutzt werden, die lange, risikoreiche Fahrt musste sich mit reicher Gewinnmarge auszahlen, schließlich mussten die Reedereien eine recht hohe Verlustquote einkalkulieren: Schiffe, die untergingen, Schiffe, die überfallen wurden, Schiffe, die ausbrannten.

Für die besseren, nicht vorab bestellten Objekte wurden sicherlich Versteigerungen durchgeführt, aber es gab auch den Direkthandel, und hier musste es rasch gehn. Die Vermittler wussten: je spezieller, je ausgefallener, desto höher der Preis. Und sie alle wollten, mussten ihren Sold, ihre Heuer aufbessern, die Reeder kalkulierten knapp, erzwangen damit Nebenerwerb. Das kam den Sammlern zugute.

GERN WÜRDE ICH EIN AUSFÜHRLICHES KAPITEL SCHREIBEN über die Töchter der Frau Merian. Doch allzu wenig ist hier überliefert – kein einziger Brief der Mutter an eine von ihnen blieb erhalten, kein Brief einer Tochter an die Mutter. Und nirgends werden die beiden von der Mutter erwähnt. Dabei schien enge Gemeinschaft zu bestehen.

Was im Hause, in der Offizin Merian zu Frankfurt am Main selbstverständlich gewesen war: Die jüngere Generation setzt die Arbeit, die Tätigkeit der älteren Generation fort, das wurde auch in Amsterdam realisiert: Familie als Familienunternehmen. Johanna und Dorothea hatten ebenfalls das Zeichnen, das Aquarellieren, das Kupferstechen gelernt; in jeder Weise halfen sie hier ihrer Mutter. Auch teilten sie offenbar ihren Hang oder Drang zur Abwechslung, zur Veränderung, ja zum Abenteuer – da zogen sie mit, in doppeltem Wortsinn.

Kleiner Rückblick. Von den Eltern im gemeinsamen Gewerbe ausgebildet, schienen sie eher der Mutter als dem Vater assistiert zu haben, auch sie haben sich auf Pflanzen und Insekten spezialisiert. Es ist nicht bekannt, dass die Ältere mitgearbeitet hätte an Stadtveduten des Vaters. Das war sicherlich Männerdomäne in Nürnberg, aber auch hier war inoffizielle Arbeitsteilung möglich: Mach du die Bäume ...

Kurzer Seitenblick. Im Alter von dreißig fasst Johanna Helena eine Serie von 49 Gouachen zusammen zu einem (so würden wir heute sagen) Künstlerbuch: »Een Bloem Book/Ge-

schildert door Johanna Helena Herolt in Amsterdam 1698.«
Eröffnet wird diese Folge durch ein Blumenstilleben mit
einem zusätzlichen Bildelement, wie es Mutter Merian nicht
riskiert hat: Johanna, mit schwarzer Haube, spiegelt sich, wenn
auch nur schemenhaft, in der Glaskugelvase. Und sie hat die
Lichtquelle sichtbar gemacht: in sphärischer Krümmung spiegelt sich ein Fenster mit Sprossen und dem Ausblick auf den
Giebel eines Stadthauses. Darüber ein buntes Bouquet mit
obligaten Tulpen, Rosen, Nelken – in einer Ausführung, die
Blumenbildern der Mutter ebenbürtig ist. Die Tochter aber
ließ sich Überraschendes einfallen. Dominierend etwa eine
bunte Glasspirale, die Blumen zusammenhält. Oder der freche
Frosch, wie ihn Jacques de Gheyn malte, er liegt auch hier mit
gespreizten Beinen und schaut, mit etwas angehobenem Kopf,
hinauf zu den Blüten. Ja, die Gouachen der Tochter sind von
gleichem Rang wie Arbeiten der Mutter.

ZU DEN ZAHLREICHEN WINTERBILDERN JENER ZEIT (mit
den meist sehr belebten Eisflächen von Grachten, Flüssen,
Teichen …) müsste auch ein »modello« für einen Lebens-
bild-Kupferstich gehören, der Mutter und Tochter auf dem
Eis zeigt: Dorothea könnte Maria im Schlitten über eine der
zugefrorenen Grachten schieben. Gleitfahrt hinaus Richtung
Hafen, zur Reede. Zahlreich dort die segellosen Maste: der
gern zitierte »Mastenwald«. Nicht nur Eisschollen, sondern
Eisflächen zwischen den Schiffen. Die großen Frachtsegler
der Überseerouten: von Eis umschlossen. Die Kriegsschiffe
mit Kanonen in zwei oder drei Decks: von Eis umschlossen.
Ostseeschiffe und Walfangschiffe: von Eis umschlossen.

Denn: in den Jahren 1693 bis 1699 erreichten die »Abweichungen vom Temperaturmittelwert« die absoluten Minima
jener »Kaltphase«; auf einer Graphik im Katalog zur Ausstellung »Kleine Eiszeit« führt ein Zacken tief hinab: »extreme
Temperaturminima«!

DIE KÜRZEREN, KÜHLEREN SOMMER, die längeren, kälteren Winter – diese meteorologischen Entwicklungen (abhängig von Sonnen-Aktivitäten) waren selbstverständlich nicht der Grund für die Surinamreise, aber dieser Faktor könnte mitgespielt haben. Offensichtlich stellten sich Mutter und Tochter auf einen mehrjährigen Aufenthalt ein. Nach fast zwei Jahren werden sie den Aufenthalt verfrüht abbrechen – wollten sie ein halbes Jahrzehnt dort bleiben? Aber zu welchem Zweck? Es gab nicht so etwas wie ein selbstbestimmtes Forschungsprojekt, für das man einen so großen Zeitraum hätte ansetzen müssen. Also spielte eventuell doch der Wunsch mit, ein paar Jahre in anderer Umgebung und in anderem Klima zu leben? Lieber auf Dauer etwas zu heiß als lange Zeit zu kühl und zu kalt?

Der tief nach unten weisende Zacken im Temperatur-Diagramm deutet eine mögliche Perspektive an. Aber noch einmal, durch Wiederholung betont: Hier wird nicht das Hauptmotiv sein, aber dies könnte mitgespielt haben.

FRÜHZEITIG GENUG begannen Mutter Maria und Tochter Dorothea mit den Vorbereitungen für ihre Reise. Das größte Problem dabei war die Finanzierung.

Zwar lese ich in der Sekundärliteratur schon mal von einem »Stipendium« der Stadt Amsterdam, aber das wird nicht weiter dokumentiert. Reisestipendien, Forschungsstipendien dürfte es damals noch nicht gegeben haben; wahrscheinlich war ein Darlehen gemeint, das sie von der Stadt aufnahm, zinslos oder zinsgünstig. Wie auch immer – sie war verpflichtet, das Geld zurückzuzahlen. Damit war sie allerdings auch von direkten oder indirekten Verpflichtungen befreit.

Um Liquidität zu schaffen, beauftragte sie den angesehenen Kunsthändler Zomer, ein Konvolut von Zeichnungen, Aquarellen, Gouachen zu verkaufen. Im *Amsterdamer Courant* veröffentlichte er Februar 1699 eine Anzeige, deren Text in der Übersetzung so lautet: »Ein herausragendes, kunstvoll und sorgfältig hergestelltes Werk, bestehend aus seltenen Kräutern,

Blumen, Früchten und mit der Beobachtung blutloser Tiere, jedes auf seinem Futter, alle mit Wasserfarbe (nach der Natur mit außerordentlich kunstvollen Farben auf Pergament in Folio) gemalt; daneben ost- und westindische Pflanzen und Tiere mit den Beschreibungen von Obengenannter mit großen Kosten und Mühen in dreißig Jahren gesammelt, in Deutschland, Holland und Friesland, bestehend aus 253 Blättern, neben 2 anderen Werken kleineren Formats.«

Und sie schreibt am 23. April ihr Testament. Aufschlussreich, wen sie als Testamentsvollstrecker nennt: ihren Schwiegersohn Herolt und einen Maler, Michiel van Musscher – zwei Jahre älter als sie. Kein Maler von Blumenstilleben, sondern ein anerkannter Historienmaler und Portraitist, der beispielsweise Peter den Großen gemalt hatte und »Mauritz von Brasilien«. Der Mann, dem die Merian ihr Vertrauen schenkte, er war also von der gleichen Zunft, arbeitete aber in anderen Sparten. Das lässt die schöne Schlussfolgerung zu, dass man sich dennoch schätzte.

SCHIFFSVERBINDUNGEN zwischen Amsterdam (oder Hoorn oder Texel) und Paramaribo waren regelmäßig: fast so etwas wie ein Surinam-Shuttle.

Auch Frauen wurden geführt auf den Passagierlisten, in Notariaten unterzeichnet. Die vier Töchter des Bürgermeisters Witsen, die Surinam allerdings nicht überlebten ... Lucia van Sommelsdijk, Ehefrau des Sektenführers Pierre Yvon ... (Sie reiste – wie Mrs. Davis herausfand – in der ersten Hälfte der neunziger Jahre einmal jährlich nach Surinam, als Zuckerexporteurin; die Kommune hatte sich 1792 aufgelöst, im Jahr also nach dem Aufbruch von Mutter und Töchtern Merian; die Pietisten-Dependance am Surinamfluss allerdings hielt sich länger.) Es fuhren auch Frauen für Siedler mit – manche von ihnen waren ferngetraut, kannten ihre Ehemänner also noch gar nicht.

Frauen an Bord eines Schiffs mit einer Hundertschaft von Männern, und das über zwei, drei Monate hinweg und noch länger – wiederholt ergaben sich da Konflikte! Gerichtlich dokumentierte Streitigkeiten zwischen Kapitän und Steuermann wegen einer jungen Frau ... Vergewaltigungen, meist durch Gruppen ... das Problem: Allein reisende Frauen an Bord, es kam wiederholt auf die Tagesordnung der Sitzungen der »Edlen Herren Treuhänder« der Handelsgesellschaften, beziehungsweise der Handelskammer Amsterdam, es wurden Denkschriften angefertigt. »Es wäre natürlich ein anderes, wenn *Familien* sich zur permanenten Niederlassung in Indien verpflichteten. Jedoch, sobald ein Sümmchen erspart ist, werden sie der Tropensonne müde und setzen Himmel und Erde in Bewegung, um in patriam zurückzukehren. Aus alledem ziehen wir den Schluss, dass unsere Siedler sich mit den Weibern des Landes begnügen sollten.«

NACH DEM KLIMATOLOGISCHEN VORSPIEL nun die Frage: Was trieb Maria Sibylla und Dorothea Maria Merian nun wirklich an zu dieser Reise, wo lagen ihre Motivationen? Natalie Zenon Davis fühlt sich »erinnert an die rastlose Mobilität von Jean de Labadie« – eins der frühen Bücher über ihn trägt den Titel: *Labadie als Nomade.*

Ein Wort, das zur Merianzeit gern gebraucht wurde: Wandergeist. Viele wurden vom Wandergeist erfasst: Studenten wanderten von einer Universität zur andren, diesseits und jenseits des Rheins, diesseits und jenseits der Alpen ... Söldner wanderten umher und suchten militärische Engagements ... Kaufleute unternahmen weite und immer weitere Reisen ... Es war so etwas wie ein Sog entstanden, dem man folgen musste: Wandergeist ... Und nun hielt es auch Mutter und Tochter (beide ohnehin nicht übertrieben sesshaft) nicht länger in Amsterdam, und sie suchten das Abenteuer? Dies jedenfalls suggeriert Mrs. Davis.

Hier mag ein Faktor gewesen sein. Aber: Wäre Abenteuerlust der primäre Antrieb gewesen, so hätte sie sich für andere Weltregionen entscheiden können, in denen Klima und Moskitos das Leben nicht zur Vorhölle machen und es, womöglich, vorzeitig beenden können. Abenteuer wäre beispielsweise auf den Kapverdischen Inseln oder in Westafrika möglich gewesen – botanische und zoologische Streifzüge hätten auch dort reich belohnt werden können. Und wenn sie mit einem der dickbäuchigen Pötte der VOC noch weiter gefahren wäre? Nicht nur kommerziell, auch botanisch und zoologisch und mineralogisch ergiebig war die Insel Ambon, noch immer fest in niederländischer Hand. Allerdings, diese Insel (über den Daumen gepeilt: zwischen Borneo und Neuguinea), sie war sehr weit entfernt, entsprechend lang die Phasen der Isolation dortiger Handelsrepräsentanten und Gewürznelken-Plantagenherren, und damit: Suff und Schlendrian, vieles verkam, verfiel auf Ambon, das wurde von einem Bevollmächtigten zur Untersuchung dortiger Zustände herb kritisiert, solche Zustände hätten für die beiden reisewilligen Frauen problematisch, zumindest lästig werden können. Auch die Dauer der Schiffsreise – ein halbes Jahr auf einem Frachtsegler ...? Wenn auch mit Zwischenlandungen ...? Und sogar ein Dreivierteljahr Reisezeit, falls Mutter und Tochter mit dem Gedanken spielen sollten, nach Fernost zu reisen ... Zu hoch auch das Risiko, unterwegs zu Opfern von Piraten zu werden – die übrigens im indonesischen Bereich heute wieder sehr aktiv werden, mit Schnellbooten.

Also: Surinam lag in jeder Hinsicht näher! Die Entscheidung für dieses Reiseziel darf allerdings nicht mehr von deutschem Standort oder Standpunkt aus gesehen werden: Zum Zeitpunkt ihres Aufbruchs wird M. S. Merian fast anderthalb Jahrzehnte in den Niederlanden gelebt haben, in den Provinzen Friesland und Holland. Sie war, das muss hier noch einmal betont werden: mit ihren Töchtern ausgewandert. Und stand nun vor der Reise in eine Kolonie ihres zweiten Landes.

WENN ES NICHT ABENTEUERLUST WAR, die sie zum Aufbruch trieb, was mochte sie sonst motiviert haben? Ich vermute: es war die Marktlage. Maria S. Merian, in einem renommierten Verlagshaus aufgewachsen und von einem ge-

415

schäftstüchtigen Maler ausgebildet, sie war eine professionelle Unternehmerin, die bei ihren Erzeugnissen den Markt im Blick hatte, im Blick behielt.

Zuerst, in ihrem Neuen Blumenbuch, das wurde schon betont, hatte sie sich an alte Darstellungsmuster gehalten. Dann das Wagnis des Raupenbuchs, aber: auch hier hatte sie, mit ihrer dekorativen Darstellung, auf Erfolg spekulieren können. Nun aber, am Ende des Jahrhunderts, begann sich die Marktlage zu ändern. Nach Zehntausenden, ja nach mehr als zweihunderttausend virtuos gemalter Blumenstilleben war der Kunstmarkt in dieser Branche fast gesättigt; manche Sparten des Stillebens kamen schlichtweg außer Mode. Mit Reproduktionen von hinreichend Reproduziertem war nicht mehr viel zu verdienen, es musste Neues geboten, angeboten werden.

M. S. Merian aber hatte nicht die Kraft, eine neue Bildsprache zu entwickeln. Und sie kam nicht los von ihrem Lebensthema der Metamorphosen im Reich der Insekten. Wenn sie bei ihrem Metier blieb, so waren hier die Motive verbraucht. Schon wieder eine heimische Raupe auf sattsam bekannter heimischer Fraßpflanze, schon wieder oben links ein heimischer Falter mit ausgebreiteten Flügeln – so etwas ging wohl nicht mehr. Es musste sich etwas ändern – dafür gab es Zeichen, Vorzeichen genug. Wenn sie sich umschaute, in den Sammlungen, in den Gärten, in den Treibhäusern – immer zahlreicher die exotischen Repräsentanten von Flora und Fauna. Wer wollte noch gemalte Kirschen sehen, wo längst Ananas wuchs? Also auf ins Reich der Ananas …! Ins Reich der noch bunteren Raupen …! Ins Reich der noch größeren Falter in opalisierenden Farben …! Exotische Bildwürzen …! Wenn schon kein Innovationsschub in der Darstellung, dann ein Expansionsschub: Bilder, die durch fremdartige, durch exotische Sujets überraschen, damit Interesse auslösen und womöglich Käufer finden können.

Ich bin hier fast sicher: Es war mehr Druck als Sog, der diese Reise motivierte; sie sah keine andere Chance mehr für sich; die Marktlage machte diesen Neuansatz zwingend erforderlich; wenn sie nicht gescheitert nach Frankfurt zurückkehren wollte, *musste* sie diesen Neubeginn wagen. Und sie ging das Risiko ein! Wieder einmal schlüpfte die Merian aus einer Lebensform aus, entfaltete sich in neuer Lebensform.

FÜR MEINEN VERSUCH, die Reisemotive der Merian neu zu interpretieren, gibt es zwei Vorlagen, zwei Erfolgsmuster des 17. Jahrhunderts.

Die erste ›Vorlage‹: Zehn Jahre vor der Geburt der Maria Sibylla waren vier niederländische Maler im Gefolge des Prinzen Johann Moritz (Maurits) von Nassau-Siegen in das Nachbarland von Surinam gereist, in das (damals) Niederländische Brasilien. Die WIC, die Vereinigte Westindische Compagnie, hatte Maurits zum Gouverneur von Brasilien ernannt, das vier Jahrzehnte lang niederländische Kolonie war, zumindest im Küstenbereich.

Ein Graf reiste nach Brasilien, um dort den Gouverneursposten zu übernehmen, und ihn begleiteten vier Maler: das liest sich gut, in dieser Kurzfassung. Der Text muss jedoch erweitert werden, mit Blick, erstens, auf den Hintergrund der Arbeit dieser Künstler, zweitens auf damalige niederländische Kolonialpolitik, drittens auf die Großreederei und Handelsgesellschaft, die Mutter und Tochter Merian als zahlende Passagiere nach Surinam befördern wird.

Als die vier Schiffe des Grafen-Konvois vor Recife die Anker warfen, war Nederlands-Brazilië in Not. Zahlreiche Zuckerrohrplantagen waren von portugiesischen Aufständischen besetzt und meist vernichtet worden. Jan Maurits musste die Gebiete zurückerobern. Nun waren aber nicht, auf gecharterten Schiffen, Soldaten nach Brasilien transportiert worden, die nun von ihrem Befehlshaber in den Kampf abkommandiert wurden, die WIC selbst war verantwortlich für diese Intervention: Kanonenbootpolitik ...

Die Stadt Amsterdam, Großaktionärin bei VOC und WIC, gewährte ihren Handelsgesellschaften erstaunliche Privilegien. Henk den Heijer (dessen Buch ich später vorstellen werde) hebt die wichtigsten Punkte hervor: Das Vorrecht, Verträge zu schließen; eigene Rechtsprechung; das Recht, Kolonien zu gründen, und damit das Recht, »een kriegsmacht to onderhouden«. Bei der Gründung war dies zwar nicht offiziell als Devise ausgegeben worden, aber es war mitgedacht: Erobert euch die Gebiete, in denen und mit denen ihr Handel treiben wollt.

Der Auftrag der WIC an den Grafen lautete, sinngemäß: Hol uns die Plantagengebiete zurück, du hast hier freie Hand, wir stellen dir Truppen und Material zur Verfügung, sichre unsere Handelsbastionen. Die Maler gehörten also zu einem Expeditionscorps im Dienste einer Handelsgesellschaft, die halb zivil, halb militärisch war. Im Blick voraus auf Mutter und Tochter Merian, die den Atlantik überqueren werden: die Schiffe der WIC waren zugleich Handelsschiffe und Kriegsschiffe.

VOC und WIC investierten also erst einmal in Krieg, bevor sie mit Handel verdienen konnten. Die »oorlogslasten« übertrafen allerdings meist die Vorauskalkulationen. Denn es musste Krieg geführt werden gegen Einwohner, die nicht kolonialisiert werden wollten, es musste, phasenweise, Krieg geführt werden mit den konkurrierenden Handelsmächten Spanien, Portugal und natürlich England.

Zur Mission Nassau: Von Recife aus wurde nordwärts und südwärts an der Küste und an Flüssen entlang zurückerobert. Das muss hier nicht weiter ausgeführt werden, es soll nur betont werden, pointierend: Das Sichtfeld der Landschaftsmaler wurde erst einmal freigeschossen.

In der unmittelbaren Umgebung des kriegsbewährten Oberbefehlshabers Maurits waren die Lebensbedingungen der Maler allerdings durchweg friedensmäßig. Sie trugen auch selbst dazu bei, sie zu verbessern: Frans und vor allem Pieter Post bauten Vrijburg aus. Dieser Gouverneurspalast lag auf einer Insel mit Fortifikationen. Das Ambiente wird von Caspar Schmalkalden, dem Bürgermeisterssohn aus Friedrichroda in Thüringen, in seinem Reisebuch wie folgt beschrieben: »Der herrliche und stattliche Palast, Freiburg genannt, welchen Fürst Moritz mitten in dem von ihm angelegten Lustgarten erbaut hat. Zwei hohe Türme; oben auf dem einen derselben steht eine sehr große Laterne, in welcher bei Nacht die Lichter angesteckt werden, wonach sich die Schiffer richten und ihren Lauf desto sicherer recht auf den Hafen richten können.«

Diese Gouverneursinsel war gleichsam die Ausgangsposition der vier Maler. Mit ihren Namen nenne ich zugleich das Alter: Das ist, zum Vergleich, doch recht aufschlussreich. Der Prinz war zu Beginn der militärischen Expedition dreiunddreißig; Frans Post (von Frans Hals später portraitiert), war fünfundzwanzig; sein Bruder Pieter: siebenundzwanzig; Albert Eckhout: im gleichen Alter, ebenso Georg Marcgraf. Also: allesamt eine Generation jünger als die Merian zum Zeitpunkt ihrer Reise nach Surinam.

Weiterer Punkt: Frans Post, zum Beispiel, blieb sieben Jahre lang in Niederländisch-Brasilien – planten Mutter und Tochter in ähnlicher Zeitdimension? Frans Post allerdings war bei seiner Rückkehr zweiunddreißig, sie wird vierundfünfzig sein, wenn sie (früher als geplant!) die Heimfahrt antritt ...

Kurz noch zu den Sujets der Maler. Frans Post war kein Großmeister der Malerei »uit de zeventiende eeuw«, der Goldenen Ära der niederländischen »schilderij«, aber: seine Arbeiten setzten neue Sujets um, und dabei entwickelte er ansatzweise so etwas wie einen Personalstil, vor allem im Kolorit, an dem man Bilder von ihm schon aus größerer Entfernung erkennt – etwa im Rijksmuseum. Zwar ähneln auf seinen Bildern brasilianische Landschaften weithin europäischen Landschaften, aber Tropenpflanzen und Tropentiere im Vordergrund, sie erlauben, vorweggenommen, Assoziationen an Rousseau in seinen Traum-Dschungelbildern.

Kollege Eckhout war eher zuständig für Stilleben, war aber einer der wenigen Spezialisten der Branche, die auch Menschen darstellen konnten: Zum ersten Mal in der Geschichte der Malerei portraitierte er Eingeborene in Lebensgröße, vor weiter Landschaft, unter hohem Himmel.

Die meisten seiner Zeichnungen gingen im Zweiten Weltkrieg verloren. Es ist aber eine Reihe von Stilleben brasilianischer Blumen und Früchte überliefert, als Serie angelegt: jeweils eine solide Ablage, darauf gereiht und gehäuft die Früchte, etliche von ihnen aufgeschnitten, und über ihnen ein wolkenreicher Himmel.

Über Pieter Post kann ich nichts weiter berichten; er war eher Baumeister als Maler. Wichtig hier noch: Georg Marcgraf, der vierte der Quadriga von begleitenden Künstlern des musischen Militärs, veröffentlichte 1648 in Amsterdam eine »Historia Naturalis Brasiliae«, mit zahlreichen Abbildungen, die später vielfach als Vorlagen benutzt wurden. Zumindest über dieses Buch dürfte die Merian von der Künstlerexpedition erfahren haben. Von den Arbeiten der Kollegen wird sie in Amsterdam aber zumindest gehört haben; vielleicht hat sie das eine und andere Bild auch gesehen. Sie konnte den Schluss ziehen, dass Interesse bestand an Bildern mit exotischen Sujets, ebenso an einem Buch, das einführte in tropische Flora und Fauna.

ANREGUNGEN, IMPULSE über das ehemalige Nederlands-Brazilië. Interessante, wegweisende Nachrichten auch aus Nederlands-Indië, und hier von der Insel Ambon. Eine der Handelsbastionen der VOC.

Und damit wiederum: einige Informationen zu den beiden niederländischen Großreedereien, die auch Krieg führten, Handelskrieg in sehr direktem Wortsinn. Damit ließe sich ein weiteres Wort des 20. Jahrhunderts ins 17. Jahrhundert rückübertragen: Handelsmarine.

Die im 17. Jahrhundert berühmteste (heute noch legendäre) Großreederei und Handelsgesellschaft war die Vereenigde Oostindische Compagnie, abgekürzt VOC. In ihrem Schatten die Schwestergesellschaft, die WIC.

Zu Beginn des Jahrhunderts hatten sich holländische und

seeländische Handelskontore zur VOC zusammengeschlossen. Sie sollte Handel treiben mit Ländern östlich des Kaps der Guten Hoffnung. Hauptumschlagplatz war Batavia, das heutige Jakarta. Ein zweites Zentrum, für den Fernosthandel, war die Bucht von Nagasaki – die vorgelagerte künstliche Insel Decima als Zwischenlager, Umschlagplatz, Verladestation.

Der Fernosthandel basierte auf Verträgen mit lokalen Machthabern; die Voraussetzungen dazu wurden vielfach durch militärischen Einsatz erzwungen. Die Sonderkonditionen, die Japan (trotz der damals strikten Selbstisolierung!) den Niederländern gewährte, sie waren blutig erkämpft worden: niederländische Soldaten halfen mit, einen Aufstand von Bauern niederzuschlagen; dies verschaffte den niederländischen Fernhändlern den Sonderstatus, die Privilegien.

Handelsbastionen im Malaiischen Archipel hingegen wurden direkt erobert. Auf den Banda-Inseln wurde dabei fast die gesamte Bevölkerung ausgerottet; danach der monopolistische Anbau der Muskatnuss. Die Preise wurden übrigens stabilisiert, indem man nach reichen Ernten einen Teil der Nüsse verbrannte – so wurden in jener Zeit einige der Handelspraktiken ausgebildet, die noch im 20. Jahrhundert Empörung auslösten, vor allem beim Verbrennen von ›überschüssigem‹, damit preisgefährdendem Getreide. Entsprechend: auf Ambon wie auf Nachbarinseln wurden überzählige Gewürznelkenbäume gefällt, diese immergrünen, myrtenähnlichen, zwischen sechs und zwölf Meter hohen Bäume. Als es daraufhin zum Aufstand kam, 1648, wurde er von niederländischem Militär brutal niedergeschlagen.

Etwa fünf Jahre nach dieser Aktion traf auf Ambon ein junger Mann aus Hanau ein: Georg (Jörg) Eberhardt Rumpf, Sohn eines Baumeisters, eine Zeit lang Söldner in Portugal. Weihnachten 1652 war er auf einem der Schiffe der VOC von der Reede vor Texel aufgebrochen, ein halbes Jahr später kam das Schiff an. Das galt als schnelle Überfahrt! Der Mittzwanziger war Angestellter der VOC, doch berühmt wird er als Naturkundler, als Sammler.

Lange Zeit gab es nur verstreute Nachrichten über ihn, seit 1999 aber sind wir weitaus besser informiert durch E. M. Beekman, der in der Yale University Press ein stattliches Buch herausgab: *The Ambonese Curiosity Cabinet* – übersetzt, herausgegeben, kommentiert. Ich halte mich an diese Monographie. Sie informiert umfassend über die Sammlung, deren Katalog Frau Merian illustrieren wird, nach der Rückkehr aus Surinam.

Sie könnte aber schon vor ihrem Aufbruch von ihm gehört haben, etwa über Nürnberg. In der Schriftenreihe der Leopoldinischen Akademie, »Miscellanea Curiosa«, veröffentlichte er ab 1689 Beiträge unter seinem (latinisierten) Namen. Der »Plinius Indicus« schrieb über Flora und Fauna der Insel. Die Nürnberger Gewährsleute könnten davon berichtet haben in einem der Briefe, die auch nach Amsterdam gingen. Rumpf-Rumphius war vielfach Gesprächsthema.

Der Mann aus Hanau stieg auf in der kleinen Insel-Hierarchie. 1663 berichtete sein Vater August in einem Brief an seinen Fürsten: »Ich habe diese vergangene Herbstmesse einige Schreiben von meinem Sohn Georg Eberhardt aus Ostindien, von der Insel Ambon, aus dem Kastell Hila, auf dem er Kommandant ist, und es geht ihm sehr gut, und er ist auch Kaufmann und auch Herr im Land und will nicht wieder nach Hanau.«

Ja, es ging ihm standesgemäß gut. Das Küsten-Kastell, in dem er wohnte, war von etwa vierzig Mann gesichert; er verfügte über eine eigene Galeere, mit etwa vierzig Ruderern und einem Kanonier. Frische Nahrung wurde täglich angeliefert. Er fand eine Frau. Er hatte offenbar viel Zeit und begann mit seinen Streifzügen am Strand der Insel, die, aus der Luft gesehen, aussieht wie zwei aneinander herangerückte Muschelschalen. Seine Streifzüge führten auch ins Landesinnere; Eingeborene halfen ihm, überbrachten interessante Funde. Er begann, deren Sprache zu lernen. Er ging, immer entschiedener, seine eigenen Wege. Das wurde mit Skepsis registriert. Gouverneur Padtbrugge beschwerte sich über ihn: er sei »feindlich eingestellt und voller Vorurteile gegenüber den Methoden der Compagnie ... was er tut, entspricht nicht dem Geist der Compagnie ...« Der Mitarbeiter des Monopolisten entwickelte sich zum Landeskundigen, zum Naturkundler: der »Ambonsch Natuurkundige«. Er legte eine Sammlung von »Raritäten« an, vor allem von den (schon erwähnten) exotischen Schneckenhäusern, pittoresken Muscheln, dekorativen Mineralien, baute diese Sammlung konsequent aus, schließlich waren es 360 gleichsam handverlesene Exponate.

Dann die Katastrophen. Mit zweiundvierzig wurde er innerhalb eines Vierteljahres unaufhaltsam blind. Er konnte seinen Fundus an Zeichnungen (als Vorlagen für die Bebilderung des geplanten Sammlungskatalogs) nicht mehr erweitern; es war fast unmöglich, jemanden zu finden, dem er lateinisch diktieren konnte. Doch die Oberen dieser Insel taten ihr Bestes, vermittelten ihm phasenweise einen zumindest gutwilligen Helfer. Weitere Zeichnungen wurden angefertigt. Bei einem Erdbeben kamen auch seine Frau und seine Tochter ums Leben. 1682 sah er sich gezwungen, seine Sammlung an einen Medici zu verkaufen. 1687 brannte das europäische Viertel der kleinen Hauptstadt Ambon ab (Ambon kota), wo er inzwischen wohnte; er verlor seine Bibliothek, seine neu begonnene Sammlung und sämtliche Bildvorlagen für den geplanten Katalog. Also begann er wieder zu sammeln, und es wurden erneut Bildvorlagen hergestellt nach seinen Anweisungen. 1695 wurden ihm 61 neue Bilder gestohlen. Wieder begann Georg Eberhardt von vorn. Einer seiner Helfer war Sohn Paul August. Er portraitierte seinen mittlerweile achtundsechzigjährigen Vater: P. A. Rumphius Fecit Patrem. So steht es in einem aufgeschlagenen Buch auf dem Kupferstich. Rumpf-Rumphius mit milchigen Linsen in seinem Arbeitsraum, Sammlungsobjekte auf einem Wandbord, an der Wand aufgehängt, auf dem Tisch ausgebreitet. 1699 war sein Buch über seine Raritäten-, seine Naturaliensammlung fertig; mit Vorwort lag es in Amsterdam beim Buchhändler und Verleger Halma. Doch es fehlten noch die Vorlagen für die Kupferstiche – da wartet auf Frau Merian eine riesige Aufgabe. Davon wird sie vor ihrem Aufbruch freilich kaum schon erfahren haben. Rumphius wird ihr zu dieser Zeit aber sicherlich ein Begriff gewesen sein, sie wird eventuell auch schon gehört haben, dass sich ein Verleger für das Hauptwerk des Mannes in Ambon interessierte, ja engagierte. Sie konnte auch hier wieder den Schluss ziehen: Nachrichten und Objekte aus exotischen Ländern finden Interesse; Bildbände über ferne Welten sind gefragt, ja begehrt.

WAS MUTTER UND TOCHTER bestimmt sehr häufig zu hören bekamen: Warnungen. Die unvermeidlichen Warnungen von Freunden, Bekannten. Zwei bis drei Monate dauert allein die Überfahrt – was kann da nicht alles passieren ...! Womöglich ein Schiffbruch in einem Orkan! Ein veritabler Schiffbruch ...! Wie oft schon ist es zu Schiffbrüchen gekommen, wie oft schon sind Schiffbrüche gemalt und in Kupfer gestochen worden!

Auch Großvater de Bry hatte eindrucksvoll einen Schiffbruch dargestellt, ausgerechnet auf einem der Stiche seines Amerika-Reisebuchs! Ein bedenklich schräg liegender Dreimaster, die Segel sämtlich gerefft oder zerfetzt, das Schiff unübersehbar kurz vor dem Kentern, und die beiden Segelschiffe weiter draußen, auf gleicher Route: äußerst gefährdet bei St. Vincent. Werden die Maste nicht rechtzeitig gekappt, so kann ein Schiff kippen, und vielleicht, vielleicht kann man sich auf die plötzlich horizontale Flanke des Schiffsrumpfs retten, aber was dann, was dann ...?! Mitten im Atlantik ...?!

Was Seeleuten jener Zeit ebenfalls Angst machte: Feuer an Bord! Die Schiffe aus Holz und alles Licht im Schiffsinnern als offenes Licht. Eine Kerze, ein Talglicht, ein Öllicht kann bei starkem Seegang unbeachtet vom Tisch rutschen, kann sich von einem Wandhaken lösen, schon beginnt das im Schiffsinnern trockene Holz zu brennen, rasend schnell geht das bekanntlich, bald schon schlagen Flammen aus den Fenstern des Heckaufbaus, und das womöglich bei hoher See und

Vollmond ... Noch schauerlicher sieht es aus, wenn ein brennendes Schiff auch noch explodiert! Kein Wunschbild von Malern, die sich auf Schiffskatastrophen spezialisiert hatten, damals schon, sondern drohende Realität, denn: Handelsschiffe hatten ja durchweg Kanonen an Bord, also brauchte man eine Pulverkammer. Ein Schiff, das in Brand geriet, der nicht mehr unter Kontrolle gebracht werden konnte mit dem reichlich vorhandenen Wasser ringsum, es flog auch meist noch in die Luft.

Mehr noch als Schiffbruch, mehr noch als Feuer an Bord fürchtete man damals Piraten. Die Blutfahne von Piraten vor allem auf der Höhe von Gibraltar: Gefangene werden als Sklaven verkauft ... Die Blutfahne der Piraterie bei den Kapverdischen Inseln: Besiegte werden niedergemacht ... Zu den bekannt blutrünstigen Piraten und den ziemlich grausamen Freibeuterinnen: Schiffe auf Kaperfahrt. Auch dies muss die Merian vor der Seereise lernen: den Unterschied zwischen Piraterie und Kaperei. Piraten säckeln ein, was sie rauben, Kapitäne auf Kaperfahrt hingegen rauben im Namen und Auftrag ihres Landes – vor allem in Kriegszeiten oder davor oder danach. Dafür wird hochoffiziell ein Kaperbrief ausgestellt, als Lizenz.

Etwa für spanisch-flämische Kaperschiffe aus Ostende oder Dünkirchen ... Etwa für englische Schiffe, die nicht nur während der Seekriege auf Kaperfahrt gehen ... Etwa für niederländische Schiffe, die im Bedarfsfall auch niederländische Schiffe kapern – man kann sich ja mal vertun ... Auch halten es Kapitäne auf Kaperfahrt mit dem Abliefern der Beute nicht immer genau, sie gehen unauffällig zur Piraterie über. Es macht also letztlich wenig Unterschied, ob man von einem Piratenschiff oder einem Kaperschiff angegriffen wird – die Lage auf hoher See ist reichlich unübersichtlich!

MANCHMAL WIRKT AUCH ZUFALL MIT bei der Arbeit an diesem Buch. Ich konsultiere wieder einmal meine Barock-Datenbank: »Großes vollständiges Universallexikon aller Wissenschaften und Künste, welche bishero durch menschlichen Verstand und Witz erfunden und verbessert worden. Darinnen sowohl die geographisch-politische Beschreibung des Erd-Kreises« – und so geht das mehr als zwei Dutzend Titelseiten-Zeilen weiter, bis sich der Verleger nennt, Johann Heinrich Zedler. In diesem Lexikon also suche ich nach der Barockversion des, wie ich hoffe, obligatorischen Eintrags zu Polykrates, den man zu Merians Zeiten vor allem als großen Seeräuber sah, der Künste liebte, Künstler förderte. Diese abenteuerliche Variante des Fundraising und Sponsoring hätte mich sehr interessiert, mit Blick auf die Vermehrung niederländischen Volksvermögens durch lizenzierte Kaperfahrten und nicht-lizenzierte Piraterie, aber statt Polykrates (in verschiedenen Schreibweisen) finde ich das Stichwort *Police*. Wie bitte?! Eine Urkunde über den Abschluss einer Versicherung – und das bereits im Zeitalter des Barock?! Hier gibt es keinen Zweifel: Ich entdecke das ergänzende und bestätigende Wort »Assecuranz«. Und lese: Versicherungen wurden vor allem vor Fahrten und Transporten auf den Weltmeeren abgeschlossen.

Demnach bietet sich als Möglichkeit an: Maria Sibylla Merian macht nicht nur, notariell beglaubigt, rechtzeitig ihr Testament, sie schließt auch Versicherungen ab. Es gab hier mehrere Angebote. Erstens: Vereinbarung einer Auslösesumme für den Fall, dass man in die Hand von Piraten fiel und als Sklave verkauft wurde. Zweitens: Versicherung von mitgeführten oder geschickten Waren – wichtig vor allem für die Rückreise mit all den unersetzbaren Präparaten und Bildmaterialien. Drittens: Vereinbarung einer Versicherungsprämie, fällig mit dem Tod der reisenden Person, auszuzahlen an namentlich aufgeführte Familienmitglieder.

Weil ich in der Merian eine patente und pragmatische Frau sehe, kann ich mir durchaus vorstellen, dass sie eine Versicherung abschloss, womöglich deren zwei. Es gab bereits Vordrucke, hier wurden handschriftlich nur noch Namen und Daten eingetragen. »Ick … van Schipper naest Godt van myn Schip, genaemt … als nur ter tyd gerect leggende voor … om mit den ersten goeden Wind, die Godt verleenen sal« – und so weiter.

Der Vertrag, mit dem ein eventueller Freikauf aus Piratenversklavung garantiert werden sollte, liest sich auf Deutsch (in etwas modernisierter Sprachform) in zwei der Abschnitte wie folgt: »Wir übernehmen das Risiko der Freiheit dieser Person, wenn dieselbe von türkischen Seeräubern, maurischen, barbarischen oder anderen unchristlichen Seeräubern und Korsaren gefangen genommen und in deren Hafen zur Sklaverei aufgebracht werden sollte.

Für den Fall, dass selbige dergleichen Unglück (das Gott verhüte) ereilen sollte, versprechen wir, ein jeder, die von uns hierunter gezeichnete Summe zu seiner Loslösung und Ranzion, sobald wir beglaubigte Nachricht davon bekommen werden, innerhalb von zwei Monaten prompt an hiesige Sklavenkasse, gegen Vorzeigung dieser Police, einzuzahlen.« Und so weiter. Kurzum, man konnte freigekauft werden, falls man sich in ausreichender Höhe versichert hatte. Piraterie war damals also kein gelegentlicher Zwischenfall, sondern ein versicherungsrechtlich relevanter Faktor.

Als zweite Offerte: das Muster einer Reise-Lebensversicherung. Zum barock Verschnörkelten kommt hier noch juristisch Gewundenes. Ich trage im Vordruck schon mal die notwendigen Angaben ein ...

»Wir, Unterzeichnende, für uns und unsere Erben, garantieren Johanna Helena Herolt gegenüber ein jeder die von uns gezeichnete Summe zu 25 Prozent Prämie, für das Leben der Person Maria Sibylla Merian, fahrend nach Surinam, auf dem Schiff genannt Dubbelen Arent, abgehend von Amsterdam nach Paramaribo oder, wenn dieses Schiff (was Gott verhüte) käme zu verunglücken und diese Person salviert würde, auf jedem Schiff, worauf dieselbe sich embarquieren oder auch, wenn dieselbe zu Lande ihre Reise fortsetzen würde – Gott geleite sie in salvo.

Wir übernehmen das Risiko dieser Person, es sei dass dieselbe natürlichen oder gewaltsamen Todes oder auf welche Weise sonst auf dieser Reise ihr Leben verlieren sollte; von der Zeit an, dass sie sich an Bord begeben bis nach glücklicher Ankunft an den destinierten Ort, und bis sie von Bord wieder lebendig an Land getreten.

Wir geloben, dass, wenn diese Person während dieser Reise, und ehe sie bei ihrer Ankunft von Bord getreten, oder an diesem Ort zu Wasser oder zu Lande ankommen wird, natürlichen oder gewaltsamen Todes sterben sollte, dass wir alsdann deren Erben oder Vorzeigern dieser Police ein jedweder die von uns gezeichnete Summe prompt auszahlen werden.«

Und so weiter. Juristendeutsch und Juristenniederländisch bereits zur Zeit der Merian. Eine Police wurde damals ausgestellt von einem »vereidigten Makler«; heute würde man eher von einem Agenten oder Notar sprechen und schreiben. Beeidigt aber wurde auf jeden Fall.

IN ANBETRACHT DER ZAHLREICHEN GEFAHREN wurde damals viel getan, um lange Seereisen sicherer zu machen. Vor allem wurden die Mittel der Navigation verbessert. So funktionierte damals schon recht zuverlässig die Kardanringaufhängung von Schiffskompassen.

Bereits Leonardo da Vinci hatte solch eine Aufhängung skizziert, und das gleich zweimal: »Verfahren zur Herstellung von Ringen, die sich, wie der Schiffskompass, in jede Richtung bewegen können.« Erfunden hat dieses System sein Zeitgenosse Cardano.

Wie der Schiffskompass im Doppelringsystem ausgesehen haben könnte, weiß ich nicht – auf keinen Fall war da eine zitternde Nadel auf feiner Pinne, es wurde noch der Magnetstein benutzt, von dem Leonardo glaubte, er richte sich nach dem Polarstern; der Magnetpol wurde erst im 17. Jahrhundert errechnet. Auch bei schwerer, bei schwerster See, stets blieb der Kompass waagrecht, stets zeigte der Magnetstein den Norden an.

KARDANRINGAUFHÄNGUNG UND FABELWESEN ... Unter den stark vermischten Nachrichten wird in Happels *Denkwürdigkeiten* gelegentlich auch berichtet, welchen Meerwundern man auf Schiffsreisen ganz real begegnen konnte. Wurden damit Erwartungen auch bei einer Merian geweckt?

Dies jedenfalls wurde in Happels Zeitung gemeldet: Der dänische König Christian IV. (der mit den beiden Frauen und den fünfzehn Kindern) sah höchstpersönlich eine *Dänische Wassernymphe*, wie die Überschrift betont. »Die Brüste mit ihren Warzen stunden erhaben.« Und Christians Freund und späterer Feind, der Graf Ulfeldt (dessen Frau zweiundzwanzig Jahre im Schlossturmkerker eingesperrt war), er hatte auf einer Fahrt zur Insel Gotland eine Begegnung mit einem Meermann: Bei »stillem, schönem Wetter« tauchte der auf, schaute unverwandt hoch zu den Männern an der Reling – ein kleiner, schwarzhaariger, bärtiger Mann. Erst als ihm einer von Ulfeldts Dienern ein Hemd zuwarf, tauchte der damit ab und ward nie mehr gesehn. Dafür aber haben original-niederländische Seeleute, und das ausgerechnet auf einer der Routen der Westindischen Compagnie, auf der Fahrt seinerzeit nach Brasilien, einen Wassermenschen, weiblich, nicht nur gesehen, sondern gefangen, und diese Meerfrau wurde nach Leiden geschickt, starb dort, kam in die Anatomie: »Kopf und Brüste sind bis an den Nabel menschlich gebildet gewesen, aber von dem Nabel bis an die äußersten Füße ist lauter unförmliches Fleisch und kein Zeichen des Schwanzes zu spüren gewesen.« Es wurden auch weitere anatomische Details dieser *Brasilianischen Sirene* mitgeteilt, aber die sind nicht so wichtig wie die Frage, wie es zu solchen Berichten kam. Wie so manche Fabel aus jener Zeit, so hatte auch diese Mär einen Realitätskern, und der war in diesem Fall die Existenz der Sehkuh. Seekühe waren im Atlantik noch bis etwa 1740 zu entdecken, dann starben sie aus. In Aquarien der USA sind sie noch zu bestaunen. Und es zeigt sich: wenn sie trächtig sind, prägen sich Brüste aus – wohl ein entscheidendes Kriterium für Seeleute. Um die walzenförmigen Körper wurde reichlich Seemannsgarn gesponnen. Das Reich des Wunderbaren und Wunderlichen war noch nicht eingeschränkt – nur langsam wuchsen hier die Provinzen der Einsicht und Klarsicht, dem wilden Meer abgewonnen wie Polderland.

Es musste damals noch nicht, nach genereller Hirn-Flurbereinigung, eine Fantasy-Unterhaltungsliteratur entwickelt werden, die durch Erfindungen die radikal reduzierten Bestände an Fabelhaftem wieder anreicherte. Jetzt nisten sich Aliens in Raumschiffen ein und wecken schlimmeres Gruseln als früher ein Klabautermann an Bord. Und die gewaltigen Mahlströme im Meer, wie seinerzeit noch bei den Lofoten, Mahlströme, die in tödlichen, rückläufigen Spiralen jedes unvorsichtig oder unbesorgt navigierende Schiff in sich hineinziehen, sie werden ersetzt durch Kraftfelder im Kosmos, durch Schwarze Löcher womöglich, die wie intergalaktische Staubsauger (vacuumcleaner!) wirken, Materie (eines Raumschiffs) vorne rein, Antimaterie hinten raus, auf Nimmerwiedersehn.

MARIA SIBYLLA MERIAN KURZ VOR DEM GROSSEN SPRUNG: so etwas wie Aufbruchsstimmung? Solch ein Aufbruchsgefühl vorausgesetzt: War es auch so etwas wie Resonanz auf ein Zeitgefühl? Seit einem Jahrhundert etwa: es muss kollektive Aufbruchsstimmung geherrscht haben in der Welt der Gelehrten und Künstler, stimuliert durch immer neue Entdeckungen, Erkenntnisse. Erhöhter Umsatz an Nachrichten, die Enthusiasmus weckten, Hochgefühl: Man traute seinen eigenen Augen, man machte sich eigene Gedanken, zog eigene Schlussfolgerungen. Lang, lang genug war Wissen umgrenzt worden im mittelalterlichen und spätmittelalterlichen Weltbild einer konsequenten Ordnung und damit: von Einordnung, Zuordnung, Unterordnung, aber nun wuchsen die Räume, wuchsen mit wagemutigen Reisen, wuchsen mit immer leistungsfähigeren Instrumenten – es muss ein Gefühl gewesen sein, als weite sich ständig die Brust, als wäre ein Reif um den Schädel zersprengt worden. Ja, kollektives Aufbruchsgefühl, und das ergriff nun auch sie?

Vor ihr eine bekannte, zugleich fremde Welt. Die Küsten auch des südamerikanischen Kontinents waren schon recht genau kartographiert, viele Namen hier aufgereiht, ein paar Namen noch an Flussläufen entlang, aber wie bald schon dünnten die Namen aus im Landesinnern, dort schlängelten sich nur noch, mit unbestimmtem Verlauf, ein paar Flüsse dahin, zwischen Atlantik und Anden, zwischen Anden und Pazifik, da war mal hier, mal dort ein See markiert, eine Stadt wie Cusco – aber sonst? Weithin noch Terra incognita.

Und Details über diese fremde Welt im Aufbruchsgefühl verwirbelt bis zur Zerstäubung: Lianen und Affen und Wasser und Fische und Pflanzen und Vögel und Schmetterlinge – ja, da konnte ein Wirbel entstehn im Kopf, ein Wortwirbel, Weltwirbel, der sie in sich hineinsog, auch sie.

DIESE FRAU VOR DEM AUFBRUCH, sie war schon mehr als ein halbes Jahrhundert alt! Das darf nicht einfach nur vermerkt werden, bei diesem Stichwort muss ich kurz verharren, eine Autorin und zwei Autoren zitierend.

Simone de Beauvoir in ihrem umfangreichen Buch über das Alter, in einem historischen Rückblick in das Frankreich, also in das Mitteleuropa jener Zeit: »Infolge der schweren Arbeit, der Unterernährung, der schlechten Gesundheitspflege nutzte man sich sehr rasch ab. Bäuerinnen waren mit 30 Jahren alte Frauen, runzlig und gebeugt ... Selbst Könige, Adlige, Bürger starben zwischen 48 und 56 Jahren. In das öffentliche Leben trat man mit 17 oder 18 Jahren ein, die Beförderungen erfolgten sehr früh. Vierzigjährige hielt man schon für Grauköpfe. Die Zeitgenossen wiesen den Gedanken von sich, dass Madame de La Fayette noch mit La Rochefoucauld geschlafen haben könnte, weil sie 36 Jahre alt war und er 50. Mit 50 Jahren hatte man keinen Platz mehr in der Gesellschaft.«

Man kokettierte damals also nicht, wenn man sich mit fünfzig betagt, ja alt fühlte. Mit 47 Jahren schrieb Michel de Montaigne (der mit 59 starb) zum Stichwort Altern: »Was mich betrifft, halte ich es für gewiss, dass seit dem dreißigsten Lebensjahr mein Geist und mein Körper an Stärke mehr ab- als zugenommen haben, mehr zurückgegangen als vorangeschritten sind. Es mag sein, dass bei denen, die ihre Zeit gut nutzen, Wissen und Erfahrung mit dem Alter wachsen; Regsamkeit und Reaktionsvermögen aber, Entschlusskraft und andere Eigenschaften, die uns weit eigentümlicher, die weit wichtiger und wesentlicher sind, welken und schwinden dahin.«

Als zweiter Zeitzeuge: Hoffmann von Hoffmannswaldau, als Verfasser eines Vanitas-Gedichtes bereits vorgestellt. Als er 50 wurde (und er hatte noch ein gutes Dutzend Jahre vor sich), schrieb er ein Altersgedicht: *Gedanken bei Antretung des fünfzigsten Jahres.* Von den fündundvierzig Zeilen, in neun Strophen, hebe ich einige Formulierungen hervor.

Eröffnet wird das Gedicht mit der Feststellung: »Mein Auge hat den alten Glanz verloren.« Und gleich das Ende der ersten Strophe:

> Und ich empfinde nun aus meines Lebens Jahren,
> daß fünfzig schwächer sind als fünfundzwanzig waren.

Im Bewusstsein dessen, dass die Totenbahre für ihn bereitliegt, wendet sich der Dichter an Gott, mit einigen Bitten.

> Laß meinen Leib nicht wie das Eis erkalten
> und lege mir noch etwas Kräfte zu!
> Hilf, daß mich Siechtum nicht zu Last und Ekel mache,
> der Morgen mich bewein, der Abend mich verlache.

Neben dem körperlichen Verfall droht geistige Sklerose, und so bittet er auch um ein Veto gegen Verfall: »Verjüng in mir des schwachen Geistes Gaben«.

Selbstverständlich werden hier nicht direkte autobiographische Aussagen gemacht, hier wird stilisiert, und doch: dem Lebensgefühl eines Fünfzigjährigen zu jener Zeit dürften diese Formulierungen entsprechen.

Vor diesem Hintergrund, unter diesen Aspekten: es wächst die Bewunderung für den Entschluss der Maria Sibylla Merian, noch als Zweiundfünfzigjährige den Aufbruch in eine ferne Welt zu wagen.

Ein Gefälligkeitsbild, für ein Album. Deshalb auch mit einem Sinnspruch versehen: Des Menschen Leben ist gleich einer Blum. Denn alles welkt rasch dahin: ein Beispiel für das Vanitas-Denken des Barock-Zeitalters.

Vier tote Bergfinken, in Deckfarben auf Pergament, der Merian zugeschrieben. Hier ist der Stil entwickelt, in dem heute noch Illustrationen für wissenschaftliche Werke erarbeitet werden.

Louise van Panhuys, ebenfalls aus Frankfurt, hat dieses Panoramabild von Paramaribo gemalt, ein Jahrhundert nach der Surinamreise von Mutter und Tochter Merian. Die naturkundige Nachfolgerin hat nicht nur Pflanzen, sie hat auch Landschaften und Segelschiffe gemalt.

Diese Wasserhyazinthe aus dem Surinambuch ist ein Kuriosum, das es in dieser Form nicht gibt, nicht geben kann. Mit Hilfe eines Botanikers wird das absonderliche Phänomen im Buch genauer beschrieben.

STREIFZUG

UND WIE HABE ICH ZU MARIA SIBYLLA MERIAN GEFUN-
DEN? Eine Frage, die mir mehrfach gestellt wurde, als ich den
Film realisierte, eine Frage, die sich mit diesem Buch wieder-
holt. Was also war die Motivation für den Film, was ist die
Motivation für dieses Buch?

Nach dem stimulierenden Stichwort *Vielseitigkeit* ein weiterer
Anstoß: auch ich sah in der Merian damals eine Frau, die *Forscherin* und *Malerin* zugleich war, die Kunst und Wissenschaft
in ihrem Werk vereinte. Das scheint mittlerweile kanonisiert,
beispielsweise im Titel des Katalogbuchs: »Maria Sibylla
Merian. Künstlerin und Naturforscherin.« Herausgeber: Kurt
Wettengl. (Eine Monographie, der ich zahlreiche Informationen und Anregungen zu verdanken habe!)

Ich will nun allerdings nicht auf das Pro und Contra des
Merian-Diskurses eingehen, soweit er hier dokumentiert ist;
ich schreibe eine Biographie und nicht einen Kommentar zur
Merian-Sekundärliteratur. Ich kann hier also nur konstatieren,
dass die Spannweite der Bewertung extrem ist.

Auf der einen Seite wird die Merian gefeiert als Begründerin, zumindest als Mitbegründerin der Entomologie, und es
seien ihr »wissenschaftliche Pionierleistungen« zu verdanken.
Gefeiert wird sie als »künstlerisch gestaltende Entomologin«
wie als »wissenschaftlich tätige Künstlerin«. Ihre Zeichnungen
seien »wissenschaftliche Studien«, ihre Texte »wissenschaftliche Befunde«; insgesamt seien die »Aquarelle und Bücher
M. S. Merians das Ergebnis jahrzehntelangen Forschens«. Hervorgehoben wird hier vor allem das Raupenbuch, als »Beweis
ihrer epochalen naturwissenschaftlichen Forschung«!

Das wird von Heidrun Ludwig, zum Beispiel, ganz anders eingeschätzt: »Kein explizit wissenschaftliches Werk.« Vielmehr »die Verbreitung von bereits Bekanntem«. Und: »Merian war keine Gelehrte, sondern Malerin, Stickerin, Farbenhändlerin, Lehrerin, Hausfrau, Mutter und Liebhaberin der Natur.« Als Resümee: »Was sie als Künstlerin leisten und zur Entomologie beitragen konnte, war lediglich eine ästhetisch ansprechende Aneinanderreihung von Metamorphosen mit Beschreibungen, und selbst das war nicht neu.« Hier muss denn auch gleich betont werden, mit Entschiedenheit: Maria S. Merian hat sich nie als gelehrte Frau gesehen und dargestellt, als Forscherin, als Wissenschaftlerin. Sie war im Haus eines Verlegers aufgewachsen, in dem (auch über die Söhne) vielfach vermittelt wurde, was in zeitgenössischer Wissenschaft geschah. Damit wurden Maßstäbe gesetzt.

Über ihren Stiefvater sodann konnte sie erfahren, was in der Kunstszene geschah und geschehen war. Die damals fast schon modische Bewunderung vieler niederländischer Maler für Werke italienischer Kollegen und Vorgänger – so könnte sie, über Marrell, von der berühmten Lavinia Fontana zumindest gehört haben, die bereits 1614 gestorben war, könnte zumindest gehört haben von den großartigen Portraitgemälden, von den Altarbildern dieser selbstbewussten, selbständigen Frau. Sie wusste also, muss gewusst haben, was in ihrem Jahrhundert in der Malerei und was, in ihrem Jahrhundert, in der Forschung geschehen war und weiterhin geschah. Sie konnte vergleichen, konnte abschätzen. Wenn sie nicht ohnehin zur Bescheidenheit geneigt hätte, so hätte sie das bescheiden stimmen müssen.

Noch einmal also, denn das ist wichtig für unsere Beurteilung ihres Werks: Sie hat sich *nie* dargestellt als Künstlerin und Forscherin. Im Gegenteil, sie hat zuweilen betont, dass sie *keine* Gelehrte sei. Und mit großen Malerinnen und Malern hat sie sich nie auf eine Stufe gestellt. Bescheidenheit wurde bei ihr nicht zur Pose. Sie gab sich so, wie sie war; sie machte nicht viel von sich daher; sie spielte sich nicht auf.

Zur Forscherin und Künstlerin wurde sie erst in der zweiten Hälfte des 20. Jahrhunderts ernannt – als wollte man dieser Frau nachträglich etwas zugute kommen lassen, als wollte man sie nachträglich befördern in einer Hierarchie. So, wie sie sich gesehen hat, und so, wie sie nachträglich dargestellt wurde: ein fundamentaler Unterschied!

Was sie geleistet hat, muss aber nicht aufgewertet werden, um eine Beschäftigung mit ihr zu rechtfertigen. Die lässt sich überzeugend genug motivieren, wenn diese Frau von belastenden Hypotheken befreit wird und so vor uns erscheint, wie sie sich eingeschätzt haben dürfte: als »Liebhaberin« im rasch wachsenden Reich der Naturkunde und als Zeichnerin, Malerin, Stecherin mit künstlerischen Ambitionen.

ES IST AN DER ZEIT FÜR EINE KLÄRUNG der beiden Leitbegriffe, die für diesen Streifzug motivierend, konstituierend sind: *Kunst* und *Wissenschaft*.

Wir müssen ausgehen von der damaligen Weltsprache der Gelehrten: hier ist »ars« der Komplementärbegriff zu »scientia«. Im Italienischen, als Titel und Thema der Biennale di Venezia 1986: *Arte e Scienza*.

Wie bei (fast) allen Beiträgen zu diesem Doppelthema muss auch hier betont werden: »ars« bedeutete in früheren Jahrhunderten noch nicht Kunst in heutigem Sinne, sondern: Anwendung von wissenschaftlichen Erkenntnissen. Paradebeispiel für scientia: Mathematik. Paradebeispiel für ars: Medizin. Scientia erforscht Bestehendes; ars wendet an, setzt um, gestaltet, verändert. Als bewusst saloppe Übersetzung wurde schon mal vorgeschlagen: Know-how.

Die wortwörtliche Übersetzung von ars et scientia in: »Kunst« und »Wissenschaft« ist also, historisch gesehen, falsch. Denn erst im Verlauf der Jahrhunderte, vor allem im 19. Jahrhundert, wurde der Begriff Kunst aufgewertet, hochstilisiert. Ebenso der Begriff Wissenschaft.

Im Zeitalter der Merian kannte man Unterscheidungen wie: angewandte und autonome Kunst noch nicht. Das Malen von

Stilleben als gehobenes Handwerk par excellence. Ich betone: in *damaligen* Denkmustern! Maler von Blumenstilleben, Blumenportraitisten betrieben ein hoch spezialisiertes und (in Einzelfällen) auch hoch dotiertes Gewerbe.

Ars bedeutete also, in weitestem Sinne: Entfaltung von Kunstfertigkeit. Und damit, nah an diesen Begriff herangerückt: Kunstgewerbe, Kunsthandwerk. Heute noch signalisiert das Wort »Kunst« vielfach Abwesenheit von Kunst: es gibt Kunstflüge, es werden Kunstfehler begangen, und wenn jemand als Kunstmaler bezeichnet wird, so heißt es, dass er *keine* Kunst produziert, sondern, beispielsweise, kitschig getönte Hochgebirgs-Landschaften pinselt.

In damaligen Denkrastern war Maria Sibylla Merian durchaus eine Repräsentantin von *ars et scientia*. Denn zur scientia gehörte, was wir heute als Naturkunde bezeichnen. Auch Alexander von Humboldt benutzte noch diesen Begriff, aber mit einer charakteristischen Unterscheidung: Naturkunde dort, wissenschaftliche Naturkunde hier.

Wir können Begriffe nur so verwenden, wie das heutigem Sprachgebrauch entspricht, also werden Zusätze notwendig, zur Differenzierung. In damaliger Konnotation vereinte die Merian in ihrem Werk *ars* und *scientia*; in heutiger Konnotation verbinden sich bei ihr *Naturkunde* und *Dekorative Kunst*. Das wird im weiteren Verlauf dieses Buchs noch präzisiert.

ERINNERUNGSBEGEHUNG EINER AUSSTELLUNG in Gropiusbau, Berlin, kurz vor der Jahrtausendwende: der Codex Leicester des Leonardo da Vinci, erst in den sechziger Jahren wieder entdeckt in der großen Bibliothek zu Madrid, vom Chef der Microsoft ersteigert, mit werbeträchtigem Sponsoring der Öffentlichkeit vorgestellt.

Was sich einprägte: der Gesamteindruck dieser Ausstellung. Die sehr lichtempfindlichen Papierbögen jeweils in einer Stele: Metallkonstruktion wie ein mannshoher Säulensockel und in durchschnittlicher Augenhöhe jeweils eins der Blätter hinter sicherndem Glas. Aufzeichnungen, vorwiegend, über Strömungsformen des Wassers: das »Wasserbuch«. Wenige, meist enttäuschend kleine Skizzen: auf fast randlos beschriebenem Papier viel Text, in Rötel und in Spiegelschrift. Diese Blätter nicht permanent beleuchtet, sondern sporadisch: ein kleines Niedervolt-Spotlight für kurze Betrachtungsdauer ein- und wieder ausgeschaltet. So pilgerten, ja: pilgerten Besucher, Besucherpaare, Besuchergrüppchen durch das Halbdunkel, von einer beleuchteten Stele zur anderen; damit eine statistisch relevante Verteilung der Personen im Raum gesichert blieb, leuchteten, zeitversetzt, auch Spotlights zweier Stelen auf – oder waren es schon mal drei? Weil ich die Schaltfolge nicht durchschaute, setzte ich einen Zufallsgenerator voraus, der die Schaltungen steuerte: Licht mal hier im Dämmerraum, Licht mal dort, Licht mal hüben und drüben ...

Das Arrangement der Exponate skizzierend, beginne ich schon mit einer Veränderung, einer Verwandlung: Der Raum weitet sich, weitet sich, gewinnt zugleich an Höhe, im Halbdunkel sind die Umgrenzungen bald kaum noch auszumachen, nur die hier und dort eingeschalteten Mini-Spotlights zeigen an, wie weit dieser nun virtuelle Ausstellungsbereich ist. Die Wanderbewegungen fortgesetzt, aber was hier jeweils vom Licht hervorgehoben wird, das sind nicht nur Papierbögen mit rötlicher Spiegelschrift und gelegentlichen Skizzen, das sind Zeichnungen, blattfüllend, das sind (in Stelen mit größerem Durchmesser) Modelle nach Zeichnungen des Leonardo. Etwa: das Modell einer archimedischen Spindel, die Wasser zu einem Turm hinaufpumpt. Oder das Modell eines Kampfwagens: als Ausleger rotierende Räder, waagrecht, mit Sensenblättern, Menschen köpfend, Menschen halbierend. In anderen Stelen beispielsweise: auf Blätter »montierte« Pflanzenpräparate. Und: Objekte, die sich auf Zeichnungen (wieder)finden, also etwa: eine Kardanring-Aufhängung für einen Schiffskompass. Und an den weit voneinander entfernten Wänden (oder besser: an unregelmäßig verteilten Stellwänden) Gemälde, und sei es in Reproduktionen – die aber bitte exzellent! Auch hier Lichtschaltung in Zufallssequenzen. Also:

437

punktuelle Verteilung von jeweils räumlich und zeitlich begrenzter Wahrnehmung. Eine Codexseite ... ein Modellbau ... ein Herbarblatt ... eine Zeichnung ... ein Naturobjekt ... ein Gemälde ... Keine übergreifende, durchschaubare Ordnung, denn: Leonardo kam nicht mehr dazu, alles Übernommene, Erforschte, Erarbeitete, Gestaltete in ein umfassendes System zu bringen, das gelang ihm nicht einmal bei den Aufzeichnungen zu Wasserströmungen. Er wollte ja auch nicht nur forschen, konstruieren, zeichnen, malen, er wollte sich auch elegant kleiden, wollte singen und auf seinem Instrument spielen, wollte gut essen, wollte mit jungen Männern ins Bett gehn, wollte und musste reisen, wollte und musste Aufträge annehmen, also konnten viele Pläne, Projekte nicht realisiert, konnten viele Zeichnungen nur anskizziert, konnten einige Gemälde nicht vollendet werden, und dennoch: es gäbe genug zu schauen beim Umherwandern in dieser virtuellen, dieser phantasmagorischen Ausstellung. Hier wäre, zeichenhaft, unter einem Dach zusammengefasst, nein: nur zusammengestellt, was sich unter der Schädeldecke des »uomo universale« entwickelt hatte. Seine Gedankenwelt, Forschungswelt, Gestaltungswelt. Sichtbare Universalität dieser Personalunion eines innovativen Malers und eines vielfach antizipierenden Ingenieurs und Forschers.

Aber, ich darf nicht bloß konstatieren, dass sich bei ihm *Kunst* und *Wissenschaft* auf exemplarische Weise verbunden, fast vereinigt haben, unter Einschluss zeitgemäßer Phantasmen, das Umfassende will Präsenz gewinnen, und das lässt sich in solch einem Text am direktesten umsetzen durch Hinweise auf Texte und auf Bilder. Lichtpunkt hier, Lichtpunkt dort, Lichtpunkte hüben und drüben ... Dies übertragen: Wahrnehmungspunkt hier, Wahrnehmungspunkt dort, Wahrnehmungspunkte hüben und drüben ...

Auf einem der ausgestellten Blätter ein Text über die Donau, und an den Hängen begleitender Berge die Austern, die Muscheln, die Seeschnecken, die Knochen großer Fische; und die Perspektive, diese Tochter der Malerei, die ohne Sichtlinien

nicht auskommt, ohne die auch die Kunst der Geometrie blind
ist; und der Engel der Verkündigung, langhaarig, mit der Kräu-
selung von Engelshaar, mit weiblich weichen Formen eines
Jünglings androgyner Art, er weist, links vom Kopf, mit Hand
und betonendem Zeigefinger nach oben, himmelwärts, hält mit
der linken Hand, am sonst nackten Oberkörper, ein leichtes
Tuch gerefft, hüftaufwärts, und dies alles betont vor dunklem,
fast schwarzem Hintergrund: so zeigt es die offenbar zuverlässige, glaubwürdige Kopie des verschollenen Gemäldes, das Leonardo 1503 oder etwas später gemalt hat; und der helle Teil des
Mondes besteht aus Wasser, und wenn es von Stürmen ge-
peitscht wird, werden die Wellen größer und das Licht wird
schwächer; und die Zweige an den Hauptästen der Bäume sind
genauso angeordnet wie Blätter an Zweigen, das sechste Blatt
oben über dem sechsten Blatt unten, das dritte Blatt oben über
dem dritten Blatt unten; und aus dem Engel der Verkündigung
wurde in erster Bildmetamorphose Johannes der Täufer, 1509
gemalt, vor ebenfalls völlig dunklem, ja finsterem Hintergrund,
und auch hier keine direkte Lichtquelle, nur das sanfte Leuchten der Haut, des Fleischs, und Johannes zeigt mit Unterarm,
Hand, Zeigefinger nach oben, rechts vom Kopf, und die linke
Hand zeigt, unter dem angehobenen Unterarm hindurch, auf
sich selbst, in Herzhöhe; und für jeden, der sich auskennt, ist
es leicht, universell zu werden, denn alle Tiere, die zu Lande
leben, gleichen sich in ihren Muskeln, Sehnen und Knochen,
unterscheiden sich nur in der Länge und im Körperumfang,
wie er in seiner Anatomie zeigen will; und wenn man einen
größeren Stern durch ein kleines Loch in einem Papier
betrachtet und es ganz nah an die Pupille hält, erscheint der
Stern viel kleiner; und im Jahre neunundachtzig hat ein Erdbeben bei Rhodos das Meer bis zum Grund geöffnet, und es
versanken hier so hohe Fluten, dass der Meeresboden drei
Stunden lang unbedeckt blieb; und aus dem Engel der Verkündigung, der zu Johannes dem Täufer wurde, wird, in zweiter Bildmetamorphose, der gefallene Engel: in gleicher Pose
wie Johannes, doch er zeigt nicht mehr so dezidiert nach oben,

scheint die Hand eher lässig hochgeschwungen zu haben, und das Tuch, das er mit der Linken hält, es ist durchsichtig, ist nur ein Hauch von einem Gewebe, und deutlich die weibliche Brust und noch deutlicher das erigierte Glied: Eichelkranz, Schaft und Hoden präzis betont auf dieser Zeichnung, die 1531 entstand oder etwas später, und die vor wenigen Jahren erst in einer privaten Sammlung entdeckt wurde: letzte Stufe der Metamorphose. Und das lässt sich so fortsetzen.

WISSENSCHAFT in heutigem Wortsinn und in damaliger Form: wie lässt die sich charakterisieren? Eine Frage, die sich an einer Person festmacht, die seinerzeit in Nürnberg gewesen war, dort Johann Georg Volkamer besucht hatte, 1669, im Jahr also, bevor Familie Graff in die Reichsstadt zog. Dieser Besucher wurde immer berühmter, also werden sich Stichworte ergeben haben für wiederholte Erwähnung, auch Frau Graff gegenüber, die zum Bekanntenkreis der Nürnberger Zelebrität gehörte.

Niels Stensen aus Kopenhagen war zum Zeitpunkt seines Besuchs 31 und schon bekannt als Forscher, vor allem auf dem Gebiet der Anatomie, aber auch der Geologie und Mineralogie. Er befand sich auf der Reise nach Wien und weiter zur Inspektion transsilvanischer Bergwerke. Bei seinem Zwischenstopp in Nürnberg führte er Fachgespräche vor allem mit Volkamer, aber auch mit anderen Herren des Collegium Medicum und der Leopoldinisch-Karolinischen Akademie der Naturforscher. Dabei wird es vor allem um seine anatomischen Entdeckungen und Erkenntnisse gegangen sein, dokumentiert in lateinischen Schriften.

Wissenschaft damals: Niels Stensen als einer der wichtigsten Repräsentanten. Über Leben und Werk informiert mich die Schrift von Max Bierbaum und Adolf Faller. Ich gebe wieder: Stensen, 1638 in Kopenhagen geboren, studierte in Amsterdam und lernte dort Jan Swammerdam kennen, auch Reinier de Graaf (die Graafschen Eifollikel ...) Seine ersten, wissenschaftlich präzisen Untersuchungen galten dem menschlichen

Herzen, er entdeckte und beschrieb die »fibra motrix«, die motorische Faser, und räumte auf mit alten Legenden: »Man hat das Herz für den Sitz der inneren Verbrennung, den Thron der Seele gehalten, einige hielten es sogar für die Seele selbst. Man hat das Herz als Sonne, sogar als König verehrt, wo du doch nach genauer Prüfung nichts als einen Muskel findest.«

Es folgten Untersuchungen über menschliche Drüsen und sieben Abhandlungen dazu. Untersuchungen des menschlichen Gehirns. Spezialisierungen also in weitem Spektrum.

Nach Amsterdam die Stadt Leiden. Nach Leiden: Florenz. Hier lernte er den Mathematiker Vincenzio Viviani kennen, den wohl letzten Schüler von Galilei, und Francesco Redi, »Hofarzt, Insektenforscher und Dichter«. Stensen wohnte im Palazzo Vecchio und arbeitete, gemeinsam mit Viviani, an der Entwicklung einer mathematischen und geometrischen Biologie. Titel einer seiner Schriften, aus dem Lateinischen übersetzt: »Beispiel einer Muskellehre oder Geometrische Beschreibung eines Muskels.«

Stensen (latinisiert: Steno) wurde zum besessenen Anatomen. Als bei Livorno ein Hai von fast zwei Tonnen Gewicht angeschwemmt wurde, ließ er sich den Kopf bringen. Er untersuchte die »Schleimproduktion, das Seitenliniensystem, das Gehörorgan, den Knorpelstängel der Augenhöhle, das Auge und die Zähne«. Das hinterließ Spuren: als »Stenos Wirbelgefäße werden noch heute die um den Sehnerven aus der Lederhaut des Auges austretenden Venen bezeichnet«.

Ein weiterer Hai wurde angeschwemmt und diesmal offenbar komplett angeliefert. Stensen untersuchte »die Kiemen, das Gehörorgan, das Schleimkanalsystem, die Sehnervenkreuzung, das Gehirn, das Geruchsorgan, die Spiralfalte des Darms sowie Eierstöcke und Eileiter«. Die Eierstöcke wurden in der damaligen Medizin als »testes muliebres« bezeichnet, als weibliche Hoden, wenn auch in veränderter, verkümmerter Form. Mit diesem Irrglauben räumte Steno auf: »Ich zweifle nicht mehr daran, dass die testes muliebres Eierstöcke sind.«

Und Stensen sezierte weiter: einen Soldaten, den man wegen Diebstahls gehängt hatte, eine Frauenleiche, einen Igel, eine Haselmaus, eine Katze, ein Eichhörnchen, zwei Rentiere, einen Adler, einen Hund, ein Kalb, eine Füchsin, einen Marder. Leibniz später über ihn: Stensen wurde »berühmt durch seine anatomischen Untersuchungen, bekannt durch die Herausgabe einer Muskellehre und einer Anatomie des Gehirns«.

Wie gewissenhaft er gearbeitet hat, zeigt sich an einem Nebenproblem, für Stensen: »Kann man mit Sicherheit eine Bluttransfusion vornehmen?« Und seine Antwort, nach dem damaligen Stand des Wissens, das verschiedene Blutgruppen voraussetzen, aber noch nicht identifizieren konnte: »Wir kennen weder die Natur des Blutes selbst, und noch weniger die Merkmale, um das eine Blut vom anderen zu unterscheiden; man kann deshalb auch nicht mit Sicherheit eine Bluttransfusion vornehmen, da man den Kranken, wenn man nicht die Natur der zu vereinigenden Blutart kennt, tausend Gefahren aussetzt.«

Ich erwähne nur noch, dass Stensen ein damals auch angesehener Fachmann der Paläontologie war, der Sedimentationsgeologie und der Mineralogie (vor allem der Kristallkunde), bleibe hier aber beim Stichwort Anatomie und Sektion (auch mit Blick auf die späteren Sektionen der Merian), gebe abschließend wieder, was Albrecht von Haller in seiner Geschichte der Anatomie von 1776 geschrieben hat. Demnach war Niels Stensen »einer der erfolgreichsten Anatomen in einem an Entdeckungen fruchtbaren Jahrhundert. Durch anatomische Untersuchungen an Tieren wurde er schon in jungen Jahren berühmt. Er war noch Student der Medizin, als er den Speicheldrüsengang entdeckte, der seinen Namen der Nachwelt erhalten hat; er fügte dem die Tränenkanälchen hinzu, die er bei Menschen und bei Tieren gesehen hatte. Er versuchte als erster die Muskelstruktur des Herzens zu analysieren. Er stellte Versuche über die Lymphgefäße an. Er machte sehr gute Beobachtungen an Fischen, brachte neue Ideen zur Hirnanatomie und beobachtete die Embryonalentwicklung der

Vögel und der Vierfüßer sowie die Bewegung des Herzens. Er war der erste, sicherlich der zweite, welcher den weiblichen ›Hoden‹ den Namen Eierstöcke gab.«

Abschließend sei nur noch erwähnt: mit siebenunddreißig wird der konvertierte Lutheraner zum Priester geweiht und geht damit der Wissenschaft verloren, mit neununddreißig wird er Bischof in Italien, später Weihbischof in Münster, und mit achtundvierzig stirbt er, in Schwerin. Da ist M. S. Merian knapp vierzig.

Kleines Resümee: Die Naturwissenschaften befanden sich bereits auf dem Weg zu hochgradiger und hochrangiger Spezialisierung.

AUCH WENN ZUWEILEN die Suggestion erweckt wird, Maria Sibylla Merian hätte »ganzheitlich« gesehen und gearbeitet und dargestellt, so ist auch sie ein Beispiel für früh einsetzende Spezialisierung. Sie nahm, später, dieses und jenes Reptil und Säugetier wahr, stellte es dar, aber sie war spezialisiert, und das nicht einmal auf Insektenkunde allgemein, sondern auf einen schmalen Sektor. Selbst Libellen schienen sie kaum oder gar nicht zu interessieren, obwohl die eine interessante Metamorphose durchlaufen. Und Käfer nahm sie nur in einigen ausgewählten Prachtexemplaren wahr. Das weite, weite Spektrum der Insektenwelt war gleichsam ausgeblendet, sie befasste sich eigentlich nur mit Raupen und ihren Parasiten und Fraßpflanzen – und schließlich mit den Faltern.

Auch unter diesem Aspekt ist der Begriff Entomologie zu hoch angesetzt. Angemessener ist in ihrem Fall ein Adjektiv, das ich bei Ernst Jünger finde: *entomophil*. In der Beobachtung und Darstellung vorzugsweise von Raupen und Faltern war sie und blieb sie eine Liebhaberin. Als »Liebhaberin« hat sie sich hier auch selbst gesehen und bezeichnet. Maria Sibylla Merian: entomophil.

FORTSETZUNG DES STREIFZUGS unter der Leitfrage, ob und wie sich Kunst und (rasch, immer rascher fortschreitende)

443

Naturwissenschaft verbinden, womöglich vereinigen ließen. Gleich weitergefragt: Wie hätte die Verbindung, womöglich Fusion *konkret* aussehen können? Ich kann, darf, will hier nur von dem ausgehen, was *vor* und *während* der Merianzeit realisiert wurde oder realisiert werden konnte; hier ziehe ich eine strikte Zeitgrenze.

Doch rechtzeitig genug macht die Überlieferung ein verlockendes Angebot: Ein Gelehrter als Freund eines Künstlers, zu Beginn des 17. Jahrhunderts. Diese Konstellation entdecke ich in einem der Bücher von Svetlana Alpers: *Kunst als Beschreibung*. Dem Kapitel über Huygens entnehme ich Zitate und Informationen.

Constantijn Huygens: der seinerzeit berühmte Vater des später noch sehr viel berühmteren Christiaan Huygens. Der Vater dieses Forschers und Ingenieurs schrieb, 1596 geboren, bereits als Mann von dreiunddreißig seine Autobiographie. Das entsprach, wie wir wissen, damaligen Lebenserwartungen, die aber (auch) Huygens weit übertraf, er wurde einundneunzig. In diesem außerordentlich langen Leben war er (in freier Entscheidung!) vielseitig tätig: als Schriftsteller, als Übersetzer (des großen John Donne!), als Musiker (vor allem auf der Laute), und: als Mann, der die wahrhaft epochalen Entwicklungen in den Naturwissenschaften wie in der Technik hellwach mitverfolgte. Ganz besonders interessierten ihn hier Fortschritte in der Herstellung optischer Geräte: Camera obscura, Mikroskop, Teleskop.

Das Mikroskop faszinierte ihn am meisten: Mit diesem Instrument eröffnete sich (auch) ihm ein »Novus Orbus«, eine Neue Welt. Hier wird Huygens senior enthusiastisch: »Nichts kann uns *mehr* zwingen, die unendliche Weisheit und Macht des Schöpfers noch vollständiger zu ehren, als wenn wir – gesättigt von den Wundern der Natur, die bisher jedermann vor Augen waren, denn für gewöhnlich nimmt unser Erstaunen in dem Maße ab, in dem wir mit der Natur durch häufigen Kontakt vertrauter werden – in diese zweite Schatzkammer der Natur geführt werden und in den allerwinzigsten und gering geschätztesten Kreaturen derselben Sorgfalt des großen Baumeisters sowie überall einer gleichermaßen unbeschreiblichen Majestät begegnen.« Ja, das hätte die Merian unterschreiben können: Infinita Creatoris Dei sapientia ac potentia ...

Dabei waren damals gerade mal die ersten Strophen dieses Lobgesangs angestimmt! Huygens ging davon aus, »dass der Vergrößerung von Körpern keine Grenzen gesetzt sind; akzeptieren wir dies einmal als Grundregel, dann wird kein Körper, selbst der allerkleinste nicht, durch Linsen je so sehr vergrößert sein, dass nicht Grund zu der Annahme bestünde, er könne durch andere Linsen nicht noch weiter vergrößert werden und durch andere noch weiter und so fort ins Unermessliche«.

Und Huygens verfasste einen inspirierenden Appell, in der Wissenschaftssprache Latein geschrieben, ein gutes Jahrzehnt vor der Geburt der Maria Sibylla: »In der Tat boten sich Objekte, die bis dahin unter die Atome gerechnet wurden, da sie sich dem menschlichen Auge weithin entzogen, dem Beobachter auf einmal so deutlich dar, dass, wenn völlig unerfahrene Leute Dinge erblicken, die sie vorher nie gesehen haben, sie sich zunächst beklagen, dass sie nichts sähen, doch alsbald ausrufen, dass ihnen unglaubliche Dinge vor Augen träten. Denn wirklich handelt es sich um ein neues Schauspiel der Natur, eine andere Welt, und wenn dem älteren De Gheyn länger zu leben beschieden gewesen wäre – ich glaube, er hätte in Angriff genommen, wozu ich seither so manche Persönlichkeit antreibe, freilich nicht gegen ihren Willen: die überaus winzigen Gegenstände und Insekten mit einem feineren Pinsel wiederzugeben und zu einem Büchlein zusammenzustellen, das mit dem Titel Neue Welt überschrieben würde und aus dem Musterbeispiele in Kupfer gestochen werden könnten.« (Ich habe hier einige Formulierungen der Übersetzung präzisiert.)

Ein paar Anmerkungen zum Namen, der eben genannt wurde: Jacques de Gheyn. Er fiel mir zuerst auf durch eine Repro-

duktion einer seiner Zeichnungen: fast waagrecht zwei Wein-
laubranken, darunter ein Kürbis und: in der Mitte des Blatts
das Portrait einer älteren Frau mit Ansätzen zu Körperkürbis-
formen. Als organisierendes Zentrum des scheinbar Disparaten
ein kleines Auge, das bei Buchreproduktionen eigentlich gar
nicht, auf dem Original (im Berliner Kupferstichkabinett) nur
mit dem Vergrößerungsglas zu erkennen ist. Für mich ist dieses Blatt Beweis dafür, dass es möglich war, bei großen Kön-
nern, naturgetreue Abbildung von Objekten der Flora mit
überzeugender Gestaltung von Menschen zu verbinden.

Jacques de Gheyn war enorm vielseitig. Er konnte Blumen
portraitieren: in Berlin bestaune ich eine gezeichnete Doppel-
rose mit schwer herabhängenden Blüten. Zahlreich die Studien von Tieren. Beispielsweise von vier kranken Mäusen.
Oder von zwei Ratten und drei Kröten, und die Ratten üben
offenbar Hüpfen an körperlangen Stöckchen. Und Pferdestu-
dien. Und Löwenstudien. Und ein apokalyptischer Reiter, der
sich aus Luftturbulenzen zu entwickeln scheint, während unter
ihm der Teufel Unkraut sät. Oder: ein penibel wiedergegebe-
ner Seekrebs im Vordergrund, dahinter eine skurrile Konstellation grotesker Personen. Oder: Hexentreiben in einer Stube –
mit Furzantrieb fliegt eine von ihnen zur Kaminöffnung.

Jacques de Gheyn, 1565 in Antwerpen als Sohn eines handwerklich soliden Malers und Stechers gleichen Namens geboren, Vater eines sehr begabten Sohnes ebenfalls gleichen
Namens, dieser Jacques II hat auch einige Ölgemälde hinterlassen: das schon erwähnte erste Vanitas-Stilleben, und: sehr
frühe Blumenstilleben. Wie enorm breit sein Spektrum war,
bestätigt sich im Bildband der dreibändigen Monographie von
I. Q. van Regterem Altena: *Jacques de Gheyn, Three Generations.*
Hier wird besonders deutlich: Jacques II war ein besessener
Zeichner, der sich über kein Sujet erhaben fühlte. Da sind
(hier natürlich zuerst erwähnt!), etliche Blumenportraits, in
Wasser- und Deckfarben auf Pergament, und diese Arbeiten
von 1600 bis 1603 nehmen bereits die Perfektion der Blumenbilder von Marrell vorweg. Und: Insekten; Kleintiere; Por-

traits, Portraitstudien; Akte, vor allem Frauenakte; Löwen; Kühe; Mäuse; Frösche; zwei gerupfte Hühner an Wandhaken. Und (schon erwähnt) seine wohl frechste (zumindest für uns heute als frech interpretierbare) Studie: die Frösche, von denen sich zwei in Hingebungsposen spreizen.

Der Gelehrte und dieser Maler: sie hatten gemeinsame Fahrten und Reisen unternommen. Der Maler war dreiundfünfzig, der Gelehrte zweiundzwanzig, als sie sich 1618 in London trafen. Huygens nahm De Gheyn mit in eine Gemäldeausstellung im Palace of Whitehall, De Gheyn nahm Huygens mit ins Haus des Earl of Arundel, eines der großen Antikensammler. Huygens verfasste ein lateinisches Gedicht auf eine gemeinsame Fahrt nach Oxford.

Von einem erneuten Aufenthalt in London, 1622, brachte Huygens eine Camera obscura mit und empfahl sie dem Malerfreund für die Arbeit; offenbar ging der aber nicht darauf ein. Doch es erwies sich: Huygens versuchte, De Gheyn für neue Entwicklungen zu begeistern. Er kam damit etwas zu spät, Jacques de Gheyn starb 1629.

WORAN HUYGENS BESTIMMT NICHT DACHTE: Naturwissenschaft und Kunst nur in Bildzitaten zu verbinden. Beispielsweise so: auf einer Marmorplatte eine Glas- oder Silbervase mit opulentem Bouquet und statt der Staffage-Schnecke oder Staffage-Raupe auf der Stellfläche ein wissenschaftliches Gerät, etwa ein aufgeklapptes astronomisches Taschenbesteck, um 1560, flämisch, Messing graviert und vergoldet. Mit solch einem Bildzitat wäre eine Verbindung noch nicht hergestellt, das Gerät bliebe Dekorationsstück. Für Huygens aber sollten sich neue Sujets mit neuer Sichtweise verbinden – vermittelt, vor allem, durch das Mikroskop.

Was beobachtete man damals durch das Mikroskop? Leeuwenhoek wurde berühmt durch seine Untersuchungen von Wassertropfen. Dieser Augenmensch mikroskopierte aber auch die winzigen Augen einer Stechmücke, einer Fliege und »die kristallisierte Augenflüssigkeit eines Wals«. Leeuwenhoek versuchte übrigens auch, durch Linsen frisch geschlachteter Tiere hindurchzuschauen, erspähte auf diese Weise neue Welten. (Was damals aufregende Entdeckung war, das wurde später zum Kinderspiel: Mein Schreiner im Eifeldorf erzählte mir, wie er als Kind den Metzger im Dorf anbettelte, ihm doch die Linsen einer soeben geschlachteten Kuh zu geben, und er entdeckte eine Welt grotesk vergrößerter Phänomene in der Nähe ...)

Neue Perspektiven, neue Proportionen ...! Neue Optik, neue Sujets ...! Was Huygens kaum wissen konnte: bereits 1630 wurde in Italien, in Rom, auf einem Kupferstich die Vergrößerung eines Pflanzensamens wieder gegeben, in dreifacher Ansicht: von oben, von unten, von der Seite. Eine simpel symmetrische Darstellung: Ober- und Unterseite nebeneinander, die Seitenansicht mittig darunter, die leere Fläche gefüllt mit einem kunstvoll verschlungenen Schriftband, das, lateinisch, auf das Mikroskop hinweist, das diese Abbildung ermöglichte.

Das lag also offenbar ›in der Luft‹: erste Versuche, Mikroskopiertes in Bilder umzusetzen, und das vier Jahre nach dem Tod von Jacques II und siebzehn Jahre vor der Geburt von Maria Sibylla. Hätte Huygens den älteren Freund beim gemeinsamen Aufenthalt in England von seinem Konzept überzeugen können, so hätte De Gheyn noch ein Jahrzehnt Zeit gehabt, die ersten Bildbeiträge zur Neuen Welt des Erkundens und Gestaltens vorzulegen – dreieinhalb Jahrzehnte vor Robert Hooks *Micrographia*.

Die Realisierung der Konzeption von Huygens wäre also durchaus denkbar gewesen in jener Konstellation! Die Ausführung, genauer: der Bericht über die versuchte Ausführung ist freilich nur noch möglich in Form einer Fälschung. Ich berufe mich hier darauf, dass (auch) zu Merians Zeiten so viel gefälscht worden ist für den Kunstmarkt, dass Fälschung auch in diese Lebensgeschichte hereinspielen darf. Eine Fälschung hier, die sich freilich von vornherein als Falsifikat deklariert.

»ICH MUSS ZUGEBEN, HOCHVEREHRTER FREUND, dass mich dein jubilierender Bericht über erste Blicke durch ein Mikroskop etwas skeptisch gestimmt hat. Constantijn ist ein Gelehrter, sagte ich mir, er hat eine andere Sehweise, er wird also Erwartungen hegen, die ich nicht erfüllen kann. Zum Beispiel könnte ihm der Blick durch Linsen neue Symmetrien im Reich der Pflanzen oder Insekten zeigen, und so könnte er versuchen, mich einzuschwören auf die Wiedergabe von Symmetrien. Und da hätte ich nicht mitgespielt oder mitgewirkt, denn Symmetrien mögen für alte Kirchenmaler schön und beinah göttlich gewesen sein, doch für mich als Zeichner und Maler wären das eher spannungslose Formen. Mein junger Freund, preise also bitte nicht Symmetrien als Gemeinsamkeiten von Kunst und Natur, sagte ich halblaut vor mich hin, damit wird er mich nicht für sein Konzept gewinnen können.

Meine Bedenken verflüchtigten sich allerdings, als ich mich, gemeinsam mit Sohn Jacques, einübte in die Benutzung des Mikroskops, das du uns vor deiner Abreise leihweise anvertraut hast. Zur Einübung hatte ich mit dem feinsten Messer im Hause einem Käfer das Köpfchen abgetrennt und es so zurechtgelegt, dass Augen, Mund etc. nach oben gerichtet waren. Als es mir endlich gelang, dieses winzige Objekt in den Blick zu fassen, fielen mir als Erstes die sehr großen, vorgewölbten Augen auf. Und dann die Fühler – die müssen ja von besonderer Empfindlichkeit sein (ich weiß nicht, auf welche Reize), aber sie sind zugleich besonders gefährdet, so weit vom gepanzerten Körper nach vorn ragend. Und, was ich mit bloßem Auge nie hätte sehen können: winzige Borsten vor allem unterhalb des Käferköpfchens, das im Mikroskop zum Käferschädel wurde, den ich sogleich skizzierte. Völlig neues Objekt für mich!

Und dann gleich (ich neige nun mal zur Ungeduld) der zweite Schritt in die Wunderwelt, und dies mit der stärksten Vergrößerung: ein Stückchen tierisches Gewebe, aus der Küche geholt. Auch in diesem Fall die Befürchtung, Mutter Natur könnte mich enttäuschen. Ich stellte mir vor, da wären ordentlich aufgereihte Zellen-›Spiegeleier‹, eins schön brav neben dem andren, und gleich darunter eine zweite Reihe, und all diese Zellenspiegeleier irgendwie miteinander verbunden. Jedoch, was entdeckte ich? Erst mal, fast regelmäßig verteilt, so etwas wie platt gedrückte Portionen Blumenkohl – unser neues, ach so teures Gemüse! Und, irgendwie angelagert, rote Flächen mit jeweils einem schwarzen Punkt – müssen Zellen sein. Zwischen diesen Quetschblumenkohl-und-Zellen-Gruppierungen freie Bahnflächen, wer weiß wofür. Und bräunliche Verbindungsfäden, zu denen mir auch nichts Treffendes oder Treffliches einfallen wollte. Kurzum, ich atmete auf. So etwas zu zeichnen, zu malen, das würde nicht bloß zur Aufreihung von Spiegeleiervarianten führen, sondern ich könnte unterschiedliche Formen auf der Bildfläche zusammensetzen, in verschiedenen Farben.

Ja, vor allem Farben …! Am verlockendsten sind hier die Schmetterlingsflügel! Auch hier, ich gestehe, war ich skeptisch nach deiner Erstbeschreibung: ich stellte mir einen Ausschnitt aus der Oberseite eines Schmetterlingsflügels vor wie eine Aufreihung von Dachziegeln, und diese Ziegel abschnittweise jeweils von gleicher Farbe, also blau neben blau neben blau und rot neben rot neben rot und so weiter. So sah ich mich schon bei der ziemlich langweiligen Arbeit, vorgezeichnete Flächen bieder zu kolorieren. Nichts für Jacques de Gheyn! So etwas, sagte ich mir, so etwas hättest du deinem Onkel (oder Großonkel?) Georg Hoefnagel nahelegen können, der mit Engelsgeduld und Bienenfleiß seine Studien angefertigt hatte, im Zeichen der *imitatio*, aber für Jacques II wäre das nichts gewesen! Und Jacques III wäre wohl ebenfalls von mir enttäuscht gewesen.

Aber dann, mit seiner Hilfe (die zuvor schon darin bestand, dass er den Falter gefangen hatte) haben wir, nach rascher Tötung, mit dem spitzesten Messer ein Geviert aus dem Falterflügel herausgeschnitten. Ich stellte das Gerät scharf und stieß ein halblautes ›Oh!‹ aus. Alles ganz anders, als ich mir das vorgestellt hatte! Diese ›Dachziegel‹ oder ›Schindeln‹ sind ja nicht, wie erwartet, von rechteckiger Form, die sind unten abgerundet, also sehen sie eher aus wie überlappende Zungen, und manche dieser Zungen sind, beim selben Schmetterling, unten auch nicht mal abgerundet, sondern eher gespalten, gezattelt oder einfach geschrägt oder gewellt – größte Vielfalt von Varianten auf kleinster Fläche!

Und dann die Farben! Keine monochromen Farbflächen, auch nicht in kleinsten Abmessungen, vielmehr große Mannigfaltigkeit! Gut, da sind mal fünf rote Ziegelzungen nebeneinander und in einer anderen Reihe drei schwarze, aber: die Abfolge (auch wenn eine Farbe vorherrscht) ist unregelmäßig, und: die Ziegelzungen sind in sich nicht immer gleichmäßig eingefärbt, da gibt es sehr lebendige Varianten. Manche scheinen, auf schwarzer Grundierung, von gelbgoldenen Punkten bedeckt, dicht an dicht. Oder da sind auf weißer Grundierung gelbe, unregelmäßige Flächen. Oder da sind violette Ziegelzungen mit dicht gestreuten, ja sogar gereihten Silberglanz-Punkten. Kurzum, der kleine Ausschnitt Falterflügel zeigte eine höchst lebendige Oberfläche, mit Farbkontrasten, mit nuancierten Übergängen, mit Variationen – da pochte mein Malerherz! Also stellte ich sofort eine der grundierten Holzplatten auf die Staffelei und begann Ziegelzungen in lockeren Reihungen zu malen.

Als die (dünn aufgetragenen) Farben angetrocknet waren, holte ich meine Frau. ›Oh!‹ rief sie, und das klang wie ein Echo auf meinen Ruf am Mikroskop. Das schien mir also vielverheißend. Aber dann folgte die (schon irgendwie befürchtete) Frage, ob ich so etwas ein zweites, womöglich ein drittes Mal herstellen wolle? Ob ich mir Gedanken darüber gemacht hätte, wer so etwas kaufen könnte, eventuell? Daran hatte ich im Entdeckerrausch erst mal nicht gedacht. Daran denke ich ja auch nicht immer bei den Zeichnungen. Daran denke ich bei Aufträgen – wenn es zu zeichnen gilt, wie man mit einer Muskete umgeht, nun, so leiste ich das zur Zufriedenheit des Auftraggebers. Aber hier nun? Sie wollen doch alle vergleichen! Gemalte Früchte müssen aussehen wie Früchte in Körbchen auf heimischem Tisch. Gemalte Blumen müssen genauso aussehen wie Blumen in der möglichst kostbaren Vase. Je größer die Ähnlichkeit, augentäuschend, desto größer die Zufriedenheit von Besteller oder Käufer. Wie aber soll der vergleichen können, wenn er auf Holztafeln solche Farbzungen zu sehen bekommt? Ich kann den Betrachter nicht jeweils zum Mikroskop, dem obendrein geliehenen, lotsen und sagen: Bitte sehr, genauso sieht es auf einem echten Falterflügel aus, überzeugen Sie sich, Mijnheer. Der würde bestimmt bald eine Abweichung von der Naturvorlage entdecken, und schon wären Fragen zur Stelle. Das könnten geschäftsschädigende Fragen sein. Sie alle bleiben Kaufleute: die Anlieferung buchstabengenau mit dem Angebot vergleichen, und wenn etwas nicht ganz übereinstimmt: monieren!

Aber ich will mich lieber nicht weiter auslassen über mögliche oder unmögliche Käufer – es geht darum, dass ich mich, deinen Wunsch erfüllend, deinem Appell folgend, in eine neue Sprache einübe, malend. Neue Welten, nicht wahr, Neue Welten, erschlossen von diesen Wundergeräten. Da entwickelt ihr Gelehrten hochgemute Erwartungen an uns Künstler.

Wobei zwischendurch auch mal umgekehrt zu fragen wäre, zu fragen sein dürfte, was man in der Gelehrtenwelt von uns Malern lernen will. Erwartet man womöglich, dass wir erst einmal, als Vorleistung, unter Beweis stellen, dass wir selber forschen können?

Theoretisch, rein theoretisch wüsste ich auch schon, wo ich ansetzen würde: bei den Fühlern von Schmetterlingen, genauer: bei den Enden der Fühler, bei diesen winzigen, wie aufgestülpten Zylindern oder »Keulen«. Was mag in denen stecken? Da könnte mich auf meine alten Tage noch der Forscherdrang packen, und ich möchte mit einem unvorstellbar feinen Chirurgenmesser so eine Fühlerkeule der Länge nach durchschneiden und diese Schnittfläche durch ein besonders starkes Mikroskop betrachten. Welche Linienmuster könnten sich da zeigen, welch subtile Verflechtungen! Ja, und ich vergucke mich in solche Winzigkeiten, fasse Dutzende von Fühlern ins

Auge, fertige jeweils Zeichnungen an, breite sie nebeneinander aus, ziehe vergleichend meine Schlüsse, die wahrscheinlich noch nicht viele Leute interessieren, die aber einige Gelehrte zwingen könnten, mich auch unter diesem Aspekt zu akzeptieren, womöglich zu feiern. Fundiert, fundiert muss alles bei uns sein – dann wird in erhöhtem Maß anerkannt, was wir machen.

Und umgekehrt? Ja, und umgekehrt?!, frage ich noch einmal: Auf welche Form der Anerkennung durch uns Maler legen sie eigentlich Wert, die Gelehrten, die Naturforscher? Könnte überhaupt denkbar sein, dass in ihrem Reich eine Arbeit höher bewertet wird, wenn sich in ihr, zumindest spurenhaft, Lust an Formen zeigt? Ob die Arbeit eines Wissenschaftlers nach dem Besuch einer privaten Bildersammlung (denk an die »collection« von Sir Arundel!) freier wird, großzügiger, souveräner, erfindungsreicher? Es wäre aufschlussreich, wenn du dich mit solch einer Frage gelegentlich an diverse Gelehrte wenden würdest, du hast doch genügend namhafte Herrschaften in deiner Korrespondenzliste, und dein Sekretär ist nicht schreibfaul. Also, ihr hohen und ihr werten Herren, was erwartet ihr von Künstlern, vom Umgang mit Künstlern? Liegt euch an der Anerkennung durch Künstler, wie uns Künstlern an der Anerkennung (auch) durch euch Wissenschaftler liegt? Wird in eurem Bereich eine wissenschaftliche Arbeit höher bewertet, wenn sich in ihr, zumindest spurenhaft, *inventio* zeigt? Frag doch mal die Herren, frag sie!

Das wäre hiermit weitergeleitet und vorläufig erledigt. Ich will ja nicht vor deiner Anfrage ausweichen auf eine Frage, die ich an die Herren Gelehrten richte, to whom it may concern. Es ist an der Zeit für ein Credo: Ich will mich nicht von Angeboten der Natur überwältigen lassen, sondern zeigen, dass ich ebenfalls zum Erfinden fähig bin, als Sohn der Natur. Also muss ich, zu deiner voraussichtlichen Enttäuschung, gleich betonen, dass mich das brave ›Hoefnageln‹ von Farbziegeln oder Farbschindeln oder Farbzungen nicht zufrieden stellen würde, das wäre reine *imitatio*. Ich will nicht für den einen oder anderen Gelehrten malen, der ebenfalls mit dem Mikroskop arbeitet und dann befriedigt feststellt, dass ich mich in Farbgebung etc. genau an einen Ausschnitt aus einem Flügel eines Falters mit Namen Sowieso gehalten habe. Ich lasse mir gern Angebote machen von der überaus erfindungsreichen Natur, aber ich bin ja nun auch noch da, ich, Jacques de Gheyn II, und so erlaube ich mir eigene *inventiones*. Du magst das als eine Art von Altersstarrsinn werten, wenn ich als Mann von Mitte fünfzig auf dieser Art von Souveränität bestehe und beharre, aber soll ich es vielleicht so treiben wie manche Botaniker, die zur Zufriedenheit anderer Botaniker eine Pflanze samt Knolle oder Wurzel so wiedergeben, dass man sie umgehend benennen kann? Die Neue Welt, die du als Herausgeber eines Buchs mit Bildern eröffnen willst, unter gleichem Titel, sie muss auch eine Neue Welt von Malweisen sein, sonst bleibt es ein Handbuch. Ich bestehe aber auf meiner Souveränität, verehrter Freund!

Ergo, ich werde mir Freiheiten vorbehalten, wie sie mir nach dem Gesetz der Kunst in vollem Ausmaß zustehen. Zum Beispiel, ja zum Beispiel werde ich in dieser farbenreichen Fläche von Ziegelzungen oder von Schindeln eine Lücke lassen, durch die man hinein- oder hinausblickt – nachdem man einige Ziegel quasi abgedeckt hat. Und was sieht man da? Nun, was könnte man da sehen?! Ich verrate es nicht, du sollst ein wenig in Spannung gehalten werden, damit du deine Rückkehr beschleunigst, und dann komm bitte gleich in mein Haus, in diesen Raum mit dem neuen Bild auf der Staffelei, kleinkinderhandgroß die Ziegelzungen und mittendrin die Lücke, das Loch. Ja, ich betone jetzt schon mal, dass mich auch die schönsten mikroskopierten Farbflächenfelder nicht zur Farbknechtschaft zwingen könnten, da würde ich so etwas wie ein Fenster aufstoßen und dahinter –?!

Wie gesagt: Werkstattgeheimnis. Wenn du dich beeilst, ist es bald enthüllt. Vorher zeige ich diese farbenreiche Novität niemandem – vor jedem Atelierbesuch werde ich ein Laken drüberhängen, oder die Tafeln mit der Bildfläche zur Wand aufstellen. Und ich bitte dich sehr, deinen feurigen Appell vorerst nicht zu wiederholen, diversen Kollegen gegenüber. Überlass mir den ersten Versuch, das nie mit bloßen Augen Gesehene zu malen, aber das bitte nicht nur nach den Gesetzen der Natur, sondern auch nach unseren derzeit geltenden Gesetzen der Kunst. Und ich bin sicher, Mutter Natur wird sich nicht verhalten wie reiche Bürger beim Bilderkauf: Was dem Vergleich mit den Vorlagen nicht standhält, wird verworfen. Die Natur hat es in uns angelegt, zu ihr in Konkurrenz zu treten.

Also, um das Laken über einem (von mir jetzt nur erfundenen?) Bild nun doch schon mal ein wenig zu lüpfen: ich lasse eine der von mir so gern gezeichneten Hexen auf dem Besenstiel tief über solch eine Farbzungenfläche schweben, und das Reisigbündel fährt wie ein breiter, grober Pinsel durch die frisch aufgetragenen Farbflächen …

Schön, ich gebe zu, ich habe das noch nicht so gemalt, habe mir das nur mal ausgedacht. Aber auf das andre Bild, das mit der Lücke in der Farbzungenfläche, darauf darfst du schon mal gespannt sein! Also, wenn du diesen Brief in Händen hältst (die hoffentlich vor Erregung zittern), so lass alles stehn und liegen und komm umgehend zu deinem alten Freund Jacques de Gheyn.«

AUF
HOHER SEE

Einer der typischen Frachtsegler der Westindischen Compagnie:
so sah das Schiff aus, auf dem Mutter und Tochter nach
Surinam reisten und zurück. Deutlich die Heckaufbauten, in
denen und auf denen sie sich während der Reisemonate
aufhielten.

AUFBRUCH ...! Der Aufbruch nach Surinam lässt sich im Film besser simulieren als im Text. Also, zur Einstimmung: Bericht über den »Aufbruch« mit einem Zweimastklipper im Hafen von Hoorn, am Westufer des Ijsselmeers, genauer: des Marker Meers.

Der Klipper heißt *Eenhoorn* und hat zwei Maste. Die sind vierundzwanzig Meter hoch, so erfahre ich, sind dick wie ausgewachsene Bäume: das Wort »Mastbaum« muss nicht herbeizitiert werden, es findet sich ein.

Vom Dieselmotor angetrieben, fährt das Schiff langsam zur Hafeneinfahrt. Seitwärts und im Rückblick: Dutzende von hochragenden Masten und das Wort: Mastenwald. Häuser, Gebäude einer kleinen Stadt, die nicht bombardiert worden ist, also: Vielfalt. Die wird jetzt aber nicht weiter wahrgenommen oder höchstens mit streifendem Seitenblick – ich schaue seewärts. Der Skipper am Ruder. Er hat sich vorgestellt als Pieter, ich habe geantwortet: Dieter. Kleines Lachen, erste Verständigung. Pieter steuert, ruft Anweisungen, gibt Handzeichen: zwei Frauen, zwei Männer führen aus.

Die Wasserfläche vor dem Hafen bewegt, der Himmel grau – konturloses Grau, vorerst. Aber dies ist das Wichtigste: Wir haben Wind, strammen Wind. Noch in der Nacht war, so Pieter, vom Seefunk Flaute angesagt worden; er hatte sich schon überlegt, ob er ein Gebläse mieten soll, damit für die Filmaufnahmen wenigstens das Vorsegel gebläht wird.

Gibt es Physiognomisches, das von der Seefahrt, zumindest: von häufigem Aufenthalt auf dem Meer geprägt oder mitgeprägt wird? Augen wie blank geputzt, Gesicht ohne Fettansatz – als wäre es von starken Winden modelliert worden. Auch die beiden anderen Männer helläugig, mit straff modellierten Gesichtern. Die beiden jungen Frauen hingegen scheinen nur selten auf See zu sein; eine ist Floristin.

Die Crew ist sonst kleiner, aber wir werden genug beschäftigt sein mit den Dreharbeiten auf bewegter See. Vor dem Hafen werden Segel gesetzt. Vierhundert Quadratmeter könnten es sein, aber die Vorsegel bleiben zusammengerollt auf Deck liegen, und das Großsegel, das Besansegel, sie werden nur zu zwei Dritteln hochgekurbelt, dabei wird es bleiben. Durchschnittliche Windstärke: 6.

Kaum hat die *Eenhoorn* ihren Kurs gefunden, gischten Brecher über den Bug. Ja, so wollen wir es haben! Kameramann, Kamera-Assistent, Beleuchter, Autor ziehen zum Bug, sofort muss gefilmt werden: »Schnittbilder«! Da hätte man uns mit einer zweiten Kamera filmen müssen: zusammengedrängtes Grüppchen auf schrägem Deck! Es gischtet nicht nur über dem Bugspriet hoch, es gischtet über Deck, schnell sind die Hosen nass. Aber ich habe, vorausschauend, meinen knielangen holländischen Radfahr-Regenmantel mitgenommen – Wasser klatscht auf.

Ich stehe am Hauptmast, während die andren ihre Hosen antrocknen lassen, unten, in der geräumigen Lounge mit vier Tischen; Marita wird hier noch geschminkt. Wir sind nur ein halbes Dutzend: höhere Spesen, Tagessätze im Ausland. Das Kamerateam klein, der Ton-Ingenieur ohne Assistent, das Trüppchen der Wiesbadener Charterfirma nicht mit dabei, vom ZDF-Studio Bonn wurde ein Beleuchter freigestellt, und ein junger Mann ist für die Maske zuständig; der Fahrer hilft aus, wo es nötig wird.

Graubraunes, bewegtes Binnenmeer, aber schon nach einer halben Stunde mit Schräglage und Gischt suggeriert es die Weite des Ärmelkanals. Authentisch das Grau, das Wolkenformen annimmt, aber die Sonne kommt nicht durch. Das ist dem Kameramann nur recht: »Sonne wäre eine Katastrophe« für die Dreharbeit, die elektronische Kamera liebt weiches Licht, hier kommen Farben am besten heraus. Segel werden gefilmt, Taue werden gefilmt, Brecher werden gefilmt, ein weißer Zweimastklipper, der uns entgegenkommt, wird erst recht gefilmt – so spielt mir Zufall eine nicht eingeplante Bildsequenz zu.

Nach etwa dreiviertelstündiger Fahrt die erste Wende: Marita wird auf dem Vorschiff einige Abschnitte aus dem Surinambuch vorlesen, dabei können wir Gischt nicht brauchen. Die *Eenhoorn* also mit achterlichem Wind; das leicht geschrägte Deck sind wir schon gewohnt. Der Wind schafft Probleme nur für den Ton; selbstverständlich ist eine Windkapsel aufgesteckt auf dem Mikrophon, das an Maritas Mantelkragen geklipst wird; der stramme Wind muss bei der Aufnahme zusätzlich ausgetrickst werden, und das gelingt auch. Marita liest, von einer Decke umhüllt, die Textsequenzen vor.

Sobald diese Takes aufgezeichnet sind, wendet die *Eenhoorn* wieder, ein langsames Manöver, und ›die Merian‹ geht zum Bug; dort gischtet es erneut. Sichtbar arbeitet das Schiff, der Horizont taucht auf im Monitorbild, schrägt sich, findet wieder die Horizontale, der Wind reißt den weiten Rock des historisierenden Kostüms unter der Decke hervor, seitlich, wildes Gezerre, weites Ausbauschen – der Wind als ungeplanter Mitwirkender.

Aufatmen: Ich habe »Schiff«, habe »Segelschiff« geschrieben im Drehbuch, nun bin ich auf einem Segelschiff bei anhaltend frischem Wind! Enthusiasmus auch im durchpusteten Team. Der Beleuchter aus dem ZDF-Studio Bonn freut sich, dass er ausnahmsweise mal keine Politikerköpfe ins rechte Licht setzen muss, er ist bis zum Überschwang motiviert, packt zu, fühlt sich nicht nur für seine beiden Scheinwerfer zuständig: »Das ist doch nun wirklich mal was gaaaanz anderes!« Und Friedhelm muss ich bei sehr gewagter Kamera-Aufstellung mit beiden Armen festhalten, kniend: »Geh mir bloß nicht über Bord!« Und der Fahrer mit schwarzer Lederjacke, mit Jeans und Cowboystiefelchen kauert auf den breiten Gummigurten zwischen den Stativbeinen, kriegt ein zusammengefaltetes Moltontuch unter den Hintern. Und Nina wischt Sprühwasser vom Objektiv. Einige aus dem Set haben Schwimmwesten angelegt, nachdem sie gesehen hatten, wie lange es dauert, bis so ein Dreißigmeterschiff mal wendet – und wie rasch kann man, in Relingnähe balancierend, ausrut-

schen! Dreißig Meter – ja, so lang (oder kurz) waren auch die
Übersee-Handelsschiffe von WIC und VOC … Mehr war
das nicht!

Als das Team zum Aufwärmen, Trocknen, Kaffeetrinken
wieder in die Lounge geht, bleibe ich noch an Deck, blicke
mit Windtränen in den Augenwinkeln zur Mastspitze, schicke
einen Jubelschrei hinauf.

M! S! M! MIT IHRER GROSSEN REISE setzte sie neue Maßstäbe. M! S! M! Nun befreite sie sich von Vorbildern, wurde
unverwechselbar Original. M! S! M!: die Surinamreise als biographische Selbstkrönung!

Später wird es Frauen geben, im 19. Jahrhundert vor allem,
die sich durch oft abenteuerliche Fernreisen einen Namen
machen, aber denen ist sie um Jahrhunderte voraus. Eine Frau,
die mit ihren Arbeiten im Rahmen des damals Gewohnten
bleibt und die als Person vorgegebene Rahmen durchbricht.
Sie wird zur Gestalterin einer Folge von Lebensbildern, die
nichts an Faszination verloren haben. Eine Aura, die an
Leuchtkraft nichts einbüßte.

SO DÜRFTE IHR AMBIENTE für die nächsten Wochen ausgesehen haben: ein Schiff von etwa dreißig, maximal vierzig
Metern Länge. Also etwa ein Drittel der Länge von Güter-
schiffen, wie sie auf dem Rhein fahren: die sind in der Regel
hundert Meter lang, zehn Meter breit. Weiterer Vergleich:
etwa dreißig Meter lang sind die Touristenschiffchen, die im
Sommer auf Spree und Landwehrkanal Berlin zur Grachten-
stadt machen.

So viel zur Größe. Nun der Versuch, mich virtuell an Bord
eines Westindienseglers zu versetzen: möglichst genau will ich
mir vorstellen, wie es dort aussah, wie es dort zuging. Für
Wissenschaftler, die auf sich halten, wäre so etwas irrelevant,
aber ich nähere mich Person und Zeit eher als Erzähler an.

So habe ich mir einige Modelle von Schiffen jener Zeit
angesehen, in Amsterdam, Modelle von einem Meter Länge,

von zwei Metern Länge, also detailgetreu, und da setzte erst einmal Staunen ein über die Vielzahl von Seilen und Tauen, die (überwiegend) zu den Masten hinaufführten: Seile, die für Seeleute und Matrosen jeweils eine exakte Bezeichnung hatten.

Zahlreich auch die Strickleitern hinauf zu den Masten, zum Auslug (»Krähennest«) auf dem Mittelmast ... Und Seile, Seilzüge, mit denen Segelflächen zurechtgezurrt wurden, Seile und Seil-Enden in Spiralen gelegt auf Decksplanken ... Insgesamt müssen es Tausende von Seilmetern, Taumetern gewesen sein, an einem Schiff mit üblicher Tonnage. Selbst am Bug mit Galionsfigur und weit vorragendem, sich gleichsam in den Luftraum hineinbohrendem Bugspriet: Seile, Seile, Seile ...

Am imposantesten aber war damals nicht der Bug, sondern das Heck. Das Wort: Heckaufbauten. Das Wort: Heckspiegel. Ob Ost- oder Westindienfahrer: die Schiffe waren nach hinten hochgezogen. Klingt laienhaft, aber ich bin kein Experte für Segelschiffe des ausgehenden 17. Jahrhunderts. Also weiter ohne Fachbezeichnungen: da war das Hauptdeck; im letzten Drittel des Schiffs ein zweites Deck und, womöglich, ein drittes Deck, zu dem auch wieder steile Holzstufen hinaufführten. Diese Achterdecks waren leicht bugwärts gesenkt: schiefe Ebenen. Das obere, das höchste Deck war sicherlich höheren Rängen, besseren Herrschaften vorbehalten, da durfte sich kein Seemann hinhocken oder hinlegen, auch nicht bei Windstille.

In der haushohen Heckfläche: Fenster wie in niederländischen Bürgerhäusern. Diese Fenster durchweg in zwei Reihen: oben vier, darunter sechs, beispielsweise. Diese Fenster in Flächen mit reichem Dekor eingesetzt: Schnitzereien, Farben, zuweilen sogar Vergoldung von Schmuckelementen – als wäre eine Masse aufgeschäumt worden, die ornamental verkrustete. Diese Repräsentationsflächen konnten sogar um die Kanten des »Spiegels« herumgeführt werden, ein paar Meter an den Bordflanken entlang. Auf einem Schiffsgemälde habe ich sogar einen Balkon gesehen, der, auf diese Weise, auch Blicke in Richtung Bug ermöglichte. Eine Sonderausführung – diesen

Luxus bot der Westindienfahrer bestimmt nicht. Aber auf eine repräsentative Heckfläche mit Fenstern im Hochformat wurde bei keinem Schiff verzichtet, das für längere Fahrten gebaut war.

Hinter dieser Schmuckfläche achtern die Kajüten. Eine alte Zeichnung gewährt mir Einblick in das kleine Reich eines Schiffsarztes: eine Kammer mit einem Schreibsekretär, mit Bildern an den Wänden, mit einem Vorhang am Fenster. Betont gemütlich, aber dies war schließlich die Wohnung, jeweils, für Monate.

Das heißt: die Kajüten waren für höhere Dienstränge fest vergeben, dort konnten Mutter und Tochter kaum einquartiert werden. Aber wo sonst konnten sie an Bord angemessen logieren? Eins der Schiffsmodelle gewährt mir, bei abgehobenen Decks, Einblick, und es zeigt sich: Unter dem Achterdeck gab es nicht nur die Kajüten ›nach hinten raus‹, es gab auch Kajüten, die sich vom Mittelgang oder Mittelraum aus seitwärts öffneten. Diese Kajüten hatten offenbar keine Fenster, die gab es nur im Heckspiegel; wenn sich backbord wie steuerbord etwas öffnete, waren es ausschließlich Kanonenluken.

In solch einer fensterlosen Kajüte werden sich die beiden Frauen aber nur nachts aufgehalten haben; tagsüber, bei schlechtem Wetter, der Gemeinschaftsraum; ansonsten das Oberdeck. Von dort aus konnte man das personenreiche Treiben auf dem Hauptdeck beobachten, so weit nicht ein tief herabgezogenes Segel die Sicht einschränkte oder nahm. Aber unter vollen Segeln fuhr man nur selten. Das wurde zwar gern so gemalt, aber Büchern über die Geschichte der Seefahrt entnehme ich, dass nur in Ausnahmefällen sämtliche Segel gesetzt waren. Also doch wohl freier Blick aufs Hauptdeck hinab, durch das Seilgewirr hindurch.

Das oberste Deck war nie so aufgeräumt leer, wie dies Modelle suggerieren. Hier vermittelt wieder eine zeitgenössische Zeichnung: jeder verfügbare Platz wurde genutzt. Also hingen an der Reling Korbflaschen oder Vogelbauer. Auch konnten hier Verschläge für Hühner und Karnickel verzurrt sein. So weit noch Platz dafür vorhanden: Korbgeflechtsessel. In einem dieser (ebenfalls von einer Zeichnung bezeugten) Deckstühle mag denn MSM Platz nehmen – aufatmend?

UNTER DEN VIELEN MÄNNERN IN IHREM BLICKFELD auch Schiffsjungen, wenigstens einer oder zwei. Die kamen durchweg aus Waisenhäusern – die VOC unterhielt sogar ein eigenes Waisenhaus. Dies lässt sich freilich kaum als frühes soziales Engagement interpretieren, vielmehr: aus dem konzerneigenen Waisenhaus rekrutierte man Nachwuchs, der sicherlich auch der Schwestergesellschaft WIC zur Verfügung gestellt wurde, mit interner Verrechnung.

Die »weesjongens« wurden strengstens im calvinistischen Glauben erzogen. Leitbild war der fromme Seemann, »De godvreezende Zeeman«. So hieß auch ein Erbauungsbuch, das den etwa Sechzehnjährigen zur ersten Fahrt mitgegeben wurde. Dieses Begleit- und Geleitbuch enthielt reichlich Liedtexte und Gebete für die langen Reisen. Mit militärischer Strenge wurde auf den Handelsschiffen regelmäßiges Beten und Singen erzwungen. Wer da unentschuldigt fehlte, wurde hart bestraft: vielfach wurden die Säumigen auf Kanonenrohre gebunden und ausgepeitscht. Religion als Mittel der Disziplinierung.

So viel, nebenbei, zur Seefahrt, die lange Zeit als Christliche Seefahrt bezeichnet wurde: eine weite Interpretation des Begriffs.

ZU DIESER REISE IST NICHTS, LEIDER GAR NICHTS ÜBERLIEFERT: kein Merian-Brief, keine Notizen, nicht einmal Stichworte in anderem Zusammenhang. Dennoch versuche ich diese Reise wenigstens ansatzweise zu vergegenwärtigen im Analogie-Verfahren: ich ziehe Dokumentationen anderer Seereisender heran, auf weithin gleicher Route. Zwar ist mein erster Gewährsmann ein Jahrhundert und ein sattes Jahrzehnt nach den beiden Frauen Richtung Südamerika gesegelt, aber die Routen waren, im Wesentlichen, gleich geblieben: die Zwischenlandungen an Inseln, die Passatwindzonen.

So folge ich dem Reisebericht des französischen Botanikers, der als deutschsprachiger Schriftsteller bekannt wurde mit zahlreichen, meist balladesken Gedichten und der berühmt wurde mit seiner phantastischen Novelle über Schlemihl, der seinen Schatten dem Teufel versetzte. Zu Beginn seines Berichts über die *Reise um die Welt* stellt sich Adelbert von Chamisso in einer autobiographischen Skizze vor – er geht also, wie sich schon zeigte, davon aus, dass Leser ein Anrecht darauf haben, etwas über den Verfasser zu erfahren.

Aber nicht mal ein »Lebensabriss« kann hier eingebracht werden; nur ein paar Anmerkungen zum Stichwort Alter – wichtig genug. Chamisso war Mitte dreißig, als er zur Weltreise aufbrach, an Bord eines russischen Schiffs; mit vierzig veröffentlichte er seinen Reisebericht; er wurde nur siebenundfünfzig Jahre alt. In seinem Buch aber bezeichnete er sich schon entschieden früher als »alten Mann«. In einem Lexikonartikel zu seinem lyrischen Werk lese ich zwar von »Chamissos Selbststilisierung zum vorzeitig gealterten Mann«, aber er muss sicher gewesen sein, dass man hier mehr sah als nur Koketterie – schon gar bei einem Autor, der gediegenen Ernst demonstrierte. Denkbar also, im Rückschluss, dass die Merian nach ihrem Aufbruch schon mal sagte, ohne Koketterie: Ich als alte Frau ... Sie dokumentierte freilich Jugendlichkeit mit dieser Reise: ihr kalendarisches Alter und ihr Lebensgefühl waren offenbar nicht deckungsgleich, hier lief die Entwicklung nicht synchron.

Chamisso beschreibt einleitend das Schiff, vor allem das Schiffsinnere. Unsere Vorstellung von Enge wird hier zusätzlich akzentuiert: Es war *sehr* eng! Achtern, im Heck, wie schon skizziert, die Kapitänskajüte; nach vorn anschließend der Gemeinschaftsraum für die gehobenen Ränge; bugwärts das Mannschaftsquartier. Die Herren Wissenschaftler hatten keinen Anspruch auf Kajüten, ihre Kojen waren im Gemeinschaftsraum: schmale Betten, die tagsüber hochgeklappt wurden. Und jeder hatte Anspruch auf vier Schubladen (die bei Sturm vernagelt wurden). »In dem engen Raum der Kajüte schlafen vier, wohnen sechs und speisen sieben Menschen. Am

Tische wird morgens um sieben Uhr Kaffee getrunken, mittags um zwölf gespeist und sodann das Geschirr gescheuert, um fünf Uhr Tee getrunken und abends um acht der Abhub der Mittagstafel zum zweiten Mal aufgetragen.« Ich zitiere das, weil ich annehme, dass die Zeitraster auf einem niederländischen Westindienfahrer so ähnlich waren.

Also, vorherrschender Eindruck: Enge. Und damit Probleme, die der Weltreisende hervorhebt: Spannungen wurden noch gesteigert. Wenn zwei Personen an Bord waren, im Heckaufbau, die sich nicht mochten, sich nicht ausstehen konnten, so muss das Fluchtgedanken evoziert haben: sich an der nächstbesten Insel ausbooten lassen ... Vorstellbar, zum Beispiel, dass der Erste Offizier mit der resoluten Frau Merian nicht viel anfangen konnte, sie das auch spüren ließ durch abweisendes Verhalten, während er an der Tochter eher interessiert war, doch die Mutter dürfte in solch einem Fall abgeblockt haben, was die Spannungen wiederum verstärken konnte. Wie weit so etwas eskalierte oder deeskaliert werden konnte, das hing vor allem vom Kapitän ab, der an Bord uneingeschränkte Befehlsgewalt besaß – falls nicht der Reeder mitreiste oder ein Stellvertreter des Reeders, ein »Supercargo«; dann war Befehlsgewalt geteilt, und »die Erfahrung auch auf Kauffahrteischiffen lehrt«, dass es dann »unerfreulich zugeht«. Die Westindienroute war allerdings weniger attraktiv als die Ostindienroute, also dürfte den Reisenden das Erleiden solcher Spannungen an Bord erspart worden sein.

Doch andere Erfahrungen des Weltreisenden lassen sich eventuell übertragen, mit Vorbehalt, auf Widerruf. Beispielsweise: wie sehr man sich zurücknehmen, sich einschränken muss auf solch einer Schiffsreise. Der Naturwissenschaftler, eingestellt auf erweiternde Erfahrung und Erkenntnis, er muss »zunächst erfahren, dass die Hauptaufgabe, die er zu lösen hat, darin besteht, sich so unbemerkbar zu machen, so wenig Raum einzunehmen, so wenig da zu sein als immer möglich. Er hat hochherzig von Kämpfen mit den Elementen, von Gefahren, von Taten geträumt und findet dafür nur die gewohnte Langeweile.«

Damit sind wir schon bei der Schiffsreise selbst. Zur Fahrt durch den Ärmelkanal kam damals schon ein Lotse an Bord, und der hielt sich ebenfalls im Gemeinschaftsraum auf, zumindest bei den Mahlzeiten. Ich vermute, dass Mutter und Tochter viel an Deck waren, so weit Wetter und Skipper das zuließen, und so könnten sie in diesem ersten Reiseabschnitt das Gefühl gehabt haben, einer viel befahrenen Schiffahrts-Trasse zu folgen und noch längst nicht auf offnem Meer zu sein: Segel, Segel, Segel, zumindest von Fischerbooten. Erst, wenn der Lotse im Südwesten Englands das Schiff verließ und es nahm Kurs Richtung Finisterre, erst dann wird sich das Gefühl eingestellt haben: Nun fängt es erst richtig an.

EINE PROJEKTION DIES, selbstverständlich: die Erfahrung, wie nun atlantische Dünung einsetzt, die von der Englandinsel gebrochen worden war. Diese Dünung wirkte auf das alte griechische Passagierschiff ein, mit dem ich, long ago, den Atlantik überquert hatte: neuer Rhythmus, weit schwingend, bald das Grundgefühl bestimmend.

Das wurde von ganz anderen Gefühlen überlagert, als das Schiff in ein atlantisches Sturmtief geriet – der fast obligatorische Sturm auf einer längeren Schiffsreise. Bei Windstärke 9 der imposante Anblick von Brechern, die über das Vorschiff schäumten und Gischt wurde hochgeschleudert bis zur Kommandobrücke.

IN IRGENDEINEM SEEFAHRERBUCH hatte ich gelesen, reichlich lang ist's her, was sich einprägte: Dass es auf einem damaligen Segelschiff keine Latrine gab, sondern nur so etwas wie eine Hängebühne außenbord, zu der man rüberstieg, und auf diesem schaukelnden, bei Sturm sehr stark schaukelnden Brett musste es denn klappen. Bei einem Orkan konnte das lebensgefährlich sein, die komplette Spülung ... Ich konnte mir nicht vorstellen, dass in der rüden Seefahrergesellschaft für mitreisende Frauen eine dezente Ausnahme gemacht worden wäre, und so sah ich Maria Sibylla und Dorothea schon auf schwankendem Brett an Seilen ...

Bei Johann Dietz lese ich, dass es so ein luftiges Außenklo in der Tat gegeben hat. Man »muss hinaus auf den Schiffsborden treten, mit einer Hand die Hosen und mit der anderen ein festgemachtes Tau ergreifen, obwohl das Schiff in vollen Segeln hin- und herschwankt«.

Es gab aber noch eine andere Lösung, für Kranke, auch für Mitreisende der gehobenen Kategorie: die Erlaubnis des Kapitäns, »in seiner Kajüte auf das gemachte Privet zu gehen«. Entwarnung also, nachträglich, für die beiden mitreisenden Frauen: sie durften sicherlich das Kapitänsklo benutzen. Das war aber auch nicht immer ganz ohne Nebenfolgen: war starker Seegang, und das Heck hob und senkte sich, so konnte Meerwasser durch das Fallrohr hochgepresst werden, und da ist es Dietz widerfahren, dass er »pfütznass herauskam«.

ICH RUFE ZWEI WEITERE ZEITGENOSSEN DER MERIAN AUF. Der Erste: Labat, der Dominikaner-Pater, der in Westindien missionierte. Der Zweite: Alexandre Olivier alias Exquemelin, ein Seemann, der Seeräuber wurde und darüber ausführlich berichtete. Er fuhr, wie der Pater, auf einem Schiff der Französisch-Westindischen Gesellschaft. Ich nehme an, die Reisebedingungen der beiden Großreedereien und Handelsunternehmen dürften in beiden Ländern ähnlich gewesen sein.

Zuerst soll der Pater berichten. Sein Kupferstich-Portrait zeigt die ausladende Unterlippe und das saftige Wangenfleisch eines »Schmeckleckers«, wie man im Rheinland sagt; er beschreibt vorrangig, was es an Bord eines Westindien-Linienschiffs alles zu essen gab. Ein *französisches* Schiff, das sollte hier betont werden, aber nicht allzu sehr, denn auch in den Niederlanden entwickelte sich unter denen, die es sich leisten konnten, eine erhebliche Genussucht.

Das Mittagessen und das Abendessen unterschieden sich kaum, das Abendessen war vielfach eine Fortsetzung des Mittagessens mit ähnlichen, teilweise auch gleichen Mitteln. Also: ein Süppchen vorweg, meist eine kräftige Fleischbrühe, dann

469

Rind, Schwein, Huhn; nach diesen Gängen Salat. Auch das hatte ich mir anders vorgestellt – der Kampf gegen Skorbut fand, unter reichlichem Einsatz von Sauerkraut, offenbar nur noch auf Schiffen statt, die sehr lange im Nordmeer oder in der Südsee herumschipperten, von Eisschollen dort oder von Flauten hier festgehalten. Auf einem Westindienfahrer hingegen: »Eine gute Suppe mit Hühnern, ein paar Schüsseln gebratenes Fleisch, zweierlei Ragouts, Salat und Nachtisch.« Und der Pater merkt an: »Vielleicht wird man sich wundern, dass jeden Tag Salat serviert wurde, aber wir hatten einen guten Vorrat an Roten Rüben, Portulak, Kresse, eingelegten Gurken, zwei großen Kästen voll Endivienpflanzen, bei denen Tag und Nacht eine Schildwache stand, aus Furcht, die Ratten oder Matrosen könnten ihnen Schaden zufügen. Wenn dann einer von diesen Kästen leer war, säte man Lattich oder Rettiche. Auf diese Art fehlte es uns also niemals an Salat, den man auf einer langwierigen Reise gewiss nicht verachten wird.«

Nach diesen Vorbemerkungen: es ging erst einmal durch den Ärmelkanal; nur in Kriegszeiten fuhr man nördlich um Schottland herum. Und: es waren, in der Tat, damals schon Lotsen üblich; der Pater bezeugt das. Auch dies: sehr viel Schiffsverkehr im Kanal. Der Lotse half, das Schiff sicher hindurchzusteuern. Er ging auch damals schon an der Südwestspitze Englands von Bord.

Und nun: Fahrt hinaus auf den Atlantik, Richtung Kanarische Inseln? Dort war Zwischenlandung obligatorisch, vor allem Wasser musste an Bord genommen werden. Also steuert das Schiff direkt diese Inselgruppe an? Auch hier, offenbar: weit gefehlt! Die französischen (zumindest die französischen) Schiffe der Westindien-Route fuhren so lang wie möglich an den Küsten entlang. Dabei zwängten sie sich offenbar durch diverse Meerengen zwischen Festland und vorgelagerten Inseln, die ich auf den üblichen Karten gar nicht markiert sehe. Klippenreiche, aber verkürzende Durchfahrten. Offenbar war das so üblich, wie gleich ein Hinweis zeigen wird. Bretagne: Wasser wird aufgefrischt. Dann die Landzunge der Pointe du

Raz. Hier, in der dramatisch engen Durchfahrt zwischen Fels-
kap, diversen Felsinselchen, zahlreichen Riffs, fand auf französischen Schiffen meist die erste Seetaufe statt, aber auch bei
Holländern und Zeeländern.

Der zweite Zeitzeuge dieses Kapitels, Olivier, weiß zu
berichten: »Auch bei den Holländern herrscht der Brauch
einer ›Taufe‹, nicht nur hier, sondern auch an den klippenrei-
chen Berlenga-Inseln vor der portugiesischen Küste. Die Holländer taufen ihre Neulinge freilich auf andere Weise als die
Franzosen. Der ›Täufling‹ wird von der großen Rah wie ein
Verbrecher dreimal ins Wasser hinuntergelassen, und wenn es
der Besatzung Spaß macht, lässt sie ihn bis zum Heck abtrei-
ben. Welche Glorie, wenn man Seiner Hoheit, dem Prinzen
von Oranien, oder dem Kapitän zu Ehren noch ein viertes Mal
ins Wasser gestoßen wird! Zu Ehren des Ersten, der hinuntergelassen wird, wird ein Kanonenschuss abgefeuert und die
Flagge gesetzt. Wer sich nicht tauchen lassen will, muss einen
halben Gulden zahlen, als Offizier sogar einen halben Reichs-
taler. Von den Reisenden fordert man nach Belieben. Passiert
das Schiff die Klippen zum ersten Mal überhaupt, so muss der
Reeder 230 Liter Wein spendieren; tut er es nicht, so darf die
Mannschaft die Galionsfigur des Schiffes absägen, ohne dass
Reeder oder Kapitän das verhindern können.«

Ich nehme an, dass die mitreisenden Frauen nur zahlen
mussten. Aber sie waren zumindest mit dabei, wenn Mitreisende am Tau durchs Wasser gezogen wurden. Besäufnis der
Mannschaft und meist auch der Offiziere und des Kapitäns.
Schiffsuntergänge wurden damals vor allem von betrunkenen
Kapitänen verursacht, die der Meinung waren, Klippen würden rechtzeitig ausweichen. (Das ist heute selbst bei Fährschif-
fen und Öltankern noch so: es wird um jede Seemeile Abkürzung gekämpft, und wenn sie noch so dicht an Felsen
vorbeiführt.)

ZWANGSWASCHUNGEN BEI DER SCHIFFSTAUFE ... Eine
Frage, die sich hier anschließt: Wie haben es Mutter und

Tochter eigentlich mit der Körperpflege gehalten, im kleinen, engen, von Männern wimmelnden Schiff? Die (indirekte) Antwort, die ich im dritten Band der *Geschichte des privaten Lebens* finde, ist simpel: Körperpflege fand nur ansatzweise statt zu jener Zeit. In der höfischen wie in der bürgerlichen, erst recht in der bäuerlichen Gesellschaft: gewaschen wurde, was von Kleidungsstücken nicht bedeckt wurde, also: die Hände und das Gesicht. Darüber hinaus oder eher: darunter hinab kam der Körper kaum mit Wasser in Berührung, denn: Wasser galt als potenziell gefährlich, es konnte in den Körper eindringen. Die Toilette der Menschen von Welt war deshalb »trocken«: abreiben und pudern. Dennoch, es war Reinlichkeit gefordert, war zumindest erwünscht – zumindest für die Augen. Was die stark strapazierten Riechorgane in der Nähe anderer Menschen registrierten, ist nicht überliefert.

Reinlichkeit – unter diesem Stichwort wird hingewiesen auf weiße Kragen und weiße Manschetten (oder Ärmelstulpen). Die ließen sich von den Kleidungsstücken leicht ablösen und separat waschen. »Allein der weiße Kragen und die weißen Manschetten symbolisieren die nötige Reinlichkeit.« Auch ohne weiße Kragen und Manschetten an Bord – man wird sich höchstens mal das Gesicht betupft haben mit rarem Süßwasser. Darüber (darunter) hinaus fand Körperpflege kaum statt. Die Entdeckung des Waschwassers etwa Mitte des 18. Jahrhunderts. Erst von da an: »Die Hygiene rehabilitierte den Körper.«

Rehabilitierte – vorher war der Umgang mit dem eigenen Körper offenbar diskreditiert. Für die Ära der Merian ist denn auch eine gesteigerte Schamhaftigkeit dokumentiert; vielfach oder weithin schaute man den eigenen Körper kaum an, auch nicht bei einer doch mal ausführlicheren Reinigung.

Ende des kleinen Abstechers, der erneut Distanz, Fremdheit bewusst macht. Die Frau, die mit zahlreichen, fast zahllosen Körpern kleiner Lebewesen umging, deren Körpergefühl, Körper-Ichgefühl bleibt uns fremd. Nicht einmal in dieser Hinsicht, schon gar nicht in dieser Hinsicht ist nachträgliche Identifizierung möglich, über Einfühlen oder Hineindenken oder Hineinversetzen. Fremdes Körpergefühl, damit Ichgefühl, Selbstgefühl in fremder Welt.

SPÄTESTENS ZU DIESEM ZEITPUNKT wird ein dräuendes Stichwort (wieder) akut, zumindest in Gesprächen: die an der europäischen, die an der nordafrikanischen, die auch an der südamerikanischen Küste lauernden, beutegierigen Zee-roovers!

Von denen wurde den Damen natürlich erzählt, Warnendes, Abschreckendes, darüber konnte man sich aber auch lesend informieren, bereits vor der Reise. Denn schon 1678 erschien in Amsterdam ein Buch mit dem Titel *De americaensche Zee-roovers*.

Dieser Report des schon genannten A. O. Exquemelin war sicherlich noch lieferbar, bevor Mutter und Tochter zur Seereise aufbrachen, und sei es in einer Neuauflage des Boekverkopers Ten Hoorn. Ein Buch, das, beinah selbstverständlich, mit Kupfertafeln angereichert war, und da konnte man sie mit Schaudern mustern, diese Phantombilder durchweg blutrünstiger Zee-roovers. Rock: grimmig schaut er, den leicht gekrümmten Säbel auf der Schulter abgelegt, den eingeschüchterten Betrachter an, und im Bildhintergrund liegen Leichen herum zwischen Bäumen. Morgan: blickt finster entschlossen drein, Knüppel in der Faust und wehend sein langes Haar, prunkvoll seine Kleidung, fast wie ein niederländischer Ehren- und Edelmann sieht er aus, doch hinter ihm Schiffsmaste und viel Qualm, der fett aufsteigt.

UND HIER SOLLTEN WIR UNS WIEDER Adelbert von Chamisso anvertrauen. Damit könnte auch dies zur vermittelten Erfahrung werden: ein paar Tage Windstille. Beispielsweise auf der Höhe von Gibraltar, der »Azorenschwelle«, weitab vom Land. »Soll meine Phantasie ein Bild erschaffen, gräßlicher als der Sturm, der Schiffbruch, der Brand eines Schiffs zur See: so bannt sie auf hoher See ein Schiff in eine Windstille, die keine Hoffnung, daß sie aufhören werde, zuläßt.«

Windstille, die durch allzu lange Dauer nicht demotivierend wirkt, kann für naturkundlich interessierte Passagiere auch Vorteile haben: Seeleute oder noch eher: Schiffsjungen können, bei kleiner finanzieller Zuwendung, herangezogen werden, und mit improvisierten Käschern werden Weichtiere aus dem Wasser gefischt, aus der Polypenfamilie. Chamisso erkannte oder sah hier spezifische Reproduktionsmuster: »Es ist, als gebäre die Raupe den Schmetterling und der Schmetterling hinwiederum die Raupe!« Und Quallen ... Und Delphine ... Bei fortgesetzter Fahrt Meeresleuchten: der »Lichtstaub« im Wasser, und das Schiff hinterlässt eine »leuchtende Furche«. Und – vielleicht auch für die beiden Frauen an Bord – ein seltener Anblick: fehlgeflogene Heuschreckenschwärme, die erschöpft abgestürzt waren – drei Tage lang tote Heuschrecken auf dem Wasser treibend.

Nach zwei, drei Wochen dürfte auch der Westindienfahrer die Kanarischen Inseln erreicht haben: der obligatorische Zwischenstopp vor Teneriffa, an der Reede von Santa Cruz. Caspar Schmalkalden, der weltreisende Bürgermeisterssohn aus Friedrichroda: »Der Canarischen Inseln sind sieben. Auf der Insel Teneriffa ist der Pico de Terraira. Er wird für den höchsten Berg in der ganzen Welt gehalten, kann sechzig Meilen weit im Meer gesehen werden, und seine Spitzen sollen drei Tagesreisen über die Wolken gehen.« Da schreibt er offenbar, was er gehört, nicht aber gesehen hat auf dem Weg nach Südamerika.

In der Regel blieben die Schiffe drei Tage vor Anker, die Vorräte mussten aufgefrischt werden, das Wasser vor allem, Wein ebenfalls, und: Fleisch, Gemüse, Brot.

Die Passagiere hatten wohl auch damals schon Gelegenheit, in der Zwischenzeit Ausflüge auf der Insel zu machen. So sahen denn Mutter und Tochter im Freien, was sie bisher nur in botanischen Gärten gesehen hatten, in Treibhäusern: Agaven und Kakteen, Bananenstauden und Dattelpalmen – und dies vielfach innerhalb der kleinen Stadt. Winkel hier, die damals schon als malerisch empfunden wurden – zumindest von den beiden Frauen? Fertigten sie Skizzen an? Lernten sie einen der Naturalia-Sammler auf der Insel kennen? Belebender Austausch von Informationen?

Der Anker wird gelichtet. Fortsetzung der Fahrt, vorerst, in südwestlicher Richtung.

NACH DEM STICHWORT PIRATEN (das sich wiederholen wird) sollte auch mal angemerkt werden, dass viele Schiffsreisen damals schiere Routine waren, nicht einmal begleitet von dramatischen meteorologischen Veranstaltungen. Also sollte hier, zwischen den Kanarischen und den Kapverdischen Inseln, eine Phase der Ereignislosigkeit simuliert werden, und vom Kapitän wird in das Logbuch nur eingetragen, im Wesentlichen, wie der Wind wehte und wie viele Meilen man schaffte. Wobei aus dokumentierten Logbuchauszügen ersichtlich wird, dass im Schnitt etwa eine Seemeile pro Stunde geschafft wurde, und das ist sehr wenig, verglichen mit den 20 oder 30 Knoten, die Passagier- und Frachtschiffe heute machen können, fast unabhängig von Windverhältnissen.

Über die wechselnden Winde werden mir (in einer Dokumentation über die Meuterei auf der Batavia) neue Wörter zugetragen – in der fachmännisch-seemännischen Übersetzung von M. R. C. Fuhrmann Plemp van Duiveland (welch ein Name!). Als Beispiel nur: die Kühlte. Das ist, laut Worterklärungen, ein mäßiger Wind. Und eine »labbere Kühlte« ist ein schwacher Wind.

Also, Zitate werden nun übernommen für ein fiktives Logbuch des Westindienfahrers: »Wechselnde Winde … 24 Meilen gesegelt … 20 Meilen gesegelt … zeitweilig etwas Windstille … am Morgen fiel Regen … Wind mit Toppsegelkühlte aus Südost, stellten Kurs auf Südsüdwest, nahmen am Mittag Polhöhe … dunkles, nebliges Wetter mit Sprühregen, daher mittags keine Polhöhe … Kurs behalten … ungefähr 22 Meilen Tag und Nacht gesegelt … Wind lief wieder Westsüdwest … Wind lief stark wechselnd um, sodass wir genötigt waren, oftmals zu wenden ... der Wind, Hand über Hand raumend, lief östlich ... am Abend begann es steif zu wehen, wir mussten die ganze Nacht mit dem Schover nach dem Winde segeln ...« So ähnlich könnte es weitergehen, aber diese Logbuch-Auszüge werden genügen.

WAS NUN FOLGT, IST FIKTIV: Mutter und Tochter Merian bei der Reiselektüre – auch bei auffrischendem Wind. Die Textmaterialien sind authentisch, bis hin zum »Aussingen« der Befehle des Kapitäns, die vom Obersteuermann lautstark weitergegeben werden.

Dass man auch zu jener Zeit auf Reisen las oder vorlas, ist bezeugt. Nur: was könnte Dorothea der Mutter vorgelesen haben? Es muss damals schon, nachweislich, publiziert worden sein, und hier bietet sich ein reicher Fundus von *Relationes curiosae* an – einer der Jahresbände von Happels Zeitung könnte die beiden Frauen begleiten. Hier wäre ein Beitrag über Südamerika (wenn auch über das ferne Peru, wenn auch über die historischen Inkas) der Situation angemessen.

So könnte Dorothea vorlesen, dass Müßiggang im alten Peru gesetzlich verboten war, das so genannte Hausgesetz, das bereits für Kinder ab fünf gültig war, selbst für Taubstumme, und es war eine große, war die größte Schande, wegen Müßiggang und Trägheit bestraft zu werden.

Das könnte Zustimmung finden bei der lauschenden Mutter. Dagegen wird sie kaum noch die Zwischenrufe registrieren: »Außenklüver niederholen, Großsegel aufgeien, Treisegel einholen ...!«

Keuschheit, so könnte Dorothea weiter vorlesen, die Keuschheit war in der königlichen Residenz Cusco hoch geachtet, es gab dort den Sonnentempel, in dem waren Jungfrauen eingeschlossen, geweiht für den Sonnendienst. Wurde eine dieser Jungfrauen bei einer Schandtat ertappt, so musste sie »lebendig ins Grab kriechen«.

»Los, Marsfallen vor und achter ... hol aus in Lee ... zweites Reff einstecken ... Kreuzmarssegel dichttreffen!«

Dorothea könnte weiter vorlesen, was bei ihrer Mutter Resonanz, ja starkes Echo finden dürfte: Wie »herrlich« die Landstraßen waren im Reich der Inkas. Doch eine (belehrende) Fortsetzung folgt hier nicht.

UND WAHRNEHMUNG RICHTET SICH WIEDER NACH AUSSEN: Begleiterscheinungen der Schiffsreise Richtung Kapverdenschwelle. Zahlreich weiterhin die Delphine und noch zahlreicher als bisher die Fliegenden Fische, die, luftblind, ihren Kurs nicht korrigieren können, nicht einmal, wenn ein Schiff ihre Flugbahn kreuzt ... Caspar Schmalkalden: »Sie sind ungefähr so groß wie ein kleiner Hering. Sie haben Flügel gleich der Fledermäuse Flügel. Wenn die Haie oder andere Raubfische hinter sie kommen, so fliegen sie in großer Menge fast einen Pistolenschuß weit über dem Wasser, so lang, bis ihnen die Flügel trocken werden. Alsdann fallen sie wieder ins Wasser.« Vielfach werden sie als Angelköder benutzt, zum Fang von Haien ...

Und nun Adelbert von Chamisso: »Der erste Fliegende Fisch, der auf das Verdeck und unsern Matrosen in die Hände fiel, ward von ihnen unter Beachtung des tiefsten Stillschweigens in Stücke zerschnitten, die sie sodann nach allen Richtungen in die See warfen. Das sollte das vorbedeutete Unheil brechen. Gar bald verlor sich für unsere Leute das Unheimliche einer Erscheinung, die in den gewöhnlichen Lauf der Natur zurücktrat. Die Fliegenden Fische fielen im atlantischen Ozean so oft und häufig auf das Schiff, daß sie nicht nur uns, sondern auch, soviel ich weiß, ein paar Mal den Matrosen zu einer gar vorzüglichen Speise gereichten.«

Zum frischen Flugfisch das bald schale Wasser aus den Fässern, die wohl nur ausnahmsweise gereinigt wurden und deren Inhalt sich in der zunehmenden Wärme, in der Hitze bald belebte: immer dichter die Schwebeteilchen. Passagierin Merian, die schon öfter durch Mikroskope geblickt hat, die wahrscheinlich auch ein Mikroskop im Reisegepäck mitführte, sie könnte vor diesen bald unübersehbaren Anreicherungen des

Trinkwassers gewarnt haben, verbunden mit dem Vorschlag, das Wasser zu filtern, etwa durch ein Leinentuch. Aber da hätte (auch) sie vom Ersten Offizier eine barsche, vom Kapitän eine eher diplomatische Antwort erhalten können: »Das Filtrieren werde dem Wasser die nahrhaften Teile entziehen und es weniger gesund machen.« Und, noch wahrscheinlicher, der Hinweis, man werde bald eine der Kapverdischen Inseln anlaufen, Brava oder Fogo, und hier sowieso frisches Wasser an Bord nehmen.

LEBENSBILD 28: Das Achterdeck des Westindienfahrers. Von einer etwas gehobenen Position, etwa von einer Rahe, aus gesehen: der Heckaufbau, die leicht geschrägte Bohlenfläche, die Holz-Reling; einige Fässer und Kisten sind an ihr festgemacht, auch Ersatzsegel, Ersatzrahen. Im scheinbaren Wirrwarr sitzen Mutter und Tochter an einem senkrechten Fass, auf das eine Holzplatte gelegt ist. Hier scheinen sie einen Fliegenden Fisch zu untersuchen. Ein Seemann, die sehr steile Treppe hochkletternd am Rand des Bildausschnitts, bringt einen Eimer herauf, wohl mit weiteren Proben der Meeresfauna. Tochter Merian winkt ihm zu. Die Mutter hält den Fliegenden Fisch mit beiden Händen auf der Holzfläche fest, an den Flügelspitzen. (Pinsel in Weiß über schwarzer Kreide auf blaugrünem Bütten. An vier Ecken alt montiert und mit Federnummerierung F. No. 28.)

JA, ES GIBT VIEL ZU SCHAUEN FÜR MUTTER UND TOCHTER! Flächen von Seegras, mal hell, mal dunkel, auf ihnen zahlreiche Seekrebse, Weichtiere ... Hunderte von Fliegenden Fischen, und immer wieder bleiben etliche an Deck liegen ... Andere werden von Doraden gejagt, die zuschnappen, sobald ein Fliegender Fisch nach seinem Luftgleitbogen wieder im Wasser aufsetzt ... Mächtige Quallen, in weiten Feldern, vor allem Staatsquallen, Siphonophora, die einen aufrechten, versteiften Kamm als Segel benutzen, und so gleiten sie manchmal zu Tausenden heran, hellblau, violett, purpurfarben ...

Vielleicht wird eine von ihnen heraufgeholt, von einem Seemann, der mit einem Seil gegürtet ist, damit er bei Annäherung eines Hais sofort wieder hochgezogen werden kann. Falls die beiden Frauen eine kleinere dieser Staatsquallen in Branntwein einlegen, werden auch sie enttäuscht feststellen, dass sie sich entfärbt.

AUF DECK DES HANDELSSEGLERS wurde bestimmt auch während dieser Reise Seemannsgarn gezwirnt. Beispielsweise wie folgt:

Einer der üblichen Konvois von Frachtseglern ankerte vor einer Insel, die Wasserfässer wurden gefüllt. Ein Matrose oder Seemann, wegen einer Messerstecherei an Bord zum Tode verurteilt, wurde auf der Insel zurückgelassen. Die Schiffe hievten die Anker und setzten Segel. Der Matrose oder Seemann blieb schreiend und winkend am Strand der sonst menschenleeren Insel zurück. Rechtzeitig aber fiel ihm noch ein, dass man zwei Tage zuvor einen Schiffsoffizier am Strand beerdigt hatte – seinem Rang entsprechend in einem Sarg. Mit Händen und Füßen legte der Seemann den Sarg frei, öffnete ihn, kippte die Leiche heraus, zerrte den Sarg zum Wasser, brach aus dem Sargdeckel etwas Stechpaddelförmiges und etwas Mastförmiges heraus, setzte sich in den offenbar wasserdichten Sarg, hisste sein Hemd als Segel, paddelte los. Die Schiffe auf dem Meer schon recht klein. Doch da draußen setzte eine Flaute ein, während der Seemann noch schwachen achterlichen Wind hatte. Die Verzweiflung verlieh dem Mann Riesenkräfte. Tatsächlich erreichte er die dümpelnden Segelschiffe mit ihren noch immer schlaff hängenden Segeln, begann, in Rufnähe, um Gnade zu bitten, flehentlich. Eine Welle von Mitleid unter den Seeleuten oder Matrosen, der zuständige Kapitän wurde gebeten, den Ausgestoßenen wieder an Bord nehmen zu dürfen, was denn auch geschah. Und herrenlos trieb der leere Sarg davon …

KAPVERDISCHE INSELN …! Schmalkalden, unser Mann aus Thüringen, weiß zu berichten: »Auf Sankt Jakob, welches die größte ist, nämlich sieben Meilen lang, liegt ein Städtlein. Auf dieser Insel ist gut Süßwasser und allerlei gute Erfrischung von Früchten und Vieh. Sobald wir nun auf die Ree kamen, brachten uns die Einwohner allerlei an Bord zu tauschen und zu verkaufen: so etwa spanischen Wein, Böcke, Schweine, Limonen, Orangen, Äpfel, Pacobas, Kokosnüsse, item lebendige Schildkröten, derer allda viel sind und dergleichen. Die Einwohner auf dieser Insel sind Spanier, und zwar meistenteils Banditen und leichtfertiges Gesindel. Sie suchten allerlei Vorwände, sich mit unserem Volk, das täglich frisches Wasser vom Land holen mußte, zu reiben, haben es auch einmal mit Steinen vertreiben wollen.«

Belästigungen dies, aber keine Gefährdungen. Dagegen wurde in den Gewässern zwischen den Inseln und im Umkreis der Inselgruppe die Piratengefahr brisant. Hier liefen Handelsschiffe der WIC und der VOC regelmäßig an, hier war Beute also leicht aufzuspüren. Zugleich bot die Inselwelt genügend Verstecke. Eduard Poeppig, der Botaniker aus Leipzig, macht bewusst, dass es selbst im dritten Jahrzehnt des 19. Jahrhunderts noch nicht gelungen war, die Seeräuberei in diesen Gewässern zu beenden: »Manches Schiff war, halb zerstört, von seiner Mannschaft verlassen, und das Deck mit Blut befleckt, angetroffen worden – stumme Zeugen der Entsetzlichkeiten, welche da vorgegangen waren.«

UND NUN, auf Höhe der Kapverdischen Inseln und damit des westafrikanischen Kap Verde, kann das Schiff zwei verschiedene Kurse steuern.

Legt es an einer der Inseln an, nimmt frisches Wasser, frischen Proviant an Bord, segelt dann weiter Richtung Westen, so bleibt uns ein heikler Tatbestand erspart. Aber wir haben uns ja nicht, Autor und Leserschaft, virtuell an Bord begeben, um uns ein schönes oder aufgeschöntes Bild jener Epoche zu machen, hier muss endlich nach der Ladung dieses Handelsseglers gefragt werden.

Ich hätte mich damit begnügen können, zu erwähnen, dass

dieses Schiff zur Großreederei WIC gehörte. Muss ich Weiteres über diese Handelsgesellschaft erfahren? Diese Frage stellte ich mir, als ich in Amsterdam ein neues Buch zu diesem Thema entdeckte: Henk den Heijer, *De geschiedenis van de WIC*. Ich blätterte, beschaute mir Illustrationen, meist nach alten Stichen, las an und fragte mich nun erst recht: Will ich, wollen Leserinnen und Leser auch noch wissen, welche Geschichte die WIC hatte? Bestochen durch eine mir bis dahin unbekannte Ansicht des Städtchens Paramaribo, vom Fluss aus gesehen, kaufte ich schließlich doch. Und begann gleich auf der Rückfahrt zu lesen, im Zug – als langjähriger Bewohner des (erweiterten) Dreiländerecks ist mir das Niederländische zwar nicht vertraut, aber auch nicht fremd.

Was ich nun las, machte die Kapverdische Schwelle zu einer auch metaphorischen Schwelle, über die wir hinwegmüssen. Denn: es ist so gut wie ausgeschlossen, dass dieses Schiff vor St. Thome ankerte, um Bestände aufzufrischen vor der Überquerung des Atlantiks, das Schiff wird vielmehr (zuvor?) an der westafrikanischen Küste vor Anker gegangen sein, um Waren zu löschen und neue Ware an Bord zu nehmen. Das könnte bei Kap Verde geschehen, und hier wäre (beim heutigen Dakar) der Anlaufpunkt die Hafeninsel Gorée, über der die niederländische Trikolore wehte. Auf dieser Insel wurden Sklaven interniert. Hier wurden auch von diesem Schiff Sklaven an Bord genommen. Mutter und Tochter Merian von nun an als Mitreisende auf einem Sklaventransporter.

Das muss erklärt und begründet werden. Schiffe der WIC fuhren routinemäßig im Dreieck, als »driehoeksreis«: Amsterdam (oder Hoorn) – Westafrika – Südamerika – Amsterdam (oder Texel). Auf der Fahrt nach Westafrika wurden diverse Handelswaren mitgeführt, zwischen A wie Alkohol und W wie Waffen: Zahlungsmittel, Tauschobjekte, Bestechungsgeschenke. Vor allem mit solchen Artikeln wurden Sklaven erworben. Auf dem Sklavenmarkt von Paramaribo wurden sie verkauft, durchweg an Plantagenherren, die wahrscheinlich auch von den niederländischen Antilleninseln anreisten. Bezahlt wurden die Sklaven vorwiegend mit Zucker. Der wurde nach Amsterdam verfrachtet, zur marktgerechten Verarbeitung.

Nur auf dieser »driehoeksreis« lohnte sich für Handelsherren und Kapitäne das Geschäft. Zugespitzt: die WIC, ohnehin meist in den roten Zahlen, konnte sich Atlantikfahrten ohne Sklaven an Bord gar nicht leisten. Sklavenhandel galt als sichere Einnahmequelle – die Preise auf dem Zuckermarkt dagegen schwankten. Generell war der Hauptaktivposten der WIC Gold (von der Goldküste); gleich in zweiter, fast gleichrangiger Position: der Sklavenhandel.

Die WIC besaß das Monopol für den Sklavenhandel, zumindest im niederländischen Machtbereich. Ja, die Gesellschaft war vertraglich verpflichtet, ausreichend Sklaven in die niederländischen Kolonien Westindiens zu transportieren. Für Surinam wurde eine Sollzahl von jährlich 2500 Sklaven festgeschrieben – bei einer Gesamtzahl von rund 10 000 Einwohnern deutet das hin auf mörderischen Verschleiß. Solange das Geschäft lief, verkaufte die WIC mehr als 250 000 Sklaven. Insgesamt erwarben und verkauften die Niederländer 550 000 Sklaven.

Auf einer abgebildeten »Rekening van Verkochte Negros Slaven Te Suriname« lese ich ab, dass auf ein Schiff 713 »Neger« verladen wurden, von denen 52 den Transport nicht überlebten. Die verbliebenen 661 Afrikaner wurden mit Gewinn verkauft. Als Aktivposten auch einige »meisjes«, Verwendungszweck nicht angegeben. Eins der Diagramme im Buch zeigt an, dass die WIC allein im Jahr der Reise der beiden Frauen rund 11 000 Sklaven verschiffte!

Sechs- oder siebenhundert Sklaven auf einem Dreißigmeter-Schiff: die ohnehin schon ›unvorstellbare Enge‹ muss vollends unvorstellbar geworden sein. Das erhobene, nun auch erhabene Achterdeck blieb sicherlich den Bewohnern des Hecks vorbehalten. Sonst aber werden überall Sklaven gestanden und gehockt haben. Nachts lagen sie Kopf an Fuß an

Kopf an Fuß an Kopf an Fuß an Kopf an Fuß, auf dem Hauptdeck und im niedrig gehaltenen Zwischendeck.

Es lässt sich nur hoffen, nachträglich, für alle an Bord, dass die Überfahrt von Westafrika nach Südamerika in der Regel rasch erfolgte. Die Bestzeit lag bei 23 Tagen. Die längste dokumentierte Reise wurde zum Horrortrip von 284 Tagen – überlange Phasen von Windstille. Solch eine Fahrt mit immer knapperen und schlechteren Wasservorräten, immer knapperen und schlechteren Lebensmitteln, mit immer zahlreicheren Toten und Kranken, die über Bord geworfen wurden – so etwas blieb den beiden Frauen glücklicherweise erspart, sie mussten, bei der Gesamtreisezeit von etwa zwei Monaten, eine rasche Überfahrt gehabt haben.

Umso besser die Aussichten auf einen guten Schnitt auch für den Kapitän: »Voor de kapitein was een slavenreis financieel gesproken wel een ›gezonde‹ aangelegenheid.« So werden sich am großen Tisch im Gemeinschaftsraum solche Wörter wiederholt haben während der Atlantikfahrt: »slavenmagazijn … commizen … plantagehouders … slavenlading … werden de slaven en suiker betaald.«

AUCH OHNE SKLAVEN AN BORD: Handelssegler nach Übersee wurden als *Fahrende Höllen* bezeichnet. Das höllische Treiben an Bord wurde potenziert, wenn Sklaven an Bord waren und damit auch: Sklavinnen, bestimmt für Haushalte in Surinam.

Die Passagiere müssen zumindest akustisch mitgekriegt haben, dass an Bord die Hölle los war. Wenn schon ein Schiffsjunge oder Seemann auf einem Kanonenrohr festgebunden und ausgepeitscht wurde, weil er bei einem Gebet oder Gottesdienst an Bord unentschuldigt gefehlt hatte – aus welch minimalen, minimalsten Anlässen wird man da erst einmal »Negroes« ausgepeitscht haben? Und was bei einer Meuterei üblich war auch unter Weißen: Gegner auf hoher See einfach über Bord zu werfen, lebend – das wird man bei Schwarzen ohne jeden Ansatz von Skrupel praktiziert haben.

Die Zeit, die nun Mutter und Tochter auf Oberdeck ver-
brachten, sie war gewiss keine ruhige Zeit: fast ständiges
Drohbrüllen und Schmerzschreien. Und nachts, aus dem
Schiffsbauch, aus dem Zwischendeck das Geschrei der Sklavinnen, die jeweils von mehreren Männern vergewaltigt wurden. Es ist überliefert, dass selbst eine mitreisende Europäerin,
die sich den Anträgen, dem Drängen und Bedrängen von
Kapitän oder Offizier widersetzte, mit stillschweigender Billi-
gung der Offiziere durch einen Trupp von Deck geholt und
vergewaltigt wurde; anschließend wurde sie mit einer Mischung von Teer und Kot überzogen. Geteert und fast gefedert
– da wird man erst recht kein ›Federlesens‹ gemacht haben mit
Sklavinnen an Bord. Die schönsten für die Kajüten, die andern
für die Mannschaftsräume.

Mutter und Tochter werden etliches mitbekommen haben –
sie konnten nicht dauernd die Augen schließen und Finger in
die Gehörgänge stecken. Wie werden sie, vor allem nach solchen Erfahrungen, über Mitmenschen geurteilt haben? Bestie
Mensch, nicht wert, meistens nicht wert, abgemalt zu werden,
da hält man sich besser an Pflanzen und Insekten ...? Widmet
denen alle Aufmerksamkeit, auch wenn ringsum die Hölle los
ist?

IN DEN WOCHEN SEIT DER ZWISCHENLANDUNG dürfte
auch im Heck dieses Schiffs die Gereiztheit, die Aggressivität
angewachsen sein. Der Faktor Enge, in der man sich keine
drei Schritt ausweichen konnte: da kochte alles rasch hoch.
Richard Henry Dana, zwei Jahre lang auf Seglern: »Aus
kleinsten Ursachen entsteht oft Streit an Bord. Da wird einer
des andren überdrüssig. Jeder, vorn sowohl wie achtern, ist in
leicht erregbarem Zustand. Viele kleine Dinge, die sich täglich
und stündlich ereigneten, wie kleine Streitereien, missverstan-
dene Worte und Blicke, scheinbare Schmähungen, versetzten
uns in immer gereiztere Stimmung.«

Und wieder unser Zeitzeuge Schmalkalden: »In voriger
Nacht hatten sich unsere Schiffsoffiziere fast alle miteinander

toll- und vollgesoffen – und war ein großer Tumult und nichts als Schänden, Schmähen und Hadern auf dem Schiff, so endlich auf eine Schlägerei hinauslief und währte bis an den Morgen.« So viel zum Thema Gereiztheit.

Natürlich herrschte nicht nur gereizte Stimmung an Bord, es wird auch Erwartung, ja Spannung gewachsen sein, zumindest bei Mutter und Tochter. Was Eduard Poeppig dazu schreibt, könnte übertragbar sein: »Man muß selbst lange Reisen nach weit entlegenen und wenig bekannten Ländern gemacht haben, um sich eine Idee von der Spannung machen zu können, in welcher der Reisende in den letzten Tagen vor dem Erreichen seines Zieles sich befindet.« Und er schreibt von einer »fröhlichen Unruhe in der Brust, der so leicht keiner entgeht«.

Diese fröhliche Unruhe konnte stimuliert werden durch die frühen, oft sehr frühen Vorzeichen der Kontinentalnähe: ein Landvogel, der sich auf den Bugspriet setzt ... Reiher im Anflug ... eine Ente, die sogleich abgeschossen wird ... Am allerwichtigsten hier aber: Schon hundertzwanzig Seemeilen vor der südamerikanischen Küste, so berichtet Chamisso, konnten erste Schmetterlinge auftauchen, wie zur Begrüßung. Und das wiederholte sich in immer kürzeren Abständen. Tröstliche Zeichen?

FRAU MERIAN!
UND ICH.

NOCH EINMAL: BEGLEITSCHREIBEN zur Vorgeschichte der Arbeit an solch einer Biographie und: zu Auswirkungen, Rückwirkungen mehrjähriger Beschäftigung mit einer Person einer weit zurückliegenden Epoche.

Erst mal wieder ein kurzes Kapitel zur Vorgeschichte: Bilder im Kopf (beispielsweise von Tropenwäldern!), die sich in frühen Jahren entwickelt hatten, vor allem mit der Lektüre von Abenteuerbüchern. Freilich kann ich heute nicht mehr klar genug trennen, was ich gelesen hatte und was sich aus Gelesenem weiterentwickelte, wenn ich mir Geschichten ausdachte, in denen ich mitwirkte.

Angelesen und ausgemalt: ein kleines Wasserflugzeug landet auf einem Urwaldfluss. Einmotoriges Flugzeug mit zwei großen, stromlinienförmigen Schwimmern. So etwas fliegt heute regelmäßig im Sommer – von der Spree bei Treptow startend – über Berlin, zu bezahlten Rundflügen: Assoziationen werden stimuliert. Die Vorstellung, in Erinnerungssubstanz eingeprägt: Das Flugzeug gleitet mit tuckerndem Motor ans Ufer heran und damit: Grün, so hoch wie die Chinesische Mauer. Ein kleiner Anker wird geworfen. Zwei, drei Mann steigen aus der engen Kabine, setzen sich auf eine der Tragflächen, rauchen, lassen auf sich einwirken, was sie sehen und vor allem hören. Denn selbstverständlich landen sie erst abends, vor der raschen Tropendämmerung, also: Abendfarben auf dem Fluss. Und im Urwald wird es laut und lauter. Die drei Männer bereiten auf der Tragfläche das Abendbrot. Leises Gespräch nach dem

Essen. Pfeifenrauch. Schließlich kraucht einer in den Gepäck-
raum; einer legt sich, in der Kabine, in die Hängematte, neben
die keine zweite Hängematte passt; der Dritte, und das wurde
zur verlockenden Vorstellung, der Dritte befestigt eine Hängematte unter dem Rumpf, schwebt hier, dicht über dem Wasserspiegel, zwischen den Schwimmern. Drinnen, droben ist Hitze
gestaut, um die Hängematte herum ein Tropennachtlüftlerl.
Gleich nebenan im Wald: die Schlangen, die Skorpione, die
Tiger, auch die. Aber keins dieser Tiere kommt an das ankernde
Wasserflugzeug heran. Der Schläfer wird auch nicht von einem
Kaiman in den dicht über der Wasserfläche schwebenden Hintern gebissen. Leichtes Schaukeln des Wasserflugzeugs auf dem
Strom, leichtes Pendeln der Hängematte, Schlaf, tiefer Schlaf.
Und die Morgenwäsche auf den Schwimmern und das Früh-
stück auf der Tragfläche. Und nah der Urwald, in den die Flie-
ger nicht eindringen. Aber Präsenz des Urwalds beim lesenden
Jungen, und diese Vorstellungsbilder werden erneut aktiviert
durch das Doppelstichwort: Frau Merian und der Regenwald.
Die (spätere) Annäherung auch an diese Lebensphase der längst
verstorbenen Frau aktiviert (durch) die erneut belebte Erinnerung an Gelesenes und Ausgemaltes.

DIE LEKTÜRE, ZU DER MICH MSM ANSTIFTET, indirekt,
sie ist nicht sporadisch, sondern kontinuierlich, also muss Kontinuität zumindest angedeutet werden durch Wiederholung,
durch Fortführung: Lektüre von Kommissionsberichten, in den
Jahrbüchern ›meiner‹ Akademie. Und ich nehme, beispielsweise, zur Kenntnis: Die Weltkarte der Gefäßpflanzenvielfalt
wird ständig weiter bearbeitet … Zugleich die »rasant fortschreitende Vernichtung der Primärvegetation auf Madagaskar« … Und es wird unterschieden zwischen »konserviertem
Blütenmaterial« und »Lebend-Protokollen« – das eine sind
dann wohl getrocknete und gepresste Pflanzen, das andere un-
bearbeitete Belegstücke … Und es finden »biologische Invasio-
nen« statt … Und ein hoher »Feinddruck« im Pflanzenreich,
der sich vor allem im »Abfraß« zeigt … Und mit Staunen

488

nehme ich zur Kenntnis, dass die heimische Flora noch immer nicht vollständig erforscht ist; so wird beispielsweise die »Erfassung der Moosflora im Westerwald« fortgeführt; Thema einer Publikation des Jahres 2000: »Bemerkenswerte Flechten- und Moosfunde aus Westerwald und Lahntal.«

Erheblich spannender, für mich: Dreihundert Jahre nach dem Aufenthalt der Merian in Surinam wird noch immer an einer Bestandsaufnahme der Regenwald-Vegetation gearbeitet – zwar im benachbarten französischen Guyana, aber es wird damit auch die Vegetation der Republik Surinam erfasst. Eine glücklicherweise noch sehr umfangreiche Arbeit: 1998 erschien der dritte Teil des siebten Bandes zum *Inventaire taxonomique des plantes de la Guyane française*, und das ist mittlerweile der 31. Band. Im Jahre 2000 wurde mit 250 Seiten das Projekt mit einem vierten Teil des siebten Bandes fortgesetzt, und noch immer nicht ist ein Schlusspunkt abzusehen – dies, noch einmal, drei Jahrhunderte, genau drei Jahrhunderte nach dem Aufenthalt der beiden Frauen im niederländischen Mittelteil von Guyana. Unabhängig von der Forschergruppe, die hier weiterarbeitet, wurden, offenbar in einem Einzelunternehmen, Flechten-Arten von Guyana erforscht. Und weitere Arbeiten: *Evaluation de la diversité floristique d'une région de forêt dense humide*, ebenfalls für das französische Guyana. Neues über die Vegetation von Guyana auch in der Weltwissenschaftssprache Englisch: *New species recorded in French Guyana since 1992*.

LEICHT KÖNNTE ICH EINE PRIVATLEGENDE ENTWICKELN: Die über einen längeren Zeitraum hinweg fortgesetzte Beschäftigung mit Bildern und Aufzeichnungen der Maria Sibylla Merian hat mir die Augen geöffnet für die Welt der Schmetterlinge. Doch es waren zwei Falter, die so etwas wie eine Initiation einleiteten: das Tagpfauenauge im Freiburger Theater und Segelfalter in Südfrankreich, in Italien.

Die erste Begegnung mit dem Segelfalter bereits 1984. Damals war Maria Sibylla Merian für mich nur eine Frau, deren Bild der Fünfhundertmarkschein vermittelte, und wann hatte ich solch einen Schein schon mal in der Hand?

Der für mich vorerst namenlose Überraschungsgast kroch im Garten des Ferienhauses zeitlupenlangsam an einer sonnenwarmen Fasswand hoch und verharrte. War er flugmüde oder sterbenskrank? Er ließ sich betrachten, aus immer kürzerer Distanz. Zuweilen waren die Flügel hochgeschlagen, dann wieder breitete er sie aus, und es geschah, für jeweils kurze Zeit, das kleine Wunder: Die schwarze Zeichnung der Vorderflügel setzte sich millimetergenau fort in der schwarzen Zeichnung der Hinterflügel. Mehrere Jahre später griff ich dieses Motiv auf in der Erzählung über einen Arzt, einen Naturkundler im Zeitalter der Merian.

Der Segelfalter: für mich der Schmetterling aller Schmetterlinge – seit dieser ersten Begegnung in Südfrankreich. Sehr viel später wieder ein Urlaub in der Provence: ein Haus an einem Hang mit Korkeichen, und über einer von ihnen fliegt wiederholt ein Segelfalter hinweg. Er fällt sofort auf durch sein wunderliches Flugbild: ein Dreieck, das gleichsam mit der Grundfläche vorausfliegt, und der Falter verjüngt sich nach hinten – dort die beiden antennengleichen Ausleger. Die kurzen, gleichsam wippenden Flugbewegungen unterbrochen durch lästige (für den Beobachter lästige) Richtungswechsel; das alte Wort »Gaukelflug« nimmt wieder einmal konkrete Bedeutung an. Gaukelflug, mit dem ich mich verschaukelt fühle. Schnellen umher, schnellen hoch, kommen in steilem Gleitflug herab, schwenken weg. Wann senken die endlich mal ihre Rüssel in Blüten? Wann ruhen die endlich mal aus?

Die günstigen Gelegenheiten kommen unerwartet. Ausgerechnet auf einer Parkfläche aus Sand und Kies, am (ehemaligen) Zisterzienserkloster Le Thoronet: ein Segelfalter! Es ist noch nicht Hauptsaison, nur drei, vier Autos stehen unter Bäumen. Die bescheidene Grünanlage wurde bewässert, auf leerer Sandfläche ein Wasserfleck, und ein Segelfalter lässt sich nieder auf der eingedunkelten Fläche, scheint zu saugen, lässt sich dabei ausführlich beobachten – meine Bewegungen bis zum Stillstand verlangsamt und der Herzschlag beschleunigt.

Eine weitere Begegnung an einem von Felswänden malerisch umschlossenen Sandstrand. Eine Morgenstunde, also Menschenleere. Ein Segelfalter fliegt von der Felswand heran, lässt sich nieder auf Treibholz und Riedstücken an der unregelmäßigen Grenzlinie von Wasser und Sand. Auch dieser Segelfalter scheint Feuchtigkeit zu saugen. Wiederholte Versuche der Annäherung, und ein paarmal werden sie belohnt, aber nur halbwegs. Denn leider breitet dieses Exemplar nicht die Flügel aus, um zu demonstrieren, dass die Zeichnung der Vorderflügel auf den Hinterflügeln präzis fortgesetzt wird, für kurze Zeit.

Die eigentliche Segelfalterweihe auf der Anhöhe eines Castello, an der Grenze zwischen Umbrien und Toskana. Ein Segelfalter über der Wiese des Innenhofs der ehemaligen Burg, im Halbkreis der Steineichen, über dem schmalen Blumenbeet auf einem Mauersockel: Heidepflanzen. Und ein Segelfalter vor dem Castello: Von der Küche der Wohnung aus schaue ich, von dickem Mauerwerk umrahmt, hinunter in die kleine Lichtung zwischen Burgmauer und Pinien, sehe abwechselnd einen Schwalbenschwanz und einen Segelfalter, in meist raschem Flug. Und wenn ich vor dem Castello unter einer der Pinien sitze, mit Blick auf den Trasimenischen See und weiter bis Montepulciano oder in das Gebiet von Perugia – wenn ich mich von diesem Panorama abwende, sehe ich einen weiteren Segelfalter hin und her fliegen. Drei Segelfalter also müssen es sein im Bereich des Castello ... (Später erst lese ich, dass Segelfalter in der Paarungszeit Anhöhen lieben: »hill-topping«.)

Selbstverständlich will ich sie aus der Nähe sehen, aber sobald ich einem Segelfalter näher komme, flattert er hoch von einer Distelblüte oder von einer der Heidepflanzen des Steingartenstreifens, wirbelt dahin. Sind überhaupt nur in raschen Flugbewegungen unterwegs, vor allem, wenn sie in kurzen Sequenzen zu zweit umeinander herumfliegen, wie um einen

gemeinsamen Gravitations-Luftpunkt, und der scheint von
rascher Thermik erfasst zu werden, sie fliegen eine Doppel-
pirouette nach oben, in das Hitzeblau, wilde Schraubbewegung
aufwärts. Wollen keine Ruhe geben: schrauben sich hoch, gleiten herab, zucken hierhin, schnellen dorthin, Flugbewegungen,
die sich jeder Erwartung und Berechnung entziehen, und
damit verstärkt der Wunsch, einen dieser ruhelosen Flatterer
endlich mal in Ruhe zu betrachten.

Nicht mit List, schon gar nicht mit Tücke komme ich an
einen der Segelfalter heran, aber mit geduldiger Beobachtung.
Ich stelle fest, dass Segelfalter jeweils in einem ziemlich genau
umgrenzten Revier fliegen, im Innenhof wie vor dem Tor.
Und: Sie fliegen im jeweils schattenlosen Bereich – über der
Wiese im Halbkreis der Steineichen, und draußen, zwischen
Burgmauer und Pinien, über der mittlerweile strohhellen
Grasfläche.

Dort stelle ich mich an eine der Flugrouten. Und der Segelfalter dieses Reviers schwebt dicht an mir vorbei, wendet, fliegt
mich von vorn an, fliegt an mir vorbei, wendet hinter mir,
zuckt, schnellt, gleitet wieder an mir vorbei in seinem Wipp-
flug: ein paar rasche, vorantreibende Flügelschläge, dann bleiben die Flügel zum Gleiten ausgebreitet. Kurskorrekturen,
zuckschnell. Nach mehreren Flatterflügen, Gleitflügen landet
der Segelfalter auf einer der Distelblüten, breitet die Flügel
aus, bewegt sie, in geringem Winkel, als wäre das eine Illustration des Atmens. Ich bewege mich langsam zur Distelblüte
(als Kind hätte ich gesagt: Ich schleiche mich an ...), sehe
deutlich das schwarze Linienmuster, die antennenförmige
Schwanz-Doppelform, sehe die hellblauen und sanft orangefarbenen Markierungen der Hinterflügel (Dass der Segelfalter
in einem so eng umgrenzten Revier auf einer so festen Route
fliegt, das, so erfahre ich später, ist charakteristisch für Such-
flug: Der Falter hat das Duftsignal eines Weibchens registriert,
sucht nun den Ansatz zur Duftspur.)

Ich stelle mich wieder auf an der Hauptflugroute. Der Segelfalter zuckt, gleitet, schnellt an mir vorbei, landet aber nicht

492

erneut auf der Distelblüte, macht in deren Bereich eine jähe Wende, als wäre ein unsichtbarer Widerstand in der Luft oder als wäre die Distelblüte so etwas wie ein Falter-Funkfeuer, das Kurskorrektur erzwingt. Ich stehe reglos, höre den Zikaden zu, die Hitze hörbar zu machen scheinen, blicke zwischendurch in die Ebene hinunter, diffus im grellen Licht, die fernen Bergzüge scheinen zu vibrieren, auch der Bergkegel von Montepulciano. Wieder Reglosigkeit, ich wende nicht einmal den Kopf, wenn der Segelfalter an mir vorbeiflattert oder vorbeischnellt, ich schaue Richtung Südwesten, und der Falter gleitet, schwebt an mir vorbei – ja, kurze Phasen von Segelflug. Und wieder Zuckflug, Taumelflug, Gaukelflug. Ich bin ganz ruhig geworden, stehe da wie ein mannshoher Baumstumpf, lasse den Segelfalter von hinten auf mich zufliegen und von vorn auf mich losfliegen und dicht an mir vorbeifliegen und wieder und wieder die jähe Wende, vor mir, hinter mir, ich halte den Kopf ruhig und da: der Segelfalter setzt sich auf meinen Oberarm! Flügelatmend bleibt er dort sitzen, und ich sehe ihn, reglos, an der Grenze des Blickfelds, will den Kopf nicht senken. Einige Bewegungen der schwarz gezeichneten Flügel. Ein Segelfalter auf meinem Oberarm. Ich atme ganz flach, der Oberarm soll so ruhig sein wie ein Ast. Sekunden nur, aber lange, zeitgedehnte Sekunden, dann hebt der Segelfalter ab, setzt seinen Flug fort. Und ich kehre zum Stuhl zurück im Pinienschatten, habe nun die ersehnte Weihe erhalten durch den Segelfalter.

WAS ICH SO LESE, WAS ICH SO HÖRE: Erst knapp drei Jahrhunderte nach der Surinamreise der Merians begann auch die systematische Erforschung der Insekten im Kronenbereich tropischer Baumriesen.

Von der enormen Artenvielfalt im »Kronenraum« konnte man damals noch nichts wissen, nicht einmal etwas ahnen. Der Erste, der darauf hinwies, scheint Poeppig gewesen zu sein. Er machte es feierlich: »Allein, noch stehen wir nicht am Ende unseres Überblicks, denn ein neues Feld eröffnet sich. So wie der ungewohnte Beschauer, der sich auf den Hochtälern Chiles befindet, oft durch die brechenden Wolken beschneite Dome, gleichsam einer anderen Welt zugehörig, da gewahrt, wo das Auge höchstens einen Kondor im Sonnenstrahle schwebend zu erblicken erwartete, so gewahrt der Wanderer in den Urwäldern hoch über sich in den Lüften einen neuen Garten, eine Flur herrlicher Blüten da, wo wir eben nur die letzten dünnen Verzweigungen unserer einfachen Bäume erblicken. Größer ohne Vergleich ist die Zahl der Pflanzen, die hoch oben angesiedelt auf den breiten Ästen ein Vaterland gefunden, das ihnen allein zusagt, größer als derjenigen, die sich mit dem Boden begnügen und anspruchslos im Halbdunkel ihre unansehnlichen Blüten entwickeln. Aber oft erzeugt dieser Anblick im Botaniker auch die Gefühle der unbefriedigten Sehnsucht, wenn er diese weiten Beete der Luft mit glanzvollen Blüten beladen gewahrt, aber auf der unerreichbaren Höhe eines Riesenstammes.« So schrieb er in einem Aufsatz »Über zwei der hervorstechendsten Züge der Tropenvegetation: die Schlingpflanzen und die parasitischen Gewächse«.

Hier war das Problem: man kam damals nicht hinauf in die Kronen der Urwaldriesen. Das konstatierte auch Humboldt: »Wie soll man zu Blättern, Blüten oder Früchten gelangen, die auf Stämmen wachsen, deren erste Äste fünfzig, sechzig Meter über dem Boden sind?«

Heute sind diese Probleme gelöst. Die Insektenforscher haben es am einfachsten: mit einem tragbaren Leichtmetallgerät wird eine Insektizid-Wolke in die Krone hinaufgepufft und kurz darauf kommt tausendfältiger Insektensegen herab in lückenlos aufgestellte Fangtrichter. Und es beginnt das Einsammeln der Beute, die zur wissenschaftlichen Ausbeute wird.

Vor der Entdeckung der überaus reichen Biotope in den Baumkronen waren etwa 850 000 Arten von Kerbtieren kategorisiert und katalogisiert; heute rechnen Entomologen mit weiteren *Millionen* von Arten. Das Zeitalter der Entdeckungen ist, wenigstens hier, noch längst nicht abgeschlossen. Euphorie unter Entomologen! Ein Standardspruch der Branche: »Wenn

494

man etwas über Gott wissen kann, dann, dass er Käfer geliebt haben muß.« Die Schmetterlinge sollten hier aber auch erwähnt werden ... Auch von ihnen leben die meisten hoch droben im Kronenbereich.

Wollen Entomologen nun allerdings Langzeitstudien betreiben, etwa über die »Ameisengärten« hoch droben, so müssen sie, wie die Botaniker, hinauf in den »Kronenraum«. Dazu zwei bewährte Methoden.

Das erste Verfahren demonstriert mir Wilhelm Barthlott auf einigen seiner mittlerweile dreihunderttausend Dias: ein großer Baukran, mitten im Regenwald auf hundertzwanzig Meter Schiene gestellt; mit dem Ausleger konnte jeweils ein Radius von vierzig Metern abgedeckt werden; von der Gondel aus, die am Haken baumelte, ließen sich die notwendigen Untersuchungen durchführen.

Am tollsten aber das Luftfloß! Auch so etwas sah ich zum ersten Mal am Diaschrank im Bonner Botanischen Institut. Ein kleines Luftschiff schwebt über Baumkronen, unter sich im Schlepp das Luftfloß, ein Fünfeck aus Schlauchbootwülsten, dazwischen Stege und ein Netz; diese Spezialkonstruktion wird auf eine weit ausgefächerte Baumkrone gelegt, der Wissenschaftler vom Dienst wird herabgelassen, bleibt für einen Tag sich selbst und seinem Forschungsprojekt überlassen. Abends kommt das Luftschiff wieder angeschwebt, holt den Forscher ab.

ERNEUTER RÜCKBLICK: nach dem fragmentierten naturgeschichtlichen Poem ein zweiter Ansatz, zweiter Versuch, Naturwissenschaftliches in meine Arbeit zu integrieren.

In unregelmäßigen Zeitabständen schrieb ich weiter an einem autobiographischen Projekt, das ich zum ersten Mal in den Frankfurter und Münchner Poetikvorlesungen vorgestellt hatte, 1993. Notizen, Skizzen, Sequenzen, Kapitel dazu sammelten sich weiterhin, aber ich suchte noch immer nach einer neuen Form autobiographischen Schreibens. Ich mag mich nicht damit abfinden, dass Biographien wie Autobiographien im Schreibverfahren meist sehr konventionell sind – Chronologie oft als einzige Erzähl-Strategie.

Die neue formale Lösung, die scheinbare, ergab sich mit einer Erfahrung: Ich war Mitglied einer (bald vor der Überfülle von Informationen kapitulierenden) Kommission, die SPD-Abgeordnete in Forschungs- und Technologie-Ausschüssen von Landtag und Bundestag ebenso knapp wie konzis informieren sollte über Grundlagen und Entwicklungen der Gentechnologie. Ich konzentrierte mich dabei auf transgene Pflanzen, im Gesprächskontakt mit Botanikern und vor allem mit Molekularbiologen in Monheim und Wuppertal. So lernte ich in Labor und Treibhaus die überaus komplexe ›Materie‹ zumindest ansatzweise kennen.

Daraus entwickelte sich, mit gehöriger Zeitverzögerung, eine Konzeption: Das Genom, dieses strickleiterähnliche Großmolekül mit zwei parallelen Strängen und regelmäßigen ›Sprossen‹, dieses DNA-Modell als Strukturprinzip, als Form der Autobiographie! Ein Strang Persönliches, parallel dazu ein Strang Zeitgeschichte und die Sprossen als Schlagzeilen, mit privaten Formulierungen gekoppelt. Drucktechnisch stellte ich mir das so vor: Auf der jeweils linken Seite der zeitgeschichtliche Text, auf der jeweils rechten Seite der autobiographische Text und in ziemlich regelmäßigen Abständen die Doppelzeilen quer über beide Seiten hinweg: verbindend, strukturierend, rhythmisierend.

Damit begeisterte ich erst einmal mich selbst: der biologische Datenträger als Strukturprinzip eines Textes, der einem heutigen Lebensmuster adäquate Präsenz verleihen sollte. Aber Bedenken wuchsen nach. Das strickleiterähnliche Fadenmolekül ist, in dieser Form, »denaturiert«, ist schematisiert, ist graphische Visualisierung. Denn: dieser scheinbar lang gestreckte Informationsträger ist in sich gedreht, »gewendelt«, ist gleichsam verdrillt. Und: diese Doppelhelix ist wiederum in Chromosomen portioniert und jeweils unvorstellbar dicht komprimiert. In dieser Kompressionsportionierung auch noch Veränderungen, zum Beispiel: die »springenden Gene«, die sich abkoppeln und die an neuer Stelle andocken. Ebenso wären zu berücksichtigen die Funktionen der scheinbar nichtcodierenden Verbindungsstücke zwischen den Genen: hier, vor allem, erfolgt das Anschalten und Abschalten von Genen – ein Zeitcode. Kurzum: die Textform des schematisierten Strickleiter-Fadenmoleküls wäre ein krass vereinfachtes Modell, und selbst dieses Modell hätte von vielen, von allzu vielen Erklärungen begleitet werden müssen. Damit wäre ich ins unanschaulich Komplexe geraten, das erzählerische Spontaneität bedroht hätte.

So gab ich das Konzept wieder auf, nicht aber das Projekt. Ich habe hier mittlerweile eine ganz andere Form entwickelt. Holzwege, Umwege ... Jedoch mit Nachwirkungen: Das Poem-Fragment und dieses aufgegebene DNA-Textmodell wurden zu Fermenten von Überlegungen, ob sich und wie sich Naturwissenschaft und Kunst zusammenführen lassen (könnten).

FORTSETZUNG DER RECHERCHEN, der Vorarbeiten für das Merian-Projekt ... So wollte ich, im Film, einen Falter präparieren lassen: Vorgespräch mit einem Präparator.

Ich ging aus von der Vorstellung: Ein Falter wird getötet, geöffnet, die Organe werden herausgenommen, die Körperhülle wird konserviert. Die Drehzeit war nun allerdings angesetzt auf einen Zeitraum nach den Lebensphasen, Flugphasen der meisten hiesigen Falter, aber lebende Falter (oder Verpuppungskammern kurz vor dem Schlüpftermin) lassen sich über Spezialfirmen beziehen, die vor allem die tropisch temperierten Schmetterlings-»Paradiese« in Deutschland wie in Belgien wie in den Niederlanden beliefern.

Ich treffe den Präparator in einem Café. Wir kommen rasch zum Thema. »Das Präparieren stellen Sie sich viel zu kompliziert vor!« Im Prinzip spannt man die Falter nur auf und lässt sie austrocknen. Probleme ergeben sich meist erst danach, das Konservieren als der schwierigere Teil der Übung. Das ist keine einmalige und abschließende Aktion, es muss fortgesetzt werden.

Und wie war das zu Merians Zeiten?

Auch damals mussten Schmetterlinge im Dunkeln aufbewahrt werden – Tageslicht ist nicht nur für Faltersammlungen eine »Schadenquelle ersten Ranges«. Als zweiter Hauptfeind: Feuchtigkeit, die in Sammelkästen eindringt, vor allem, wenn der Kitt der Verglasung bröckelt: Gefahr von Schimmelpilz. Damals behalf man sich vielfach mit Torf, der Feuchtigkeit aufsaugte. Heute setzt man Blau-Gel und Phenol ein. Vielfach sind die Schubfächer von Sammlungsschränken noch mit Papier ausgekleidet; das zeigt Feuchtigkeit durch Stockflecken an, und damit wird es Zeit für die Anwendung von Fungiziden. Dazu die direkten Feinde der toten Falter, die Staubläuse, Kleidermotten, Museumskäfer (… ?!) Ja, Museumskäfer, spezifische Museumskäfer – dies alles macht sich an Falter auf Nadeln heran, wenn nicht größte Sauberkeit herrscht, wenn die Sammlung nicht rechtzeitig mit Insektizid-Aerosol besprüht wird. Das war aber auch früher schon riskant. Beim Öffnen der Holz- oder Glasdeckel der Kästen oder Schuber kam Zugluft an die Falter heran, Flügel schienen sich zu regen, zu bewegen, damit wurden die ohnehin brüchigen Substanzen zusätzlich belastet; ein Problem, das erst mit der Erfindung und Einführung des Vorderladers einigermaßen gelöst wurde – der aber auch nicht überall Verwendung findet (… ?!) Ja, so nennt man Sammelkästen, in die vorn ein Ventil eingebaut ist. Durch dieses Rückschlagventil können Insektizide in die Kästen gesprüht werden, die nun geschlossen bleiben. Sehr praktisch …

Fast will ich aufatmen, mir einen Cognac zum Kaffee bestellen, da nennt Dr. R. ein weiteres Problem: Die »Falterkadaver« können, am Hinterleib, Fett absondern – sie beginnen zu »verölen«. Da muss gehandelt werden, bevor das Verölen vom Hinterleib auf den gesamten Körper übergreift, man muss die Falter nun doch aus dem Kasten nehmen, wieder auf das Spannbrett legen und mit einer Paste behandeln, die aus Talg und Reinigungsbenzin besteht. Nach dem Antrocknen der Paste wird vorsichtig abgepinselt oder einfach weggepustet.

Das alles, sage ich eingeschüchtert, das alles kann es im

17. Jahrhundert noch gar nicht gegeben haben. Wie groß muss also die Verlustrate in Schmetterlingssammlungen gewesen sein!

Sehr groß, meint der Präparator, sehr, sehr groß! Vor allem in den Tropen. Was nicht gleich verschimmelte, wurde von Ameisen gefressen.

Also, zur Kenntnis genommen: Das Konservieren nicht nur von Faltern ist sehr, sehr schwierig. Aber ich will doch nur den Vorgang des Präparierens filmen.

Es wird zu bedenken gegeben, dass dabei nicht viel zu sehen ist. Der Falterkörper über der eingefrästen Mittelrinne des Spannbretts, die Flügel werden vorsichtig ausgebreitet, werden von schmalen Bändchen flachgehalten, die wiederum mit Stecknadeln fixiert werden. Das ließe sich wahrscheinlich gut ins Bild bringen.

ZWEITER AUGENZEUGENBERICHT aus dem Reich des Friss oder Stirb: der Käfer und der Regenwurm.

Die Bewegungen des Regenwurms waren so heftig, dass es mir selbst beim Radfahren auffiel. Ich lehnte das Rad an einen Pfahl eines Weidenzauns, ging in die Hocke. Der Regenwurm versuchte, den Käfer, der sich in ihn verbissen hatte, abzustreifen. Schmaler, schwarzer Körper, glatter Panzer: dieser Käfer ließ sich nicht abstreifen, obwohl der Wurm das in wilden Zuckungen versuchte, nach dem wohl schon längeren Kampf mit Staub wie paniert. In wilder Bewegung krümmte er sich so weit ein, dass er mit der hinteren Körperhälfte den Käfer abschlenkern konnte, der sich in der vorderen Hälfte angekrallt und festgebissen hatte, und sofort kroch er weg von der Kampfstätte. Kurz nur lief der Käfer wie suchend umher, dann biss er sich wieder fest in der Flanke des Regenwurms; der musste, in fast schon konvulsivischen Zuckungen, erneut versuchen, den Käfer loszuwerden, es bildete sich sogar ein Knoten im Regenwurm, aus diesem Knoten aber zog sich der panierte Körper rasch wieder heraus. Dennoch, es gelang dem Wurm nicht, den angeklammerten und verbissenen Käfer abzuschlenkern oder abzustreifen.

499

Sich krümmen wie ein Wurm – zum ersten Mal sah ich, wie desparat ein Wurm sich krümmen kann. Der Körper wölbte sich stückweise hoch vom Boden, es bildeten sich kleine Regenwurmbögen, fast entstand wieder ein Knoten im Leib, eine Schlaufe, wieder versuchten sich die beiden Körperhälften aneinander zu legen, als könnten sie sich auf diese Weise besser schützen, aber der Käfer löste sich nicht von der Flanke. Dort schien mir der staubbedeckte Regenwurmkörper angeschwollen.

Da ging ich erst mal ein bisschen hin und her. Und sah danach, wie der Käfer den Regenwurm abschleppte. Der war offenbar noch nicht ganz tot: war eingekrümmt zu einem sehr unregelmäßigen U, das Schwanzende bewegte sich noch, wenn auch schwach. Der Käfer hatte sein spitzes Körperende hochgewinkelt zu einem Haken, den er unter den Wurm geschoben hatte, und mit diesem Schwanzhaken zog er, zerrte er den Regenwurm hinter sich her. Was hatte er mit diesem Opfer vor, das vielleicht dreißigmal größer war als er selbst? Wollte er ihn am Rande des Kampforts zerlegen? Wollte er andere Käfer heranholen, oder würden die von selbst kommen, angelockt durch einen Kampfgeruch, vielleicht auch durch einen spezifischen Todeskampfgeruch eines Regenwurms?

Der Transport stockte. Ein winziges Aststückchen, doppelt so groß wie der Käfer, wurde zum Problem – lag quer im Weg, zwischen sperrigen Grashalmen. Der Käfer senkte sein Hinterteil, löste sich vom Wurm, begann mit einer Inspektion der unmittelbaren Umgebung, kehrte mehrfach zum Wurm zurück, in dem noch immer ein wenig Leben war, setzte aber nicht wieder den Schwanzhaken an. Ein paarmal kroch er sogar unter dem Regenwurm durch, ohne das Hakenende hochzuschwenken. Dieses Umkreisen, Umtrippeln des Regenwurms dauerte so lang, dass ich schließlich weiterfuhr.

DIE RAUPEN, DIE ICH AUFLESE, werden immer prachtvoller: Zufallssteigerungen. Vom Hellgrau eines staubigen Wegs betont: eine Raupe, die fast so lang ist wie ein kleiner Finger, eine borstenreiche Komposition in Schwarz und Braun. Ein schmaler Mittelstreifen auf dem Rücken ist schwarz, mit besonders langen Borsten; dieses Schwarz wird auf beiden Seiten begleitet von einem breiteren Streifen Braun; die Flanken wiederum sind schwarz und reichlich mit Borstenbüscheln besetzt, abwechselnd hellgrau und schwarz. An den Segmentierungen hier und da ein orangefarbenes Pünktchen.

So kriecht die Raupe in majestätisch langsamen Wellenbewegungen des Körpers in langer Diagonale auf dem Fahrweg dahin. Sie könnte plattgefahren werden, also stippe ich sie mit einem Stöckchen an, seitlich, will damit eine kürzere Kriechrichtung vorgeben, aber da wirft sich die Raupe blitzschnell zur Seite, eingekrümmt, versucht dann, weiterzukriechen, wird, versuchshalber, nochmal angestippt, wirft sich erneut herum, liegt kurz auf dem Borstenrücken, zeigt eine schwarze Unterseite, streckt sich wieder, versucht, der noch unbekannten Gefahr zu entkommen, reagiert auf die nächsten, kurskorrigierenden Stupser kaum noch, hat offenbar vermerkt, dass kein Fressfeind anklopft, kriecht weiter, hat noch immer nicht die lebensrettende Abkürzung gefunden, wird erneut angestippt, und nun rollt sie sich spiralig ein: schwarze, mantelknopfkleine Fläche mit brauner, borstenreicher Außenseite.

Wenn eine Raupe sich erst mal eingerollt hat, dauert es etliche Minuten, ehe sie sich streckt und weiterkriecht, also bringe ich sie ins Eifelhaus, lege sie in den glasierten Keramiktopf, füge drei Blätter in freier Auswahl hinzu, warte ab. Sie bleibt eingerollt. Fühlt sie sich, vom Keramikwall umgeben, nun wieder sicher, geht zum Tagesschlaf über, zum Tageszwischenschlaf, nach der Durchquerung der Wegwüste, auf der sie für Fressfeinde gefährlich exponiert war?

Nach einiger Zeit zieht sie den Kopf aus dem schwarzen Borstennest, streckt den Oberkörper aus der Krümmung heraus, noch immer auf der Seite liegend; die drei vorderen, spitzen Beinpaare, wie schwarz lackiert, sie bewegen sich im Leeren; es kommt Bewegung auch in die hintere Partie des

501

Körpers, die Raupe dreht sich auf die Bauchseite, hebt ein wenig den schwarzen Kopf, beginnt zu kriechen.

Die Blätter beachtet sie nicht weiter, versucht vielmehr, die Topfsteilwand zu erklimmen, die ungefähr so hoch ist, wie sie lang ist, rutscht an der Glasur ab, kriecht weiter, majestätisch langsam wieder die Wellenbewegungen vom Nachschieber zum Kopf. Erneut versucht sie, nach oben zu kommen, der Oberkörper hebt sich von der Fläche ab, die drei Paar Vorderbeinchen, die spitzen, in der Luft. Ich beschaue den hochgereckten Kopf nun durch die Lupe: vorn zwei Kurzfühler, zwei Fühlerstippchen; zwei kleine Augenpunkte; mittig eine Partie wie eine Pekinesen-Nase; darunter die Fresswerkzeuge, die leer vor sich hin mümmeln.

Nach dem erfolglosen Versuch, über den Topfrand zu gucken, macht sie sich nun doch an eins der Blätter heran, scheint mit dem Fressorgan den gezackten Rand abzutasten, verschmäht das Angebot, kriecht weiter, muss nochmal den Reaktionstest bestehen, diesmal mit einem Bleistift-Ende, erneut rollt sie sich zusammen, der Kopf nun wieder unsichtbar im Borstennest. Ich überlasse die Raupe vorerst sich selbst.

Schnitt. Die Raupe kraucht umher, begibt sich zu einem der Blätter. Nachdem sie es am Rand gleichsam decodiert hat, beginnt sie, nun doch zu fressen, der Länge nach auf der Blattfläche liegend, frisst sich systematisch ins Grün hinein. Ich schaue ihr dabei zu, Joghurt löffelnd, Jazz hörend. Sie frisst jeweils, Biss neben Biss neben Biss, einen gekrümmten Sektor weg, setzt daneben neu an, verputzt auch Blattadern.

Früher als erwartet hört sie mit dem Fressen auf, wird von der Seite nochmal vorsichtig angestupst, krümmt sich, faltet dabei das Fraßblatt mittig ein, es gleicht nun zwei Schmetterlingsflügeln, grün und asymmetrisch. Langsam breiten die sich wieder aus, das Blatt wird flach, die Raupe beginnt erneut, umherzukriechen. Eine Zeit lang schaue ich dabei noch zu, das Interesse beginnt sich abzulösen, das Raupenprogramm scheint so weit durchgespielt, es kann nur noch gefressen, gekotet, geschlafen, gekrochen werden, also übergebe ich die

Raupe dem Waldgrundstück. Sie kriecht davon, erst mal auf einen Ilex zu, der für sie garantiert ungenießbar ist, aber es sind noch andere Blattsorten im Angebot, sie wird nicht verhungern.

BERLIN, MUSEUM FÜR NATURKUNDE: Gründerzeit-Klassizismus mit Kriegsschrunden und DDR-Verwitterungen. Als Empfangssensation die Rekonstruktion des riesigsten aller riesigen Dinosaurierskelette in Museen: zwölf Meter hoch, drei Dutzend Meter lang – booooh!, rufen die Kinder. Vergleichsweise kleinere, aber immer noch große Dino-Kollegen ringsum. Und doch: Wichtiger sind mir die Schaukästen im Raum hinter der Riesensauriergruppe: Falter und Käfer.

Ein Schmetterling mit der Spannweite meiner Hand ... Ein Schmetterling, der so klein ist wie ein Punkt im Fettdruck. Ich muss die Lesebrille aufsetzen, um hier überhaupt einen Miniaturfalter erkennen zu können. Lepidopterologen scheint nichts zu entgehen ... Bevor ich mich auf Erscheinungen zwischen diesen Extremwerten einlasse, ein kurzer Seitenblick zu den Käferkästen. Metallisch grün schimmernde Panzer ... gewaltige Zangen ... bizarre Tarnformen: ein fliegendes Stöckchen, mit kurzen Ästen ... ein Wandelndes Blatt ...

Und wieder hinüber zu den Falterkästen. Alte Bekannte: immer noch leuchtend das Blau eines Morpho-Falters ... Der Laternenträger, von Jacques de Gheyn (II) gezeichnet, von der Merian als Vorlage für einen Kupferstecher gemalt ... Und auch hier wieder: Beispiele für Mimikry! Um nicht von Vögeln aufgepickt zu werden, nehmen Falter die Formen und Farben von Faltern an, die von Vögeln nicht gefressen werden, weil die mit genetisch überlieferter Erfahrung intus haben, dass Falter mit solcher Silhouette, Zeichnung, Färbung zum Verzehr nicht geeignet, ja giftig sind. Um den Vergleich zu vereinfachen, hat man ein Original und eine Nachahmung nebeneinander »gesteckt«, Amauris dominicanus, giftig, zur Linken, Hypolamnus wahlbergi, pseudo-giftig, daneben, und Farbvaleur (überwiegend braun) und Zeichnung können verglichen

503

werden – Detailgenauigkeit, die wieder einmal Staunen weckt. Auch bei Faltern, die große, abschreckend große Augen auf den Flügeln nachahmen, Augen, die sie mit ihren Komplexaugen nie zu sehen bekommen, bei sich selbst, und doch sind sie präzis dargestellt. Spielarten ... Farbenspiele ... Farbenfestspiele ...

Auch hier, sogar hier: Ich wäre, falls ich überhaupt in ein Naturkundemuseum gegangen wäre, an solchen Kästen zwar nicht vorbeigeeilt, aber vorbeigeschlendert, mit kurzem Verharren. Nun aber bin ich in einen Bann geraten – von M! S! M! geführt, indirekt, hat sich diese Wunderwelt eröffnet. Nun kann ich nachvollziehen: wie man solchen Insekten verfallen kann, als Käfersammler, Falterjäger. Ich wechsle zwischen den Metallicfarben auf Käferrücken und den gedeckten Farben auf Falterflügeln. Ich komme da nicht los, muss losgerissen werden: »Das Museum wird geschlossen, benutzen Sie bitte den Nebenausgang links.«

EINE SPÄTSOMMERWOCHE MEINER MERIAN-ÄRA, und ich werde, nach einem Spaziergang, auf dem Einfahrtsweg zum Eifelhaus von einem Admiral begrüßt: sitzt auf einem liegenden Herbstblatt, die Flügel ausgebreitet im Licht der zagen Oktobersonne, und ich beuge mich vor, er fliegt nicht weg, scheint, so spät im Falterjahr, schon etwas langsam zu sein in den Reaktionen. Ich gehe ins Haus, hole die Lesebrille, kaure mich nieder auf dem Weg, beobachte den Falter: der linke Flügel, das bestätigt sich nun, ist am hinteren Rand ausgefranst, vielleicht als Folge einer Attacke. Ein etwas ramponierter, ein angeschlagener Admiral also, und der ruht sich aus, nimmt offenbar Wärme auf mit den weit geöffneten Flügeln. Der Körper, von oben gesehen, schwarz, mit einem Hauch Blau, und schwarz die Flügel in Rumpfnähe, dann die breiten, schrägen, orangeroten oder orange-rotbraunen Streifen an den Flügel-Enden, die feine Schwarzweiß-Zeichnung, die sich fortsetzt bis zum hinteren Rand beim unbeschädigten Flügel. Und ein Tüpfelchen Blau. Der Admiral! Großspuriger Name.

Eine Verballhornung, die Nabokov beklagte: Eigentlich ist das ein Admirabile, ein Bewundernswerter.

Wie zu Bestätigung und Vergleich fliegt ein zweiter Admiral heran, lässt sich, einen Meter weiter, auf einem großen, hellbraunen Eichenblatt nieder; die Konturen sind damit betont: zwei unbeschädigte Flügel, und die Farben scheinen frischer. Auch dieser Schmetterling reaktionsschwach: ich beuge mich kniend vor, beschaue ihn, ohne Schatten zu werfen auf die Flügel. Das Schwarz am Körper, das Schwarz auf den Flügeln wie von einem sehr zarten Pelzflaum, in dem Windbewegung sichtbar wird. Und leuchtend das Orange-Rotbraun. Und kontrastreich das Schwarz und das Weiß an den Flügelrändern, außen. Und am hinteren Rand jedes Flügels der kleine blaue Punkt – wie ein Glanzpunkt, aufgesetzt zur vollendeten Wirkung.

Der ramponierte Admiral hebt ab, fliegt ein wenig umher, findet ein besonntes Blatt an einem Eichenbusch. Der komplette Admiral weiterhin auf dem großen, hellen Blatt, konturbetont, freigegeben zur Betrachtung. Ich bleibe reglos vorgebeugt, habe den Admiral so nah vor Augen wie eine Buchabbildung eines Admirals. Ein paar sanfte Bewegungen der Flügel, aber nur ansatzweise werden sie hochgeklappt, als sollte nur mal probiert werden, ob das noch funktioniert nach der Flugpause. Windbewegungen im schwarzen Pelzflaum des Körpers, der auf den Hinterflügeln blau angehaucht ist. Und der blaue Reflexpunkt. Weiterhin geöffnet die Flügel. Und starr weggeschrägt die beiden Fühler, in gleichmäßigen schwarzen und weißen Segmenten; die Fühler-Enden als winzige, schwarze Zylinder, aufgesetzt. Die Sonne wärmt die Schauseite des Falters und meine Rückseite. Keiner beobachtet, ebenfalls reglos, den reglosen Falter und den reglosen Autor. Der Schmetterling in Reichweite, ich könnte ihn an einem Flügel packen, wie ich Nachtfalter packe, behutsam, sie hinaustrage auf den Balkon und freigebe zu fortgesetztem Nachtflug. Hier aber würde ich Farbpigment beschädigen. Zwar wird wahrscheinlich niemand mehr nach mir diesen Falter so genau betrachten, aber: Komme ich ihm näher, wenn ich ihn anfasse?

Ich stehe auf, gehe ein paar Schritte, kehre zurück: der Admiral weiterhin auf dem Eichenblatt. Windbewegungen im schwarzen, glatt anliegenden Haarflaum; die Kontraste von Schwarz und Weiß; der blaue Punkt links hinten und der blaue Punkt rechts hinten. Und ein schwarzer Schlusspunkt.

MIT DER ARBEIT AN DIESEM BUCH: Entdeckungen (für mich!) im Reich der Flora und Fauna, im Reich biologischer Wissenschaften, Entdeckungen (für mich!) ebenfalls im Reich der Malerei. Und damit: eine Hommage für Rachel Ruysch, Tochter des Anatomen Ruysch, 1664 in Amsterdam geboren.

Sie war demnach siebenundzwanzig, als die Merian via Friesland nach Amsterdam kam. Schon in den achtziger Jahren war sie auf der Höhe ihres Könnens und ihres Ansehns. Zu Beginn des 18. Jahrhunderts hatte sie wohl schon alle zehn Kinder zur Welt gebracht, hatte einen großen Teil ihres Œuvre geschaffen. Hier wurden höchste Maßstäbe gesetzt: Rachel Ruysch als Königin im weiten Reich der Blumenmalerei, der Blumenstilleben. Ein Blick in den Bildteil wird das bestätigen.

Wie ihre ältere Schwester Anna, wie ihre Vorgängerin Maria van Oosterwijk, wie zahlreiche Kolleginnen malte sie nicht mit Deckfarben und Wasserfarben auf Pergament, sondern, ganz selbstverständlich, mit Ölfarben auf Leinwand. Schon diese Technik ermöglichte eine erheblich größere Brillanz. Die wurde von ihr dadurch gesteigert, dass sie Blumen meist vor dunklem Hintergrund malte. So konnte sie durch Lichtführung, Lichtakzente kompositorische Schwerpunkte setzen. Charakteristisch, so lese ich bei Gemar-Koeltzsch, sind zudem ihre asymmetrischen Kompositionen. Und: Blüten scheinen von innen her aufzuleuchten, Blüten werden von hellem Licht hervorgehoben, Blüten im Halbdämmer – so entstehen Tiefenwirkungen, auch durch Überschneidungen. Rachel Ruysch inszenierte. So malte sie Blumen auch, geheimnisvoll aufleuchtend, im Halbdunkel über einem Waldboden, wie getragen von einem toten Baum, der bereits die Rinde verloren hat: »Blumen an einem Baumstamm.« Auch hier, wie bei ihrem Lehrer Marseus van Schrieck, Eidechsen und Schlangen, wenn auch nicht so betont, eher beiläufig. Blütenglanz und Düsternis: hier scheinen sich Zeit-Erfahrungen umzusetzen. Norbert Schneider in seinem Buch über Stilleben: »Wie bei Marseus' Bildern blickt man auf dunkles Unterholz, auf verdorrtes Astwerk mit Astlöchern, umgeben von Moosplatten, auf denen Steine liegen, und Pilzen. Um diese abgestorbenen Stümpfe herum winden sich in leuchtenden Farben, als entfalteten sie phosphoreszierend aus sich eine eigene Helligkeit, Blumen aller Art, darunter Rosen, Lilien und Ackerwinden. Insekten und Gewürm, ›Amphibien‹ wie Schlangen, Kröten und kleine Eidechsen kämpfen teils gegeneinander, teils versuchen sie, wie die Insekten und das Gewürm, die Pflanzen zu zerstören.« Schönheit auch hier, die überschattet, die bedroht, die zerstört wird. Visionen eines Mannes aus der Generation vor der Merian und einer Frau aus der Generation nach ihr.

Colonel M. H. Grant hat in den fünfziger Jahren des 20. Jahrhunderts in England ein Werkverzeichnis Ruysch erstellt und publiziert: 230 Titel. Die sind verteilt auf die angesehensten Museen Europas, die werden ausgestellt auch in Übersee. In der Monographie des Colonel einige Farbtafeln, herzlich schlecht, und etliche Schwarzweiß-Bilder, die bei Blumenstilleben keine rechte Freude aufkommen lassen, die aber wenigstens informieren. Und hier bestätigt die lange Galerie von Blumenstilleben: Die Ruysch ließ Blumenfülle im wahrsten Wortsinn überborden – Blumen hängen vielfach bis zur Marmor-Stellfläche herab und noch tiefer, über die Vorderkante. Und dekorativ ist auf den Tischflächen zuweilen ein Prunktuch drapiert, als weitere Herausforderung, Oberfläche sinnlich zu gestalten. Und Spiegelungen im Kugelglas – auf dem Blumenstilleben mit der Katalognummer 63 ist in der kugelförmigen Glasvase schemenhaft auch die Malerin selbst gespiegelt, in hellem Kleid – ach, hätte sie sich doch mal selbst portraitiert, mit oder ohne Blumenstrauß..!

DAS SAMMELN VON MATERIALIEN wird nicht eingestellt, sobald ein Kapitel geschrieben und gespeichert ist: ich setze das Recherchieren fort. Beispielsweise zum Thema Sammlungen: die Merian involviert in dieses zeittypische Phänomen. Und: die Universal-Sammlung war das damals wohl wichtigste Forum für Versuche, Kunst und Wissenschaft zusammenzuführen. Wie aber manifestierte, dokumentierte sich das, konkret? Ich blättere erneut im voluminösen Katalog der Ausstellung *Prag um 1600. Kunst und Kultur am Hofe Rudolfs II.*

Ziemlich genau ein Jahrhundert bevor das Merian-Quartett nach Gottorf kam, hatte es im Hradschin ein Theatrum Naturae et Artis gegeben, in dem beide Komponenten ungefähr gleichrangig repräsentiert waren: Kunst, auch in heutigem Wortsinn, und Natur, auch Technik. Die Naturaliensammlung war äußerst vielfältig, die Gemäldesammlung war berühmt, Agenten des Kaisers erweiterten sie ständig, auch erteilte Rudolf direkte Aufträge an Maler wie Savery oder Spranger, wie Hoefnagel oder Hoffmann. Dokumentiert ist diese hochrangige »Kunstkammer« im historischen Inventar des Daniel Dröschl, auf 415 Seiten; lange Zeit verschollen, wurde es nach dem Zweiten Weltkrieg wieder gefunden. Mit dieser Neuentdeckung mussten frühere Vorstellungen über Kunst- und Wunderkammern revidiert werden: Die Kuriosa, die Mirabilia waren (zumindest in Prag) doch nicht so sehr wichtig. »Das Inventar lässt nun den universalen Anspruch einer enzyklopädischen Kunstkammer auf höchstem Niveau erkennen.« Und, als weiteres Zitat: »Hinter dem Interesse an der Vielfalt der Dinge und Erscheinungen stand eine pansophische Sehnsucht nach einem universalen System, das alles in einer ›concordia discors‹ (Harmonie in scheinbarer Disharmonie) verbindet.« Eine Formulierung, die ich sofort markiere, notiere: Hier könnte ein Leitprinzip dieses Buchs definiert sein.

WAS IST DENN DA LOS?! Spürbar verstärkte, sich betonende Herzschläge, zwischendurch … Herzschläge synkopisch, gleichsam quer zum gewohnten Verlauf … Querschläger … So etwas wie Fehlzündungen, sage ich mir. Und ironisch gebrochen, in ersten Mitteilungen: rumpelt im Brustkasten …

Und ich gerate in ein anderes Wortfeld, muss Informationen völlig neuer Art verarbeiten: Intermittierende Extrasystolen … arterielle Hypertonie … Ja, eine Blutdruckmessung als Erstes – nanu, was sind denn das für Werte?! Ich stehe unter Druck, mit der Arbeit, ich arbeite mal wieder unter Hochdruck, sage ich, und da ich zum Somatisieren neige, wundert mich das nicht weiter …

Aber der Kardiologe will, muss den Ursachen nachgehen, mit meiner hausgemachten These kann er sich nicht zufrieden geben, und ich will ebenfalls Sicherheit haben, ich setze mich mit Geräten in Verbindung, ich produziere Werte, die sich messen lassen, gebe Informationen ab, die sich zeigen lassen: Ja, da ist sie, die Herzklappe auf dem Bildschirm. Dass die fast senkrecht nach oben, dann fast senkrecht nach unten schlägt, hatte ich mir auch nicht vorgestellt, und ein bisschen weiß betont ist sie auch noch in der Ultraschall-Wiedergabe, da hat sich also schon etwas abgelagert. Und das Geräusch im Raum, über den Lautsprecher, ist das verdächtig, ist das verräterisch? Fast schabendes Arbeitsgeräusch, wie gefiltert, und Blutströme werden per Mausklick eingefärbt, orangerot und blau, Blut, das rausgepumpt, Blut, das reingesogen wird. Und die Herzklappe heißt nun Aortenklappe, und ist die sklerotisch? Aufgelöst sind Wörter wie Blumenstilleben, Raupe, Kupferstich, Emblematik, Blumenbuch, Schlosskirche, Präparate: verwirbelt, zerstäubt. Und siriusfern die Küste von Surinam, nah das Rheinufer, Rodenkirchen, ich gehe, informationsbetäubt, auf dem Uferweg, muss mich erst mal wieder zurechtsortieren, innerlich, es wurde eine Wortlawine losgetreten: Ja, die intermittierenden Extrasystolen … ja, die arterielle Hypertonie … ja, die Sklerose der Aortenklappe … Und Fachwörter, die kurz bevorstehende Untersuchungen markieren: Stress-Echokardiographie … Farbdoppler-

509

echokardiographie ... Ergometerbelastung im Halbliegen und in Linksseitenlage ... computergestützte Wandbeweglichkeitsanalyse ... Ach, MSM: ganz weit weg ... Und all die Wörter, die sie begleiten wie Pilotenfischlein: abgedriftet.

Und mir wird wieder einmal, wird verstärkt bewusst: Es ist eine bestimmte Disposition notwendig für solch eine Arbeit. Erst einmal, von außen gesehen: die Konstitution eines Langstreckenläufers, der solch einen Vielhundertseitenparcours durchhält, möglichst kontinuierlich in seiner Bewegung. Und: Die Grundhaltung darf nicht monologisch sein. Ist in meiner Branche aber weithin symptomatisch: Neigung zum Monologisieren unter Kollegen, Bekannten, Freunden, anhaltende Selbstdarstellung. Ansätze bei mir ebenfalls, das zeigt sich auch in diesen Begleitschreiben, aber generell doch eher: ich nehme mich zurück. Ja, zur Disposition eines literarischen Biographen gehört die Fähigkeit zu anhaltendem Hinhören, Hinaushorchen ... Der Wunsch, die Notwendigkeit zu verstehen ... Nicht zu urteilen, womöglich zu verurteilen, auch wenn sich Stichworte dazu anbieten (können) ... Der anderen Person Raum gewähren zur Selbstentfaltung ... Auch so genannten Nebenpersonen: Spielraum verschaffen in eigenen Kapiteln ... Für sich sprechen lassen ... Nicht als Sprechmasken instrumentalisieren ... Erkunden fremder Lebensformen und nicht Suche nach Lebensformen, die eigene Lebensformen bestätigen, festschreiben wollen ... Aus sich herausgehen, auf die andere Person zugehen ... Sie nicht zureden, sondern zu Wort kommen lassen, so weit wie möglich.

Doch nun: Wörter, die um sich fressen! Extrasystolen ... Hypertonie ... Stress-Echokardiographie ... Ergometerbelastung: Elektroden angelegt, und ich werde, wie beim Astronautentraining, in Schieflage gekippt, muss Pedale treten, Pedale treten, Leistung wird in Watt gemessen, 150 Watt ... 170 Watt ... 180 Watt ... und womöglich lässt sich noch etwas mehr herausholen aus dem bewegungshungrigen Körper. Die Herzwände scheinen aber doch recht flexibel zu sein: erste, beruhigende Zwischenmeldung.

Aber es muss Gewissheit gefunden werden über den Zustand der Koronargefäße: Computertomographie des Thoraxbereichs. Einatmen, Luft anhalten, ausatmen, einatmen, Luft anhalten, ausatmen – ich bin weiß überwölbt von elegantem Bogen, achtfach simultan werden Informationen gespeichert: echtzeitanaloge Dokumentation signifikanter Ereignisse ... Schnittbildverfahren ... Nativ-Untersuchung ... Quantifizierung von Verkalkungen der Herzkranzgefäße ... Und, sieh da: zwei Plaques, im Koronarbereich. Wie: Plaques im Herzen ...?! Plaque an Zähnen: keine Überraschung. Aber im Koronarbereich? So ist es, aber die sind noch klein. Noch ... Und ich bekomme zu hören: Bildung der arteriosklerotischen Plaque ... Mögliche Verletzung der Gefäßinnenwand, des Endothels ... Entzündungsreaktion ... LDL-Cholesterin (auch so ein Wort, plötzlich, mit Erstbedeutung) lagert sich an ... Ablagerungen aus Cholesterin, weißen Blutkörperchen, abgestorbenem Gewebe ... dünne Schutzschicht, die Fibrinkappe ... kann aufbrechen und dann –.

Computer-Tomographic im Krankenhaus Porz. Schlussbesprechung, vorläufig. Risiko ja, aber doch nicht allzu hoch. Medikamente werden verschrieben. Aufatmen. Wieder ein Gang am Wasser entlang, der Rhein nun von der östlichen Seite aus – drüben Wald. Gehen, gehen, gehen. Andere Wörter wieder zulassen, sich ausbreiten lassen: Blumenbuch ... Emblematik ... Kupferstich ... Raupe ... Blumenstilleben ... Der Blick wird wieder frei, die Schreibperspektive stellt sich wieder ein. Doch weiterarbeitend horche ich öfter in mich hinein.

NACHTRÄGLICHES ANGEBOT EINES EXPONATS, brustkorbgroß, für eine der damaligen Natur- und Wunderkammern! Dieses Objekt entstand unter dem Dach des Waldhauses, in dem ich, zeitweilig, an diesem Buch arbeite: der zweite Hornissenbau! Freilich nach zwei hornissenfreien Zwischenjahren ...

Dies wusste ich noch vom Imker: Mit solch einem Bau

haben zwei- oder dreitausend Hornissen unter meinem Dach gelebt. Wir hatten uns auch diesmal nicht weiter gestört. Nur abends konnten sie lästig werden: Wenn alle Wespen schliefen, ließen sich einige dieser Großwespen, gleichsam als Wachtrupp, vom Lampenlicht aus dem Bau locken, und sie brummten an mir vorbei auf dem Balkon, klackerten zuweilen wie Kieselsteinchen gegen die Scheibe, prallten ab, wurden in ihren Flugbewegungen unberechenbar, und so zog ich mich ins Zimmer zurück, beschaute die an der Scheibe herumkrabbelnden zehn oder zwanzig Hornissen von innen, beobachtete, Lesebrille aufgesetzt, die Mitteilungsrituale, bei denen sie sich, schräg gegeneinander gerichtet, mit den Fühlern etwas mitteilten, das sicherlich nichts mit mir zu tun hatte.

Und wieder an einem Dezembertag kroch ich zwischen Zimmerdecke und flachem Dach auf den neuen Hornissenbau zu, mit der Taschenlampe und mit Insektenspray für den Notfall. Dieser zweite Bau schien den früheren an Volumen noch zu übertreffen. Unter dem Ein- und Ausflugloch die übliche Schicht von verhärteten Hornissen-Exkrementen. Keine Hornissen-Winter-Stallwache, auch dieser Bau war leer, wie sich nach dem Ablösen, mit dem Spachtel, von der Bretterwand zeigte.

Im hellen Winterlicht auf dem Balkon die erste Inspektion. Dazu musste ich den Bau nicht öffnen, auch er war an die Holzwand geklebt worden, damit hatten sich die Hornissen schon mal einen Sektor der Rundwand erspart. Der Bau diesmal anders angelegt: zehn statt sieben Stockwerke. Und nicht ein mächtiger Mittelstrunk als Tragsäule, sondern jeweils ein knappes Dutzend dünner Verstrebungen, etwa in der Stärke von Mikadostäben. Auch hier nur etwa daumenbreit jeweils der Abstand zwischen einer der pizzagroßen Waben und der Unterseite des nächsten Wabenstockwerks. Zwei tote Hornissen im Bau, sie lagen umklammert – Assoziation an zwei Römer einer Kohorte, die sich, als Allerletzte, die Schwerter in den Leib stießen.

Diesmal schaute ich mir den Wunderbau noch genauer an.

Das oberste Stockwerk war nicht plan wie die andren, sondern sanft nach oben gewölbt – etwa wie die Kappe eines großen Fliegenpilzes. Die sechseckigen Wabenöffnungen hier kleiner, auch weniger tief als in den neun Stockwerken darunter, und sorgsamer ausgeführt, sauberer. In einigen dieser Waben steckte Dunkles, nach oben hin Spitzes. Hatten sich da Kleinhornissen verkrochen, Kopf nach unten? Ich holte meine Zeckenzange und zupfte das erste Objekt heraus. Schlanke Spindelform, von espressofarbener Flüssigkeit gefüllt, und es deutete sich die Ringelung eines Hornissen-Hinterleibes an. Also Larven! Das hatte ich mich, als Merian-Schüler, wiederholt gefragt: Wie sichern die Hornissen den Fortbestand ihrer Art? Durch gut versteckte Eier? Durch Verpuppungen in Zwischenformen? Oder überwintert ein einziges, auserwähltes Hornissen-Exemplar eines Stocks? Oder sind es, sicherheitshalber, mehrere gut versteckte Hornissen – wie meine Wintergäste, die Tagpfauenaugen? Nun war die Antwort, ohne Suchen, gefunden.

Erneut das Staunen über das Leichtgewicht dieser stabil gebauten Hornissenstadt von etwa sechzig Zentimetern Höhe, vierzig Zentimetern Durchmesser: alles aus Großwespen-Papiermasse modelliert. Und das im Finstern. Also muss da ein lückenloses biologisches Programm ablaufen, das jeden Arbeitsablauf minuziös steuert: Hornissen-Kybernetik. Der Bau der Wabenflächen, ihr Abstand, der Zwischenraum zwischen ›Pizzarand‹ und Außenwand, die Belüftung, die Befeuchtung, das Regulieren der Innentemperatur an besonders heißen oder überraschend kühlen Sommertagen, Herbsttagen, die Arbeitsteilungen: Futter holen, Bau säubern, Sicherung der Hornissenzukunft. Dazu gehört offenbar auch, im biologischen Programm, dass alle Hornissen rechtzeitig den Bau für immer verlassen. Verteilen sie sich dann im Gelände und sterben diskret, etwa unter Blättern? Fragen, die zu weiteren Fragen führen, aber nicht hier. Behutsam trage ich den Bau in den Keller. Verstärkt die Assoziation an einen geöffneten Brustkorb: im Rippenabstand die familienpizzagroßen Wabenflächen. Ja, dies wäre ein Exponat für die Rekonstruktion eines *Theatrum Naturae et Artis.*

WÄHREND ICH GELEGENTLICH DIE KÜCHENMESSER-
SPITZE in den mit Ouzo gefüllten Schraubverschluss der Flasche stippe, ein rituelles Minütchen lang, danach eine Zecke
herauspule, die sich in Haut und Gewebe eingebaggert hat,
mir den Zeckenhintern zeigend, stellt mein Gehirn vollautomatisch eine Verbindung her zur infizierten Anophelesmücke,
die jene Frau in jenem Lande stach (was in der Buch-Chrono-
logie noch bevorsteht). Und ich versuche, mir plausibel zu
machen, weshalb dieses Ereignis mich so fixiert.

Mit Zecken habe ich, als temporärer Bewohner eines Hauses in kleinem Waldgrundstück, hinreichend Begegnungen
gehabt. Die waren lästig, blieben jedoch kurzfristige Episoden,
denn: meine Nordeifel-Region galt, bis vor kurzem, zwar nicht
als zeckenarm, aber als Gebiet, in dem Zecken noch nicht von
Waldtieren infiziert wurden. Mittlerweile aber ist auch diese
Region gestreift in der Zeckenkartierung: Risikogebiete. Habe
ich früher die Bissstelle nach dem Herausarbeiten der Zecke
gleich wieder vergessen, beschaue ich sie nun am nächsten
Morgen argwöhnisch: beginnt sich die alarmierende Rötung
auszubreiten, die eine erste Vermehrung von Borrelien unter
der Haut signalisiert? Muss ich sofort zum Arzt? Können
Injektionen von Antibiotika verhindern, dass die Bakterien
sich, nach der ersten sichtbaren Ausbreitung, unsichtbar im
Körper verteilen – mit bald spürbaren Folgen, und es kommt
zu einer womöglich chronischen Borreliose? Es entwickelte
sich eine Zeckenphobie, wo vorher Bewegungen in Waldgebieten problemlos waren. Während ich dies schreibe, ist (auch)
in der Mark Brandenburg Zecken-Alarm ausgelöst worden,
zumindest von der Boulevardpresse. Und schon wird wieder
die alte Vorstellung aktiviert, (einige) Insekten seien Ungeziefer, ja »Teufelsgeziefer«, das von Erdboden und Bildfläche verschwinden sollte. Was interessiert mich noch, infektionsge-
fährdet, ein postuliertes Gleichgewicht in der (weithin sowieso

schon denaturierten) Natur, was bedeutet mir, als potenziellem Nährboden und Fraßobjekt von Feindmolekülen, noch eine weitere Unterbrechung der ohnehin schon vielfach unterbrochenen Nahrungskette? Aversionen werden geweckt, die sich leicht als atavistisch bezeichnen lassen, trotzdem werden sie eingestanden: Tod allen Zecken ...! Tod allen Malariamücken ...!

Ja, die Tatsache, dass jene Frau von einem infizierten Insekt angesteckt wurde, sie gewinnt in meinem Bewusstsein eine womöglich überproportionale Bedeutung. Ein Punkt, mal wieder, an dem Wechselwirkung entsteht zwischen dem Biographen und der Person, über die er schreibt. Postume Wechselwirkung: Meine neu entwickelte, gerücht- und berichtgeförderte, medienverstärkte Furcht vor dem Zubiss einer infizierten Zecke steigert die (subjektive) Bedeutung, die für mich der Zubiss eines infizierten Moskitos erhält, auf ein paar Wochen genau vor dreihundert Jahren: eine Frau, in der ersten Jahreshälfte 1701 von einem Moskito gestochen, ein Autor, Zecken aus sich herauspokelnd im Frühsommer 2001 ... So muss auch dies thematisiert werden: Wie eigene Befindlichkeiten einwirken können auf einen biographischen Text.

Es stellen sich hier (wahrscheinlich recht banale) Gedanken und Gedankenfolgen ein, wie folgt: Es ist ein Skandal der Schöpfung, dass ein so hochkomplexer Organismus wie der menschliche Körper von einer unsichtbar winzigen Molekülgruppierung krank gemacht, ja totgemacht werden kann – ein Molekül-Cluster, das kleiner ist als der viel zitierte Stecknadelkopf, kleiner als die kaum mal herangezitierte Stecknadelspitze: es müssen neue Maße und Gewichte eingeführt werden, um hier mit Zahlen aufwarten zu können. Achtzig Beispiels-Kilogramm, in Schach gehalten von (etwa) acht Millionstel Gramm. Eine Bakterie, ein Virus, und alles gerät durcheinander, womöglich außer Kontrolle. Unsichtbar kleiner Faktor, der Projekte vereitelt oder eine Entwicklung behindert, verhindert. Was so fatal, eventuell sogar letal einwirkt, das müsste eigentlich größer sein, müsste damit erkennbar sein als

Gefahr für den Leib, womöglich für das Leben. Eine Hundertschaft von Wespen in ihrem Bau an der Unterseite meines Balkontischs, ein paar tausend Hornissen unter meinem Dach – das flößt mir kaum Furcht ein, ich lerne Gewohnheiten kennen, lerne Risiken abschätzen, ich kann gefährliche Anflüge hören und sehen, kann abwehren oder flüchten. Den Zeckensprung von einem Grashalm oder Ast herüber zu mir, die Suche nach einer geeigneten Hautstelle, das Einbaggern, erst einmal betäubend, das Einführen des Saug- und Pumpstachels – das alles merke ich nicht, es sei denn zufällig. Und schon gar nicht registriere ich den ersten Austausch von Sekret gegen Blut.

Übertragen auf Verhältnisse in einem Tropenland: eine Viper, eine Natter, eine Schlange – so schlau oder schnell das Reptil auch sein mag, es bleibt die Möglichkeit, es rechtzeitig zu entdecken, ihm auszuweichen, es totzuschlagen. Ja, schlangenlang oder faustdick müsste die Gefahr schon sein, damit die Proportionen nicht ganz so abstrus sind zwischen Ursache und Wirkung. Ein Moskitostich, ein Zeckenbiss – eigentlich kein Thema für einen Text im Gesamttext, aber: In einer auf der Zeckenkartierung neuerdings gestreiften Region bin ich nicht nur sensibilisiert, sondern alarmiert. Und das wirkt, ablesbar, ein auf den Text: Ich erwähne nicht nur, vorwegnehmend, den Stich einer Anophelesmücke des Jahres 1701, es entsteht hier so etwas wie eine Textrötung und Textschwellung. Zwischen A wie Anopheles und Z wie Zecke breitet sich ein neues Wortspektrum aus.

Von der Beschreibung einer Befindlichkeit zur (ansatzweise banalen) Reflexion: Alle scheinbar folgerichtige Entwicklung, Entfaltung eines Lebens kann schon durch eine Insekten-Infektion durchbrochen werden. Da geschieht Unberechenbares, wie bei einem Unfall oder Schlaganfall, einem Infarkt. Da schlägt etwas quer, da bricht etwas herein, und die schöne Vorstellung von einer Homogenität der Lebenssubstanz, des Lebensgefühls wird durch einen winzigen Blutpfropf, wird durch Ein-Mischung einiger Moleküle aufgehoben. Ein wahrlich punktuelles Ereignis, und das kann zu einem tiefen Einschnitt in einer Biographie werden. Nichts deutete auf solch eine Intervention hin, nichts war darauf vorbereitet oder angelegt, es kam ganz einfach dazwischen. Gift-Injektion in Homogenität: einer unter Tausenden von Mückenstichen, beispielsweise in Surinam, und jede Konzeption von Lebenskontinuität, Lebenskohärenz wird perforiert.

Vielleicht hat Maria Sibylla Merian die schwere Erkrankung als gottgegeben gesehen oder bezeichnet, hat sie damit eingeordnet in ein Lebensmuster, aber das könnte, das dürfte nicht identisch sein mit dem Lebensmuster, das ihr Biograph entwickelt. Hier ist ein Vorfall, ein Vorgang, der sich isoliert: Kein roter Faden führt zu ihm hin, kein roter Faden führt von ihm weg. Hier lässt sich nicht einbinden, einbeziehen, hier ist ein Ereignis, das aus allen Vernetzungen herausfällt, oder auch: an dem alle Vernetzungsversuche abgleiten. Hier an diesem Punkt, diesem Stichpunkt zeigt sich die Notwendigkeit, Diskontinuität herauszuarbeiten, statt sie durch Schein-Kontinuität zu kaschieren. Nur ein Biograph, der reflexionslos Erzähltechniken des 19. Jahrhunderts reproduziert, kann solch einen Punkt übergehen oder umgehen. Das Lebensmuster der Merian lässt so etwas nicht zu. Hier spielen Zufälle herein, hier werden Zusammenhänge gestört, fast zerstört. Die Merian wird die Krankheit überstehen, Gewohnheiten werden wieder einsetzen, aber für diese Lebensgeschichte hat der Stich Folgen, Langzeitfolgen: herausgearbeitet wird eine gleichsam grundierende Kontinuität mit schroffen Diskontinuitäten.

Dies schreibe ich in einem gedankenverknüpfenden, damit recht kohärenten Begleittext. Aber ich sage mir, schreibe hier: (Auch) dieses Kapitel ist herausgelöst aus dem Zusammenhang eines Lebensberichts, und damit hat es den rechten Stellenwert.

RECHERCHEN, RECHERCHEN, WEITERHIN RECHERCHEN, nicht nur lesend. So stehe ich unter einer etwa sechs Meter hohen Saaldecke, von Gusseisensäulen der Kaiserzeit getragen, und weitflächig ist Verputz abgeblättert, Backstein freigelegt: der Schmetterlingssaal des Berliner Museums für Naturkunde, der Humboldt-Universität angegliedert. Neonröhren an Kabeln; Sprinkler aus DDR-Zeiten, sie funktionieren schon lange nicht mehr. Keine Klimaanlage: der Saal schafft sich sein Binnenklima. Dunkelbraune, hellbraune, mittelbraune, jeweils etwa anderthalb Meter hohe Sammelschränke sind dicht gereiht und dreifach aufeinander gestapelt. Die oberen Schränke sind nur zu erreichen über ein rollendes Metall-Gittergerüst mit Leiter. In diesen Schränken, in diesem Saal sind etwa vier Millionen Schmetterlinge versammelt: Insektenkästen in den Schränken, wie Schubfächer, einer dicht über dem andren. Einige Kästen noch aus der Zeit der letzten Lebensjahre Goethes, und die Präparate blieben farbfrisch, wurden weder von Schimmel befallen noch von Schädlingen angefressen. Etliche der (späteren) Kästen allerdings werden nur ungern geöffnet und dann unter besonderen Vorkehrungen: In DDR-Zeiten, so berichtet mir der Kustos der Sammlung, Wolfram Mey, in jener Zeit konnten von Schädlingen bedrohte Kästen nur mit dem Insektenbekämpfungsmittel DDT »begiftet« werden, und dieses DDT war vermischt mit Steinmehl. Wird nun ein Glasdeckel geöffnet, entsteht ein kleiner Sog, Steinmehl-Insektengift wirbelt hoch, also muss Atemschutz getragen werden. Eine der Erschwernisse beim Konservieren, beim notwendigen Neuordnen der Sammlung.

Ich schreite die Stirnseiten der Schrankreihen ab, um mir noch deutlicher bewusst zu machen: Ich bin in einem Saal mit vier Millionen Schmetterlingen, also ruhen hier auch Zehntausende, Hunderttausende von Fanggeschichten. Geschichten vom Fangen von Faltern im Mittelmeerraum, Geschichten vom Fangen von Faltern im Nahen und im Fernen Osten, Geschichten vom Fangen von Faltern in Afrika, Geschichten vom Fangen von Faltern in Südamerika, beispielsweise in Brasilien, beispielsweise in Guyana. Zu diesen Geschichten finden sich keine Hinweise, da sind nur die Fundort-Etikette, die Bestimmungs- und Datierungs-Papierstreifen. Geschichten also oder Kurzgeschichten oder Kürzestgeschichten, Berichte oder Anekdoten, die im Innern der lichtdichten Schränke schlummern ... Geschichten von Belastungen des Klimas ... von Problemen mit der Gesundheit ... von der Mühsal des Falterjagens ... von den zahlreichen Enttäuschungen und den viel zu seltenen Höhepunkten, Glücksmomenten ... Diese Begleitgeschichten haben sich im Torf verkrümelt, der viele der alten Kästen trocken hält, sie sind bepudert von DDR-DDT plus Steinmehl.

Diese Geschichten, zumindest die besten unter ihnen, müssten befreit, müssten freigepustet werden. Dazu müssten Spuren aufgenommen und verfolgt werden. Zum Beispiel mit diesem Ansatz: Etwa ein Drittel der riesigen Sammlung wurde von Dr. Otto Staudinger zusammengetragen, vor 1900. Er war ein großer Faltersammler und ein Falter-Großhändler, mit riesigen Einkünften seiner Firma, und die wiederum machten es möglich, die eigene Sammlung ständig zu erweitern. Er ging mehrfach selbst auf Sammelreise, speziell im Mittelmeerraum; den größten Teil aber brachten Sammler ein, die er auf Reisen schickte. Einer von ihnen war Dr. Paul Hahnel. Der Hauslehrer reiste, auch mit seiner englischen Frau, dreimal nach Südamerika. Auf der dritten und letzten Reise wurde das Ehepaar begleitet von einem jungen Porzellanmaler, von Otto Michael aus Sprottau-Eulau. Im Verlag des Internationalen Entomologischen Vereins Frankfurt veröffentlichte er 1928 seinen Bericht über »Dr. Paul Hahnels letzte Reise nach dem Amazonas«. Der Satz von Ossip Mandelstam: »Ich will nur daran erinnern, dass der Naturforscher ein professioneller Erzähler ist«, dieser Satz trifft auf Otto Michael leider nicht zu. Sein Text ist dürr, streckenweise dürftig, lässt aber doch ein paar Rückschlüsse zu. Etwa zum Grad der Besessenheit, der Fixierung, die für Falterjäger offenbar charakteristisch ist. An einem Textabschnitt lässt sich das ablesen: Hahnel stirbt an Malaria, das Sammeln wird beinah unmittelbar anschließend fortgesetzt, Falternamen werden genannt, und es deutet sich eine erste der vielen (potenziellen) Falterfanggeschichten an.

»Dr. Hahnel, mit dessen Gesundheit es nun in Riesenschritten bergab ging, erlag endlich am 12. Mai seinen Leiden und wurde noch an demselben Tage, laut Gesetz, mit Hilfe einiger angesehener Bürger des Orts, auf seinen ausdrücklichen Wunsch im Walde unter hohen Bäumen und Palmen beerdigt. Die Stelle des Grabes hatte ich schon vorher auf Wunsch des lieben Verstorbenen ausgesucht. Sie befand sich der Tür des Judenfriedhofes gegenüber, etwa 70–80 Meter weit im Walde drinnen. Frau Dr. Hahnel war natürlich nicht im Stande, ihren Gemahl zum Grabe zu geleiten, und auch ich befand mich in einer Verfassung, dass ich kaum im Stande war, ein Vaterunser am Grabe zu beten. Das Wetter, das bis dahin meist regnerisch war, klärte sich am 13. Mai vollständig auf, und nun setzte sichtlich die trockene heiße Zeit ein.

Am 19. Mai erbeutete ich an dem schönen Waldbache eine reizende blaue Catagramma, die durch einen nur ganz kurzen und schmalen gelben Basalstreifen von der wundervollen Excelsior verschieden war und später Catagramma Excelsior michaeli benannt wurde. Auch fand ich noch drei hochinteressante neue Helioconiervarietäten auf, leider nur je in einem Stück.«

Dokumentierte Fixierung, dokumentierte *Besessenheit*. Aber hier mit einem Spielraum zur Entfaltung auch einer Geschichte von Personen: Die Witwe und der Adlatus bleiben beisammen, er wird ihr später nach England folgen, wird bei ihr wohnen. Aber ich bin sicher: auch dann und dort werden sie hauptsächlich von Schmetterlingen gesprochen, werden sie sich Fanggeschichten aus Brasilien erzählt haben ...

Vierhundertundzwanzig Schränke voller Geschichten, Zehntausende von Schmetterlingskästen voller Geschichten ... Ziemlich frei nacherzählt, könnte eine von ihnen ungefähr so klingen: ›Auch im neuen Revier – als hätte ein Bannfluch die schönsten und seltensten Falter vertrieben, systematisch. Was hinzukam: Ich litt, mehrere Wochen lang, an einer Augenkrankheit, die mir fast die Sehkraft des linken Auges raubte. Das machte mir das Fangen der viel zu seltenen Morpho-Fal-

ter noch schwerer – mit nur einem Auge lässt sich die Entfernung beim Käschen schwer abschätzen. Viel zu wenig also
konnte ich auf dem Spannbrett präparieren. Das wurde auch
nicht besser, als ich von einem Plantagenbesitzer eingeladen
wurde, mit dem Versprechen, dem wieder einmal leeren Versprechen, in jener Gegend wimmle es nur so von Schmetterlingen, ganze Wolken von Faltern würden dahinziehen, in
allen erdenklichen Formen und Farben. Aber dann: der Himmel wie leer gefegt, die Falter wie vom Wald verschluckt. Als
ich schon jede Hoffnung aufgeben wollte, da, wie eine
himmlische Erscheinung, wie eine wahrhaftig himmlische
Erscheinung schwebte ein überaus seltenes, dazu auch noch
gut erhaltenes Exemplar des –

Oder: ›Zu den finanziellen Problemen kamen auch noch
Erkrankungen. Durch Fieber oder Durchfall war ich oft so
geschwächt, dass ich kaum noch aus der Hängematte herauskam, und doch musste ich raus, weil die Fangquoten so
erbärmlich waren, und so taumelte ich gleichsam zur Falterjagd. Nach langem Anmarsch durch vorwiegend sumpfiges
Gelände sah ich etwa vierzig, offenbar tadellose, Morpho
Hecuba vorbeifliegen, doch war ich von der Krankheit und
vom langen Anmarsch so erschöpft, dass ich kein einziges
Exemplar fangen konnte. Ich schleppte mich wieder in meine
damalige Unterkunft, und ich kam kaum in die Hängematte
hoch und die Beine wurden immer dicker. Erst als ich das
Revier wechselte, wurde es besser, gesundheitlich und in den
Fangquoten. Als ich schon gar nicht mehr daran glauben
wollte, sah ich in der Dämmerung ein seltenes Exemplar des –

Oder, einen Gesang, fast so etwas wie einen Gesang anstim-
mend: ›An beiden Ufern Grün, nur Grün, die Masse grün, die
Mauern grün. Im Ruderschlag den Fluss hinauf: vier Indianer,
schweißbedeckt. Schilfgrasinseln: leicht durchquert, doch
Ästen, Stämmen wich man aus. Und da: ein Bote, schwarz
und groß, die Vorderflügel hell gefleckt in Gelb und Braun –
umkreiste mich: Aganisthos Odius. Das Zeichen schien verheißungsvoll, doch war die Landung dann vergebens: bis zu

den Knien gings durch Sumpf, doch blieben Schmetterlinge rar, nur gelbe Catopsilien. Dafür Moskitos, reichlich Wespen. Und Hitze, dass die Augen quollen. Kühlend ein Gewitterregen, und alle Falter suchten Schutz an großen Blätter-Unterseiten. Doch dann, bei frischem Sonnenlicht, nach großem Dunsten und Verdampfen: mit roten Vorderflügeldecken Heliconius melpomene, doch flog vorbei, war nicht zu fangen. Dann, glänzend schwarz und blau bebändert: Preponia pheridamas, erhaschte ihn: die Flügelränder wie zerfranst – ich ließ ihn fliegen.‹

Oder, den angestimmten Gesang an beliebiger Stelle fortsetzend: ›Im Morgengrau zum nahen Fluss: erstes Zwitschern, Unken, Schreien. Die langgeschwänzten Araras in Paaren; grüne Papageien. Den Kopf gekühlt. Kein Krokodil. Ein wenig Brot, gedörrt, und Tee. Und ich bezog dann meinen Posten. Catagramma und Astarte, jedoch der Käscher schien zu klein. So zog ich weiter, von der Hitze wie benommen, schweißgebadet. Doch dann ein wahres Stelldichein: Catagrammina tapaja, schwarz, mit roten Zickzackbinden auf den Flügeln, variierend. Catagramma, nicht: excelsior (mit gelber Vorderflügelbinde), vielmehr: excelsior-excelsissima (mit gleich geformter roter Binde). Zwei Stunden weit ein Sumpfgebiet, verlor die Richtung. Hunger. Durst. Doch fand ich große Atlasspinner, ein gutes Dutzend, frisch geschlüpft, sie hingen noch an ihren Puppen; ich wartete und pflückte sie, als mir die Flügel trocken schienen: sie kamen in die Sammelschachtel. Zog weiter durch das Dschungelgrün. Gewitter: Sturm und Wolkenbruch, es fielen Äste, Wespennester und hart wie Stein diverse Früchte, ich zog den Kopf ein, suchte Schutz und dachte: Morpho Menelaus, beschwörend: Morpho Menelaus, jedoch: nur Catopsilien. Doch plötzlich: niedrig, saphirblau, die Unterseite blau und grün, mit schwarzen Punkten oder Flecken: – – –‹

BEI DER ENORMEN, schon zu Staudingers Zeiten kaum noch überschaubaren Vielfalt von Arten im Reich der Insekten wäre viel Freiraum, wäre viel Spielraum gewesen für Erfindungen. Eine suggestive Beschreibung und ein detailliertes Aquarell eines *Schwarzen Leprosennachtfalters* hätte diesem Schmetterling Phantomrealität verleihen können: die scheinbar zerfressenen, zumindest ›angefressenen‹ Flügelränder und die scheinbaren Warzenbildungen (›Geschwüre‹) des Falterkörpers – solch einen Nachtfalter könnte es ja durchaus geben, hätte es in den Beschreibungen früherer Lepidopterologen durchaus geben können.

Und einem Gehirn, nicht einer Puppe entschlüpft der *Goldgeränderte Odaliskenfalter*. Dieser handtellergroße Falter könnte erst einmal charakterisiert sein durch einen Zuck- und Gaukelflug in fast aberwitzigen Wendungen, mit denen er sich zugleich zeigt und entzieht. Setzt er sich auf einen Ast und schlägt die Flügel hoch, so gleicht er einem Stück Baumrinde, doch von der Goldberänderung bleibt ein matter Schimmer, wie unter Asche. Und wieder die völlig unberechenbaren Flugbewegungen, mit denen der Goldgeränderte Odaliskenfalter seine außerordentliche Schönheit schützt, die ihn besonders gefährdet. Wer ihn sieht, wird angelockt wie von einem schwebenden, einem magischen Licht, und er hetzt ihm nach bis zur völligen Erschöpfung, bis zum Blackout.

JAHRESWENDE 2000/2001: Der letzte Winter, in dem ich an diesem Buch arbeite. Und die Merian-Boten lösen sich ab, bilden fast eine Stafette. Im Vorjahr der Falter im Arbeitszimmer, diesmal ein Falter im Wohnzimmer, durch den Temperaturanstieg im gelegentlich geheizten Raum aus dem weiten Reich hinter den Büchern hervorgelockt; sofort fliegt er auf den Flutstrahler zu, der mit einigen hundert Watt das drei Meter achtzig breite Bild eines zeitgenössischen Malers beleuchtet, und ehe ich hinüberlaufen kann zum Strahler, ist es schon passiert: der Falter schlägt gegen den grellen Lichtstab, stürzt ab. Gleich darauf der charakteristische Geruch von verbranntem Chitin.

Was ich vermutet habe, bestätigt sich nun: auch dies ist ein

Tagpfauenauge. Mit ausgebreiteten Flügeln kriecht der Falter in engem Kreis, zweimal, dreimal, als müsse er sich abkühlen, verharrt dann, schlägt die Flügel hoch. Aufatmen: nicht getötet! Ich hole das große Spaghetti-Sieb, stülpe es über den Falter, damit er, wieder bei Kräften, nicht gleich noch mal zum Strahler hochfliegt. Nun ist er weit überwölbt, eine Faltervoliere. Sofort wieder einsetzender Winterschlaf? Die Fühler sind ausgestreckt, das ist bei Dauerschläfern nicht so, die ziehen diese gefährdeten Ausleger ein, legen sie an. Ich bin sicher, dass er die Nacht nicht überstehen wird, der Hitzelichtschock muss zu groß gewesen sein. Das über ihm gewölbte Sieb verhindert eine Wiederholung, nach der er wohl nicht mehr im Kreis kriechen könnte.

Am nächsten Morgen sogleich die Faltervisite. Das Sieb habe ich über Nacht weggenommen, doch das Pfauenauge ist auf demselben Fleck geblieben, ist nicht umgekippt, die hochgeklappten Flügel mit den schwarzen Unterseiten aber sind windschief: der Falter verharrt in bedrohlicher Schräglage. Wenn er sich nicht mehr auf den Beinen halten kann, die abgespreizt sind, so ist es sein Tod. So dachte ich.

Gegen Mittag, nach intensiven Stunden der Arbeit, der fällige Besuch beim Falter, und tatsächlich, er ist umgekippt, mit weiterhin zusammengeschlagenen Flügeln. Weil der Körper genau auf einer Kante zwischen Parkettstäben liegt, schiebe ich ihn behutsam auf einen der Stäbe und – was ist denn das?! Der totgeglaubte Falter schlägt die Flügel auf, ohne Hast, hält sie kurz geöffnet, als wäre eine wiederholte Identifikation erwünscht, klappt sie wieder hoch, nimmt erneut die Winterschlafposition ein. Ich hole die Lupe, um ihn abzusuchen nach eventuellen Verletzungen, und finde nur eine Veränderung am Ende eines der Beinchen: das Chitin ist, beim kurzen Anprall, angeschmolzen, es hat sich eine winzige, flache Platte gebildet am Lauf-Ende, wie eine verkleinerte Linse – ich meine die Hülsenfrucht. Winziger Stempel oder Plattfuß.

Am Abend liegt der Falter wieder flach. Und nun scheint es

524

definitiv zu sein. Kniend hauche ich ihn an, aber das belebt ihn nicht wieder. Er hat die Beinchen zwar nicht von sich gestreckt, aber einknickend an den Körper herangezogen. Eine kleine, vorsichtige Berührung, die mir bestätigen soll, dass er nun wirklich tot ist, doch Wunder No. 2: wieder ein sanfter Ruck, wieder werden die Flügel aufgeschlagen, werden gleich darauf hochgeschlagen, der Falter verharrt erneut in korrekter Winterschlafhaltung, auch der angeschmolzene Lauf ist aufgestützt.

Am nächsten Morgen ist es schon keine Überraschung mehr: die Winterschlafposition ist beibehalten. Die Krise scheint überwunden. Und ich staune über die enorme Widerstandskraft dieses Falters. In meinem Kopf setzt sich der Satz fest: Schmetterlinge sterben langsam.

SURINAM, SURINAME!

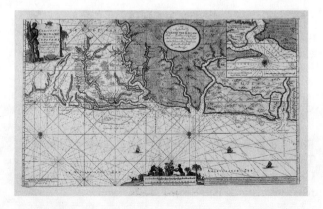

Eine frühe Karte mit Küste und Hauptflüssen von Surinam. Topographische Details dünnen sich im Landesinnern aus – das Gebiet vor der brasilianischen Grenze scheint nicht weiter relevant zu sein.

UND WER HILFT MIR BEI DER BESCHREIBUNG der Annäherung eines Schiffes an Surinam, der Landung an der Reede vor Paramaribo? Ich stöbre in meinem Kölner Antiquariat und finde ein Buch, dessen Titel sofort Assoziationen weckt an Jugendlektüre: *Fremde Meere, Dschungel und Wüsten.* Als Verfasser Alfons Gabriel. Erschienen ist das Buch kurz nach dem Zweiten Weltkrieg. Eine Weltkarte mit den Routen des Vielreisenden, und eine dieser Linien führt schnurstracks nach Paramaribo. Da ist die Kaufentscheidung rasch gefallen.

Mit Jahreszahlen ist der Autor sparsam – es muss zu Beginn des 20. Jahrhunderts gewesen sein, als er, im Auftrag der niederländischen Regierung, als Arzt einen Regierungsposten auf einer kleinen Insel Westindiens übernahm. In Surinam nur eine mehrtägige Zwischenlandung. Doch immerhin: endlich einer, der mir Details der Annäherung mit einem Schiff vermittelt, Details, die sich modifizierend übertragen lassen, im Analogie-Verfahren. Denn möglichst genau will ich vor Augen haben, was Mutter und Tochter gesehen haben, zu sehen bekommen haben.

Erstes Stichwort für den Beginn der kurzen Nacherzählung: die Überquerung des Wendekreises. Wurde das auch an Bord des Westindienseglers gefeiert, im Gemeinschaftsraum oder auf Achterdeck? Die nun gleichsam nominelle Annäherung an die Tropen. Sonnensegel werden gespannt, auf dem Dampfer *Nickerie*, der rund drei Wochen von Amsterdam nach Paramaribo brauchte. Auf der Meeresfläche in großen Formationen die »Portugiesischen Galeeren«, diese »Segler im Wind«. Ja, und Delphine. Fliegende Fische gleich dutzendweise: »Schwungvoll sausen sie, Schwalben gleich, über die Oberfläche des Meeres und schneiden oft die Kämme der

Wogen. Mehrere Tiere sind auf Deck gelandet, und ein Fisch ist sogar in die Kombüse geflogen.«

Es wird immer schwüler … Fregattvögel … Dicke Meeresschildkröten, dümpelnd … Hitze, die »faul und schlaff macht« … Nachts Meeresleuchten: »Feurige Wassergarben sprühen vom Bug, im Kielwasser leuchtet es wie fließendes Metall.«

Und es wird Land gemeldet, fern im Dunst. »Lautlose Schwüle.« Flache Küste; das meeresarmbreite Mündungsgebiet des Surinam-Flusses. »Unser Dampfer fuhr den gelben, an beiden Seiten von einer tiefgrünen, dichten Pflanzenmauer gesäumten Surinamfluss aufwärts.« Der Arzt sah Reisfelder, Kakaopflanzungen, sicherlich auch Zuckerrohrplantagen, sah Bambus, sah Pelikane. »Dampfende Feuchte, der Atem des tropischen Waldes.« Paramaribo kommt in Sicht, vor der Kleinstadt wird geankert. »Der Himmel war bewölkt; es war sehr schwül, feiner Regen ging nieder.« Das könnte auch 1699 so gewesen sein.

Den Fuß auf surinamischen Boden setzen …! »Staunend über all das Neue gingen wir durch die breiten, ungepflasterten Straßen, die einander meist in rechtem Winkel schneiden und oft mit Tamarindenbäumen, Akazien und Königspalmen bepflanzt sind. Der Boden der Straßen ist hart, soweit er aus Muschelbänken, alten Strandwällen, besteht. Wo aber weicher Schwemmboden sich ausdehnt, geht man durch Moräste der Regen- und durch Staubwüsten der Trockenzeit.«

Die meisten Häuser, auch noch zu Beginn des 20. Jahrhunderts, aus Holz, und damit: zahlreich die Stadtbrände. Die kleine Stadt, in der Maria Sibylla und Dorothea wohnten, sie ist mittlerweile schon mehrfach abgebrannt. Und damit: erschwerte Rekonstruktion.

DIE ANREISE DER BEIDEN FRAUEN kurz nachvollziehen: zwischen einer »Modder-Bank« steuerbord und einer Modderbank backbord fuhr das dickbauchige Schiff zur Reede von Paramaribo. Keine Kapelle spielte zur Begrüßung der später berühmten Merian: das routinemäßige Eintreffen eines Handelsseglers, eines Sklaventransporters. Zuschauer sicherlich am Ufer und in den Fenstern der aufgereihten Häuser. Jemand, der, vielleicht, die beiden Frauen erwartet: Gastgeber für die ersten Wochen, belohnt mit Nachrichten aus der Alten Welt? Jemand, der sie gleich zum rechtzeitig angemieteten Haus führt? Die Überlieferung lässt uns hier im Stich.

JENES PARAMARIBO (oder: Para Maribo, wie sich das von einer damals zeitgenössischen Karte ablesen lässt) war ein kleinstädtisches Dorf oder eine dörfliche Kleinstadt. Dargestellt wurde das Kolonie-Hauptstädtchen meist mit dem Fluss im Vordergrund, also auch mit Schiffen, die dort vor Anker lagen. Einen Kai, an dem man festmachen konnte, gab es nicht; Fracht wurde mit Booten gelöscht, wie damals üblich.

Dominierend auf den Stadtveduten das Fort Zeeland: wehrhaftes Mauerwerk auf kleinem Landvorsprung. Weiter links, flussaufwärts: Häuser und Häuschen jenseits der Uferstraße, durch eine wiesenähnliche Fläche vom Fluss abgerückt. Platz war reichlich vorhanden, dennoch sind die spitzgiebligen Häuser so dicht geschart, als müssten auch hier die gewohnt hohen Preise für Grundstücke an den neuen Amsterdamer Grachten bezahlt werden. Man wollte es offenbar so haben wie »in patria«, nur mit Palmen vor dem Haus oder im Garten. Freilich, für die Ventilation war diese enge Bauweise von Nachteil im Tropenland. Als Ausgleich: sehr große, prächtig entfaltete Bäume überall.

Ein Stadtplan aus jener Zeit verrät: Dieses Kleinstädtchen hatte nicht mal zehn Straßen. Die waren parallel angelegt, in zwei einander zugeneigten Gevierten. Am Ortsrand eine lutherische Kirche und ein Hospital; eingetragen auch eine Synagoge – als Brasilien von Portugiesen zurückerobert wurde, zogen auch Juden weiter nordwärts.

Das Städtchen war die größte Ansiedlung der »Provintie Suriname«. Alte Karten zeigen: Ortsnamen nur, streckenweise, im Küstenbereich und vor allem: am Surinam- wie am Commilwijne-Fluss. Alles andere war Terra incognita: mit Regenwäldern, mit Flusskatarakten, mit Tafelbergen, mit kleinen Savannen ... Die Niederländer waren nicht daran interessiert, das Landesinnere zu erkunden, das hätte nichts eingebracht.

UND WARUM BIN ICH NICHT NACH SURINAM GEFLOGEN, um mir anzuschauen, was Maria Sibylla Merian in ähnlicher Form gesehen hat, gesehen haben könnte?

Für das Filmprojekt ließ der Etat das nicht zu. Außerdem war Anfang der neunziger Jahre der Bürgerkrieg noch immer nicht ganz beendet. Maroons (Nachkommen schwarzer Sklaven, die früher in den Busch geflohen waren), sie machten Gebietsansprüche geltend, strebten Autonomie an ... Auch die Organisation der Indianervölker Surinams (OIS) wollte Forderungen erkämpfen ... Die Tuacana-Guerilla im Kampf mit den Streitkräften ...

Dann: das Klima, das als mörderisch galt, immer noch als mörderisch gilt, im Landesinnern. Gleich nebenan, in Französisch-Guyana, war ja nicht zufällig eine der berüchtigtsten Strafkolonien der Welt gewesen, die Teufelsinsel vor Cayenne. Jemanden dorthin wünschen, wo der Pfeffer wächst – das hatte einmal diese ganz konkrete Bedeutung. Das Klima als Dauerbelastung.

Erste der raren Informationen über Surinam. Es gibt kein Buch, schon gar nicht einen Reiseführer über dieses Land, das halb so groß ist wie die Bundesrepublik. Informationen nur über das Internet. Hier sind etwa zweitausend Items abrufbar, aber die meisten sind irrelevant: beispielsweise wiederholen sich Informationen über die Flagge der Republik. Und es werden erwähnt die ausgebreiteten Sümpfe, der tropische Regenwald, die Berge und Savannen im Süden. Reisen nach Surinam werden von Reisebüros überhaupt nicht, im Internet nur gelegentlich angeboten. Dann auch nur von Spezialisten für »Survival-Trips und Dschungeltouren« in Offroad-Fahrzeugen. Je nach »Reisestil und Aufenthaltsbedingungen« wird erstens Impfschutz gegen Typhus, zweitens gegen Gelbfieber, drittens gegen Hepatitis, viertens gegen Tollwut empfohlen, »bei unvorhersehbarem Umgang mit Tieren«. Und ganz besonders wird vor Moskitos gewarnt und damit vor Malaria: gestaffelte Risikozonen. An der Küste soll die Gefahr am geringsten sein, im Landesinnern nimmt sie mit der Entfernung zu. Das Hamburger Tropeninstitut: »In den meisten dieser Regionen besteht erhöhtes Risiko, wobei die Erreger der Malaria tropica gegenüber den meisten Erregern resistent sind … Ist ein sorgfältiger Mückenschutz sowie eine Gelbfieber-Impfung – unabhängig von den Einreisebestimmungen – medizinisch unbedingt ratsam … Malaria-Risiko ganzjährig …«

Da verzichte ich auf eine Buchung. In meiner Annäherung, postum, an Leben und Werk der Merian gehe ich nicht so weit, dass ich mit der gleichen Krankheit wie sie aus Surinam zurückkehren möchte. Ganz abgesehen vom Faktor Malaria (oder eventuell auch: Gelbfieber): Ich würde vor allem mit Blick auf Flora und Fauna dorthin reisen, aber das wäre nur sinnvoll bei fachkundiger Begleitung. Doch Biologen erforschen das dortige Regenwald-Biotop lieber im nahen Französisch-Guyana.

DENNOCH, ICH WILL SO VIEL WIE MÖGLICH über das Land wissen, in dem sich Mutter und Tochter einrichten. Im Arbeitszimmer des Eifelhauses hängt eine Surinam-Karte – von ihr lässt sich einiges ablesen.

Zwischen der Republik Guyana und Französisch-Guyana, zwischen Nieuw Nickerie und Galibi: kein Dorf, kein Städtchen unmittelbar an der Küste. Die Dörfer an der küstennahen Ost-West-Verbindung bleiben allesamt auf Distanz zum Meer. Einige dieser Dörfer und Weiler erinnern mit ihren Namen an die Phasen englischer Vorherrschaft: Oxford und Hamilton, Mary's Hope und Waterloo. Und dann ein Utrecht und ein Groningen, ein Huwelijkszorg und ein Domburg. Aber auch ein Hamburg und ein Hildesheim. Im Bereich von Paramaribo rücken die Ortschaften noch weiter von der Küste ab, da kann man sich sogar ein Naturreservat in unmittelbarer Küstennähe leisten. Die Hauptstadt liegt am Ende eines sichelförmigen Meeresarms, der eins ist mit dem weiten Mündungsverlauf des Surinam River. Westlich von Paramaribo und Nieuw Amsterdam die Provinz Marowijne, bis hin zum Grenzfluss gleichen Namens: in dieser Provinz, in der vor allem Bauxit gewonnen wird, ist besonders viel zerbombt worden im Bürgerkrieg.

Parallel zur Küste, und zwar vom Corentyne River bis zum Marowijne River, zieht sich ein breiter, ein immer noch erstaunlich breiter Sumpfgürtel durch das ganze Land, mit dreißig bis fünfzig, ja achtzig Kilometern Tiefe: »swamp«. Völlig unbesiedelte Gebiete. Hier breiten sich Moskitos aus, konkurrenzlos. Südlich des Sumpfgürtels beginnt das Gelände sanft anzusteigen: die Gebiete des tropischen Regenwalds. Und hier: Berge und Bergketten, teilweise über 1000 Meter hoch. Schließlich Savanne. Weite Naturschutzgebiete in einer fast völlig unbesiedelten Region, in der sich ein Indianer-Reservat ausdehnen kann – bei insgesamt umstrittenen Grenzverläufen zu Brasilien und zu Französisch-Guyana.

Die meisten Siedlungen am Surinamfluss (der, auf halber Strecke zwischen Küste und Gebirge, zu einem weit gefächerten Binnensee aufgestaut wurde). Zwischen See und Meer ein Domburg und ein Watervliet, ein Bergen op Zoom und ein Estherslust, ein Gelderland und ein Joden-Savanna, bereits 1639 gegründet, und schließlich: La Providence. Dorthin werden sich Mutter und Tochter rudern lassen: die Zuckerrohrplantage unter Leitung von Pietisten.

Nach dieser ersten Orientierung schaue ich mir noch den Übersichtsplan von Paramaribo an mit dem durchweg geometrischen Raster der Straßen, mit immerhin vier Friedhöfen. Das Straßenmuster kleiner gerastert zwischen Waterkant Market und Fort Zeelandia. Hier, am heutigen SMS-Pier und an der Landebrücke der Fähre hinüber zum südlichen Ufer, dürfte das Areal des alten, des vergleichsweise winzigen Paramaribo gewesen sein, in dem sich Mutter und Tochter einquartierten. Damals hatte Surinam insgesamt etwa 10 000 Einwohner, also dürften in der Hauptstadt der Kolonie mit ihrer dominierenden Landwirtschaft nur ein paar tausend Menschen gelebt haben. Heute ist es ungefähr die Hälfte der Gesamtbevölkerung von rund 400 000. Die beiden Frauen erlebten also die Pionierzeit des Landes, dessen Entwicklung auch heute noch immer nicht so recht eingesetzt hat, mal abgesehen von der Bevölkerungszahl: »Surinam is generally a poor and underdeveloped country« heißt es im klein gedruckten Begleittext der Landkarte der »Republik van Suriname«.

ZWEI GESCHICHTEN HEUTIGER SURINAMISCHER AUTORINNEN werfen Schlaglichter auf das Land, in dem die beiden Frauen Merian einundzwanzig Monate lang gelebt hatten. Drei Surinam-Spots aus einem Sammelband von Erzählungen: *Der blauäugige Oktopus.*

Eva Essed-Fruin erzählt als Erstes vom Boden, der nicht immer trägt. »Endlich konnten wir das Haus bauen. Das Baugebiet war erschlossen, nachdem zuvor noch ein Bulldozer auf dem Weg dorthin im Sumpf stecken geblieben war und wir bis zur Trockenzeit hatten warten müssen, bevor er herausgezogen werden konnte. Doch jetzt war es so weit. Das Grundstück lag hoch genug über dem Wasserpegel, es war sandig und musste deshalb nicht aufgeschüttet werden. Das erste Baumaterial konnte angefahren werden, und mein Mann warb ein paar Leute für den Bau an. Sie begannen mit den Sockeln, doch als sie drei fertig gestellt hatten, fanden sie, dass sie genug gearbeitet hätten, und verschwanden mit dem Vorschuss in eins der anderen Guyanas.«

Und nun das Stichwort zu einer kleinen, doch überaus häufigen Realität, die auch den Frauen Merian wiederholt zugesetzt hatte. »Damals wurden wir von Wanderameisen überfallen. Wahrscheinlich von Essensresten angezogen, kamen sie zu Zehntausenden aus dem Busch marschiert. Offensichtlich zog das Haus sie an, denn sie deponierten ihre Eier an den unmöglichsten Stellen: hinter Gardinen, auf der Toilette – überall. Wenn wir ein paar hundert mit der Insektenspritze vernichtet hatten, kamen ein paar tausend neue. Erst als wir Kontaktgift ausgelegt hatten, verschwanden sie. Ein andermal, als wir gegen Abend vom Schwimmen zurückkamen, dachten wir, unter dem Haus brumme ein Motor. Es waren brasilianische Bienen. Kurz zuvor war auf einem Hof in der Nähe eine Frau so schlimm gestochen worden, dass sie ins Krankenhaus musste.«

Eine andere Autorin aus Surinam, Ellen Ombre, soll diesen kleinen, eher atmosphärischen als informatorischen Einschub beenden mit einigen Sätzen aus ihrer Erzählung »Mahlstrom«: Wie geschichtliche Zeugnisse und Bauzeugen auch aus Merians Zeiten ausgelöscht wurden, vor allem durch den Bürgerkrieg, mit seinen direkten Zerstörungen und der indirekten Zerstörung durch nachfolgende Verwahrlosung. »Viel Altes ist inzwischen verrottet oder in Flammen aufgegangen. Das alte Fort Zeelandia, der ehemalige Sitz des Gouverneurs, wurde bei einem Brand verwüstet. Das malerische Albina am Marowijne wurde beschossen und weitgehend dem Erdboden gleichgemacht. Die Sammlung historischer Dokumente, aufbewahrt im Zentralarchiv in der Gravenstraat – vor Feuchtigkeit zu 90 Prozent verschimmelt oder von Papierläusen zerfressen.« Vanitas …! Vanitatum vanitas …!

LEBENSBILD 29: Eine kleine Hausterrasse, die für Mutter und Tochter offenbar Haupt-Arbeitsstelle ist. Auf dem Tisch einige Pflanzen, ein dickleibiges, großformatiges Herbarium, aufgeklappt, einige »Streublumen«. Mutter und Tochter zeichnen. Eine dunkelhäutige Frau kommt ins Bild, sie trägt eine offenbar seltene Blume wie eine Opfergabe. Eine zweite, ebenfalls rundliche Frau scheint in ihren eingehöhlt zusammengehaltenen Händen ein Insekt zu bringen. Noch schauen die beiden Frauen nicht auf, erwartungsvoll. Als Bildhintergrund einige der spitzgiebligen Häuser niederländischen Standards. (Feder, hellgrau laviert, über Bleigriffel, auf Papier. Mehrere kleine Randeinrisse und Alterungsspuren.)

ALTERUNGSSPUREN AUCH AN TEXTEN: M. S. Merian im überlieferten Original. Sie berichtet über eine erste Beobach-

tung in der Kolonie; dieses Arbeitsprotokoll liest sich silbengenau wie folgt: »In Surinam an fort barimaribo genant meine
erste Veranderung. Diesser raupen fandte ich fielle auff den
Coyabes baumen, wan man sie mit blossen henden angreifft so
bekomt man grosse peine, und lauffen die hende dick auf von
schwülst, (hörte ich von den leuten sagen) diesse Raupen
sponnen sich tichte ein an die baume den 20 october 1699. sie
haten von getachten Coyabes blatter gessen einige hatten mir
die Ameissen auf gessen welche ardig durch das gespinst
konten andere wurden zu würmb die sich also balde in braune
eyer veränderten und in lo dagen kammen solche schönne
fliegen darauß, entlich kam auch ein nacht eulle herauß den
22 January 1700.«

Die folgende Sequenz (und alle weiteren Surinam-Sequen-
zen dieser Biographie) hat Frau Merian für ihr Insektenbuch
in ihrer zweiten Sprache geschrieben; ich zitiere sie in der
Übersetzung von Gerhard Worgt.

»Ich fand an meinem Fenster einen ovalen Lehmklumpen.
Diesen öffnete ich und fand darin vier Aushöhlungen. Darin
lagen weiße Würmer mit ihren Häuten, die sie neben sich
abgestreift hatten. Am 3. Mai schlüpften daraus wilde Bienen
oder Wespen. Von ihnen wurde ich in Surinam täglich
geplagt. Wenn ich malte, flogen sie mir um den Kopf. Sie bauten ein Nest aus Lehm neben meinem Farbkasten, das so rund
war, als ob es auf einer Töpferscheibe gedreht worden wäre. Es
stand auf einem kleinen Fuß. Daherum machten sie einen
Deckel aus Lehm, um das Innere vor allem Ungemach zu
beschützen. Sie ließen darin ein rundes Loch, um hinein- und
herauszukriechen. Danach sah ich sie täglich kleine Raupen
hineintragen, zweifellos als Nahrung für sich und ihre Jungen,
oder Würmer, wie es auch die Ameisen tun. Als mir schließlich diese Gesellschaft lästig wurde, zerbrach ich ihr Haus und
verjagte sie, wenn ich ihr Treiben sah.«

ES GIBT EINE ZWEITE REISENDE, die uns ein genaueres
Bild des historischen Surinam vermittelt: Louise van Panhuys.

Fast eine Doppelgängerin, allerdings zeitverschoben: sie wurde mehr als ein Jahrhundert nach der Merian geboren, reiste mehr als ein Jahrhundert später nach Surinam. Also eine Nachfolgerin, und die Merian erweist sich, mit diesem Seitenblick, als Pionierin. Aber die Panhuys kann uns zusätzliche optische Eindrücke vermitteln. Nur leider, diese Bilder sind magaziniert, es gibt keinen Bildband über ihr Werk, bloß einen kleinen Katalog. Der stimuliert wieder einmal die Überlegung, welche Rolle das Image spielt, das Öffentlichkeitsbild einer Person (auch) der Vergangenheit. Es ist nicht allein die Qualität überlieferter Werke, die Ruf und Nachruf begründen, da ist ein Surplus, wie es in der Werbung heißt, eine Komponente, ein Ingrediens, ein geheimer und geheim gehaltener Wirkstoff. Und damit: ein Phänomen hier, das Aktualität bewahrt hat.

Um augenfällig zu machen, dass Louise van Panhuys ganz zu Unrecht so wenig, so sehr wenig bekannt ist, müsste ich die Leserschaft bitten, neben mir Platz zu nehmen, und wir blättern gemeinsam den Panhuys-Katalog durch, schauen uns, womöglich, in Frankfurt ein paar der Originale an. Hier aber müssen wir uns begnügen mit dem Paramaribo-Bild der Panhuys im Bildteil dieses Buchs. Im Übrigen kann ich mich nur dafür verbürgen, nach sorgfältig vergleichendem Hinschauen: Von der Qualität ihrer Arbeiten her hätte sie es verdient, dass man ihr ebenso viel Aufmerksamkeit zuwendet wie der Merian.

Als kleiner Ausgleich hier ein etwas ausführlicherer Hinweis. Ich übernehme die biographischen Angaben aus Karin Görners Beitrag zum Katalog einer Ausstellung von Pflanzen- und Landschaftsbildern der Panhuys in der Senckenbergischen Bibliothek. Demnach wurde Louise von Barckhaus-Wiesenhütten 1763 geboren. Die Mutter erkannte die künstlerische Begabung ihres sechsten Kindes und übernahm den Kunstunterricht. Louise zeichnete, radierte, aquarellierte und malte in Öl. Dabei war das Spektrum offenbar von Anfang an breit angelegt: Sie zeichnete, von einem der Fenster des Hauses aus, den

Eschenheimer Turm, sie malte, von der Gerbermühle aus, das Panorama der Stadt Frankfurt am Main. Die noch unverheiratete Frau von etwa dreißig zog mit ihrem Bruder nach Darmstadt und führte dem Oberstallmeister des Darmstädter Hofs den Haushalt, begleitete den Bruder auf zwei Dienstreisen nach England, nahm hier Kontakt auf mit führenden Illustratoren auf dem Gebiet der Botanik: mit fortschreitender Expansion auch der Botanik wurde vermittelnde Buchillustration immer wichtiger. 1805 lernte sie in Hanau den Offizier Benjamin van Panhuys kennen; im selben Jahr noch fand die Hochzeit statt. Panhuys brachte einen neunjährigen Sohn in die Ehe ein. Sechs Jahre später wurde der Offizier zum Gouverneur von Surinam ernannt, gemeinsam reiste das Paar nach Paramaribo. Dort blieb sie fünf Jahre lang – als ihr Mann bei einem Aufstand ermordet wurde (als Gouverneur war man in Surinam offenbar sehr gefährdet!), kehrte sie nach Europa zurück.

Louise van Panhuys hat zahlreiche Aquarelle nach Deutschland mitgebracht. Auch bei ihr: vorwiegend Pflanzen der bewohnten und landwirtschaftlich bestellten Uferregionen, kaum aus dem Tiefland-Regenwald, schon gar nicht aus dem Bergland-Regenwald. Nur eins der Aquarelle (oder vorsichtiger: nur eins der mir in Reproduktionen bekannten Aquarelle) vermittelt, im Hochformat, einen ungefähren Eindruck von tropischer Biomasse: »Urwald mit CanCanBäumen, die die Neger als heilig verehren, mit Lianen und Vogelnestern behängt, 1811 in Sur. gezeichnet.« Sonst aber: Pflanzenbilder, Pflanzendetails. Und die sind den Pflanzenbildern von Maria S. Merian ebenbürtig. Das zeigt sich allein schon in der Gestaltung von Blättern – die gewinnen, durch Schattierungen und Tiefenstaffelungen, plastische Wirkung. Selbst eine Bananenstaude: der Eindruck von großer Plastizität! Die Panhuys als Meisterin der Schattierung, mit der sie ihren Pflanzenbildern neue Qualität verlieh. Und: Louise van Panhuys ließ den einzelnen Pflanzen mehr Raum, vor ebenfalls leerem Hintergrund. Leicht und schön in die Diagonale geschwungen, vielfach von rechts nach links, sind da Pflanzen mit Blättern, Blüten, Früchten: der Gift-Apfel und die Otahaiti-Bohne und Pfeffer und Kaffee und Blüte und Frucht der Brechnuss und Spanischer Süring und ein Zimtzweig mit Blüte und eine Indigopflanze mit Blüte und ein Pilz, auf faulem Holz gewachsen, mit seiner Lebensdauer von etwa sechs Stunden, also ist da ein Pilz in der zweiten Stunde gemalt und ein Pilz in der vierten Stunde. Und ein Bouquet von Jasmin und anderen Blumen und Afrikanischer Pfeffer, sehr geliebt von den Negern, den Buschnegern, und die indianische Mami- und die englische Epaulett-Blume, und die Blüte des wilden surinamischen Kakao und Zuckerrohr in Blüte und Pisang in natürlicher Größe. Und so weiter.

Pflanzenbilder. Und Landschaftsbilder. Und Stadtbilder. Sogar Menschenbilder. Ein Mann und eine Frau ziehen ein Netz durch seichtes Wasser ... Zwei tätowierte und bemalte Eingeborene stehen sich gegenüber ... Eine Mulattin mit Hut schreitet dahin, hinter ihr ein schwarzes Mädchen, das einen Sonnenschirm über sie hält ... Zwei Gruppen tanzender schwarzer Sklaven in manierlicher Kleidung ...

Vor allem bei diesen Bildern zeigt sich eine Grenze der Fähigkeiten dieser Malerin: Die Sklavinnen und Sklaven sehen aus wie hölzerne ›Bengele‹ in Serie, da ist auch nicht der kleinste Ansatz zu mitreißender Darstellung wilder Tänzer, wie sie auf Dorf- und Bauernbildern etlicher Niederländer zu bestaunen sind. Bei Louise van Panhuys sind die so genannten Tänzer aufgestellt wie Kegel. Und selbst die Musiker zeigen mehr Erstarrung als Bewegung. Nein, Menschen konnte diese Malerin nicht darstellen, das bleibt dilettantisch. Aber sie hat es immerhin versucht!

HÖRT ZU! So begannen früher Geschichten, in kleinen oder größeren Kreisen vorgetragen von Erzählern mit surinamischer Tradition. »Hört zu!« So beginnt eine Story des surinamischen Autors Harry Long Loy mit dem Titel »No-Meri-Mi-Kondre«. Dieser Titel wird vom Erzähler erläutert: »no meri mi« hieß in der Sprache der schwarzen Sklaven: »Lass mich in

Ruhe!« So heißt auch ein Dorf, in dem sich Nachkommen von Buschnegern ansiedelten, als die Sklaverei endlich abgeschafft wurde. Lasst mich endlich und für immer in Ruhe ...!

Ich male mir aus, wie Mutter und Tochter Merian wenigstens gelegentlich (und sei es zufällig) einen der Geschichtenerzähler gesehen und gehört haben, und sie verstanden kein Wort, kein einziges. »Afo Awintia eeh teki njang-njang ooh Piki mieh ta abba ze' foe go na Majongo Dawne.« Es dominierte die Sprache der Herren dieser Kolonie, aber: die fremde Sprachwelt in dieser Welt, sie muss wenigstens sekundenkurz präsent werden: »Obla, obla, mi doro, mi doro Mi doro mit tata mi doro Pikien m' wana kon takki gran suma odi baka dati awani go na Ajanikaa.« Ein Hauch Surinam, sprachlich. Ein Gruß, auch für uns, eines Waldkindes, das eingeht ins Reich der Vorfahren ... Mit den Ahnen bleibt auch für heutige Surinamer die Vergangenheit und Vorvergangenheit präsent: Heraufbeschwören in Ritualen von Schamanen. (Damit diese Tradition nicht abreißt, wird gelegentlich ein Schamanen-Lehrlingsprogramm angeboten.)

AUCH EIN SURINAMISCHER GESCHICHTENERZÄHLER will verstanden werden und so könnte dieser Repräsentant einer aussterbenden Spezies seinen Aufforderungsruf wiederholen, seinen Appell an die Zuhörer und er kündet eine Geschichte an vom Schmetterling, eine Geschichte aus dem fernen, fernen Cusco: ist über die hohen Berge geklettert, diese Geschichte, ist über Ebenen gewandert, ist Flüsse herabgeschwommen, herangeschwommen, ist nun angekommen, wird hier weitergegeben, auch für die Frau mit den weißen Ohren.

Hört zu! Ein Mann lebt in Cusco, der hat eine Frau und einen Sohn und ist glücklich. Er bricht, wieder einmal, auf zu einer Reise, er ist Kaufmann oder Krieger oder beides. Seine Frau und sein Sohn hüten das Haus. An einem Abend, an dem er länger aufbleibt als sonst, weil seine Mutter ihm Geschichten erzählt, sieht der Junge, wie ein schöner Schmetterling ins Zimmer flattert, ein Nachtfalter mit weiten Flügeln, und der flattert um die Mutter herum, flattert an die kleine Öllampe heran, die auf dem Tisch steht, und die Mutter spricht ihn an: Da bist du ja, mein Lieber, da bist du ja wieder, mein Liebster. Und sie hält die Hand schützend vor die Flamme am Docht: Verbrenn dich nicht, mein Geliebter, du darfst dich nicht verbrennen, ich will dich schließlich wiedersehn. Der Junge fragt die Mutter, wieso sie mit dem Schmetterling spreche, wer das denn sei? Die Mutter, übermütig, sagt ihm, das sei ihr Geliebter, ihr Liebster, der besuche sie jede Nacht. Der Junge hört das staunend, legt sich in die Hängematte, hört die Mutter weitersprechen mit dem Nachtfalter. Das wiederholt sich am nächsten Abend und am übernächsten.

Der Vater kommt zurück. Seine Frau ist gerade auf dem Markt von Cusco. Der Vater fragt den Sohn, ob etwas Besonderes geschehen sei in der Zwischenzeit, und der Junge antwortet: Ja, da ist jede Nacht der Liebste von Mutter gekommen – ich hab gehört, wie sie mit ihm gesprochen hat. Die Frau kehrt zurück, ihr Mann tötet sie auf der Stelle.

Vater und Sohn sitzen an den nächsten Abenden sehr still im Zimmer, plötzlich ruft der Junge: Da ist er wieder, der bei Mutter war, jede Nacht! Und zeigt auf den Nachtfalter, der das Licht umflattert. Da setzt beim Mann das Herz aus, für immer. Der Schmetterling gaukelt weiter um das Licht, und fortan achtet der Junge darauf, dass er nicht in die Flamme gerät. Von nun an wartet er jede Nacht darauf, dass er wiederkommt, der Schmetterling, in dieser Geschichte vom Schmetterling, die nun ihr Ende hat.

BEVOR ES WEITERGEHT IN DER LEBENSGESCHICHTE, rasch noch Anmerkungen zu zwei Wörtern, die sich wiederholen werden. Das erste ist bereits gefallen: Neger. Im Zeitalter der political correctness ist dieses Wort tabuisiert, als Fossil der Sprache der Kolonialisten. Im Kontext Surinam aber ist es nicht negativ eingetönt, schon gar nicht in der Variante »Buschneger«. Die Nachkommen der schwarzen Sklaven, die in die Regenwälder geflohen waren, dort Dörfer mit afrikani-

schen Traditionen gegründet hatten, sie nennen sich Buschneger und bestehen darauf. Es gehört zu ihrer Geschichte.

Und wie wollen die indianischen Landesbewohner genannt
werden? Früher war ich davon ausgegangen: Indianer waren
die Ureinwohner Nordamerikas, Indios die von Südamerika.
Aber das Wort hat eine abschätzige Bedeutung erhalten: Indios sind dumm, rückständig, primitiv und so weiter – in der
Sichtweise von Kolonialisten. So bestehen die Ureinwohner
auch von Surinam darauf, Indianer genannt zu werden. Also,
bleiben wir dabei, wenigstens hier: Neger und Indianer.

MUTTER UND (WAHRSCHEINLICH AUCH) TOCHTER auf
dem Sklavenmarkt von Paramaribo: Sicherlich werden sie
Sklaven aus der Ladung ihres Schiffs besichtigt und käuflich
erworben haben. Die waren nach der Ankunft von einem Arzt
begutachtet, dann etwas herausgepäppelt und von Kopf bis
Fuß mit Öl auf Glanz gebracht worden. Ließen sich die Frau-
en nun beraten? Von einem Offizier ihres Schiffs, das sicherlich noch einige Zeit im Fluss ankerte? Vom Schiffsarzt? Von
einem pietistischen Verbindungsmann? Wie auch immer: sie
kauften. Für einen gesunden, erwachsenen afrikanischen Sklaven wurden in Paramaribo damals zwischen 180 und 200 Gulden bezahlt, also etwa 5000 Euro.

In ihren Aufzeichnungen zum (geplanten) Insektenbuch
schreibt die Merian das Wort Sklave stets in der Mehrzahl, sie
wird also mindestens zwei Sklaven gekauft haben und zusätzlich eine Sklavin – für die Arbeit im Haus, während die Sklaven wohl meist im Garten arbeiten mussten, Obst und Gemüse anbauend. Ich kann es nicht beweisen, bin aber trotzdem
sicher: Sie hat ihre Sklaven besser behandelt, als das auf den
Plantagen üblich war – die Sklavin, die Sklaven eher als Mitarbeiter, die ihr auch, wie sie selbst bezeugte, heimische Pflanzen
und Insekten brachten, die ihr Geschichten erzählten.

Aber dies muss so festgeschrieben werden: Frau Merian
besaß Personen, sie war Sklavenhalterin, in einer Gesellschaft
von Sklavenhaltern.

LEBENSBILD 30: Offener Hallenbau einer Zuckersiederei. Sklaven an zwei riesigen Bottichen, mit Holzstangen rührend; Dampf steigt auf, zieht seitwärts ab. Sklaven tragen Brennholz in die Halle, rollen Fässer, arbeiten an einem großen Gerät mit riesigem Schwenkhebel: Offenbar wird hier Zuckerrohr ausgepresst. Im Durchblick durch die Halle zeigt sich, als Bildhintergrund, tropisch dichte Vegetation. Am linken Bildrand sitzen zwei Herren und drei Damen an einem Tisch, sie scheinen Kaffee zu trinken, werden von zwei schwarzen Frauen in weißen Kitteln bedient. Offensichtlich entspanntes Geplauder in der skizzierten Gruppe, kein Sichtkontakt zu den Sklaven bei der Arbeit. (Feder in Braun, braun laviert. Verso von älterer Hand Hinweis auf Mutter und Tochter Merian. Am unteren Rand größerer Papierverlust.)

VOR ALLEM Nathalie Zenon Davis vermisst eine klare, kritische Äußerung der Merian zur Sklavenfrage. Es ist ja nun auch irritierend: Eine Frau, als Künstlerin gefeiert, war Sklavenhalterin – hier dürfte es kaum eine Parallele geben. Und nun fehlt eine kritische Äußerung von ihr, die Problembewusstsein verrät. Nur eine Überlieferungslücke? Oder doch kein Zufall?

Hier ist einer der heiklen Punkte, an denen es leicht wird, allzu leicht und allzu wohlfeil, kritisches Bewusstsein über Jahrhunderte hinweg in die Vergangenheit zu projizieren. In Surinam wird noch immer der 1. Juli gefeiert als Tag der Abschaffung der Sklaverei, ein meist wildes Fest nicht nur der Schwarzen und ihrer Nachkommen: ke'ti-koti, die Ketten, die erst 1863 »zerbrochen« wurden. Es ist mittlerweile problemlos, zu sagen, dass Sklavenwirtschaft verwerflich sei. Diese Frau aber, die miterlebte, was Sklavenhaltung bedeutete, die an der Sklavenhaltung beteiligt war, sie schwieg dazu, offenbar.

Wie lange es dauerte, bis sich Problembewusstsein ausbreitete, das macht ein Name bewusst, der in diesem Kontext überraschen dürfte: Kant. Der Philosoph von Königsberg machte sich auch Gedanken über Sklavenhaltung – in Surinam! Der Personenname Kant, der Ländername Surinam – überraschende Begegnung! Ich zitiere: »Um nur ein Beispiel anzuführen, so bedient man sich in Surinam der roten Sklaven (Amerikaner) nur allein zu häuslichen Arbeiten, weil sie zur Feldarbeit zu schwach sind, als wozu man Neger braucht.«

Veröffentlicht hat Kant diesen Satz genau ein Dreiviertel-jahrhundert nach der Surinamreise der Merian: *Von den verschiedenen Racen der Menschen.* Gefunden habe ich dieses Zitat (und die folgenden Zitate) in einem Buch von Wolbert Smidt: *Afrika im Schatten der Aufklärung.* Hier geht es vor allem um das Afrikabild von Kant und Herder, um das Bild des Negers in Mitteleuropa.

Also, wie war das mit den Negern, die aus Afrika entführt wurden, kollektiv, und die vor allem in Südamerika ausgepowert wurden, und das auf allerschlimmste Weise ausgerechnet in Surinam, in Guyana? Wie hat der deutsche Philosoph, der eine *Metaphysik der Sitten* erarbeitete, wie hat er sich zur Sklavenfrage geäußert? Beispielsweise wie folgt: »Neger können sich nicht selbst regieren. Dienen also nur zu Sklaven.« Ein Kant mit Ressentiment! »Die Schwarzen sind sehr eitel, aber auf Negerart, und so plauderhaft, daß sie mit Prügeln müssen auseinander gejagt werden.« Dies schrieb er 1764. Er wusste, dass Sklaven, vor allem Neger oder »Mohren«, geprügelt wurden, aber auch dazu äußerte er sich erstaunlich ›sachlich‹. »Die Mohren, ingleichen alle Einwohner der heißen Zone haben eine dicke Haut, wie man sie denn auch nicht mit Ruten, sondern gespaltenen Röhren peitscht, wenn man sie züchtigt, damit das Blut einen Ausgang finde und nicht unter der dicken Haut eitere.« Dies publizierte er 1800, in der *Physischen Geographie.* Also genau ein Jahrhundert nach dem Aufenthalt der Merian im Land der niederländischen Sklavenhändler und Sklavenhalter. Das Licht der Aufklärung war gekoppelt an einen sehr langsam arbeitenden Dimmer.

Auf dem hohen Level der Abstraktion finden sich dann aber doch Zitate mit befreiender Wirkung. In der *Metaphysik der Sitten* wird das Recht, »Kolonien zu errichten«, als fraglich dargestellt. Und es finden sich Sätze, die das instrumentalisierende Verfügen über Menschen anderer Herkunft und Rasse bestreiten. »Handle so, daß du die Menschheit sowohl in deiner Person, als in der Person eines jeden andern jederzeit zugleich als Zweck, niemals bloß als Mittel brauchest.« So viel zu Immanuel Kant.

Erst im 18. Jahrhundert wurde Kritik an der Sklavenhaltung laut. Matthias Claudius, beispielsweise, schrieb ein Gedicht mit dem Titel *Der Schwarze in der Zuckerplantage*. Eine der Strophen:

> Weit von meinem Vaterlande
>   Muß ich hier verschmachten und vergehn,
> Ohne Trost, in Müh und Schande;
>   Ohhh die weißen Männer!! klug und schön!
> Und ich hab den Männern ohn Erbarmen
>   Nichts getan.

Der Neger, der auch als »Schwarzer« bezeichnet wird – das heute übliche Wort hat also eine alte Tradition. Herder freilich bleibt beim Wort Neger, auch in seinen *Negeridyllen*, aus seinen *Briefen zur Beförderung der Humanität*. Hier wird einerseits idealisiert.

> Ein edler Neger, seinem Lande frech
> Entraubet, blieb auch in der Sklaverei
> Ein *Königssohn*, tat edel seinen Dienst,
> Und ward der Mitgefangnen Trost und Rat.

Folgen weitere Strophen. Dieser edle Neger als eine der Verkörperungen des edlen Wilden. Aber Herder konnte seinen Ton auch entschieden verschärfen, und sich damit nah, fast hautnah an Realitäten der Gesellschaften von Sklavenhaltern heranschreiben.

> Ein Käfig hing am hohen Baum,
> Umlagert von Raubvögeln, schwarz,
> Umwölket von Insekten. [...]

Ich sah den menschenwidrigsten
Anblick. Ein Neger, halb zerfleischt,
Zerbissen, schon ein Auge war
Ihm ausgehackt. Ein Wespenschwarm
An offnen Wunden sog aus ihm
Den letzten Saft.

Und wie dachte man über Sklaven in der englischen oder niederländischen Sklavenhaltergesellschaft? Öffentliche Kritik an
der Verwendung von Menschen als Sklaven entwickelte sich
erst zu Beginn des 19. Jahrhunderts. England war dabei feder-
führend. Ein wichtiger Name hier: Wedgwood. Auch dieser
Porzellanfabrikant plädierte für die Abschaffung der Sklaverei,
und das geschah im englischen Machtbereich im Jahre 1833,
also erst ein Jahr nach Goethes Tod – um eine Zeitmarke zu
setzen.

Die Abschaffung der Sklaverei damit noch nicht als gesamt-
europäische Entscheidung – die Niederlande ziehen nicht mit,
beharren auf dem alten Status. Sklaven in ihrem Machtbereich
spüren jedoch die Veränderungen, vermittelt vor allem über
das englische Guyana: Es kommt 1836 zu einem Aufstand im
Gebiet von Nickerie, einem der Distrikte von Surinam. Ein
Sklave namens George informiert rechtzeitig seinen Herrn,
der greift sofort durch, die Erhebung wird unterdrückt, der
Verräter wird mit einer Medaille ausgezeichnet: eine Silber-
scheibe, in die Dank und Anerkennung eingraviert werden.
Das Problem wird damit nicht gelöst.

Um 1850 bildet sich in den Niederlanden ein Komitee von
Frauen gegen Sklaverei. Die Kritik scheint aber recht betuliche
Formen anzunehmen; ich sehe ein allegorisches Bild in Seide
gestickt, ich lese von einer Tasse ab:

Komt, daar onse harten bloeden
Op het zien van slavernij.

Das Bluten von Herzen angesichts oder in Anbetracht der
Sklaverei wird erst 1863 aufhören: als allerletztes der europäi-

schen Länder beenden dann die Niederlande die Sklavenwirtschaft.

VOR EINER BUCHHANDLUNG eine Krabbelkiste und hier
sehe ich einen Packen alter GEO-Hefte. Auf dem Umschlag
eines Hefts vom Jahrgang 79 das Stichwort Surinam: »Afrika
in der Neuen Welt.« Der Beitrag konzentriert sich vor allem
auf die Buschneger in Surinam und damit auf die Geschichte
ihrer versklavten Vorfahren. Und ich finde einen Ausschnitt
aus Aufzeichnungen eines Schotten, der in einer Söldner-
truppe mithalf, einen der Sklavenaufstände niederzuschlagen.
Das war 1772. Dennoch zitiere ich aus dem Bericht des John
Gabriel Stedman: das Lokalkolorit wird damit angereichert –
mit freilich düsteren Farben. Keine Gleichsetzung mit den
Verhältnissen um 1700, das wäre methodisch bedenklich, aber
doch eine weitere Annäherung: So ähnlich dürfte es auch zur
Zeit der Merian gewesen sein.

»Mijnheer steht um sechs Uhr morgens auf und zeigt sich
auf der Veranda seines Hauses. Dort trinkt er einen Kaffee
und raucht die erste Morgenpfeife. Mindestens sechs seiner
schönsten männlichen und weiblichen Sklaven bedienen ihn.
Danach erscheint der Aufseher und berichtet über die Ereignisse der vergangenen Nacht. Sklaven, die er der Pflichtver-
säumnis für schuldig hält, werden vor Mijnheer getrieben. Sie
werden an Dachsparren oder Bäume gebunden und von
schwarzen Helfern des Aufsehers ausgepeitscht.

Danach bereitet sich Mijnheer auf die weiteren Geschäfte
des Tages vor. Er kleidet sich in feinste Leinenhosen, seidene
Strümpfe, marokkanische Slipper und ein Jackett aus kostbars-
ter indischer Seide. So unternimmt er einen Spaziergang oder
Ausritt, um seine Ländereien zu inspizieren. Geht er spazieren, spendet ihm ein Boy Schatten mit einem Schirm, ein
anderer reicht ihm beim ersten Zeichen der Ermüdung ein
Glas Madeira zur Erfrischung.

Den Abend verbringt Mijnheer mit Kartenspiel, raucht
dazu und trinkt Punsch. Wenn Mijnheer müde wird, zieht er

sich zurück und verbringt die Nacht in den Armen einer seiner schwarzen Mätressen, denn es versteht sich von selbst, dass Mijnheer einen Harem auserwählter Mädchen unterhält.«

Nun waren nicht alle Plantagenbesitzer Junggesellen mit Kreolinnen oder Afrikanerinnen oder Indianerinnen als Mätressen, es gab auch Farmer mit Ehefrauen. Wie verhielten die sich in der Sklavenhaltergesellschaft? Drängten sie auf Mäßigung? Machten sie mit? Ein breites Spektrum von Verhaltensweisen ... Von Vorbildern wird freilich weniger berichtet als von Zerrbildern. Stedman berichtet von einem Fall, der offenbar keine Ausnahme war.

Die Frau eines Plantagenherrn inspiziert eine Anlieferung neuer Sklaven, entdeckt hier ein auffallend schönes Mädchen von etwa 15, das womöglich zur ›Gefahr‹ für ihren Mann werden könnte, und so erteilt sie den Befehl, dem Mädchen ein glühendes Brandeisen auf die Stirn zu drücken, auf die Wangen, sogar auf die Lippen. Zusätzlich wird eine Achillessehne durchschnitten, damit das verunstaltete Mädchen auch noch hinkt.

Ausnahmeerscheinung, Folgeerscheinung, Begleiterscheinung? Die Initiative zur Misshandlung von Sklaven lag wohl eher bei den Herren der Plantagen. Nach einem Untersuchungsbericht jener Zeit ist die Behandlung von Sklaven »nirgendwo so sehr in persönlichen Sadismus ausgeartet wie in Surinam«. Immer wieder: Sklaven wurden Fleischerhaken zwischen Rippen gerammt und so wurden sie hochgehievt an Balken oder an der Außenmauer des Forts Zeelandia. Sklaven wurden in Kisten gesteckt, und die blieben zugenagelt, bis sie tot waren. Sklaven auf Gitterrosten über offenen Feuern, Sklaven von Pferden zerrissen. Die hier besonders »rigoreuse« Strafjustiz der Niederländer: »Da gehts immer an ein Spießen, Rädern, Henken und Köpfen.« Wenn Kolonialherren auf einer der englisch besetzten Inseln Westindiens unbotmäßige Sklaven einschüchtern, zur ›Raison bringen‹ wollten, so drohten sie ihnen an, sie würden nach Surinam verkauft. Die Kolonie war in Westindien verrufen wegen der vorherrschenden Brutalität in der Behandlung von Sklaven. Als Schlusswort dieser Sequenz ein Zitat von Stedman: »Die Kolonie ist besudelt mit dem Blut der Schwarzen aus Afrika.«

»DIESE FLOS PAVONIS IST EINE NEUN FUSS HOHE PFLANZE, sie trägt gelbe und rote Blüten. Ihr Samen wird gebraucht für Frauen, die Geburtswehen haben und die weiterarbeiten sollen. Die Indianer, die nicht gut behandelt werden, wenn sie bei den Holländern im Dienst stehen, treiben damit ihre Kinder ab, damit ihre Kinder keine Sklaven werden, wie sie es sind. Die schwarzen Sklavinnen aus Guinea und Angola müssen sehr zuvorkommend behandelt werden, denn sonst wollen sie keine Kinder haben in ihrer Lage als Sklaven. Sie bekommen auch keine, ja sie bringen sich zuweilen um wegen der üblichen harten Behandlung, die man ihnen zuteil werden lässt, denn sie sind der Ansicht, dass sie in ihrem Land als Freie wieder geboren werden, so wie sie mich aus eigenem Munde unterrichtet haben.

Die Raupen, die sich auf dieser Pflanze aufhalten, sind hellseegrün und fressen deren grüne Blätter. Am 22. Januar 1700 haben sie sich festgesetzt und in braune Puppen verwandelt. Am 16. Februar schlüpften graue Motten oder Tagfalter heraus, die mit ihrem Rüssel den Honig aus den Blüten saugen.«

DIE RÄTSELHAFTE ANDEUTUNG ÜBER SELBSTMORDE und vor allem über die Wiedergeburt als freie Menschen muss ergänzt werden.

Über die westindische Sklavenhaltergesellschaft gibt es verschiedene Berichte. Der wohl bekannteste stammt vom Dominikanerpater, der uns bereits über die reichlichen Mahlzeiten an Bord eines (französischen) Westindienfahrers informiert hatte: Jean-Baptiste Labat. Auch jetzt keine biographischen Angaben, nur der Vermerk: Er lebte und wirkte zur selben Zeit in Westindien wie M. S. Merian. Und: 1722 schließt er die Niederschrift von insgesamt acht Bänden ab, die in Frankreich, in den Niederlanden, später auch in Deutschland erscheinen. Recht ausführlich schreibt er hier auch über Flora und Fauna Westindiens; ich kenne freilich nur die Lesefassung von Pleticha.

Wiederholt berichtet Labat über die rüde, die brutale Behandlung schwarzer Sklaven in Westindien. Der Pater (der übrigens nicht davor zurückscheut, einen schwarzen Schamanen, einen Medizinmann von Kopf bis Fuß auspeitschen zu lassen) ist entsetzt über »den unersättlichen Geiz und die abscheuliche Grausamkeit« einiger Plantagenbesitzer. Die brutale Behandlung trieb zahlreiche Sklaven in den Selbstmord. Weithin üblich: sie verschlangen Erde, bis sie starben. Labat: »Es ist diese übermäßige Schwermut, die den Neger veranlasst, Erde, Asche oder Kalk zu essen.« Viele schnitten sich selbst die Kehlen durch oder hängten sich auf. Die Selbstmorde wurden gefördert durch die Erwartung, mit dem Tod wieder in die afrikanische Heimat zurückzukehren und dort frei zu sein. So kam es bisweilen zu kollektivem Selbstmord, in einem Gehölz, einem Wald in der Nähe einer Plantage. Es fand sich freilich meist ein Sklave, der seinen Herrn rechtzeitig über diese Absicht informierte, wohl in der Hoffnung auf Belohnung. Der plötzliche Verlust von Arbeitskräften musste verhindert werden. Die Taktik von Herren der Zuckerrohr-Plantagen konnte dabei sehr verschieden sein.

Einer von ihnen, so berichtet Labat, ließ sofort Branntwein auf sein Wägelchen verladen und fuhr zum Wald, in dem sich die Gruppe erhängen wollte. Mit einem Strick in der Hand ging der Farmer auf sie zu, sagte, er hätte von ihrer Absicht erfahren, er wolle sich ihnen anschließen, wolle sie damit in das Land ihrer Väter begleiten, in dem er eine weitere Plantage gekauft hätte, er wolle dort eine Zuckerfabrik gründen, brauche dafür erfahrene Arbeiter, die müssten dann aber Tag und Nacht schuften, auch an Sonn- und Feiertagen, und wer dort auch nur die geringsten Ansätze zu einem Fluchtversuch mache, der würde sofort in Eisen geschlossen. Und er forderte sie nachdrücklich auf, sich nun sofort aufzuhängen, dann hätte er schon mal erste Arbeitskräfte in Afrika. Und er knüpfte sein Seil an einen Ast. Verwirrung, die er nutzte, der Branntwein wurde ausgeteilt, der Gruppenselbstmord konnte verhindert werden, die brutale Behandlung wurde fortgesetzt.

Ein anderer Zuckerrohrfarmer ging noch direkter vor: ersten Sklaven, die sich getötet hatten, ließ er Arme und Köpfe abschneiden, die wurden in einen eisernen Käfig verschlossen, vor den die Sklavenbelegschaft geführt wurde: Jedem, der sich jetzt noch umbringe, würden ebenfalls Arme und Kopf abgeschnitten, und so müssten sie denn ohne Köpfe und Arme in das Land ihrer Väter zurückkehren.

Bezeugte Geschichten aus der westindischen Sklavenhaltergesellschaft. Es gab auch Plantagenherren, die ihre Sklaven nicht drangsalierten, maltraitierten – sie wollten ihre Arbeitskraft erhalten. Es gab auch Sklaven, die sich ihren Herren andienten, und das konnte Racheakte auslösen: Ein Schwarzer vergiftete jeden Sklaven, der sich um gutes Einvernehmen mit seinem Herrn bemühte, ermordete auf diese Weise an die dreißig Sklaven. Hass wurde gesät, der oft über Jahrhunderte hinweg nachwirkte.

ES WAR EIN ZEITALTER UNKASCHIERTER BRUTALITÄT, sicherlich auch freigesetzt durch jahrzehntelange Kriege auf dem Kontinent: der Dreißigjährige Krieg auf deutschem Boden, der Achtzigjährige Krieg zwischen Spanien und den Niederlanden, die Seekriege der Niederlande mit England, die Kolonialkriege: Zeitalter der lädierten und zerstörten Körper.

Das zeigte sich schon beim Kapitel Seefahrt. Öffentliches Auspeitschen, wenn jemand an gemeinsamem Beten oder Singen nicht teilnahm. Und wer an Bord einen gotteslästerlichen Fluch ausstieß, wurde mit fünfzig Peitschenhieben bestraft – so mancher hat das, mit allen Folgeerscheinungen, nicht überlebt.

Und noch ein drittes Beispiel. In der Ausstellung des Rijksmuseums zur Geschichte der Niederlande sah ich ein kleinformatiges Gemälde eines Jan de Baen: Vor großen Bäumen die

Leichen der gelynchten Brüder Witt – Opfer des Gerüchts, sie hätten, als Regenten, den Feind ins Land geholt. Eine Nachtszene mit fahler Beleuchtung der beiden nackten Körper, die mit den Füßen an Leitersprossen aufgehängt sind wie Schlachtvieh. Dem einen ist offenbar der Kopf abgetrennt, dem anderen das Geschlecht; der nach unten hängende Kopf mit blutigen Spuren schwerster Misshandlung; der Leib aufgeschnitten, und wie bei einem geschlachteten Schwein oder Rind hält ein Querholz die Bauchhöhle offen. Misshandlung, Folterung, Schlachtung von Menschen.

Die brutale Behandlung von Sklaven war offenbar kein isoliertes Phänomen; ausgepeitscht und zerfleischt wurden auch eigene Landsleute. Die Brutalität gegenüber Sklaven soll nicht relativiert werden, aber sie hat ihren Kontext: Die Schwelle zur Anwendung von Gewalt lag sehr, sehr niedrig.

AUSFÜHRLICH, ABER VIELLEICHT NOCH NICHT AUS-FÜHRLICH GENUG war von afrikanischen Sklaven die Rede, notwendigerweise. Die zum Teil ebenfalls versklavten Indianer dürfen hier nicht ausgeklammert werden. Die Merian weist mehrfach auf sie hin: Sie bringen ihr Pflanzen und Insekten, sie vermitteln ihr Informationen – in welcher Sprache? In gebrochenem Niederländisch?

Kleines Kapitel über Indianer in Surinam. Sie leben heute meist an der Südgrenze des Landes, in einem »Parque Indigina«. In dieser Region von Bergen und Savannen: vor allem Indianer vom Stamm der Wayana. Hatte auch die Merian mit Wayana-Indianern zu tun? Ließ sie sich erzählen, was für ihr Stammesleben charakteristisch war, vielleicht noch immer charakteristisch ist? Sie werden als Flussindianer bezeichnet; also: geschickter Umgang mit Booten »aus der Rinde des Jatoba-Baums«. Und ihr halb nomadisches Leben in Dörfern, die sie alle paar Jahre verlassen, sobald der umgebende Ackerboden ausgelaugt ist. Ihre Hauptnahrung: Maniok und Fische. Charakteristisch noch immer: die Initiationsrituale der Ameisenprobe, Wespenprobe. In Band 18 der Neuen Folge der *Ethno-*

logica des Rautenstrauch-Joest-Museums Köln (anlässlich einer Ausstellung von »Federarbeiten der Indianer Südamerikas aus der Studiensammlung Horst Antes«) lese ich von Ritualgeflechten der Ameisenprobe. »Die Geflechte aus Blattstreifen und Rippen der Aruma- und Miriti-Palme stellen den Paku-Fisch und ein doppelköpfiges Tier dar. Beide Seiten sind flächig mit Flaumfedern der hellroten Ara, weißen des Hahns und schwarzen und braunen des Hokko-Huhns bedeckt. In der Mitte ist ein Rechteck ohne Federn belassen. Hier werden die lebenden Tocandira-Ameisen einzeln so in das Geflecht gesteckt, dass sich die Köpfe mit den Beißwerkzeugen auf der Unterseite befinden, die auf Brust, Rücken, Arme und Oberschenkel des Initianden gelegt wird. Die Ritualmatten werden bei den Reifefeiern der Jungen benutzt. Dieses Ritual soll die Standhaftigkeit im Ertragen von Schmerzen einüben.« Den gleichen Zweck hat auch das nicht näher beschriebene Wespenritual: »Diese Mutprobe der Initiation geht in der Mythologie der Wayana auf den Japi-Vogel zurück, der sein Nest in der Nähe von Wespennestern anlegt, dessen Jungen die Wespen aber nichts antun.«

Mit einem weiteren Zitat aus dem Katalog muss der Wayana-Exkurs schon beendet werden. Es geht um Grundzüge der Religion der Wayana, und hier hat zentrale Bedeutung »die Vorstellung, dass alle Menschen, Tiere, Pflanzen, Berge, Steine und Flüsse Wesen sind, die gute und böse Kräfte zugleich in sich tragen. Bei einer Veränderung des Gleichgewichts dieser Kräfte kommt es zur Schwächung des einen Prinzips, sodass dann zum Beispiel die schädlichen Kräfte die Oberhand gewinnen können. Aufgabe des männlichen oder weiblichen Schamanen ist die Sorge um das Gleichgewicht der Kräfte.«

SZENENWECHSEL. »Diese Fliegen findet man sehr viel in Surinam. Sie sind sehr schnell im Fliegen, sodass ich stundenlang laufen musste, um eine von ihnen zu fangen. Sie geben einen Ton wie eine Leier von sich, sodass man sie von ferne singen hören kann und weshalb man sie auch Leierkastenmann nennt. Sie hatten noch den gleichen Rüssel wie die Käfer, aus denen sie entstanden waren. Aus dem Rüssel sind die Füße, Augen und der ganze Körper herausgekrochen. Ihre Haut blieb dabei in der gleichen Gestalt liegen, als ob die Fliege noch darin wäre. Die Indianer haben mir versichert, dass aus diesen Fliegen die so genannten Laternenträger entstehen. Ihr Kopf oder ihre Mütze leuchtet bei Nacht wie eine Laterne. Bei Tage war der Kopf ganz durchsichtig und wie eine Blase mit rot-grün-farbenen Streifen vermischt. Aus dieser Blase kommt bei Nacht ein heller Schein wie der einer Kerze, sodass man dabei eine Zeitung lesen könnte. (...) Die Indianer brachten mir eines Tages eine große Menge dieser Laternenträger (ehe ich wusste, dass sie nachts so einen Glanz von sich geben), und ich tat sie in einen großen Holzkasten. Nachts machten sie solch einen Lärm, dass wir voller Schrecken erwachten und aus dem Bett sprangen. Wir entzündeten eine Kerze, da wir nicht wussten, was im Haus für ein Lärm war. Bald wurden wir gewahr, dass es in dem Kasten war, den wir mit Erstaunen öffneten, aber mit noch größerem Erstaunen zu Boden warfen, da beim Öffnen des Kastens eine Feuerflamme herauskam. Es kam so manches Tier und damit so manche Feuerflamme heraus. Doch wir beruhigten uns, sammelten die Tiere wieder ein und waren sehr verwundert über ihren Glanz.«

WIEDER EINE DER SEQUENZEN, in denen nur die Merian das Wort hat. Ich hatte mir vorgenommen, solche Berichte für sich stehen, für sich sprechen zu lassen. Aber hier, zum Beispiel, werden Ergänzungen notwendig. Zuerst: die Zikadenart der Laternenträger strahlt am kurios gestalteten Bug kein Licht aus; hier phosphoreszieren offenbar parasitäre Mitbewohner. Und: ihr magisches Licht erhellt eine Personen-Konstellation. Erwähnt, wenn auch nicht bei Namen genannt, werden die Indianersklaven, die ihr (wie auch schwarze Sklaven) Pflanzen und Insekten zutragen. Nur eine Mitarbeiterin wird völlig ausgespart aus den Berichten: ihre Tochter. Das zeigt sich im wiederholten »wir« des vorigen Berichts. Natürlich ist leicht zu erraten, dass die Tochter gemeint ist. Aber hier bleibt eine Leerstelle. Kein Wort über sie, kein einziges, kein Hinweis auf sie, kein einziger. Nur dieses eine Mal der Plural. Ansonsten schreibt die Merian nur von sich selbst – als wäre sie allein nach Surinam gereist. Dabei war Dorothea ihre Assistentin, ging ihr bei jeder Tätigkeit zur Hand: präparierend, zeichnend, aquarellierend. Hatte die Merian Angst, sie könnte sich vor der Innung blamieren, wenn sie erkennen ließ, und sei es durch die Blume, dass ihre Tochter bedeutsame Mitarbeit leistete? Hier, auch hier darf der Biograph nicht die Perspektive der Hauptfigur übernehmen, es muss erweitert werden. Aber dazu muss sich erst noch ein Stichwort finden; es wird sich auf der Rückreise ergeben.

IN FRÜHER ARBEITSPHASE hatte ich die Vorstellung, Paramaribo sei so etwas wie eine Lichtung gewesen zwischen Fluss und Urwald. Der Wald hätte also gleichsam vor der Haustür gelegen, wäre ›fußläufig‹ zu erreichen gewesen, und so hätte man sich – zwar nicht leicht, aber rasch – interessante Pflanzen und Insekten beschaffen können.

Hier muss schon ein genauerer Blick auf die Surinamkarte revidieren (die ich damals noch nicht besaß): Vor den ›Toren‹ der kleinen Stadt (deren Name von den Einwohnern heute abgekürzt wird: Parbo) waren Ausläufer der weitflächigen Sumpfgebiete.

Auch hier scheint sich die Merian (sicherlich mit ihrer Tochter) umzuschauen: Jedenfalls erwähnt sie Pflanzen am Rand »sumpfiger Gewässer«, auch »stehender Gewässer«. Und sieht hier beispielsweise Wasserskorpione, sieht hier selbstverständlich Frösche. An denen registriert sie nicht eben Überraschendes: »Sie hatten zwei Ohren am Kopf und waren grünlich und braun gewölkt.«

Mit den Fröschen hält sie es wie mit den Raupen: die beobachtet sie genauer zu Hause. Also werden sie dort gezüchtet. Dazu vermittelt sie so etwas wie ein Rezept. »Wenn man sie beobachten will, so legt man einige von den Eiern in einen Topf, auf dessen Boden eine Sode liegt. Darauf legt man die Eier und gießt Wasser darüber. Das Ei ist wie ein schwarzes Tüpfelchen, das in weißem Schleim liegt. Von diesem Schleim lebte das schwarze unförmige Tüpfelchen. Es bewegte sich allmählich etwas. Acht Tage danach bekamen die Eier Schwänze und schwammen im Wasser. Einige Tage danach bekamen sie Augen, noch etwas später bekamen sie hinten Füße. Acht Tage danach bekamen sie noch zwei Füße vorn, die ihnen aus der Haut platzten. Als sie vier Füße hatten, faulte ihnen der Schwanz ab. Sie sind damit Frösche.«

Diese Verwandlung von Eiern in Kaulquappen und deren wundersame Metamorphose in Frösche war allerdings schon bekannt. Und so wird der wissenschaftliche Kommentator ihres Surinambuchs später lakonisch anmerken, diese Beobachtung hätte bereits Herr Leeuwenhoek gemacht und »ich ebenso wie er«.

Also nichts Neues aus surinamischen Sumpfgebieten? Dass dort »eine Art von Kresse« wächst, dürfte auch keine Entdeckung sein. Nach den Fröschen wird noch auf Kröten verwiesen, die ihren Nachwuchs auf dem Rücken tragen. »Wenn die Eier zur Reife gekommen sind, arbeiten sich die Jungen selbst aus der Eihaut heraus. Sie krochen nacheinander heraus wie aus einem Ei. Als ich das sah, warf ich das Weibchen mit seinen Jungen in Branntwein.«

(Das klingt ruppig, könnte verleiten zu Rückschlüssen auf die Person, aber dies war eine übliche Methode, Insekten zu töten, vor allem Käfer: sie in »Liquor« zu werfen. Eine lebende Kröte samt Brut in einen Glasbehälter mit Alkohol zu stecken, offenbar umstandslos, das dürfte allerdings ihre spezifische Surinam-Variante gewesen sein ...)

AUF DEN WEIT AUSGEDEHNTEN SUMPFGEWÄSSERN SURINAMS, Guyanas und der angrenzenden Länder wuchs und wächst vor allem die Wasserhyazinthe. In ihrem Surinambuch wird Maria Sibylla Merian dieser Pflanze eine Kupfertafel widmen, verbunden mit der Darstellung der Metamorphose von Ei-Kaulquappe-Frosch. Floristisch wird die Merian hier freilich etwas darstellen, was es nicht gibt, überhaupt nicht geben kann: eine Blütendolde ohne ein einziges Blatt. Und, ebenso kurios: dieser isolierte Blütenstengel führt (wie sich im Bildteil zeigt) durch das Wasser pfeilgerade ins Erdreich. Dieses Unikum muss kommentiert werden; hier lassen sich Rückschlüsse ziehen auf die Arbeitsweise der Merian.

Die heutige Bezeichnung der Wasserhyazinthe lautet: Eichhornia crassipes. Eichhorn war kein Forscher, sondern ein preußischer Minister im Kulturbereich, also: Dedikation aus Dankbarkeit. Crassipes heißt, übersetzt: Die Dickfüßige. Bereits ein Hinweis auf die »Bauform«, die mir Wilhelm Barthlott erklärt, skizzierend, Dias zeigend, Fachbegriffe vermittelnd.

Die Eichhornia wächst in Feuchtbiotopen, also: Binsen, Wasserlinsen, Laichkräuter, Seggen, Rohrkolben – und so weiter. Sie braucht stehendes oder langsam fließendes Gewässer von geringer Tiefe. Man kommt in der Regel erst an sie heran, wenn man einen Schilfgürtel durchquert hat. Dann muss man sich, knietief in Wasser und Modder, zu den »flottierenden« Flächen vorarbeiten: Modder und Wasser können schließlich bis zur Hüfte reichen. Dieses Biotop ist denn auch das stickige Luftreich der Moskitos, also: Malariazone.

In sehr flachem Wasser kann die Eichhornia einwurzeln; überwiegend aber hängen die Wurzelbündel, Wurzelbüschel ins Wasser, saugen dort ihre Nährstoffe an. Die »flottierende« Pflanze wird von Blatt-Teilen mit Luftgewebe getragen – wie von Korken oder kleinen, grünen Bojen. Wie Luftgewebe aussieht, zeigt mir ein fotografierter Querschnitt der Blattbasis; das wird mir auch, in einem der Treibhäuser des Botanischen Gartens, bei verschiedenen Verwandten der Wasserhyazinthe gezeigt: relativ druckfestes, poröses Gewebe, in dem sich Luft anlagert. Wenn man auf das Luftgewebe der Eichhornia drückt, soll das wie Styropor klingen.

Nur in Wassernähe ist das Blatt durch Luftgewebe verdickt.

Das Blatt setzt sich fort in einem Stiel, der übergeht in die Blattspreite. Ein Blatt also in Doppelform: der Schwimmkörper, das Verbindungsstück, die Blattspreite. Dies in dichtem, dichtestem Gewucher auf dem Wasserspiegel, und heraus ragen die Blütendolden.

Solch eine Dolde wird einer der namenlosen Mitarbeiter der Merian abgeschnitten und ihr vorgelegt haben – und sie hatte diesen Teil für das Ganze genommen. »Goethe wäre das nie passiert!«, ruft Barthlott emphatisch. Ich spiele das aus: Goethe hätte den Mitarbeiter sofort zurückgeschickt oder, noch wahrscheinlicher, er wäre ihm gefolgt, hätte vom Schilfgürtel aus zugesehen, wie der Mitarbeiter noch einmal ins Sumpfwasser steigt, um ein diesmal komplettes Exemplar zu bringen, mit Schwebewurzeln, Doppelblättern, Dolde. Die Merian aber hat die Frage nach den Blättern gar nicht gestellt, obwohl man damals wusste (auch wenn der Begriff Assimilation noch längst nicht bekannt war), dass es Blüten ohne Blätter gar nicht geben kann. So lässt sich nur folgern, dass sie nie vor einer der Wasserflächen gestanden hat mit den unregelmäßigen Blattinseln, aus denen vereinzelt Dolden ragen. Sie hätte sonst ihr sehr, sehr vereinfachtes, ja kurioses Bild von einem Stängel mit Blüten aber ohne Blätter revidieren, hätte Schwebewurzeln und Schwimmkörper entdecken müssen.

Zu Goethes und zu Merians Zeiten wuchs die Wasserhyazinthe nur in Südamerika. Inzwischen hat auch sie, als »invasive plant«, ihren spezifischen Beitrag zur Globalisierung geleistet: sie wuchert heran in Flachwassern vor allem Afrikas, in langsamen Flüssen, behindert so, beispielsweise auf dem Kongo, auf weiten Strecken die Motorschiffahrt – Schiffsschrauben drehen sich fest in der treibenden Biomasse. Und Pumpanlagen werden verstopft, Reusengitter vor Wasserkraftwerken werden gleichsam zugemüllt. Die Eichhornia ist zum Thema von Fachtagungen geworden, auf denen weltweit Maßnahmen gegen dieses Wasserunkraut erörtert werden.

MARIA SIBYLLA MERIAN IN SURINAM, und sie beschäftigt sich mit dortigen Pflanzen und Insekten: ja, das hatte erst einmal falsche Erwartungen in mir geweckt oder Wünsche: sie hätte bisher unbekannte Pflanzen und ihre bisher unbekannten Fressfeinde vorgestellt, die Raupen. Jedoch: die floralen Objekte ihres Interesses sind fast ausnahmslos Nutz- und Zierpflanzen. Das repräsentative Werk, das sie später in Amsterdam verfassen wird, auf der Grundlage ihrer surinamischen Vorzeichnungen und Aufzeichnungen, es könnte im Untertitel auch lauten: Aus Surinams Gärten. Viele der abgebildeten und beschriebenen Pflanzen wuchsen auch schon in den Niederlanden: in privaten und in öffentlichen Gärten, in Pomeranzenhäusern, Treibhäusern. Will sie, marktgerecht, das Gewohnte übermitteln unter neuen Vorzeichen, das Biedere mit einem Hauch Exotik?

Am Anfang steht die Ananas. Erst die blühende, dann die reifende Ananas. Der blühenden Ananas wendet sie kaum Interesse zu: »Im Übrigen ist die Zierlichkeit und die Schönheit dieser Frucht von verschiedenen Gelehrten (...) ausführlich beschrieben worden, und ich werde mich deshalb nicht damit aufhalten.« Wir aber sollten uns ganz kurz mit einer frühen Beschreibung der Ananas aufhalten: der Nicht-Botaniker Schmalkalden, der mehr als ein halbes Jahrhundert früher in Südamerika gewesen war, er schrieb zum Stichwort Ananas: »Diese liebliche Frucht wächst zwischen eitel dicken Blättern, welche an den Seiten scharf, und inwendig, nach dem Stamm-Ende zu, da die Frucht steht, schön rot sind. Sie wird ungefähr, wenn sie recht reif ist, so groß wie ein Rettich oder kleiner Kürbis, aber recht ovalisch. Inwendig ist sie schön gelb, auswändig aber ist sie voller Narben, aus welchen grüne, scharfe Spitzlein von Blätterlein gehen, ansonsten auch gelb. Die Narben sind fast wie ein Nabel am Menschen. Der Geschmack ist sehr anmutig und vergleicht sich schön, wie auch der Geruch, mit den reifesten Erdbeeren.«

Die reife Frucht verlockt die Merian dann aber doch zur Beschreibung. »Der Geschmack der Frucht ist, als ob man

Eins der fabulösen Bilder aus dem Surinambuch der Merian. Dominierend die Vogelspinne, die sich vampirisch über einen Kolibri hermacht. Gefundenes Fressen für die British Tarantula Society, doch Zoologen sind hier skeptisch.

Eine Zitrone mit einem zugelaufenen Käfer als Dekoration. Eins der suggestivsten Bilder des Surinamzyklus von sechzig großformatigen Kupferstichen, die gegen Aufpreis auch koloriert wurden.

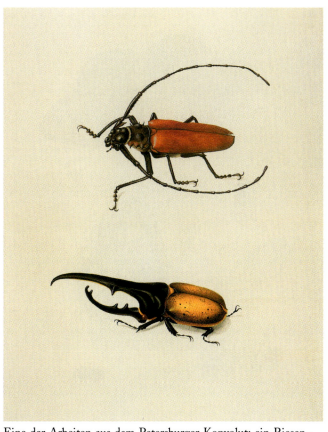

Eine der Arbeiten aus dem Petersburger Konvolut: ein Riesenbock und ein Herkuleskäfer. Die Malerin erweitert ihr Spektrum! Mit ähnlicher Perfektion malte im 17. Jahrhundert ein Georg Hoefnagel seine Käfer und im 20. Jahrhundert ein Bernard Durin.

Auch dies ist eine der Arbeiten, die heute in St. Petersburg gehütet werden: eine Raupe und eine Puppe, die auch Fachleute nicht bestimmen können. Bildbeherrschend ein Caligofalter – ein besonders schönes Schmetterlingsbild als Abschluss der Bildserie.

Trauben, Aprikosen, Johannisbeeren, Äpfel und Birnen miteinander vermengt hätte, die man alle gleichzeitig darin schmeckt. Ihr Geruch ist lieblich und stark. Wenn man sie aufschneidet, so riecht das ganze Zimmer danach.«

Weil die Merian in ihren Beschreibungen und Bebilderungen ohne ein System vorgeht, und sei es alphabetisch, nehme ich es auch so, wie es gerade kommt. Also: das Wolfsmilchgewächs Cassava (»aus deren Wurzel die Einwohner in Amerika Brot backen«). Und B wie Banane. Und W wie Wassermelone. (»Die Wassermelonen wachsen auf der Erde wie in Holland die Gurken.«) Und der Kaschubaum mit den Kaschunüssen. Und die Limonen und die Zitronen. Und die Guajava (»Man macht davon Torten und Kompott«). Und zwischendrin ein kleines surinamisches Blumengebinde: die Passionsblume (»ist sehr geeignet, um damit Lauben in den Gärten bewachsen zu lassen, obwohl die Holländer in Surinam keinen großen Gebrauch davon machen«). Und die Rose, die Rote Lilie, der Jasmin, die Slaapertjes-Pflanze (»Diese Pflanze, in Surinam Slaapertje [Schläferchen] genannt, hatte ich in meinem Garten.«). Und weiter, im Reich der Nutzpflanzen: Vanille und Kakao, Pfeffer und Rizinus, die Feigen und die Weintrauben (weiß wie rot), der Granatapfel und die Pampelmuse (»Diese Frucht ist von geringerer Süße als die Apfelsine, aber nicht so sauer wie die Zitrone«). Und die Bataten und die Papaya, der Marmeladendosenbaum, der Ölbaum, die Althea, in Surinam Okkerum (»Sie ist bei den Pflanzenkennern genügend bekannt.«). Zuletzt noch, in dieser unsystematischen Auswahl, die besonders nützliche Baumwolle. (»Der surinamische Baumwollbaum wächst sehr schnell. In sechs Monaten wird er aus dem Samen so groß wie in diesen Landen die Quittenbäume. Die grünen Blätter legen die Indianer auf frische Wunden, um diese zu kühlen und zu heilen. Sie tragen zweierlei Blüten, nämlich rötliche und schwefelgelbe. Die rötlichen bringen keine Frucht, die gelben dagegen die Baumwolle hervor. Wenn diese Blüte abfällt, so wächst an ihrer Stelle eine knospenähnliche Frucht. Wenn sie reif ist, wird sie braun,

springt auf und zeigt dann die weiße Baumwolle, die aus drei
Teilen besteht. In jedem Teil befindet sich ein schwarzer
Samen, an dem die Baumwolle festsitzt. Diese Baumwolle
wird von den Indianern gesponnen. Sie machen daraus ihre
Hängematten, in denen sie schlafen.«)

EINE ETWAS ERNÜCHTERNDE, sogar enttäuschende Bestandsaufnahme: Sie hat überwiegend beschrieben und gezeichnet, was im Garten wuchs. War es ein größerer Garten,
so lag das Haus oder Häuschen wohl am Stadtrand. Dies war
ihr Ambiente und nicht der so genannte Urwald.

Diese Beschränkung ist übrigens nicht allein für sie charakteristisch. In: »Naturbild berühmter Expeditionen aus drei
Jahrhunderten« lese ich von Paul Hermann, der 1672 als Sanitätsoffizier der VOC nach Niederländisch-Ceylon kam (das
damals bestimmt anders hieß). Der Sechsundzwanzigjährige
war, nebenher, Botaniker, und weil er im kleinen niederländischen Handelsposten Colombo wohl kaum ganz ausgelastet
war, hätte er gern (bisher unentdeckte) Pflanzen in Herbarien
gesammelt, aber da gab es Schwierigkeiten. Erstens beherrschte die VOC nur die Küstenstreifen, und die auch nur
in einzelnen Abschnitten, und zweitens agierte im Landesinnern der große Gegenspieler Raja Singha. Man hätte also in
seinen Machtbereich eindringen müssen und zugleich in die
›unberührten Wälder‹, in denen es, drittens, Giftschlangen
und Tiger gab und weitere gefährliche Tiere. Dorthin wollte
dem jungen Sanitätsoffizier offenbar niemand folgen, also
musste er sich auf Pflanzen beschränken, die in und um
Colombo wuchsen, in Gärten und Plantagen. Vier dicke Herbarien brachte er nach fünf Jahren Aufenthalt mit – eine Auswahl also nur aus der »Flora zeylanica«, eine Auswahl, die
immerhin aus 657 verschiedenen Pflanzennachweisen bestand.

Wusste die Merian von Paul Hermann? Informationen liefen hin und her zwischen VOC und WIC, also könnte ihr
auch von diesem Arzt berichtet worden sein. Und sollte sie
doch nichts von ihm erfahren haben, nun, so ist es für uns

nicht unwichtig zu wissen, dass die Merian in ihrer vorsichtigen oder aufgezwungenen Zurückhaltung kein Einzelfall war, keine Ausnahme.

»DIE PALMA CHRISTI, in Surinam Ölbaum genannt, wächst sehr hoch und sieht zierlich aus. Sie hat gelbe Blätter, aus denen sich stachlige Samengehäuse entwickeln. Diese Samen sind anfangs grün und, wenn sie reif sind, braun. Man kocht den Samen in Wasser. Dadurch löst sich das Öl und schwimmt auf dem Wasser, wo man es abschöpft. Es wird dortzulande gebraucht, um allerlei Wunden zu heilen. Man verbrennt es auch in Lampen, um damit nachts zu leuchten.

Die schwarze Raupe, die an dem Samen hängt, ist mit gelben Flecken verziert und wurde auf diesen und anderen Bäumen immer in Massen gefunden. Die Raupen hängen wie die Indianer in ihren Hängematten, aus denen sie nie ganz herauskommen. Wenn sie Nahrung suchen, tragen sie ihr Haus mit sich wie die Schnecken. Ihre Häuser scheinen aus vertrockneten Baumblättern gemacht zu sein, und sie machen sie hübsch fest, wenn sie irgendwo bleiben wollen. Am 14. April hat sich die Raupe in ihrer Hängematte verwandelt, und ein unansehnlicher Eulenfalter ist daraus geschlüpft, der von ganz wilder Art war.«

MARIA S. MERIAN benutzte vielfach ihr Vergrößerungsglas. In ihrem Surinambuch wird sich das Stichwort Vergrößerungsglas wiederholen. Was nahm sie hier wahr, was hob sie hervor?

»Durch das Vergrößerungsglas betrachtet, sieht der Staub auf ihren Flügeln aus wie braune, weiße und schwarze Federn von bunten Hühnern. Der Körper ist behaart wie der eines Bären. Sogar auf den Augen sind Haare. Der Rüssel sieht aus wie der Hals einer Gans oder Ente. Die Beine und Fühler sind wunderschön anzusehen ...

Wenn man die beiden Eulenfalter durch das Vergrößerungsglas betrachtet, haben sie Haar wie ungarische Bären. So schön sie sind, wenn man sie ohne Vergrößerungsglas anschaut, so sonderbar struppig und hässlich sind sie, wenn man sie mit dessen Hilfe betrachtet. Sie haben Haare wie Gerstenähren ...

Wenn man dieses Tierchen durch das Vergrößerungsglas betrachtet, erweist es sich als wunderschön, und es ist wert, genau besehen zu werden, da seine Schönheit mit keiner Feder zu beschreiben ist ...

Der blaue Tagfalter sieht durch das Vergrößerungsglas wie blaue Ziegel aus, die die gleiche Form wie Dachziegel haben, die sehr ordentlich und regelmäßig liegen. Es sind breite Federn wie die Federn der Pfauen, von wundersamem Glanz, wert anzuschauen, da sich dieser nicht beschreiben lässt ...

Der weiße Eulenfalter zeigt sich im Vergrößerungsglas, als ob er aus weißen und grauen Federn, die mehr Haaren als Federn ähneln, gemacht war. Seine Fühler sehen aus wie zwei bunte Schlangen, weiß und schwarz.«

Damit: Ende der Lupensequenz. Es zeigt sich: Ästhetische Eindrücke werden angedeutet, es werden (zum Teil sehr witzige, sehr griffige!) Vergleiche angestellt, es wird wiederholt erklärt, das Phänomen entziehe sich der Beschreibung, der Darstellung: Maria Sibylla Merian als enthusiastische Naturkundlerin, die sich am Anblick von Pflanzen und Insekten erfreut.

FREILICH, NICHT ALLE INSEKTENARTEN SIND ERFREU-LICH im Anblick, einige werden zur Plage in Surinam. Allen voran die Mücken, die Moskitos – ein Kapitel für sich. Hier nun, erst einmal, die Ameisen. Die Merian zu diesem Stichwort: »Wenn das ganze Haus leer gefressen ist, gehen sie in das nächste und dann schließlich wieder in ihren Keller.« Knapper, allzu knapper Hinweis auf eine Plage, die etwas ausführlicher vergegenwärtigt werden muss – die Konditionen, unter denen die beiden Frauen arbeiteten, sie werden damit noch deutlicher.

Hinweise auf die Ameisenplage finde ich in klein gedruckten Exkursen des großen Expeditionsberichts von Eduard

Poeppig. Was er aus verschiedenen Regionen des südamerikanischen Kontinents meldet, das könnte auch für Surinam zutreffen.

Ameisen werden vor allem von Süßem angelockt. Die Luftfeuchtigkeit ist so hoch, dass im Land des Zuckerrohrs kleingestoßener Zucker sofort verpappen würde, also wird man damals nur mit »eingedicktem Zuckersaft« gesüßt haben, und der kann zur »Ameisenkonserve« werden, denn selbst durch einen scheinbar fest schließenden Pfropf finden die kleinen Ameisen ihren Zugang zur begehrten Flüssigkeit, kommen in ihr um, reichern dabei den Zuckersaft so sehr mit ihren Säuren an, dass man beim Öffnen der Flasche niesen muss, und es beginnen die Augen zu jucken. Diese Ameisen lassen sich, so wenig wie andere Ameisen, aus einem Haus vertreiben, sie nisten sich sogar unter hölzernen Pfeilern und Stützen ein.

Zusätzlich könnten auch in Surinam die roten, die rostfarbenen Ameisen herumwimmeln, auf dem Fußboden, auf Gepäckstücken, auf Betten, auf Papieren. Und sie fallen vorzugsweise über Tiere her, die präpariert werden, also auch über Schmetterlinge. Oder über einen Kolibri. Selbst wenn man den, wie Poeppig, erhöht mitten in eine Wasserschale gelegt hat, etwa auf einen umgedrehten Becher, so schaffen es die Ameisen irgendwie doch, dahin zu kommen, es braucht da nur einen Faden zu verwehen, oder aus einem Blumenstrauß knickt ein Halm ab oder die Ameisen bilden Luftbrücken, wie die Merian das beschreibt – schon ist so ein Kolibri um die Augen herum zerfressen. Auch Insekten auf solch einer von Wasser umgebenen Erhöhung: werden benagt, sind damit als Präparate nicht mehr handelsfähig. Selbstverständlich fallen Ameisen auch über Herbarien her. Fressen in Skizzenbüchern womöglich Farben vom Papier. Der fast aussichtslose Kampf gegen Ameisen verschiedener, aber stets lästiger Art: auch das gehörte zum Alltag der beiden Frauen.

Und es kamen weitere Plagen hinzu! Nun wieder Frau Merian: »Kakerlaken sind die berüchtigtsten aller Insekten in Amerika wegen des großen Schadens, den sie allen Bewohnern zufügen, dadurch, dass sie alle deren Wolle, deren Leinen, Speisen und Getränke verderben. Süßes ist ihre gewöhnliche Nahrung. Sie legen ihre Eier dicht aneinander. Diese sind mit einem roten Gespinst umgeben, wie dies einige Spinnen hierzulande tun. Wenn die Eier reif und die Jungen voll ausgebildet sind, beißen sie sich durch ihr Eiernest. Die jungen Kakerlaken laufen mit großer Schnelligkeit dort heraus, und da sie so klein wie Ameisen sind, verstehen sie es, in Kisten und Kasten durch Fugen und Schlüssellöcher zu gelangen, wo sie dann alles verderben.«

AUFBRUCH ...! *Aufbruch!* Für ein paar Wochen im April (also nicht zur Regenzeit!) verlassen Mutter und Tochter das Städtchen, lassen sich zur Plantage der Lucia van Sommelsdijk rudern, nach La Providence, etwa 50, 60 Meilen den Surinamfluss hinauf, und damit: ins Landesinnere.

Die beiden Frauen werden kaum hintereinander, womöglich dicht hintereinander, in einem Einbaum gesessen haben, einige Indianer vor ihnen mit Stechpaddeln, ich vermute, man wird ihnen ein größeres, breiteres Boot zur Verfügung gestellt haben, dessen letztes Drittel von einem Aufbau, einer Kajüte beherrscht wurde, mit zwei Fenstern steuerbord wie backbord, mit vier oder sechs Indianern auf den Ruderbänken vorn, mit einer niederländischen Fahne am Heck: so sehe ich das landesübliche Kolonialherrenboot abgebildet, sehe es in einem Diorama nachgebildet. Die weißen Gesprächspartner und Repräsentanten werden es kaum geduldet haben, dass zwei Frauen aus ihrem Land wie Eingeborene transportiert wurden. Bis Providentie waren, so weit ich auf der Karte sehe, keine Stromschnellen zu überwinden, also konnte das Boot gewichtiger ausfallen, stattlicher. Und so werden Mutter und Tochter das undurchdringlich wirkende Grün an den Ufern überwiegend durch Glasscheiben oder Insektennetze gesehen haben.

FAHRT AUF DEM MAJESTÄTISCH BREITEN SURINAMFLUSS. Keine Beschreibung aus jener Zeit, die ich hier übernehmen könnte, aber eine Anleihe ist möglich, wieder im Analogie-Verfahren: Eduard Poeppig erzählt.

»Ein breiter Strom, der bald, in zahlreiche Arme gespalten, zwischen sandigen, aber dennoch hochbewaldeten Inseln dahinfließt oder in ein seegleiches Becken ungetrennt sich ausdehnt, ein dunkelgrüner Waldrand, der auf so ebenem Boden und von tausend Schlingpflanzen übersponnen, in der Entfernung fast einer künstlich gezogenen, aber riesengroßen Hecke gleicht, sind die einzigen Bestandteile dieser landschaftlichen Ansichten. Über das Ganze spannt sich ein wolkenloser Himmel, und die Strahlen der tropischen Sonne fallen auf eine Natur von so unendlichem Reichtum, die Kraft des Lebens spricht allenthalben sich in solcher Stärke aus, daß der Reisende mit zunehmendem Anteil den Weg fortsetzt und jeden Morgen mit neuer Freude die in heiliger Stille liegende Wildnis begrüßt.

Der Aufgang der Sonne ruft in tropischen Gegenden eine sehr große Zahl von Tieren ins Leben. Große Herden von Affen nehmen die höchsten Wipfel ein, wo ebensowenig der Pfeil des Indianers wie das Blei des Europäers sie leicht erreichen kann. Besonders sitzen die Brüllaffen in behaglichen Stellungen der Morgensonne zugewendet, die sie in Tönen begrüßen, die wohl zu den rauhesten des vielstimmigen Orchesters der Urwälder gehören. Die meisten Tiere fliehen in jener Stunde die niedrigsten Schichten der Waldung, denn die eigentümliche Ausbreitung sehr vieler tropischer Bäume in breite platte Kronen bringt ebenso viele Schirme hervor, die den wassererfüllten Boden so dicht beschatten, daß stets auf ihm eine nur des Mittags angenehme Kühle herrscht. Darum steigen selbst die Vögel, die sonst auf der Erde in niedrigen Büschen ihre Nahrung finden, des Morgens bis in die luftigsten Kronen. Auf den weißgebleichten blattlosen Gliedern eines Riesenstamms, den der Blitzstrahl tötete oder die Angriffe der Insekten zum Vertrocknen brachten, sitzen Scharen der gesellig schlafenden schwarzen Geier, die mit weit ausgebreiteten Flügeln am Sonnenstrahl sich trocknen, unbeweglich, bis sie sich, ohne ihre Stellung zu verändern, langsam

nach einer anderen Seite wenden. Selbst der Anblick eines
Kahns vermag sie nicht zum Flug zu bringen.«

VOM FLUSS AUS DER BLICK auf undurchdringlich wirkende
Biomasse: sie muss noch mehr Textpräsenz gewinnen. Ich
greife zurück auf ein Buch von Ernesto Grassi, einem Philo-
sophie-Dozenten, den ich als Student verehrt hatte – sein ita-
lienisiertes Deutsch fand ein langes Echo ... In seinen *Südamerikanischen Meditationen,* veröffentlicht unter dem Titel
Reisen ohne anzukommen, wird der Anblick des Regenwalds in
zwei originelle Vergleiche übersetzt. Der erste: Man bewegt
sich »am Rande einer Vegetation entlang, die wie eine einzige
Masse aus gepreßtem, dunkelgrün und fest gewordenem Saft
wirkt«. Und der zweite Vergleich: Der »Urwald« als »eine
grüne, zum Stehen gebrachte Lava«.

Ein kurzer Blick noch, mit Grassi, in den Regenwald: »Das
Laub wölbt sich dicht, es ist wie ein großer, bergender Schirm,
unter dem, im feucht-grünen Schatten verborgen, rote Blumen
wie geheimnisvolle Wesen leuchten. Umgestürzte Bäume liegen umher wie große Masten versunkener Schiffe auf einem
phantastischen Meeresgrund – Masten, auf denen Moos,
Schlingpflanzen und Algen wuchern, die als graublaue,
gespenstig wehende Schleier die Äste bedecken. Die Feuchtigkeit der Tropen breitet die Algen und die moosartige Flora
wie einen schweren, feuchten und warmen Teppich aus.«

»IM APRIL ANNO 1700 WAR ICH IN SURINAM AUF DER
PLANTAGE von Frau Sommelsdijk, genannt Providentia, wo
ich verschiedene Beobachtungen an Insekten machte. Beim
Umherstreifen fand ich eine Menge Gummi-Guttae-Bäume
wild wachsen. Er wächst beinah wie die Birke in Europa,
außen mit einer weiß gestreiften Schale um die Rinde. Wenn
man die Rinde aufschneidet, tropft Gummi heraus. Es ist
nicht nötig, den Gummi zu beschreiben. Er ist allen, die mit
Farben umgehen, bekannt.«

SICHERLICH WIRD SICH BEIM AUFENTHALT DORT ein
Gespräch mit einem der Senioren unter den Plantagenherren
ergeben haben, etwa einem Verwalter der Sommelsdijks:
Rückblick bei einem Glas Rum und einer Zigarre, an einem
Abend auf der Holzveranda des Herrenhauses mit Blick auf
den Wasserspiegel des Flusses.

Auch dieser »Oude« könnte aus Nordbrasilien nach Guyana
gekommen sein. Der Verlust von Plantage nach Plantage,
damals, damals, das Land immer stärker beherrscht von portugiesischen Banden und Trupps, Verstärkung auch noch von
See aus, Handelsbastion nach Handelsbastion musste aufgegeben werden, und sie alle wurden gezwungen, wegzuziehen,
egal, ob Calvinist oder Jude, da war kein Halten mehr, sie
zogen her zur wilden Küste, mussten hier am Fluss oder weiter
drüben neu beginnen, aber sie wussten ja nun, wie das geht,
wie das läuft, und es kam alles ganz schön in Schwung: zu
Beginn der sechziger Jahre gab es etwa 50 Zuckerrohrplantagen in Surinam, nun sind es bestimmt 150, und damals waren
es nur etwa 4000 Einwohner, nun sind es fast 10 000, Sklaven
natürlich mitgezählt, und deren Zahl wächst, weil immer neue
Plantagen gegründet werden, aus den drei Millionen Pfund
Zucker, nach Amsterdamer Maß, sind mittlerweile acht Millionen Pfund geworden, jedenfalls hat er das so von einem der
Herren der »Societeit van Suriname« gehört, und der muss es
ja wissen, aber der hatte leider auch zu vermelden, dass der
Preis für Zucker langsam, aber stetig fällt, die meisten Plantagenherren hierzulande sind mittlerweile verschuldet, auch
durch den hohen Sklavenverschleiß, dazu die unfähige Verwaltung, der Hausherr hier hatte als Gouverneur seinerzeit ja hart
durchgegriffen, aber das hat ihn den Kopf gekostet, übertrei-
ben darf man es in diesem Land auch nicht, schon gar nicht
bei diesem Höllenklima. Vielleicht, so könnte er nach einer
Pause hinzusetzen, vielleicht hätte man doch stärker auf
Baumwolle setzen sollen oder auf Kakao oder auf Tabak, aber
nun ist es zu spät.

UND WANN DRINGEN MUTTER UND TOCHTER ENDLICH IN DEN URWALD EIN, mit Sklaven, die ihnen den Weg freihacken? Wäre die Farm Providentia nicht ein günstiger Ausgangspunkt? Oder wird die Exkursion noch aufgeschoben?

Das Gebiet mit den höchsten Niederschlagsmengen, dem dichtesten Regenwald liegt fast genau im geographischen Zentrum des Landes, in der Region der zahlreichen Flüsse und Wasserfälle und der mittelhohen Berge. Vor drei Jahrhunderten kam, außer Indianern und geflohenen Negersklaven, niemand in diese auch heute noch abgelegene Region. Die Flussfahrt nach La Providence führte zumindest in den Bereich von Ausläufern dieses Regenwalds.

Von der Pietisten-Farm aus unternehmen die beiden Frauen aber offenbar keine Wanderung in den Regenwald, es findet höchstens so etwas wie eine Stippvisite statt. Eine Exkursion, darauf lässt eine Bemerkung von ihr schließen, offenbar erst im folgenden Jahr. Und hier muss, vorwegnehmend, schon mal ein Fragezeichen gesetzt werden.

DIE MERIAN LIESS SICH NICHT NUR KUPIERTE PFLANZEN ZUTRAGEN, auch Geschichten aus dem Wilden Wald. Eine dieser Geschichten wurde bereits angedeutet: Wie eine Vogelspinne einen Kolibri überwältigt. Sie hörte sich so was nicht nur an, sie wird es nach ihrer Rückkehr auf einem der großformatigen Blätter sogar darstellen. Ein Beitrag aus der damaligen Mischwelt von Fakten und Fabeln ...

Ihr »Vogelspinnenblatt«: hier ist auf Pergament gemalt, was auf keine Kuhhaut geht. Eine »bodenbewohnende Vogelspinne« im Guajava-Geäst; eine Jagdspinne auf einem Radnetz, und das in einer so kuriosen Haltung, dass allein dies schon zeigt: eine Jagdspinne und ein Radnetz gehören nicht zusammen. Zuletzt die »Kletter-Vogelspinne«, die sich über einen Kolibri hermacht, der zuvor zwei Eier zu viel ins Nest gelegt hat. Nun ist dieser legefreudige Kolibri auf den Rücken geworfen, die Vogelspinne auf ihm. Das sieht aus, als würde der kleine Vogel nicht nur überwältigt, sondern vergewaltigt vom grausigen Ungetüm. Dazu noch Vampirismus: »Sie holen in Ermangelung von Ameisen auch die kleinen Vögel aus den Nestern und saugen ihnen alles Blut aus dem Körper.« Hier wurde auf Wirkung spekuliert, erfolgreich: Die Szene wurde später variiert und kopiert. »The Bird-Eating Spiders«: Thema auch eines Beitrags der British Tarantula Society. Ja, die gibt es!

Sehr wahrscheinlich, höchstwahrscheinlich hat die Merian hier umgesetzt, was ihr erzählt, was ihr aufgebunden wurde: Riesenspinne mordet Kolibri. Die Bezeichnung Vogelspinne zeigt, wie sehr auch später an solch eine Story geglaubt wurde, sogar von Linné. Es ist bisher kein Beweis dafür erbracht worden, dass eine Vogelspinne tatsächlich einen Vogel tötet und aussaugt, aber es wird theoretisch nicht ausgeschlossen. Dazu wird der Kolibri von der Spinne aber nicht aus dem Nest geholt, sondern: der Kolibri begibt sich in den Aktionsbereich der Großspinne. Weil er Spinnseide braucht, um beim Nestbau Pflanzenelemente zusammenzukleben, rupft er auch Spinnseide aus dem Wirrnetz, das die Kletterspinne vor ihrem Bau im Baum anlegt, und dabei könnte die Spinne aus der Lauerposition in die Attacke übergehen und den Kolibri packen. Aber gesehen, geschweige denn fotografiert oder gefilmt hat das noch niemand, soweit bekannt. In solch einem Fall würde die British Tarantula Society sicherlich umgehend einen Dia- oder Filmabend veranstalten.

Für die Merian war das Thema mit diesem Beitrag noch nicht erledigt, in einer Fortsetzung stellte sie eine Variante des fabulösen Kampfes dar: auf einem der Aquarelle, die in St. Petersburg archiviert sind, überwältigt eine südostasiatische Spinne sogar einen Singvogel – nicht irgendeinen Singvogel, sondern, stimmig im Unstimmigen, einen südostasiatischen Singvogel. So bezeugt von Katharina Schmidt-Loske, die mich hier eingehend unterrichtet hat.

Nun ist es so: ein Kolibri wiegt nur ein paar Gramm, da wäre, rein physikalisch, eine Attacke einer Kletter-Vogelspinne noch denkbar; mit einem Singvogel aber würde die Spinne nicht mehr fertig, der hat deutlich mehr Gewicht. Hier ist schiere Fiktion, ist Legende. Für die Merian muss das aber Realität gewesen sein.

Dieses fernöstliche Kampfbild wird später reproduziert. Auf einem Aquarell, heute in Leiden, findet dieser Kampf erneut statt. Eine Bildkompilation, die ich nicht weiter erörtern muss. Entscheidend ist hier: sie beweist ebenfalls, dass der tödliche Kampf zwischen dem Schönen und dem Scheußlichen für Zeitgenossen damals ein Faszinosum war. Und er ist Faszinosum geblieben, vor allem für Mitglieder der British Tarantula Society.

IRGENDWANN, IRGENDWO habe ich ein Wort aufgelesen, das mir bei der Arbeit an diesem Buch schon mal einfällt: fehlerfreundlich. Oder, in angemessener Schreibweise: felerfreundlich. Die Merian bewies eine zuweilen besondere Fehlerfreundlichkeit. Und die nahm in den beiden letzten Jahrzehnten noch zu. Die Fehler stellten sich nicht immer versehentlich ein, sie wurden mitproduziert. Sie wusste ja nun, was sie tat, als naturkundige Frau, wenn sie einen südamerikanischen Falter auf eine zentraleuropäische Pflanze setzte oder die Zahl der Beinpaare eines Insekts um zwei Drittel erhöhte. Sie muss in dieser, auch in dieser Hinsicht furchtlos gewesen sein: mögliche, ja wahrscheinliche Einwände von Kennern hielten sie nicht davon ab, zu tun, was sie für richtig hielt, auch im Falschen.

DIE BEIDEN FRAUEN, WIEDER IN PARAMARIBO, ließen sich weiterhin Pflanzen zutragen, zogen Pflanzen im Garten, sammelten draußen selbst. Seltene Exemplare, Prachtexemplare wurden gepresst, getrocknet. Ich frage mich, wie das Trocknen überhaupt möglich war bei der hohen, oft sehr hohen Luftfeuchtigkeit.

Das Verfahren an sich ist einfach: Die Pflanzen werden sorgfältig zurechtgelegt auf einem Bogen von saugfähigem Papier, ein zweiter Bogen wird draufgelegt, das Präparat wird gepresst. In den folgenden Tagen, ja Wochen saugt das Papier Pflanzenfeuchtigkeit auf, also müssen die Bögen wiederholt ausgetauscht werden: Die Pflanzen werden »umgelegt«.

Sobald die Sonne schien, konnte man die so genannten Pflanzenpressen an Wäscheleinen hängen. Aber die hohe Luftfeuchtigkeit blieb. Können Präparate nicht völlig getrocknet werden, beginnen sie zu schimmeln, sind als »Typusmaterial« (wie das heute heißt) nicht mehr zu gebrauchen. Ich vermute, die beiden Frauen mussten einen beträchtlichen Teil der gepressten Pflanzen wieder wegwerfen, zum Schimmel kamen ja beispielsweise noch die Ameisen, vor allem die Blattschneideameisen, die alles Vegetabile zerlegten. Es wurde also ein zeitraubender und oft vergeblicher Kampf geführt: feuchtes Papier, gefräßige Insekten, feuchtes Papier. Wie kam man in Paramaribo überhaupt an ausreichende Mengen Papier?

DA HIER SCHON MAL VON MÜHSELIGKEITEN DES ALL-TAGS geschrieben wird, zu lesen ist: einige Anmerkungen zu einem Thema, zu dem es noch kein Stichwort gibt in der Merian-Überlieferung: Krankheit(en).

Sie hatte bereits eine (mindestens eine?) Kur hinter sich, in Schwalbach. Sie war in einem Alter, das auch heute zuweilen als kritisch eingestuft wird. Sie konnte damit rechnen, dass sie einmal krank wurde, womöglich schwer. In Amsterdam wäre ihr sicherlich ein guter Arzt empfohlen worden – aber in Paramaribo? Eine Stadt jenseits des Atlantiks mit einer Viertelmillion Einwohnern, eine Dorfstadt diesseits mit ein paar tausend – da waren auch in der medizinischen Versorgung die Offerten geringer. Und gegen Zahnschmerzen, zum Beispiel, gab es auch in der Weltstadt jenseits des Horizonts kaum Hilfe. Hier aber konnte sich ein Problem entwickeln: anhaltende Zahnschmerzen. Was für uns lästig sein kann, das konnte für Menschen jener Ära zur erheblichen Belastung werden. Klagen darüber wiederholen sich jedenfalls. Rembrandt, zum Beispiel, muss hier besonders gelitten haben. Und der Maler Pontormo, 16. Jahrhundert, in seinen kuriosen, auf Diätetik konzentrierten Aufzeichnungen rund um den Magen-Darm-Kanal: »Ja, ich habe mancherlei Ungemach entweder im Magen oder im Kopf oder Schmerzen in den Hüften oder in den Beinen oder den Armen oder Zahnschmerzen, die nicht aufhören.« Ich zitiere das auch, weil mich diese Textstelle erst auf das Problem aufmerksam machte. Kein Kapitel jetzt zur Geschichte der Medizin, dazu fehlen nun wirklich die Stichworte, aber doch ein (wahrscheinlich notwendiger) Hinweis auf Faktoren, die auch im Leben der Merian eine Rolle spielen konnten. Oder bereits im Leben ihrer Tochter, von der wir viel zu wenig wissen.

Krankheit wird später zum biographischen Faktor, hier aber könnte das Stichwort längst schon gefallen sein. Weil das jedoch nicht überliefert ist, soll es bei der Erwähnung bleiben.

ZU EINER SCHWEREN KRISE konnte es aber auch, wahrhaftig, unversehens kommen: auch bei Streifzügen in der näheren Umgebung war es statistisch fast unvermeidlich, dass die beiden Frauen von einer Schlange bedroht wurden, ja, dass eine attackierende Schlange von begleitenden Indianern in letzter Sekunde getötet wurde. Mit gabelförmig zurechtgeschnittenen Ästen wurde solch eine Schlange an den Boden gepresst, kampfunfähig geschlagen, dann geköpft. Eine westindische Giftschlange konnte, nach dem Bericht des Pater Labat, bis zu neun Fuß, also drei Meter lang werden. Nach einem Biss: sehr hohes Fieber, Schwellungen, Konvulsionen. Es kam auch zu Todesfällen.

»IM JANUAR 1701 BEGAB ICH MICH IN DEN URWALD SURINAMS, um zu sehen, ob ich etwas entdecken konnte. Ich fand diese Blüte, die zierlich rot war, an einem Baum; Name und Eigenschaft sind den Bewohnern dieses Landes unbekannt.«

Das klingt ein bisschen enttäuschend. Nach dem Ast, den sie auf der letzten Tafel ihres Surinambuchs abgebildet hat, kann der Baum heute noch nicht identifiziert werden. Schon

Caspar Commelin, ihr Fachberater in Amsterdam, unterlässt hier jeden Kommentar.

Bei dieser oder einer anderen Exkursion entdeckte sie eine Pflanze, die Commelin gleichfalls unkommentiert lässt und die heute, nach der Bildvorlage, ebenfalls nicht identifiziert werden kann. »Diese Pflanze habe ich im Wald gefunden, und da man dort wegen der Hitze keine Pflanze abschneiden kann, weil sie sonst gleich verwelkt, habe ich diese von meinem Indianer mit der Wurzel ausgraben, nach Hause tragen und in meinem Garten pflanzen lassen. Sie hat eine ganz weiße Wurzel und ähnelt sonst dem Tabak. Sie bekommt eine weiße Blüte wie die der Tuberose. Als diese abgefallen war, blühte die Pflanze nach sechs Monaten wieder. Ihr Name und ihre Eigenschaften sind in Surinam unbekannt. Die Menschen haben dort auch keine Lust, so etwas zu untersuchen, ja sie verspotteten mich, dass ich etwas anderes in dem Lande suchte als Zucker (... bespottede my, dat ik iets anders in het land ging opzoeken als zuiker ...). Doch meiner Meinung nach könnte man viel mehr Dinge in dem Wald finden, wenn dieser passierbar wäre. Aber der Wald ist so dicht mit Disteln und Dornen verwachsen, dass ich meine Sklaven mit Beilen in der Hand vorwegschicken musste, damit sie für mich eine Öffnung hackten, um einigermaßen hindurchzukommen, was doch ziemlich beschwerlich war.«

JETZT MÜSSEN WIR UNS LEIDER von der tollen, in Merian-Biographien gern reproduzierten Geschichte verabschieden über die Frau, die in den Dschungel eindringt, in die grüne Hölle, und Indianer müssen ihr mit Macheten den Weg freihacken, weil sonst kein Durchkommen ist ... Informationen über den surinamischen Regenwald, sie desillusionieren, und zwar gründlicher, als mir das recht ist, in narrativer Hinsicht. Davon hätte sich so schön berichten lassen: Mutter und Tochter Merian im Urwald!

Aber gibt es ihn überhaupt, den filmreifen Dschungel in Surinam? Eine halbwegs aktuelle Warnung vor überzogenen

Erwartungen kommt von einem niederländischen Botaniker, der im Internet von seiner Zeit in Surinam berichtet, von seinen Forschungsarbeiten auf dem Gebiet der Epiphyten, der Pflanzen also, die auf Bäumen wachsen, im Kronenbereich. Marco Bleeker war schlichtweg enttäuscht, als er zum ersten Mal in den Regenwald von Surinam eindrang. »Wenn man dort herumläuft, nun, man sieht bloß Baumstämme und tote Blätter auf dem Boden – nicht viel anders als in einem Wald in Holland.« Ja, und die Macheten im Regenwald?! »Tatsächlich macht er eher einen ordentlichen Eindruck, nichts, was einem den Weg versperrt. Nur dort, wo das Sonnenlicht bis auf den Boden gelangt, auf Lichtungen oder entlang den Flüssen, braucht man seine Machete, um sich einen Weg zu hacken.«

Dickicht auch am Ufer von Wasserläufen – Eduard Poeppig hilft uns, (auch) diese Situation zu vergegenwärtigen. »Den Rand des Waldes umgeben dichte und zähe Büsche wie eine Vormauer. Nicht ohne Mühe öffnete ich mir den Eintritt zwischen prächtig blühenden Kräutern, denen die Feuchtigkeit am willkommensten ist, die aber an schattigen Orten weniger gedeihen und deshalb ausschließlich die Ufer der offenen Gräben bewohnen und alles andere verdrängen. (…) Sobald man diese erste Reihe, siegreich und kräftig das Messer schwingend, durchbrochen hat, folgt eine zweite Schicht von sumpfliebenden Pflanzen. Sie bedürfen jedoch des Schattens und machen daher den Pflanzen der Vormauer den Platz nie streitig. Es sind Riesenschachtelhalme mit drei Klafter hohem Stängel, halb rankende Pfeffer, baumartige Farne und andere mehr. Ist der Bach endlich erreicht, so springt man von Stein zu Stein oder geht im seichten Wasser auf dem feinen Sand hin, ungehindert von den herabhängenden Ästen.«

Die Merians werden allerdings kaum so tief in den Regenwald eingedrungen sein, dass sie Gewässer queren mussten. Es soll hier auch nur dokumentiert werden, dass Randzonen, in denen Macheten geschwungen werden müssen, von sehr unterschiedlicher Dichte sein können. Eine hohe Verdichtung an fließenden Gewässern; offenbar gering ist die Verdichtung an Straßenrändern, an den Grenzen von Lichtungen. Der Gürtel kann, unter Umständen, etwa hundert, zweihundert Meter tief sein: Dickicht also nur in Störzonen. Generell jedoch ist es einfach, in Regenwald einzudringen. Wilfried Morawetz, der als Biologe in Guyana geforscht hat, er pointiert im Gespräch: Man braucht dabei kaum mal eine Machete, schiebt einfach ein paar Gebüschäste beiseite, schon ist man im Regenwald, im Urwald. Und hier kann man sich, auf modriger Laubschicht, fast völlig frei bewegen – wie im Kottenforst (vor Bonn), bestätigt Barthlott.

Erinnerungen, bestätigende, an eine Exkursion in den Regenwald in der bergigen Mitte von Puerto Rico – ich wurde von einem Lastwagen mitgenommen. Wahrlich undurchdringlich wirkt der Regenwald nur nachts, vor allem durch den sehr hohen Geräuschpegel – der Eindruck, als laufe zu Beginn der Dämmerung eine Klangwalze an, die in der Morgendämmerung langsamer wird, und die Pfiffe und Schreie vereinzeln sich. Aber im Tageslicht, im gedämpften, dünnt sich der Wald gleichsam aus, lässt Streifzüge zu ohne Geräte.

DAS BUCH, DAS DIE MERIAN IN SURINAM VORBEREITET, sammelnd und zeichnend, es wird einen barock weitschweifigen Titel erhalten, dessen erste Sequenz (zugleich als Kurztitel) so lauten wird: *Metamorphosis Insectorum Surinamensium ofte Verandering der surinaamsche Insecten.* Titelgebend war die Verwandlung, die Metamorphose schon bei ihrem Raupenbuch gewesen. Nun sollte das Schema erneut reproduziert werden, diesmal mit Insekten aus Surinam. Wie im Raupenbuch, so wird auch im Surinambuch die Metamorphose in ihren verschiedenen Zwischenstufen, in ihren Stadien, in ihren »Ständen« bebildert: Eier hier, Raupen oder Larven dort, das Insekt zu guter Letzt. All dies um eine Pflanze arrangiert, die (allerdings nicht immer) von der Raupe »befressen« oder vom Falter beflogen wird.

Erst relativ spät im Arbeitsprozess stellte ich mir die Frage, warum sich die Merian nie, auch nicht ansatzweise, gefragt hat, *was* da eigentlich während der entscheidenden Metamorphose abläuft in der Verpuppungskammer, im Kokon, *wie* die wundersame Verwandlung im Detail vor sich geht. Hier kriecht die Raupe, dort schwebt der Falter: und was geschieht während der Zeitphase nach dem Verpuppen der Raupe und vor dem Ausschlüpfen des Falters? Das Wort »Puppenruhe« gab es damals wohl noch nicht, und falls doch (in anderer Form): Hatte man die Puppenruhe nicht stören wollen? Um es pathetisch zu formulieren: Wollte man, wollte sie das Geheimnis des Werdens respektieren?

Heute würden wir die Metamorphose, die Holometabolie mit einer Blackbox vergleichen: Da kennen wir den Input, registrieren den Output, können aber nicht genau sagen, (müssen es für unsere Arbeit eigentlich auch nicht genau wissen), was im Vernetzungssystem Integrierter Schaltungen abläuft. Von der Blackbox zum weißen Kokon oder zur grünen oder braunen (Blatt)Hülle: die Vorgänge darin auf sich beruhen lassen? War die Zeit damals noch nicht reif für Fragen nach der Entwicklung von Lebensformen? War man fürs Erste hinreichend beschäftigt mit Phänomenen, mit Objekten?

Und doch, und doch: Hunderte, Tausende von Ergebnissen der Metamorphose hat sie gesehen, in Frankfurt, Nürnberg, Wieuwerd, Amsterdam und nun in Surinam, da hätten sich zumindest ansatzweise ein paar Fragen entwickeln können. Der Vorgang war doch erstaunlich, verwunderlich genug: Aus einem Kriechtier wird ein Fluginsekt! Ein Organismus löst sich auf; aus der Dispositionsmasse entsteht ein neuer Organismus. Die Kriechmechanik muss in Flugmuskulatur umgewandelt werden, statt Saugfüßen Flügel; das Lebewesen muss sich von Blattfutter auf Nektarkost umstellen; der Fressapparat zum Abraspeln von Blattmassen muss ersetzt werden durch eine Rüsselpipette, die in Blüteninneres gesenkt wird, zum Ansaugen, Absaugen; der Verdauungsapparat muss umgestellt werden von schwerer Massenkost auf konzentrierte Nektarkost. Aus dem Rohstoff des Raupeninneren, aus dem Raupeninnereienmatsch müssen sich hoch differenzierte Wahrnehmungsorgane entwickeln: Komplexaugen und Fühler. Und die Entwicklung von Farben auf Schuppen oder Schindeln.

Hätte das nicht die Neugier dieser sonst so wissbegierigen Frau wecken müssen? Das Wort Neugierde soll hier nicht verkleinern, noch heute kann ein Forscher von »wissenschaftlicher Neugierde« schreiben, als einer der Hauptmotivationen jahrzehntelanger Arbeit. Die Frage, die Leitfrage hätte angesichts der völligen Veränderung eines Lebewesens auch ganz naiv sein können: Was mag da drin vorgehen, in Gottes Namen? Sich nicht nur mit dem Eindruck zufrieden geben, sich Einblick verschaffen? Licht hineinbringen in das Verpuppungsdunkel, in die Kokonfinsternis? In einen Kokon wenigstens mal, wie wir als Kinder gesagt hätten, reinlinsen? Wie sich auf ihren Bildern gelegentlich zeigt, hat sie einen Kokon schon mal ein bisschen angepokelt, um den dunkleren Kern sichtbar zu machen. Wenn sich solch ein Ansatz schon mal ergab, warum nicht etwas entschlossener, entschiedener vorgehen? Geräte zum Öffnen, Geräte zum Vergrößern, sie standen zur Verfügung. Das hätte selbst in ihren (vielleicht noch) pietistisch-missionarischen Intentionen liegen können: Augen öffnen für ein weiteres, ein wahres Wunder der göttlichen Schöpfung. Wir können die Merian nicht zur Frau stilisieren, die sich in ihren Methoden von Naturkundlern ihrer Zeit unterschied, auch sie arbeitete invasiv, schnitt Schnecken auf, um Maden in ihnen zu zählen, schnitt Froschweibchen auf, um den Eierstock zu betrachten, schnitt Vögel auf, wozu auch immer – warum also nicht auch die eine oder andere Verpuppungskammer öffnen? So groß konnte die Scheu also nicht sein.

Allerdings: beim Öffnen einer Verpuppungskammer während der Verwandlungsphase, so lasse ich mir sagen, hätte sie kaum etwas Charakteristisches erkennen können. Selbst heute sind hier noch nicht alle Abläufe geklärt. Von unserem Stand der Kenntnis und Unkenntnis dürfen wir aber nicht ausgehen, wir bleiben in den Spielräumen ihrer Zeit, und da wäre zumindest denkbar gewesen (mit Seitenblicken auf simultane Arbeiten von Wissenschaftlern): Dass hier Fragen gestellt wurden. Dass womöglich ein Versuch gemacht wurde, mit spitzem Messer und Pinzette, da mal reinzuschauen. Hätte sie nur so etwas wie Matsch gesehen, so hätte sie das ja vermerken können in ihrem Arbeitsjournal, in dem sie ja auch Notizen machte nach dem Öffnen von Schnecken oder Fröschen oder Lerchen. Auch mit ihrem Vergrößerungsglas, nicht einmal mit ihrem Mikroskop hätte sie viel erkennen können. Aber das ist nicht der entscheidende Punkt. Ein Versuch zumindest wäre denkbar gewesen, im Kontext ihrer Zeit, selbst ein wiederholter Versuch. Metamorphose als Stichwort, das heute mit ihrer Arbeit in engster Verbindung steht, und doch hat sie die eigentliche, die entscheidende Phase der Metamorphose nie untersucht, hat sie offenbar auch gar nicht erst untersuchen wollen, hat sich damit begnügt, jeweils das *Vorher* und das *Nachher* zu dokumentieren in Bild und Text, das Vorher von Raupenstadien, das Nachher des Imaginalstadiums, des Falters. Verwunderlich ist sie schon, diese Bescheidung, Selbstbescheidung beim Lebensthema der wundersamen Verwandlungen. Die eigentliche Metamorphose wird nicht einmal angedacht, rückt schon gar nicht ins Blickfeld.

Ich weiß, die Fragen, die ich hier stelle, waren nicht die Fragen, die Frau Merian sich stellte. Aber solche Fragen wären damals zumindest denkbar gewesen, im Spielraum des Wahrscheinlichen.

DIE ALLERGRÖSSTE ZAHL VON INSEKTEN IN SURINAM war auch einer so insektenliebenden, einer *entomophilen* Frau wie der Merian höchst unwillkommen: die Moskitos. Die waren damals, die sind noch heute eine Plage. Mutter und Tochter Merian haben keinen Bericht zu diesem Dauerthema hinterlassen, also wende und halte ich mich wieder an Poeppig.

Nur selten sind Landstriche und Zeitphasen, in denen man kaum gepiesackt wird. Da es sehr verschiedene Mückenarten gibt, ist eher Kontinuität der Plage gewährleistet. Vor allem bei absinkendem Hochwasser werden Myriaden von Moskitos freigegeben – zuweilen schweben Mückenschwärme wie Nebelbänke über dem Wasserspiegel von Flüssen.

Wer sich in mückenreichem Gebiet auch nur kurz mal hinsetzt, ohne unablässig um sich zu schlagen, ist, so berichtet Poeppig, in zwei Minuten von zwanzig Mücken gestochen. So wird Aufmerksamkeit beinah unablässig in Beschlag genommen: man muss auf sirrende Mücken horchen und auf nichtsirrende und sofort zustechende Mücken achten. Selbst Affen kratzen sich in der Mückensaison das Fell auf, die Haut wund; Hühner magern ab; Hunde versuchen, sich in den Boden einzugraben. Eingeborene legen sich ins Wasser. Nur Seidenkleidung könnte Schutz bieten, aber die beiden Frauen waren, bei aller Vorliebe für die Seidenraupe, wohl kaum von Seide umhüllt. Fast jedes andere Gewebe aber kann durchstochen werden.

Mücken im Freien, Mücken im Haus. Auch hier ist ruhiges Arbeiten kaum möglich, selbst wenn man (bei dreißig bis vierzig Grad und maximaler Luftfeuchtigkeit) vermummt am Tisch sitzt: die Hände können anschwellen, das Gesicht kann verquellen. Nachts braucht man Bettzelte aus Gaze oder Baumwolle, über einem Gestänge, das »die Form eines länglichen Würfels ohne Boden« annnimmt; dort schlüpft man schlangengleich hinein. Hat man Glück, so kommt keiner der »Quälgeister« mit. Aber man hört, im stickigen Luftraum, das Summen und Sirren zahlloser Mücken – Poeppig fühlte sich an das Siedegeräusch von Wasser in einem großen Kessel erinnert.

LEBENSBILD 31: Im Hintergrund ein Zuckerrohrfeld; die mehr als mannshohen Stauden in sehr dichtem Aufwuchs. Auf einem Weg wird von zwei Schwarzen eine improvisierte Bahre getragen: ein Fischernetz zwischen unterarmdicken Stangen. Eine Frau liegt in diesem Netz; eine junge Frau folgt den Sklaven. Auf dem Untersatz des Bildes der Hinweis, dass hier Maria Sibylla Merian getragen wird – zu einem Arzt? Ihre

Krankheit wird nicht genannt, diese Angabe kann aber leicht ergänzt werden: Es wird Wechselfieber, Malaria gewesen sein. (Feder in Braun über Spuren von Graphit. Unfrisch und fleckig. Randeinrisse.)

GEFAHREN LAUERTEN ÜBERALL: Raupen mit Gift in den Borstenspitzen konnten einen krank machen, Falter, so hieß es, ebenfalls, erst recht die opaleszierenden Riesenfalter – so viel Schönheit schien riskant. Und die giftgeladenen Spinnen und die giftgeladenen Skorpione und die erst recht giftgeladenen Schlangen – alles konnte die schwere, die sehr schwere, die lebensbedrohende Krankheit auslösen. Gelbfieber war möglich (endet meist tödlich); Malaria war statistisch am wahrscheinlichsten (kann überlebt werden).

Und damit: der Stich eines Moskitos. Hunderte, Tausende von Mücken, die Mutter und Tochter umsirrt hatten, und eine unter diesen Mücken war infiziert von einem malariakranken Weißen oder einem malariakranken Indianer oder einem malariakranken Negersklaven. Einige oder etliche Infizierte unter den paar tausend Einwohnern. Und eine infektiöse Mücke unter Hunderttausenden. Die spielte zwar nicht Schicksal, machte sich aber zum biographischen Faktor.

Der Moskito hatte sich auf die Intervention vorbereitet, ohne das wahrzunehmen. Vorgänge, von denen damals nicht einmal Gelehrte etwas wussten. Mikrogameten und Makrogameten spielen dabei eine Rolle, aber die bleiben für mich Fachbegriffe ohne Informationsgehalt. Es gibt sogar einen Makrogameten »mit Empfängnishügel« – wieder eins von vielen Wörtern, die ich nie zuvor gelesen, gehört hatte, nun entdecke ich es auf Ablichtungen aus medizinischen Handbüchern, vermittelt vom Freund, dem Arzt. Demnach: Mikrogameten befruchten Makrogameten ... Ookineten dringen in Darmzellen ein ... Oozyste platzen ... Sporozoiten werden freigesetzt und gelangen in die Speicheldrüse der Malariamücke ... der Biss oder Stich erfolgt ... Sporozoiten werden mit Mückenspeichel in die Wunde »eingebracht« ...

die Parasiten vermehren sich vor allem in der Leber, die anwächst, und die Milz macht mit ... reife Schizonten verfallen, Meroziten werden freigegeben ... Alles viel komplizierter, als ich mir das vorgestellt hatte! Freilich habe ich noch nie darüber nachgedacht, was die Voraussetzungen einer Malaria-Erkrankung sein könnten. Der bald schwer kranken Maria Sibylla Merian zuliebe mache ich mich hier kundig, soweit das bei meinem Voraussetzungen möglich ist – die meisten Fachbegriffe bleiben Termini einer Fremdsprache.

Wie auch immer: das Gift ist gemischt, die Haut ist durchbissen, ein nur mikroskopisch sichtbares Konglomerat von Speichelmolekülen und Sporozoiten-Molekülen gelangt in den Blutkreislauf, damit in die Leber, und hier setzt die heillose Vermehrung ein. Aber fürs Erste merkt eine infizierte Person nichts davon, schon gar nicht eine so zähe Person wie die Merian. Zehn oder zwanzig oder dreißig Tage nach der nicht bemerkten Infizierung kriegt sie Kopfschmerzen, die aber nicht weiter alarmierend scheinen, sie fühlt sich unwohl, auch nicht weiter alarmierend, sie fühlt sich schlapp, und das lässt sich nach den vielen Anstrengungen durchaus erklären, auch das Ziehen in einigen Muskelsträngen, und das Frösteln kann, für eine Zeitphase, als beinah angenehm empfunden werden im feuchtheißen Klima. Nach zwei, drei Tagen scheint alles wieder vorbei zu sein: das Vorspiel, das Prodrom. Aufatmen. Weitere Aktivitäten, weitere Pläne. Die Natur scheint gesiegt zu haben. Doch bald darauf: Schüttelfrost, heftig, Schweißausbrüche, Fieber. Dazu Erschöpfung: sie, auch sie fühlt sich wie zerschlagen. Das Fieber verschwindet wieder, um nach drei, vier Tagen zurückzukehren. Und wieder verschwindet es, und erneut kehrt es zurück. Gab es damals pflanzliche Heilmittel, von einer der Indianerfrauen der Kranken überbracht? Kraut, Wurzel, Sud? Aber das wird höchstens lindern; mit Hausmitteln kommt man gegen diese Krankheit nicht an. Weil sie letztlich noch nicht behandelt werden kann, zu jener Zeit, stirbt jede fünfte Person, die infiziert wurde mit den Parasiten, die sich erbarmungslos vermehren in der Leber, die spürbar größer wird, und in der Milz, die ebenfalls wuchert bis zum möglichen Riss. Völlige Erschöpfung. Fieberdelirien. Es wird der Patientin (und ihrer Tochter) dringend angeraten, den Aufenthalt im Land abzubrechen und mit dem nächsten Schiff nach Amsterdam zurückzukehren. Rückfälle sind auch dort möglich, je nach Variante, aber der Körper wird nicht zusätzlich durch das mörderische Klima belastet.

ZURÜCK
NACH
AMSTERDAM

Ein Kupferstichportrait der Maria Sibylla Merian in ihren letzten Lebensjahren. Die Vorlage wurde von Georg Gsell gemalt, einem der Schwiegersöhne. Das (bisher) einzige Bild, das uns eine Vorstellung davon vermittelt, wie Frau Merian ausgesehen hat, ausgesehen haben dürfte.

LEBENSBILD 32: Achterdeck eines Westindienfahrers. Auf einem Feldbett liegt eine ältere Frau. Neben ihr, auf einem Hocker, eine jüngere Frau; sie scheint der Kranken etwas vorzulesen. Stickend eine farbige Frau: die Sklavin, die namenlose, die von den beiden Frauen mitgenommen wurde. Und ein Mädchen, das sie zur Verwandtschaft, zur Familie bringen. Wenig Platz auf dem erhöhten Deck für weitere Personen: Taurollen; Fässer, verzurrt; kleine Hühnerställe. (Pinsel in Weiß über schwarzer Kreide auf blaugrünem Bütten. Vertikale Knickfalte. Verso von älterer Hand. Hinweis auf den Namen des Schiffs: »Frieden«.)

ICH WILL NICHT DRAMATISIEREN, aber dieses Stichwort muss ich noch einmal aufgreifen: Piraten. Hier, bei der Ausfahrt aus dem Meeresarm der Flussmündung, hier in Küstennähe werden sie am ehesten zur Gefahr, hier lässt sich ein Schiff am leichtesten abfangen. Piraten werden davon ausgehen: Auch dieses Schiff wird auf der Fahrt nach Surinam Sklaven transportiert haben, und die wurden sicherlich nicht ausschließlich (in umgerechnetem Gegenwert) mit Zuckersirup und Rohzucker bezahlt, es wurde auch Bargeld eingenommen, und das dürfte sich an Bord befinden. Also auflauern und abkassieren.

Die Zee-roovers waren hier vor Westindien besonders aktiv. Und ihre Brutalität war legendär. »Da schlitzte er einen von ihnen bei lebendigem Leib auf, riss ihm das Herz heraus, biss hinein und warf es einem anderen ins Gesicht mit den Worten:« was folgt, sind Drohworte, Gewaltworte, Metzelworte. Schnaps- und Blutrausch! So etwas müssen die beiden reisenden Frauen aber glücklicherweise nicht miterleben, ich könnte das Kapitelchen beenden, will aber noch einen Punkt hervorheben.

Und zwar: »Ist das eroberte Schiff besser als das eigene, so übernehmen sie das eroberte und stecken ihr eigenes Schiff in Brand.« Und: »Die bei der Eroberung eines fremden Schiffes gemachten Gefangenen werden an Land gesetzt, bloß zwei oder drei behalten die Seeräuber für Arbeiten, die sie selbst nicht machen wollen, wie etwa das Kochen. Nach höchstens drei Jahren jedoch lassen sie die Gefangenen wieder laufen.« Sahen die beiden Frauen hier eine drohende Gefahr: jahrelang Küchendienst etc. auf einem Piratenschiff?

DIE KRANKE FRAU AN BORD WAR NICHT APATHISCH: offenbar setzte sie so bald wie möglich ihre Beobachtungen und Aufzeichnungen fort. Was voraussetzt: sie hatte Präparate und Lebewesen mitgenommen (oder von der Tochter mitnehmen lassen). Im Reisegepäck selbstverständlich Blumensamen, Blumenzwiebeln – nicht nur von der Roten Iris, die sie in Amsterdam in ihrem Garten anpflanzen wird. Auch Eidechseneier werden aufgeführt: »Diese habe ich auf meiner Reise nach Holland mit aufs Schiff genommen, wo die jungen Eidechsen auf See auskrochen. Doch in Ermangelung ihrer Mutter und aus Mangel an Nahrung sind sie gestorben.« Ebenfalls in der Kajüte waren schneckenähnliche Larven, die sie auf Blättern der (in Surinam wild wachsenden) Zitrone gefunden hatte. »Sie sind giftig, wodurch sie auch die Glieder von demjenigen, der damit in Berührung kommt, steif machen und Entzündungen hervorrufen. Am 11. Juni 1701 haben sie ihre Haut abgeworfen und ein Gespinst gemacht, und aus einer von ihnen ist am 27. Juni 1701 (nachdem ich schon auf dem Schiff war, um nach Holland zu reisen) ein seltsamer Eulenfalter geschlüpft.« Metamorphose also auf hoher See.

EINER AN BORD, DER GERN ETWAS ZUM BESTEN GIBT, er könnte mal, während die beiden Frauen auf Achterdeck saßen, in ihre Kajüte gegangen sein, beziehungsweise: hat nur mal den Kopf in die Kajüte reingesteckt und ist fast umgekippt, so ein Gestank war da drin, ein süßlicher Gestank von faulem Fleisch – kein Wunder, all diese Federbälge und so weiter, die in Amsterdam verkauft werden sollen, dieses Zeug ist ja gar nicht richtig sauber zu kriegen ...

Analogie, Analogie! Später wird Forster senior, der grantige Pfarrer auf Weltreise, beklagen, die Kajüte sei »vollgestopft, feucht, schmutzig und voller schädlicher Dünste«. Und das auf einem Schiff unter Captain Cook! Und noch später, an Bord der »Challenger«, werden vor allem die Vogelbälge einen derartigen Gestank verbreiten, dass man für sie einen kleinen Schuppen zurechtzimmert an Deck, zwecks besserer Durchlüftung. Je mehr Präparate mitgeführt wurden, desto günstiger: über ihren Verkauf wurde ein Teil der Reisekosten wieder ›eingespielt‹, nachträglich. (Auf diese Weise werden Forschungsreisen bis ins 20. Jahrhundert mitfinanziert!)

SCHIFFSPASSAGIERE UND IHRE MITBRINGSEL: ein Ferment, das mitwirkt bei der improvisierenden Entwicklung veritabler Seefahrergeschichten ...

Eine von ihnen könnte, frei nach einer wahren Geschichte, wie folgt erzählt werden, auf Deck, in ruhiger Stunde: Ein Engländer, natürlich ein Engländer, übrigens mit dem Namen Sloane, er kehrte, vor einem Dutzend Jahren, auf einem englischen, auf einem echt englischen Schiff von Westindien, von Jamaika aus nach Albion zurück, mit reicher, sehr reicher Ausbeute ... Das waren allein schon Hunderte, ach was, Tausende, Abertausende von Glasbehältern mit Pflanzen und Tieren in Branntwein, jedes Glas beschriftet, aber lateinisch, also ging das die englischen Kollegen an Bord nichts weiter an, sie machten sich, nach einigen Tagen Schipperei, über die Gläser her, und weil die so zahlreich waren, fiel das nicht weiter auf; als Erstes wurden Gläser mit eingelegten Pflanzen geöffnet, mit Wurzeln und Zapfen und fetten Blättern, da tranken sie den Branntwein weg, ließen das eingelegte Gemüse diskret von Bord verschwinden, und als die Reise länger dauerte, infolge Windstille, war man nicht mehr so wählerisch, griff auch zu Gläsern mit eingelegten Schlangen oder Kröten, holte die raus, warf die über die Reling, natürlich außerhalb der Sichtweite von Sir Hans Sloane, und dann soffen sie den geschmacklich zum Teil doch nachteilig veränderten Branntwein aus, aber englische Seeleute sind nicht heikel.

Bei anderen Mitbringseln von Sir Sloane war es allerdings nicht so leicht, die einfach mal über Bord gehen zu lassen: erstens hatte er einen Leguan, zweitens ein Krokodil, drittens eine Riesenschlange mitgenommen, natürlich lebend und sicherlich für den Londoner Zoo bestimmt. Bevor der Anker gehievt wurde, hatte jener Mr. Sloane den Captain bestimmt erst mal von der Harmlosigkeit dieser Tierchen überzeugen müssen und die Mannschaft ebenfalls. Die Riesenschlange, so behauptete er zum Beispiel, sei von einem Indianer dressiert worden, »dem sie wie ein Hündchen folgte«. Das Riesenschlangenhündchen war in einem besonderen Behälter eingesperrt, wohl an Deck, und eines gar nicht schönen Tages kroch die Riesenschlange aus ihrer Kiste heraus, schlängelte sich über Deck, das sehr schnell leer wurde, die englischen Seeleute hingen sicherlich wie die Affen in den Wanten, bis ein beherzter Diener von Mr. Sloane die Schlange erschoss. Ja, und der Leguan, der frei an Bord herumlaufen durfte, der wagte sich in einem unbewachten Moment zu weit an der Reling vor, stürzte ab und ward nicht mehr gesehn. Blieb noch das Krokodil. Aber das verendete ganz einfach, konnte nun endlich, nach Jägerart, auf den Rücken gedreht werden, und wahrscheinlich zog man ihm die Haut ab, das kostbare Krokodilsleder, warf den Kadaver über Bord. Ob Haie den fraßen? Oder verschmähten die Krokodilsfleisch im Ozean?

Ein Stück gut gezwirntes Seemannsgarn, mit dem roten Faden nicht der englischen Marine reingedrillt, sondern der Authentizität. Der Erzähler an Deck, unter einem Sonnensegel, an einem windlosen Tag, er kann, erleichtert, betonen, dass mit den beiden Frauen zwar auch wieder ein Krokodil und eine Schlange an Bord gekommen seien, aber erstens in ziemlich kleiner Ausführung und zweitens im Glas und drit-

tens in Alkohol – den hätte man vorher aber besser an die
Mannschaft verteilt …

AUCH VON DEN DIVERSEN LEBEWESEN in ihrer Kajüte
hätte die Merian in einem Reisebuch berichten können. Aber
sie hat es nicht geschrieben, leider. Wie viel hätte sie allein
schon über das Vierteljahr erzählen können, das sie unterwegs
war zwischen Surinam und den Niederlanden. Vieles war
bereits Routine, wurde aber kaum als Routine empfunden. Das
wird ein Jahrhundert später schon anders sein. Poeppig, unser
Reisebegleiter: »Die Schilderung langer Seereisen ist ein gleich
schwieriges und gleich undankbares Geschäft, ganz besonders
in unseren Zeiten, wo so unendlich viele derselben, und zum
Teil mit Meisterhand, beschrieben worden sind. Von der
Mehrzahl möchte man indessen fast denken, daß die Einför-
migkeit des Seelebens auf den Stil und die Einbildungskraft
des Reisenden selbst einwirkte und ihn unvermerkt in den
Kreis der ermüdenden Gewöhnlichkeit herabziehe. Was in
gewöhnlicheren Beziehungen das nautische Leben bietet, ist
vielfach erörtert worden, und bisweilen mit Humor!« Und,
noch deutlicher: »Eine einfache Kreuzung des atlantischen
Meeres hat aufgehört, einen hervorstechenden Zug einer individuellen Biographie zu bilden.«

Das mag zutreffen für den Beginn des 19. Jahrhunderts, galt
aber sicherlich noch nicht für eine Überseefahrt zu Beginn des
18. Jahrhunderts. Zwei Frauen (wieder) auf einem Westindienfahrer – da hätte sie bestimmt viel zu erzählen gehabt in einem
Reisebuch. Sie hätte es ja nicht allein verfassen müssen (eventuell schon die lange Reisezeit an Bord nutzend), Tochter
Dorothea hätte ihr sicherlich auch dabei geholfen. Dann wäre
sie wenigstens ansatzweise neben der Mutter sichtbar geworden. Doch die Merian hat dieses Reisebuch nicht geschrieben
oder diktiert. Hat erst recht nicht die Geschichte ihres kon-
trastreichen Lebens verfasst. Hätte sie es getan, mit der Auf-
richtigkeit einer Pietistin und der Genauigkeit einer naturkundigen Frau, es wäre berühmt geworden, berühmt geblieben.

Bestimmt gab es an Bord schon mal die Anfrage, ob sie nicht alles mal niederschreiben wolle, was sie bisher so erlebt habe. Ihre Entscheidung, solch ein Buch nicht zu schreiben, zeigt Spätwirkung, auch bei mir: ich arbeite nach.

UNGEFÄHR EIN VIERTELJAHR SIND SIE AUF SEE, auf hoher See: eigentlich Zeit genug, einmal ausführlich über Dorothea Merian zu berichten, aber: es ist nichts, fast gar nichts, was sich in der Überlieferung mit ihrem Namen verbindet. Nur ein paar Daten: das Geburtsjahr oder das Jahr der Heirat, bald nach der Rückkehr. Ihre Mutter, das wurde schon vorweggenommen, wird sie in keinem der späteren Begleittexte zu den Kupferstichtafeln des Surinambuchs erwähnen, auch nicht beiläufig. Dorothea wird auch in keinem der überlieferten Briefe genannt, namentlich. Nur Zufall? Oder hat sich die Mutter wie selbstverständlich in den Mittelpunkt der Restfamilie gesetzt? Heutig formuliert: Kindchen, du steckst jetzt mal ein bisschen zurück, ja? Ungefähr in dieser Stilart?

Ich würde gern einen Ausgleich schaffen. Aber was ich mir bei der Mutter nicht leisten konnte, das erlaube ich mir auch nicht bei der Tochter: Biographisches zu erfinden. Jedes Detail zu Leben und Lebensformen, zu Ereignissen jener Zeit (das muss ich auch bei diesem biographischen Buch betonen) ist belegbar. Wo Fakten fehlen, interpoliere ich nicht Fiktionen. Ich schreibe hier keinen verkappten Roman. Aber ich schreibe eine Biographie, die Schreibmethoden, Schreibstrategien eines Romanautors umsetzt, modifizierend. Wo Fiktives ausnahmsweise doch mal in dieses Buch hereinspielt, da wird es deutlich markiert – das geschieht denn auch hier. Ich erfinde im Namen der Tochter, die nicht bloß Schatten der Mutter sein darf. Ich mag nicht deren Haltung, deren (wahrscheinliche) Einstellung übernehmen: keine Zeilen für die Töchter. (Oder hat uns Überlieferung gerade so etwas vorenthalten?) Weil ich nur so wenige Lebensdaten von ihr kenne, muss ein Freiraum geschaffen werden, in dem sie sich dennoch entfalten kann, wenigstens ansatzweise. Wenn schon nichts über sie erzählt werden kann, soll wenigstens erzählt werden, dass sie an Bord, dass sie auf Deck eine Geschichte erzählt, eine Geschichte, für die es keine Vorlage gibt, eine Geschichte, die ich mir (wie wir früher sagten) ausgedacht habe, hoffentlich im Sinne von Dorothea.

Es ist die Geschichte vom *Großen Panthersprung* nach Amsterdam. An Deck solch eines Schiffs der WIC, auf mittlerweile gescheuerten Planken, liegen mehrere Einbäume, denn es fährt ein Trupp surinamischer Indianer mit, vom Stamm der Wayana (Arapai), und dies ganz offiziell: als zahlende Passagiere. Was leicht hätte geschehen können, das hat oder hätte nicht stattgefunden: dass nachts dieser Trupp das an der Reede von Paramaribo ankernde Schiff geentert und dem Befehl des Häuptlings unterstellt hätte. Vielmehr wurde der Kapitän ausgezahlt mit Silbermünzen, geprägt in Trinidad: Goldmünzen hätten erneut die Gerüchte belebt, im Innern, tief im Innern von Guyana gebe es unermessliche Goldschätze – es sollen keine Goldsucher, keine neuen Eroberertrupps nach Surinam gelockt werden.

Der Kapitän, so kann, so könnte Dorothea hinzufügen, er wurde, er würde durch das Versprechen eines verdoppelten Solds zu rascher Rückkehr verpflichtet, ebenso die Mannschaft, an die Schweigegeld verteilt werden soll, wenn sie wirklich dichthält. Denn die folgende Geschichte darf in keine Chronik eingehen, auch wenn sie es wahrhaftig wert wäre, in die Geschichte einzugehen, unter dem Titel, der Überschrift: *Der große Panthersprung nach Amsterdam.*

Die Indianer an Bord, die Indianer an Deck: was sie während der Überfahrt tun, getan haben könnten, das wird Dorothea nicht wichtig genug sein, um es auszuführen. Die eigentliche Geschichte beginnt für sie mit der Ankunft in den Niederlanden, und zwar an der Reede von Texel. Das Schiff könnte auch vor Hoorn Anker werfen, aber Texel wäre günstiger für das Unternehmen. Klingt das militärisch?, so könnte sie zwischenfragen. Wenn das der Fall wäre, müsste sie gleich das Motiv für diese Überfahrt nennen. Der Häuptling selbst hat es dem Kapitän, dem erst misstrauischen Kapitän gegenüber glaubhaft dargestellt: Man wolle endlich einmal die oft genannte Stadt sehen, in der es so viele Türme und so wenig Mücken geben soll. Damit gab sich der Kapitän zufrieden; eine derartige Erklärung könne man sich nicht einfach ausdenken, als Vorwand oder zur Täuschung. Was ihn zusätzlich überzeugte: dass die Indianer nur leicht, ja eigentlich nur nominell bewaffnet waren.

Texel! Das Schiff geht vor Anker. Die Indianer booten sich aus, gemeinsam mit der ortskundigen jungen Frau, der sie vertrauen. Überfallartig ist bei diesem Unternehmen nur der Besuch des Bordells auf Texel: Hier dringen die Indianer ein, nach rascher Fahrt in den Einbäumen, bevor die aufgeheizte Mannschaft herandröhnt. Viel Zeit geht mit diesem Bordellbesuch nicht verloren, merkt Dorothea an, die Indianer erledigen das rasch. Silbermünzen aus Trinidad auch hier, und so wird, im Rückblick der Huren, der überraschende Besuch der Indianer zu einer Visite von Göttersöhnen, die alle Angebote des Hauses umstandslos nutzten und angemessen honorierten.

Die Indianer besteigen wieder ihre Boote. Im ersten der Häuptling und die ortskundige junge Frau. Nach neun Wochen der Untätigkeit an Bord haben die Indianer hinreichend Kraftreserven gesammelt, und so werden die vier Kanus mit starken Stechpaddelschlägen vorangetrieben. Keine näheren Angaben zur Dauer der Einbaumfahrt von Texel zur Amstel, fest steht nur, in der Erzählung von Dorothea, dass sie nachts auf der Amstel erscheinen – in einer Vollmondnacht, versteht sich. Denn sie wollen was sehen, die Wayana, ohne mehr als nötig gesehen zu werden, deshalb der Nachttermin.

Die Indianer vor Hoorn ... Die Indianer vor Amsterdam ... Die Indianer an der Schleuse zwischen Amstel und Grachtensystem ... Schweigegeld für den sowieso sprachlosen Schleusenwärter, der aus dem Tiefschlaf gerissen wird und zu träumen glaubt. Der Indianertrupp in den Einbäumen auf der ersten der miteinander verbundenen Grachten; weiterhin der gleichmäßige Takt der Stechpaddel, aber von jetzt an langsamer, erheblich langsamer, sie wollen schließlich die Stadt sehen im milden Licht des Vollmonds. Stundenschläge verschiedener Kirchen in der Stadt, freilich in ungleichmäßigen Abständen, nicht jeder Turmwächter wird minutengenau wach.

An der Ufermauer vor der Westerkerk legen die Indianer an. Einige bleiben zurück, um die Boote zu bewachen. Indianer betreten das Kopfsteinpflaster zwischen Prinsengracht und Westerkerk: sie wollen zuerst zur Kirche, die am weitesten zu sehen ist. Sie haben Buschmesser und Blasrohre dabei; einer von ihnen mit einem Holzeimer, den noch ein Deckel verschließt. Der wird am Kirchenportal geöffnet, und etwas hastig malt der Träger mit dem aus dem Gürtel gezogenen Pinsel ein Zeichen ans Mauerwerk, ein Schriftzeichen, Bildschriftzeichen, das etlichen Schriftgelehrten Kopfzerbrechen bereiten wird in den Tagen danach, dessen Bedeutung für die nächtlichen Besucher, für die ortskundige junge Frau jedoch eindeutig ist: das Zeichen für *Panthersprung*. Erst nach zahlreichen Vergleichen mit Illustrationen von Missionarsberichten wird man den stilisierten Pantherschädel aus dem fast quadratischen Bildschriftzeichen herauslesen.

Das Panthersprungzeichen als Markierung: Wir waren hier. Die Indianer dringen, wildkatzenhaft flink, in die Westerkerk ein, durch ein Fenster, das zu hoch erscheinen mag für Einbrecher, aber die Söhne Surinams kennen da keine Hindernisse. Durch die Fenster fällt reichlich Mondlicht für die Besichtigung. Kostbare Altargefäße werden der Reihe nach berührt, werden aber nicht mitgenommen. An die helle Seitenwand rechts und die zusätzlich mondhelle Seitenwand links wird je ein Panthersprungzeichen gemalt, nun schon mit ruhigerer Hand, also in ausgewogener Formgebung. Die teerhaltige, demnach im Schiff bereitete Farbe wird nicht leicht abzulösen sein, mag Dorothea lächelnd anmerken.

Bevor sie die Kirche verlassen, durchschneiden Indianer die Glockenseile: kleine Rache an den Missionaren; wenigstens für einen Sonntag sollen die Glocken der großen Kirchen von Amsterdam schweigen, dem Gott der Wayana zu Ehren. So werden die durch Gewölbeöffnungen herabhängenden Seile in einer Höhe gekappt, in der sie kein noch so geschickter, kein noch so sprungfreudiger calvinistischer Läutebub erreichen kann. Die Glocken werden sich ausschweigen, unüberhörbar ausschweigen über die Indianer, die kurzfristig die noch menschenleere Stadt beherrschen, zumindest das Stadtbild. Dorothea sieht das alles, so flicht sie ein, wie gemalt. Ah, endlich nicht nur Blumen und Insekten malen, sondern Grachtenwasser, Mauerwerk, Wolken, vom Mondlicht gesäumt, und als Überraschung für spätere Bildbetrachter: Indianer, unverkennbar Indianer. Wie kommen die nach Amsterdam, könnte gefragt werden, und diese Frage wäre berechtigt. Nur Dorothea wüsste eine Antwort darauf.

Selbstverständlich werden die Indianer gesehen – von Männern, die sehr spät nach Hause zurückkehren, vielfach torkelnd, und von Männern, die besonders früh aufstehen, weshalb auch immer. Sie alle werden ihren Augen nicht trauen. Die Betrunkenen haben es da leichter: sehen sowieso Spukgestalten, nun auch noch in dieser Version, was soll's. Für die Überlieferung, die unerwünschte, sind nüchterne calvinistische Frühaufsteher gefährlicher, aber sie werden nicht auffallen wollen durch eine allzu wilde Geschichte: Wie Indianer auf eine Brücke zupaddelten, mitten in Amsterdam, alle Einbäume in Kiellinie, und was man zuweilen an Stimmen hörte, das klang rau und sehr, sehr fremd ...

Noch einmal, so erzählt Dorothea, legen die Indianer an, von der ortskundigen jungen Frau geführt. Sie gehen zum relativ neuen, riesenhaften Rathaus am Dam, nehmen auch diesmal Blasrohre und Buschmesser mit, den Eimer und den Pinsel, denn erst recht an diesem als achtes Weltwunder gefeierten Verwaltungspalast sollen die Schriftbildzeichen oder Bildschriftzeichen den großen Panthersprung auf rätselhafte Weise dokumentieren.

Im Rathaus werden kostbare Gegenstände wie Globen und

Kerzenleuchter, wie Hieb- und Stichwaffen, wie Fahnen und Gobelins nur berührt, betastet, beschnuppert, doch alles bleibt an seinem Platz. Dies ist das Entscheidende: sie machen es nicht wie übliche Eroberer, so könnte Dorothea betonen, sie lassen kein Edelmetall mitgehn. Nur dann bleibt ihre Geschichte ihre Geschichte. Die einzigen Veränderungen, von den Indianern hinterlassen: die gekappten Glockenseile und die Zeichen des großen Panthersprungs.

Der Trupp, so könnte Dorothea weitererzählen, verlässt das Rathaus, kehrt zu den Booten zurück. Die ortskundige junge Frau führt, mit dem Häuptling weiterhin im selben Einbaum, die Indianer, denen sie vertraut, zu einem der repräsentativen Häuser an der Kaisergracht. Rasch wird noch ein Panthersprungzeichen an eine Brücke gemalt, dann dringt der Trupp unvergleichlich kletterfähiger Surinam-Indianer in den kleinen Stadtpalast ein; es wird erst ein Diener, dann der Hausherr gefesselt und geknebelt. Und die Indianer besichtigen ungestört sämtliche Räume des Hauses, vom Weinkeller hinauf bis zur Leinenkammer. Diesmal nehmen sie doch einiges mit, gleichsam als Beweismittel: ein paar Bücher, die in der großen Bibliothek keine sichtbaren Lücken hinterlassen, ein paar Kupferstiche aus den reich gefüllten Schubfächern, ein paar Proben und Pröbchen von den Prunkgeweben vor allem der Vorhänge – aber das wird man, da unauffällig ausgeführt, erst viel später entdecken, sagt Dorothea, und das wird mit ein Grund dafür sein, dass keiner dem Diener und keiner dem Hausherrn glauben wird: Indianer, die ins Haus eindringen und nichts mitnehmen, keine der goldenen Figurinen aus Japan, keins der wertvollen Porzellanstücke aus China ..! Warum, so könnten sich nüchterne Zuhörer dieser aufgeregten Berichte fragen, warum bloß sollten fremdartige Männer einen Einbruch begehen und sie nehmen nichts mit? Das wird die Glaubwürdigkeit der Augenzeugen doch sehr in Frage stellen.

Bevor es hell wird, so Dorothea, paddeln die Indianer zurück zur Schleuse, lassen sich wieder anheben auf Amstel-Niveau, verabschieden sich herzlich und einvernehmlich von der orts-

kundigen jungen Frau, und zügig geht es hinaus in die Zuiderzee, zwischen Schiffen hindurch, die dort vor Anker liegen,
und an Hoorn vorbei nach Texel. Dort wird, verabredungsge-
mäß, der Kapitän für Frischwasser und Verpflegung gesorgt
haben, denn sofort nach dem Eintreffen der Indianer soll die
Rückfahrt beginnen nach Paramaribo. Von dort aus werden die
Indianer zurückpaddeln zu den Anlegestellen ihrer Dörfer, die
im Tropenwald versteckt sind. Dort werden Geschichtenerzähler Stoff für viele, viele Stunden erhalten. Durch die Bücher,
die Kupferstiche, die Stoffproben und weitere Mitbringsel wird
bestätigt, was die Erzähler sich zurechtlegen in ihren Versionen
der Geschichte vom großen Panthersprung nach Amsterdam,
zu erzählen in mehreren Fortsetzungen.

AUF DIESER RÜCKFAHRT, DIESER HEIMFAHRT wird
sicherlich auch mal gefeiert. Ein mitreisender Geschäftsmann
könnte nach der Abendmahlzeit im Gemeinschaftsraum zu
einem Umtrunk einladen: einige Kannen Branntwein für die
Mannschaft und am großen Tisch der damals sehr beliebte
Aquavit, zungenlösend. Er hat eine geschäftlich unerfreuliche
Zeitphase hinter sich, die reichte bis ins Vorjahr. Leider hatte
er sich dazu überreden lassen, Anteile eines Handelsseglers zu
kaufen. Ein Schiff der VOC, und das mit einem Namen, der
ihm Vertrauen einflößte: »Elefant«. Er sah diesen Elefanten
damals über die Weltmeere dahinstampfen, ostwärts, ostwärts,
ein so massiger Dickfeller, dass nicht einmal Taifune ihn
bezwingen konnten, und er hörte schon den mächtigen Rüs-
sel-Trompetenstoß nach glorreicher Rückkehr mit kostbarsten
Gewürzen, die phantastische Gewinne einbrachten, die ihm
die lange, viel zu lange Zeit des Wartens auf die Rückkehr
mehr als nur versilberten. Er hatte sich nicht hinreichend warnen lassen. Zwei Jahre Warten auf die Rückkehr des Elefanten, die übliche Zeit, aber dann wurden es zweieinhalb Jahre,
und es kam, mit einem anderen Schiff, die fast schon befürchtete Nachricht, der Elefant sei untergegangen an der Pointe du
Raz, also schon fast zu Hause. Der Elefant war in gebühren-

dem Respektabstand um dieses felsstarrende Kap herumgefahren, damit um die Felsinselchen, um die Riffs, die oft dicht unter der Wasseroberfläche liegen; der Elefant fuhr, freilich im Dunkeln, vorbei an der kleinen, weit draußen vorgelagerten Insel der Galgenvögel, der Strandräuber; er folgte den beiden Leuchtfeuern, aber die Pechkränze waren diesmal an falschen Stellen ausgelegt und so wurde der Elefant auf ein Riff gelockt und es zeigte sich wieder einmal, wie erstaunlich rasch solch ein schweres Handelsschiff zerbrechen kann, vor allem, wenn Sturm zur Unzeit nachhilft. Die ganze kostbare Ladung im Wasser verteilt – Pfefferbrühe bis zum Kap, Pfefferbrühe in die nahe Bucht der Toten, in der, seit Äonen, ertrunkene Seeleute angespült werden, doch nun Pfefferbrühe, Pfefferbrühe. »Verlust zur See«, diese abscheuliche Formulierung, und er musste bei der »Desolate Boedelskamer« vorstellig werden, seine Anteile null und nichtig, außerdem fielen nach diesem Untergang prompt die »Effectenkoersen aan de Amsterdamsche beurs«. Schlimme Zeit, sehr schlimme Zeit ... Doch nun ist alles wieder ausgeglichen: er hat in Surinam glänzende Geschäfte mit Schusswaffen gemacht, produziert in der Waffenschmiede Amsterdam. Prost!

Und es wird zügig gebechert. Mit steigendem Stimmpegel könnte der Kapitän des Linienschiffs »Frieden« den Befehl erteilen, bei jedem Toast eine der Kanonen abzufeuern. Mit dem Schnapskonsum steigender Pulververbrauch. Aber das könnte man sich leisten: Hier draußen fahren keine Freibeuterschiffe mehr. Also wird verpulvert: Westindienfahrer, irgendwo zwischen Surinam und den Kapverdischen Inseln, in die Nacht schießend, natürlich ohne Vollkugeln.

MIT DER DAUER DER SCHIFFSREISE wächst auch diesmal wieder die Gereiztheit an Bord; vor allem während des dritten Monats nimmt die Aggressivität entschieden zu im engen, allzu engen Schiff. Wildeste Flüche werden ausgestoßen; Schlägereien im Zwischendeck; einem der Seemänner wird ein Messer in den Arm gestoßen. Der Kapitän sieht sich gezwungen durchzugreifen: Die Gewalttätigen werden in Eisen geschlossen. Der Seemann, dessen Flüche nicht zu überhören waren, wird auf einem Kanonenrohr festgebunden und ausgepeitscht. Falls eine mitreisende Frau um Gnade bittet, könnte der streng calvinistische Kapitän zur Antwort geben, »er habe es sich zum Gesetz gemacht, niemals eine Gotteslästerung ungestraft hingehen zu lassen«. Also weitere Hiebe mit kurzem Tau. Der Messerstecher wird ebenfalls bestraft.

Wieder Schiffsalltag … Wieder Delphine … Wieder Seegrasflächen … Wieder Meeresleuchten … Wieder Quallenfelder … Und (wie von Chamisso notiert) eine verschlossene Flasche mit Papier, aber der Kapitän will nicht unnötig Zeit verlieren, die Flaschenpost bleibt sich selbst überlassen. Die Kapverdischen Inseln, die obligatorische Zwischenlandung. Frisches Wasser, frischer Proviant. Fortsetzung der Fahrt. Ein dahintreibendes Schiffswrack, auf dem niemand mehr auf den Signalschuss reagiert, also lässt man es steuerbord oder backbord zurück. Widrige Winde. Ein Unwetter, nur noch ein tischtuchgroßes Segel am Bugmast. Wieder schönes Wetter. Teneriffa, Santa Cruz, Ankern an der Reede. Landgang. Fortsetzung der Fahrt. Womöglich achterlicher Wind. Die Küste von England wird gesichtet. Der Lotse kommt an Bord, für die Fahrt durch den Ärmelkanal, der wieder stark frequentiert ist: Segel, wohin man schaut! Und immer zahlreicher die Flaggen der niederländischen Generalstaaten.

UND WAS WIRD SICH IN DER ALTEN WELT ABSPIELEN in den folgenden, in den letzten Lebensjahren der Maria Sibylla Merian, wieder wohnhaft in Amsterdam?

Es herrscht Krieg in Europa zu Beginn des 18. Jahrhunderts, Krieg, als wäre das eine mittlerweile selbstverständliche Begleiterscheinung. Und Halley, der die Rückkehr ›seines‹ Kometen genau vorausberechnet, er entwickelt eine Magnetfeldkarte der Erde. Und es wird das Gay-Lussacsche Gasgesetz entwickelt, nach dem sich Wärmeteilchen bei sinkender Temperatur immer langsamer bewegen; am absoluten Nullpunkt von (umgerechnet) 240 Grad minus ist keine Bewegung mehr möglich. Newton veröffentlicht seine *Optik*, die später einen Goethe lange Zeit beschäftigen, weil ärgern wird, er sieht alles ganz anders. Bernoulli arbeitet weiter an der Entwicklung der Wahrscheinlichkeitsrechnung, die offenbar ein großes Faszinosum jener Zeit ist. Parfour erarbeitet die Erkenntnis, dass von der linken Hirnhälfte die Motorik der rechten Körperhälfte gesteuert wird und umgekehrt. Newcomen konzipiert die erste Dampfmaschine, es wird aber noch einige Jahre dauern, ehe sie so richtig anläuft. 1712: erst jetzt wird in England zum letzten Mal eine ›Hexe‹ verbrannt. Auch in Preußen dürfen keine Hexenprozesse mehr stattfinden. Es wird der Prototyp einer Schreibmaschine entwickelt.

Und was geschieht in der Architektur, in der Bildenden Kunst? Die großen Barockbaumeister treten auf, errichten ihre heute noch bewunderten Bauten. Eosander baut das Schloss in Berlin aus und versieht es mit der Kuppel. Der Invalidendom zu Paris wird fertig. Auch die Collegienkirche zu Wien, erbaut durch Fischer von Erlach.

Und weiter? Händel und Scarlatti veranstalten in Rom einen musikalischen Wettstreit. 1712: Friedrich (der Große) wird geboren. Ein Jahr später: Laurence Sterne. Gottfried Wilhelm Leibniz, ein Jahr vor der Merian geboren, stirbt ein Jahr vor ihr. Und ich schließe diese Annalen.

DIES DARF NICHT BLOSS IM ÜBERBLICK ERWÄHNT BLEIBEN: dass zu Lebzeiten der Merian fast unablässig Krieg geführt wurde, in verschiedener Distanz und damit Relevanz für eine Bürgerin der Niederlande. Bedrängend nah: der Nordische Krieg, seit Beginn des Jahrhunderts – und er wird erst vier Jahre nach dem Tod der Merian enden! In den Jahren 1713 und 1714 (zugleich der Beginn eines weiteren Türkenkriegs!) wird dieser Dauerkrieg vor allem in Norddeutschland ausgetragen: Polen und Russen, Sachsen und Dänen und vor allem Schweden kämpfen gegeneinander – Auswirkungen, bereits angedeutet, auch in Gottorf!

Ich muss mich auf die verwickelte Kriegsgeschichte nicht einlassen, hier soll nur Zeithintergrund erkennbar werden, mit Blick auf Folgen für die Bevölkerung. Wer nicht unmittelbar unter Kriegseinwirkungen litt, mit Leib und Gut, hatte vor allem mit Einquartierungen zu rechnen, und wie sehr hier private Sphäre eingeschränkt werden konnte, zeigt Dietz in einem drastischen Bericht. Details solcher Art könnten sich auch in den benachbarten Niederlanden herumsprechen: vor allem Händler als Übermittler. Indirekte Präsenz also.

»Wir sind leider nun mit harter Einquartierung belegt worden. Und da habe ich auch viel Drangsal von Soldaten, Unteroffizieren und deren Weibern ausgestanden. (...) Ist nicht zu beschreiben, wie sie mich gequält und noch quälen. Alter Schelm, alter Spitzbube, alter Racker, alter, verfluchter Geizteufel sind noch meine besten Titel; meine Kinder werden von ihren Kindern gestoßen und geschlagen; alles unter der Hand weg; die Stuben vom starken Einheizen in Brand gesteckt; der Garten verwüstet und die Bäume mit Urin, ja damit der Boden und die Stube überschwemmt; salvo honore vor meine Stuben hofiert, vor und in die Küche, vor den Ofen, da ich ihnen habe einheizen und darin knien müssen; Spiegel und Ofen sind zersprengt; Schüsseln und Töpfe entzweigeschlagen, zum Fenster nausgeworfen. (...) Sechsundzwanzig Hühner und Truthühner mir in einer Nacht gestohlen, die Köpfe in den Garten geschmissen. (...) Sind nicht zufrieden gewesen mit gutem Bett und Kammer, sondern haben sich in meine Wohnstube einlegen müssen. Da haben sie ihre gewaschenen Hosen und Stipulet usw. zum Fenster ausgehangen und, salvo honore, zur Dankbarkeit, weil ich ihnen Wein, Bier und Braten gab, mitten in der Stube hofiert und die Fenster eingeschlagen.«

AMSTERDAM: die Stadt, in der Maria Sibylla Merian, nach ihrer Rückkehr, mehr als anderthalb Jahrzehnte leben wird. Also sollten wir uns kurz nochmal umschauen.

Amsterdam: Stadt, die weiterhin, weiterhin Holz verschlang, in kompletten Baumstämmen. Die kamen auf Schiffen aus

Norwegen oder, in riesigen Flößen, den Rhein herab. (Flöße mit kleinen Hütten und mehreren Steuerrudern – diesen Anblick waren Anwohner des Rheins gewohnt bis ins 20. Jahrhundert.) Die Stämme wurden in den weichen, allzu weichen Boden gerammt, dicht an dicht – das muss für die beiden Frauen ein bald (wieder) gewohnter Anblick gewesen sein.

Und: das Abreißen alter Häuser, das Hochziehen neuer Häuser. Die Stadt hatte mittlerweile etwa eine Viertelmillion Einwohner, und die Zuwanderung hörte nicht auf. Ob Deutsche aus Kleinstaaten, aus repressiven Fürstentümern oder Juden aus Surinam – die Handelsstadt galt mittlerweile als tolerant. Die Toleranz erwies sich als förderlich für das Geschäft. Reichtum wuchs an. Neue Stadtteile mussten errichtet werden. Also wurden weitere Grachten ausgehoben – alles noch mit Spaten. Der Aushub gleich verwendet zur Aufsockelung von Häusern, abgehoben vom Wasserspiegel. In den Grachten die Boote, mit Waren, umgeladen im Hafen. Die Tonnen, die Fässer, die Ballen, die Bündel, die Körbe mit Flaschenzügen zu Speichern hinaufgezogen, an den Kranbalken, den charakteristischen.

Auf den Grachten wurde nicht nur transportiert, die Grachten sollten auch beseitigen – trotz wiederholter Verbote wurden Abfälle reingeworfen, Abwässer ›eingeleitet‹. Und es begann, vor allem an heißen Sommertagen, das Grachtenwasser zu stinken. Fische, mit den Silberbäuchen nach oben dümpelnd. Und zahlreich die Ratten. Spaziergänge an Grachten waren, zumindest streckenweise, auch Spaziergänge an offenen Kloaken; mit der Kanalisierung wurde erst viel später begonnen.

MARIA SIBYLLA UND DOROTHEA MARIA bleiben auch nach der Rückkehr beisammen, in einer neuen Wohnung – selbstverständlich werden sie vor der Reise das bisherige Domizil (noch in der Vijzelstraat?) freigegeben haben. In einem Brief des Jahres 1703 steht folgende Anschrift des Absenders: »In der Spiegelstraat im Hause zum Rosenzweig zwischen der Kerk-

straat und der Prinsengracht.« Mit Sicherheit wohnten sie dort
zur Miete – sonst würden sie nicht schon drei, vier Jahre später
in die Kerkstraat umziehen, gleich um die Ecke. Bis dahin
aber bleibt es bei der Adresse »In der Spiegelstraat zwischen
der Kerkstraat und der Prinsengracht, im Haus zum Rosenzweig in Amsterdam«.

Vorübergehend mit in dieser Wohnung: der Chirurg Philip
Hendriks aus Heidelberg. Ihn heiratet Dorothea (mittlerweile
23) kurze Zeit nach der Rückkehr, Anfang Dezember 1701.
Lange kann die erste Phase der Ehe freilich nicht dauern,
denn schon im nächsten Jahr wird Mutter Merian in einem
Brief schreiben, ihr Schwiegersohn, zum Oberchirurgen befördert, reise nach Ostindien – als Schiffsarzt oder als Arzt einer
der Handelsstationen der VOC? Wo und wie lange er auch
immer in Ostindien bleibt – Dorothea kann nun wieder für
die Mutter da sein. Die scheint auch die spätere Wohnung in
der Kerkstraat mit der Tochter zu teilen. Fortsetzung der
Arbeitsgemeinschaft, der Lebensgemeinschaft?

Und Johanna Helena, Ehefrau des früheren Pietistenbruders
und Fernhändlers Jacob Hendrik Herolt? Auch sie geht der
Mutter zur Hand, weiterhin. Das bezeugen einige Zeichnungen, die von Mutter und Tochter gemeinsam signiert sind:
Johanna Helena Herolt links, Maria S. Merian rechts. Die
Arbeitsteilung sah bei einem der Blätter so aus: die Mutter
übernahm Zweiglein mit Eicheln und Nüssen, die Tochter
malte knabbernde Mäuse dazu. Mäuschen waren offenbar eine
der Spezialitäten von Helena; sie gehörten aber seit langem
schon zur Staffage von Stilleben, vor allem von Stilleben
opulent gedeckter Tische und Tafeln. Die Zweiglein hätte
Johanna auch selbst zeichnen, malen können, sie war eine versierte Malerin von Pflanzen und Tieren. (Übrigens: die Gouachen ihres »Bloem Book« liegen im Kupferstichkabinett des
Herzog Anton Ulrich-Museums Braunschweig.)

LEBENSBILD 33: Ein Wohnzimmer, in dem gearbeitet wird.
Am Tisch in der Mitte eine ältere und zwei jüngere Frauen.

Die ältere Frau zeichnet, eine der Töchter koloriert, die andere bereitet ein Trockenpräparat (Vogelspinne) vor für eine weitere Arbeit. Zahlreich die Bilder an der Rückwand des Raums, meist Druckgraphik mit floralen Motiven. Zentral das großformatige Gemälde mit dem breiten, schwarzen Rahmen. Der lichtschützende Vorhang ist vor die Bildfläche gezogen – bis auf einen zwei Finger breiten Spalt rechts. (Feder in Braun, laviert, über leichter Graphitskizze. WZ: Kreuz auf vierblättrigem Kleeblatt. Vertikale Knickfalte. Papierverlust.)

IST MITTLERWEILE EIGENTLICH DAS KAPITEL KRANKHEIT BEENDET? Es gibt verschiedene Formen der Malaria. Der Hauptunterschied: Die Erkrankung bleibt Episode oder: sie findet ihre Fortsetzungen in erneuten Fieberschüben, rezidivierend.

War dies bei ihr der Fall, so war sie weiterhin auf Medikamente angewiesen. Hier wäre es interessant (weil aufschlussreich für jene Zeit) zu wissen, was ihr verschrieben, gemischt, verabreicht werden konnte, und sei es bloß zur Stärkung.

Den größten Anteil hatten sicherlich Heilpflanzen, Heilkräuter. Dem Sud oder der Lösung wurde freilich allerlei beigemischt, was heute vom Gesetzgeber nicht mehr zugelassen würde. Gemahlene Hirnschale, beispielsweise. Medikamente, die sich nur wenige leisten konnten, enthielten einen Wirkstoff ganz besonderer Art: getrockneten und gemahlenen Walfisch-Penis.

Der Walfisch-Penis war eine der Haupt-Attraktionen damaliger Wunderkammern: das größte Glied in der Welt der Säugetiere, bis zu anderthalb Meter lang. Da konnten sich selbst Pietisten begeistern! So hingen in der Naturalienkammer der Franckeschen Stiftung zu Halle gleich drei dieser holzfarbenen Objekte an der Zimmerdecke. Walfischglieder wurden aber nicht nur ausgestellt, sie wurden auch in der Pharmazie verwertet, in zermahlener Form: eine Beimischung, die wohl Stärke, Kraft, Festigkeit verleihen sollte.

Als Heilmittel besonderer Art galt auch Mumiensubstanz, im Apothekermörser zerstampft. »Die Mumie oder mumia ist ein schwarzes, hartes und harziges Wesen, von balsamierten Menschenkörpern herrührend, mit einem etwas scharfen oder bitteren Geschmack und guten Geruch; kommt aus Ägypten ... bei den berühmten Pyramiden.« Auch die Pietisten in Halle besaßen ein Stück Mumie. Was hier Genesungswünsche weckte, war wohl die Vorstellung, hier sei eine sehr alte, sehr haltbare Substanz, die dem geschwächten oder dem kranken, dem womöglich schon moribunden Körper Resistenz vermittle.

Nun will und kann ich hier keine Wunderkammer der Pharmazie-Historie eröffnen, ich erwähne diese beiden (teuren) Wirkstoffe damaliger Heilmittel nur, um erneut zu zeigen, wie sehr man noch im Reich der Fabeln lebte in jener Ära des Aufbruchs in eine Welt der Wissenschaft. (Dass das hier kein rein historisches Phänomen ist, zeigt eine Randerscheinung heutiger Paramedizin: eine kleine Firma mischt ihren Medikamenten zermahlene Reste der Berliner Mauer bei, die lange Zeit ebenso standhaft wie wehrhaft schien – irgendwas davon soll sich wohl irgendwie übertragen ...)

MUTTER UND TOCHTER haben eine reiche Kollektion an »Materialien« aus Surinam mitgebracht, »floristisch« und »faunistisch« – ich werde hierzu bald ausführlich zitieren. Eine dieser Handelswaren soll aber hier schon mal benannt werden: die Zwiebeln roter Lilien. Die Merian wird in ihrem Surinam-Werk selbst davon berichten, ich nehme vorweg: »Diese roten Lilien wachsen wild auf einer weißen Zwiebel. Ihre Eigenschaft ist nicht bekannt. Ihre grünen Blätter haben einen Glanz wie der von Seide. Ich habe einige von den Zwiebeln mitgebracht. Diese haben in den Gärten von Holland erst Blüten und danach Blätter hervorgebracht.«

Gärten: Mehrzahl ... Demnach fand, demnach findet sie diverse Käufer – sie hat ihren Kreis von Abnehmern, wie es scheint. Sie ist allerdings auch angewiesen auf Umsatz: die

Schulden, die sie für die Reise machen musste, sie müssen abgetragen werden. Und das Leben in der Großstadt ist kostspielig. Also werden auch Lilienzwiebeln von ihr vertrieben.

AUS DEN AKTIVITÄTEN, die Maria S. Merian entfaltete, lässt sich mit einiger Sicherheit schließen: das Malariafieber war überstanden. Oder, zumindest: die Rückfälle waren selten, schwächten sich ab.

Sie organisierte nicht nur den Verkauf ihrer Surinam-Importe, sie bereitete ihre große, ihre größte Publikation vor: über »Surinaamsche Rupsen en Wormen met alle des zelfs Veranderingen«. So könnte sie das gesprächsweise mitteilen, so wird es später auf dem barocken Titelblatt stehen. Und sie könnte hinweisen auf eine große Auftragsarbeit: Illustrationen beizusteuern zu einem Katalog der Raritäten, die der kürzlich verstorbene G. E. Rumphius vor allem auf der Insel Ambon gesammelt hatte. Und sie könnte weitere Pläne, langfristige, verraten: ein Buch über Säugetiere und Reptilien in Surinam, angefangen, alphabetisch, bei Affen und Alligatoren. Und ein Buch über Kräuter, unter besonderer Berücksichtigung von Küchenkräutern. Und ein voraussichtlich umfangreiches Gartenbuch. Und ihre Pläne reichen noch weiter – Frage ist nur, ob ihre Lebenszeit und Lebenskraft ausreichen wird, dies alles zu realisieren.

Zunächst aber, in mittelfristiger Planung, das Prachtwerk über »rupsen en wormen«. Dies ist ein wenig verwunderlich: wieder einmal die Raupe im Titel, obwohl sie, auch in den Niederlanden, kein Sympathieträger war. Selbst in Surinam waren Raupen verhasst: eine Raupenart befiel Zuckerrohr, konnte schwere Schäden anrichten – mit indirekten Auswirkungen bis in die Niederlande …

Für die umfangreiche Arbeit veranschlagt sie ein paar Monate. Freilich, sie ist nun Mitte fünfzig, hat die schwere Krankheit hinter sich, da reichen die Kräfte nicht mehr, um fünf Dutzend großformatiger Kupferbilder zu stechen, sie wird damit Profis beauftragen. Die brauchen aber möglichst genaue

Vorlagen, und die müssen nun mit aller Sorgfalt ausgearbeitet werden.

ENDLICH IST, in der chronologischen Folge, mal wieder ein Brief der Merian überliefert, und ich kann sie erneut zu Wort kommen lassen: eilig, hastig, fast atemlos, und es ist zuweilen schwer, ihr zu folgen, einige Wörter können nur übersetzt, nur erraten werden. Erneut ein Brief nach Nürnberg, erneut an Johann Georg Volkamer. Sie erstattet Bericht, macht Angebote. Maria Sibylla Merian, »Amsdeldam den 8 october 1702«.

»Als Erstes berichte ich dem Herrn, dass ich, nachdem ich wieder aus Amerika gekommen bin, mein Werk gemacht und noch mache: alles, was ich im erwähnten Amerika gesucht und untersucht habe, in seiner Perfektion auf das Pergament zu bringen, welches ich hoffte, bei Gesundheit in 2 Monaten fertig zu haben. Das besteht eigentlich im Sammeln von Würmern und Raupen, die ich täglich mit Futter ernährt und alles observiert, bis sie zu ihrer völligen Verwandlung gekommen sind, weshalb ich zuvor im Land die Würmer und Raupen wie auch Art und Eigenschaft ihrer Speise gemalt und beschrieben habe, aber alles, was ich nicht malen musste, das habe ich mitgebracht, als da sind: Sommervögelein und Käfer und alles, was ich in Branntwein legen konnte, auch alles, was ich trocknen konnte, das male ich nun ebenfalls, und zwar in der Manier, wie ich es zuvor in Deutschland gemacht habe, aber alles auf Pergament in Großfolio, die Arbeiten wie die Tiere lebensgroß, sehr interessant, weil unter ihnen viele wundersame Dinge sind, die noch nie ans Licht gekommen sind, und so leicht wird auch niemand eine solch schwere und kostspielige Reise unternehmen wegen solcher Dinge, auch herrscht in diesem Land eine sehr große Hitze, sodass man nur mit größter Beschwernis seine Arbeit tun kann, und ich hätte das beinah mit dem Tod bezahlen müssen, weshalb ich auch nicht länger da bleiben konnte, auch wunderte sich dort jedermann, dass ich noch mit dem Leben davongekommen war, wo doch die meisten Menschen dort an der Hitze sterben; also hat dieses Werk nicht allein Seltenheitswert, es wird ihn auch behalten.

Ich wollte es auch den Herren Gelehrten und Liebhabern zugute und zu ihrem Plaisier in Druck geben, damit sie sehen können, was Gott der Herr in Amerika für wundersame Werke und Tiere geschaffen hat, aber weil es sehr viel Geld kosten wird, dasselbe zu verlegen, so werde ich es nicht anders ausführen können, als dass es in einer Art von Subskription geschehe wie mit dem Ambonischen Werk, es wird voraussichtlich 60 Kupferplatten in Großfolio haben, also größer als das Werk im Hortus medicus von Amsterdam, und falls es dann gut vorbestellt oder verkauft würde, so dass ich meine Reiseunkosten dadurch wieder hereinbekäme, so könnte dann noch ein weiterer Teil herausgegeben werden mit allerlei anderem Getier, als da sind Schlangen, Krokodile, Leguane und dergleichen, sowie ostindische Tiere, da der Mann meiner jüngsten Tochter als Oberchirurg dorthin gereist ist, der auch sein Bestes tun wird, um alles so viel wie möglich aufzuspüren. Darum ersuche ich den Herrn, dies mit anderen verständigen Liebhabern, darüber nachzudenken und mir hierzu guten Rat zu geben, wie ich das am füglichsten tun könnte, so dass es mir keinen Schaden und den Herren Gelehrten und Liebhabern Contentement bringen würde, denn wenn ich das gemalte Werk verkaufen kann, so ist es wegen der großen Rarität sein Geld und die Reisekosten wert, aber dann kann es nur einer haben, und, wie oben erwähnt, kostet es viel Geld, es zu verlegen, wenn aber viele Liebhaber subskribieren wollen und bei der Subskription das Geld vorstrecken, damit ich ohne Schaden bleiben kann, so dürfte ich es doch wagen.

Ich habe auch alle diese Tiere, die in diesem Werk dargestellt sind, getrocknet mitgebracht und in Schachteln gut aufbewahrt, damit es von allen gesehen werden kann.

Ferner habe ich gegenwärtig noch in Gläsern mit Liquor: ein Krokodil und vielerlei Schlangen und andere Tiere, sowie 20 runde Schachteln mit allerlei Sommervögelein, Käfern,

Colobritges, Laternenträger oder in Indien Leiermann genannt, wegen des Geräuschs, das sie von sich geben, und andere Tiere, die verkäuflich sind; falls der Herr das wünscht, so
beliebe er zu bestellen, auch habe ich in Amerika Leute, die
solche Tiere fangen und mir zum Verkauf übersenden, auch
hoffe ich auch Lieferungen aus dem spanischen Westindien zu
bekommen, sobald nur der Weg geöffnet sein wird, dass die
Schiffe dahinfahren dürften, wann das aber geschehen wird,
das weiß nur Gott.«

Zwei Anmerkungen noch zu diesem Brief. Die erste zu den
Colobritges im Angebot der Merian. Lange Zeit musste ich
ein Fragezeichen setzen hinter dieses Wort: keine Ahnung,
nicht mal eine vage Vorstellung, was hier gemeint sein konnte.
Bis ich schließlich den Zedler konsultierte. Und hier war die
erste Information: es handelt sich um Brumm-Vögel. Darunter
konnte ich mir nicht viel vorstellen. Aber dann wurde ich doch
fündig: es sind Kolibris. Der Eintrag im großen Barock-Lexi-
kon schreibt eine kuriose neue und eine schon altbekannte
Fehlinformation (vorerst) fest.

Die erste: »Der überaus kleine Vogel ist eine Speise derer
Pfaffen auf Surinam, welche nichts anderes essen dürfen als
solche Vöglein.« Und die zweite: »Sie legen vier Eier und brü-
ten die aus, werden aber öfter von denen großen Spinnen darüber weggeholt und gefressen.«

Die zweite Anmerkung als Rückschluss auf ihre Arbeit: die
Merian hat, wie sie im Brief andeutet, nicht bloß Vorzeichnungen angefertigt, auf Papier, sie hat Pflanzen und Insekten
mit Wasser- und Deckfarben auf Pergament gemalt, hat damit
optimale Vorlagen geliefert für die Kupferstecher, die sie
beschäftigen wird. Zugleich waren hier Vorlagen für kolorierte
Ausgaben.

UND GLEICH NOCH EIN BRIEF, flüchtig datiert: »Amsteldam
den october 1702.« Zum Krokodil in ihrer Warenofferte und
zu den großen Schlangen ein paar Anmerkungen in der nächsten Textsequenz. Hier nur: Maria S. Merian erweckt den Ein-

druck, sie wäre nicht auf einem Schiff der WIC zurückge-
kehrt, sondern auf einer kleinen Arche Noah.

»Monsieur! Aus Ihrem freundlichen Schreiben vom 8. Oktober an meine Wenigkeit habe ich geschlossen, dass Er
5 Dosen von westindischen Insekten (die Dose für 3 Gulden)
verlangt, welches hiermit geschieht; ich habe sie im Beisein
von Herrn Schey gut mit Terpentinöl versehen und versiegelt,
auch die 15 Gulden dafür empfangen; der Herr wird aus dieser
Sendung ersehen, ob es ihm genehm ist, und ob ihm die übrigen Dosen ebenfalls genehm sein werden.

Die Tiere in Liquor sind, wie folgt, 34 Stück und kosten 20
Gulden:

> 1 Krokodil,
> 2 große Schlangen,
> 18 dito kleinere,
> 1 Gecko,
> 1 kleine Schildkröte.

Diese können alle in ein großes Zuckerglas getan werden und
dasselbe in eine hohe, runde Dose, so werden sie aus Ost- und
Westindien geschickt, wenn der Herr sie zu haben beliebt; falls
ich wieder neue Tiere bekommen werde, so will ich gerne
davon berichten, und wenn ich dem Herrn mit etwas dienen
kann, so beliebe Er nur zu befehlen; bezüglich des neuen westindischen Werks werde ich mein Bestes tun und, sobald es
möglich ist, berichten, wie hoch die Kosten sein werden, auch
ein Stück zur Ansicht machen und das übersenden, damit sich
die Liebhaber diesbezüglich resolvieren können, und wenn ich
dem Herrn auch wieder hierzulande dienlich sein kann, so
werde ich mich allerhöchst dazu verpflichtet fühlen, werde
dem Herrn auch die Rezeptur für den besten Liquor schicken,
in dem hier die Liebhaber die Tiere aufbewahren, falls ich
dem Herrn damit dienen kann; meine liebe Gevatterin Jungfer
Auerin bitte ich von unsererseits auf das allerschönste zu grüßen, ich würde gern einen Dukaten dafür geben, wenn mir
einer Flügel machen könnte, so dass ich zu ihr fliegen könnte,
ich hätte ihr so viel zu erzählen, dass sie sich halt nur verwun-

dern könnte, ich hätte ihr schon lange geschrieben, aber es geht mir wie der Pfanne zur Fastnacht, ich habe so viel zu tun, dass ich es noch aufschiebe, ich bitte auch Herrn Imhoff dienstwillig zu grüßen wie auch alle, die meiner Wenigkeit gedenken, und so verbleibe ich mit herzfreundlichem Gruß als des Herrn zu Ehren dienstwillige Maria Sibylla Merian.«

Hier lässt sich nochmal der alte Spruch hervorkramen, der Stil sei, voilà, die Person. Wenn sie sich von barocken Formeln befreit, kommt eine energische, rasante, witzige Frau zum Vorschein, mit Arbeit ausgefüllt wie eine Pfanne, zur Fastnacht, mit Krapfen. Und mit dem Traum, zur alten Freundin fliegen zu können, um endlich zu erzählen, zu erzählen, zu erzählen. (Diese Dorothea Maria Auer, Taufpatin von Dorothea, war übrigens sechs Jahre älter als die Merian; ihre Schwester war mit Johann Christoph Volkamer verheiratet – so überschnitten sich auch damals die Kreise ...)

MARIA SIBYLLA PACKT AUS (und da hätte sie wohl so atemlos erzählt, wie sie schreibt): das hätte rote Ohren gegeben in Nürnberg! Wie, du handelst auch mit Krokodilen ...? Und mit Schlangen ...?! Ja, Maria Sibylla Merian auch als Krokodil-Händlerin!

Da sie uns selbst nichts weiter darüber erzählt, muss ich ein paar Zeilen dazu schreiben. Krokodile, wir sahen es schon, waren damals sehr beliebt in Zentraleuropa. Als Trockenpräparate, das heißt: mit Stroh und Werg ausgestopft, konnten sie gar nicht groß genug sein. So hingen sie, meterlang, unter der Decke einer jeden besseren Kunst- und Wunderkammer. Besonders beliebt waren sie bei Apothekern: das Krokodil unter der Decke der Apotheke war fast so etwas wie ein Branchensignet.

Das Krokodil in der Merianschen Angebotsliste würde man heute als »Amphibie in Weingeist« bezeichnen. Da sie wohl kaum Frachtraum bezahlte, könnte es ein etwa unterarmlanges Krokodil-Nasspräparat gewesen sein. Vor zwei Glasbehältern (der eine etwa dreißig, der andere ungefähr fünfzig Zentimeter hoch) mit eingelegten Waranen stehend, frage ich mich, ob es tatsächlich ein Krokodilchen war, das sie anbot. Die Warane, diese Großechsen, die ja auch klein anfangen, sie leben in tropischen Wäldern, nicht in Flüssen, und aus dem Regenwald hätten ihr Indianer oder Buschneger solch ein Tierchen bringen können. Ein kleiner Waran sieht einem kleinen Krokodil allerdings zum Verwechseln ähnlich, für Laien. Man nahm es damals nicht immer sehr genau. Als Warenbezeichnung war das Krokodil gut eingeführt. Welche Beschreibungsbandbreite damals bestand, zeigt ein Zitat aus jener Zeit, auch wieder in heutige Schreibweise übertragen: »DIE KROKODILE selbst aber sind abscheuliche, grausame Tiere, und die größte Art von Eidechsen, welche zuweilen 18 bis 20 Schuh lang sind. Sie halten sich meist im Fluss Nil in Äthiopien auf, gehen aber zugleich aufs Land, die Nahrung zu suchen, allwo sie auch die Menschen, wenn sie dieselben erhaschen, verschlingen. Doch soll man sie zuweilen so zahm machen können, dass sie den Leuten auf die Achsel springen und mit ihnen spielen.« Na, da würde man aber, in doppelter Hinsicht, in die Knie gehen, wenn einem so ein meterlanges Reptil auf die Schulter spränge. Bei einem unterarmlangen Waran ließe sich das eher verkraften, wäre aber noch immer gewöhnungsbedürftig.

Ob nun Handel mit Waranen oder Krokodilen – sie hätte in Nürnberg, nach dem Gedanken-Flug, viel zu erzählen, con fuoco, con brio ... Die letztendlich meterlangen Krokodile ... Die ebenfalls meterlangen, faustdicken Schlangen ... Ih, und Schlangen, die zur Abschreckung weiterer Schlangen von Indianern oder Negern in Öfen der Zuckersiedereien geworfen werden ... Schlangen, die mit einem Biss töten können ... Nach den meterlangen Schlangen sicherlich noch einiges zu den kleinen und den winzig kleinen Mücken ... Die, einige Tage nach anhaltenden Regenfällen, aus stehenden und fließenden Gewässern zu Myriaden aufsteigen: Sonnenlicht gedämpft durch Mückenwolken ...

Offene Münder in Nürnberg – nein: potenziell offene Münder. Denn der Wunsch nach Flügeln erfüllt sich nicht. Und in

Amsterdamer Kreisen kennt man hinreichend Geschichten von Krokodilen, Schlangen, Moskitos. Also wird sie entsprechende Geschichten für sich behalten haben. Wichtiger waren ihr doch wohl Bilder, die erzählen ...

ES WIRD BIS 1711 ODER 1712 DAUERN, ehe Marias älteste Tochter nach Surinam reist, mit ihrem Mann, aber ich muss *hier* schon darüber schreiben – chronologisch eingearbeitet würde mit dem folgenden Einschub die Schluss-Sequenz der Lebensgeschichte aufgesprengt. Hier aber passt die Zusatzgeschichte noch herein, stichwortgerecht. Für Wettengl wäre es auch zeitgerecht: er setzt eine Reise des Ehepaars bereits auf das Jahr 1702 an. Dazu habe ich allerdings keinen Nachweis gefunden.

Kurzer Blick in die Zukunft: Johanna Helena wird über Jahre hinweg, wird wahrscheinlich für immer in Surinam bleiben. Zumindest wird sie ihre Mutter in deren letzten Lebensjahren nicht mehr sehen. Sie wird ihr aber, solange hier noch Bedarf besteht, Trocken- und Nasspräparate per Schiffsfracht zustellen. Sie wird wohl auch weiterhin zeichnen, aquarellieren, mit Deckfarben arbeiten, wird aber wohl kaum in Kupfer stechen, denn wer sollte, unter ihrer Aufsicht, die Drucke ausführen in der Kolonialhauptstadt mit Dorfdimensionen?

Und ihr Mann? Herolt, als (pietistischer oder ehemals pietistischer) Kaufmann, wird dort hoffentlich nicht mit Sklaven, sondern mit Zucker oder Kakao oder Baumwolle oder Tabak oder Indigo handeln, im Export, oder er wird, zum Beispiel, original niederländische Klinkerbausteine importieren (als Ballast im Kielraum transportiert). Fest steht offenbar, dass er (auch) Rektor des Waisenhauses von Paramaribo wurde. Besonders groß wird es kaum gewesen sein.

So weit der biographische Rahmen einer Geschichte, die ich mir für Johanna Helena ausdenke, um ihr Spielraum zu verschaffen, Text-Raum. Eine Geschichte nach einer Vorlage: von ihrem Traum, ihrem Wach-Traum erzählend, könnte sie zwischendurch hinweisen auf einen Bericht, der dieses Gedan-

kenspiel auslöste von einer Wunschreise innerhalb der wohl
lange gewünschten Surinam-Reise: Uwe George hat ihr vor-
geschwärmt von einem der Tafelberge im Regenwald von
Guyana ...

Also, im Gebiet von Guyana, dort gibt es (von Surinam aus
gesehen: westwärts) eine Gruppe von Tafelbergen, die aus dem
Grün, Grün, Grün herausragen mit Felswänden, die zweitausend, die dreitausend, zuweilen sogar viertausend Fuß hoch
senkrecht bleiben, und das nicht bloß auf der Schauseite solch
eines Gebirgsstocks, sondern rundherum. Also hat noch keines
Menschen Fuß solch eine Felsplattform je betreten hoch droben in den Wolkenregionen. Ja, so könnte Johanna Helena
betonen, emphatisch: Diese Tafelberge ragen derart hoch hinauf, dass sie oft lange Zeit von Wolken verhüllt sind. Und
wenn es zwischendurch einmal aufklart, so gleißen die Fels-
flanken von Wasser und von Glimmer – Wassersilber und
Glimmergold ... Kein Wunder, dass dortzulande die Tafelberge als *Häuser der Götter* bezeichnet werden. Aus der Ferne
sieht es jeweils so aus, als hätten Götter auf diesen Berghoch-
flächen ihre Schätze verteilt, die täglich von Regenschauern
gewaschen, damit auf Glanz gehalten, meist aber von Wolken
verborgen, damit getarnt werden. Und alle, die in ihrer Gold-
gier versuchten, dort hinaufzuklettern, sie alle sind verschwunden, spurlos und für immer.

Dort oben also, so könnte Helena betonen, dort oben ist
demnach seit Erschaffung der Welt noch nie ein Mensch
gewesen. Dort könnte sie Pflanzen und auch Tiere finden, die
kein Mensch bisher je zu sehen bekam. Urtiere werden dort
oben leben, und es wachsen dort nie gepflückte Blumen. Und
sie, Johanna Helena Herolt, geb. Merian, sie wird die Erste
sein, die solch eine Hochfläche durchstreift, die alle Lebewesen dort oben zeichnet und beschreibt. Im üblichen Tropenwald weiß man ja gar nicht, wo man anfangen soll und wo
man aufhören kann; wenn man zehn neue Käfer entdeckt hat,
warten gleich die nächsten hundert auf die Entdeckung, von
fliegenden Insekten gar nicht erst zu reden. Dort oben hinge-

gen ist alles überschaubar, denn: Säugetiere, zum Beispiel, wird es auf diesen Götterbergen nicht geben, da entfällt schon mal ein großer Teil der Schöpfung.

Ja, sie hat, sie hätte schon genaue, weit reichende Vorstellungen von ›ihrem‹ Tafelberg, ›ihrem‹ Gebirgsstock, und so könnte sie ihn, auf Wunsch, beschreiben: Ist beinah dreieckig im Grundriss, und die Spitze dieses Dreiecks mit seinen tausend Meter hohen, lotrechten Felswänden, sie gleicht dem Bug eines Schiffs, wenn auch ohne Bugspriet, und zuweilen fährt dieses gigantische Felsschiff durch ein Nebelmeer, das den Urwald völlig verdeckt, der Nebel bis zur Höhe des Tafelbergsockels, also überragen die Steilwände in voller Ausdehnung diese Nebelfläche. Große Fahrt durchs Nebelmeer ... Sobald die weiße Fläche sich auflöst, ist da nur wieder Grün zu sehen, Grün, Grün, Grün, so weit der Blick reicht, und in einigen oder etlichen Meilen Entfernung ein weiterer Tafelberg-Göttersitz, ebenfalls mit abweisend senkrechten, tausend und mehr Meter hohen Steilwänden.

Weil es auch in Surinam, in Surinam erst recht, Hexen geben soll, junge kreolische Hexen, die über exotische Zauberkräfte verfügen, so sieht sich Johanna Helena auf einen Hexenbesen steigen, wie er wohl auch in Surinam üblich ist, und sie hält sich an den Hüftknochen der vor ihr sitzenden Hexe fest, und es geht hinweg über die schon unanständig grünen Wälder, geht hinauf zur Oberkante solch eines Tafelbergmassivs, der, wie sich beim Anflug bestätigt, tatsächlich lotrecht hochsteigt aus dem hügeligen Regenwald, in dem zuweilen eine Flusskrümmung aufblinkt. Und immer mächtiger das Tosen der Kaskaden die Felswände hinab, denn soeben ist ein Gewitter abgezogen, weitergezogen. Es geht so hoch hinauf, dass selbst die fluggewohnte Hexe zu singen beginnt, raukehlig, um nicht hineinhorchen zu müssen in die alles verschlingenden Wasserkaskaden.

Und sie schaffen es. Weil das so erleichternd wirkt, könnte es Johanna gleich wiederholen: Wir schaffen es! Sie landen auf einer Felsfläche. Atemberaubend der Blick von der Felskante hinab und hinaus: Grün, Grün, Grün, und in mittlerer Entfernung ein weiterer Tafelberg, wie ein gigantischer erratischer Kubus. Noch weiter hinaus ein dritter Tafelberg, auf den sich das abgezogene Gewitter konzentriert: eine riesige Wolke in der Form eines Ambosses hat sich auf jenem Tafelberg niedergelassen, und mit unaufhörlichem Blitzen, unaufhörlichem Donnergrollen scheint sie eine neue Oberfläche zurechtzuschmieden.

Tief, tief sieht sich Johanna Helena durchatmen, sieht sich, beschwörend, die Hände, die Arme heben. Dann wendet sie sich um: die junge Hexe wartet auf Weisung. Und die lautet: Gläser heraufschaffen, so schnell wie möglich und so zahlreich wie möglich. Die stehen in einem Schuppen bereit: große Zuckergläser, einem surinamischen Zuckergrossisten abgekauft oder der Witwe eines ermordeten surinamischen Zuckerbäckers. Nur sind die schon gefüllt mit Weingeist und verschlossen mit Deckeln aus Pantoffelholz. Die sind fest in die Öffnungen gedrückt, damit die Hexe, unterwegs, nicht auf den Geschmack kommt und infolgedessen einen falschen Tafelberg ansteuert, vergeblich, in kreolischer Artikulation, ›Johanna! Helena!‹ rufend. Eine fassförmige Kiepe, von einem ledernen Stirnriemen gehalten, soll jeweils gefüllt werden mit diesen Gläsern, die müssen dann auf der Felsplattform der Reihe nach abgestellt werden, und gleich der nächste Flug, bitte. Selbstverständlich werden all diese Mühen honoriert mit Silbermünzen aus Trinidad.

Weil Johanna voraussieht, dass sie längere Zeit auf dem Felsplateau bleiben wird, sucht sie erst einmal einen unwetterfesten Unterschlupf, findet eine Höhle, vor der sogar noch eine Felsplatte vorkragt, sodass sie bei Regen auch draußen sitzen, vor sich hinsingen und Funde sortieren kann.

Und damit, so könnte sie betonen, und damit begänne die eigentliche Geschichte: sie, sie ganz allein erforscht diese felsige Hochebene. Ihr Gebiet, Terra Helena, und sie wird die Einzige bleiben, die alle Lebewesen dort oben registriert, dokumentiert, präpariert. Sie wird dort Frösche und Kröten finden, die seit Urzeiten dort oben kriechen, und die könnten, beispielsweise, pechschwarz sein oder tiefblau, und die Frösche wie getrocknet und die Kröten wie geschrumpelt, weil sie alle der Sonne näher sind. So werden sie auch nicht gesehen, von Vögeln, im grauschwarzen Fels mit den zahlreichen Einbuchtungen. Und weil es auch das Bedrohliche, das Gefährliche geben muss dort oben auf dem Göttersitz oder Götternebensitz, wird sie eine riesige Schlange entdecken, die im Hexenflug durch gezielte Steinwürfe getötet werden muss, bevor man sie fachgerecht zerlegen kann: siebzehn Stücke werden das voraussichtlich sein, gesenkt in siebzehn große, nummerierte, alkoholgefüllte Zuckergläser.

Allerdings, *eines* möchte sie dort oben nicht sehen: die ominösen fleischfressenden Pflanzen, von denen die Indianer faseln. Das hält sie für eine Ausgeburt dortiger Indianerhirne, leider weitererzählt bis nach Surinam. Soll man sich womöglich vorstellen, dass man von einer Fleischfresserpflanze nach reichlicher Insektenmahlzeit zuweilen ein Verdauungsfürzchen hört? Nein, dreimal nein: Pflanzen, die Fleisch fressen, so etwas gibt es nicht, so etwas kann es nicht geben, so etwas wäre gegen die Natur, so etwas wäre gegen Gottes Schöpfung. Sie wird auf diesem Hochplateau selbstverständlich auch Ausschau halten nach diesen Fleischfressern mit Wurzeln, und sie ist sicher: so etwas wird es dort oben nicht geben. Ja, sie wird alles daransetzen, das zu beweisen. Allein schon die Vorstellung, es könnte so etwas geben, erscheint ihr als Sakrileg. Auch um diesen ungeheuerlichen Vorwurf von Gott abzuwenden, wird sie diese Hochfläche gründlich erforschen.

Und da wird denn die kreolische Helferin raufschaffen, runterschaffen, raufschaffen, runterschaffen müssen: Gläser mit Liquor heraufgeflogen, Gläser mit Fröschen und mit Kröten und mit üppigen Pflanzen hinuntergeflogen, und alle Gläser werden beschriftet, in der Phase der Aufarbeitung, schließlich will sie in einem Riesenbuch dokumentieren, was auf der Terra Helena wuchs, kroch, lief, was über ihr flog. Ja, sie wird auch die Vögel registrieren – um Vögel hat sich ihre Mutter nur in

Ausnahmefällen gekümmert, dafür wird sie denen umso mehr Beachtung schenken. Dort oben lassen die sich viel leichter ausspähen, dort werden sie nicht dauernd von Stämmen verdeckt, von Blättermassen wie verschluckt. Wie viele Farben wird sie brauchen und verbrauchen, um diese bunte Fülle im Riesenbuch darzustellen – Monate, Jahre werden vergehen, ehe in Bilder umgesetzt ist, was sie dort gesehen hat, gesehen haben wird, gesehen haben könnte. Und in vorweggenommener Erschöpfung bricht sie ab.

IN EINEM ANTIQUARIAT habe ich eine Folge von Reproduktionen in Originalgröße erworben: »Die schönsten Tafeln aus dem großen Buch der Schmetterlinge und Pflanzen«, 1964 erschienen. Keine Faksimiles, aber gute Reproduktionen im repräsentativen Format, mit dem Blumenbuch und Raupenbuch weit übertroffen wurden. Den Zollstock anlegend, komme ich auf rund fünfundvierzig mal dreißig Zentimeter. Hochformat. Bis auf eins der Blätter sind alle nach kolorierten Vorlagen reproduziert. Mal dieses, mal jenes Blatt hänge ich im Arbeitszimmer auf: die Bilder begleiten jeweils eine längere Sequenz der Sprachreise. Und sie stellen mich vor Fragen.

Was bei den üblichen Buchreproduktionen nicht zu sehen ist, das lässt sich auf den Blättern im Originalformat auch ohne Lupe ablesen: der Name des jeweiligen Kupferstechers. J. Mulder sculp. oder P. Sluyter sculp. Dass Frau Merian nicht mehr die Kraft hatte, die sechzig großformatigen Kupfer zu stechen, das hatte ich schon vermerkt. Die alternde Frau könnte eventuell noch unter rezidivierender Malaria gelitten haben. Und sicherlich hatte sie (trotz Brille?) Probleme mit den Augen: minuziöse Arbeit bei oft schlechter Beleuchtung. Die Stecher-Signaturen machen mir wieder bewusst: es sind nicht Blätter aus ihrer Hand.

Aber: es sind Vorlagen erhalten, archiviert in St. Petersburg. Reproduktionen im Originalformat zeigen, dass die Kupferstecher die Vorlagen sehr genau umgesetzt haben. Zugleich hat die Merian mit ihren Aquarellen die Farbgebung festgelegt –

die später aber nicht beachtet werden konnte, weil die Vorlagen im fernen Petersburg nicht mehr zugänglich waren. Areskin, Leibarzt von Peter dem Großen, hatte das Konvolut kurz nach dem Tod der Merian gekauft; nach seinem Tod wiederum übernahm es der Zar; danach wurde es in der Akademie der Wissenschaften deponiert – und bis in die sechziger Jahre des 20. Jahrhunderts vergessen. Dann aber die farbenfrohe Auferstehung ...!

Ursprünglich wollte Frau Merian das Werk in drei Textvarianten herausgeben: niederländisch, lateinisch, deutsch. In Deutschland aber schrieben sich nur zwölf Subskribenten ein, das war entschieden zu wenig, das lohnte nicht den Satz der Begleittexte, so kam es nicht zu einer deutschsprachigen Ausgabe. Auch für die niederländische und die parallele lateinische Ausgabe fand sich kein Verleger, sie musste das Werk im Selbstverlag herausbringen, in Kooperation mit einem Buchhändler, der Exemplare in Kommission nahm.

Zumindest eine der überlieferten Ausgaben wurde von M. S. Merian persönlich koloriert; sie ist heute deponiert in der Sächsischen Landesbibliothek Dresden. Sie wurde Vorlage für eine Faksimile-Ausgabe. Und hier ist der Haupteindruck: gedämpfte, noble Farben. Signiert oder monogrammiert aber ist auch diese Ausgabe nicht, also könnte auch eine der Töchter mitgewirkt haben.

EIN PAAR ANMERKUNGEN NOCH zu ihren Begleittexten, jeweils auf der Gegenseite des Kupferstichs.

Ich habe schon erwähnt, dass Caspar Commelin die wissenschaftlichen Angaben beisteuerte. Sein Onkel Jan, Leiter des Botanischen Gartens von Amsterdam, hatte an einem Katalog der Pflanzen von Ost- und Westindien gearbeitet, konnte das Werk aber nicht vollenden, starb bereits 1692. Sein Neffe übernahm sein Amt, führte auch die Arbeit am Katalog weiter. Die Merian hatte also einen Experten gewählt für den wissenschaftlichen Teil ihres Werks. Caspar Commelin gibt sich hier gelegentlich zu erkennen: »In meiner Flora Malabarica ... Von

meinem Onkel Jan Commelin beschrieben unter dem Namen
…« Commelin schreibt in gleichsam hochgerüstetem Spezia-
listenidiom. »Das Gewächs ist die Lilio-Narcissus Polyanthos,
flore incarnato, fundo ex Luteo albescente Sloane Cat. Jamaic.
und wurde von Hermans in seinem Prodromus paradisi Batavi
beschrieben unter dem Namen Lilium Americanum punico
flore, Bella dona dictum.« Die umständlichen Pflanzenbezeich-
nungen sind längst abgelöst vom binären System des Linné, aber
zwei Personennamen in diesem Text sind uns bekannt: der
Sanitätsoffizier Paul Hermann auf Ceylon und Sir Hans Sloane,
der sich auf der Rückfahrt von Jamaika begleiten ließ von
Leguan, Schlange und Krokodil. 1696 erschien in England sein
Catalogus Plantarum von Westindien, speziell von Jamaika,
und hier zeigt sich, dass die Beschreibungen Commelins branchentypisch waren. Den Mangrovenbaum etwa beschrieb
Sloane wie folgt: »Malva arborea, folio rotundo cortice in funes
ductili, flore minatio maximo lilaceo.« Da ist die Nomenklatur
von Linné erheblich bündiger: Hibiscus elatus.

Wiederholt hat sich die Merian als (begeisterte, gottesfürch-
tige) Liebhaberin der Natur bezeichnet, hat die Expertenspra-
che den Gelehrten überlassen. Sie hatte nicht, wie die Schurmann, systematisch und von früh an Latein gelernt, das hatte
außerhalb ihrer Sozialisation gelegen; sie arbeitete hier später
nach, aber das blieb wohl nur Ansatz. Doch selbst, wenn sie
sich hinreichend in die Sprache der Gelehrten eingearbeitet,
wenn sie Pflanzen und Tiere in deren Idiom bezeichnet und
beschrieben hätte – viel Nutzen davon hätte die Nachwelt
nicht gehabt, etwa bei der genauen Bestimmung einiger Pflanzen und Tiere, die auf der Grundlage ihrer Abbildungen bis
heute noch nicht identifiziert werden konnten – was an der
Darstellung liegen dürfte. Abgesehen davon: es gab damals
noch keine allgemein verbindliche Terminologie, Taxonomie.
Letztlich hat jeder, der auf sich hielt, Tiere und Pflanzen auf
seine Weise beschreibend benannt.

Ihre eigenen Kommentare zeigen den spezifisch spröden
Charme der Autorin. Sie schmückt gern aus durch Vergleiche

– einige der prägnantesten, pointiertesten Beispiele habe ich bereits vorgestellt. Was sie zum Hauptthema des Buches schreibt, zu den Metamorphosen, das ist so stereotyp wie schematisch. »Am 3. April hat sie (die Raupe) sich in eine Puppe verwandelt, nachdem sie sich am Holz des Baums festgemacht hatte, und am 18. April ist ein schöner Tagfalter ausgeschlüpft, den man in Holland Pagie de la Reine nennt ... Am 4. April hat sie sich verwandelt und ist zu einer harten und haarigen Puppe geworden, aus der am 6. Mai solche dunkelgrünen Eulenfalter schlüpften ... Am 22. Januar 1700 haben sie sich festgesetzt und in braune Puppen verwandelt. Am 16. Februar schlüpften graue Motten oder Tagfalter heraus, die mit ihrem Rüssel Honig aus den Blüten saugen ...« So setzt sich das fort: Am Soundsovielten wurde die Raupe gefunden, soundsolang wurde sie gefüttert, am Soundsovielten verpuppte sie sich, am Soundsovielten fand das Ausschlüpfen statt. Mal dauert das alles erstaunlich lang, mal geht das wunderbar rasch. Über Begleiterscheinungen, die charakteristisch sein könnten (wie sie ausschlüpfen ... wie lange der ausgeschlüpfte Falter jeweils braucht, bis er zum ersten Flug abhebt ...), erfahren wir nichts. Immer nur: Dann gefunden, dann verpuppt, dann geschlüpft. C'est tout. Falls doch mal Konklusionen erfolgen, bleiben sie sehr, sehr allgemein. »Es ist öfter vorgekommen, dass sich die schönsten und seltsamsten Raupen in die schlichtesten Tiere und die schlichtesten Raupen in die schönsten Eulen- und Tagfalter verwandeln.«

Und die Pflanzen? Unter diesem Stichwort werden keine Bild ergänzenden Details benannt, es wird berichtet. »Dieser hier dargestellte Zweig stammt von einem wilden Baum. Seine Früchte hängen aneinander wie die Perlen an katholischen Rosenkränzen. Seine Blüte ähnelt in der Farbe sehr der Pfirsichblüte. Die Früchte, von denen sieben bis acht aneinander hängen, sind grün ... Diese Pflanze ist in Surinam in meinem Garten gewachsen, ohne dass mir jemand Namen oder Eigenschaft angeben konnte. Sie wächst reichlich eine Elle hoch und trägt kleine gelbe Blüten ... Die Muscusblüte wächst an einer

Pflanze, die etwa acht Fuß hoch ist. Die Blüte ist hellgelb und hat keinerlei Duft. Wenn sie abgefallen ist, wächst daraus ein großes Samengehäuse, das innen voller brauner Samen ist, die einen sehr starken Muscusgeruch haben. Die Mädchen reihen diese auf Seidenfäden und binden sie um die Arme, um sich damit zu schmücken. Die Blätter verwenden sie, um junge Puten damit fett zu machen ... Die schwarze Raupe, die an dem Samen hängt, ist mit gelben Flecken verziert und wurde auf diesen und anderen Bäumen immer in Massen gefunden. Die Raupen hängen wie die Indianer in ihren Hängematten, aus denen sie nie ganz herauskommen ...«

EINE BRIEFBEMERKUNG echot nach in meinem Kopf: »Sommervögelein und Käfer und alles, was ich in Branntwein legen konnte, auch alles, was ich trocknen konnte, das male ich nun ebenfalls, und zwar in der Manier, wie ich es zuvor in Deutschland gemacht habe.« Das scheint konsequent, ist aber doch ein bisschen verwunderlich. Denkbar wäre ja nun zweierlei: sie hat in Amsterdam Entwicklungen in der Malerei mitverfolgt, und dies hat Rückwirkungen auf ihren Malstil. Oder: der mächtige Eindruck tropischer Fülle könnte ikonographische Entsprechung finden. Aber da sind, zum Beispiel, keine Tropenwolken gemalt über Pflanzen und Kerbtieren – frei nach Eckhout. Und es zeigt sich nicht, und sei es schemenhaft, die Figur eines Eingeborenen im Hintergrund – ebenfalls frei nach Eckhout, ein Dreivierteljahrhundert zuvor. Oder: Früchte drängen sich auf einem der Buchbilder, Schmetterlinge in dichtem Flugwirbel, strotzende Blüten ... Die Spinnen, ja, die sind schon mal bedrohlich vergrößert, und es ringelt sich schon mal eine proportional stark verkleinerte Riesenschlange ins Bild, aber sonst zeigen sich keine Unterschiede zur Illustrationsweise, die in Deutschland, vor allem in Nürnberg, für sie fraglos selbstverständlich gewesen war. Es wurde ihr nichts fremd nach der langen Begegnung mit einer fremden Welt. Die forderte sie nicht heraus zu einer Änderung ihrer Parameter. Tropisches Wachstum setzte ihre gewohnten

Schemata nicht unter Druck. Nichts duckt sich unter tropischen Schauerwolken, die Pflanzen von Surinam triefen nicht,
da ist nicht mal ein Tropfen, der unter der wieder hervorbre-
chenden Sonne aufgleißt ... Und Blätter werden auch an surinamischen Pflanzen von Fressfeinden nur pro forma ange-
knabbert, auf ihren Bildern, mit einem Löchlein hier, einem
Löchlein dort. Diese Pflanzen samt Insekten vor leerem Hintergrund wie Pflanzen und Insekten des Nürnberger Raums.
Oh säuberliche Welt!

DAS BUCH ERSCHIEN 1705. Der Titel erinnert daran, dass wir
uns noch im Zeitalter des Barock befinden. Der Haupttitel,
bereits zitiert, ist lateinisch respektheischend: *Metamorphosis
Insectorum Surinamensium.* Die Fortsetzung dann in ihrer zweiten Sprache, aber hier gehe ich besser gleich über zur deutschen Übersetzung, wie sie vorliegt: »Oder Verwandlung der
Surinamischen Insekten, worin die surinamischen Raupen und
Würmer in allen ihren Verwandlungen nach dem Leben abgebildet sind und beschrieben werden, und wobei sie auf die
Gewächse, Blumen und Früchte gesetzt werden, auf denen sie
gefunden wurden. Es werden hier auch Frösche, wundersame
Kröten, Eidechsen, Schlangen, Spinnen und Ameisen gezeigt
und erklärt, und alles wurde in Amerika nach dem Leben und
in natürlicher Größe gemalt und beschrieben von Maria Sibylla Merian. Zu Amsterdam, für den Autor, der in der Kirchstraße wohnt, zwischen der Leidener Straße und der Spiegel-
straße über dem Goldenen Adler, wo dieses Werk auch
gedruckt wird und erhältlich ist, sowie bei Gerard Valk auf
dem Damm im Wachsamen Hund.«

ADRESSEN WAREN DAMALS noch nicht genormt. In einem
Brief aus dieser Zeit gibt sie ihre Anschrift in dieser Form an:
»Maria Sibylla Merianin in der Kerkstraat über der Druckerei
zum Schwan bei der Spiegelstraat.« Also kein eigenes Haus,
sondern eine Wohnung, über einer Druckerei. (In dieses Haus
zieht irgendwann auch ein Mann aus der Schweiz ein, Georg

624

Gsell, Maler, geschieden, zwei Kinder. Er wird – nach dem Tod von Mutter Merian – der zweite Ehemann von Dorothea; mit ihm wird sie nach St. Petersburg ziehen, wo er dann Zeichen- und Malunterricht erteilen wird an der Kaiserlichen Akademie.)

Selbstverständlich pilgere ich zur Kirchstraße. Sie liegt zwischen Prinsengracht und Keizersgracht, bildet eine Parallele zu beiden. Nicht mehr Altstadt, aber auch nicht mehr damaliges Neubaugebiet – die Erweiterung durch die drei großen Grachten war längst integriert.

Also: Kerkstraat. Ich erwarte nicht, dass eins der Häuser noch ein Schild zeigt mit Adler oder Schwan oder dass es eine hilfreiche Aufschrift anbietet auf einem Türsturz. Aber selbst die geringe Erwartung wird enttäuscht: eine relativ kurze Wohnstraße in sozialem Umbruch. Kleine Läden und Billig-Gastronomie versuchten sich zu etablieren, sichtlich vergebens: Leere Läden und Lokale sind zu vermieten und zu verkaufen, und man sieht ihnen an: schon seit längerer Zeit. Ich beschleunige den Schritt, schwenke ab um die Ecke, gehe durch die Spiegelstraat zum nahen Rijksmuseum.

Von dort aus, an einem anderen Tag, ein Abstecher zur Vijzelstraat, in der die drei Merians zuerst gewohnt hatten. Vom Muntplein aus führt sie südwärts, breit wie eine Ausfallstraße. Alte Bausubstanz ist kaum noch zu sehen, weiträumig wurde abgerissen und durch voluminöse Gebäude ersetzt. In den wenigen verbliebenen Häusern etwas älterer Jahrgänge: bunte Läden, billige Lokale.

Die Spurensuche in ihrem damaligen Wohnambiente bleibt also auch hier erfolglos. Nur noch die Topographie, die Anlage von Straßen und Plätzen kann Imagination stimulieren. Aber die muss sich zuvor mit alten Stadtansichten gleichsam gesättigt haben.

WIR MÜSSEN UNS NOCH EINMAL ÜBER GELD VERSTÄNDIGEN. Der Surinamband kostete 15 Gulden das nichtkolorierte und 45 Gulden das kolorierte Exemplar: sind das bescheidene oder hohe Beträge? Um es gleich umzurechnen, in der Kaufkraft: das nichtkolorierte Exemplar für etwa 380 Euro, das kolorierte für rund 1100 Euro.

Diese Zahlen sagen noch nicht viel, es muss wieder einmal verglichen werden. Und da bieten sich, vom Preisgefüge (nicht von der Qualität her!), Vergleiche an mit Rembrandt – hier ist die Überlieferung ergiebig. Es zeigt sich rasch: Eine kolorierte Ausgabe des Surinambuchs kostete mehr, als damals für ein frühes Gemälde von Rembrandt gezahlt wurde. »Tobias und Anna mit der Ziege«, Öl auf Holz, heute im Rijksmuseum: es wurde 1748 für 28 Gulden versteigert; das würde etwa 700 Euro entsprechen.

Weiteres Beispiel: »Der Reiche aus dem Gleichnis vom reichen Toren«, Öl auf Holz, heute in Berlin: der Händler, der, von verdeckter Kerze illuminiert, zwischen Papierwust sitzt und Münzen prüft. Das Bild brachte bei einer Versteigerung des 17. Jahrhunderts 20 Gulden ein; das entspricht rund 500 Euro.

Nun sind das Bilder in relativ kleinem Format – gemessen wurde damals in Daumenbreiten. Also ein Bild größeren Formats, Öl auf Leinen, anderthalb Meter hoch: Figur eines Orientalen, The Metropolitan Museum of Art; im Jahre 1729 erhielt ein Käufer den Zuschlag bei 71 Gulden, also 1650 Euro. Verglichen damit ist der Preis für eine kolorierte Ausgabe der Sammlung von Kupferstichen (die nicht einmal von der Autorin selbst hergestellt wurden) doch recht spektakulär. Fast zwei Drittel des Preises, der kurz nach ihrer Zeit für einen repräsentativen Rembrandt gezahlt wurde. Ein überzogener Preis?

Blumenportraits und erst recht Blumenstilleben waren, wie schon erwähnt, im damaligen Kunstkanon weit unter Historienbildern und Portraitgemälden eingestuft, wurden aber durchweg höher gehandelt. Hier wurden auch von weniger renommierten Künstlern oft Preise erzielt, die Rembrandt mit all seiner Marktstrategie erst hatte durchsetzen müssen, solange er, zwischen dreißig und fünfzig, seine Erfolge genießen konnte. Für ein Portrait eines hochrangigen Amsterdamer

Bürgers, der später Bürgermeister wurde, konnte er ein Honorar von 500 Gulden verlangen, also, in der Kaufkraft, von etwa 12 500 Euro. Für zwei Passionsgemälde: jeweils 600 Gulden.

Aber solche Preise wurden von Stillebenmalern ebenfalls erzielt. Landgraf Wilhelm von Hessen-Kassel, Jahrgang 1682, der in jungen Jahren in den Niederlanden gleich in Ateliers einkaufte, er zahlte ebenfalls um die 500 Gulden für ein Stillleben, das ihm gefiel. Rachel Ruysch, um das nochmal anzuführen, konnte für ein Blumenstilleben bis zu 1000 Gulden fordern, ja 1250 Gulden. (Heute werden für ihre Bilder, auf Auktionen, sechsstellige Dollarbeträge gezahlt.) Blumenbilder waren weiterhin gefragt. So blieb die Merian im Trend, wenn sie für ein Buch mit kolorierten Pflanzen- und Falterbildern so viel forderte, wie damals für zwei Rembrandt-Gemälde gezahlt wurde. Sie musste allerdings die professionellen Kupferstecher honorieren, und da wurden hohe Stundenlöhne in Rechnung gestellt. Außerdem: Sie konnte, nach den traurigen Ergebnissen erster Voranfragen bei potenziellen Käufern, nur mit minimalem Absatz rechnen, und das im Selbstverlag.

In ihrer Kalkulation war der Preis des Buchs sicherlich nicht überzogen. Sie hatte ja nun viel Geld in die Reise investiert, das wollte sie (wenigstens zum Teil) wieder verdienen. Das scheint aber nicht einmal ansatzweise gelungen zu sein, der Markt nahm die hohen Preise offenbar nicht an. Finanziell scheint das Unternehmen ein Fiasko gewesen zu sein.

»ALLES WURDE IN AMERIKA NACH DEM LEBEN und in natürlicher Größe gemalt und beschrieben von Maria Sibylla Merian.« So steht es auf dem Titelblatt ihres neuen Buchs. Dieser Text ist nicht die reine Wahrheit, die Merian betreibt hier Werbung. So trifft sicherlich nicht zu, dass sie ihre Begleittexte bereits in Surinam geschrieben hat, zu zahlreich sind die Hinweise auf die Zeit danach. Mitgebracht hat sie wohl nur Zeichnungen, Aquarelle, aber dies eher in Form von Skizzen. Im Brief nach Nürnberg berichtet sie denn ja auch, dass sie ihre Vorlagen für den Bildband auf Pergament malt.

Sie liefert auf dem Titelblatt mit, was heute als Story bezeichnet würde: ein Buch mit Bildern, die im fernen Amerika geschaffen wurden ... Original-Bildimporte ...! Authentizität wird beansprucht – hier wie auf anderen ihrer Serienbilder.

IN DEN WISSENSCHAFTLICH ERARBEITETEN ANMERKUNGEN zum Petersburger Konvolut, reproduziert in zwei gewichtigen Sammelkästen, wiederholen sich Anmerkungen wie: »Raupe gehört nicht zum Falter ... Wespe nicht genau gezeichnet, nicht benennbar ... Pflanze auch heute nicht benennbar ... unbestimmbare Falter, Raupen und Puppen ...« Die Gründe liegen eher in der Ausführung der Aquarelle als in der Unkenntnis heutiger Spezialisten. Die wissenschaftliche Präzision und damit Relevanz der Arbeiten aus jener Zeit muss zumindest relativiert werden. Es ließe sich, mit Unterstützung von Wissenschaftlern, ein langer Katalog von Ungenauigkeiten, Unstimmigkeiten und zuweilen groben Fehlern aufstellen, aber ich bleibe bei zwei Stichproben. Die Wasserhyazinthe aus dem Surinambuch wurde bereits hinreichend kommentiert. Nun eine zweite Stichprobe: eins der ›freien‹, der nicht mehr in einen Bildband integrierten Blätter in St. Petersburg: Rachenblütler und Blauschwarzer Eisvogel, Aquarell- und Deckfarben, etwa 1705.

Unter Anleitung einer Lepidopterologin entdecke ich auch hier Verwunderliches, Befremdendes. Katharina Schmidt-Loske weist mich erst einmal darauf hin, dass die bildbeherrschende Blume von Bienen und Hummeln beflogen und bestäubt wird; der Rachenblütler ist kein Saugmedium des Eisvogels, das lässt die Blütenform nicht zu. Die Raupen des Eisvogels favorisieren die Rote Heckenkirsche, vor allem, wenn die Büsche in der Sonne stehen. Der Blauschwarze Eisvogel sodann hält sich eher an Doldenblütler, an Weißblühenden Zwergholunder, an Blumen mit violetten Köpfchen. Pflanze und Falter sind auf dem Bild also frei kombiniert.

Als Nächstes fällt die Färbung auf, die Maria S. Merian der

Oberseite des Eisvogels verleiht: die ist nicht blauschwarz, wie das auch Fotografien bestätigen, sondern eher bräunlich getönt. Das lässt darauf schließen, dass die Merian nach einem Trockenpräparat gearbeitet hat. Farblich fallen zudem die roten Augenpunkte auf.

Und dann ein Fehler, der bei einer Malerin, die sich auf Raupen und Falter spezialisiert hat, sehr erstaunt: die Hinterflügel überlappen, in schmaler Zone, die Vorderflügel. So etwas gibt es nicht im Reich der Tagfalter. Des Weiteren macht mir Katharina Schmidt-Loske bewusst: der eigentlich gestreckte Thorax ist recht kugelig ausgefallen. Noch etwas: die Fühler sind nicht geradlinig abgewinkelt, sondern dekorativ geschwungen. Und: was an den Fühler-Enden deutlich ausgeprägt, ja verdickt ist, das wird von ihr jeweils auf einen Punkt reduziert.

DIE BILDER DER MARIA SIBYLLA MERIAN wurden bisher noch nicht systematisch von Entomologen, von Botanikern untersucht – Katharina Schmidt-Loske hat diese Arbeit als Lepidopterologin eingeleitet. Im Reich der Botanik sehe ich noch keinen vergleichbaren Ansatz. Doch es lässt sich voraussetzen: unter wissenschaftlichen Aspekten wird sich noch allerlei Überraschendes zeigen, und das wird nicht immer für die Arbeit der Merian sprechen. Es kann sich eine umfangreiche Fehlerliste entwickeln. Dies mit Nachträgen, denn noch immer nicht sind die weit verstreuten Bilder der Merian (oder die Bilder, die ihr mit Sicherheit zugeschrieben werden können) systematisch katalogisiert. Falls das doch irgendwann einmal geschehen sein sollte, und falls alle Blätter kritisch geprüft würden von Naturwissenschaftlern: Wie wird ihr Werk dann beurteilt werden?

So lang die Fehlerliste zuletzt auch sein mag: die Frage der Bewertung, der Beurteilung ihres Bildwerks steht jetzt schon an. Die Stichproben sagen bereits viel aus. Sie ließen sich durch weitere Stichproben ergänzen, aber würde uns das weiterbringen? Ein Neuansatz scheint notwendig, in der Interpretation wie in der Bewertung, damit wir die bedrohlich anwachsenden Fehlerlisten als Feueropfer darbringen können einem übergeordneten Prinzip.

ACH JA, ICH WÜRDE ALLZU GERN EIN ERKLÄRUNGSMODELL ENTWICKELN, das alle Unstimmigkeiten stimmig erscheinen ließe. Ich liebäugle hier mit dem Kunstprinzip *Capriccio* – schon im Kapitel Nürnberg erwähnt.

Capriccio: kein festgeschriebener Begriff für eine Stilrichtung, keine einschließende und ausgrenzende Definition, eher die Charakterisierung eines Grundgestus freier Gestaltung und Entfaltung. Das unausgesprochene Credo: Ich bin so frei, zusammenzuführen, was nicht zusammengehört, zumindest nicht topographisch.

Auf Gemälden von (meist römischen) Bauten und Ruinen wird dieses Prinzip besonders deutlich. Schon um 1620 wurde, beispielsweise, ein Forum Romanum komponiert, wie es in Rom nicht zu sehen ist: Säulenstümpfe, Säulen, Säulenportikus, Tempelruine, Kirche wurden vom Maler so angeordnet, wie er sich das für sein Bild wünschte; die Freiheit der Komposition war wichtiger als topographische Fakten. Oder: eine vorgegebene Ordnung wurde aufgehoben, es wurde eine neue Bildordnung geschaffen, damit: eine neue Realität.

Ich übernehme einige Stichworte aus dem Katalog zur Kölner Ausstellung »Das Capriccio als Kunstprinzip«. Subjektive Invention gegen objektive Norm ... Bewusste Verletzung von Regeln ... Das Element des Spielerischen ... Vieles wird »zusammengewürfelt«: Das Prinzip Zufall spielt mit herein. Und damit: Einheit des Disparaten ... Zuletzt eine Leitformulierung: »Von der Nachahmung zur Erfindung der Wirklichkeit.«

Es wurden nicht nur Gebäude und Ruinen frei kombiniert, auch Landschaftselemente konnten neu zusammengerückt werden: ein Gebirgsstock, ein Gletscher, eine Steilwand, ein Wasserfall, eine Talsohle mit Fluss so arrangiert, wie es sich in der Alpenwelt nirgendwo nachweisen lässt.

Also: nicht mehr imitatio der Natur, sondern inventio neuer Phänomene. Die Souveränität aufbringen, Objekte subjektiv zu kombinieren. Dabei gehört zum Kanon, dass die Objekte jeweils naturgetreu abgebildet werden – die Freiheit zeigt sich erst im Arrangement. Also, zum Beispiel: eine St. Paul's Cathedral muss präzis wiedergegeben werden, sonst hat sie nicht den rechten Stellenwert als Abschluss einer Reihe von Palazzi an einem venezianischen Canale.

Solche »Ars combinatoria« von Bildelementen lässt sich, ließe sich auch beim Malen von Pflanzen und Insekten übernehmen: Konfigurationen schaffen, die von der Natur als Vorlagen nicht angeboten werden. Hier hätte sich ein weiter Freiraum öffnen können: subjektive Kombinationen von naturgetreu abgebildeten Pflanzen und Insekten. Also, nicht nur eine Pflanze wie den Rachenblütler und einen Falter wie den Blauschwarzen Eisvogel auf einer Bildfläche zusammenführen, sondern, noch konsequenter: einen Falter aus Südamerika beispielsweise und eine Pflanze aus europäischem Biotop und einen Käfer etwa aus dem Fernen Osten ... Pflanzen- und Insekten-Capricci! Hier wäre denn alles erlaubt, was ästhetisch überzeugt.

Wenn ich mir freilich im Katalog die kalkulierten und perfekt gemalten Architektur- und Landschafts-Capricci anschaue, so erscheint mir dieses Erklärungsmodell überzogen. Capricci setzen volle künstlerische Souveränität und Autonomie voraus und einen Entschluss, es konsequent anders zu machen als Natur und Geschichte. Die Merian hat zwar Ansätze entwickelt zu freien Kombinationen dessen, was im Habitat, im Biotop nicht zusammengehört, aber sie hat den entscheidenden Schritt dann aber nicht gewagt. Letztlich blieb es bei dekorativen Arrangements. Nur weil eine Fläche frei ist, wird hinzugefügt, was eigentlich nicht hereinpasst. »Die blaue Eidechse mit ihren Eiern zeige ich hauptsächlich deshalb hier, um das Blatt zu schmücken ... Den oben fliegenden großen Käfer habe ich hier hinzugefügt, um das Blatt zu füllen ...« Hier ist eher ein Horror Vacui als eine autonome Entscheidung zur freien Kombination von Bildelementen. Es bleibt bei Lockerungsübungen vor dem entscheidenden Sprung. Maria Sibylla Merian lässt sich nicht zur Malerin von Capricci hochstilisieren. Hier ist eher eine Assoziation als eine Interpretation.

Damit wir nicht ganz begriffsleer ausgehen, versehe ich das Leitwort Capriccio mit einschränkendem Zusatz. Prä-Capriccio? Geht nicht, denn Capricci werden schon seit einem Jahrhundert gezeichnet, gestochen, gemalt. Pseudo-Capriccio? Klingt unfreundlich. Para-Capriccio – immer noch zu offiziös. Schließlich geht es um die ganz spezifische, die ganz persönliche Variante ihres Ansatzes zur Capriccio-Malerei. Die einfachste Lösung kommt als Nachzüglerin: MSM-Capriccio.

IM SELBEN JAHR WIE DAS GROSSE SURINAMBUCH, also 1705, erschien in Amsterdam ein Werk, das eine der großen »Natur- und Materialienkammern« jener Zeit auf 340 Seiten Folio, auf 60 Kupfertafeln und in 5 Vignetten (re)präsentierte: *De Amboinsche Rariteit-Kamer door G. E. Rumphius.*

Verschiedene Kupferstecher wirkten hier mit; die mythologisch figurenreichen Vignetten wurden von Spezialisten produziert; fast alle Vorlagen der Kupfertafeln aber schuf Maria Sibylla Merian. Freilich wird sie, so weit ich sehe, im großen Katalog nirgends erwähnt. Aber es gibt Zeugen für die Zuschreibung, es gibt Hinweise von ihr in zwei Briefen und, vor allem: in St. Petersburg liegt ein Pulk von Bildvorlagen der Merian.

Sie malte Exponate einer Sammlung, die (auch) sie niemals gesehen hatte: die war ja schon längst nach Italien verkauft, an einen der Medici. Der Delfter Bürgermeister Henri d'Aquet hatte 1699 das Manuskript, das lateinische, des großen Katalogs erhalten und es an François Halma, den Buchhändler und Verleger in Amsterdam, weitergereicht. Die Bildvorlagen, für die Rumpf-Rumphius vorgesorgt hatte, sie waren versunken, verbrannt, gestohlen. So mussten in Amsterdamer Sammlungen Exponate zusammengesucht werden, die den Beschreibungen von Rumphius entsprachen – dabei gab es Diskrepanzen, die kaum zu vermeiden waren. Diese Exponate wurden der

Merian vorgelegt, sicherlich auch mit geeigneten Bildvorlagen aus Büchern. Und sie übernahm die Riesenaufgabe, malte, meist im Format von siebenundzwanzig mal siebenunddreißig Zentimetern, mit Aquarell- und Deckfarben auf Pergament. Eine äußerst zeitaufwendige Arbeit, wenn beispielsweise ein Dutzend preziöser Muscheln oder Schneckenhäuser auf einem Blatt dargestellt werden musste oder subtilste Dendriten oder Scheinkunstwerke aus dem Reich der Mineralien. So entstand, wie ein Besucher der Merian anno 1711 vermerkt, das »dicke Buch«: »alle Sachen, die Rumphius beschrieben, nach dem Leben gemalt.«

Es scheint in der Merian-Rezeption eine merkwürdige Zurückhaltung zu herrschen gegenüber diesem Opus magnum. Es liegt nicht im »mainstream« ihrer Arbeiten, die auf immer neue Weise Pflanzen und Tiere kombinierten ... Nun stellt sie hunderte von (überwiegend maritimen) Schalentieren dar, von Schneckenhäusern, von Mineralien, und dies in einer ungeheuren Vielfalt. Nun bleibt die Frau, die sich einen immer weiteren Spielraum von Freiheiten erarbeitet hatte, penibel genau in der Darstellung der Objekte. Nun zeigt sich eine (ziemlich) andere Merian – unsere Muster der Rezeption ihres Werks, sie werden erweitert. Hier ist *Neues*. Während alternde Künstler ihr Progamm meist reduzieren (bis auf rühmliche Ausnahmen), erweitert sie ihr Darstellungsspektrum, und das auf höchst überzeugende Weise. Sie hat nicht drei Hauptbücher hinterlassen, sondern vier: das Blumenbuch, das Raupenbuch, das Surinambuch, das Raritätenbuch.

Das Werk ist gegliedert in drei Teile. Sechzehn Kupfertafeln im ersten, dreiunddreißig im zweiten, elf im dritten Teil. Dargestellt sind meist Muscheln, Schalentiere, Mineralien – also Exponate, die auch in tropischem Klima leicht zu konservieren waren. Zur Sammlung gehörte aber auch, zum Beispiel, ein Meerestier, das damals besonders bewundert wurde: die »Medusa«. Rumpf-Rumphius pries diesen vergrößerten Seestern: »Unter allen Geschöpfen, denen ich begegnet bin, ist

dies das erstaunlichste; es ist ein Lebewesen, das den sorgfälti-
gen Betrachter in Staunen versetzen und zum Ausruf verleiten
soll: Herr, wie wunderbar ist deine Schöpfung!«

Um einen Eindruck zu vermitteln von der Fülle der
Objekte dieser Privatsammlung, von der Fülle ihrer Sujets,
zähle ich, systemlos, auf, was ich im Katalog zum Petersburger
Konvolut benannt sehe. Perlmuschel, Kammauster, Klappmu-
schel, Hammermuschel, Trompetenschnecken, Tritonshorn,
Halbmondschnecken, Purpurschnecken, Zymbelschnecken,
Kegelschnecken, Fingerschnecken, Röhrenschnecken, Gieß-
kannenmuscheln, Versteinerungen von Austernschalen, grauer
Amber, eine Bezoarkugel (also ein Magenstein) von einem
Wildschwein, Feuersteine, Donnerkeile, Steinbeile, Seeigel-
Steinkerne, Armreifen aus Glas, Bergkristalle, Wollkrabbe,
Schamkrabbe, Krabben-Fingerschnecke ... Alles präzis, alles
prägnant dargestellt.

Von besonderer Kunstfertigkeit und meisterlich: Dendriten
aus Eisen- und Manganoxiden. Das sind filigrane Zufalls-
Pflanzenformen, die sich mit eindringenden Oxiden in Ge-
steinsspalten bildeten. Schon in der Antike sah man hier zar-
teste Wuchsformen; der Name bezeugt es. Solche Wunderbil-
der der Natur wurden zu Schmucksteinen geschnitten. Der
Geisterwuchs mit seinen subtilen Verzweigungen war freilich
sehr lichtempfindlich; die zarten Gebilde, von der Merian rei-
henweise gemalt, wird es also nicht mehr geben.

Frappierend auch die scheinbaren Landschaftsbilder, Stadtbilder, die durch eindringende Eisenlösungen in Kalkschiefer
entstanden, mit der Umwandlung in Brauneisen. So lese ich
im Katalogtext zur Petersburger Sammlung. Das kleine Land-
schaftsbild in Braun weckt Assoziationen an Waldbilder des
frühen Max Ernst. Und das Stadtbild scheint die Silhouette
einer heutigen Großstadt vorwegzunehmen.

Und dann ist da noch ein Achatbild, zufallsgeformt: so
etwas wie ein Torbogen, der sich ins Freie öffnet, zu einer
Meerfläche ... Metamorphosen der Malerin!

DOCH MARIA SIBYLLA MERIAN, HOCHBETAGT für damalige Verhältnisse (was nicht oft genug betont werden kann!), sie erweitert nicht nur in dieser Auftragsarbeit ihr Spektrum, und zwar entschieden, sie erarbeitet sich neue Sujets! Wohl mit Blick auf den geplanten zweiten Surinamband mit Abbildungen diesmal größerer Tiere malt sie Einzelblätter, die ebenfalls in St. Petersburg aufbewahrt werden.

Auf einem der Blätter zwei Käfer, die größten von Surinam, beherrschend auf der Bildfläche: ein Herkuleskäfer und ein Riesenbock, parallel zueinander kriechend, der eine mit wehrhaften Zangen voran, der andere mit mehr als körperlangen Tentakeln bogenförmig nach hinten.(Was übrigens zeigt, dass es sich hier um ein Präparat handelt – lebende Käfer richten die Fühler selbstverständlich nach vorn; für Sammlungen aber werden sie Raum sparend nach hinten geschwenkt.) Und, weiter: ein Blatt, auf dem diverse Käfer durcheinander krabbeln, und eine Riesen-Holzwespe gesellt sich von rechts hinzu. Auf einem wiederum anderen Blatt: ein »Laternenträger«. Und: »Dämmerungsfalter, Schwärmer mit Puppe und Raupe und andere Insekten«. Und der Caligofalter und der Harlekinbock. Und die Korallenotter und die Baumschlange. Der Kielschwanz und der Gecko. Die Feldheuschrecke und der Flugdrache. Ein Leguan und ein Alligator oder Krokodil. Und, wahrhaftig blattfüllend: ein Roter Ibis, von ihr als Flamingo bezeichnet.

Der Rote Ibis als Schlusslicht dieser Aufzählung, die fortgesetzt werden könnte. Aber es zeigt sich jetzt schon: ihr Spektrum war entschieden breiter, als es sich im Blumenbuch, im Raupenbuch, im Surinambuch dokumentierte. Aber es gelang ihr nicht mehr, ein Werk mit neuen Sujets zu vollenden und zu publizieren. Dabei liegt allein schon in Petersburg genug Bildmaterial für den Grundstock des geplanten Gartenbuchs – einer Sammlung von Kupferstichen von Gartenpflanzen mit Raupen und Insekten aus vieler Herren Länder. Einige dieser Bilder als MSM-Capricci: etwa in der Kombination einer Gartenbalsamine mit einem Falter aus Surinam ...

ANNO 1707: MARIA SIBYLLA MERIAN WIRD SECHZIG. Die runde Zahl als Stichwort für Rückblick und Ausblick? Entschieden mehr Rückblick als Ausblick in jener Zeit – heute würde sie sich, bei ihrer offenbar robusten Konstitution, auf das letzte Lebensdrittel einstellen. Damals wurde eher eine weitere Strophe des großen Abgesangs angestimmt. Also: Nachdenken über ihr Leben?

Zumindest wir können uns erneut die Frage stellen, wie (schon zu diesem Zeitpunkt) das Grundmuster ihres Lebens aussah. Es hat sich hinreichend erwiesen: Dieses Lebensmuster ist geprägt von erstaunlicher Kontinuität. Die findet in dieser Lebensgeschichte ihre formale Entsprechung in der kontinuierlichen Reihung von Beobachtungsprotokollen. Eine Kontinuität in engem Spektrum: der immer gleiche Vorgang der Insekten-Metamorphose. Da ist keine Entwicklung, das ist Beharren, ist Reproduzieren.

Zugleich Diskontinuitäten: kleine Einschnitte, tiefe Zäsuren. Die üblichen Verwandlungen: Aus der Jungfrau wurde Ehefrau, aus der Ehefrau wurde Mutter, aus der Mutter wurde Großmutter. Dann die Ortswechsel: Abschied von Frankfurt, Einleben in Nürnberg, Abschied von Nürnberg, Rückkehr nach Frankfurt, Abschied von Frankfurt, Übersiedeln nach Wieuwerd, Abschied von Schloss Waltha, Übersiedeln nach Amsterdam, Abschied von Amsterdam, Aufbruch nach Surinam, erzwungene Rückkehr aus Surinam, Rückkehr nach Amsterdam. Und die tief greifenden Zäsuren: Abschied von der bürgerlichen Lebensform Frankfurt/Nürnberg/Frankfurt, Trennung vom Ehemann, Abschied von der (verfallenden) pietistischen Lebensform, Wechsel von der Provinz in die Großstadt. Diskontinuitäten bei unbeirrbar beibehaltenen Kontinuitäten. Zwei Lebensmuster, die sich überlagern, durchdringen, durchwachsen. Und dies in ständiger Korrespondenz zur Geschichte ihrer Zeit, beides sich verbindend zur LebensGeschichte.

Wer in einem Lebenslauf die (erneut) dokumentierte Kontinuität einer Persönlichkeit sucht, ihre Homogenität, wird von

Maria Sibylla Merian nicht enttäuscht: die Lebensmelodie wird begleitet von einem fast schon stereotypen Basso ostinato. Was auch immer geschieht: mit wahrer Besessenheit führt sie ihre Beobachtungen fort. Leben, das nur in völliger Kontinuität glaubwürdig erscheint: es kann hier gefeiert werden.

Wer dagegen, nach eigener (reflektierter) Erfahrung, das Leben als Sequenz von Diskontinuitäten sieht oder interpretiert, wird hier gleichfalls Bestätigung finden: hinreichend dokumentierte Diskontinuität in ihrer persönlichen Geschichte, in ihrer Lebensgeschichte.

ANNO 1710: NUN IST SIE DREIUNDSECHZIG. Ich hebe diese keineswegs runde Zahl hervor, weil Dürers Mutter dreiundsechzig war, als der Sohn sie zeichnete, mit Kohlestift. Im Berliner Kupferstichkabinett bildete sich rasch ein Grüppchen, als diese Zeichnung auf der Tischstaffelei stand. Eine Frau, die aussieht wie eine Frau von achtzig, heutzutage: faltenreich und ausgemergelt. Die Wangen eingesunken, die Knochenform des Schädels betont, der Hals nur Haut und Sehnen. Der Mund eingesunken, also wohl zahnlos. Zähne, die zerbröckelten: Karies; Zähne, die ausfielen: Parodontose oder Parodontitis. Kein ZE, kein Zahnersatz. Alte Leute aßen denn auch eher aus dem Napf als vom Teller, sie löffelten, bis sie schließlich den Löffel aus der Hand legten.

Die gleich alte Frau in Amsterdam, die eine schwere Krankheit hinter sich hat, die in ihrem Leben hart gearbeitet hat, sie sah wahrscheinlich in ähnlicher Weise gealtert aus. M. S. M.: vom Alter gezeichnet, mit harten, scharfen Konturlinien. Hier wird heute, im statistischen Schnitt, deutlich abgemildert: der Weichzeichner verbesserter Lebensbedingungen, trotz diverser Kontaminationen. Eine Frau von dreiundsechzig, heute, sie sähe in Dürers Mutter ein Inbild, wenn nicht ein Abbild ihrer greisen Mutter. Maria Sibylla Merian mit dreiundsechzig: eine hochbetagte Frau, eine Greisin. Sie hat nur noch vier Jahre Zeit bis zum Schlaganfall, der sie lähmen wird.

»IN AMSTERDAM ANNO 1710 fand ich wiederum dergleichen Eichen-Mispeln, darin lagen solche kleinen, schwarzen Fliegen.«

Und sie verweist in ihren gesammelten Beobachtungsprotokollen auf gleiche Eichen-Mispeln, die sie bereits 1684 in Schwalbach gefunden hatte. Ein Vierteljahrhundert ist mittlerweile vergangen, und sie trifft alte ›Bekannte‹ wieder. Die Erinnerungen könnten freilich noch sehr viel weiter zurückreichen. Denn in diesem Jahr könnte so etwas wie das fünfzigjährige Raupenjubiläum gefeiert werden: 1660 bis 1710 ... Ein halbes Jahrhundert lang Raupen, Raupen, Raupen beobachtet und deren Veränderung, Verwandlung, Metamorphose in Tagfalter, Nachtfalter. Ein halbes Jahrhundert lang: dasselbe Thema, mit Variationen. Der Raupen wunderbare Verwandlungen, der Raupen wundersame Verwandlungen, der Raupen wunderliche Verwandlungen. Nur hießen die Raupen jetzt rupsen. Wie viele Stunden ihres Lebens, wie viele tausend Stunden mag sie damit verbracht haben, Raupen zu füttern, auch nachts, Raupen zu beobachten, auch nachts; um das Häuten nicht zu verpassen und das Einspinnen in einen Kokon oder das Herstellen einer Blatt-Tüte; um schließlich auf den großen Moment des Ausschlüpfens zu warten: Was mag zum Vorschein kommen? Ein schöner Falter oder ein hässlicher Parasit? Das wird notiert, das wird notiert, das wird notiert. Aber ihre Notizen und Notate werden immer kürzer, lakonischer; was sie 1710 bemerkt, das hat sie schon 1684 beobachtet, darauf muss eigentlich nur noch hingewiesen werden. »In Amsderdam Ao 1710 fandt ich widerumb dergeleichen Eigen Misspel darinen lagen solche kleine schwartze fliegen.«

ANNO 1710: LIEST SIE NOCH, mit ihren altersschwachen Augen? Lässt sie sich von Dorothea vorlesen, schaut dabei hinaus und hinauf zu Wolken, die sie nie gemalt hat? Was könnte sie jetzt noch interessieren? Pietistische Erbauungstexte, noch oder wieder? Die Lebensgeschichte des Augustinus? Oder: Nachrichten aus den Niederlanden, Nachrichten aus anderen Ländern? Wenn ja, so gäbe es für dieses Jahr eine interessante Neuigkeit: Englische Offiziere bringen vier Irokesenhäuptlinge nach London, zu einem Staatsbesuch. Während des mehrwöchigen Aufenthalts werden die Indianer systematisch beeindruckt durch Präsentationen und Repräsentationen von Kunst und Technik und Wissenschaft. Sie werden in Sammlungen geführt. Sehen sie Pelzkleidung aus Grönland, Lackwaren aus Japan, die Standarte eines aztekischen Fürsten, eine Schale aus Porzellan der Ming-Dynastie, eine tibetanische Teekanne, Lackarbeit mit Perlmutt und Specksteineinlagen? Öffnet man zu ihrer Erheiterung zwischendurch mal einen Scherzkarton und es krauchen fiese Scheinraupen auf dem Boden herum? Und dann wieder: Mineralien und antike Münzen und zeitgenössische Gemälde? Und mindestens ein Konzert und mindestens eine Aufführung eines Stücks von Shakespeare? Und so weiter, and so on? Beeindruckt von Erzeugnissen europäischer Kunst und von Erkenntnissen europäischer Wissenschaft sollen sie motiviert werden zu verschärftem Kampf gegen Indianer im Machtbereich der Franzosen in Kanada: Einzugsgebiete für Pelzkäufer beider Nationen.

Kleine Zwischennachricht, der Zeitgenossin Merian zugespielt. Nimmt sie so etwas noch wahr, so charakterisiert das die Greisin. Nimmt sie so etwas nicht mehr wahr, so ist das bezeichnend für beinah statistische Entwicklungen.

AM 2. OKTOBER 1711 BEANTWORTET DIE ALTE DAME zwei schriftliche Anfragen von »edlen Herren«. Das zweite dieser Schreiben ist erst kürzlich wieder aufgetaucht. Die Briefe laufen hinaus auf eine hübsche Pointe.

Es werden Fragen nach den Buchpreisen beantwortet. Die meisten der Preise kennen wir bereits. Neu ist hier der Hinweis auf eine Sonderausgabe des Surinam-Werks. »Wenn man es aber gemalt haben will, so kostet das Indianische 75 fl holländisch.« Gemeint ist hier ein Umdruck-Exemplar – neben den kolorierten Kupferstichen eines Bandes auch handkolorierte Umdruckbände. Wettengl informiert: »Merian fertigte

639

von dem noch frischen Kupferstich einen Abdruck auf feuchtem Papier an. Die Umrisslinien und die Binnenzeichnungen dieses Umdrucks sind schwächer und fallen bei der Kolorierung weniger ins Auge.« Der Eindruck war also eher malerisch …

Der Preis für solch eine Sonderausgabe war exorbitant. Um nochmal an den damaligen Preisspiegel zu erinnern: Ein Seemann musste ein Dreivierteljahr unterwegs sein, um eine ähnliche Summe zu verdienen. Oder, hoch gegriffen: für dieses Geld bekam man einen, mindestens einen frühen Rembrandt in repräsentativem Format …! Der große Linné beschwert sich, später, über die allzu hohen Preise etlicher Bildbände, nennt dabei auch »Mme. Merian«.

Die folgende Angabe ist über den Preis hinaus interessant: »Von dem Ambonischen habe ich noch eines, auch interessant illuminiert, es kommt auf 60 fl, in Worten: sechzig holländische Gulden. Von dem Ambonischen werde ich keines mehr machen.« Offensichtlich hatte sie keine Lust mehr, die Hundertschaften überwiegend kleiner Objekte auf den sechzig Kupfertafeln zu kolorieren – allein schon all die subtil gezeichneten und getönten Schneckenhäuser und Muscheln …!

Die angekündigte Überraschung nun am Schluss beider Schreiben. Vorausgehend verschiedene Grußvarianten. Im neu entdeckten Brief heißt es: »Nebst freundlicher Begrüßung und Empfehlung Göttlicher Obhut verbleibe ich des Herrn in allen Ehren dienstbeflissene Maria Sibylla von Merian.« Nanu?! Aber auch auf der (verkleinerten) Abbildung des Handschreibens ist deutlich zu lesen: Maria Sibylla von Merian … Kleine Selbstnobilitierung gegen Ende des Lebens?

IM NACHSATZ ZU IHREM SCHREIBEN vom Oktober 1711, an den (für uns namenlosen) »Monsieur!«, berichtet die Merian: »Von inländischen Untersuchungen aus Holland und Friesland habe ich noch vor, einen (weiteren) Teil, im Lauf der Zeit, sofern es Liebhaber gibt, herauszugeben.« Es geht hier um den dritten Teil des Raupenbuchs; Fraßpflanzen und Raupen des

Pegnitzer Habitats sollten demnach ergänzt werden durch Fraßpflanzen und Raupen friesischer und holländischer Habitate. Sie fertigte für dieses Projekt Vorlagen an, die zum Teil erhalten blieben.

1713 brachte sie die ersten beiden Bände im Selbstverlag neu heraus – ihre Begleittexte hatte sie offenbar selbst ins Niederländische übersetzt. Amsterdamer Verlagsbuchhändler schienen sich auch um dieses Werk nicht gerissen zu haben – sicherlich hätte sie gern einen Teil ihrer Arbeit an einen Verleger delegiert.

»Der Rupsen Begin, Voedzel en Wunderbare Verandering« sollte durch einen »Deerde en Laatste Deel« erweitert werden, auch wieder mit fünfzig Kupfertafeln, aber dieser Band wird erst nach ihrem Tod fertig. Vor allem Dorothea hat bei den Vorarbeiten geholfen; die bisher namenlose Mitarbeiterin nennt sich nun, zum ersten Mal, selbst beim Namen auf dem Titelblatt, als (so würden wir heute sagen) verantwortlich im Sinne des Presserechts: »Dorothea Maria Henricie (also: Hendriks), die jüngste Tochter.«

Für diesen Ergänzungsband zum Frankfurter Ergänzungsband des Nürnberger Bandes kündigt sie wiederum einen weiteren Nachtragsband an, und zwar mit südamerikanischen Insekten, »beobachtet von ihrer Tochter Johanna Helena Herolt, die zur Zeit in Surinam lebt«.

LEBENSBILD 34: Maria Sibylla Merian in einem Lehnstuhl, die Arme schlaff auf den Seitenstützen, der Kopf zurückgekippt. Die Merian nach dem Schlaganfall, 1714, nach dem Einsetzen der Lähmung? Im Raum scheinbar zufällig verteilt: ein dickbauchiges Glasgefäß, verschlossen, mit einem nicht identifizierbaren Nasspräparat; ein aufgeschlagenes, großformatiges Buch mit einer Kupfertafel; eine Blumenvase, allerdings leer, aus weiß-blauer Fayence; auf einem Tisch seitwärts ein Globus und ein Mikroskop. (Feine Feder und Tuschpinsel. Leichte Stauchspur. Feuchtrand.)

INDIREKTER KOMMENTAR CHAMISSO: »Die Verwandlungen des Insektes lassen sich auch an dem Menschen nachweisen, nur in umgekehrter Reihenfolge. Er hat in seiner Jugendperiode Flügel, die er später ablegt, um als Raupe von dem Blatt zu zehren, auf welches er beschränkt wird.«

LEBENSBILD 35: Die alte Frau wird in einem Rollstuhl an einer Gracht entlanggeschoben. Eine offenbar frühe Morgenstunde, denn das Grüppchen scheint isoliert: eine Frau hinter dem Rollstuhl, schiebend, ein Kind auf dem Schoß der Greisin, wohl ein Enkelchen. Das Familienensemble dicht geschart, vor der Fassadenreihe großbürgerlicher Häuser mit charakteristischen Giebeln und herausragenden Kranbalken. Kleine Schiffe, Boote in der Gracht, freilich noch ohne Segel an den Masten, noch ohne Männer an den Rudern. Ein Verkaufsstand, noch geschlossen. (Tuschpinsel in Schwarz und Grau, mit schwarzer Tuschlinie umrandet, auf Papier. Mit vertikaler Knickfalte und Papierverlust.)

KUPFERSTICH, DATIERT 1717. AM inv. et fec. Im Vordergrund emblematisches Inventar: ein gestürzter Säulenstumpf, ein Fragment einer Büste, eine umgekippte Sanduhr. Im Mittelgrund ein Lehnstuhl, leer; auf der Sitzfläche ein Blumenstrauß. Im Bildhintergrund, mit dem Rücken zum Betrachter, eine Frau, offenbar die jüngere Tochter, die den Satin-Schutzvorhang vor dem großformatigen Gemälde beiseite zieht:

ABBILDUNGEN

Schwarzweiße Abbildungen

5 Matthäus Merian d. J.: *Bildnis der Familie des Kupferstechers Matthäus Merian d. Ä. 1641*
Öffentliche Kunstsammlung Basel, Kunstmuseum
© Öffentliche Kunstsammlung Basel, Martin Bühler (Foto)

97 Maria Sibylla Merian: Titelseite von *Der Raupen wunderbare Verwandlung*
© Senckenbergische Bibliothek, Frankfurt am Main

227 Matthäus Merian: *Garten des Johann Schwind in Frankfurt*
© Historisches Museum, Frankfurt am Main, U. Seitz-Gray (Foto)

299 Johann Andreas Graff: *Plan von Schloß Waltha in Friesland*
© Staatsarchiv Nürnberg, Karten und Pläne, Inv. Nr. 1085

385 Stephen Blankaert: Titelseite von *Schau-Platz der Raupen, Würmer, Maden und fliegenden Thiergen*
© Senckenbergische Bibliothek, Frankfurt am Main

457 *Dubbelen Arent*
Aus: Henk den Heijer: *De geschiedenis van de WIC.* Zutphen 1994

527 *Karte der Küste Surinams*
© Senckenbergische Bibliothek, Frankfurt am Main, Frank Plate (Foto)

585 Jakob Houbraken nach Georg Gsell:
Portrait der Maria Sibylla Merian
© Historisches Museum, Frankfurt am Main

Farbige Abbildungen

1 Jacob Marrell: *Blumengeschmückte Kartusche mit der Ansicht von Frankfurt am Main*
© Historisches Museum, Frankfurt am Main,
Horst Ziegenfusz (Foto)

2 Georg Flegel: *Narzisse, Iris, Schachbrettblume und Hornisse*
Staatliche Museen Berlin, Kupferstichkabinett
© Bildarchiv Preußischer Kulturbesitz, 2001, Jörg P. Anders (Foto)

3 Giovanna Garzoni: *Blumen in Vase auf Marmorsockel mit zwei Muscheln und Schmetterlingen*
© SCALA-Picture Library

4 Otto Marseus van Schrieck: *Waldbodenstilleben mit Distel*
Aus: Erika Gemar-Koeltzsch: *Holländische Stillebenmaler im 17. Jahrhundert.* Lingen. 1995

5 Rachel Ruysch: *Waldbodenstilleben*
© Museum Boijmans Van Beuningen, Rotterdam

6 Maria Sibylla Merian: *Blumenstilleben in chinesischer Vase*
Staatliche Museen Berlin, Kupferstichkabinett
© Bildarchiv Preußischer Kulturbesitz, 2001, Jörg P. Anders (Foto)

7 Maria Sibylla Merian: *Eine große Blaue Lilie*
© Sächsische Landesbibliothek – Staats- und Universitätsbibliothek Dresden
Abt. Deutsche Fotothek / R. Richter

8 Maria Sibylla Merian: *Stilleben mit Früchten*
Staatliche Museen Berlin, Kupferstichkabinett
© Bildarchiv Preußischer Kulturbesitz, 2001, Jörg P. Anders (Foto)

9 Maria Sibylla Merian: *Albumblatt mit einer Rose*
© Staatsbibliothek Bamberg, I R 90

10 Maria Sibylla Merian: *Vier tote Bergfinken*
© Albertina, Wien

11 Louise van Panhuys: *Landungsplatz zu Paramaribo*
© Senckenbergische Bibliothek, Frankfurt am Main

12   Aus: Maria Sibylla Merian: *Metamorphosis insectorum*
     surinamensium oder Die Verwandlung der surinamesischen Insekten.
     Frankfurt am Main 1998
13   Aus: Maria Sibylla Merian: *Metamorphosis insectorum*
     surinamensium oder Die Verwandlung der surinamesischen Insekten.
     Frankfurt am Main 1998
14   Aus: Maria Sibylla Merian: *Metamorphosis insectorum*
     surinamensium oder Die Verwandlung der surinamesischen Insek-
     ten. Frankfurt am Main 1998
15   Maria Sibylla Merian: *Riesenbock und Herkuleskäfer*
     Aus: *Maria Sibylla Merian. Künstlerin und Naturforscherin.*
     Ostfildern 1997
16   Maria Sibylla Merian: *Kleiner Cagliofalter, Tagfalter, unbestimm-*
     bare Puppe und Raupe
     Aus: *Maria Sibylla Merian. Künstlerin und Naturforscherin.*
     Ostfildern 1997

Der S. Fischer Verlag dankt allen Rechteinhabern für die Abdruckgenehmigungen. In einigen Fällen konnten die Rechteinhaber, trotz intensiver Nachforschungen, nicht ermittelt werden. Der S. Fischer Verlag verpflichtet sich, rechtmäßige Ansprüche nach den üblichen Honorarsätzen zu vergüten.

INHALT

Anfänge in Frankfurt	5
Leben in Nürnberg	97
Frau Merian! Und ich.	195
Zurück nach Frankfurt	227
Streifzug	271
Schloss Waltha	299
Frau Merian! Und ich.	345
Auf nach Amsterdam!	385
Streifzug	433
Auf hoher See	457
Frau Merian! Und ich.	487
Surinam, Suriname!	527
Zurück nach Amsterdam	585
Abbildungen	643

Dieter Kühn

**Beethoven und der
schwarze Geiger**
Roman
Band 13170

Clara Schumann, Klavier
Ein Lebensbuch
Band 14203

**Das Heu, die Frau,
das Messer**
Novelle
Band 13171

Ich Wolkenstein
Biographie
Band 13334

**Der König von
Grönland**
Roman
Band 14418

**Neidhart und
das Reuental**
Eine Lebensreise
Band 13335

**Der Parzival des
Wolfram von Eschenbach**
Band 13336

Stanislaw der Schweiger
Roman
Band 13602

**Und der Sultan
von Oman**
Erzählungen
Band 13788

**Frau Merian!
Eine Lebensgeschichte**
Band 15694

**Mit Flügelohren
Mein Hörspielbuch**
Band 16076

Fischer Taschenbuch Verlag

fi 555 055 / 1

Michael Krüger

**Aus dem Leben eines
Erfolgsschriftstellers**
Geschichten
Band 14596

Aus der Ebene
Gedichte
Band 5865

Das Ende des Romans
Eine Novelle
Band 11018

Der Mann im Turm
Roman
Band 11389

Diderots Katze
Gedichte
Band 2256

Die Dronte
Gedichte
Band 9222

Fünfzig Gedichte
Band 12351

Himmelfarb
Roman
Band 12382

Fischer Taschenbuch Verlag

Josef Haslinger

Hausdurchsuchung im Elfenbeinturm
Essay
Band 2388

Das Elend Amerikas
Elf Versuche über ein gelobtes Land
Band 11337

Opernball
Roman
Band 13591

Der Tod des Kleinhäuslers Ignaz Hajek /
Die mittleren Jahre
Zwei Novellen
Band 12917

Politik der Gefühle
Ein Essay über Österreich
Band 12365

Das Vaterspiel
Roman
Band 15257

Fischer Taschenbuch Verlag

Thomas Hürlimann

Fräulein Stark
Novelle
Band 15548

Das Gartenhaus
Band 14688

Der große Kater
Roman
Band 14659

Das Lied der Heimat
Alle Stücke
Band 14277

Die Satellitenstadt
Geschichten
Band 11879

Fischer Taschenbuch Verlag

fi 555 031 / 1

Monika Maron

quer über die Gleise

Essays, Artikel, Zwischenrufe
159 Seiten. Broschur

Monika Maron denkt gegen den Strom. Ob sie die Ostmenschen vor der Ignoranz der Westmenschen in Schutz nimmt und *vice versa*, die Männer vor den Hilfsangeboten der Pharmaindustrie – »ein Mann ohne Versagensangst ist ein Alptraum« – oder die Generation der Mütter und Großmütter vor den Girlies: fast immer wirken Marons Kommentare im Sinne einer Richtigstellung und Parteinahme. Das Spektrum dieser Texte reicht von der ironischen Glosse bis hin zum essayistischen Diskurs und zum literarischen Porträt. Ein Thema, das sich wie ein roter Faden durch alle Texte zieht, ist die Frage nach dem Wesen und dem Wirken der Erinnerung. Der Verdächtigung, der eigenen Erinnerung gegenüber nur eine selektive Wahrnehmung zuzulassen, begegnet Monika Maron, indem sie die beiden Berichte aus dem Jahr 1976 vorlegt, die ihr 1995 den Vorwurf, für die Staatssicherheit gearbeitet zu haben, eintrugen. Monika Maron erweist sich in diesen Texten einmal mehr als eine mutige Meisterin des Hinterfragens, die auch und gerade dann auf ihren Fragen besteht, wenn der Konflikt mit dem, was jeweils politisch korrekt und opportun ist, vorgegeben ist.

S. Fischer

Christoph Ransmayr

Die letzte Welt

Roman

Mit einem Ovidischen Repertoire

Band 9538

In diesem Roman ist die Verbannung des römischen Dichters Ovid durch Kaiser Augustus im Jahre 8 n. Chr. der historisch fixierte Ausgangspunkt einer phantasievollen Fiktion. Ein (durch Ovids ›Briefe aus der Verbannung‹) ebenfalls historisch belegter Freund Ovids, der Römer Cotta, macht sich im Roman auf, in Tomi am Schwarzen Meer sowohl nach dem Verbannten selbst zu suchen, als auch nach einer Abschrift der ›Metamorphosen‹, des legendären Hauptwerks von Ovid. Cotta trifft in der »eisernen grauen Stadt« Tomi jedoch nur auf Spuren Ovids, sein verfallenes Haus im Gebirge, seinen greisen Diener Pythagoras und, auf immer rätselhaftere Zeichen der ›Metamorphosen‹, in Bildern, Figuren, wunderbaren Begebenheiten. Bis sich zuletzt Cotta selbst in der geheimnisvoll unwirklichen Welt der Verwandlung zu verlieren scheint: die Auflösung dieser »letzten Welt« ist wieder zu Literatur geworden.

Fischer Taschenbuch Verlag

fi 1170 / 7